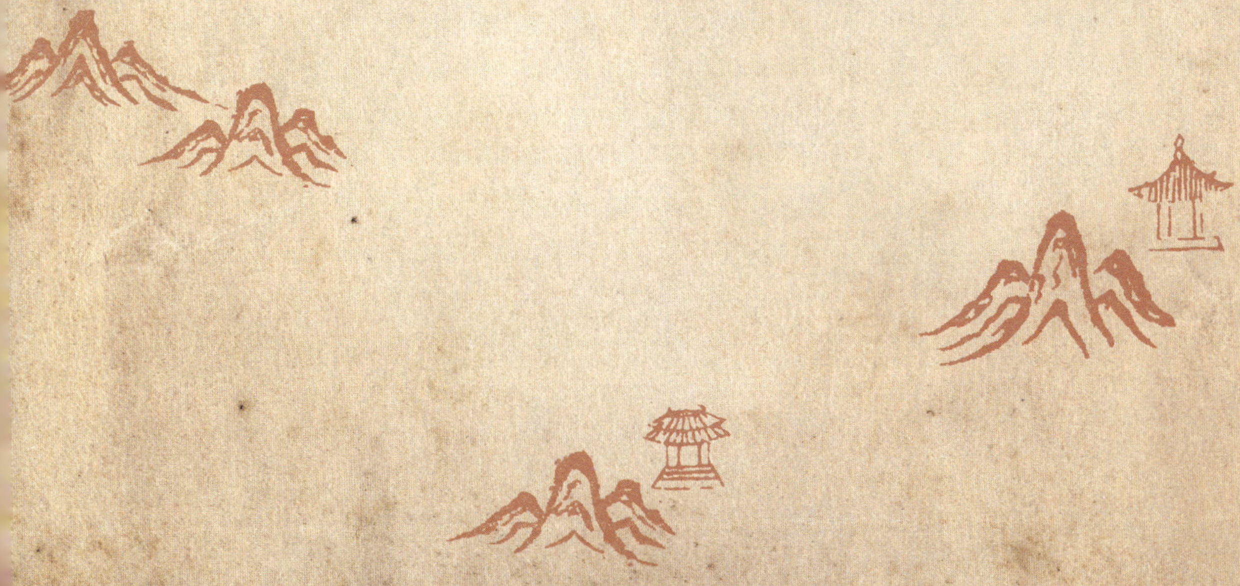

李新民 著

河南名人墓 上

中原出版传媒集团
中原传媒股份公司

大象出版社
·郑州·

图书在版编目(CIP)数据

河南名人墓：全2册/李新民著.— 郑州：大象出版社，2018.9
ISBN 978-7-5347-9729-3

Ⅰ.①河… Ⅱ.①李… Ⅲ.①名人—陵墓—介绍—河南 Ⅳ.①K928.76

中国版本图书馆CIP数据核字(2018)第179795号

河南名人墓（全2册）
HENAN MINGREN MU（QUAN 2 CE）

李新民 著

出 版 人	王刘纯
责任编辑	孙 波 杨 兰
责任校对	王保健
装帧设计	王莉娟

出版发行	大象出版社（郑州市开元路16号 邮政编码450044）
	发行科 0371-63863551 总编室 0371-65597936
网　　址	www.daxiang.cn
印　　刷	河南新华印刷集团有限公司
经　　销	各地新华书店经销
开　　本	787mm×1092mm　1/16
印　　张	51.25
字　　数	1016千字
版　　次	2018年9月第1版　2018年9月第1次印刷
定　　价	238.00元（全2册）

若发现印、装质量问题，影响阅读，请与承印厂联系调换。
印厂地址　郑州市经五路12号
邮政编码　450002　　电话　0371-65957865

前 言

"生在苏杭，死葬北邙。"20世纪60年代，我在家乡中学读书时，多次听到这句话。70年代初，我在郑州上大学时，再次听到这句话。当时理解，苏杭地处江南，气候温和，物产丰富，适宜人居；而北邙之地，紧临黄河，地势突起，土质坚硬，适合逝者安葬。随着对河南悠久历史、灿烂文化感受的逐步加深，我才渐渐意识到，"死葬北邙"不仅是自然环境上的原因，更是以河南为主的中原地区丰厚历史文化长期积淀的结果。这一地区在我国史前文化的发展中居于领导地位，发挥了突出作用，在进入文明社会之后，也为我国文明的继续发展奠定了基础。在中华民族五千多年文明史中，有三千多年以河南地区为全国的政治、经济和文化中心。河南是历代重要王朝建都之地，共有二十多个朝代或政权在此建都，我国"八大古都"中就有洛阳、开封、安阳、郑州四个在河南。中原文化是中华文化的根脉，这是其他任何地方不能取代的。

与其重要的政治经济中心地位、悠久深厚的文化底蕴相辅相成，河南也是名人辈出的地方。所谓"名人"，顾名思义，就是知名人士。名人包含的范围很广，中国古代在政治、思想、经济、文化、军事、艺术、科技、教育、宗教等各个领域，均有知名人士。在我国悠久的历史上凡作出突出贡献、为后人所共同认可、历史文献有记载的都应包含在内。据丁文江先生统计，《二十四史》中立传人物5700余人，其中汉、唐、宋、明四代河南籍人就有912人，占总数的15.8%，名列全国第一。这还不包括原籍不在河南，但主要活动在河南、去世后葬在河南的知名人士。最新研究成果《中原文化大典·人物典》中立传人物621人，入《表》5000余人。在北宋及其以前，我国绝大多数历史名人即便不是河南人，也曾在河南为官、游学，有着一定的活动经历，并留有遗迹和故事。尤其在先秦、东汉、三国、西晋、北朝、唐代、北宋等历史时期，重要的历史活动大都发生在河南，大量的历史名人活跃在河南。河南的历史，正是由这些出生或工作、生活在河南的名人与广大人民群众共同创造的，他们成就了河南在我国历史上极其重要的地位和对周边地区的长期影响力，为中华民族多元一体格局的形成和在艰难曲折中逐步走向统一的历史进程作出了不可磨灭的贡献，值得我们永远铭记。知名人士既是历史文化的重要参与者、创造者，也是优秀民族文化的践行者、传播者。因其较高的知名度、凝聚力和与历史事件的紧密关联，更值得后人纪念。如明主、良吏，体现了为国家社稷、天下苍生殚精竭虑的孺子情怀；文人墨客，凸显了中华民族的深厚文化素养；科技名家，则充分展现了他们的创造发明水平和刻苦钻研精神。

正是由于河南的历史地位，众多知名人士在河南地区活动，他们死后葬在河南，河南才留存了大量的名人墓。这是河南历史文化的重要组成部分，也是河南历史地位的重要体现。明确它们的具体位置和基本情况，记述墓主人的生平事迹，扩大名人的知名度和影响力，助推名人事迹和精神传诵的同时，也能更好地宣传河南的历史文化，提升河南的文化地位和影响力，学习、发扬先贤的优秀品德和思想情操。孔子曰："生，事之以礼；死，葬之以礼，祭之以礼。"对逝者的祭祀，除家祭、庙祭等形式外，作为埋葬先人的处所，墓茔也成为后人祭奠、与先人进行心灵沟通的重要场所。因此，将名人墓地资料进行搜集整理，对其地理位置尽可能精确定位，对其基本形态进行大致描绘，也便于后人进行祭祀、缅怀。曾子言："慎终追远，民德归厚矣！"记述先人事迹，或为总结经验，或为纪念传诵，能够很好地起到传承历史、弘扬文化、追思先贤、教化今人的作用。这个想法一直萦怀于心。2013年，我从工作岗位上退下来后，有了更多的时间阅读历史书籍，查阅有关资料，便和赵明星同志一起，正式开展了这项工作。在工作中我们发现，有些名人墓并没有被记录下来，不知所踪；有些名人墓在文献中虽有记载，但语焉不详，目前已很难确定其具体位置；还有些名人的墓葬保留下来且墓主人身份明确，但相关资料中对墓主人的生平事迹表述不多。这就增加了写作的难度，延长了成书的时间。更令人扼腕叹息的是，有些历史名人墓地由于岁月的流逝、风雨的侵蚀，没有得到有效的保护，受到严重损毁；更多的是人为的破坏致使地表无存，以致无迹可考，甚至惨不忍睹。为了呼吁全社会重视保护名人墓地，我们决心奉献此书。

几千年来，河南名人灿若群星，其墓地亦遍及省内各地。究竟如何把握，是一开始就遇到的问题。经过我们反复研究、悉心筛选，并参考大量历史文献资料，最终选入本书的名人有478位。现就有关问题做以下说明：

第一，本书主要以墓为线索收录人物。一是墓的地点具体明确，二是墓主人的认可度较高，三是墓主人的知名度较高。符合这三个条件的予以收录。对于那些地点不明确的，或地点明确但墓主人的可信度不高的，或地点虽然明确但墓主人知名度不高的，如打虎亭汉墓，均不予收录。地理范围以河南现行行政区划为准，人物以河南籍人物为主，有的虽不是河南籍，但活动在河南、逝后葬在河南的，我们同样收录。有些河南籍名人，虽然出生及主要活动也在河南，但其墓葬不在河南的，如抗金英雄岳飞等，我们忍痛割爱未予收录。还有不少河南籍名人，主要活动地在河南，但由于各种原因墓葬不清，或缺乏史料可考，非常遗憾暂无法收录，如唐代大诗人李贺等。

第二，本书主要从名人和墓地两个方面展开记述。一是概要介绍人物的基本情况、主要经历、生平事迹、所作贡献，以及相关著述和后世评价等。二是简要介绍墓地的具体地点、地理坐标和交通线路，所处自然、地理和人文环境，以及年代、现状等基本信息。墓葬留存多处的，一般根据认可度、保存情况等，只选择介绍其中一处。

第三，在时间范围上，起自上古，迄至清末。清末某些人的事迹可能延伸至民国时期，少量墓地也当为民国时期所建。在编写体例上，按照历史演进划分为六大历史时期。在同一历史时期内，人物出生时间明确的，以出生时间先后排列；出生时间不明，去世时间明确的，或者出生时间、去世时间均不明确的，以大致活动时间为准排列。对跨越不同历史时期的，以人物主要活动时期排列。

对河南名人墓加以系统收集整理、出版，我们希望能起到两个方面的作用：一方面，增强人们对古人的尊重、对历史的敬畏和对名人墓地的保护意识，让这些历经风雨、弥足珍贵的历史遗产能在我们这一代人手中得到较好的保护，能使我们的后人继续拥有这些宝贵的历史遗产；另一方面，粗略展现河南的历史和人才群体为中华民族所作的历史贡献，让世人铭记、传承历史人物优秀的精神品质和高尚情操，弘扬优秀民族精神，为践行社会主义核心价值观、实现中华民族伟大复兴服务。如果在这两方面能起到一定的作用，作者不胜欣慰。

然而，作者毕竟学识水平有限，本书所介绍的名人不一定全面、准确，对历史人物的评价也会有失当之处，书中错讹在所难免，诚挚希望专家、学者和各位读者给予批评指正。

李新民
2018 年 1 月

目 录

先秦时期

燧人氏………… 2	伯夷、叔齐…… 27	百里奚………… 52	卜商………… 74
伏羲…………… 4	吕尚…………… 29	赵盾…………… 54	聂政………… 76
仓颉…………… 6	微子启………… 31	孙叔敖………… 55	韩昭侯……… 78
颛顼…………… 8	帝辛…………… 33	韩厥…………… 56	扁鹊………… 79
张挥………… 10	蔡叔度、蔡仲… 35	蘧瑗…………… 57	列子………… 81
帝喾………… 11	聃季载………… 37	子产…………… 58	庞涓………… 83
许由………… 12	妫满…………… 38	子羽…………… 60	孙膑………… 85
太康………… 13	滑伯…………… 39	沈子嘉………… 61	惠施………… 87
少康………… 14	宋戴公………… 40	卫灵公………… 62	苏秦………… 89
商汤………… 16	考叔…………… 41	苌弘…………… 64	庄子………… 91
伊尹………… 17	郑庄公………… 42	仲由…………… 65	春申君……… 94
太戊………… 19	吾离…………… 45	漆雕开………… 67	吕不韦……… 96
武丁………… 21	宋襄公………… 46	沈诸梁………… 68	韩非………… 98
妇好………… 23	赵衰…………… 48	闵子骞………… 70	荆轲……… 100
比干………… 25	狐偃…………… 50	端木赐………… 72	甘罗……… 102

秦汉时期

李斯………… 106	李左车……… 113	郦商………… 121	张释之…… 129
陈胜………… 108	蒯通………… 115	陈平………… 123	晁错……… 131
纪信………… 110	樊哙………… 117	张苍………… 125	梁孝王刘武… 133
郦食其……… 111	张良………… 119	贾谊………… 127	石奋……… 135

汲黯……………137	汉光武帝刘秀…167	李固……………202	应场……………235
桑弘羊…………139	邓禹……………170	陈蕃……………204	贾诩……………236
戾太子刘据……141	耿弇……………172	栾巴……………206	张仲景…………238
黄霸……………143	王霸……………173	李咸……………207	应劭……………241
张禹……………144	马武……………174	潘乾……………208	毛玠……………242
翟义……………145	袁安……………176	陈寔……………209	夏侯渊…………243
卓茂……………146	窦宪……………178	百里嵩…………211	夏侯惇…………245
冯异……………147	韩棱……………179	桥玄……………212	钟繇……………246
铫期……………149	楼望……………181	蔡衍……………213	曹操……………248
岑彭……………151	汉明帝刘庄……182	汉桓帝刘志……214	关羽……………251
寇恂……………153	班超……………184	蔡邕……………215	杜畿……………253
盖延……………155	汉章帝刘炟……186	范滂……………217	张辽……………254
杜茂……………156	黄香……………188	王允……………219	杨修……………256
吴汉……………157	虞诩……………190	汉质帝刘缵……221	郗虑……………258
蔡茂……………159	许慎……………192	吕布……………222	徐晃……………259
朱祐……………160	黄叔度…………194	颜良、文丑……224	许褚……………261
贾复……………161	张衡……………195	袁绍……………226	曹休……………262
郅恽……………162	汉和帝刘肇……197	华佗……………228	汉献帝刘协……263
马成……………164	竺法兰…………199	司马徽…………230	和洽……………265
刘隆……………165	摄摩腾…………200	伏完……………231	
桓荣……………166	荀淑……………201	马腾……………233	

魏晋南北朝时期

司马懿…………268	蜀汉后主刘禅…284	晋武帝司马炎…297	江淹……………309
程秉……………271	司马师…………285	杨骏……………299	北魏孝文帝元宏
王祥……………272	阮籍……………286	和峤……………300	………………311
曹彰……………274	司马昭…………288	潘岳……………301	司马悦…………313
曹植……………276	杜预……………289	石崇……………303	杨机……………314
杜恕……………278	钟会……………291	嵇含……………304	袁翻……………315
山涛……………279	王弼……………293	山简……………305	北魏宣武帝元恪
魏明帝曹叡……281	向秀……………294	冉闵……………306	………………316
王浚……………283	成公绥…………296	冯熙……………307	元怿……………318

袁跃……319	北魏孝庄帝元子攸……321	北魏孝明帝元诩……323	袁聿修……325
元叉……320			

隋唐五代时期

韩擒虎……328	杜审言……358	马燧……394	唐昭宗李晔……433
甄权……330	卢怀慎……360	李元淳……396	卫审符……435
甄立言……331	司马承祯……361	裴垍……397	荆浩……436
屈突通……332	姚崇……363	裴度……399	后唐明宗李嗣源……437
马三宝……334	刘希夷……366	温造……402	后唐庄宗李存勖……439
谷那律……335	李弘……368	韩愈……403	后晋高祖石敬瑭……441
张公艺……336	沈佺期……370	刘禹锡……408	后汉高祖刘知远……443
孙思邈……337	张廷珪……371	白居易……411	后周太祖郭威……445
李密……339	神会……372	李德裕……415	后蜀主孟昶……447
王伯当……341	吴道玄……373	卢仝……417	后周世宗柴荣……448
姚懿……342	雷万春……375	韩昶……418	后汉隐帝刘承祐……450
玄奘……343	王维……376	李商隐……419	后周恭帝柴宗训……451
上官仪……346	张巡……379	蔡京……422	
韦思谦……347	许远……381	裴休……423	
娄师德……349	颜真卿……382	李存孝……425	
狄仁杰……351	南霁云……385	李罕之……426	
卢照邻……354	杜甫……387	吴融……427	
法如……356	元结……391	后梁太祖朱温……428	
王求礼……357	裴遵庆……393	王彦章……431	

宋元时期

赵普……454	曹彬……468	吕蒙正……480	魏咸信……491
罗彦环……456	卢多逊……470	晁迥……482	陈尧叟……492
杨朴……458	南唐后主李煜……471	韩国华……484	寇准……494
高怀德……459	宋太宗赵光义……473	王旦……485	陈尧佐……497
乔维岳……461	陈省华……476	杨延昭……487	宋真宗赵恒……499
宋太祖赵匡胤……463	张齐贤……478	钱若水……489	苏立……502

陈尧咨……503	狄青……538	范纯礼……568	程震……608
王曾……505	韩琦……540	宋英宗赵曙……569	姚枢……609
吕夷简……507	苏洵……543	程颢、程颐……572	许衡……611
王德用……509	宋仁宗赵祯……545	高皇后……577	王恽……614
王博文……511	邵雍……548	苏轼……579	陈思济……616
晁宗悫……513	王拱辰……550	许将……584	宁玉……618
蔡齐……514	吕公著……552	苏辙……586	孙显……620
范仲淹……516	张载……554	向皇后……589	塔里赤……621
晏殊……520	冯京……556	范纯粹……591	马秃塔儿……622
宋庠……522	贾黯……558	宋神宗赵顼……592	赵文殷……624
宋祁……523	刘昌祚……559	李诫……595	薛澍……625
曾公亮……525	郭熙……560	邢恕……597	李孟……626
田况……527	范纯祐……562	宋哲宗赵煦……599	菊庵……628
富弼……528	范纯诚……563	杨再兴……601	马祖常……629
程珦……531	范纯仁……564	牛皋……602	察罕帖木儿……630
文彦博……532	孟元……566	韩世忠……604	逯鲁曾……632
欧阳修……534	苗授……567	张玘……607	关关……633

明清时期

宋讷……636	轩輗……656	王鸿儒……672	何景明……690
王钝……638	李贤……657	王鸿渐……673	许逵……692
任昂……639	滕昭……659	贾咏……674	王诰……693
沈度……640	毕亨……660	许诰……676	陈玑……694
宋礼……642	王越……661	李梦阳……677	苏祐……695
朱橚……644	马文升……663	何瑭……679	王邦瑞……696
铁铉……646	耿裕……665	王廷相……681	许论……698
曹端……647	黄杰……666	王绖……684	郭朴……699
默穆都哈……649	王冕……667	崔铣……685	高拱……700
朱高燧……650	蔡天祐……668	马卿……686	陈耀文……702
徐永达……651	刘璟……669	底蕴……687	宋纁……703
顾佐……652	高魁……670	张问行……688	李蓘……705
耿九畴……654	刘忠……671	王崇庆……689	沈鲤……706

张九一	708	王永光	731	陈王廷	752	赵良埈	773
朱载堉	709	杨镐	732	蔺挺达	754	王聿修	774
吕坤	712	田珍	734	赵宾	755	钱九韶	775
李戴	714	崔景荣	735	侯方域	756	程国仁	776
杨东明	716	吴阿衡	737	耿介	758	黎世序	778
卫三省	718	刘理顺	738	彭了凡	760	马殿甲	780
李化龙	719	张鼎延	739	李之铉	761	曹谨	781
李汝华	721	孙奇逢	740	王云明	762	吴其濬	783
崔应科	722	叶廷桂	742	汤斌	763	王懿德	785
黄吉士	723	刘景耀	743	王琎	765	李棠阶	786
傅宗龙	724	王铎	744	高遐昌	766	袁甲三	787
董汉儒	726	孙传庭	746	吴垣	767	毛昶熙	788
郭淐	727	贾开宗	748	王贯三	768	陈星聚	790
王三善	728	李际期	749	胡煦	769	马丕瑶	792
朱翊镠	729	宋权	750	景日昣	771	蒋艮	793
崔儒秀	730	薛所蕴	751	高玢	772	袁世凯	794

参考文献 ……797

后记…………799

先秦时期

燧人氏

燧人氏，生卒年不详，远古时代部族首领，"三皇"之一。《尚书大传》云："遂人以火纪，阳也，阳尊，故托遂皇于天。"

《三坟》云："燧人氏，有巢子也，生而神灵，教人炮食，钻木取火，天下生灵尊事之。始有日中之市，交易其物，有传教之台，有结绳之政，寿一太易，本通姓氏之后也。"记述了燧人氏的主要功绩，即人工取火，以火熟食，结绳记事，教化民众。燧人氏因发明钻木取火，被称为"火祖"。在人们掌握人工取火的技术后，燧人氏又教民众以火熟食。《韩非子·五蠹》载："上古之世，人民少而禽兽众，人民不胜禽兽虫蛇……民食果蓏蚌蛤，腥臊恶臭而伤害腹胃，民多疾病。有圣人作，钻燧取火，以化腥臊，而民说之，使王天下，号之曰燧人氏。"《尸子》云："燧人上观星辰，下察五木，以为火。"《太平御览》卷七十八引东晋王嘉《拾遗记》云："遂明国，有大树，名遂，屈盘万顷。后世有圣人游日月之外，至于其国，息此树下，有鸟啄树，粲然火出，圣人感焉，因用小枝钻火，号燧人氏。"《古史考》云："太古之初，人吮露精，食草木实，穴居野处。山居则食鸟兽，衣其羽皮，饮血茹毛，近水则食鱼鳖、蚌蛤。未有火化，腥臊多，害肠胃。于是有圣人出，以火德王，造作钻燧出火，教人熟食，铸金作刃，民人大说，号曰燧人。"

燧人氏人工取火、教人熟食等功绩在人类发展史上具有重要的历史意义，对中华文明的形成和发展作出了重大贡献。尤其是人工取火的发明，第一次使人可以支配一种自然力，对远古人类与动物彻底分开起到了极为重大的作用，真实地反映了远古人类的现实生活背景，可谓"燧人取火非常业，世界从此日日新"。

燧人氏陵在今商丘市睢阳区古宋街道火神台社区，省道206可达，临平原路，地理坐标为北纬34°22′12.71″，东经115°34′59.46″。该陵建造年代不详，为河南省文物保护单位。又名燧皇陵。陵园与阏伯台隔平原路相望，周围有长达5000米的围墙，总占地面积4万多平方米。由大门、牌坊、雕像、墓冢等组成。墓葬建于方形高台之上，位处陵区中心偏北，四周植松柏。墓冢呈方形，长、宽各26米，高5米。墓前有石碑一通，上书"燧人氏陵"。

燧人氏陵

神道两侧有龙、凤、马、麒麟等石像生。燧皇陵为第十届全国运动会"华夏文明之火"圣火火种的采集地。现已辟为旅游景区，供海内外游人参观。因"火祖"燧人氏、"火神"阏伯，商丘市睢阳区被中国民间文艺家协会正式命名为"中国火文化之乡"，并建立"中国火文化研究中心"。

伏羲

伏羲，生卒年不详，又称伏戏、宓羲、庖牺、包牺、牺皇、皇羲、太昊等，相传本姓风，生于陇西成纪（今甘肃天水），都于陈宛丘（今河南淮阳）。华夏人文始祖，"三皇"之一。

现存太昊陵的《伏羲圣迹图》，内容可概括为履巨人迹、伏羲出世、都于宛丘、结网罟、养牺牲、兴庖厨、定姓氏、制嫁娶、画八卦、刻书契、作甲历、兴礼乐、造干戈、诸夷归服、以龙纪官、崩葬于陈。

相传伏羲之母华胥氏在雷泽湖边踩踏巨大脚印而怀孕，当时华胥氏头顶出现一道彩虹。华胥氏孕育了十六个月，伏羲吸纳日月精华，于成纪诞生。他相貌奇伟，聪慧英武，被推举为部族首领。伏羲率领部族沿黄河东下，到达淮阳，见此地水草丰茂，便在此建都定居。

定居后，部族人口逐渐增加，但食物不足，人们常常处于饥饿状态。伏羲观察蜘蛛结网受到启发，用植物纤维编织成网捕鱼，开创渔猎文明，食物有了保障和盈余。捕获的动物出现剩余后，伏羲又教人民饲养动物，畜牧业因此发端。由此，人们一年四季都可丰衣足食。食熟食后，疾病减少，人们的身体也强壮了。

当时人类无名无姓，群居杂居，交配无序，成活率较低。伏羲定姓氏、明人伦，自姓为风，其他以动物、植物、居所、官职等为姓，相传中华姓氏自此起源。万姓同根，源于伏羲。姓氏制定后，伏羲规定同姓不能成婚，男方若娶女方，要拿两张兽皮作为聘礼，这样使男女均有家室。

伏羲仰观天象，俯察地势，并受龟背和蓍草启示，创立八卦。伏羲之前，大家结绳记事，容易错乱，伏羲根据事物形状书画简单图案，代替结绳记事，中华文字由此诞生。他还根据日月变化，创制甲历，春夏秋冬周而复始，便利了农牧业生产。在衣食得到保障之后，伏羲注意满足大家的精神追求，发明了可以吹响的埙，伴着用埙吹奏的乐曲，大家唱歌跳舞。

伏羲发明干、戈等武器，抵抗其他部族进攻和野兽袭击，用以打猎和生产，提高作战能力，保护生命和财产安全，部族生存能力提高，活动范围不断扩大。经过不断努力，伏羲部族的实力和威望大大提高，其他部落纷纷归服，开创霸业。伏羲融合马头、鹿角、蛇身、鱼鳞、鹰爪等，创制龙图腾，并以龙纪官，统领天下，使其功绩万世永垂。

伏羲被称为华夏人文始祖，是传说中的"三皇"之首、百王之先，也称"人皇"，为中华文明的开创和发展作出了巨大贡献。崩于陈地，后世在陈地修陵建庙祭拜。

伏羲太昊陵在今周口市淮阳县城关回族镇蔡河北街路北，距周口市区约35公里，国道106可达，地理坐标为北纬33°50′12″，东经114°52′53″。现存建筑建于明代，为全国重点文物保护单位。太昊陵庙坐落于蔡河北岸，是因太昊陵而建的祭祀建筑。坐北朝南，南北长约750米，东西宽约700米。现存建筑多建于明正统十三年（1448年），庙周围有外城、内城、紫荆城三道城区。中轴线上自南而北依次为渡善桥、午朝门、玉带桥、道仪门、先天门、太极门、钟鼓楼、东西廊房、统天殿、显仁殿、太始门、陵垣门、伏羲陵。墓冢位于北部，上圆下方，高20余米，周长150米。陵前立碑，上书"太昊伏羲氏之陵"。冢上有古柏。陵后有蓍草园。陵内尚存明、清、民国时期石碑200余通。

后人为追念伏羲的功德，到太昊陵祭祀祈福。每年农历二月二到三月三，在此举办盛大的"朝祖进香"庙会，人称"人祖庙会"，当地人又称"二月会"。庙会吸引四方百姓前来祭祀拜祖，同时还有各种演出、商品交易等。参加庙会的每天有数十万人。2008年，太昊陵庙会以"单日参拜人数最多（约82.5万人）的祭祀活动"被载入吉尼斯世界纪录。太昊陵祭祀活动已被列为我国非物质文化遗产。

伏羲太昊陵

仓颉

仓颉，生卒年不详，也作苍颉。传说为黄帝史官，创制汉字。

相传仓颉双瞳四目，天生有睿德，在黄帝时任左史。其名始见于《荀子》《韩非子》《吕氏春秋》等文献，说他"好书""作书"。《魏书·江式传》说仓颉"览二象之爻，观鸟兽之迹，别创文字，以代结绳，用书契以维事"，是说他根据鸟兽的形迹而创立文字，取代结绳记事。因此，后世尊其为造字圣人。仓颉造字只是传说，他可能只是汉字的整理者。

仓颉创制文字，《淮南子·本经训》载"天雨粟，鬼夜哭"，是惊天地泣鬼神的壮举。文字使信息得以更久保存，使信息的传播范围大大增加，促进了人类的广泛交流和社会的迅速发展。文字的发明在人类发展进程中意义重大，也被看作人类进入文明社会的重要标志之一，表明人类经由蛮荒走向了文明社会，是人类进程中的里程碑事件。

仓颉墓

仓颉墓在今濮阳市南乐县梁村乡吴村，县道001可达，地理坐标为北纬36°09′23.0″，东经115°02′57.0″。该墓建造年代不详，为河南省文物保护单位。现辟为仓颉陵庙院，墓区在庙院东侧。墓冢为圆锥形土冢，经历代修葺，现为青石块垒砌一周，周长49米，直径19米，高4米有余。冢前有今砌牌坊、石像生、望柱等。北有仓颉造书台。仓颉陵庙院现已辟为旅游景区，供游人参观祭拜。

颛顼

颛顼，生卒年不详，号高阳氏，生于若水（今雅砻江）。"五帝"之一。

黄帝死后，因颛顼有圣德，立为帝，以帝丘（今河南濮阳）为都城。他重视人事治理，努力发展农业生产。《史记·五帝本纪》载：颛顼"静渊以有谋，疏通而知事；养材以任地，载时以象天，依鬼神以制义，治气以教化，絜诚以祭祀"。命南正重负责祭天，命北正黎负责民事。颛顼时统治地域广泛，"北至于幽陵（今北京、河北北部及辽宁一带），南至于交趾（泛指五岭以南），西至于流沙（我国西北沙漠地区），东至于蟠木（古代传说中东海的山名）。动静之物，大小之神，日月所照，莫不砥属"。《淮南子·时则训》载："颛顼、玄冥之所司者，万二千里。"颛顼生子名穷蝉。颛顼驾崩，玄嚣之孙高辛继立，是为帝喾。

颛顼、帝喾是上古时期"五帝"中的第二位和第三位帝王，前承炎黄，后启尧

颛顼陵

舜，推动了华夏文明的稳步发展。范文澜在《中国通史简编》中写道："汉以前人相信轩辕黄帝、颛顼、帝喾三人为华族祖先，当是事实。"

颛顼陵与帝喾陵同在今安阳市内黄县梁庄镇三杨庄村西1000米，俗称"二帝陵"，省道215可达，地理坐标为北纬35°43′58.0″，东经114°45′13.0″。该陵建造年代不详，为河南省文物保护单位。据载，汉修陵冢，唐太和四年（830年）建庙，宋、元、明、清多次重修，后淤没。直到1986年，经清理、修复，现墓区总面积在5万平方米以上，四周有清宣统年间建护陵墙，包括山门、大殿、宋井，以及元、明、清碑碣165通，现存最早的碑为元代《重修颛顼圣帝庙记碑》。清理发现有拜殿、山门等建筑遗址和明代砖道。颛顼、帝喾陵位于陵园北部，东、西并列。颛顼陵近长方形，南北长66米，东西宽52米，周围有元代砌护陵墙，高近1.2米。前墙有元天历二年（1329年）《颛顼帝陵》碑和清嘉庆二十四年（1819年）《颛顼陵》碑两通。陵园内，两冢上及四周密植树木，郁郁葱葱。

颛顼、帝喾陵祭祀活动从未中断。每年农历三月十八日，民间相传为颛顼帝诞辰日，华夏儿女云集于此，举行祭祀大礼。2002年农历三月十八日，内黄县始办祭祖节，公祭颛顼、帝喾。以后每年都举行公祭活动，并有文艺表演、民间工艺、特色小吃等，场面热闹非凡。

张挥

张挥，生卒年不详，号天禄，少昊之子。发明弓箭，张姓始祖。

张挥发明弓箭，《新唐书·宰相世系表》载："黄帝子少昊青阳氏第五子挥为弓正，始制弓矢，子孙赐姓张氏。"又据《元和姓纂》："黄帝第五子青阳生挥，为弓正，观弧星，始制弓矢，主祀弧星，因姓张氏。"张挥因此也被视为张姓始祖。

张挥墓在今濮阳市濮阳县城关镇东关村，临省道212（顺河路）和南环路，地理坐标为北纬35°41′51.64″，东经115°01′42.14″。1998年重修，东、南、西三面是千亩森林公园。陵区内建有挥公墓、挥公碑、挥公像，以及名人碑林、祭祀广场、展览馆等设施。挥公墓为圆形，直径20米，基座高2.6米，冢高5米，墓基以料石砌筑。墓碑正面刻"中华张姓始祖挥公墓"，碑阴刻挥公生平与功德。挥公碑南90米是挥公雕像，基座高5.15米，为钢筋混凝土结构，外饰花岗岩。挥公像高3.3米，以红花岗岩雕塑。基座四面线描图案，记述挥公功绩"始制弓矢，射猎鸟兽，迎战共工，颛顼赐姓"。

张挥墓

帝喾

帝喾，生卒年不详，号高辛氏。父名蟜极，蟜极父名玄嚣，玄嚣父即黄帝，因此帝喾为黄帝的曾孙。"五帝"之一。

相传帝喾生下来就很有灵性，能自己说出名字，颛顼驾崩，高辛继位。

《史记·五帝本纪》中描述帝喾"聪以知远，明以察微。顺天之义，知民之急。仁而威，惠而信，修身而天下服，取地之材而节用之，抚教万民而利诲之，历日月而迎送之，明鬼神而敬事之"。帝喾节约物用，抚教万民，敬奉日月鬼神，一心致力天下治理，他的德行和功绩得到天下民众认可，四方诸侯皆臣服于他。

相传帝喾娶陈锋氏女，生放勋；娶娵訾氏女，生挚。帝喾驾崩后，子挚立，但挚为帝不仁，后由他的弟弟放勋继立，是为帝尧。

帝喾陵在今安阳市内黄县梁庄镇三杨庄村，地理坐标为北纬35°43′58.0″，东经114°45′13.0″。该陵建造年代不详，为河南省文物保护单位。帝喾陵近长方形，南北长66米，东西宽50米，四周有明代砌的护陵墙，刷红土，陵墙前有明嘉靖七年（1528年）所立碑一通，上书"帝喾陵"。陵园内，冢上及四周密植树木，郁郁葱葱。

帝喾陵

许由

许由,生卒年不详,又作许繇,字武仲,阳城槐里(今河南登封槐里村)人。古代著名隐士,许姓始祖。

帝尧时,许由为四岳部落首领,居于嵩山南麓阳城西北的黄城一带。尧帝知其贤德,欲禅位于他,不受;又想请他出任九州长官,坚辞不就。许由洗耳颍水,隐居箕山,最后葬于箕山之巅。晋皇甫谧《高士传》有载:"尧因就其墓,号曰箕山公神,以配食五岳,世世奉祀,至今不绝也。"许由以自己淡泊名利的崇高节操赢得了后世的尊敬,被奉为隐士鼻祖。周初,武王封炎帝裔孙伯夷之后于许由旧地,建立许国,至战国初为楚所灭,子孙以国为氏。许由被许氏后裔奉为许姓始祖。

许由墓在今郑州市登封市东华镇刘庄村,省道323可达村庄附近,地理坐标为北纬34°21′16″,东经113°07′25″。该墓建造年代不详,为河南省文物保护单位。许由墓在许由寨东北部,寨东南崖壁较陡,西北稍缓,地势较高,视野开阔。墓冢为圆形,由山石和黄土堆砌,高5米,直径20米,周长60米。下部以石围砌,高约2米。

许由墓

太康

　　太康，生卒年不详，姒姓，启长子。夏代第三位君主。

　　太康继启而立，自幼养尊处优，即位后百事废弛，不理朝政。有一次太康游猎，东夷族有穷氏首领后羿趁机"因夏民以代夏政"（《左传·襄公四年》），掌握夏朝政权。太康只得逃到河南太康一带，史称"太康失国"。这也是今太康县名的由来。

　　太康的五个弟弟经常到洛水北岸等太康回来，并作《五子之歌》。太康病死，其弟仲康继位。

　　太康陵在今周口市太康县城关镇王陵村西200米，省道326可达，地理坐标为北纬34°04′20.8″，东经114°52′08.6″。该陵建造年代不详，为周口市文物保护单位。墓区四周为耕地，临村庄。墓冢呈圆形，高4米，周长60米。

太康陵

少康

少康，生卒年不详，姒姓，夏王相的儿子，夏代第六任君主。

少康是相的遗腹子。相在攻打寒浞时被杀，相的妻子仓皇逃回娘家，当时她正怀有身孕，少康即生在母亲家的有仍氏部落（在今山东济南东南）。少康自幼聪明，初懂人事后，母亲就告诉他父亲失国的惨痛经过，叮嘱他日后报仇雪耻，复兴夏朝。

少康长大后为有仍氏牧正，管理畜牧。寒浞的儿子浇派兵来搜捕，少康逃到有虞氏部落（在今河南商丘虞城东）。《史记·吴太伯世家》载："有虞思夏德，于是妻之以二女而邑之于纶（今山西永济西），有田一成，有众一旅。"少康有了根据地和军队。

少康召集夏朝旧臣，得到靡及有鬲氏（在今山东德州）的帮助，诛杀寒浞，夺回王位，然后"整威仪东南行，求阳翟夏王之故都"。原来依附寒浞的小国，也都来依附少康。

杜康墓

少康是一位有作为的君王，复国后勤于政事，天下安定，夏朝再度兴盛，史称"少康中兴"。"历代中兴之君，以少康为冠。"少康去世后，其子杼继位。

相传少康即为以造酒而闻名于后世的杜康。东汉许慎《说文解字》云："古者少康初作箕帚、秫酒。少康，杜康也。"

少康陵在今周口市太康县城关镇王陵村内，省道326可达，地理坐标为北纬34°04′22.4″，东经114°52′18.9″。该陵建造年代不详，为太康县文物保护单位。墓冢原近圆形，高4米，周长80多米，现近平。

杜康墓在今洛阳市汝阳县蔡店乡杜康村西南，汝白路可达，地理坐标为北纬34°18′27.0″，东经112°25′00.0″。该墓建造年代不详，为汝阳县文物保护单位。墓区坐南向北，土冢呈圆形，直径16米，高1.5米，墓周围有石头券砌。墓前有清康熙二十八年（1689年）所立碑一通，上书"酒祖杜康之墓"。两侧有"酒祖杜康传略"和"重修杜康墓园铭"碑楼。墓前10米建有三间四柱石牌坊。

商汤

商汤,生卒年不详,子姓,名履,又称武汤、天乙、成汤、成唐,甲骨文称唐、大乙,又称高祖乙。商朝的创建者。

商族从始祖契到汤,曾先后迁居八次,至汤定居于亳(有今河南郑州、洛阳等不同说法)。汤与有莘氏通婚,任用伊尹执政,陆续灭掉邻近的葛国(今河南宁陵北),以及夏的联盟韦(今河南滑县东南)、顾(今河南范县东南)、昆吾(今河南许昌东)等部落、方国,十一征而无敌于天下,商成为当时的强国。夏桀荒淫无道,汤作《汤誓》伐夏,并以"吾甚武",号"武王"。

汤与桀大战于鸣条(今河南封丘东),桀大败。汤战胜夏后,仍保留夏社,封其后人,于是其他诸侯全部臣服。汤做天子,平定海内,建立商朝。汤回到亳,作《汤诰》,要求臣属"有功于民,勤力乃事"(《史记·殷本纪》),否则就要严厉处罚。汤改变历法,更换衣服颜色,崇尚白色,白天举行朝会。同时鼓励生产,以宽治民,国力强盛。《诗经·商颂·殷武》称:"昔有成汤,自彼氐羌,莫敢不来享,莫敢不来王,曰商是常。"汤去世后,子外丙继帝位。

商汤陵在今洛阳市偃师市山化镇蔺窑村北约800米处,省道314转村间公路可达,地理坐标为北纬34°44′48.21″,东经112°50′48.09″。墓葬坐落于坡地上,地势平缓,四周为农田。原墓冢略呈正方形,东西长20米,南北宽17米,高5米,后被毁,现又重新恢复。附近有汤王池、汤王庙、汤泉沟等遗迹。

商汤陵

伊尹

伊尹，生卒年不详，名伊，尹是官名，又名挚、阿衡。商之重臣，烹饪始祖。

伊尹以有莘氏女陪嫁之臣的身份见到商汤，并以烹调的道理向商汤分析天下形势及治国方略。也有说伊尹为隐士，商汤五请，才应召入商。后为汤重用，委以国政。

伊尹曾离开汤到夏，看到桀"不恤其众，众志不堪，上下相疾，民心积怨"（《吕氏春秋·慎大》），据此推断"夏命其卒"，于是回到亳。汤准备攻打夏时，伊尹建议先停止向夏进贡以试探。桀怒而"起九夷之师"（《说苑·权谋》），准备大举伐商。伊尹见九夷等方国仍心向夏桀，听从桀的调遣，认为决战的时机没有完全成熟，于是汤向夏朝进贡并谢罪，以伺时机。

第二年，伊尹建议再次绝贡，桀又召集九夷之师。九夷之师不奉夏命。伊尹认为决战的时机已到，商汤攻夏，大获全胜，一举灭夏。

商汤死后，伊尹又辅佐外丙、仲壬二

伊尹墓

帝。仲壬死后，太甲继位。伊尹任太甲相，作《伊训》《肆命》《徂后》，以示规诫。太甲即位三年，不遵守汤订立的制度，横行无道，被伊尹放逐于桐宫（有在今河南、河北、安徽等多种说法）。伊尹掌管国政，接见各地诸侯。三年后，伊尹见太甲诚心悔改，又迎回太甲复位。太甲修养德行，勤于政事，诸侯归服，百姓安宁。伊尹作《太甲训》三篇，褒奖太甲，称其太宗。

伊尹"教民五味调和，创中华割烹之术，开后世饮食之河"，被中国烹饪界尊为"烹调之圣""烹饪始祖"和"厨圣"。

帝沃丁时，伊尹去世。伊尹为商朝理政安民五十余载，治国有方，世称贤相。

伊尹墓在今商丘市虞城县店集乡魏固堆村，省道325可达，地理坐标为北纬34°14′33.80″，东经115°46′03.62″。该墓建造年代不详，为河南省文物保护单位。现辟为伊尹祠，有伊尹殿、伊尹夫人殿、圣母侁姑殿、伊尹墓、戏楼等。院内古柏葱茏茂密，有碑碣多通。墓冢在祠后，呈圆形，直径约16米，高3米，面积约168平方米。下部以石围砌，高1米。

太戊

太戊，生卒年不详，子姓，名密，甲骨文作大太戊、天戊。汤五世孙，太甲孙，太庚之子，商王小甲、雍己之弟。商王。

《史记·殷本纪》："帝雍己崩，弟太戊立，是为帝太戊。"太戊即位，起用伊尹的儿子伊陟为相，自己安逸享受，不勤政事。太戊七年，亳都出现"桑谷共生于朝"（《尚书·商书·咸有一德》），就是桑树下长出谷树，也就是构树，时人以为神灵作怪。太戊害怕，伊陟借机劝其善政修道，以德治民，太戊信之无疑，遂勤政厚德，治国抚民，商王朝得以复兴。《史记·殷本纪》："殷复兴，诸侯归之，故称中宗。"据载，太戊在位七十五年，是商王朝在位时间最长的一位君主，后来病逝。《尚书·周书·无逸》载："昔在殷王中宗，严恭寅畏，天命自度。治民祗惧，不敢荒宁。肆中宗之享国七十有五年。"

太戊陵在今安阳市内黄县亳城乡刘次范村东侧，省道215可达，地理坐标为北

太戊陵

纬35°51′54.82″，东经114°48′21.93″。该陵始建于商代，为河南省文物保护单位。太戊陵坐落于村庄内，属商代刘次范遗址范围。汉代建陵寝，唐代继修，宋太祖开宝七年（974年）重修，明、清多次修葺增建。原陵坐北朝南，占地百亩，规模宏大，东为太戊陵，西为嫔妃墓。现陵区南北长约110米，宽约50米，北部仅存现建小殿三间。墓冢在陵区内中部，近圆形，直径约11米，高约1.4米。院内历代祭碑多通，大部分残缺，最大一通为宋开宝七年立《大宋新修商帝中宗庙碑铭并序》。

武丁

武丁，生年不详，卒于公元前1158年，子姓，名昭。盘庚之侄，小乙之子。商朝君主，庙号高宗。

据说武丁年纪很小时就与百姓一起耕作，即位后意图复兴殷商，但未得贤臣帮助，于是三年不说话，政事由冢宰决定。一夜，武丁梦见得到圣人名说，白天环视群臣，没有寻得，便派人四处寻找，在傅险（今山西平陆东）找到说。当时说为刑徒，在傅险筑城，拜见武丁，武丁一见正是梦中之人。两人交谈，武丁见说果真是圣人，遂举其为相，殷国于是大治。

武丁祭奠成汤，第二天有飞雉落鼎上，武丁害怕，祖己说："不必担忧，先办好政事。"武丁修政行德，巩固统治，扩张军力，殷道复兴。武丁时，不断与周边方国、部族争战。"高宗伐鬼方，三年克之。"（《周易·既济》）武丁亲自率军攻打鬼方、土方、西羌等北方势力，扩大了统治范围。

据说，武丁还率商朝将士，深入荆楚

武丁陵

方国境内，将其战败，商朝南界也延伸到湘赣一带。武丁时，商朝成为西起甘肃，东至海滨，北及大漠，南逾江汉流域的大国，史称"武丁中兴"。相传武丁在位五十九年，武丁驾崩后，其子祖庚立。

武丁是位有道明君。《晏子春秋·内篇谏上》："夫汤、太甲、武丁、祖乙，天下之盛君也。"《孟子·公孙丑》："由汤至于武丁，贤圣之君六七作。"《史记·殷本纪》："武丁修政行德，天下咸欢，殷道复兴。"

武丁陵位于今周口市西华县田口乡陵西村东约100米处，省道213可达，地理坐标为北纬33°52′04.44″，东经114°35′26.38″。该陵始建于商代，为西华县文物保护单位。武丁陵四周为耕地，临农田和村庄，地势平坦。墓陵形状不甚规则，南北长约150米，东西宽约100米，高约5米。陵近立墓碑一通，书"商王高宗陵"。陵上及四周种植白杨树。墓东北、西北原各有一墓，规模较小，传为宰相傅说和甘盘的墓葬，现已不存。陵南原有高宗庙，存宋、元、明、清修建和祭祀碑数十通，现多已不存。

妇好

妇好，生卒年不详。商王武丁的妻子。

妇好是商王武丁的诸妇（妇嫔）之一，她有自己的封地，平时待在封地，并向商王朝觐纳贡。在甲骨文记载中，妇好也是一位经常征战的军事统帅。她多次征集兵员，率兵出战，征伐羌、夷、土方、巴方等地。甲骨文中有一条卜辞："贞，登妇好三千，登旅万，乎伐羌。"即商王征妇好所属的三千人马及其他士兵一万人，去征伐羌族。妇好不负众望，击退敌人，商朝西北安宁。妇好攻打土方，"辛巳卜，争贞：今者王共人呼妇好伐土方"。妇好最终彻底击溃土方。妇好征讨巴方，"壬申卜，争贞，令妇好比沚，伐巴方，受有又"。妇好引军设伏，最后全歼巴方军队，这也是中国历史记载中最早的伏击战例。妇好还随武丁征伐尸方，"贞：王令妇好比侯告伐尸方"。妇好还到各地征兵，如"甲申卜，殻贞：呼妇好先登人于庞"。

妇好还任占卜官，受命主持祭天、祭先祖等祭祀活动。"乙卯卜，宾贞：呼妇好侑俘于妣癸。""丁巳卜，㯸，妇好御于父乙。"妇好去世后，谥辛。妇好作为女将军，征战沙场，数立战功，为中国古

妇好墓原址上复建的享堂

代著名军事统帅；作为祭司，祭祀鬼神，参与朝政；作为武丁妻子，深受武丁宠爱，甲骨文中有许多武丁卜问妇好出战、生育情况，为其祈福的记载。

妇好墓在今安阳市殷都区西郊乡小屯村北，殷墟路可达，地理坐标为北纬36°07′11.4″，东经114°19′07.4″。该墓建于商代，现坐落于殷墟博物苑内，为世界文化遗产。妇好墓已发掘，南北长5.6米，东西宽4米，出土青铜器、玉器、石器、宝石制品、骨器、蚌器、象牙器、陶器共1928件，另有红螺2件、阿拉伯绶贝1件和货贝6880余枚。这些随葬品制作精美、纹饰细腻、用途广泛，是不可多得的艺术珍品，其中有的青铜器上有"妇好"铭文。在墓原址上复建有享堂。

比干

比干，生卒年不详，子姓，名干。帝辛（即纣王）的叔父。

商末，纣王暴虐，比干为少师，屡屡上谏，他认为"主暴不谏，非忠臣也；畏死不言，非勇士也。见过则谏，不用则死，忠之至也"（《新序·节士》）。"为人臣者，不得不以死争。"（《史记·殷本纪》）比干强谏，纣王怒道："吾闻圣人心有七窍，信有诸乎？"于是纣王杀了比干，并剖腹查视他是否有七个心。

比干为林姓始祖，相传比干被杀时，其妻子已有孕，在逃跑途中，于长林石室产子，后被武王赐姓林。

比干忠君爱国，是千古名臣，他辅佐纣王，以死谏君，彪炳青史，和箕子、微子并称"商末三贤"，他们被孔子尊为"殷三仁"。明代裴骞对他评价说："自古拒谏之君莫甚于纣，自古死忠之臣莫甚于比干。"魏孝文帝拓跋宏立庙宇，唐太宗下诏封谥忠烈公、太师，宋仁宗为《林氏家谱》题诗，元仁宗为比干立碑塑像，清高宗祭文题诗，清宣宗修复比干庙。

比干墓在今新乡市卫辉市顿坊店乡比干庙村，临京广铁路、107国道，地理坐标为北纬35°30′25.0″，东经114°09′56.0″。该墓始建于西周，北魏时

比干墓

《殷比干墓》墓碑

孝文帝因墓建庙，现存建筑基本属明清时期，为全国重点文物保护单位。庙南北长410米，东西宽153米，中轴线建筑依次为照壁、山门、仪门、木牌坊、碑亭、拜殿与大殿、石牌坊、碑亭、比干墓，左右建筑依次为财神殿、寻根殿、碑廊、三公祠、妈祖殿，现存北魏、唐、宋、元、明、清历代碑刻86通，布局完整、规模宏大、庙墓合一，供游人及周邻百姓祭奠。墓冢呈圆形，直径约21米，高约2.5米。冢前有孔子挥剑所刻"殷比干墓"墓碑、北魏孝文帝《皇帝吊殷比干墓文》碑、唐太宗李世民《祭殷太师比干文》碑、元朝刘敏中《赦修比干墓碑》、清乾隆御书《过殷太师墓有作》碑。《殷比干墓》碑是迄今发现的唯一的孔子真迹，被誉为"天下第一碑"。

伯夷、叔齐

伯夷、叔齐,生卒年不详,姓墨胎氏,商末孤竹国(今河北北部、辽宁南部、内蒙古南部一带)国君的两个儿子,伯夷为长子,名允,叔齐为幼子,名智。古代贤人。

孤竹君生前立叔齐为嗣子,继承基业。孤竹君死后,按常礼应由长子继位,叔齐便推让伯夷为君。伯夷认为应尊重父亲遗愿,由叔齐做国君,便离开孤竹国。叔齐也不肯即位,便和伯夷一起离开。

伯夷、叔齐听说西伯(即周文王)兴起,善待老人,便决定到周国去,途中遇到周武王伐纣大军。原来此时西伯已经去世,周武王用车拉着文王神位攻打商纣,二人叩马而谏:"父死不埋葬,就动起武来,这能算作孝吗?以臣子身份来讨伐君主,这能算作仁吗?"武王的士兵要杀他们,军师姜尚劝解:"这是讲义气的人呀。"搀扶他们离去。

商灭周兴,天下宗周,伯夷、叔齐以此为耻,发誓再不吃周朝粮食,相携隐于首阳山(今山西永济南或今河南偃师),采薇菜充饥,饿至将死时,作歌:"登彼西山兮,采其薇矣。以暴易暴兮,不知其非矣。神农、虞、夏忽焉没兮,我安适归矣?于嗟徂兮,命之衰矣!"(《史记·伯夷列传》)最终,饿死在首阳山上。

北侧墓冢

南侧墓冢

伯夷、叔齐墓在今郑州市新郑市孟庄镇寺西王村西南1200米，国道107转县道008可达，东距京广铁路约100米。伯夷、叔齐墓建造年代不详，为新郑市文物保护单位。墓区位于京广铁路西侧耕地中，地势平坦。两座墓冢均土筑，南北并峙，相距约数十米。杨树、枣树丛植。北者地理坐标为北纬34°33′40″，东经113°48′28″。墓冢呈圆弧形，东侧竖削近于垂直，长约65米，宽约30米，高约5米。南者地理坐标为北纬34°33′35″，东经113°48′32″。墓冢残破，近菱形，边长约17米，高约3.5米。

吕尚

吕尚，生卒年不详，字子牙，号太公望，东海人氏。祖上辅佐大禹治水有功，受封于吕（今河南南阳西），本为姜氏，从其封姓，故名吕尚。西周重臣，为周朝立下赫赫功勋。

吕尚一度穷困，"屠牛于朝歌，卖饮于孟津"（《古史考》），长期默默无闻，"年老矣，以渔钓奸周西伯"（《史记·齐太公世家》）。西伯姬昌（即周文王）出猎前占卜，认为将得奇人，途中遇到姜太公，两人交谈甚欢。西伯祖上曾说将有圣人辅佐周国，他认为吕尚即是这位圣人，"子真是邪？吾太公望子久矣"（《史记·齐太公世家》），于是吕尚又被称为"太公望"。西伯将吕尚封为军师。"姜太公钓鱼，愿者上钩"的故事，即源于此。

也有说姜太公曾为纣王臣，见其无道而离开，游说诸侯无所获，终归西伯。也有说他隐居海滨，西伯被拘羑里（今河南汤阴），臣属召吕尚到周任官，吕尚听说西伯贤德，对年老者友善，就答应了。他们搜罗美女、宝物献给纣王，将西伯赎出。西伯从羑里归来，与吕尚修德以灭商，"周西伯政平，及断虞芮之讼，而诗人称西伯受命曰文王。伐崇、密须、犬夷，大作丰邑。天下三分，其二归周者，太公之谋计居多"（《史记·齐太公世家》）。

周武王时，对姜子牙"师之，尚之，父之，故曰师尚父"（《别录》）。武王九年，周武王继续伐商大业，东征以观诸侯的反应，姜子牙"左杖黄钺，右把白旄以誓，曰：'苍兕苍兕，总尔众庶，与尔舟楫，后至者斩！'"（《史记·齐太公世家》）遂到达盟津（今河南孟津北），八百诸侯来会，都请求伐纣，周武王反对，认为时机未到，大军撤回。武王十一年，周武王将伐纣，占卜时卦相不吉，大家非常担心，唯有姜子牙强劝周武王伐纣，大军出征。正月，周武王在牧野（今河南淇县南卫河以北）誓师，对商纣发起攻击，"纣师败绩。纣反走，登鹿台，遂追斩纣"（《史记·齐太公世家》），自此周立商亡。《诗经》："牧野洋洋，檀车煌煌，驷騵彭彭。维师尚父，时维鹰扬，凉彼武王。肆伐大商，会朝清明。"

周朝建立，武王立社，宣布天命转移，"散鹿台之钱，发巨桥之粟，以振贫民。封比干墓，释箕子囚。迁九鼎，修周政，

吕尚墓

与天下更始"（《史记·齐太公世家》）。这些措施多出自姜子牙的谋略，他也因功封于齐营丘（今山东临淄）。"莱侯来伐，与之争营丘。营丘边莱。莱人，夷也，会纣之乱而周初定，未能集远方，是以与太公争国。"（《史记·齐太公世家》）姜子牙"修政，因其俗，简其礼，通商工之业，便鱼盐之利，而人民多归齐，齐为大国。及周成王少时，管蔡作乱，淮夷畔周，乃使召康公命太公曰：'东至海，西至河，南至穆陵，北至无棣，五侯九伯，实得征之。'齐由此得征伐"（《史记·齐太公世家》），成为当时的大国。也有人认为，当时营丘尚属商朝势力范围，吕尚的封地应在吕国（今河南南阳西南）。周公东征后，吕国才迁到营丘。姜太公去世时，已有一百多岁。子丁公吕伋继立。

吕尚墓在今新乡市卫辉市太公镇吕村西北，省道306转村间公路可达，临姜尚大道，地理坐标为北纬35°29′47.93″，东经113°59′41.67″。该墓建造年代不详，为新乡市文物保护单位。墓葬坐落于山岗上，四周为农田。墓冢近椭圆形，南北长30米，东西宽15米，高4米。冢前有清康熙二十年（1681年）卫辉府知府立墓碑一通，上书"周姜太公茔葬处"。

微子启

微子启，生卒年不详，子姓，名启，商末周初朝歌（今河南淇县）人。商王帝乙长子，纣王庶兄，初封于微地（今山东梁山西北），后世因之称微子启，汉时避景帝名讳改称子开。

帝乙去世，应由长子启继位，但微子启的母亲出身低贱，他的弟弟辛得立，即纣王。殷商末年，微子启多次谏劝纣王无效，有意离开，与太师箕子、少师比干商议。箕子认为，"今诚得治国，国治身死不恨；为死，终不得治，不如去"（《史记·宋微子世家》）。微子启也认为，"父子有骨肉，而臣主以义属。故父有过，子三谏不听，则随而号之；人臣三谏不听，则其义可以去矣"（《史记·宋微子世家》），于是离开了纣王。

周武王灭商，微子启持祭器来到周武王军门前，袒肉缚面，左手牵羊，右手把矛，跪地前行，向武王说明远离纣王情形。武王亲自为他拿开缚面，并官复原职，做卿士。武庚叛乱，周公平叛，命微子启代殷商后人祀奉商人先祖。封于宋（都今河南

微子启墓

商丘），成为宋国国君。"微子故能仁贤，乃代武庚，故殷之余民甚戴爱之。"（《史记·宋微子世家》）微子启去世，弟衍即位。

微子启墓在今商丘市睢阳区路河镇青岗寺村西北，省道206可达，地理坐标为北纬34°18′21.8″，东经115°32′04.9″。该墓始建于西周，为河南省文物保护单位。墓区西临商（丘）柘（城）公路，东临村庄。现辟为微子祠，有大门、照壁、仁德殿、先贤堂等。原墓冢已平，现代堆拢，呈圆形。直径约8米，高约4米，下部1米以石围砌。墓前有明万历四十年（1612年）归德知府郑三俊所立碑一通，上书"殷微子之墓"。

帝辛

帝辛，生年不详，约卒于公元前1046年，子姓，名受，商谥帝辛，商朝末代君主，后称其为纣王。辛的母亲为帝乙正后，帝乙去世，辛继王位。

辛自幼聪颖，能力过人，而且威猛有力量，可空手与猛兽格斗。《荀子·非相》说：帝辛"长巨姣美，天下之杰也；筋力越劲，百人之敌也"。《史记·殷本纪》载："帝纣资辨捷疾，闻见甚敏；材力过人，手格猛兽；知足以距谏，言足以饰非；矜人臣以能，高天下以声，以为皆出己之下。"帝辛自恃所能，无视他人。

辛即位后重视农桑，社会生产发展，国力强盛。他继续对东夷用兵，打退东夷向中原地区的扩张，把商朝势力扩展到江淮一带。特别是讨伐徐夷胜利，把商朝国土扩大到沿海，推动了社会进步和经济发展，促进了民族融合。

辛好酒淫乐，喜好妇人，对妲己言听计从。让师涓作靡靡声乐，耗巨资建鹿台，以酒为池，悬肉为林，让男女裸体于其间追逐取乐，通宵达旦畅饮。修建豪华宫殿园林，搜罗珍禽异兽充于宫室，过着穷奢极欲的生活。帝辛好用谄臣，费仲当政，颇重私利，又用恶来，喜进谗言，诸侯与帝辛之间逐渐疏远。百姓生怨，诸侯起兵反叛，他又使用炮烙等酷刑，镇压人民。他以西伯昌、九侯、鄂侯为三公。九侯漂亮的女儿被纳入后宫，但她不喜娱乐，被辛怒而杀死，九侯也遭醢刑致死。鄂侯疾言与辛争辩，也遭脯刑。西伯听说后，暗暗叹息，崇侯虎就向纣王告发西伯，西伯被囚禁在羑里。西伯的大臣们以美女、珍宝、良马献给辛，西伯得以释放。

大臣们进谏，辛都不予采纳，并废掉受百姓爱戴的帝后商容。祖伊上谏，认为辛淫虐自绝，天将亡商，辛认为命运由自己掌握，上天奈何不得，祖伊进谏不成便反叛。辛继续自己的淫乱生活，对微子启等人的数谏不予理睬，于是微子启和太师、少师商量后离去。比干说："为人臣者，不得不以死争。"到辛那里强谏，辛大怒，说道："我听说圣人心有七窍，是否确有其事？"遂将比干腹部剖开，观其心。箕子害怕，假装疯癫，被辛囚禁。

武王见时机成熟，率领诸侯伐商，辛命人带兵于牧野之地阻击，商朝兵败，辛登上鹿台，"衣其宝玉衣，赴火而死"。

帝辛陵

武王赶到，找到辛的焦尸，遂斩掉他的头颅。武王"释箕子之囚，封比干之墓，表商容之闾"（《史记·殷本纪》），又封辛子武庚和禄父，延续殷商宗庙，按照盘庚德行施政，殷境民众大悦，归属周朝。

帝辛陵在今鹤壁市淇县西岗镇河口村东北，省道222可达，地理坐标为北纬35°36′24″，东经114°16′56″。该陵始建于商代，为河南省文物保护单位。墓区位于淇河西岸，东侧紧临淇河，南临省道222淇河大桥。存冢及现代碑刻数通。纣王墓呈长方形，上小下大，下部南北长约70米，宽约25米，高3米。墓前立近代碑一通，上镌"纣王之墓"，为周谷城所书。墓冢上部为平顶，种植有农作物。四侧面呈斜坡状，种植小松树。墓冢四周植有杨树。北原有两小冢，传为姜后及苏妲己的墓，现已不存。

蔡叔度、蔡仲

蔡叔度，生卒年不详。周文王第五子，周武王之弟。蔡国始君、蔡姓始祖。

公元前11世纪，周武王灭商，大封同姓诸侯，其弟叔度封于蔡（今河南上蔡西南），让他与管叔（叔鲜）、霍叔一起监管殷的遗民，史称"三监"。武王死后，其子成王继位，武王弟周公旦临朝摄政，叔鲜、叔度不满，联合武庚（商纣王之子）及东夷叛乱。周公旦奉成王命兴师讨伐，处死武庚与叔鲜，将叔度放逐，不久叔度在流放地去世。

蔡叔度的儿子蔡仲，名胡，他和父亲不同，与人为善，颇有德行，周公旦便派他到鲁国辅佐卿士，鲁国大治。蔡仲政绩卓著，周公奏请成王改封胡于蔡，以奉叔度之祀。春秋时，蔡国受楚国逼迫，曾多次迁移。蔡平侯元年（前530年）迁于新蔡（今河南新蔡），蔡昭侯二十六年（前493年）迁州来（今安徽凤台），称为下蔡。

蔡国传二十三代，历二十六君，立国六百多年，公元前447年被楚所灭。亡国后，子孙散居各地，以国为姓，称为蔡氏，蔡叔度被后人尊为蔡姓始祖，蔡仲为蔡姓二世祖。

蔡叔度墓

蔡仲墓

蔡叔度墓在今驻马店市上蔡县卧龙街道黄尼庄村西北，省道219、省道331均从附近经过，地理坐标为北纬33°16′43.40″，东经114°13′47.13″。该墓始建于西周。墓冢位于蔡叔度陵园内，陵园建有围墙、角楼、牌坊门、碑廊、拱桥等设施。墓冢建于圆形台基之上，呈圆形，冢高4米，底部直径22米，总面积95平方米。下部1.7米以砖、石围砌。墓前有现代碑刻多通。蔡氏后人集资兴建，常有祭祀。

蔡仲墓在今驻马店市上蔡县蔡都街道庞庄村东，省道206可达，南临蔡侯路，地理坐标为北纬33°16′43.64″，东经114°16′15.79″。该墓始建于西周，为河南省文物保护单位。经修复，现辟为蔡仲陵园，建有大殿、御带河、牌坊、凉亭、蔡仲塑像等设施。蔡仲墓冢呈圆形，直径11米，高4米，面积95平方米。墓冢四周以石围砌，墓前有石碑多通，分别刻有"蔡仲之命""蔡仲之墓"等。

聃季载

聃季载，生卒年不详，又称聃叔、聃季、季载等。周文王第十子，沈子国始君。

周成王时，聃季载受封立沈国（今河南平舆北），称为沈侯。聃季载并未到封国，当时周公旦辅佐年幼的成王，见聃季载行为端正，谋略出众，即命聃季载为周朝司空，主管农业及水利工程。聃季载殚精竭虑，政绩卓越，赢得百姓赞誉，"以佐成王治，皆有令名于天下"（《史记·管蔡世家》）。沈子国于公元前506年被蔡国所灭，后世子孙以国为氏，聃季载即为沈姓始祖。

聃季载墓在今驻马店市平舆县射桥镇古城村西1000米，省道213可达，地理坐标为北纬33°09′18.0″，东经114°33′56.0″。原墓冢高约5米，直径50米，现已不存。

妫满

妫满，生卒年不详，妫姓，有虞氏，名满，字少汤。舜帝三十三世孙。

舜为庶人时，尧将两个女儿嫁给了他，居于妫汭，后世因以为姓。舜亡后，禹为王，舜子商均封国。夏之后，或失或续。商末，舜第三十二代孙虞阏父（又称遏父）投附于周，担任陶正。周武王灭商建周，追封先贤遗民，寻求舜的后裔，封虞阏父之子妫满于陈地，国号陈，建都宛丘（今河南淮阳），并将长女大姬嫁给他，奉祀虞舜。

妫满勤于政事，修筑陈城，抵御外敌入侵，以周礼德行教化百姓，使陈国成为礼仪之邦。同时选贤任能，扬善罚恶，陈国逐步强大，成为十二大诸侯国之一。妫满卒后，谥胡公。子申公犀侯立。战国时，秦国灭之，后代以国为姓，妫满也成为陈姓始祖。

妫满墓在今周口市淮阳县城关回族镇南关村，临新华大街和弦歌东路，地理坐标为北纬33°43′31.30″，东经114°53′06.09″。墓葬坐落于龙湖东南的南坛湖畔，现辟为陈胡公陵园，建有牌坊大门、陵园门、祭殿、墓冢，陈氏后人多有祭祀。墓冢直径约8米，高约2.5米，前立石碑一通，上书"陈胡公之墓"。据传墓室为铁冶铸而成，俗称"铁墓"。

妫满墓

滑伯

滑伯，生卒年不详，姬姓，后裔改为滑氏。周公第八子。

周康王时，将周公第八子伯爵封于滑（今河南偃师），世称滑伯。《重修滑县志》记载："周公次八子伯爵封于滑，为滑伯。"滑亦因滑台城而得名。《水经注》曰："旧，滑台人自修筑此城，因以名焉。"滑伯建立滑国，后来为晋国所灭，后人以国为姓，尊滑伯为滑姓始祖。

滑伯墓在今安阳市滑县城关街道一街社区，临道城路，地理坐标为北纬35°34′01.40″，东经114°32′46.98″。为滑县文物保护单位。墓葬坐落于安阳市第二实验中学院内，现仅存一碑。

滑伯墓碑

宋戴公

宋戴公，生年不详，卒于戴公三十四年（前766年），子姓，名㧑。哀公之子，宋国第十一任国君，公元前799—前766年在位。

戴公在位时由正考父辅佐，积极改革。废除公田、籍田，田赋由十分之一减少至十二分之一。王室停止酿酒，已酿好的酒全部封存，只作祭祀和招待宾客之用，除宴请宾客，筵席停止用酒。王室用餐减少菜肴数量。注重农业生产，发展农业用具，提高生产效率。戴公爱民如子，遇有自然灾害即下令开仓赈灾，抢救民众，修建房屋，并祭告天地，承担一切罪过。戴公仁义、谦逊，与邻国友好。在位三十四年而卒，宣王谥戴。葬礼时，民众拥入都城，长跪不起。其子宋武公嗣位。

宋戴公陵在今商丘市梁园区王楼乡三陵村宋大庄北，临星林路、方域路，地理坐标为北纬34°26′33.0″，东经115°32′04.1″。该陵始建于东周，为河南省文物保护单位。现辟为三陵台景区，建有门阙、三宫殿、钟楼、鼓楼等设施。三座王陵东西并峙，自西向东分别为宋武公陵、宋戴公陵、宋宣公陵，故称三陵台。三座陵台东西长270米，南北宽110米，高约16米。墓冢四周及冢上遍植松柏。

宋戴公陵

考叔

考叔，生年不详，卒于郑庄公三十二年（前712年）。颍谷封（今河南登封西）人，故又称颍考叔。

郑庄公元年（前743年），庄公按照母亲武姜命令，将其弟叔段封于京地，后来叔段谋反，武姜为他做内应。庄公平定叛乱后，将母亲武姜迁到城颍（今河南临颍西北），并发誓说"不至黄泉，毋相见也"（《史记·郑世家》）。后来庄公后悔，颍考叔借机向庄公进献，庄公赐食，考叔故意将肉留下不吃。庄公问其故，考叔回答说，我母亲从未品尝过君王的美食，想留给母亲吃。庄公说，你可以留给母亲，而我却不能啊！颍考叔趁机献策："穿地至黄泉，则相见矣。"郑庄公遂命人挖了一条隧道，取名"黄泉"，郑庄公与武姜在此见面。《古文观止·周文》中有"颍考叔，纯孝也，爱其母，施及庄公"的评论。

郑庄公三十二年（前712年），大夫公孙阏与考叔争夺庄公赏赐的车辆，公孙阏失败，心中恼怒。攻打许国都城时，考叔举着郑伯的蝥弧旗，率先登上城，公孙阏在城下向考叔射了一箭，考叔中箭跌下而亡。

考叔墓在今郑州市登封市君召乡翟峪沟村中西南部，省道323、县道016（偃阳线）可达，地理坐标为北纬34°24′26″，东经112°51′50″。该墓建造年代不详，为登封市文物保护单位。墓在村庄之中，紧临民舍。土、石夹杂砌筑，依坡势而建，形状不甚规则，北侧高约6米，径约50米，周长130米，占地面积545平方米。原有碑一通，已佚。

考叔墓

郑庄公

郑庄公，生年不详，卒于庄公四十三年（前701年），姬姓，名寤生。郑国的第三位君主，谥庄。

庄公出生时难产，得名寤生，生母武姜因此冷落他。武姜希望立庄公的弟弟叔段为君，遭到丈夫反对，庄公即位后，母亲处处为难他。经武姜请求，庄公将京（今河南荥阳东南）封给叔段，叔段也因此被称作京城太叔，或太叔段。叔段在封地不断缮甲治兵，扩大实力。庄公二十二年（前722年）四月，叔段与母亲武姜里应外合，进攻郑。庄公发兵回击，将叔段击溃，将母亲流放到城颍（今河南临颍西北），并发誓永不再见。后来庄公思念母亲，后悔当初的决定，颍考叔献策："挖隧道名曰黄泉，就可以相见了。"庄公与武姜在洞内见面，这就是"黄泉相会"的故事。母子抱在一起，郑庄公当即赋诗道："大隧之中，其乐也融融。"（《春秋左传·隐公元年》）郑庄公携母出隧道，武姜也情不自禁，赋诗道："大隧之外，其乐也泄泄。"（《春秋左传·隐公元年》）母子遂和好，消除了隔阂。

叔段发动叛乱，子公孙滑逃到卫国，卫国人替他进攻郑国，攻取了廪延（今河南延津东北），郑、卫两国开始交锋。第二年，郑国又讨伐卫国。公元前719年，在卫国唆使下，宋、卫、陈、蔡等联合伐郑，秋天又联同鲁国再次攻郑，并大败郑国，卫、宋、陈、蔡结成反郑联盟。庄公二十四年（前720年）冬，齐、郑结盟。庄公二十六年（前718年）四月，庄公派人攻卫，宋国趁机夺取了邾国（今山东曲阜东南）的田地，邾人向郑国请求联合攻宋。宋人又讨伐郑国，最终占领长葛。

庄公二十七年（前717年）春，郑国和鲁国和解，郑、齐、鲁三国结成联盟。五月，郑国攻打陈国，大获全胜，陈、宋两国率先向郑国求和。庄公二十八年（前716年）秋，宋国与郑国息兵罢战，七月盟于宿（今山东东平南）。同年十二月，陈国与郑国和解，互派使者订立盟约。庄公二十九年（前715年）秋天，齐与宋、卫会于温（今河南温县）。在齐僖公的调解下，陈与宋、卫最终也达成和解。

虽然和解结盟，但郑、宋两国的积怨并未全部冰释，庄公打算彻底制伏宋、卫、陈三国，便以宋国不朝拜周天子为由，攻

郑庄公陵

打宋国。庄公三十年（前714年）秋，庄公派人告知鲁国，郑国将要攻打宋国，但北方戎进攻郑国，庄公不得不暂时停止攻宋，集中精力对抗戎的进攻，十一月，郑国大败戎师。

庄公三十一年（前713年）正月，郑庄公与齐僖公、鲁隐公会于中丘（今山东临沂东北），盟于邓（今山东汶河以南、运河以北），约定了出师时间。其后，庄公先后攻打下郜（今山东成武）、防（今山东费县东北）等地，并全部交于鲁国。七月，庄公的军队入郊（今山东定陶西南）；八月，郑国入围戴（国名，都今河南民权）；九月，庄公攻入宋国。冬天，齐国、郑国入郕，宋国大败，战斗告一段落。

庄公三十二年（前712年）七月，郑庄公会同齐僖公、鲁隐公讨伐许国，许国大败，许庄公逃往卫国。齐僖公把许国让给鲁国，鲁隐公不敢接受，遂让给郑国。

当时郑国暂时没有实力对许国进行有效统治，庄公让许国大夫百里和许叔居住于许国东边，让郑国大夫公孙获驻扎在许国西边。郑国与其紧邻的息国（今河南息县西南）又发生战争，息侯率先发难，但被郑国打败。十月，郑伯率领郑、虢联军伐宋，大败宋师。庄公三十三年（前711年）春，郑庄公与鲁桓公盟于越。庄公三十四年（前710年），宋国内乱，公子冯从郑国回到宋国，是为宋庄公，郑、宋矛盾趋于平缓。

周平王时期，郑国武、庄二公先后在王室担任卿士，但平王与武、庄二公渐生嫌隙，引起庄公怨恨，平王和郑庄公不得不互相质子，这就是"周、郑交质"事件。庄公二十四年（前720年），平王故去，桓公继位，不再迁就郑庄公，将国政交给虢公。庄公反击，派人收割了温地属于成周的小麦。庄公二十七年（前717年），庄公到洛阳朝拜桓王，遭到桓王冷落，双方积恶愈深。庄公三十七年（前707年），桓王剥夺郑庄公卿士职位，不让他参与王室政事，庄公不再上朝。是年秋，桓王率领周、卫、陈、蔡等国军队伐郑，庄公兵分三路，分拒来敌，双方在繻葛（今河南长葛）交战，桓王被庄公的将士射中肩膀，庄公顾及桓王身份，没有穷追猛打，夜里还派人到桓公处慰问，同时也慰问桓王左右大臣。经此一役，郑庄公占了上风，周天子不敢征讨郑国，且自此以后，"礼乐征伐自诸侯出"（《论语·季氏》），郑庄公在历史上留下浓重的一笔。

庄公三十八年（前706年），北戎伐齐，郑国应齐之请派兵救援，大败戎军，其他各国也都趁势助齐。胜利后，齐国馈赠各国一些粮食，仪式由鲁国主持，排序时将郑国排在最后，引起郑国不满。四年后，郑庄公策动齐、卫等伐鲁，鲁国大败，郑、齐、鲁的强大联盟出现裂痕。

庄公四十三年（前701年）夏，庄公去世。这年春天，齐、卫、郑、宋盟于恶曹（今河南延津西南），郑国将宋、卫等国打败。按照《谥法》，"睿圉克服曰庄，胜敌志强曰庄，死于原野曰庄，屡征杀伐曰庄……"（《逸周书》），庄公可谓名副其实。

郑庄公陵在今郑州市新密市曲梁镇大樊庄村郑伯岭上，省道321、省道88可到达附近，地理坐标为北纬34°27′37″，东经113°37′17″。该陵始建于春秋时期，为郑州市文物保护单位。陵园坐落于山岭上，地势较高，远眺具茨、大隗，周邻为农田。郑庄公陵园坐北向南，南北长431米，东西宽123米，占地80余亩，冢前左右各建有一座亭子。墓冢建在一个椭圆形的台基之上，上圆下方，总高10米，周长125米。

吾离

吾离，生卒年不详。邓国国君。

《明嘉靖邓州志》载："夏，帝仲康封其子于邓。"此为邓国之始。商王武丁时，大封诸侯，将叔父曼（字德阳）封于邓地，建立曼姓邓国，为一世邓国侯。周时，邓国成为重要的异姓诸侯国，都今河南省邓州市。邓国于公元前678年被楚文王所灭，传国二十二世，吾离为第十九世邓侯。

吾离是邓国历史上一位颇有作为的国君，励精图治，积极发展农桑和冶铁铸造，"邓师铸剑"闻名当时。同时，广泛与各国建交，多方与大国交好。邓国中兴，国势昌盛，屹立于列国之林，史称吾离为邓国"中兴之君"。

《文献通考·封建考四》载："（鲁）桓公七年（前705年），邓侯吾离朝于鲁。"也就是这一年，邓侯吾离与宜伯绥去今山东曲阜朝拜鲁国。吾离去世后葬于国都南郊。吾离死后，子孙以国为氏，即以邓为姓。

吾离陵在今南阳市邓州市湍河街道八里王社区吾离冢村南侧，省道335可达，地理坐标为北纬32°39′10.04″，东经112°07′04.82″。该陵始建于东周，为邓州市文物保护单位，被称为"邓州第一冢""邓氏第一陵"。吾离陵坐落于坡状高地上，陵茔位于高地中央，砌有围墙，院内种植松柏。经修复，墓冢呈圆丘状，直径30米，高7米，面积700余平方米。陵前立石碑一通，上书"邓国侯吾离陵"。

吾离陵

宋襄公

宋襄公，生年不详，卒于襄公十四年（前637年），子姓，名兹甫。为宋国第二十代国君，公元前650—前637年在位。

宋襄公继宋桓公而立。桓公病危时，兹甫为太子，意欲让庶兄目夷为嗣君，桓公不听。襄公继位，以目夷为相。齐桓公会诸侯于葵丘（今河南兰考境内），宋桓公尚未下葬，宋襄公即前往赴会。

宋襄公八年（前643年），齐桓公病逝，宋襄公即准备盟会。襄公十二年（前639年）春，宋襄公在鹿上会盟，"以求诸侯于楚，楚人许之"。目夷认为宋为小国，不宜争当盟主，宋襄公不听。是年秋，再次邀约诸侯会盟于盂（今河南睢县西北），但楚国趁机动武，拘押宋襄公，并攻打宋国，后来楚国释放宋襄公。

襄公十三年（前638年），宋国攻打与楚同盟的郑国，同援郑的楚军战于泓水

宋襄公陵

（今河南柘城西北）。宋襄公提出君子作战不攻打没有摆好阵势的敌人。在楚军渡河、队形不整，以及刚渡上岸时，均不令进攻，直至楚军全部渡过泓水并摆好阵势，他才命令进攻，结果被楚军所败，自己腿部受重伤，次年去世。后人多讥讽宋襄公此种战法为"宋襄之仁"。

宋襄公陵在今商丘市睢县城郊乡北关村，临凤城大道、睢州大道，地理坐标为北纬34°26′26.45″，东经115°03′58.31″。该陵始建于东周，为商丘市文物保护单位。墓葬坐落于北湖风景区湖心岛上，四周湖水环绕，树木葱茏，芳草萋萋。墓葬前建有两座牌坊，土冢呈圆锥形，黏土堆压而成，高6米，面积150余平方米。

赵衰

赵衰，生年不详，卒于晋襄公六年（前622年）。赵衰即赵成子，字子余，亦称成季、孟子余。晋国重臣。祖父赵凤为晋献公将军，赵凤生赵共孟，赵共孟生赵衰。

晋献公时，赵衰为确定侍奉献公哪位公子进行占卜，只有公子重耳是大吉，因此侍奉重耳。重耳因骊姬之乱逃亡至翟，赵衰随从。翟人伐廧咎如，得两女，年少的季隗给重耳为妻，年长的叔隗给赵衰为妻，生子赵盾。赵衰随重耳在外十九年，后返回晋国，重耳为国君，即晋文公，赵衰任原（今河南济源西北）大夫，总持国政。晋文公之所以能回国并成为霸主，多赖赵衰出谋划策。

晋文公二年（前635年）春，周襄王因其弟王子带作乱逃至郑国，并向晋国告急。晋国初定，文公担心派兵会引发国内动乱，犹豫不决。而此时秦军将要送周襄王回京，赵衰便劝文公护送，为以后晋称霸发号施令积累资本。晋文公听从，护送襄王返回周都，杀了王子带，获赐阳樊（今河南济源西南）。文公四年（前633年），

赵衰墓

楚国攻宋，宋向晋求援，晋国派三军出兵，任命赵衰为卿，赵衰举荐郤縠、狐偃、栾枝等分别统率三军。冬天，攻下太行山以东地区，赵衰获封原邑。文公四年，赵衰随晋文公参加践土（今河南原阳西南）之盟，确立了晋文公的霸主地位。文公七年（前630年），赵衰统领新下军。文公八年（前629年），赵衰佐上军。晋襄公元年（前627年），赵衰佐中军。襄公三年（前625年），赵衰随先且居参加彭衙（今陕西白水东北）之战，大败秦军。

赵衰原本在晋国已娶妻，返回后，妻子要求他把在翟娶的叔隗迎来，并让叔隗生的儿子赵盾为嫡嗣，而让自己的三个儿子居下位。晋襄公六年（前622年），赵衰去世，谥成季。

赵衰墓在今济源市轵城镇赵村南750米处，省道309可达，地理坐标为北纬35°01′48.00″，东经112°37′57.33″。该墓建造年代不详，为济源市文物保护单位。墓葬坐落于耕地之中，地势平坦。现有南、北两冢，相距15米。北冢平面呈方形，边长15米，高3米。南冢边长12米，高约2.7米。据说是赵衰行军至此时去世，就地埋葬。

狐偃

狐偃，生卒年不详，字子犯。晋国重臣，晋文公重耳之舅，故又称舅犯、咎犯、臼犯。

晋献公之子重耳有五位贤士，狐偃是其中之一，这几个人"实左右之，公子居则下之，动则谘焉"（《国语·晋语》）。

晋献公时，因骊姬谗言，重耳出逃翟国，狐偃等人随从。在翟国十二年，重耳等人又到卫国、齐国。重耳贪恋在齐国的安逸生活，不愿离开齐国，赵衰、狐偃等人谋划，"醉重耳，载以行"（《史记·晋世家》）。最终，重耳在逃亡十九年后，回到晋国。狐偃一路相随，出谋划策。晋文公元年（前636年），秦国护送重耳到黄河边，狐偃准备离开重耳，重耳发誓与狐偃同甘共苦，并将玉璧扔进黄河盟誓。二月，狐偃与秦晋大夫在郇（今山西临猗）会盟。

文公二年（前635年），周襄王弟昭叔（太叔带）伙同翟人伐周，周襄王避难于郑，文公对勤王事宜迟疑不决，狐偃力

狐偃墓

劝文公："继文之业，定武之功，辟土安疆，于此乎在矣。"（《国语·晋语》）文公出兵杀王子带，拥护周襄王入城周。

文公四年（前633年），楚攻宋，宋求救于晋。狐偃提出："楚始得曹，而新昏于卫，若伐曹、卫，楚必救之，则齐、宋免矣。"（《左传·僖公二十七年》）于是，晋作三军，狐偃统率上军，三军联合攻下太行山以东地区。

文公五年（前632年），楚国包围宋国，宋国再次向晋国告急。双方在城濮（今山东鄄城西南）交战，大败楚军。周天子册封晋文公为霸主，晋文公称霸。回国后，即行封赏，狐偃为首功。

宋国的公孙固称狐偃"惠以有谋"（《国语·晋语》），曹国大夫僖负羁赞狐偃"可谓贤矣"（《国语·晋语》）。

狐偃墓在今郑州市荥阳市王村镇胡固村南，郑上路、工业路可到达，地理坐标为北纬34°50′60″，东经113°14′31″。该墓始建于春秋时期，为郑州市文物保护单位。墓冢北邻村庄，两侧为耕地，南面距连霍高速不足百米。墓区面积3500平方米，冢高10米，直径约46米。墓冢为夯筑封土，夯层明显。

百里奚

百里奚，生卒年不详，姜姓，百里氏，名奚，字子明，也称百里傒、百里子。楚国宛城（今河南南阳）人。春秋时期著名政治家。

百里奚饱读诗书，才学过人，遂出游求仕，历经宋、齐等国，但始终不得任用，一度陷入困境，沿街乞讨，后在蹇叔的举荐下，到虞国任大夫。晋国假虞灭虢，百里奚被俘。秦晋结亲，百里奚作为晋献公女儿的陪嫁奴隶被送到秦国，百里奚以此为耻，逃到宛，被楚国抓获。百里奚善于养牛，楚成王就让他为自己养牛。

秦穆公听说百里奚是人才，用五张黑公羊皮换回百里奚。秦穆公与他商谈国家大事，言无不合，穆公十分高兴，拜其为上大夫。因百里奚是以五张黑色公羊皮换回的奴隶，故世人称其"五羖大夫"。百里奚勤勉政事，劳不坐车，热不打伞，不用随从车辆，不带士兵防卫，深得秦国民众信赖。

百里奚离家数十载，杳无音信，妻子杜氏在家生活困苦，讨饭到秦国，知道百里奚做了大夫，就到他家做佣人。一次百里奚宴请客人，杜氏主动要求弹奏，歌中充满了对百里奚的哀怨。百里奚大惊，询问下才知道是自己的妻子，夫妻两人抱头痛哭。百里奚位高不忘旧情，相堂认妻的故事广为流传。

在百里奚的辅佐之下，秦穆公实行改革，秦国逐渐强盛。秦穆公十三年（前647年）晋国饥荒，请求秦国接济，百里奚力主借粮给晋国，送去大批粮食，晋人无不感恩戴德。穆公二十三年（前637年），晋惠公去世，秦国将晋公子重耳从楚国接到秦国，之后又将重耳送回晋国，立为国君。

穆公二十四年（前636年），周都洛邑动乱，周襄王避难竹川（今河南襄城附近），百里奚劝秦穆公把周襄王接到秦国，乘机称霸，秦穆公担心晋国阻拦，半途而废。晋文公称霸后，百里奚继续修复秦晋两国关系，共同征伐附近的曹国、卫国和郑国。穆公三十三年（前627年）冬，穆公急于称霸中原，命百里奚之子百里视和蹇叔的儿子等征讨郑国，百里奚和蹇叔不同意，但秦穆公一再逼迫，百里视等人带兵东进。结果被晋军截击，秦国军队全军覆没，三员秦将被俘。

穆公三十四年（前626年），秦国又与晋国战于彭衙（今陕西白水东北），秦军再次失败。百里奚反思后再行改革，增修国政，重施于民，秦国更加强大，史称"谋无不当，举必有功"（《吕氏春秋·孝行览》）。穆公三十六年（前624年），百里奚终于大败晋国，夺得王官（今山西闻喜西）和郊地。公元前623年，百里奚包围绵诸，活捉绵诸王，数十个戎狄小国先后归服秦国，"秦穆公称霸西戎"。

百里奚是中国古代杰出的政治家，他提倡教化、开启民智、忠君爱国。入秦后为秦国带去了先进的文化、政治和耕作技术，助秦穆公称霸西戎，使秦国由一个偏僻的小国成为可与晋国、楚国争高下的强国，为以后秦国兼并六国、统一华夏奠定了基础。

百里奚墓在今开封市通许县长智镇百里村内，县道021可达，地理坐标为北纬34°28′03.0″，东经114°35′25.0″。墓葬坐落于村内，地表无迹，被民舍占压。

赵盾

赵盾，生卒年不详。春秋时晋国执政，赵衰之子。

赵衰随重耳出逃翟，娶妻生下赵盾。赵衰随重耳逃亡离开翟后，赵盾与母亲相依为命，直到赵衰返回晋国后，将赵盾母子接回晋国。晋襄公六年（前622年），赵衰去世，赵盾接替父亲，担任晋国执政。

晋襄公去世，太子夷皋年少，赵盾以晋国多难，提议拥立年长且善良的襄公弟公子雍，并派人到秦国迎接雍。太子夷皋的母亲到朝堂上哭闹，又到赵盾家吵闹，赵盾无奈，只得拥立夷皋，是为晋灵公，从此灵公母子仇恨赵盾。晋国发兵阻止护送雍回国的秦兵，赵盾为将，打败秦国。灵公即位后，赵盾的权力越来越大。晋灵公六年（前615年），秦国攻打晋国，晋灵公派赵盾等人迎战秦军，双方大战一场。灵公八年（前613年），周顷王驾崩，公卿争夺权力，晋国派赵盾率领战车八百乘平息周朝内乱，并拥立匡王。

灵公十四年（前607年），赵盾等人因灵公生活奢侈而屡次上谏，灵公不听，并派人暗杀赵盾。刺客来到赵盾家行刺，见其家中简朴，认定赵盾是忠臣，于是自杀。赵盾以前外出打猎，看见桑树下有一人饥饿难忍，于是送给他很多食物。这个人叫示眯明，后来担任晋国国君的厨师。晋灵公打算借喝酒时杀死赵盾，示眯明知道后就劝赵盾少饮。赵盾要离开，伏击赵盾的士兵尚未会齐，灵公就放狗咬赵盾，示眯明将狗杀死。赵盾说："弃人用狗，虽猛何为。"伏击的士兵赶到，示眯明又与士兵搏杀，赵盾得以逃脱。赵盾的弟弟赵穿杀死晋灵公，赵盾又回到都城主政。赵盾派赵穿到东周洛邑迎接公子黑臀继位，是为晋成公。

赵盾在晋国主政二十年，晋国在军事上一直赢得主动权，成为中原盟主。他是晋文公之后晋国出现的第一位权臣，去世后，谥宣孟。

赵盾墓在今焦作市温县岳村街道方头村内，省道237、温孟老路在村庄附近经过，地理坐标为北纬34°55′33″，东经113°02′45″。该墓建造年代不详，为温县文物保护单位。原为方形墓冢，紧临民舍，现已不存。现有金章宗时期刻立《晋赵宣子坟庙记》残碑一通，碑文漫漶不清。

孙叔敖

孙叔敖，生卒年不详，芈氏，名敖，字孙叔，一字艾猎，春秋时期楚国期思（今河南淮滨东南）人。楚国令尹，古代著名政治家。

孙叔敖为楚国处士。约楚庄王八年（前606年），孙叔敖在期思、雩娄（今河南商城东）主持兴修水利，建成中国最早的大型渠系水利工程——期思雩娄灌区（期思陂）。据记载，他还曾主持修建芍陂（今安徽寿县安丰塘），在今湖北江陵一带也兴修过水利。庄王十五年（前599年），孙叔敖拜相，"施教导民，上下和合，世俗盛美，政缓禁止，吏无奸邪，盗贼不起。秋冬则劝民山采，春夏以水，各得其所便，民皆乐其生"（《史记·循吏列传》）。

庄王嫌货币太小，改铸大币，强令通行，民众使用不便，引起市场混乱，市令报告孙叔敖后，他上朝建议庄王恢复原币，庄王同意，令下三日，市场恢复繁荣。庄王认为楚国的车子太小，令全国一律改造高大的车子，孙叔敖劝谏，认为会招致民众反感，不如把街巷门槛做高，低小的车过不去，人们就会自觉改造高车了，结果如其所言。

庄王十七年（前597年），楚国与晋国大战于邲（今河南荥阳北），他辅助庄王指挥战斗突然进军，晋军措手不及，仓皇而逃，楚国因此役而建立霸权。

孙叔敖在《史记·循吏列传》中被列为第一个。他不用下令管束，百姓就自然顺从了他的教化，身边的人见到他的言行便仿效他，离得远的人观望四周人们的变化也跟着效法他。所以孙叔敖三次任相并不沾沾自喜，他明白这是自己凭才干获得的；三次离开相位也不悔恨，因为他自知没有过错。

孙叔敖墓在今信阳市淮滨县期思镇期思村，省道216可达，地理坐标为北纬32°20′39.3″，东经115°28′42.0″。该墓建造年代不详。墓葬坐落于耕地之中，四周为农田，地势平缓。原冢高大，并有遗爱庙及墓碑，现均不存。

韩厥

韩厥，生年不详，卒于晋悼公七年（前566年），姬姓，名厥，谥号献，又称韩献子。晋国正卿。

韩厥初为司马，执法刚正不阿。晋景公三年（前597年），晋司寇屠岸贾作乱，诛杀赵氏，韩厥阻止屠岸贾，屠岸贾不听。韩厥让赵朔逃走，赵朔不肯，并让韩厥保证他后代的安全，韩厥答应了他。程婴等将赵朔之子赵武藏匿，韩厥也知晓此事。景公十七年（前583年），景公生病。韩厥在景公面前重提赵盾功劳，并说赵家现在没有后人祭祀，此话感动了景公。他又趁机提起赵氏后人赵武，景公便将原赵氏田邑归还赵武，以续赵氏宗祀。

景公三年，楚攻郑，韩厥随荀林父率军救郑，被楚军击败于邲（今河南荥阳北）。景公十一年（前589年），与郤克等伐齐，与齐师战于鞍（今山东济南西北），大胜，差点生擒齐顷公。晋厉公时，打败援郑的楚军于鄢陵（今河南鄢陵西北）。栾书等人打算废掉厉公，韩厥不从。栾书去世，韩厥任中军将。

楚国攻打宋国，韩厥出兵救宋国，楚军因害怕而退兵。晋悼公六年（前567年），韩厥率兵击败郑军，第二年告老致仕，并在当年去世，儿子韩宣子接替他的职位。

韩厥墓在今焦作市温县岳村街道五里远村北，省道237、温孟老路途经附近，地理坐标为北纬34°55′60″，东经113°03′23″。该墓建于东周，为温县文物保护单位。墓葬坐落于耕地之中，北侧紧临村舍，地势平坦，视野开阔。土冢现已平，无迹可寻。

蘧瑗

蘧瑗，生卒年不详，字伯玉，谥成子，春秋卫国人。卫国大夫，以品行高洁而闻名。

蘧瑗是当时的贤人，经常反省自己。蘧瑗与孔子是好友，孔子曾数次投奔于他。一次蘧瑗派人探望孔子，孔子问蘧瑗在做什么，来人回答说："夫子欲寡其过而未能也。""年五十而有四十九年非。"（《淮南子·厚道训》）一日，卫灵公与夫人南子在宫里，听到外边车子的声音到宫门口戛然而止，南子说乘车的人一定是蘧瑗，因为他是个君子，一定会在宫门前下车以示对君主的尊敬。卫灵公派人查询，果然是他。

蘧瑗墓在今新乡市卫辉市安都乡君子村西南，国道107可达，地理坐标为北纬35°32′48.04″，东经114°06′05.93″。该墓建造年代不详，为卫辉市文物保护单位。墓葬坐落于耕地之中，四周为农田。墓冢形状不甚规则，南北长约20米，东西宽约15米，高近5米。前有康熙四十年（1701年）卫辉知府杨茂祖立碑一通，上书"周卫大夫遽伯玉墓"。原有蘧大夫庙，今已不存。

蘧瑗墓

子产

子产，生年不详，卒于郑定公八年（前522年），名侨，字子产，又字子美。以公孙为氏，有时也以父名子国为氏。春秋时期郑国著名政治家。

子产出身于贵族家庭，父亲子国是郑国的司马。他从小接受良好的教育，在政治上自小即有见地。父亲子国率军攻蔡国取得胜利，子产认为楚蔡交好，楚国会因此进攻郑国，他的父亲不以为然，但结果正如子产所言。郑国内乱，子国被杀，子产严守家门，处变不惊，并集合家兵发起攻击，很快将叛乱平息。公元前554年，郑国数次内讧，于是"子展当国，子西听政，立子产为卿"，子产正式登上历史舞台。

公元前549年，子产陪同郑简公朝晋。诸侯当时向晋国缴纳贡品，负担很重，于是子产给晋国主政的范宣子写信，对此事严厉批评，范宣子不得不减轻对各国的征敛。第二年，子产同子展伐陈，攻进陈国都城（今河南淮阳），陈国投降。子产到晋国解释伐陈的原因，晋人百般诘问，子产从容应对，随机应变，晋人无言以对，只得接受现实。

公元前543年，子产担任执政大夫，主政郑国，开始一系列改革。据《左传》记载，他的执政理念是："视民如子。见不仁者诛之，如鹰鹯之逐鸟雀也。""政如农功，日夜思之，思其始而成其终，朝夕而行之。行无越思，如农之有畔，其过鲜矣。"在用人上，"择能而使之"。一段时间后，郑国人才济济，朝政井然有序，内讧大大减少。

子产推进田制改革，"使都鄙有章，上下有服，田有封洫，庐井有伍"，之后又推出赋税制度改革，也取得成功，郑国国力从此大大增强。子产主张公开刑律，"铸刑鼎"，把刑律公布于天下，否定"刑不可知"，并认为"吾以救世也"，当时招致非议，后来公开刑律的做法被各国竞相效法，成为一种潮流。

乡校是当时郑国人议政的地方。子产的改革招来许多非议，乡校里面批评之声不断。官员然明因此建议子产毁掉乡校，子产不同意，"我闻忠善以损怨，不闻作威以防怨"，"大决所犯，伤人必多"（《左传·襄公三十一年》）。乡校因此保留下来。

晋国执政大夫韩起丢失玉环，流落到郑国商人手里。韩起请求郑定公命令商人将玉环交给自己，子产拒绝，认为大国令于小国，如果有求必应，小国必然不堪其扰。韩起最终口服心服，放弃了索玉的要求。

公元前542年，子产陪同郑简公朝拜晋国，晋国朝政混乱，无人出面接待，子产一怒之下推倒驿馆的院墙，并严词斥责晋大夫士匄，士匄哑口无言。执政大夫赵武也自觉不对，派士匄向子产道歉，并安排晋侯立即接见郑简公。公元前529年，晋国召集各国会盟，子产陪同郑定公参加，郑国当时位列男爵，却承担着公侯的贡赋，因此子产提出减少郑国的贡额，并且据理力争，最终晋人不得不让步。子产不卑不亢，尽力为郑国争取利益，捍卫郑国尊严，得到大家的尊重和认可。

子产不迷信神怪，主张将天与人分开，强调人的主观能动作用。在其他国家发生大火或郑国发生水灾之后，都有人主张祭祀，子产坚决不同意，"天道远，人道迩，非所及也"。公元前522年，子产对子大叔说："唯有德者能以宽服民，其次莫如猛。"（《左传·昭公二十年》）几个月后，子产去世，享年大约五十岁。死后谥成子。他的宽猛相济的思想，对后世影响很大。

子产是一位伟大的政治家，执政二十二年，使郑国基本摆脱了内外交困的局面，国力逐渐强大起来。子产品行高洁，赢得世人爱戴。他去世后，"郑人皆哭泣，悲之如亡亲戚"（《史记·郑世家》）。孔子称其为"古之遗爱也"。

子产墓在今郑州市新郑市观音寺镇南贾庄村西南陉山山顶，亦属今许昌市长葛市后河镇陉山村陉山主峰，国道107、省道103可达，长姚路、菜姚路可达，地理坐标为北纬34°16′55″，东经113°38′34″。该墓建于春秋时期，现为郑州市文物保护单位、许昌市文物保护单位。墓葬坐落于陉山山顶，视野开阔。墓冢以红石块堆成，顶圆底方，高5米，周长约50米。墓冢东原有子产庙、碑刻，后被毁，近年重建。

子产墓

子羽

子羽，生卒年不详，姓公孙，名挥，字子羽。春秋时期郑国著名政治家和外交家。

子羽为郑国人，曾助子产相郑。鲁昭公元年（前541年），楚国公子围聘于郑国，迎娶公孙段氏，拟住进郑国馆舍，子羽出面交涉，他对楚人说："我国狭小，不能容纳众人，请让我们在城外接受迎亲之礼。"楚国太宰伯州犁不满，但见郑国已有防备，请求不带武器进入国都，郑国答应。

子羽在制定政策、法令和外交活动中做出很大成绩。《左传·襄公三十一年》载："子产之从政也，择能而使之……公孙挥能知四国之为，而辨于其大夫之族姓、班位、贵贱、能否，而又善为辞令……郑国将有诸侯之事，子产乃问四国之为于子羽，且使多为辞令。"

子羽墓在今开封市通许县城关镇金元村，通长公路路南，县道021可达，地理坐标为北纬34°28′10.8″，东经114°29′09.5″。该墓建于春秋时期，为通许县文物保护单位。墓冢由土筑，南北长71米，东西宽60米，高14米。冢上及周围遍植翠柏等树木。墓冢上有康熙五十五年（1716年）碑刻一通。当年曾于墓北建子羽祠，现已不存。

子羽墓

沈子嘉

沈子嘉，生卒年不详。沈国末代国君，聃季载第十七世孙。

沈子嘉时，沈国位卑势弱，因近楚地，与楚交好，但因此屡遭中原诸国讨伐。《左传》载，鲁定公四年（前506年），晋国召集诸侯会盟于召陵（今河南郾城），亲楚的沈国拒不参加。晋国令蔡国出兵，伐灭沈国，并将沈子嘉押回蔡国杀掉，沈国自此灭亡，国人以国为姓，称沈氏。

沈子嘉陵在今驻马店市平舆县射桥镇张柏坟村西南约150米，县道011（石马线）可达，地理坐标为北纬33°07′23.4″，东经114°34′23.4″。该陵建于东周，为平舆县文物保护单位。墓葬坐落于耕地之中，四周为农田，所在地势微凸。墓冢东西长48米，南北宽20米，高4米。

沈子嘉陵

卫灵公

卫灵公，生年不详，卒于灵公四十二年（前493年），姬姓，卫氏，名元。卫襄公之子，卫庄公之父。春秋时期卫国国君，公元前534—前493年在位。

卫襄公宠幸一妾，孕期梦见有人对她说："我康叔也，令若子必有卫，名而子曰'元'。"小妾很惊异，问孔成子怎么回事，成子曰："康叔者，卫祖也。"（《史记·卫康叔世家》）孩子出生，果然是个男孩儿，襄公知道后，认为这是天命，就给儿子取名"元"。襄公夫人无子，便立元为太子。卫襄公十年（前534年），襄公去世，灵公遂继位。

卫灵公五年（前530年），贺晋昭公登基。齐豹、北宫喜、公子朝等叛乱，两日后被平定，此后再无内乱。灵公十四年（前521年），灵公派叛乱回国的公子朝领兵救宋，以安众心，后又两次派北宫喜会于诸侯，以彰其平乱之功。灵公二十六年（前509年），卫国与晋、鲁、宋、蔡等国会盟。灵公二十八年（前507年），鲁伐晋，不告而过卫都，灵公大怒，派弥子瑕率兵追击，公叔文子入谏，灵公召弥子瑕还。第二年，灵公派人与齐景公密谋削弱北宫氏势力。灵公三十年（前505年），会盟时受晋辱，灵公言："我让卫国受辱，请改立国君。"灵公三十一年（前504年），灵公以兵过中牟，中牟欲击之，但自觉无法取胜，改攻齐军。灵公三十二年（前503年），晋师围卫都，灵公坚守不出，晋师乃退。灵公三十六年（前499年），灵公驱逐欲为乱的公叔戍等人。

灵公三十八年（前497年），孔子来到卫国，灵公就按照鲁国俸禄标准给孔子发放，但后来双方产生嫌隙，孔子便带弟子离开卫国。之后孔子又返回卫国。

灵公三十九年（496年），太子蒯聩与灵公夫人南子有恶，他和他的徒弟戏阳商议在朝见时杀死南子夫人，但戏阳反悔，没有动手，蒯聩多次用眼睛提示，被南子夫人察觉，大声呼道："太子欲杀我！"灵公大怒，太子蒯聩不得已出逃。

灵公四十二年（前493年）春，灵公郊游，令子郢侍驾，并对郢说：我将立你为国君。郢回答说："我没有资格继承君位，您再另立他人吧。"夏天，灵公去世，南子命郢为太子，并说这是灵公遗命。郢说："亡人太子蒯聩之子辄在也，不敢当。"

(《史记·卫康叔世家》)于是辄被拥立为君,是为卫出公。

卫灵公擅长识人,知人善任,提拔了仲叔圉、祝鲀、王孙贾三个大臣。同时卫灵公爱好男宠,多猜忌,且脾气暴躁。

卫灵公陵在今安阳市滑县八里营乡八里营村,省道222可达,地理坐标为北纬35°31′25.78″,东经114°47′35.45″。该陵建造年代不详,为滑县文物保护单位。原有墓冢,夯筑,形状不甚规则,高约6米,面积约2400平方米,现已不存。

苌弘

苌弘，生年不详，卒于周敬王二十八年（前492年），亦作苌宏，字叔，又称苌叔，蜀（今四川）人。周朝大臣。

《史记·封禅书》载："是时，苌弘以方术事周灵王，诸侯莫朝周。周力少，苌弘乃明鬼神事，设射貍首。貍首者，诸侯之不来者，依物怪欲以致诸侯。"苌弘借此要求诸侯服从周天子，以维护周王朝统治。《淮南子·氾论训》载："苌弘，周室之执数者也。天地之气，日月之行，风雨之变，律历之数，无所不通。"

《国语·周语下》记载："敬王十年，刘文公与苌弘欲城周，为之告晋，魏献子为政，说苌弘而与之，将合诸侯。"最终顺利完成。

公元前492年，晋国大夫范吉射等人叛乱，苌弘和周王室暗助范氏。平息后，晋卿赵鞅以此为借口征讨周王室，周敬王为息事宁人，下令杀掉苌弘。传说因苌弘一片丹心，其死后三年血化为碧玉，故有"苌弘化碧""碧血丹心"之说，以喻忠诚正义。

庄子在《庄子·外篇·胠箧》中评价苌弘："昔者龙逢斩，比干剖，苌弘胣，子胥靡，故四子之贤，而身不免乎戮。"《汉书·艺文志》记有《苌弘》15篇，惜已无存，其言论散见《左传》《国语》《孔丛子》《吕氏春秋》《淮南子》等书。

苌弘墓在今洛阳市偃师市山化镇化村第19村民组张凯民家东侧10米，临民主路，地理坐标为北纬34°43′16.0″，东经112°51′30.0″。墓冢无存。冢前曾立明万历四十年（1612年）、清乾隆五十五年（1790年）等碑刻，今已移到他处保存。

仲由

仲由，生于鲁襄公三十一年（前542年），卒于鲁哀公十五年（前480年），字子路，春秋末鲁国卞（今山东泗水）人。孔子的得意门生，孔门"七十二贤"之一，以政事见长。

子路年少时性格粗俗刚直，戴鸡冠，佩豚饰，好勇斗狠。孔子东游到卞，子路打算欺凌孔子，孔子设礼相诱，子路对孔子信服，拜孔子为师。在鲁国，子路曾协助孔子隳三都（即推掉三位权臣城墙高出规定的部分），后跟随孔子周游列国。子路曾问孔子："君子尚勇乎？"孔子曰："君子义以为上，君子有勇而无义为乱，小人有勇而无义为盗。"（《论语·阳货》）

子路除学"六艺"外，还为孔子赶车，做侍卫。他敢于批评孔子，勇于改正错误，深得孔子器重，认为可备大臣之数，"千乘之国可使治其赋"（《论语·公冶长》），

仲由墓

并说"自吾得由,恶言不闻于耳"(《史记·仲尼弟子列传》),又说:"我的主张如果行不通,就乘木筏子到海外去,那时跟随我的怕只有仲由了。"

子路向孔子询问政事。子曰:"先之劳之。"请益。曰:"无倦。"(《论语·子路》)子路初仕鲁,后事卫,信守承诺,忠于职守。孔子任鲁国司寇时,他为季孙氏的家臣,后任卫国大夫孔悝的邑宰。公元前480年,孔悝的母亲伯姬与人谋立蒯聩(伯姬之弟,卫出公之父)为君,胁迫孔悝弑卫出公,出公闻讯而逃。子路在外闻讯后,进城去见蒯聩,蒯聩命人击落子路冠缨,子路说:"君子死而冠不免。"(《史记·仲尼弟子列传》)毅然系好帽缨而死,享年六十三岁。

子路家贫至孝,为让父母吃到米饭到百里之外买米。子路的言行在《论语》中出现过四十一次,是孔门弟子中对后世影响较大的一位。孟子称赞他有过则喜,并把他与禹、舜相提并论。唐玄宗时,追封他为卫侯;北宋真宗时,追封为河内公;南宋度宗时,封为卫公;明嘉靖时改称先贤仲子。

仲由墓,亦称子路坟,在今濮阳市华龙区建设路街道戚城村,开州南路可达,地理坐标为北纬35°45′20.3″,东经115°01′56.7″。该墓始建于春秋时期,为河南省文物保护单位。子路墓祠始建于北宋大中祥符二年(1009年),经历代修葺,至明清时期已颇具规模。墓冢高4.5米,直径29米,砖墙围护。

漆雕开

漆雕开,生于鲁昭公二年(前540年),卒年不详,字子开,又字子若,又作子修。春秋时鲁国人,一说蔡国人。孔子的学生,以德行著称。

漆雕开无罪受刑致残,随孔子学习,尤其精通《尚书》。他为人恭俭庄敬,不求仕途。《孔子家语》卷九说他"习《尚书》,不乐仕"。一次,孔子叫他去做官,说按他的年龄可以出仕为官,不然将错过时机。漆雕开回答:"吾斯之未能信。"(《论语·公冶长》)他表示不愿做官,孔子非常高兴。学业有成后,设坛讲学,弟子日多。

漆雕开坚持正义,刚正不阿,主张色不屈于人,目不避其敌。己行有亏,对奴婢也要躲避;己行正直,对诸侯也敢发怒。具有"勇者不惧"(《论语·子罕》)的美德。

漆雕开发展了孔子"性相近也,习相远也"(《论语·阳货》)的学说,他认为有的人性善,有的人性恶,提出了"天理"和"人欲"的概念,形成了自己的人性论。著有《漆雕子》十三篇。其为论有理,深受好评。孔子死后,漆雕氏之儒成为儒家八派之一,继续传播儒家学说。

唐玄宗开元二十七年(739年)封滕伯,北宋大中祥符二年(1009年)封平舆侯,南宋度宗咸淳三年(1267年)从祀孔子。

漆雕开墓在今驻马店市上蔡县华陂镇华北村中,省道219可达,地理坐标为北纬33°27′12.0″,东经114°16′03.0″。漆雕开墓于20世纪80年代重修,为上蔡县文物保护单位。墓区东临水塘,为鸿隙湖的一小部分,西边是民宅。墓冢为圆形,以青砖和水泥垒砌,直径约3.5米,高约1.1米。

漆雕开墓

沈诸梁

沈诸梁，生卒年不详，字子高，楚国左司马沈尹戌之子。楚国大臣，叶姓始祖。因封邑在叶（今河南叶县），故称叶公，也是寓言故事《叶公好龙》的主角。

楚惠王时期，令尹子西执政，想让因被楚平王追杀而逃走的太子建的儿子王孙胜回国，沈诸梁极力劝阻，认为王孙胜"展而不信，爱而不仁，诈而不知，毅而不勇，直而不衷，周而不淑"（《国语·楚语》），回国后一定会为父亲报仇而挑起内乱。子西不听，一意孤行，欲用王孙胜镇守与吴国邻境地区。沈诸梁见状，离开郢都（今湖北宜城），到蔡地（今河南上蔡、新蔡一带）居住，并密切关注时局。

王孙胜回国，封在白邑（今河南息县西北），改称白公胜。他笼络人才，伺机叛乱，其志不仅是为父报仇，还要称王复辟。白公胜的阴谋逐步公开化，但令尹子西仍然不相信，后来白公胜大败吴军，借机发动兵变杀死子西，自立为王。

沈诸梁自任令尹、司马，率方城之外楚军攻入郢都，得到民众响应。白公胜本是个虚伪、优柔寡断之人，政变也没有得到楚国宗族、官员的支持，沈诸梁与惠王之兵里应外合，大败白公胜，白公胜逃入山中自缢而死。沈诸梁平叛有功，但他没有贪恋权位，平叛后立即辞去令尹和司马的职务，并让子西的儿子子宁为令尹，子期之子子宽为司马，自己回到叶邑，并终老于此。

在汉代刘向的《叶公好龙》寓言中，叶公喜假龙、惧真龙，口是心非而虚伪，实际上他是楚国著名的政治家、军事家。在叶邑主政期间，他组织民众修筑了中国现存最早的水利工程，使当地数十万亩农田得到灌溉，修筑的东陂、西陂遗址至今保存尚好。

沈诸梁临终之前留下的《叶公之顾命》曰："毋以小谋败大作，毋以嬖御人疾庄后，毋以嬖御士疾庄士、大夫、卿士。"（《礼记·缁衣》）意思是不要以小臣的计谋而坏了大臣的作为，不要宠爱妾而伤害王后，不要宠爱臣而憎恨严肃正派的士、大夫和卿士等。叶公后人以叶为姓，他也成为叶姓始祖。

沈诸梁墓在今平顶山市叶县叶邑镇旧县村西北部，省道103可达，地理坐标为北纬33°30′52.0″，东经113°17′01.0″。

沈诸梁墓

该墓始建于春秋时期，为河南省文物保护单位。现已辟为叶公陵园，占地面积2万余平方米，主要包括大门、问政殿、享堂、碑廊、墓丘、祭台、东西厢房等设施。园内碑石林立，苍松翠柏。墓冢呈圆形，直径约16米，高约2米，面积200平方米。墓冢四周以砖围砌，冢上植柏，冢前立碑。

闵子骞

闵子骞,生于鲁昭公六年(前536年),卒于鲁哀公八年(前487年),名损,字子骞,春秋末期鲁国人。孔子高徒,在孔门中以德行与颜回并称,为"七十二贤"之一。他为人至孝,是"二十四孝"之一。

闵子骞年少时受后母虐待,冬天,后母用芦花为他做衣服,用丝绵为亲生的两个孩子做衣服,但他的父亲并不知实情。冬季的一天,父子四人驾牛车外出,闵子骞手指被冻僵,牛缰绳和鞭滑落在地,牛车也翻倒了,他的父亲就责骂抽打他。他的衣服被打破,里面的芦花飞出来,他的父亲看到后非常惭愧,打算将他的继母赶走,闵子骞替继母求情:"母在一子寒,母去三子单。"(《三农纪·草属》)父亲宽恕了妻子,继母自此对待闵子骞也如同亲生孩子,全家和睦。孔子称赞他说:"孝哉,闵子骞!人不间于其父母昆弟之言。"(《论语·先进》)后人把这一故事称为"单衣顺亲"或"鞭打芦花"。

闵子骞墓

闵子骞崇尚节俭，鲁国扩建库房，他批评道："原来的库房很好，为什么要劳民伤财去改造呢？"孔子赞成他的意见，赞扬他平时不乱说，一旦讲出的话就非常正确。闵子骞"不仕大夫，不食污君之禄"，季桓子想聘请他当费邑（今山东鱼台西南）宰，他不同意，对来人说："如果再来聘我，我就离开此地到汶上（属齐地，暗指离鲁奔齐）去。"后经孔子劝说，他才答应，并把家迁到东蒙山南，村名闵子庄。他治理费地很有成绩，但因看不惯季氏行为，最后毅然辞职。

闵子骞墓在今濮阳市范县张庄乡闵子墓村西，省道101、县道011可达，地理坐标为北纬35°48′29.3″，东经115°37′45.0″。该墓始建于春秋时期，为濮阳市文物保护单位。墓地濒临黄河，时被冲毁。墓坐北朝南，高1.5米，周长84米，占地25平方米。墓北原有闵子坊、祠堂、大门等设施，现已不存。

端木赐

端木赐,生于卫灵公十五年(前520年),卒年不详。姓端木,名赐,字子贡,春秋末期卫国人。孔子的著名弟子之一。

子贡思维敏捷,能言善辩。孔子经常被他辩倒,认为他是言语类的异能之士,善于辞令与外交。孔子曾问子贡:"汝与回也孰愈?"对曰:"赐也何敢望回。回也闻一以知十,赐也闻一以知二。"(《史记·仲尼弟子列传》)孔子很看重子贡,《论语》中二人的答问最多,孔子称赞子贡"告诸往而知来者"(《论语·学而》),"赐之敏贤于丘也"(《孔子集语》卷三),并将他比作治国安邦之重器。子贡非常尊敬孔子,是孔门中颂扬孔子最多的。当时,鲁国大夫叔孙武毁谤孔子,子贡反击说:"无以为也,仲尼不可毁也。他人之贤者,丘陵也,犹可逾也。仲尼,日月也,无得而逾焉。人虽欲自绝,其何伤于日月乎!多见其不知量也。"(《论语·子张》)

子贡喜欢政事,经常就治国之策向孔子求教。齐国攻打鲁国,孔子派子贡到各国游说,利用子贡善于辞令的特长寻求他国支持。在齐国,子贡劝说田常不要攻打鲁国,要转移国内矛盾就去攻打吴国。到了吴国,他请求吴国帮助鲁国讨伐齐国,吴王夫差担心越王勾践乘机攻打吴国,子贡说越国弱小,轻易不会发兵,而攻打齐国不仅可解救鲁国,得到其他诸侯国的称赞,还可以从齐国、晋国那里得到好处。他又到越国,建议越王勾践乘机起兵,以防吴国势力坐大。最后子贡来到晋国,建议晋国君做好迎战准备。

最终,吴国打败齐国,获得大量战利品,但吴王不满足,继续进攻晋国。晋国早有防备,吴国的进攻并未占到好处。越王勾践看准时机,出兵攻打吴国,吴军仓皇迎战,大败,吴王夫差战死。此事在当时影响极大,《史记·仲尼弟子列传》载:"子贡一出,存鲁,乱齐,破吴,强晋而霸越。子贡一使,使势相破,十年之中,五国各有变。"

子贡知营销,懂商贾,在物贱时买来存贮,贵时卖出,赚取利润,在鲁国、卫国为相期间,家累千金。他喜欢扬人之美,也不匿人之过。孔子去世,鲁哀公致哀,子贡批评道:"生不能用,死而诔之,非礼也。"(《左传·哀公十六年》)后子贡为孔子守墓六年,在孔子的诸多弟子中,

子贡墓

唯有子贡如此。此举为后人尊崇,在孔庙旁立有子贡守墓处以示纪念。子贡晚年居住在齐国,直到去世。

子贡墓在今鹤壁市浚县伾山街道东张庄村西北约200米,省道219、省道222可达,地理坐标为北纬35°38′30.0″,东经114°32′27.0″。该墓始建于东周,为浚县文物保护单位。墓冢坐落于农田之中,为近代恢复,周围新栽杨树环绕。冢呈圆形,高8米,底部周长60米,占地面积约1000平方米。墓前有碑,上刻"先贤端木子贡之墓",墓东南约50米处立《改正先贤黎公墓祠记》碑。

卜商

卜商，约生于晋定公五年（前507年），卒年不详，字子夏，晋国温（今河南温县西南）人。孔门弟子，"七十二贤"之一，曾为莒父（今山东莒县）宰。

子夏是孔子的得意门生之一，他于孔子周游列国回到鲁国后，拜在孔子门下，当时他大约二十四五岁。子夏"好与贤己者处"（《孔子集语》卷九），志在传播和发扬孔子学说，不愿与仕宦为伍。他做学问"博学而笃志，切问而近思"，提出"仕而优则学，学而优则仕"（《论语·子张》）的思想，认为从政者要不断学习充实自己，而学者也应该有认识社会、改造社会的能力。

他擅长文学，孔子自称"受业身通者七十有七人，皆异能之士也"（《史记·仲尼弟子列传》），其中文学方面就是指子游和子夏。子夏偏重文物典章，子游偏重

卜商墓

礼乐，因此有人将子夏与儒家经典联系在一起，据传《诗经》《春秋》等儒家经典都是由他传授下来的。

孔子死后，子夏独居西河教授弟子，据说李悝、吴起、田子方、段干木、禽滑厘等人都是他的弟子，魏文侯也尊其为师。这些人中，李悝、吴起为法家著名的代表人物，田子方后来传播道家学说，禽滑厘则入了墨家。

子夏为人谨慎，处世力求明哲保身。他因儿子夭折，日夜流泪，导致失明。唐开元年间追封其为魏侯，宋大中祥符年间加封为河东公，南宋咸淳年间晋封为魏公，明嘉靖年间改称其为先贤卜子。

卜商墓在今焦作市温县黄庄镇卜杨门村南，省道312、省道309可达，地理坐标为北纬34°58′59″，东经113°00′44″。该墓建于春秋时期，为温县文物保护单位。墓区紧临村庄和耕地，地势平坦。墓冢呈八角形，边长2.35米，高约1.4米。墓正前方立碑一通，上书"先贤卜子之墓"；神道两侧列碑多通，左首为康熙二十八年（1689年）立墓碑，记述卜子夏生平，右侧首有1930年所立墓碑，其余均为当代所立。

聂政

聂政，生年不详，卒于韩烈侯三年（前397年），战国时期韩国轵邑（今河南济源南）人。以侠义著称，为战国时期四大刺客之一。

聂政杀人后为了避仇，同母亲和姐姐来到齐国，以屠宰为生。韩哀侯时，大夫严仲子与韩国国相侠累结下仇怨，怕遭杀害逃走，到了齐国后多次登门拜访聂政，意图让他为自己报仇。因母亲尚在，聂政谢绝严仲子的厚礼，没有答应他。后来母亲去世，服丧期满后，聂政深感严仲子之德，答应为他报仇。

聂政带着宝剑来到韩国，找到侠累的家，见侠累正好坐在堂上，便径直而入，上前刺死侠累。侍从大乱，聂政高声大叫，击杀几十人，为了不连累别人，又趁机毁坏了自己的面容，捅破眼睛，剖腹自杀。韩国人把他的尸体陈列于街市，查问凶手，但没有人知道，于是悬赏千金征求线索。聂政的姐姐聂荣听说后来到街市，找到聂

聂政墓

政尸体，放声大哭，因过度哀伤死在聂政身旁。晋、楚、齐、卫等国人听到这个消息，都说不但聂政侠义，就连他姐姐也是烈性女子。

聂政墓在今济源市轵城镇泗涧村西侧，省道309转县道066可达，地理坐标为北纬35°01′02″，东经112°35′28″。该墓始建于战国时期，为河南省文物保护单位。墓冢紧临村庄，地势倾斜。墓冢呈圆形，封土高约3.5米，直径约22米，面积约400平方米。冢前原有一享堂，为将军庙，明时所建。另有明、清及民国时期碑刻6通。

韩昭侯

韩昭侯，生年不详，卒于昭侯三十年（前333年）。韩国君主。又称韩昭厘侯、韩厘侯，公元前362—前333年在位，谥昭。

韩昭侯刚即位时，秦、宋、魏等国屡次进犯。韩昭侯八年（前355年），任用申不害为相国，修术行道，国内得治，诸侯不来侵伐。申不害本是郑国小吏，其学说"本于黄老而主刑名"（《史记·老子韩非列传》），韩昭侯很欣赏他。在韩昭侯的支持下，申不害对内整治政教，对外应对各国，主持朝政十五年，使韩国一直保持强国地位。一次申不害为叔叔、哥哥请求官职，韩昭侯不答应，并批评他不根据功劳大小用人，而是法外私求，申不害知错，连忙向韩昭侯请罪。

昭侯二十年（前343年），周显王封秦孝公为西部诸国盟主，韩昭侯祝贺。昭侯二十六年（前337年），申不害去世。昭侯二十八年（前335年），秦国攻占韩国的宜阳（今河南宜阳西）。第二年，韩昭侯打算兴建高门，当时秦占宜阳，韩国大旱，有人劝阻，韩昭侯不听。一年后高门建成，韩昭侯去世，由其子韩威侯继位。

韩昭侯陵在今洛阳市宜阳县韩城镇城角村北，北临郑卢高速、八官线公路，省道247可达，地理坐标为北纬34°31′08.42″，东经111°55′59.87″。该陵建于战国时期，为宜阳县文物保护单位。俗称"韩王冢"。墓葬坐落于山坡上，地势较高，四周为农田。墓冢近圆形，直径约35米，高约14米。

韩昭侯陵

扁鹊

扁鹊，生卒年不详，姓秦，名越人，渤海郡郑（今河北任丘北）人。古代名医。

扁鹊年轻时在一家客馆做主管，长桑君经常到客馆，扁鹊对他非常恭敬，长桑君便传给他秘方。扁鹊服用三十天，就能透墙视人，为别人诊视时，能看清人五脏内所有的病症。此后，扁鹊有时在齐国行医，有时在赵国行医，在赵国时名扁鹊。

晋昭公时，大夫赵简子生病，五天不省人事，扁鹊诊视后说："他的血脉正常，你们何必惊怪！"过了两天半，赵简子苏醒了，赐给扁鹊田地四万亩。扁鹊路过虢国，正逢虢国太子去世，扁鹊询问病情后说能使他复活，遂磨砺针石在百会穴下针，不一会儿太子就苏醒了。扁鹊又用药剂在他两胁熨敷，太子即刻能够坐起。扁鹊进一步调理太子的身体，太子吃二十天汤剂身体恢复如从前。天下人因而认为扁鹊能使死人复活，扁鹊却说："越人非能生死人也，此自当生者，越人能使之起耳。"（《史记·扁鹊仓公列传》）

扁鹊到齐国，齐桓侯把他当客人招待，扁鹊对他说："君有疾在腠理，不治将深。"桓侯说自己没病，认为扁鹊"医之好利也，欲以不疾者为功"。五日后，扁鹊又说："君有疾在血脉，不治恐深。"桓侯不高兴。再五日后，扁鹊说："君有疾在肠胃间，不治将深。"桓侯不再做回应。再五日后，扁鹊见桓侯即退走，桓侯派人追上问个究竟，扁鹊对来人说："病在肌肤，用热敷法就能治好；病在血肠，用针石可以治好；病在肠胃，用药酒还可奏效；一旦病入膏肓，就是神仙也无可奈何了。现在大王病入膏肓，我已无能为力了。"五日后，桓侯病，派人召扁鹊，扁鹊已逃去，桓侯遂死。故事出自《史记·扁鹊仓公列传》，这也是成语"病入膏肓""讳疾忌医"的由来。

扁鹊名闻天下。邯郸人尊重妇女，他就做妇科医生；洛阳人敬爱老人，他就专治耳聋眼花四肢痹痛；咸阳人喜爱孩子，他就做儿科医生，随各地习俗而改变医治对象。秦国太医令李醯自知医术不如扁鹊，派人刺杀了他。

扁鹊总结前人和民间经验，结合医疗实践，在诊断、病理、治法等方面对医学作出突出贡献，奠定了传统医学诊断法的基础，司马迁称赞说："扁鹊言医，为方

扁鹊墓

者宗。守数精明，后世循序，弗能易也。"（《史记·太史公自序》）医学界把扁鹊尊为我国古代医学祖师，称其为"中国的医圣""古代医学的奠基者"。他最早应用脉诊诊视疾病，运用望诊、闻诊、问诊和切诊四诊法，提出了相应的脉诊理论，为后世所宗。他精于望色，据此推断病症、病因和病情发展；精于内、外、妇、儿、五官等科，应用砭刺、针灸、按摩、汤液、热熨等方法。他重视疾病预防，认为对疾病需要预先采取措施，消灭在萌芽状态。他还精于外科手术，手术时用药物对病人进行麻醉。《汉书·艺文志》载有《扁鹊内经》《外经》，均佚。现存《难经》题秦越人撰。

扁鹊墓在今安阳市汤阴县伏道镇岗阳村北200米，省道219可达，地理坐标为北纬35°51′59.35″，东经114°25′20.34″。扁鹊墓始建于战国时期，为河南省文物保护单位。现辟为扁鹊墓庙，园内松柏丛生，环境幽静。除墓冢外，尚有大殿、回春堂、名医殿、神灵殿等设施，占地16200平方米。墓在后殿北，冢呈八角形，直径约8米，边长约3.1米，高约1.5米。墓冢四周以砖围砌，顶部平整。冢前有康熙三年（1664年）汤阴县知事魏师段立《重修扁鹊先生墓文》。庙内有碑刻多通，如《赞扁鹊仙艾祠有引碑》《扁鹊墓祠堂记碑》等。人们在此祭祀扁鹊，同时辟为旅游景区，供人参观。

列子

列子，生卒年不详，约生活在公元前339年前后，名御寇，又名圄寇、圉寇，战国郑（都今河南新郑）人。中国古代思想家。

东汉班固作《汉书·艺文志》，把《列子》归入道家，录著八卷，据说列子的学说本于黄帝和老子，主张清静无为，今本《列子》总共八篇，内容多为寓言、神话和民间故事，早佚。一般认为，今本《列子》是魏晋时期的伪书，但也有不同意见，认为确是先秦古籍，只不过后人增加文字和残简、错简罢了。《列子》可能是成书于三家分晋之后，而且可能最终是由列子的门生及其后学编汇而成。

·《列子》一书包含着丰富的科学思想。《列子·汤问》中的一篇寓言故事就对先秦时期流行的"盖天说"的宇宙理论提出了质疑。文中讲述：孔子东游，见两小儿争辩，就问缘由。一人说："我认为太阳初升时离人近，日中时离人远。"另一人说："我认为太阳初升时离人远，而日中时离人近。"第一个小孩儿又说："日出时太阳大如车盖，到了日中，则如盘盂，这不是远者小而近者大的道理吗？"另一个小孩儿说："日出时沧沧凉凉，及其日中如探汤，这不是近者热而远者凉的道理吗？"孔子不能判断，两个小孩儿笑着说："孰为汝多知乎？"

列子对宇宙无限性的认识也是相当超前的。《列子·汤问》中记载了关于宇宙无限性的一段对话。殷汤问："然则上下八方有极尽乎？"夏革曰："不知也。"殷汤一个劲地问，夏革回答道："无则无极，有则有尽，朕何以知之？然无极之外复无无极，无尽之中复无无尽。无极复无无极，无尽复无无尽。朕以是知其无极无尽也，而不知其有极有尽也。"这种"无极之外复无无极，无尽之中复无无尽"的认知在科学史上具有重大意义。

《列子》中除大量关于科学思想的论述之外，还提出了许多科学的幻想，如自由飞行、大陆漂移等，虽然仅仅是幻想，但其中也有不少科学的内容。《列子·汤问》说："渤海之东不知几亿万里，有大壑焉，实惟无底之谷，其下无底名曰归墟。"无独有偶，《山海经·大荒东经》所记"东海之外大壑"，即指此壑。根据现在的地理知识，太平洋板块和亚洲板块交界的地

列子墓

方，有马里亚纳海沟，是目前所知世界上最深的海沟，不知是巧合，还是古人真有探险的勇士到过这种地方。

列子墓在今郑州市管城区圃田乡大孙庄村西北部，商都大道可达，地理坐标为北纬34°44′10″，东经113°49′23″。该墓始建于战国时期。墓葬坐落于村庄之中，东西两侧均为现代建筑。现辟有墓区，坐北朝南，南有门，额上书"列子墓"。墓冢为土筑，圆形，高约2.8米，直径约8米。下部1米以砖围砌。自墓门到墓冢间有神道，两侧碑刻林立，皆为现代人书写纪念、颂扬列子之语。冢东侧有明弘治年间碑刻一通。

庞涓

庞涓，生年不详，卒于魏惠王二十九年（前341年），战国时期魏国（都今河南开封）人。曾在鬼谷子门下学习兵法，与孙膑同门。中国古代著名军事家。

魏惠王时期，招募天下贤士，庞涓就去见惠王，阐述自己治国强兵之策，得到惠王赏识，拜为大将。为了不让孙膑成为自己的对手，他又把孙膑请到魏国，共同辅佐惠王。孙膑的才识本在庞涓之上，得到惠王器重，受到将士尊崇。庞涓虽有较高的军事才能，但心胸狭隘，嫉贤妒能，看到孙膑威胁到自己的地位，就设法陷害孙膑，说他是齐国的奸细。惠王信以为真，命人打断孙膑的双腿，并在他脸上刺字，永不再任用。

孙膑在魏国无法申辩，就想办法离开，齐国使者到魏国，孙膑请求使者把自己带到齐国。齐国使者同情孙膑的遭遇，而且知道孙膑有军事才能，到了齐国一定能为齐国作出贡献，于是就悄悄地把孙膑接到齐国。在齐国，孙膑得到齐威王赏识，并被任命为军师。

魏惠王十七年（前353年），庞涓率领大军进攻赵国。魏军长驱直入，一直打到赵国都城邯郸，将邯郸团团围住。赵国向齐国求救，齐威王决定派兵救赵，以孙膑为军师。孙膑向大将田忌献策，不要直接发兵救邯郸之围，而是进攻魏国国都大梁。庞涓正准备发动更大攻势，突然得到齐国进攻大梁的消息，急忙退兵，回师救大梁，在桂陵（今河南长垣西北）遭到齐兵的埋伏，大败。这就是历史上著名的"围魏救赵"的故事，也是成语"围魏救赵"的由来。

惠王二十八年（前342年），庞涓率兵攻打韩国，韩国向齐国求救。次年，齐国再次以田忌为大将，以孙膑为军师，使用同样的计策，去攻打魏国大梁。庞涓急忙从韩国退兵，回师救大梁，但齐军已进入魏国境内。庞涓率领军队与齐军作战，一路追杀，但又中了孙膑之计。孙膑令士兵逐步减少炉灶数量，给庞涓以齐军胆小、临阵脱逃的假象。庞涓中计，放松警惕，将步兵留下，只带着一支轻骑兵追赶齐军。孙膑在马陵（一说今河北大名东南）设伏，并在一棵树上写道"庞涓死于此树之下"。庞涓天黑时赶到，命人下马清障，士兵见到树上有字，就报告了庞涓。庞涓举起火

庞涓墓

把，看到树上所写之字，正在惊恐时，齐军万箭齐发，魏军大乱，死者不计其数。庞涓看到大势已去，拔剑自刎。

庞涓墓在今开封市通许县城关镇三里岗村西，县道021可达，地理坐标为北纬34°28′21.7″，东经114°29′24.0″。该墓建于战国时期，为通许县文物保护单位。墓葬坐落于通长路路北约100米处，西边紧邻涡河河道，余皆为耕地，四周树木丛生。墓冢呈不规则圆形，直径约21米，高约5米，面积约1300平方米。

孙膑

孙膑，生卒年不详。一说其本名孙伯灵，生于战国时期的齐国阿鄄之间（今山东阳谷县阿城镇、鄄城县北一带）。古代著名军事家。

孙膑曾经和庞涓一起跟随鬼谷子学习兵法，后来庞涓任魏国将军，派人请孙膑至魏。庞涓见孙膑比自己有才干，很是妒忌，就捏造罪名陷害孙膑。惠王听信庞涓之言，打断了孙膑的双腿，并在他脸上刺字。齐国使者到达魏国都城大梁，孙膑以罪犯身份暗中会见，齐国使者认为孙膑才能奇异，就偷偷载着孙膑回到齐国。齐国将军田忌很敬重孙膑，待他像贵宾一样。

田忌多次和齐国诸公子赛马，孙膑见田忌马力和对手相差不大，而且同样分上、中、下三等，便对田忌说："您只管下大赌注，我能够使您获胜。"田忌相信孙膑的话，就跟齐王和诸公子下千金的赌注比赛胜负。临比赛时，孙膑对田忌说："现在用您的下等马去和对方的上等马比赛，拿您的上等马去和对方的中等马比赛，再拿您的中等马和对方的下等马比赛。"三个等级的马比赛完毕，田忌负了一场却胜了两场，赢得齐王千金赌注。田忌向齐威

孙膑墓

王推荐孙膑，齐威王向孙膑请教兵法，把孙膑当作老师。

魏国征伐赵国，赵国向齐国求救，齐威王打算以孙膑为将，孙膑以自己是受过刑罚的人推辞，于是威王以田忌为将军，孙膑为军师。田忌打算引兵直接去赵国，孙膑认为："今梁赵相攻，轻兵锐卒必竭于外，老弱罢于内。君不若引兵疾走大梁，据其街路，冲其方虚，彼必释赵而自救，是我一举解赵之围而收弊于魏也。"（《史记·孙子吴起列传》）田忌采纳了孙膑的建议，解了赵国之围，并在桂陵（今河南长垣西北）大破魏军。

魏国与赵国共同攻打韩国，韩国向齐国求援，齐国再以田忌为将，直奔大梁。孙膑认为魏兵强悍而又轻视齐国兵力，遂用"添兵减灶"法蒙蔽庞涓。进入魏国地界后，先为十万灶，次日为五万灶，再次日为三万灶，庞涓中计，以为齐兵胆怯，行三日士卒逃跑已经过半，于是轻骑兼程追赶。到达马陵（一说今河北大名东南）时，道路狭窄，关隘较多，适于伏兵，孙膑在树上刮掉一块树皮，上书"庞涓死于此树之下"，并令善于射箭者在道路两边设伏，"暮见火举而俱发"（《史记·孙子吴起列传》）。庞涓夜里赶到树下，借助火光看见树上有字，未及读完，齐军万箭齐发，魏军大乱，庞涓自知智穷兵败，自刎而死，齐兵乘胜大破魏军，孙膑以此役名显天下。

孙膑所著《孙膑兵法》，又称《齐孙子》，《汉书·艺文志》载《齐孙子》八十九篇、图四卷。现存《孙膑兵法》分上、下两编共三十篇，上编一般认为由其弟子辑录、整理孙膑言论而成，下编著者不详。

孙膑的军事思想主要集中于《孙膑兵法》。他主张慎重对待战争，要以有力武力作为保障，积极地做好准备工作才能取得战争胜利。他反对穷兵黩武，认为政治和经济条件是决定战争胜负的基础，民心、军心是取得战争胜利的决定性因素。提出将领要知"道"，"道"就是战争的规律，专门阐述积疏、盈虚、径行、疾徐、众寡、佚劳等问题。战略思想方面，孙膑强调"必攻不守"（《孙膑兵法·威王问》）。战术方面，孙膑提出因势、造势的思想。孙膑对阵法进行了专门论述，分析了破解各种战阵的对策。专门论述攻城问题，以及攻城的策略与技术。他认为将领应当具备义、仁、德、信、智，必须忠于君主，君主不应干涉将领具体军务，确保将领有独立的军事指挥权。他认为在管理队伍方面，要任用贤能、严明纪律、奖惩公平、赏罚及时。

孙膑墓在今洛阳市汝阳县城关镇云梦村南，县道051可达，地理坐标为北纬34°07′06.0″，东经112°29′35.0″。该墓建于战国时期，为汝阳县文物保护单位。墓葬坐落于云梦山顶，地势较高。东距桃凹村300米，西距马蓝河300米。墓冢为圆形封土，高5.5米，周长55米，面积302.5平方米。封土周围垒砌石墙，墙高2米，宽0.5米。

惠施

惠施，约生于公元前370年，卒于公元前310年，战国时期宋国人。古代著名哲学家，名家学派代表人物之一。

惠施和庄子是好朋友，他们经常就一些问题争得面红耳赤。惠施在魏国为相时，庄子去看望他，有人就说庄子可能会威胁到惠施的地位，惠施于是派人到处寻找庄子。庄子知道后，就主动去见他，并说："凤凰择梧桐而栖，非竹实不食，非甘泉不饮，你以为我来魏国是和你抢夺相位的吗？"惠施羞愧难当。

据说有一次他们在河边看小鱼在水中游来游去，庄子说："这是小鱼的快乐。"惠施说："你又不是小鱼，你怎么知道它快乐不快乐呢？"庄子反问："你又不是我，你又怎么知道我不知道它快乐不快乐呢？"惠施说道："我不是你，所以不知道你的想法；你不是小鱼，所以不知道小鱼的想法。"还有一次，庄子在钓鱼，钓了很多鱼，这时惠施来了，带了好几辆车，自己坐在前面。庄子就将其余的鱼扔掉，只留下了一条放在篓中，然后不理惠施就走了。庄子是以此讥讽惠施，一辆车就够用了，带那么多耀武扬威干吗？惠施明白了庄子的意思，自己也带领车队回府。

惠施和庄子虽然互相斗嘴，但却互为知音。惠施死后，庄子到他墓前说道："自夫子之死也，吾无以为质矣，吾无与言之矣！"（《庄子·杂篇·徐无鬼》）惠施在思想界是一位了不起的人物，庄子曾赞其"惠施多方，其书五车"。《庄子》中记载有惠施的"历物十事"，即分析物理的十个命题。"历物十事"贯穿着惠施"合同异"的思想，认为"大同而与小同异，此之谓小同异；万物毕同毕异，此之谓大同异"（《庄子·杂篇·天下》），他认为事物既有相同之处，又有差别，相同与差别是相对的，同处于统一体中。在名、实关系上，他认为实是第一性的，名是实的反映，是第二性的。他主张广泛分析世间万物并从中寻找规律，而且把一切事物看作处于变动之中，认识了事物矛盾运动的辩证过程。《汉书·艺文志》著《惠子》一篇，今佚。言行散见于《庄子》《荀子》《韩非子》《吕氏春秋》等。

惠施墓在今安阳市滑县八里营乡冢上村内，省道222可达，地理坐标为北纬35°31′14.0″，东经114°50′38.0″。该墓始建于战国时期,为滑县文物保护单位。当地人称"惠子冢"。墓葬坐落于村庄内,西临黄庄河,地势平坦。墓冢近椭圆形,南北长145米,东西宽100米,高约4米。墓冢上原有三宫殿、琉璃殿、钟楼、鼓楼等建筑,现北侧仅存三宫殿。墓冢为冢上小学占压,建有两排教室,另有枣树、槐树各一棵,年代较久。

苏秦

苏秦，生年不详，卒于周赧王三十一年（前284年），字季子，东周洛阳（今河南洛阳东）乘轩里人。战国中期著名的纵横家。

苏秦年少时家境贫苦，自称"东周之鄙人"，但他素有大志，东事师于齐，习之于鬼谷先生。苏秦出道之初并不顺利，"出游数岁，大困而归"（《史记·苏秦列传》），回到家中，妻不下纴，嫂不为炊，父母不与言，邻居则讥笑他不安分。

苏秦深受打击，喟然叹息："妻不以我为夫，嫂不以我为弟，父母不以我为子。"于是发奋读书，"读书欲睡，引锥自刺其股，血流至足"（《战国策·秦一》），"头悬梁，锥刺股"故事中"锥刺股"即指苏秦。经过一年的磨炼，苏秦终于学业有成，再次踏上游说各国君王之路。

苏秦首先来到秦国。此时秦国刚发生动乱，对游士戒心重重，苏秦费尽口舌，仍得不到重视，不得不折而向东到赵国。

苏秦墓

赵国当政的奉阳君李兑非常讨厌游士，苏秦自然又是徒劳无功，继续向东北来到燕国，得到燕昭王信任。苏秦首先提出谋齐的方略，并于燕昭王十二年（前300年）到齐国游说。五年后，昭王伐齐，苏秦被迫返回燕国。齐国湣王亲政，结交秦国，背离赵国，燕昭王见有机可乘，就派苏秦再次出使齐国，很快赢得齐湣王的信任，"封而相之"。苏秦为了燕国，怂恿齐湣王进攻宋国。公元前288年，齐国攻宋，宋国被迫割地求和。宋国本来受到秦国的支持，齐国攻宋，就与秦国产生嫌隙，于是齐湣王试图联合各国共同伐秦，就派苏秦出使燕国和三晋。苏秦首先来到燕国，与昭王谋划具体行动，然后来到魏国。

苏秦来到魏国后，积极在韩、赵、魏、齐和燕国间游说，几国合纵攻秦逐渐达成一致。周赧王二十八年（前287年），五国联合攻秦，但五国各打自己的算盘，貌合神离，虚张声势，并没有真正进攻。齐国趁各国攻秦对峙的机会，第二次攻打宋国，但遭到其他四国非议，齐国不得不继续攻打秦国。秦国屈服，归还了占领的魏、赵的土地，五国攻秦取得一定的胜利。"苏秦既约六国从亲，归赵，赵肃侯封为武安君。"（《史记·苏秦列传》）

公元前287年，苏秦来到赵国。赵、燕、魏合谋伐齐，苏秦给齐湣王写信，麻痹齐国，并替燕昭王辩解。不久，三国攻齐，但中途而止。齐湣王不悦，赵国的李兑把攻齐的责任全部推到燕昭王和苏秦身上，后来又察觉苏秦为了燕国的利益而损害赵、齐两国的关系，于是将苏秦拘禁。燕昭王派人与赵国交涉，苏秦最终获释。

公元前286年，苏秦来到齐国，挑拨齐、赵两国的关系，说服齐湣王不把蒙邑封给李兑，齐、赵关系迅速恶化。齐国于是与秦国再次联合，并第三次攻打宋国，宋国灭亡。燕、赵、楚、韩、魏各国极为震惊，再次联合伐齐，齐湣王认为苏秦来自燕国，燕国不会真正攻打齐国，就将防线重心放到了西南，燕将乐毅趁机从北面进攻，势如破竹。如此一来，苏秦一心为燕国的真实意图也就暴露了。公元前284年，苏秦被齐湣王车裂于市，享年约五十岁。苏秦为燕国游说诸侯，东方六国合纵攻秦，司马迁称"以其智有过人者"（《史记·苏秦列传》），是那个时代游士中的翘楚。

苏秦墓在今郑州市巩义市鲁庄镇苏家庄村南约500米，国道310可达村庄，地理坐标为北纬34°38′26″，东经112°51′34″。该墓建于战国时期，为郑州市文物保护单位。墓葬坐落于耕地中，地势平坦，仅存土冢。墓冢高约7米，直径约34米，周长80米。土冢夯层明显。

庄子

庄子，约生于公元前355年，约卒于公元前275年。姓庄，名周，宋国蒙（今河南商丘东北）人。古代著名思想家、哲学家、文学家。

庄子出生在一个没落的贵族家庭，曾任漆园吏，但时间不长即辞官。庄子一生不富，平日以编草鞋为生，经常靠借粮食生活，但他对贫困不以为意，虽处境不佳，但心境怡然，并决意终身不仕。据载，楚庄王曾邀请他为相，并赐以重金，但被他婉言谢绝。他说自己宁可像鱼一样自得其乐，也不愿被政事束缚。

庄子才华横溢，他的思想集中体现在《庄子》一书中，其中《庄子·内篇》传为庄子所作，其余都是其弟子或者后人所作。《史记·老子韩非列传》载："其学无所不窥，然要本归于老子。"说明庄子和老子在思想上的一致性和延续性，所以后人也以"老庄"并称。

庄子思索的重点是人类的本身，主要是人如何才能实现真正的自由与快乐，而不是盲目地在现实世界中追求，这种追求所带来的烦恼，则归结于人心的不满足。认识到这一点后，再通过虚、静、损、忘等修养功夫，体验真正的人生。对于生死，庄子认为也要顺其自然。

庄子认为万物皆平等，"以道观之，何贵何贱"（《庄子·外篇·秋水》），人为地划分贵贱、等级，甚至任意摧毁其他生命，都是不应该的。生命的出现、成长、死亡都是自然规律，万物各有特性，而人类具有较为高级的思辨能力，对世间万物可以进行随意批判和评价，由此宇宙也就自然产生。世间万物都是相对的，没有固定的标准，都是人为的概念予以规定，人们在自己规定基础上的争论，实际上是没有意义的，应该让万事万物顺其自然，保持它们的本来状态，这也是自然界的最佳状态。人类作为自然界的一部分，明白了这个道理，就不会万事都要分得清清楚楚，也就没有了是是非非和无谓的争端。"无为而无不为"（《庄子·杂篇·庚桑楚》），就是说天道自然，是无为的，人道也应该如此，如果人类一定要有为，那就违反了自然，就必然会受到自然的惩罚。

《庄子·内篇·应帝王》中讲述了一个故事："南海之帝为儵，北海之帝为忽，中央之帝为浑沌。儵与忽时相与遇于浑沌之地，浑沌待之甚善。儵与忽谋报浑沌之德，曰：'人皆有七窍，以视听食息，此独无有，尝试凿之。'日凿一窍，七日而浑沌死。"这个故事表明，浑沌无七窍是自然的状态，但外界施以干扰欲改变其本身状态，此即为有为，最终导致了悲剧的结果。所以，庄子和老子都主张"无为"。

而要顺其自然，首先要认识"道"。《庄子·内篇·大宗师》："夫道，有情有信，无为无形；可传而不可受，可得而不可见；自本自根，未有天地，自古以固存；神鬼神帝，生天生地；在太极之先而不为高，在六极之下而不为深；先天地生而不为久，长于上古而不为老。"也就是说，道是客观存在的，而且在天地之前就已存在，它是无为无形非物质的东西，但它使鬼、神都有了神通，使天地产生，宇宙间的万物都是由道衍生出来的。道虽然力量强大，但它不能主宰世间是非，也不能统治人类，它是一种能够赋予人类幸福和力量的东西。

虽主张无为，但庄子对现实世界并不满意，"何如德之衰也！来世不可待，往世不可追也。天下有道，圣人成焉；天下无道，圣人生焉"（《庄子·内篇·人间世》）。对三皇五帝，庄子也进行批评："三皇、五帝之治天下，名曰治之，而乱莫甚焉。"（《庄子·外篇·天运》）他对现实世界中，"窃钩者诛，窃国者为诸侯"，"天下之善人少而不善人多，则圣人之利天下也少而害天下也多"（《庄子·外篇·胠箧》），"直木先伐，甘井先竭"（《庄子·外篇·山木》）的看法充分表达了他对现实世界的否定姿态。

《庄子》中的《胠箧》《马蹄》两篇，表达了庄子的政治主张和对知识的抨击。在《胠箧》中他认为，"绝圣弃知，大盗乃止；擿玉毁珠，小盗不起；焚符破玺，而民朴鄙；掊斗折衡，而民不争；殚残天下之圣法，而民始可与论议。擢乱六律，铄绝竽瑟，塞瞽旷之耳，而天下始人含其聪矣；灭文章，散五采，胶离朱之目，而天下始人含其明矣；毁绝钩绳而弃规矩，攦工倕之指，而天下始人有其巧矣。故曰：'大巧若拙。'"庄子还认为，当时在社会上占据主导思想的儒家、墨家的治理天下的理论，是对社会最大的害处。而智慧及其所依附的假圣人，就是罪恶的化身，必须铲除。"圣人之利天下也少而害天下也多。……圣人生而大盗起。掊击圣人，纵舍盗贼，而天下始治矣。"（《庄子·外篇·胠箧》）

庄子有理想的社会模式："至德之世，不尚贤，不使能；上如标枝，民如野鹿；端正而不知以为义，相爱而不知以为仁；实而不知以为忠，当而不知以为信；蠢动而相使，不以为赐。是故行而无迹，事而无传。"（《庄子·外篇·天地》）这种理想状态，在上古赫胥氏之时就已存在。在这种模式中，人类像野鹿一样生活于自然之中，与其他野兽同处，人无礼、义，彻底回归自然。

庄子提出的"内圣外王"思想对儒家影响深远。他的代表作品为《庄子》，其想象力丰富，语言自如，灵活多变，可称为文学中的哲学，哲学中的文学，思想家

庄子墓

兼文学家，在中国古代凤毛麟角。唐玄宗天宝年间，封庄子为南华真人，称《庄子》为《南华经》。司马迁在《史记·老子韩非列传》中评价庄子："学无所不窥，然其要本归于老子之言。故其著书十余万言，大抵率寓言也。……善属书离辞，指事类情，用剽剥儒、墨，虽当世宿学不能自解免也。"

庄子墓在今商丘市民权县老颜集乡唐庄村东，县道003转村间公路可达，地理坐标为北纬34°41′58.79″，东经115°26′04.09″。该墓始建于战国时期，为河南省文物保护单位。现已辟为庄周墓园，包括大门、厢房、墓冢、碑林等。原墓冢已平，现重堆拢，高约3.8米，直径约18米。墓前立有清乾隆五十四年（1789年）重修庄子墓碑一通。庄周墓园为当地文化旅游景点，时有慕名者及游人前来参观、祭拜。

春申君

春申君，生年不详，卒于楚考烈王二十五年（前238年），本名黄歇，楚人。战国时期著名政治家，与魏国信陵君魏无忌、赵国平原君赵胜、齐国孟尝君田文并称为"战国四公子"。

黄歇曾游学各地，博闻强记，善于辩斗，楚顷襄王便让他出使秦国。当时秦昭王正派白起联合韩、魏两国一起进攻楚国，屡屡得胜，黄歇劝谏，分析秦国攻打楚国的利弊得失，秦昭王深以为是，停止进攻，两国交好。返回楚国后，楚顷襄王又派黄歇与太子完到秦国做人质。楚顷襄王患病，太子无法回去，黄歇让太子扮成楚国使臣的车夫出关，待太子走远，才向秦昭王说明情况，秦昭王无奈，只得把黄歇遣送回国。

回到楚国三个月后，楚顷襄王去世，太子完继位，即考烈王。楚考烈王元年（前262年），黄歇为相国，封春申君，赏赐淮北地区十二个县。考烈王十五年（前248年），黄歇向考烈王进言改封江东，考烈王应允，春申君就在吴（今江苏苏州）建城作为都邑。考烈王五年（前258年），秦国包围赵国都城邯郸（今河北邯郸），赵国向楚国求援，楚国派春申君带兵救援，秦军撤退。春申君担任楚相第八年，楚国北伐灭掉鲁国，成为当时的一个大国。

考烈王二十二年（前241年），各国联合西伐秦国，楚国君任盟约长，春申君主事。六国联军到达函谷关后战败，楚考烈王归罪于春申君，渐渐疏远他。后楚国为避秦国，把都城从陈（今河南淮阳）迁到寿春（今安徽寿县），春申君到封地吴，行宰相职权。

时楚考烈王无子嗣，春申君为他选许多美人入宫仍无后。赵国人李园是个阴谋家，他把自己的妹妹进献给春申君，有孕后，其妹与春申君密谋将她献给楚王，所生儿子立为太子，李园的妹妹为王后。以后李园在楚国掌握大权，担心春申君说漏秘密，就暗中豢养刺客，打算杀死春申君。楚考烈王二十五年（前238年），楚王去世，李园在棘门埋伏刺客，刺杀了春申君。李园又派人把春申君家满门抄斩，将春申君与李园的妹妹所生的儿子立为楚王，是为楚幽王。

春申君黄歇为"战国四公子"之一，明智忠信、宽厚爱人、尊贤重士。他虽遭

春申君墓

满门抄斩，但仍有后代幸存，成为今天黄姓的肇兴始祖。

春申君墓在今信阳市潢川县春申街道贤典街，临国道312、国道106，地理坐标为北纬32°08′03.0″，东经115°02′45.0″。该墓始建于战国时期，为潢川县文物保护单位。墓冢呈椭圆形，原高约1米，面积400平方米。墓前有清碑一通，书"楚春申君墓"，现已移走。现在黄国故城西侧建有春申君衣冠冢，四周树木掩映。墓冢前立墓碑，碑后有一小石碑，为吉鸿昌驻军潢川时所立，上书"楚春申"，原在潢川县政府旧址后院——据传为春申君埋骨之处所立。

吕不韦

吕不韦，生年不详，卒于秦王政十二年（前235年），卫国濮阳（今河南濮阳西南）人，原为阳翟（今河南禹州）大商人。秦国著名政治家。

吕不韦靠做生意积累下万贯家产。他在邯郸遇到秦国人质异人，认为"奇货可居"（《史记·吕不韦列传》），就送给异人五百两黄金让他结交宾客，自己带五百两黄金购买奇珍异宝，来到秦国，献给华阳夫人，当时华阳夫人深受秦国太子安国君的宠爱，但无子嗣。吕不韦成功游说华阳夫人帮助异人成为嫡子，自己则担任异人老师。据传，吕不韦有一爱妾，已怀身孕，献于异人后生子，也就是后来的秦王嬴政。

秦昭王五十年（前257年），秦国攻打赵国，赵国打算杀掉异人，异人与吕不韦向看守人员行贿六百金，逃出回到秦国。秦昭王在位五十六年去世，太子安国君继位，即孝文王，华阳夫人被立为王后，异人成为太子，赵国将嬴政母子送回秦国。

孝文王去世，异人登上王位，即秦庄襄王，华阳夫人尊为华阳太后，生母夏姬为夏太后。庄襄王元年（前249年），吕不韦官拜丞相，封文信侯，食河南洛邑（今河南洛阳）十万户，后又得到燕国十城作为封地。在政治和军事上，吕不韦坚持远交近攻，稳步推进，不断取得胜利，秦国版图日趋扩大。秦庄襄王在位三年，秦国灭掉东周，统治区域东出函谷关。公元前246年，秦庄襄王去世，嬴政继位，也就是后来的秦始皇，母赵姬为太后。

嬴政十三岁时即位，朝中大事由太后和丞相掌管，"尊吕不韦为相国，号称仲父"（《史记·吕不韦列传》）。吕不韦继续保持与太后的关系，且随着权力增加，家业不断增大，家仆达万人。嬴政在位前八年，吕不韦主政，秦国的统一战争继续推进，攻城拔寨，所向无敌，打破六国的最后一次合纵，势力范围达到齐、赵、燕等诸侯国界。

当时魏、楚、赵、齐等诸侯国都礼贤下士，吕不韦"以秦之强，羞不如，亦招致士，厚遇之，至食客三千人……乃使其客人人著所闻，集论以为八览、六论、十二纪，二十余万言。以为备天地万物古今之事，号曰吕氏春秋"（《史记·吕不韦列传》）。《吕氏春秋》至今保存完整。"布

吕不韦墓

咸阳市门，悬千金其上，延诸侯游士宾客有能增损一字者予千金"（《史记·吕不韦列传》），此为成语"一字千金"的由来。

秦王嬴政逐渐长大，太后淫乱不止。吕不韦为防祸及己身，将缪毐献给太后。太后对缪毐非常喜欢，事事决于缪毐，缪毐形成了自己的政治集团势力。秦王政九年（前238年），嬴政亲政，杀缪毐三族，把太后流放。此事牵连吕不韦，第二年被免去相国之职，逐到河南封地。秦王政十二年（前235年），嬴政害怕吕不韦再生祸乱，令其全家迁徙到蜀地，吕不韦恐被诛杀，饮鸩而死。

吕不韦墓在今洛阳市偃师市首阳山镇大冢头村偃师市第一高级中学校园内，国道310可达，地理坐标为北纬34°43′27.7″，东经112°00′02.0″。该墓建于战国时期，为洛阳市文物保护单位。墓区南瞻伊洛，北依邙山。墓区面积约650平方米，冢高6.5米，封土夯筑。亦有传此为吕母冢。

韩非

韩非，约生于韩釐王十六年（前280年），卒于韩王安六年（前233年），战国晚期韩国（都今河南新郑）人。古代著名哲学家、法家。

韩非目睹战国后期韩国积贫积弱，多次上书，但其主张始终得不到采纳。韩非认为这是"廉直不容于邪枉之臣"（《史记·老子韩非列传》），便退而著书，写出了《孤愤》《五蠹》《内外储》《说林》《说难》等著作，洋洋十余万言。他的著作被秦王看到，非常喜欢，李斯告诉秦王此为韩国人韩非所著，秦王于是攻打韩国，韩王便派韩非出使秦国，秦王非常高兴，但并不信任韩非。李斯、姚贾嫉恨韩非，就劝秦王既然不能留用，就别让他再回韩国以留后患，影响秦国的统一大业。秦王同意，韩非被下狱治罪，李斯派人送去毒药，令韩非自杀。

韩非喜欢"刑名法术之学"（《史记·老子韩非列传》），而终归于黄老之术，他口吃不擅言语，但擅长写作，和李斯一起事于荀卿，李斯自叹弗如。《韩非子》是韩非主要著作的辑录，共有二十卷，五十五篇，十余万字。

韩非的著作吸收了儒、墨、道诸家的一些观点，以法治思想为中心，总结了前期法家的经验，形成了以法为中心的法、术、势相结合的政治思想体系，被称为法家之集大成者。他主张国家图治，就要求君主善用权术，同时臣下必须遵法；国君对臣下不能太信任，还要"审合刑名"（《韩非子·二柄》）。在法的方面，韩非特别强调以刑止刑的思想，强调严刑、重罚，并提出"法不阿贵……刑过不避大臣，赏善不遗匹夫"（《韩非子·有度》）。韩非认为，光有法和术还不行，必须有"势"做保证，提出了"抱法处势则治，背法去势则乱"（《韩非子·难势》）。他认为人与人之间的关系都是利害关系，为人臣的心理无不是"畏诛罚而利庆赏"（《韩非子·二柄》）。

他提出了"不期修古，不法常可"的观点，主张"世异则事异"，"事异则备变"（《韩非子·五蠹》）。他把人类历史分为上古、中古、近古、当今几个阶段，进而说明不同时代有不同时代的问题和解决问题的方法，那种想用老一套办法去治理当世之民的人都是守株待兔之徒。他是

韩非墓

中国历史上第一个提出"人民众而货财寡"(《韩非子·五蠹》)会带来社会问题的思想家。

韩非反对天命思想,主张天道自然,"天得之以高,地得之以藏,维斗得之以成其威,日月得之以恒其光","宇内之物,恃之以成"。他认为,"理者,成物之文也。道者,万物之所以成也"(《韩非子·解老》)。他主张"虚以静后"(《韩非子·扬权》),通过观察事物得到认识而非妄加揣测。

韩非提出了"循名实而定是非,因参验而审言辞"(《韩非子·奸劫弑臣》)的著名论题。"参"就是比较研究,"验"就是用行动来检验。韩非思想中有不少辩证法的因素,看到事物不断地变化着,"定理有存亡,有生死,有盛衰。夫物之一存一亡,乍死乍生,初盛而后衰者,不可谓常"(《韩非子·解老》),在中国哲学史上第一次提出了"矛盾"的概念。

韩非墓在今驻马店市西平县出山镇赵庄村,省道331可达,地理坐标为北纬33°16′55.04″,东经113°39′57.87″。该墓建于战国时期。墓葬坐落于九女山西南约1000米的沙石岗阳坡上,东眺九女山,西望幞笠顶,山脚下有棠溪河。墓葬建于孤愤台上,台长约30米,宽约20米。台上起冢,近圆形,直径约20米,高约3米。当地人俗称"孤坟台"。墓周以砖石围砌,冢前新立墓碑。

荆轲

荆轲，生年不详，卒于燕王喜二十八年（前227年）。先祖是齐国庆氏，后一支迁到卫国，荆轲即是这一支的后人，卫人称其庆卿，后来到了燕国，燕人称其荆卿。著名侠士，以刺秦闻名于世。

荆轲喜好读书、击剑，凭借剑术游说卫元君，但未得到重用。他曾到榆次（今山西榆次）等地游历，后来到燕国，与一名杀狗的屠夫和擅长击筑的高渐离交好，三人经常喝酒唱歌。荆轲为人深沉稳重，喜欢读书，游历各国与贤士豪杰、德高望重的人相交。荆轲到燕国后，燕国隐士田光对他友好，知其非平庸之人。

燕太子丹自秦逃回，一直伺机报复秦王政，经田光推荐，太子丹认识了荆轲，便打算派荆轲出使秦国，劫持秦王，或者伺机刺杀。荆轲觉得难以胜任，太子丹再三请求，荆轲终于应允，被尊为上卿，赐豪华宅第、奇珍异宝。秦国直逼燕国南界，太子丹请求荆轲行动，荆轲答应，并劝说

荆轲墓

投奔太子丹的秦国将军樊於期自刎，以其首级为信物。太子丹为荆轲寻来锋利匕首，并以毒药蒸煮，被刺中者当场死亡，又找来燕国勇士秦舞阳，作为荆轲的助手。荆轲动身，燕太子和宾客都穿白衣送行，行至易水。高渐离击筑，荆轲和道："风萧萧兮易水寒，壮士一去兮不复还！"（《燕丹子》）然后登车而去，不再回头。

到达秦国，荆轲将樊於期的首级和地图奉上，秦王很高兴，接见荆轲和秦舞阳。二人来到咸阳宫，荆轲将地图呈给秦王，图卷展到尽头，匕首露出，荆轲左手抓住秦王衣袖，右手拿匕首直刺秦王，但未刺中。秦王抽身跳起，有臣下大呼"王负剑"，秦王急忙拔出佩剑砍断荆轲左腿，荆轲受伤不支，就用匕首投刺秦王，但却击中铜柱。秦王攻击，荆轲被刺伤八处，自知大事难成，就张开两腿，倚坐在柱子上大笑道："事情之所以没能成功，是因为我想活捉你，迫使你订立契约以回报太子。"秦王左右侍卫上前，杀死了荆轲。

荆轲墓在今鹤壁市淇县朝歌镇南关村南800米，同济大道转村间公路可达，地理坐标为北纬35°35′21.0″，东经114°11′13.0″。该墓建于战国时期，为淇县文物保护单位。墓冢原为上尖下方，呈金字塔形，高6米，底部南北长36米，东西宽30米，面积1080平方米。墓冢现仅存西部，残高4.5米。

甘罗

甘罗，生卒年不详，战国时楚国下蔡（今安徽凤台）人。秦相甘茂的孙子。秦国上卿。

甘茂去世时，甘罗十二岁，为秦相吕不韦家臣。秦国派张唐去燕国为相，打算与燕国共同攻打赵国。张唐以自己曾攻打过赵国，去燕国必然途经赵国，恐有不测为由拒绝。甘罗得知后，自告奋勇，去劝说张唐。

甘罗先问张唐自认为与武安君谁的功劳大，张唐说武安君的功劳大。又让张唐比较应侯范雎与吕不韦谁的权力大，张唐说吕不韦的权力大。甘罗说，应侯打算攻打赵国，武安君从中作梗，结果刚离开咸阳就死了。现在吕不韦亲自请您去赵国，您不听从，不知要死在何处了。张唐听了这番话才答应去赵国。然后，甘罗又提出自己先到赵国，为张唐赴燕游说扫清障碍。吕不韦向秦始皇报告后，秦始皇召见了甘罗，见甘罗很有见识，十分赏识甘罗的才

甘罗墓

华，便派甘罗出使赵国。

甘罗到了赵国以后，向赵王讲明利害，秦、燕两国互不相欺，就是要攻打赵国，不如赵国主动送五座城邑给秦国，秦国帮助赵国攻打燕国。赵王觉得有理，同意按照甘罗的主意，划五座城邑扩大秦国在河间的领地，并派兵攻打弱小的燕国，一举攻占燕国上谷三十座城邑，把其中的十一座城转送给了秦国。

甘罗回到秦国，秦始皇见秦国不费一兵一卒便得到许多城池，便封甘罗为上卿，又把原来甘茂的田地房宅赐给甘罗。这就是后世民间传说甘罗十二岁为宰相的来历。司马迁评价说："甘罗年少，然出一奇计，声称后世。虽非笃行之君子，然亦战国之策士也。"（《史记·甘罗列传》）

甘罗墓在今许昌市鄢陵县柏梁镇甘罗村东，临甘罗路、梅榕大道，地理坐标为北纬34°06′26.0″，东经114°07′18.0″。该墓建造年代不详，为许昌市文物保护单位。墓区现辟成甘罗祠，坐北朝南，有大门、享殿等建筑。祠内多植松柏，其中享殿前右侧有侧柏，名甘罗柏，长势茂盛，枝繁叶茂。墓冢在享殿之后，直径约7米，高约3米，面积约36平方米。下部约0.3米，以石围砌。

秦汉时期

李斯

李斯，约生于楚顷襄王十五年（前284年），卒于秦二世二年（前208年），姓李，名斯，字通古，战国末年楚国上蔡（今河南上蔡西南）人。古代著名政治家、文学家。

李斯年少时在郡衙当小吏，后随荀子学习帝王统治之术，学业完成后西去秦国，丞相吕不韦任命他为郎官，备秦王顾问。李斯劝说秦王嬴政抓紧时机消灭各诸侯国，成就帝业，统一天下，秦王便任其为长史，采纳其计谋，暗中派遣谋士带着黄金美玉游说各国。李斯后被秦王任命为客卿，秦始皇十年（前237年），韩国人在秦国做奸细，有人建议驱逐六国客卿，李斯也在被驱逐之列。李斯上《谏逐客书》阻止，秦王采纳，废除逐客令，李斯官复原职，后官至廷尉。

李斯谋划统一天下，制定了先伐韩、魏，然后进军赵、楚的战略。几年内，秦国依次灭掉韩、赵、魏、楚、燕、齐等国，秦始皇二十六年（前221年）统一天下，秦王嬴政为皇帝，李斯为丞相，确立以郡县为基础的中央集权体制。拆除郡县城墙，销毁兵器，表示永不再使用，不立皇帝的儿子、兄弟为王，不把功臣封为诸侯，使国家以后再无战争隐患。秦始皇三十四年（前213年），李斯建议把文学诗书和诸子百家的著作一概清除，只保留医药、占卜、种植等书籍，秦始皇认可，尽收《诗经》《尚书》和诸子百家著作，使天下人无法以古非今。后来，秦始皇多次到东海求仙，遭儒生讥笑，秦始皇怒而杀儒生四百多人。这两件事就是著名的"焚书坑儒"事件。

李斯将大篆字体删繁就简，整理出一套笔画简单、形体整齐的文字，叫作秦篆，定为标准字体，通令全国使用。李斯和赵高、胡毋敬等人写了《仓颉篇》《爰历篇》和《博学篇》等范本，供大家临摹。又明法度定律令，统一度量衡和文字，在天下建离宫别馆，平定周边民族。

秦始皇三十七年（前210年），秦始皇出游会稽（今浙江绍兴），北到琅邪（今山东胶南），丞相李斯、中车府令赵高等随从。秦始皇命李斯手书《会稽铭文》，立于会稽鹅鼻山山顶（后叫刻石山），这就是历史上著名的《会稽刻石》。传为由李斯书写的刻石有《泰山封山刻石》《琅邪刻石》《峄山刻石》《会稽刻石》等。

这年七月，秦始皇到达沙丘（今河北

李斯墓

广宗）患重病去世，生前写信给扶苏，让他从前线回咸阳继位，但信未发出就去世了。李斯认为皇帝在外面去世，未正式确立太子，因此保守秘密，把秦始皇的尸体安放在车中，百官奏事及上食如故，宦官在车中批准百官奏事。赵高怂恿胡亥登基继位，又与李斯商议太子人选，李斯斥责，认为这不是人臣应当议论的事情，坚持执行皇帝遗诏。但赵高再三威逼利诱，李斯最终同意，立胡亥为太子。

胡亥继为秦二世，诸事委于赵高，实行严酷刑法，人人自危，李斯数次劝谏，秦二世均不认可，并斥责李斯。赵高设计陷害李斯，诬陷他意图割地封王，胡亥让赵高查办，李斯被捕下狱，屈打成招。秦二世二年（前208年）七月，李斯被腰斩于市。行刑的那天，与李斯一起被押赴刑场的还有他的二儿子。父子相见，李斯悲愤地说："吾欲与若复牵黄犬俱出上蔡东门逐狡兔，岂可得乎！"（《史记·李斯列传》）说完父子俩痛哭。李斯父族、母族和妻族，也都被胡亥和赵高诛杀了。

李斯在文学上以散文见长，其文上承战国荀卿，下启西汉邹阳、枚乘，不仅布局谋篇构思严密，而且设喻说理纵横驰骋，既重质实，又饶文采，往往文质互生。李斯散文现传四篇，为《谏逐客书》《论督责书》《言赵高书》《狱中上书》。

李斯墓在今驻马店市上蔡县重阳街道李斯楼社区东200米，省道206可达，地理坐标为北纬33°13′12.12″，东经114°14′13.42″。该墓始建于秦代，为河南省文物保护单位。墓葬坐落于农田之中，视野开阔，地势平坦。西有李斯跑马岗和李斯饮马涧。土冢高大，建于圆形台基之上。冢呈圆形，高5米，直径45米。下部1.6米以石围砌。冢上及四周植有松柏等树木。墓前有现代碑刻8通。

陈胜

陈胜，生年不详，卒于秦二世二年（前208年），字涉，楚国阳城（有今河南商水、永城、登封等不同说法）人。秦末大泽乡农民起义军首领。

陈胜年轻时受佣耕田，曾发出"嗟乎，燕雀安知鸿鹄之志哉"的感叹。秦二世元年（前209年）七月，陈胜、吴广任屯长，征调贫民防守渔阳（治今北京密云区西南），中途驻扎大泽乡（今安徽宿州南），因大雨耽误行期，而不能按期到达就要被斩首，陈胜、吴广便打算率众起义。他们将写有"陈胜王"的丝物塞进鱼肚之中，吴广又在夜里模仿狐狸声音叫喊："大楚兴，陈胜王。"（《史记·陈涉世家》）借以树立威信，争取人心。

吴广故意激怒押送他们的校尉，将其杀死，又与陈胜合力杀死两名县尉，然后召集众人，假冒扶苏、项燕之名起义，号称大楚，陈胜自命将军，吴广为都尉，揭竿而起。义军连续攻占大泽乡、蕲县（今安徽宿州蕲县）及蕲县以东多个郡县。军至陈县（今河南淮阳）时，已有兵车六七百辆，骑兵一千多，士卒数万人，占领陈县后，"陈涉乃立为王，号为张楚"（《史记·陈涉世家》）。各郡县纷纷杀死秦朝暴吏，响应陈胜。

陈胜让吴广为代理王，督率各将西攻荥阳，其他将领分别攻击，但久攻不下。周文是陈县贤人，自称熟习用兵，陈胜授其将军印符，西征攻秦，攻占函谷关，进驻戏（今陕西临潼东北），但后来被秦将章邯打败，最后自刎。此时，起义军队伍开始产生分歧，力量被分散，武臣率兵收复原赵国属地，到邯郸后自立为赵王，不再听从陈胜的调遣。田臧随吴广攻打荥阳，因久攻不下，又遭章邯夹击，于是杀掉了吴广。

章邯继续攻打起义军，田臧、李归等将领先后战死。章邯进攻陈县，蔡赐战死，接着进攻张贺部，陈胜亲自督战，楚军仍然战败。十二月，陈胜退到汝阴（今安徽阜阳），回到下城父（今安徽涡阳东南）时，他的车夫庄贾杀了他，后安葬在砀县（今河南永城），谥隐王。

陈胜称王共六个月，曾杀死故交，导致故旧自行离去，没人再与他亲近。陈胜任命朱房做中正，胡武做司过，诸将稍有不从，就会被二人治罪。虽然陈胜很信任

陈胜墓

他们，但将领们却不再亲近他了，这是陈胜失败的重要原因。陈胜和吴广开创了农民起义的先河，为推翻秦朝统治奠定了基础。

陈胜墓在今商丘市永城市芒山镇丁窑村东北芒砀山主峰西南麓，省道201可达，地理坐标为北纬34°11′23.6″，东经116°29′49.2″。该墓始建于秦代，为河南省文物保护单位。墓葬坐落于芒砀山西南麓，背依芒砀山主峰，左右山峦环绕，南为开阔田野。原为一小土冢，后经修复。现墓冢呈圆形，直径30米，高4米。青石围砌。墓西南立一石碑，刻郭沫若书"秦末农民起义领袖陈胜之墓"。

纪信

纪信,生年不详,卒于汉高祖三年(前204年),字成,西充(今四川西充)紫岩人。刘邦军中将领,助刘邦逃脱而死。

纪信随刘邦起兵,为部曲长。汉高祖元年(前206年),刘邦率先进入咸阳,项羽率大兵攻破函谷关,屯兵鸿门(今陕西临潼东),准备攻杀刘邦。当时刘邦军事力量处于劣势,为了避免与项羽交锋,刘邦听取张良意见,去鸿门向项羽谢罪。项羽设宴,席间项庄舞剑,打算借机杀掉刘邦,刘邦借口如厕离席,纪信和樊哙等人保护刘邦从小路逃回,脱离险境。

汉高祖三年(前204年),项羽派兵攻打汉军,纪信见情况危急,便献策诳楚,以便刘邦逃脱。夜里,陈平放出女子两千余人,项羽派兵四面追杀,纪信假扮刘邦模样,乘坐刘邦车辆现身,并说粮食吃完了,汉王投降。楚军欢呼,随纪信的车到了城东,刘邦借此机会逃脱。项羽见到纪信,便问他刘邦在哪里,纪信回答刘邦已经走了,项羽大怒,将纪信烧死。

纪信墓在今郑州市惠济区古荥镇纪公庙村内南侧,古须路由村中穿过,从庙东侧约100米处经过。地理坐标为北纬34°52′01″,东经113°31′30″。该墓始建于汉代,为河南省文物保护单位。现已辟为纪公庙,庙冢合一。由庙门、享殿组成,庙内树木葱葱,环境优雅。有祭祀碑碣多通,其中以唐长安二年(702年)书法家卢藏用撰文并书丹的石碑最为珍贵。墓冢在享殿后,圆冢高9米,周长约120米。冢上柏树、灌木等密植。

郦食其

郦食其，生年不详，卒于汉高祖四年（前203年），名生，字食其，陈留高阳乡（今河南杞县西南）人。刘邦的谋士，在汉政权建立过程中多有建树。

郦食其自幼喜好读书，成年后家境贫寒，无以为生，就做了看管里门的小吏。当地人都知道他心高气傲，豪强不敢随意驱使，并称他为"狂生"。秦末，各地义军蜂起，有几拨路过高阳，郦食其听说他们自以为是、刚愎自用，就藏了起来，不愿与这些人为伍。不久，刘邦领兵路过高阳，郦食其认为刘邦胸怀大略，值得结交，就请在刘邦军中的同乡引荐，刘邦于是召见了郦食其。郦食其求见，刘邦态度傲慢，既未出门迎接，也未起身。郦食其说："必聚徒合义兵诛无道秦，不宜倨见长者。"（《史记·郦食其列传》）刘邦随即道歉，请他坐上座。

郦食其为刘邦分析天下形势，并向举棋不定的刘邦提出先攻取陈留的建议。郦食其认为刘邦的军队为散兵游勇，不足万人，直接攻打秦朝无异于虎口夺食，不如攻占陈留，刘邦同意。郦食其先拜见县令，劝其不要再替秦朝死守顽抗，县令顽冥不化，郦食其斩其头，刘邦趁势攻占陈留，郦食其因功封广野君。郦食其又让弟弟郦商跟随刘邦大军，自己则充当说客在诸侯间游说。

汉高祖三年（前204年），项羽攻下荥阳，刘邦打算退守巩县（今河南巩义）、洛阳抵挡楚军。郦食其认为敖仓（在今河南荥阳东北敖山）贮存很多粮食，应马上进军占据敖仓，刘邦采纳，攻下荥阳，占据敖仓。

郦食其又去齐国劝降，向齐王分析天下形势，认为刘邦有功必赏，有财物即分给士兵，而项羽违背盟约，赏罚不均，天下人心归向汉王刘邦，齐国应早日归顺刘邦，以保齐国江山，否则不日将亡。齐王认为他说得有理，就解除防备，每天与他饮酒作乐。韩信不愿郦食其抢功，趁夜袭击齐国，齐王以为郦食其出卖自己，便让他迅速制止汉军，郦食其不为所动，齐王大怒，煮死郦食其。

汉高祖十二年（前195年），刘邦封赏列侯功臣，想起郦食其。当时郦食其的儿子郦疥战功尚不当封侯，但念及郦食其功劳，就让郦疥做了高梁侯，传三代。

郦食其墓

郦食其墓在今开封市杞县高阳镇高阳南村西南，县道010可达，地理坐标为北纬34°29′29.0″，东经114°40′21.0″。该墓建于汉代，为杞县文物保护单位。墓区北临铁底河。存两冢，东西并列，直径约30米，高7米。东为郦食其墓，西为其弟郦商墓，墓后有郦祠。

李左车

李左车，生卒年不详。秦汉之际谋士，赵国名将李牧之孙。

秦末，六国并起，李左车辅佐赵王歇，封广武君。汉高祖二年（前205年），刘邦派大将韩信、张耳率军东进井陉（今河北井陉北）攻打赵国，赵王歇和成安君陈余集中二十万兵力占据井陉口迎敌。广武君李左车劝告成安君，韩信军队屡战屡胜，士气高涨，不可力敌，自己可出奇兵截断他们后路，拦截他们的粮食，成安君可坚守不战，敌军必然失败。成安君不纳，赵国灭亡。

韩信手下生擒李左车，韩信为他松绑，并以师礼相待，向他请教攻打齐、燕两国的方略。李左车认为应该做出北攻燕国的姿态，然后派遣说客到燕国显示自己长处，燕国必不敢不听从，再派说客东劝齐国，齐国必会闻风而服，如是，天下可定。韩信采纳，结果也正如李左车所料。

李左车是著名谋士，曾留下"智者千虑，必有一失；愚者千虑，必有一得"的名言。他著有兵书《广武君》一篇，论述

李左车墓

用兵谋略，今佚。

李左车墓在今开封市通许县孙营乡东李佐村西北，县道022可达，地理坐标为北纬34°30′12.0″，东经114°19′14.0″。该墓建于汉代，为通许县文物保护单位。墓葬紧邻李佐小学。墓冢呈圆形，高5米，面积约400平方米。墓前有清道光七年（1827年）知通许县事李宗弼所立墓碑，上书"赵广武君墓"，有碑楼。相传农历六月二十四日为李左车生日，当地百姓在雹神庙祭祀三日。

蒯通

蒯通，生卒年不详，本名蒯彻，因为避汉武帝之讳而改为通，秦末范阳（治今河北定兴固城镇）人。古代著名辩士、谋士，曾事于韩信，献灭齐和三分天下之计。

秦二世元年（前209年）八月，武臣受命于陈胜北上扫荡赵地，后自称赵王。蒯通游说范阳令徐公，为其分析当时形势，解说利害关系，说服徐公降赵王武臣，又说动赵王武臣接受范阳县徐公投降，传檄千里，不战而下三十余城。

汉高祖四年（前203年），韩信引兵东进齐国，途中听到郦食其已经说服齐王投降，打算退兵。蒯通鼓动其偷袭齐国，韩信听其计策，趁齐国不备，一举攻克齐国都城临淄，韩信被封为齐王。"齐人蒯通知天下权在韩信，欲为奇策而感动之"（《史记·淮阴侯列传》），他分析天下大势，认为汉、楚之命皆决于韩信，韩信为汉则汉胜，为楚则楚胜，多次建议韩信"莫若两利而俱存之，三分天下，鼎足而居"（《史记·淮阴侯列传》），韩信多次犹豫不决，终不肯，蒯通就假装疯癫做了巫师。

蒯通墓

汉朝建立，韩信被吕后与萧何谋杀，临死前说道："吾悔不用蒯通之计，乃为儿女子所诈，岂非天哉！"（《史记·淮阴侯列传》）汉高祖知道后，即下诏逮捕蒯通，欲将他烹杀，蒯通辩解说："当是时，臣唯独知韩信，非知陛下也。且天下锐精持锋欲为陛下所为者甚众，顾力不能耳，又可尽烹之邪？"（《史记·淮阴侯列传》）刘邦觉得有理，便将他释放了。

蒯通墓在今焦作市武陟县谢旗营镇蒯村西约100米，省道233可到达村庄附近，地理坐标为北纬35°08′56″，东经113°27′18″。该墓建于汉代，为武陟县文物保护单位。墓冢坐落于耕地之中，地势平坦。冢高约3.5米，直径约35米。冢上植被密布。西、南另各有一冢，所葬者不详。

樊哙

樊哙，生年不详，卒于汉惠帝六年（前189年），沛县（今江苏沛县）人。西汉军事将领。

樊哙早年以屠狗为生，与刘邦同样隐于乡间，后随刘邦起义，刘邦为沛公，以樊哙为舍人。樊哙随沛公攻城略地，先后被赐爵国大夫、列大夫、上间爵、五大夫、卿、贤成君。鸿门宴中，樊哙先是留在营外，听到里面情况紧急，就持铁盾闯入营中。项羽赐他酒肉，樊哙不惧，饮酒吃肉，后替刘邦解释，说得项羽默然不语。沛公如厕，樊哙同去，然后一起从小路回到本方军营。

刘邦为汉王后，封樊哙为列侯，号临武侯，后升郎中随汉王入汉中。刘邦回兵平定三秦，樊哙带兵先后打败西城县丞和雍王章邯的轻车骑兵，升先郎中骑将，随汉王攻打楚军车骑部队，升将军。汉王把杜陵的樊乡赐给樊哙作食邑。后回军荥阳（今河南荥阳），增平阴两千户作食邑，以将军守卫广武（今河南荥阳东北广武山上）。一年后，随汉王攻打项羽，攻取阳夏（今河南太康），俘虏楚军士卒四千人，大败项羽，血洗胡陵。

刘邦称帝后，樊哙增加食邑八百户，随高祖攻打反叛的燕王臧荼，俘虏燕王，平定燕地。韩信叛乱，樊哙从高祖逮捕韩信，平定楚地。高祖改赐列侯，把樊哙以前食邑除去，赐食舞阳（今河南舞阳），号舞阳侯。樊哙以将军随高祖前往代地，攻打反叛的韩王信，与绛侯周勃等人平定大部分地域，增加食邑一千五百户。率军攻打叛将陈豨，攻取柏人县，平定清河、常山两郡二十七县，以功升左丞相。燕王卢绾造反，樊哙以相国带兵攻打，击破卢绾军队。

樊哙娶吕后妹吕须为妻，生子名伉，因此高祖对樊哙更为亲近。卢绾谋反时，樊哙攻打燕国，有人诋毁樊哙和吕氏结党，高祖令绛侯周勃去代替樊哙，并令陈平到军中把樊哙斩首。陈平惧怕吕后，没有执行高祖命令，而是把樊哙押解回长安。高祖去世后，吕后释放了樊哙，恢复了他的爵位和封邑。樊哙于汉惠帝六年（前189年）去世，谥武侯。其子樊伉代其侯位。

樊哙墓在今漯河市舞阳县马村乡郭庄村中部，省道220可达，地理坐标为北纬33°35′31″，东经113°36′02″。该墓始建

秦汉时期

樊哙墓

于西汉，为漯河市文物保护单位。墓葬坐落于村庄之中，四邻均为民宅。墓园面积约1750平方米，冢直径16米，高3.5米。冢下部约1.2米以石围砌。冢前立明嘉靖十五年（1536年）县令张颖重修墓祠时所立石碑一通，上书班固撰文《樊侯铭》。冢西存祠3间，碑刻10通。

张良

张良，生年不详，卒于汉高后二年（前186年），字子房，城父（今河南襄城西南）人。出身贵族，祖上为韩国人，祖父、父亲均在韩国为相。古代著名政治家、谋士。

张良其貌不扬，年少时受过良好教育，为人谦虚，是"张良拾履"故事的主角，因而得到黄石公所授《太公兵法》，常常研读，被称"孺子可教"（《史记·留侯世家》）。公元前230年，韩国被秦国所灭，张良家资丰富，二十多岁的他把家产全部拿出，寻找刺客刺杀秦王。秦始皇二十九年（前218年），始皇东游到阳武县博浪沙（今河南原阳东南），张良与刺客刺杀秦始皇没有成功，只好改名换姓逃亡到下邳（治今江苏睢宁北），度过十年流亡生活。楚国贵族项伯杀了人，张良帮助他藏匿，两人因此成生死之交。

秦二世元年（前209年），大泽乡起义爆发，张良聚拢百余名年轻人去参加景驹的起义军，途中遇到刘邦，双方会合，张良为厩将，刘邦常常采用他的计策。在恭地（今山东滕州），张良求项梁寻找韩国公子横阳君，找到后立为韩王，张良任韩国司徒。刘邦南出辕辕关，张良引导楚军击破杨熊军队，到达崤关（今陕西商州西北），建议趁秦军懈怠时进攻，大败秦军，直逼咸阳（今陕西咸阳东北），秦王子婴投降，秦朝灭亡。

刘邦进入咸阳后打算居住在秦宫，张良力劝，刘邦引兵灞上（今陕西西安东），并采纳张良一系列安民措施，争得了民心，为日后经营关中、争雄天下奠定了良好的政治基础。刘邦称王于关中，项羽不满，准备攻击刘邦，张良与项伯等谋划，打消了项羽的念头。之后，刘邦率百骑到鸿门（今陕西临潼东），赴了项羽设下的"鸿门宴"，刘邦赖张良、樊哙得以逃脱。项羽进入咸阳，封刘邦为汉王，居巴蜀之地。张良随韩王东归，分手前建议刘邦烧掉栈道，以示无东还之心，项羽因此不再担心刘邦。

韩王东还，项羽将其杀害，张良寻机逃走，辗转回到刘邦军中，封成信侯。刘邦东攻伐楚失败，张良献"下邑之谋"，策反英布，联合彭越，北击燕赵，并坚决反对复立六国之后，避免了重新分裂的局面。建议刘邦虚抚韩信、彭越，稳住了韩信、彭越，继而用"四面楚歌"之计，最终打

败项羽。刘邦感叹之余，盛赞张良："夫运筹帷幄之中，决胜千里之外，吾不如子房。"（《史记·高祖本纪》）

刘邦在定陶（今山东定陶）即皇帝位，张良封留侯，劝告刘邦大封功臣，稳定众人之心，又劝说刘邦定都关中，并随刘邦入关。汉朝初立，张良多病，闭门不出。他建议吕后请商山四皓辅助太子刘盈，保住了太子地位。汉高祖十一年（前196年），淮南王黥布叛乱，刘邦亲自率兵平叛，张良强起为高祖送行，建议高祖不要力敌，同时让太子为将军，监管关中兵马，刘邦采纳，并让张良行少傅事，辅佐太子。

晚年的张良不愿问事，迷上"导引""辟谷"之类的方术。刘邦驾崩，"吕后德留侯，乃强食之"，并说："人生一世间，如白驹过隙，何至自苦如此乎！"张良不得已，"强听而食"（《史记·留侯世家》）。张良于汉高后二年（前186年）去世，年六十余岁，谥文成侯。其子不疑代侯。

张良墓在今开封市兰考县三义寨乡白云山村南，国道310转村间公路可达，地理坐标为北纬34°48′18.0″，东经114°44′43.0″。该墓始建于汉代，为河南省文物保护单位。墓在曹新庄火车站南侧，北邻陇海铁路。现存墓冢高13米，长82米，宽62米。周围古柏环绕，郁郁葱葱。原建有留侯庙，祭祀碑碣甚众，均毁。后人重立《汉留侯张良墓》碑等碑刻多通。墓前有张良祠，内塑张良像。墓西南有张良井。

张良墓

郦商

郦商，生年不详，卒于汉高后八年（前180年），陈留高阳乡（今河南杞县西南）人。汉代武臣，助刘邦建汉，立下赫赫战功。郦食其的弟弟。

秦二世元年（前209年），大泽乡起义爆发，郦商在家乡聚拢数千人，杀贪官、除恶霸，得到民众拥护。秦二世三年（前207年），刘邦的部队行经陈留，郦商在郦食其的劝说下，率四千多将士归顺刘邦。攻打长社（今河南长葛东），郦商身先士卒，英勇奋战，一举攻克，刘邦非常高兴。后攻缑氏（今河南偃师东南）、绝河津，在洛阳大破秦军，克宛城（今河南南阳）、穰城（今河南邓州），战功赫赫。

刘邦封汉王，郦商以战功赐爵信成君，以将军任陇西都尉，平北地（治今甘肃庆阳西）、定上郡（治今陕西榆林南），占领栒邑（今陕西旬邑）和泥阳（今甘肃宁县东南），食邑武成六千户。与项羽交战，郦商多次出征，屡屡打败项羽军队，后授

郦商墓

梁国相国，增加食邑四千户。

刘邦称帝，削减异姓诸侯王，燕王臧荼谋反，郦商率军攻打，一举击溃臧荼主力，平定叛乱。拜右丞相，赐爵列侯，增加涿郡（治今河北涿州）食邑五千户，号涿侯。平定上谷（治今河北怀来东南），围攻代国，接受赵国相国印绶，后又平定代国和雁门关，俘虏代国众多官吏，被高祖视为心腹。黥布谋反，郦商以右丞相随高祖出战，战后增加食邑五千一百户。

汉高祖十二年（前195年）四月，刘邦驾崩，吕后欲将重臣全部铲除，对高祖驾崩之事秘而不宣，引起诸多猜疑。郦商听说后，急忙去见吕后宠臣审食其，向其言明利害，审食其报告吕后，吕后才为高祖发丧，并大赦天下，避免了一场政治混乱。晚年郦商一直在家休养，于汉高后八年（前180年）去世，文帝时谥景侯，其子郦寄继承爵位。

郦商墓在今开封市杞县高阳镇高阳南村西南，县道010可达，地理坐标为北纬34°29′29.0″，东经114°40′21.0″。该墓建于汉代，为杞县文物保护单位。墓区北临铁底河。存两冢，东西并列，直径约30米，高7米。东为郦食其墓，西为郦商墓，墓后有郦祠。

陈平

陈平，生年不详，卒于汉文帝前元二年（前178年），阳武（今河南原阳东南）户牖乡人。西汉开国重臣、谋士，著名政治家。

陈平家境贫苦，不喜农耕，得到哥哥帮助，四处游学，后被当地一富翁张负赏识，将其孙女嫁与陈平。娶张氏女后陈平不断得到张家资助，结交的朋友越来越多。时里中举行社祭，众人公推陈平为社宰，陈平为大家分肉，无论男女老少分得十分均匀，父老交口称赞："好个陈平，不愧为社宰！"陈平听罢慨叹道："如果有一日我当宰相，也会像分肉一样，秉公办事。"陈胜在大泽乡起义，陈平召集一批年轻人加入魏王咎的队伍，任太仆，但不被重视，便离开来到项羽的队伍中，跟随项羽破秦，赠平爵卿。

汉高祖元年（前206年），项羽在彭城（今江苏徐州）自封西楚霸王，殷王司马卬在朝歌（今河南淇县）反楚，项羽拜陈平为信武君，率人前去镇压，顺利完成任务，拜都尉，赏金二十镒。殷地被刘邦夺去，陈平怕被项羽诛杀，封还金银和印符，只身出走，渡过黄河投奔刘邦。陈平在渡黄河时，船主见他相貌堂堂，孤身一人，怀疑他身上藏有金玉宝器，就想谋害他。陈平见状，便脱掉自己的衣服，袒露着身子。船主见他什么也没有，也就不再打他的主意了。

刘邦封陈平为都尉，为自己驾车，率领卫队。刘邦退到荥阳，陈平拜亚将，隶属韩王信，驻军广武（今河南荥阳）修整，后拜护军中尉。楚、汉相持，刘邦被楚军困于荥阳，陈平建议施反间之计，项羽开始怀疑范增、钟离眛等人。刘邦又采纳纪信的计策，半夜让陈平放出妇女儿童两千人，趁楚军攻击时，陈平与刘邦乔装逃出荥阳，回到关中。

韩信攻占齐国，欲自立为王，刘邦大怒，被陈平劝阻，封韩信为齐王。后封陈平于户牖乡，陈平屡次献计，得以最终灭掉项羽。汉朝建立，韩信改封楚王。高祖六年（前201年），韩信谋反，刘邦采纳陈平之计，趁机将韩信擒获，以功封户牖侯，世代相传。第二年，陈平以护军中尉随刘邦攻打匈奴，汉军在平城（今山西大同）被匈奴军围住，汉高祖采用陈平的计谋，派人出使匈奴贿赂并说服单于的妻子，

陈平墓

得以解围。归途中路过曲逆（今河北顺平），刘邦封陈平为曲逆侯，食邑曲逆五千户。

燕王卢绾反叛，高祖派樊哙平叛，有人控告樊哙，高祖打算以周勃代替樊哙，让陈平到军中传旨，并立斩樊哙。陈平认为皇帝必会反悔，遂将樊哙囚禁，押回京师。途中刘邦驾崩，陈平急忙先行赶回，宿卫皇宫，任郎中令，扶助孝惠帝。

汉惠帝六年（前189年），陈平拜左丞相，赞成吕后立吕氏族人为王，升为右丞相。公元前180年，吕太后去世，陈平与太尉周勃合谋诛杀吕后族臣，立孝文皇帝，此即"吕太后立诸吕为王，陈平伪听之"（《史记·陈丞相世家》）。孝文帝认为周勃铲除吕氏功劳最大，升周勃为右丞相，陈平降为左丞相，获赠金千斤，增加三千户食邑。一次，孝文帝问周勃：一年中国家要处理多少案子？国家一年税收多少？周勃答不上来。文帝又问陈平，陈平回答这些事都有专门主管的官员，文帝又问："凡事都各有主管官，那你又做什么事呢？"陈平说："我就来管那些大臣们。宰相上要协助天子调理四季和阴阳变化，下要使万物都能得到合乎时宜的生长，对外要使东南西北的人民和诸侯都信从教化，对内要使百姓与国家同心同德，使卿大夫都能够有力所能及的官做。"文帝对他大为赏识。周勃知自己能力不如陈平，不久即称病辞相，陈平成为唯一的丞相。

陈平足智多谋，常出奇计，解决纷争、困难之事，帮助刘邦建立政权，铲除吕后之患，堪称贤相，声著千载。汉文帝前元二年（前178年），陈平去世，谥献侯。

陈平墓在今开封市兰考县兰阳街道陈寨村南，国道220可达，地理坐标为北纬34°51′28.0″，东经114°50′04.0″。该墓始建于汉代。墓葬临村庄，周为树林。原有圆形封冢，碑刻甚众，均毁。后复拢土聚冢，墓冢直径约3米，高约1.5米。新竖碑书"汉丞相陈平之墓"。四周围以砖墙。

张苍

张苍，生于周赧王五十九年（前256年），卒于汉景帝前元五年（前152年），阳武（今河南原阳东南）人。西汉大臣，官至丞相，精历法、算术。

张苍喜好诗书、音律及历法，秦时任御史，掌管文书档案，后因罪返乡避难。刘邦军经过阳武时，张苍以宾客身份随其西征进入咸阳。刘邦立为汉王后，张苍任常山郡（治今河北元氏西北）郡守，跟随韩信打败陈馀，后任代国相国，负责边境防备军务。不久，张苍任赵国相国，辅佐赵王张耳，后继续辅佐张耳的儿子张敖，又复任代国相国。刘邦攻打燕王臧荼时，张苍随军。汉高祖六年（前201年）八月，张苍封北平侯，食邑一千二百户。

张苍后任管理财政的计相，又以列侯改任主计。萧何任相国时，见张苍熟悉天下图籍，精通计算、乐律和历法，就让他在相府办公，管理各郡国的会计账簿。淮南王黥布谋反未成逃跑，汉高祖立儿子刘长为淮南王，令张苍为相国辅佐他。十四年后，张苍调任御史大夫。吕后病逝之后，

张苍墓

张苍等人拥立代王为孝文帝。汉文帝四年（前176年），张苍任丞相，此时他已经八十一岁了。

张苍喜欢读书，无所不观，无所不通，尤其擅长乐律、历法。任计相时厘定律历，以十月为首月，以水为德，延续秦朝尚黑传统，吹奏律管调整乐调，使其合于五声八音，依此制定律令，制定各种器物标准以为规范，在其任丞相期间全部完成。汉代研究音律、历法的学者，都师承张苍。有个叫公孙臣的人，虽观点与张苍不同，但预言之事应验，张苍因此托病引退，后被免职。

张苍于景帝前元五年（前152年）去世，谥文侯，享年一百零五岁。张苍在数学方面的成就，主要是编辑修补《九章算术》，这是我国古代一部重要的数学著作。"苍等因旧文之遗残，各称删补，故校其目，则与古或异，而所论者多近语也。"（《九章算术·九章算术注序》）在度量衡方面，汉初时他即主持修订。"张苍定章程"，"章，历数之章术也。程者，权衡之丈尺斗斛之平法也"（《西汉会要》），包括备数、和声、审度、嘉量、权衡等。

张苍墓在今新乡市原阳县城关镇谷堆村中，省道229可达，地理坐标为北纬35°03′56.0″，东经113°59′09.0″。该墓建于汉代，为原阳县文物保护单位。墓地所处为谷堆商代遗址，周邻民舍。墓冢东西长40米，南北宽30米，高1～2米。冢上树木茂密，原有祠。冢前立清康熙二十九年（1690年）知县安如泰立碑一通，上书"汉丞相北平侯张公讳苍之墓"。

贾谊

贾谊，生于汉高祖七年（前200年），卒于汉文帝前元十二年（前168年），洛阳（今河南洛阳）人。西汉政治家、思想家、文学家。

汉高后五年（前183年），贾谊"年十八，以能诵诗属书闻于郡中。吴廷尉为河南守，闻其秀才，召置门下，甚幸爱"。"廷尉乃言贾生年少，颇通诸子百家之书。"（《史记·屈原贾生列传》）廷尉也就是时任河南太守的吴公，吴公的学识、为人及家藏丰富的典籍对贾谊产生了重要的影响。汉高后八年（前180年）吴公又将贾谊推荐给御史大夫张苍。贾谊入张苍府后主要学习《春秋左氏传》，并开始作《春秋左氏训诂》，此作对西汉及后世学术产生了广泛而深远的影响。

文帝前元二年（前178年），下诏"举贤良方正直言极谏者"，时任御史大夫的吴公推荐贾谊，使得贾谊二十二岁时任博士。出任博士后，"每诏令议下，诸老先生不能言，贾生尽为之对"（《史记·屈原贾生列传》），得到汉文帝的赏识，不到一年，被破格提拔为太中大夫。贾谊在担任博士、太中大夫后，在国事问题上提出一系列主张、建议，在当时即产生巨大反响，对后世的影响亦很深远。一是《过秦论》，论述秦国兴亡的经验与教训，不仅奠定了他在中国文学史上的地位，而且其中一些思想至今仍有价值；二是上《论定制度兴礼乐疏》，针对汉朝的政治格局，提出一系列改革方案及理论依据，当时虽未被汉文帝采纳，但到汉武帝时改革得以全面施行；三是上《论积贮疏》，强调以农为本，发展农业生产，被汉文帝采纳，使西汉初期经济得以快速恢复和发展，这种以农为本的思想对后世影响很大；四是建议"列侯之国"，就是让封为王侯者回到封国去，以减轻百姓负担。正是这一利国利民的建议触动了既得利益集团的利益，贾谊因此遭到权贵的反对和排挤，被周勃、灌婴等一班老臣斥为"洛阳之人，年少初学，专欲擅权，纷乱诸事"（《史记·屈原贾生列传》）。文帝本欲任贾谊为公卿，但屈从于权臣的压力，改任为长沙王太傅。

文帝前元二年（前178年）年底，贾谊怀着郁闷的心情离京到长沙赴任，过湘江时作《吊屈原赋》，是后世人研究屈原及其作品的重要资料。在长沙王太傅任上，贾谊在稳定长沙南部边境地区局势，有效地掌控长沙王府的政治走向，使之始终与朝廷保持一致等方面起到了重要作用。同时他还上疏建议礼待大臣。在反对、排挤过自己的周勃下狱审查期间，贾谊非但没有对他落井下石，反而建议皇上"礼待大臣"，足见其品行高洁。其间他还上《谏铸钱疏》，提出完善的货币理论，到汉武帝时得以彻底实现。

文帝前元七年（前173年），贾谊被召回京师。到达长安后，文帝马上召见了他，并且两人进行了一次极为深入的谈话，即著名的"宣室求贤"。至夜半，文帝说"吾久不见贾生，自以为过之，今不及也"（《史记·屈原贾生列传》）。之后，文帝让自己的小儿子梁怀王拜贾谊为太傅。任上，贾谊上《陈政事疏》（即《治安策》），并提出了著名的"众建诸侯而少其力"的削藩谋略，还就匈奴问题、社会贫富不均问题提出建议。贾谊还冒着风险上《谏立淮南诸子疏》，反对文帝再立罪人之子。在大旱之年作《旱云赋》，表达了关心民众的思想情感。文帝前元十二年（前168年），因梁怀王坠马而死，贾谊深深自责，最后在后悔、愧疚中绝食而亡，时年三十三岁。

贾谊是屈原之后，我国又一位杰出的思想家、文学家。他提出了以儒为主、以法为辅的治国指导思想，继承和发展了"民本"思想，也提出了维护国家统一、抵御匈奴的策略，还有教育理论等都有深远的影响。

贾谊墓在今洛阳市孟津县平乐镇新庄村东南，省道238可达，地理坐标为北纬34°47′41.19″，东经112°36′21.22″。该墓建于西汉，为全国重点文物保护单位。清同治年间贾谊墓底部直径尚有37米，冢高12米。自汉以来，途经洛阳孟津的官宦、士绅来到这里，无不远远歇轿下马，步行至墓前虔诚叩拜。"文革"中贾谊墓遭到破坏。

张释之

张释之，生年不详，卒于汉景帝前元元年（前156年），字季，南阳堵阳（今河南方城东）人。西汉官吏，掌刑狱，以秉公执法而闻名。

汉文帝时，张释之的哥哥出钱为他买官，任骑郎，十年内没有升迁，默默无名。张释之说："长久为官，徒耗哥哥资财，心中不安。"打算辞职回家。中郎将袁盎知他贤能，请求皇帝调补他做谒者。张释之朝见文帝，陈说天下大计，又谈起秦朝灭亡和汉朝兴盛的原因，文帝很赞赏他，任他为谒者仆射。

文帝登临虎圈，提出的问题上林尉不能作答，看管虎圈的啬夫代答，非常周全，文帝便令张释之让啬夫做上林令。张释之认为这样会让人们效法啬夫喋喋不休、伶牙俐齿，争相施展口舌而不求实际，文帝听纳张释之的建议不再任啬夫为上林令。回宫后，张释之任公车令，太子与梁王到司马门没有下车，张释之阻止他们进宫，

张释之墓

并上奏弹劾他们不敬之罪,文帝更加看重张释之,任他做中大夫。

张释之后升中郎将,随皇帝到霸陵(汉文帝陵,在今陕西西安东郊)。汉文帝对群臣说,用北山的石头做椁,缝隙用切碎的苎麻丝絮堵住,再用漆粘涂在上面,难道还能打开吗?群臣随声附和,张释之却上前说道:"如果里面有引发人们贪欲的东西,即使封铸南山也会有缝隙;如果里面没有引发人们贪欲的东西,即使没有石椁,也不用忧虑。"文帝称赞他说得好。

张释之后任廷尉,执法公正,不谄媚逢迎,为世人称道。一次文帝出巡,突然从桥下跑出一个人来,惊了文帝的御马,文帝险些摔下来。文帝十分恼火,命人捉住此人交给张释之处置。张释之审讯后知道此人是无意而为,对此人处以罚金,文帝认为判得太轻,但张释之坚持按法律规定,不加重处罚,最终文帝纳谏。有人偷盗高祖庙神座前玉环被抓,张释之按法律规定奏报文帝盗玉之人应判处死刑,文帝又认为判得太轻,张释之坚持认为依照法律处罚已经足够,文帝最终同意。中尉条侯周亚夫和梁国相山都侯王恬见他执法公正,就与他结为亲友,张释之也得到天下人称赞。

张释之执法不迎合权贵,时人称赞他为廷尉时,天下无冤民。他处心公正,议法平恕,狱中无冤,故流芳后世。景帝即位,张释之任廷尉一年多后被贬为淮南王的相,后去世。

张释之墓在今南阳市方城县杨集乡胡岗村西北,省道239可达,地理坐标为北纬33°16′38.0″,东经112°58′51.0″。该墓建于西汉,为河南省文物保护单位。墓坐落于耕地之中,墓冢高3米,直径28米。原有碑,今已不存。

晁错

晁错，生于汉高祖七年（前200年），卒于汉景帝前元三年（前154年），颍川（治今河南禹州）人。西汉政治家、文学家，擅长散文写作。

晁错为人刚正苛刻，曾在轵县（今河南济源东南）随张恢学习申不害和商鞅的刑名学说，通晓文史典籍，担任太常掌故。孝文帝时，受命向秦时博士伏生学习《尚书》，学成归来，引解《尚书》报告事务，任太子舍人、门大夫、太子家令。晁错善辩，太子非常喜欢他，太子家人也都称他为"智囊"。

汉文帝前元十一年（前169年），匈奴犯境，朝廷发兵征讨，晁错上《言兵事疏》，提出以蛮夷攻蛮夷、器械锋利、精兵劲卒、将领要精通军事、君主选择良将等主张，受到文帝赞赏。晁错的《守边劝农疏》，鼓励移民，以移民实边抵御外患，文帝采纳。《募民实塞疏》对如何安置移民提出具体措施。后举贤良，以《举贤良对策》获文帝嘉许，升中大夫。

汉景帝即位，晁错任内史，多次与景帝论事，宠幸超过九卿。丞相申屠嘉忌恨晁错，以晁错擅自凿开庙墙为由，请景帝处死晁错，未能成功。申屠嘉去世后，景帝更加信任晁错，升他为御史大夫，位列三公，地位愈加显贵。

景帝前元二年（前155年），晁错上书《削藩策》，提议削藩，"今削之亦反，不削之亦反。削之，其反亟，祸小；不削，反迟，祸大"（《史记·吴王濞列传》）。景帝采纳其建议。削藩令一公布，就遭到了诸侯王的公开反对，朝野上下闹得沸沸扬扬。晁错的父亲专门从家乡跑到京城来看他，见面就责备他不该在皇帝刚刚即位的时候搞什么削藩，离间他人骨肉亲情的事情是做不得的，到处树敌又是何苦呢？晁错对父亲说，他就是要这样做，否则，天子的地位就得不到尊崇，国家就不安宁。他父亲说："刘氏安宁了，但我们晁氏就危险了。我走了之后，你赶快辞官回家吧！"说完他父亲就走了。但晁错的父亲没有回家，而是服毒自杀了。死前他对别人说，不忍心看到灾难降临晁家。吴、楚等七国以"清君侧、诛晁错"为名反叛，窦婴、袁盎等人趁机进言，景帝无奈，下令腰斩晁错于东市。晁错的母亲、妻子和同胞兄弟，无论长幼，一律弃市。

晁错的削藩主张对巩固中央集权、国家统一、打击藩镇割据势力意义重大。七国之乱以削藩为借口，实则正如晁错所言"不削之亦反"。吴、楚等七国叛乱平息后，景帝继续采取措施，诸侯王权力逐步失去，中央的权力大大加强，巩固了西汉政权，为汉武帝以"推恩令"解决诸侯王问题创造了重要条件。

晁错是汉初政论散文家，文风朴实恳切，意脉流转，节奏明快，独具一格。其文章立意深刻，针对性、说服力强，措施可行，具有强烈的责任感。《汉书·艺文志》记载晁错文31篇，多数已佚，现存较完整的有8篇，如《言太子知术数疏》《言兵事疏》《守边劝农疏》《论募民徙塞下书》《令民入粟受爵疏》《论贵粟疏》《贤良对策》等，《贤良对策》《言兵事疏》《守边劝农疏》被誉为"西汉鸿文，沾溉后人，其泽甚远"（《汉文学史纲要》）。

晁错墓在今许昌市魏都区文峰街道长青社区，南为长青街，北临中房大街，地理坐标为北纬34°01′45.0″，东经113°50′02.6″。该墓建于西汉，为许昌市文物保护单位。墓葬坐落于许昌烈士陵园西北角，墓冢近圆形，直径约20米，高5米，周长约60米，占地300余平方米。墓南有清乾隆三年（1738年）立碑刻一通，上书"汉御史大夫晁公之墓"。

晁错墓

梁孝王刘武

刘武，生年不详，卒于汉景帝中元六年（前144年）。西汉梁国（都睢阳，今河南商丘南）王，谥孝，故称梁孝王。窦太后所出，汉文帝次子，景帝弟。

汉文帝前元二年（前178年），刘武封代王；文帝四年（前176年）改封淮阳王；文帝十二年（前168年）改封梁王。景帝未立太子时，曾允诺传位于孝王，孝王推辞谢恩，景帝非常高兴。景帝前元二年（前155年），吴、楚等七国叛乱，梁王死守睢阳，派将领兵抵抗，吴、楚最终以梁国为限未能西进。因梁王有功，且梁是大国，占据肥沃之地，景帝与梁王最为亲近。窦太后非常喜欢梁王，赏赐不计其数。

孝王筑东苑，方圆三百余里，比睢阳城还大七十里，又大建宫室，宫台楼榭绵延三十里。得赐天子旌旗，出门用天子仪仗。招纳四方豪杰，太行以东游说之士莫不被招至麾下。梁国有兵器弩弓数十万，府库金银百万，珠玉宝器比京师还多。孝王到京师，景帝派人以四马驾车迎接，朝拜后又将孝王留下，两人入则同辇，出则同车。

景帝废太子，窦太后打算立孝王，袁盎等人推荐刘彻，孝王便派刺客刺杀袁盎等人。景帝料是孝王所为，派人捕拿孝王谋臣，孝王无奈让出主意的人自杀。景帝因此对他很不满，孝王惶恐，派人到窦太后面前谢罪，景帝怒气稍平。孝王朝拜，到达函谷关时，改乘布车，带两人随行，先到长公主住处。景帝派人迎接，没有见到孝王，也不知道他去了何处，窦太后哭泣，认为是景帝杀了他。孝王出面谢罪，太后、景帝非常高兴，相拥而泣。

景帝中元六年（前144年），孝王上朝觐见，上书请留未被允许，回国后非常不高兴。六月，孝王感热疾去世。其子梁共王刘买继立。

梁孝王墓在今商丘市永城市芒山镇柿园村，省道201、县道043可达，地理坐标为北纬34°10′14.20″，东经116°30′33.28″。该墓建于西汉，为全国重点文物保护单位。永城芒山为西汉梁国贵族墓地所在，历八代九王，皆葬于芒砀山群各山顶，目前已发现王陵22座，保安山一号、二号墓分别为梁孝王刘武及王后墓。梁孝王墓建在芒砀山南脉保安山东侧山腰，凿山为藏，属大型崖洞墓。陵园

梁孝王墓

平面近方形，陵墙绕山体一周，依山势而建。梁孝王寝园位于陵墓东侧偏北，南北长110米，东西宽60米，由围墙、回廊、寝殿、庭院、房屋等组成。寝殿夯土筑基，回廊环绕。寝殿后为成排的房屋。据载，东汉末年，曹操派人将墓内随葬品劫掠一空。在梁孝王墓、王后墓之间的东侧台地上有陵寝建筑基址，是祭祀梁孝王和王后的寝园。现已辟为芒砀山文物旅游区。

石奋

石奋，生年不详，卒于汉武帝元朔五年（前124年），字天威，号万石君，河内温（今河南温县西南）人。父亲是赵国人，赵国灭亡后，迁到温地。西汉文官。

汉高祖东进攻打项羽途经河内郡，石奋时十五岁，侍奉高祖，恭谨无比，深得高祖喜爱，召他姐姐为美人，石奋任中涓，受理大臣进献的文书和谒见之事，并举家迁到长安。文帝时，石奋官至太中大夫，后任太子太傅。景帝即位，石奋列为九卿，后任诸侯国相。石奋有四子，皆官至二千石，遂称呼他为"万石君"。

景帝晚年，石奋回家养老，仍参加朝廷举行的盛大典礼，经过宫门时一定下车快速行走，看见皇帝车驾俯按车前横木表示敬意。其子孙为小官吏，石奋一定着朝服接见，而且不称呼他们的名字。子孙犯了错误，他从不谴责，但却不坐正座，面

石奋墓

对食案不吃东西，直到众人说情，犯错之人谢罪并改正错误，他才会答应。皇帝赏赐食物，他一定跪下叩拜俯伏而食。石奋家以孝敬谨严闻名郡国，齐、鲁儒生都自叹弗如。

汉武帝建元二年（前139年），皇太后认为石奋一家不夸夸其谈而身体力行，让石奋的大儿子石建任郎中令，小儿子石庆任内史。石奋于汉武帝元朔五年（前124年）去世，石建悲哀，手扶拐杖才能走路，一年多后亦去世。石奋的子孙们都很孝顺，以石建最突出。

石奋墓在今焦作市温县岳村街道杨庄村西，温孟老路从墓地旁边经过，地理坐标为北纬34°55′37″，东经113°02′03″。该墓建于汉代，为河南省文物保护单位。墓地靠近村庄和农田，地势平坦。墓园水泥铺就，整体呈方形，长约15米，为2006年重建。墓冢呈圆形，下部为青石砌筑，直径约11米，高约2.4米。冢正前方有2007年立碑一通，上书"万石君石奋之墓"；冢后立有《三子石乙之墓碑》《万石君表墓碑记》等碑刻数通。

汲黯

汲黯，生年不详，卒于汉武帝元鼎五年（前112年），字长孺，濮阳（今河南濮阳西南）人。西汉文臣。

景帝时，汲黯为太子洗马，为人严正，受人敬畏。武帝继位，汲黯为谒者，后来武帝打算任命他为荥阳令，汲黯认为自己在武帝身边地位崇高，做县令有辱身份，便称病回家，武帝马上把他召回任中大夫。在朝堂上汲黯直陈武帝错误，武帝心生不满，遂外任东海郡太守。汲黯治官理民多让下属完成，公事多关心大原则，对属吏和百姓没有苛刻要求。一年余，他管辖境内社会稳定，百姓乐业，人皆称颂。武帝高兴，晋升他为主爵都尉，位列九卿。汲黯为政讲究无为而治，弘其大要，不拘于法令条律。

窦太后弟弟武安侯田蚡任宰相，官员谒见时需行跪拜之礼，汲黯却从不下拜，只拱手作揖。武帝招揽文学之士和儒生，汲黯就说："陛下内多欲而外施仁义，奈

汲黯墓

秦汉时期

何欲效唐、虞之治乎？"（《史记·汲郑列传》）武帝不快，拂袖而去，他不以为意。汲黯志节坚定，为人正派，安邦保国，忠心不贰，率直倔强，武帝也非常尊重他，每次汲黯觐见，武帝一定会戴好帽子。大臣中有人劝告他，也有人责备他不该如此不给武帝面子。汲黯气愤地说："天子设置公卿来辅佐自己，难道就是为了找几个人来阿谀奉迎，让自己失去人心吗？"他还说自己身在高位，如果只爱惜自己的性命，又怎么对得起国家。张汤任廷尉，汲黯认为他未能履行好职责，多次争辩，刚直严肃，气势昂奋，不肯屈服。

汉朝征讨匈奴，他为求国家少事，经常建议与胡人和亲，不要兴兵打仗，招致武帝不快，被调任右内史，但他并不在意，还把政事管理得井井有条。大将军卫青的姐姐封后，汲黯仍与卫青行平等之礼，有人劝他行跪拜之礼，汲黯回答："因大将军有拱手行礼的客人，他就不受敬重了吗？"卫青听后，对他更加敬重。汲黯后因小错被判罪免官，归隐田园。几年后，他又为淮阳郡守，处置政事一如往昔作风，郡治清明。武帝元鼎五年（前112年），汲黯逝于任上。

汲黯墓在今安阳市滑县留固镇南尖庄村东500米，省道222可达，地理坐标为北纬35°29′35.24″，东经114°43′18.40″。该墓建于西汉，为滑县文物保护单位。墓葬坐落于耕地之中，地势平坦，西距大广高速约100米。土冢近方形，边长约19米，高约2.5米。墓冢上及周围有树木。

桑弘羊

桑弘羊，生于汉景帝前元四年（前153年），卒于汉昭帝始元七年（前80年），洛阳（今河南洛阳）人。西汉著名政治家和思想家。

桑弘羊出生于商人家庭，景帝后元三年（前141年），十三岁时任侍中。武帝元狩六年（前117年）任大农丞，武帝元鼎四年（前113年）建议把各郡国货币铸造权集中于朝廷，一律使用朝廷铸造的五铢钱。武帝元鼎六年（前111年），桑弘羊升任搜粟都尉，代理大农令。武帝元封元年（前110年），他大力推行均输政策，设置大农部丞数十人，在各郡国设均输官，负责管理、调度和征发从郡国征来的租赋财物，并负责向京师各地输送。创立平准制度，在京师设平准机构，储藏大量商品，根据物价涨跌出售或收购商品，保证物价平稳。

武帝太初元年（前104年），桑弘羊已五十岁，建议武帝扩大中央财政组织和中央财权，把各郡国的诸仓、农监、都水等六十五官长丞收归朝廷管辖，统一全国粮食、盐铁等财政政策，把私人垄断的冶铁业和煮盐业收归国有，由国家垄断经营，在全国生产盐和铁的地方设盐铁专卖署，任命当地大盐铁商人出任盐官和铁官，负责管理煮盐、冶铁、制造铁器和买卖盐铁等事务。

武帝天汉三年（前98年），桑弘羊在全国实行酒专卖，具体事宜由地方承办，实际上是替朝廷办差，受朝廷监督。第二年，五十七岁的桑弘羊任搜粟都尉，仍主管大司农事宜。武帝后元二年（前87年），武帝去世前嘱托桑弘羊等辅佐昭帝，升其为御史大夫。昭帝始元六年（前81年），桑弘羊等就盐铁官营的利弊得失等问题与全国各地推举的贤良、文学六十多人进行公开讨论，由桓宽记录整理成《盐铁论》。始元七年（前80年），桑弘羊卷入燕王旦谋反事件被杀，享年七十四岁。

桑弘羊是武帝、昭帝时著名的财政大臣，其经济思想可以归纳为轻农重商、注重贸易和商品流通，对富国强民起到了非常重要的作用。他认为农业并非唯一财源，"工不出，则农用乏；商不出，则宝货绝"（《盐铁论》）。他秉持工商富国，强调贸易的重要作用，主张在经济上实行干预政策，山林川泽等归国家所有，最终收益也要归国家。对盐、铁、酒推行专卖，获得高额利润，推行均输平准，调节商品流通，平抑市场价格，打击了富商大贾势力，减轻了人民负担，增加了政府收入，"民不益赋而天下用饶"（《汉书·食货志》），从经济上加强了中央集权，巩固了国家统一。

桑弘羊墓在今郑州市巩义市鲁庄镇桑家沟村窑头，国道207可达，地理坐标为北纬34°35′58″，东经112°50′41″。该墓建于西汉。墓葬坐落于农田边，南临农田小道，地势较低。墓冢无存，原有一石羊，埋入地下。

戾太子刘据

刘据,生于汉武帝元朔元年(前128年),卒于武帝征和二年(前91年)。汉武帝长子,母卫皇后子夫,又称戾太子。

刘据出生,武帝非常高兴,元朔元年三月卫子夫被立为皇后。元狩元年(前122年),刘据被立为太子,年仅七岁。少年时,刘据就开始学习《公羊春秋》和《穀梁传》等书,二十岁时住太子宫,武帝为他建博望苑,与宾客往来,顺从他的喜好。

元鼎四年(前113年),刘据娶史良娣,生儿子刘进,称为史皇孙。武帝晚年,江充受重用,他与太子和卫氏有隔阂,担心武帝去世后会被太子处死。

汉武帝晚年多疑,总是怀疑有人对他施蛊术,江充借机制造恐怖气氛,并借查处蛊术之机进入太子宫中,在太子宫中掘得桐木人,刘据知道是被江充暗算,又气又怕,有口难辩,便召问少傅石德,石德

刘据墓

担心受到牵连被诛，建议太子"矫以节收捕充等系狱，穷治其奸诈"（《汉书·武五子传》），太子急切之下采纳，下伪诏把江充等人逮捕下狱，又向文武百官宣称江充造反，杀了江充。接着部署宾客为将帅，与朝廷对战，长安城大乱，最后他的军队被打败，自己逃到湖县（治今河南灵宝西北）一户百姓家。太子有故友住在附近，派人传唤，行踪因此被人发现，遭官吏围捕，太子自思难以逃掉，进屋闭门上吊自杀，两皇孙一起遇害身亡。

后经查实，巫蛊害人大多不实，汉武帝知道太子因害怕才逃走，把江充全家抄斩，修建思子宫，在湖县建归来望思之台。史皇孙与王夫人生的儿子刘询幸存，在武帝去世十四年后，刘询十八岁时继昭帝承皇位，即宣帝，为刘据上尊谥戾。

刘据墓在今三门峡市灵宝市豫灵镇底董村南约500米，国道310可达，地理坐标为北纬34°33′39.44″，东经110°27′24.57″。该墓建于汉代，为三门峡市文物保护单位。俗称"戾太子墓"。墓冢坐落于山谷之中，泉鸠山东岸，四周群山环绕，树木成荫，有小河从南侧流过。墓冢平面近长方形，东西长约150米，南北宽约50米，高约50米，周长约534米。曾有《汉台风雨》碑一通，以及归来望思台和思子宫，现已不存。

黄霸

黄霸，生年不详，卒于汉宣帝甘露三年（前51年），字次公，淮阳阳夏（今河南太康）人。西汉丞相，著名循吏。

黄霸家境富有，出手阔绰，喜爱行侠仗义。年少时学习律令，希望能晋身为官，但一直未能如愿。武帝即位，迁徙内地居民到云陵（今陕西淳化西南）居住，黄霸负责在迁徙过程中管理移民。武帝末年，黄霸出钱买得侍郎谒者这一职位，但是没多久他的弟弟犯法，他受到牵连被免官。黄霸捐献粮食，做了左冯翊，他兢兢业业，考核成绩突出，任河东均输长，不久任河南太守丞。武帝治国崇尚严酷，而黄霸为政宽和。他心思敏捷，通晓律法，并且性情温良，懂得谦让，有智慧，善于组织调度，处理事务、颁布决议都合乎法律，深得人心，太守非常信任他，官吏百姓也很爱戴他。

宣帝时，黄霸被征召进京任廷尉正，帮助廷尉处理重大案件，他断案公平、公正，不久被提拔为丞相长史，协助丞相处理政务。后世将他与龚遂作为循吏代表，称"龚黄"。宣帝打算提高武帝宗庙乐舞的规格，黄霸和长信少府夏侯胜反对，因此下狱。狱中三年，黄霸随夏侯胜学习《尚书》，出狱后，黄霸在《尚书》方面已经非常有造诣了。

经夏侯胜一再举荐，黄霸任扬州刺史。黄霸在工作上尽心尽力，考核名列前茅，任颍川（治今河南禹州）太守。他在颍川选贤任能，大力宣传朝廷的为民政策，要求官吏饲养家禽、家畜以备不时之需，设专人负责教育村民、督导耕种。严格管理属吏，宽厚对待百姓，郡里风气得到极大好转。因政绩调任京兆尹。但因升迁引起一些人的嫉妒，于是有人上奏弹劾黄霸，不久被免，复任颍川太守。黄霸仍然是一心一意造福一方，政绩突出，得到宣帝褒奖，赐关内侯。不久进京任太子太傅。宣帝五凤二年（前56年），晋升御史大夫。第二年，任丞相，封建成侯，食邑六百户。甘露三年（前51年），黄霸在家中病逝，谥定侯。

黄霸墓在南阳市内乡县赵店乡吕营村北200米，省道335转村间公路可达，地理坐标为北纬32°53′55.79″，东经111°47′13.60″。该墓建于西汉，为内乡县文物保护单位。墓葬地处丘陵地带，西距湍河100米。原有墓冢，南北长8米，东西宽7米，高4米，现已不存。

张禹

张禹，生年不详，卒于汉哀帝建平二年（前5年），字子文，祖居河内郡轵县（今河南济源东南），父时迁居莲勺（今陕西蒲城）。西汉丞相。

张禹年少时喜欢占卜，常在集市相面算卦，渐有心得，卦师见其聪明伶俐，就劝他的父亲让他多读经书。成年后，张禹到长安学习《周易》《论语》等，渐有名气，一些人拜其门下，"既皆明习，有徒众，举为郡文学"（《汉书·匡张孔马传》）。宣帝甘露年间，诸儒生和大臣纷纷上书推荐，太子太傅萧望之考核，他对答如流，但未得宣帝首肯。元帝继位，崇尚儒学，张禹再次得到萧望之推荐，征为博士，秩比六百石。初元中，张禹经博士郑宽推荐，教授太子《论语》，数年后出任东平（治今山东东平东南）内史，辅佐东平王掌管民政。

成帝继位，敬重师傅，下诏让张禹回京，赐关内侯，食邑六百户。不久拜光禄大夫，秩禄二千石，加给事中，领尚书事，侍奉成帝左右，掌图籍、奏章，成了执政大臣。成帝的舅舅大将军王凤统领尚书事，张禹怕因政见不合托病告老，成帝不许，赐金百斤，张禹只好继续履职，唯王凤马首是瞻。

成帝河平四年（前25年），张禹任丞相，封安昌侯。鸿嘉元年（前20年），致仕还乡，"赐安车驷马，黄金百斤……益封四百户"，后又多次封赏，黄金达数千万。成帝对他非常关心和信任，"禹每病，辄以起居闻，车驾自临问之"（《汉书·匡张孔马传》），并不时向他咨询国家大政。哀帝继位，张禹仍是尽心竭力辅佐。

张禹于哀帝建平二年（前5年）去世，谥节侯。四子也都跻身官场。汉时，《论语》分齐、鲁、古三种版本，张禹为帝师时，以《鲁论》为基础，参考《齐论》，将二者合而为一，称《张侯论》。该书影响极大，后世皆以此为贵，"欲为《论》，念张文"（《汉书·匡张孔马传》）。东汉灵帝时刻《熹平石经》，《论语》部分即以《张侯论》为蓝本。今天通用的《论语》是混合《张侯论》和《古论》而成的。

张禹墓在今焦作市武陟县大封镇赵庄村北，省道309转村间道路可达，地理坐标为北纬34°56′39.0″，东经113°12′46.0″。该墓为汉代造。墓葬坐落于耕地之中，地势平坦，南邻黄河。墓冢原为圆形，直径130米，占地1.6万平方米。现墓冢被夷为平地。

翟义

翟义，生年不详，卒于汉孺子婴居摄二年（7年），字文仲，汝南上蔡（今河南上蔡西南）人。西汉官吏，父翟方进为西汉后期丞相。

翟义初为郎官，二十岁时任南阳都尉，年轻气盛，父亲又为皇帝宠臣，其言行举止不免骄横。宛县（治今河南南阳）归南阳郡管辖，县令刘立与皇族有亲，有时故意冷落翟义，翟义便寻机报复。后来翟义将刘立召到南阳，罗织罪名将其下狱，没有人敢为刘立出面，翟义名声大震。

翟义历任弘农郡（治今河南灵宝北）太守、河内郡（治今河南武陟西南）太守、青州（治今山东青州）牧、东郡（治今河南濮阳西南）太守等官，兢兢业业，处处为社稷和百姓着想，办了不少好事，受到百姓爱戴，认为他有其父之风。王莽意图自立，翟义召集人马，在邓县（今河南邓州）起兵讨伐，拥立刘信为天子，自称大司马柱天大将军，响应者甚众，到达山阳（今河南焦作东南）时，已达十几万人。

王莽非常惊恐，调兵遣将，部署人马迎敌，双方在陈留（今河南开封东南）交战，翟义失败，在圉县（今河南杞县西南）主力被包围，翟义等拼死杀出，在固始（今河南太康南）被俘，后被凌迟处死。王莽拆除翟义家屋，挖其祖坟，焚烧尸骨灵柩，并灭其三族。

翟义墓在今安阳市滑县万古镇忠厚村西南500米，省道215可达，地理坐标为北纬35°25′02.0″，东经114°44′54.0″。该墓建于汉代，为滑县文物保护单位。墓葬坐落于耕地之中，地势平坦。墓冢东西长35米，南北宽33米，高3米，面积130平方米。现冢上及四周建成石佛寺，寺大殿即建于墓冢之上。

卓茂

卓茂，生年不详，卒于汉光武帝建武四年（28年），字子康，南阳宛（今河南南阳）人。汉朝良吏，官至太傅。

卓茂性格宽厚仁爱，虽学有所成，但从不自视清高，乡党故人都与他合得来。元帝时他在长安随博士江生学习《诗》《礼》及历算。初任丞相府史官，与人无争。一次，有人丢失马匹，认为卓茂骑的马是自己的，卓茂明知不是，仍将马给了对方。事后此人丢失的马找到了，就把卓茂的马送还，卓茂也不责怪。

卓茂后举为侍郎，任黄门给事，再迁密县（今河南新密）县令，爱民如子，赢得百姓爱戴。有人向亭长赠送米、肉，然后到卓茂处告发，卓茂认为亭长没有索要礼物，送礼之人主动送礼是礼尚往来，不宜用法律处置此事，送礼之人心悦诚服，亭长也感激不尽。他不精吏事，县务有些荒废，邻县的人都在暗中讥笑他，郡守特意派来一个助理县令，卓茂也不生气，仍按照自己的方式办事。实际上他是爱民如子，不增加百姓负担。数年后，密县教化大行，道不拾遗。平帝时，天下蝗灾，河南二十余县皆遭蝗灾，独不入密县界内。

王莽秉政，迁卓茂为京部丞，管劝课农桑之事，密县老少哭泣送别。王莽篡位，卓茂称病请辞，任门下掾祭酒，实非他自愿。更始帝立，以其为侍中祭酒，卓茂见朝政混乱，仍以年老为由告老还乡。光武帝即位，寻访卓茂，令其为太傅，封褒德侯，食邑二千户，赐几杖、车马、衣一袭、絮五百斤。建武四年（28年）卓茂去世，光武帝赐棺椁、墓地、车驾，并穿素服，亲临送葬。

卓茂墓在今郑州市新密市大隗镇大隗村北，洧水大道可达，地理坐标为北纬34°26′32.23″，东经113°30′00.41″。墓葬地处平地，为衣冠冢，现已不存。发现有碑刻，上书"汉太傅衣冠冢"。

冯异

冯异，生年不详，卒于汉光武帝建武十年（34年），字公孙，颍川父城（今河南宝丰东）人。东汉著名将领，云台二十八宿之一，助刘秀平定天下。

冯异自幼喜好读书，通晓《左氏春秋》《孙子兵法》等。王莽末年，以绿林、赤眉为首的农民大起义爆发，并很快建立了政权。当时冯异任颍川郡（治今河南禹州）掾吏，监督五县军事，与父城县令苗萌共据父城，抵抗绿林军。冯异微服巡视时，被刘秀军捉住，遂归降刘秀，父城不攻而下。冯异建议刘秀与刘玄的左丞相曹竟、尚书曹诩父子结交，刘秀采纳，在曹氏父子的帮助下，刘秀如愿以偿到河北招抚各州郡。冯异认为刘玄更始政权难以长久，建议刘秀发展势力，以备大事，刘秀同意。刘秀到达蓟，当地豪强反抗刘秀，刘秀被迫撤离。冯异随刘秀到达信都郡（治今河北冀州），到河间征兵，封偏将军，击溃王郎政权后封应侯。

冯异能文善武，常常为刘秀出谋划策，且从不恃功自傲，为人谦和有礼。路遇其他将领，他主动让对方先行，打仗期间不参与将领间的功过争执，避免与他们冲突，因此受到尊敬。他喜欢自己独坐树下静思，由此得"大树将军"称号。打败王郎后，多数士兵愿意归附于他，刘秀更加器重冯异，在平定河北时多次派他出战，往往事成。

刘玄派兵驻防洛阳，防备刘秀，刘秀针锋相对，派冯异等人率兵对峙。冯异招降刘玄的将领李轶，又屡屡战胜朱鲔，洛阳成为孤城。冯异回师，力劝刘秀称帝，建武元年（25年）六月，刘秀在鄗（今河北柏乡）称帝，复国号汉。第二年春，刘秀大封众臣，冯异封阳夏侯，带兵攻打阳翟（今河南禹州）农民军。

当时，义军众多，天下混乱，冯异入关讨伐赤眉军，严明军纪，以威服众，沿途义军多主动归顺。建武三年（27年）春，冯异任征西大将军，战事不利，遂坚守不战，收整余部。之后设伏，引出赤眉军主力，大败赤眉军，收降八万余人，余众十余万人逃到宜阳（今河南宜阳）投降刘秀。至此，赤眉军主力被歼，冯异居功至伟。赤眉军余部流窜于关中，冯异率兵平定，交战获胜，关中很快大部分归附。建武四年（28年）十一月，蜀地公孙述与汉兵对峙，冯异率兵数战，连败公孙述，关中逐渐稳定。

冯异深知树大招风，担心自己招人谗言，便上书请求回京任职，刘秀未同意。刘秀对冯异非常信任，对一些诬陷他的奏疏均不予理睬。冯异回京朝见，君臣交谈甚欢，刘秀赏赐冯异珍宝、衣服、钱帛，返回关中时特许其家眷随从。建武六年（30年）夏，汉军进攻割据天水、陇西一带的隗嚣，冯异先行占领栒邑（今陕西旬邑东北），并封锁消息，等隗嚣的军队贸然来攻时，冯异率兵突然出击，杀得隗嚣措手不及，冯异大胜，但他将功劳让给手下诸将。后来到洛阳朝见汉光武帝时，刘秀指着冯异对满朝大臣说，他为我劈开多刺丛生的荆棘，平定了关中。成语"披荆斩棘"即由此而来。

冯异被派往义渠（今甘肃庆阳西南）兼任太守，击败割据势力卢芳，不战而平定定安（今宁夏固原）等地，兼定安太守。建武九年（33年）春，冯异代征虏将军，统率病故的祭遵部，行天水太守事，经过一年多，击败公孙述手下赵匡部，斩杀赵匡。建武十年（34年）夏，冯异在进攻落门（今甘肃武山东洛门镇）时，突发疾病而亡，谥节侯。

冯异墓在今平顶山市宝丰县李庄乡李庄村西南，省道329可达，地理坐标为北纬33°50′01.0″，东经113°16′22.0″。该墓建于东汉，为宝丰县文物保护单位。墓葬坐落于耕地中，四周为农田，西临一小河。墓冢原面积约9000平方米，并有明朝时立石碑一通，书"大树将军之墓"，后被毁，仅余一墓冢。墓冢经后人以石围砌，呈方形，边长约15米，高约6米。

冯异墓

铫期

铫期，生年不详，卒于汉光武帝建武十年（34年），字次况，颍川郏县（今河南郏县）人。东汉著名军事将领，云台二十八宿之一，助刘秀平定天下。

铫期身长八尺二寸，容貌奇异，矜严有威。父亲铫猛曾为桂阳太守，去世后铫期服丧三年，被乡里所称道。刘秀兵至颍川，听说铫期的志义，就召他为曹掾一起征蓟，到达信都任裨将，属邓禹部。邓禹见他有才能，就拜为偏将军，授兵两千，攻拔乐阳（今河北石家庄鹿泉区）、藁（今河北石家庄藁城区）、肥累（今河北石家庄藁城区西）等地。

攻打巨鹿城时，铫期先行登城，杀五十余人，头部受伤，用头巾包住再战，大破对手。王郎灭后，拜铫期为虎牙大将军，曾借机游说刘秀自立，刘秀没有答应。当时铜马农民军数十万众攻入清阳（今河北清河东南）、博平（今山东聊城博平镇），铫期背水而战，杀伤甚多，大破铜马农民

铫期墓

军。攻击青犊、赤眉，铫期杀伤数十人，身受三处伤，但他继续苦战，最终取胜。

光武帝即位，封铫期为安成侯，食邑五千户，为魏郡太守，行大将军事。击败更始帝大将卓京，进击繁阳、内黄农民军，郡界清平。建武五年（29年），刘秀巡幸魏郡，以铫期为太中大夫，回到洛阳拜卫尉。铫期重信重义，率军取胜从未掳掠，在朝廷忧国爱主，敢于犯颜谏诤，深得光武帝宠信。

铫期不仅作战勇敢，治军纪律严明，而且对儿子要求严格，从不让他们依仗门第恣意行事。铫期患重病卧床不起，老母亲恳请铫期向皇帝提出由子承袭安成侯爵位。铫期对母亲说："这些年我受国家恩待深厚，但为国家做事甚少，一想到这些，就觉得很惭愧。现在不行了，抱恨以后再不能为国家出力，哪里还想到为儿子们的荣华富贵向朝廷伸手讨要，让他们去承袭什么爵位呢？"说罢又对儿子说："你们要自立自重，万不能向国家索要什么。伸手要是可耻的！"说完，闭上了眼睛。

铫期于建武十年（34年）去世。刘秀亲临吊丧，赠卫尉、安成侯印绶，谥忠侯。有子名铫丹，嗣侯。

铫期墓在今焦作市孟州市城伯镇西姚村东约100米，省道238可达，地理坐标为北纬34°57′52″，东经112°48′54″。该墓建于东汉，为孟州市文物保护单位。墓区坐落于耕地之中，地势平坦。墓冢两个，北侧者为铫期墓，南侧为其子铫丹墓。铫期墓冢高约6米，直径约18米。墓冢上建有祀庙。

岑彭

岑彭，生年不详，卒于汉光武帝建武十一年（35年），字君然，南阳棘阳（今河南新野东北）人。东汉著名军事将领，云台二十八宿之一。

新莽末年，岑彭任棘阳县令，绿林军攻破棘阳，岑彭带着家属逃离，投奔前队大夫甄阜，再败后逃至南阳。南阳被围，不得不献城投降，更始帝封岑彭为归德侯，归属刘縯，刘縯被害后归附大司马朱鲔。岑彭攻打淮阳，杀死扬州牧李圣，因功封淮阳都尉，平定镇守淮阳的徭伟叛乱，升颍川太守，因颍川被刘茂占领，岑彭只得投奔河内太守韩歆。

刘秀攻打河内，兵临怀县（今河南武陟西南），韩歆出城投降，刘秀本想杀掉韩歆，被岑彭劝阻。刘秀平定河北，与王莽分庭抗礼，岑彭受命劝降王莽部下大将军吕植，任刺奸大将军，监察驻扎邺城（今河北临漳西南）的王莽投降士兵，不久受符节，随刘秀征战。

建武元年（25年），刘秀在鄗（今河北柏乡）称帝，岑彭被封为廷尉，行大将军事，攻打洛阳，劝降镇守洛阳的朱鲔。建武二年（26年），他率军攻打荆州，连下十余城，攻破刘邯部，因功升征南大将军。讨伐董䜣，董䜣投降；追赶反叛的邓

岑彭墓

奉，大破邓奉军，邓奉投降。岑彭率兵攻打割据黎丘（今湖北宜城西北）的秦丰，采用声东击西的战术，秦丰大败逃走，岑彭被封为舞阴侯。建武四年（28年）春，大胜拥兵舂陵（今湖北枣阳）的田戎，占领夷陵（今湖北宜昌），田戎逃至蜀境，妻子及数万名士兵被岑彭俘虏。

建武六年（30年）冬，刘秀将岑彭召回洛阳给予厚赏，多次设宴款待，他返回时，刘秀特许他回家上坟，每月派人探望他的母亲，这在当时是极为少见的。建武八年（32年），岑彭随刘秀西征，将割据陇西的隗嚣围困在西城（今甘肃天水西南），岑彭水淹西城，隗嚣逃脱。东归后，岑彭屯兵津乡（今湖北江陵东南），继续为伐蜀做准备。建武十一年（35年）春，他又逆流而上，与蜀军拼死搏斗，蜀军大败，他便占领许多地方。

军到武阳（今四川彭山），割据巴蜀的公孙述大惊，派刺客在彭亡江口杀害岑彭。蜀地人在武阳立庙，逢年过节祭祀。范晔称其义信，光武帝赐谥壮侯。

岑彭墓在今开封市尉氏县十八里镇锦被岗村，省道325、县道032可达，地理坐标为北纬34°24′19.4″，东经114°16′15.2″。该墓建于汉代，为河南省文物保护单位。墓葬紧临村庄和耕地，地势平坦。封土高大，冢高5米，面积1470平方米。墓前有石碑，刻"汉征南将军舞阴侯岑彭之墓"。

寇恂

寇恂，生年不详，卒于汉光武帝建武十二年（36年），字子翼，上谷昌平（今北京昌平区）人。出身世家大姓。东汉政治家、军事将领，云台二十八宿之一。

寇恂年轻时任上谷郡功曹，更始政权派遣使臣巡行郡国，声言"先降者复爵位"（《后汉书·邓寇列传》）。太守耿况带领寇恂按规定交上印绶，使臣却没有归还之意，寇恂带兵进见，夺回印绶，使臣只好命耿况任原职。王郎在邯郸起事，派遣将领逼迫耿况发兵响应，寇恂建议不要与王郎共事，并杀死王郎使臣，然后跟耿况之子耿弇投奔刘秀，任偏将军，赐承义侯，随军征战。

刘秀平定河内（治今河南武陟西南）后，任寇恂为河内太守，行大将军事，并对他推心置腹，殷殷嘱托。刘秀北伐燕、代，寇恂统领属县造箭百万枝，养马两千匹，收租四百万斛，转运前线，以给军资。驻守洛阳的朱鲔派苏茂攻打寇恂，寇恂召集兵马迅速迎战，大败苏茂军队，直追至洛阳城下，洛阳震恐，城门紧闭。

光武帝纵横征战，军粮不足，寇恂及时供应，前后不绝，光武帝屡次写信慰问。寇恂怕引人嫉恨，便自称有病，不理事务。光武帝攻回到河内，寇恂请求随军出征，光武帝不许，寇恂便派侄儿寇张、外甥谷崇率精锐做光武帝先锋。建武二年（26年），寇恂为颖川（治今河南禹州）太守，平定颖川，封雍奴侯，食邑万户。

建武三年（27年），寇恂任汝南（治今河南汝南）太守，盗贼清除，郡中无事。寇恂重视文教，兴修乡校，教授生徒，聘请名师，自己也跟从受学。建武七年（31年）任执金吾，第二年随光武帝出兵攻打隗嚣，返回途中暂驻长社县（今河南长葛东），镇抚吏民。东汉初年，刘秀平定西北，灭掉隗嚣，而隗嚣的旧部高峻却拥兵万人，占据高平（今宁夏固原），与汉军对抗。大将耿弇率兵攻一年未克，刘秀率兵亲攻也未攻克，便召寇恂前来。寇恂来到高平，高峻派他的军师皇甫文前来相见。皇甫文对寇恂很傲慢，寇恂便将他斩首，又派人对高峻说："你的使臣无礼，已被我斩杀，你要投降就快投降，若不打算投降就派兵固守。"高峻听了十分恐惧，打开城门投降。人们问寇恂，杀了高峻的使节他反而投降，为什么？寇恂说："皇甫文是高峻的主心骨，杀了他，高峻就失去了主心骨，所以会投降。"人们都佩服寇恂的见识。

寇恂于光武帝建武十二年（36年）去世，谥威侯。子损嗣。寇恂明习经术，德行高尚，朝廷倚重。所得俸禄，往往厚施亲友、故旧和从征将士，他常说："吾因士大夫以致此，其可独享之乎！"（《后汉书·邓寇列传》）时人景仰他的长者之风，认为他有宰相器度。

寇恂墓在今焦作市博爱县月山镇乔村北，省道306可达，地理坐标为北纬35°12′27″，东经113°01′36″。该墓建于东汉，为博爱县文物保护单位。原有冢南北长19米，东西宽9米。前存清乾隆八年（1743年）碑一通，上书"汉雍奴侯寇公讳恂字子翼之墓"。现均不存，被焦柳铁路占压。

盖延

盖延，生年不详，卒于汉光武帝建武十五年（39年），字巨卿，渔阳要阳（今河北丰宁东南）人。东汉军事将领，云台二十八宿之一。

盖延身长八尺，能挽三百斤弓，以勇气闻名，曾为郡列掾、州从事，认真尽职。彭宠为太守时，盖延署职营尉，代理护军。王郎起事，盖延与吴汉投奔了光武帝，拜为偏将军，号建功侯，从光武帝平定河北。光武帝即位，盖延为虎牙将军。建武二年（26年），盖延封安平侯，南击敖仓（今河南荥阳北），连续攻打酸枣（今河南延津西南）、封丘（今河南封丘西南），全部攻克。南伐刘永，围刘永于睢阳（今河南商丘），大破刘永军队，平定沛、楚、临淮等地。建武三年（27年），盖延率诸将围攻刘永百日，刘永被迫突围而走，最终被部将所杀。

建武四年（28年）春，盖延攻打苏茂、周建、董宪连续获胜，后随同光武帝讨伐庞萌、董宪，均大获全胜。建武六年（30年）春，盖延屯兵长安（今陕西西安西北）。建武九年（33年），西击平定街泉、略阳、清水三县。建武十一年（35年），拜为左冯翊，仍然领兵。建武十三年（37年），增加封邑，食万户。建武十五年（39年），盖延逝于任上。子盖扶嗣位。

盖延墓在今焦作市沁阳市柏乡镇小葛村西800米，省道253转村间公路可达，地理坐标为北纬35°07′42.2″，东经112°48′06.3″。墓葬坐落于耕地之中，北临沁河，地势平坦。原墓冢封土高3米，占地350平方米，后夷为平地，地表无迹。

杜茂

杜茂，生年不详，卒于汉光武帝建武十九年（43年），字诸公，南阳郡冠军（今河南邓州西北）人。东汉名将，云台二十八宿之一。

刘秀征战河北时，杜茂投靠刘秀，为中坚将军，常随刘秀征战。刘秀即位，杜茂为大将军，封乐乡侯，北上真定攻打五校农民军，进军广平，守军投降。建武二年（26年），杜茂封苦陉侯，与中郎将王梁先后在魏郡、清河、东郡击败五校农民军，降大将三十余人。建武三年（27年），杜茂拜为骠骑大将军，击沛郡。建武五年（29年）春，杜茂率捕虏将军马武进攻西防，数月攻克。

建武七年（31年），光武帝诏杜茂率兵屯田晋阳（今山西太原西南古城营）一带，防范匈奴。建武九年（33年），杜茂攻打卢芳部将尹由，战败。建武十二年（36年），光武帝将诸郡犯人交给杜茂，镇守北疆，他令边疆士兵筑亭候、修烽火，将金帛丝絮供给军士并赐边民，同时建屯田，农业生产得以恢复。建武十三年（37年），光武帝增杜茂食邑，封修侯。建武十五年（39年），杜茂因截留军队给养、让军吏杀人被免官，削减食邑，封参蘧乡侯。建武十九年（43年），杜茂去世，归葬故里。子杜元嗣侯爵。

杜茂墓在今南阳市邓州市文渠乡孔楼村小龙庙南，省道335、省道249可达，地理坐标为北纬32°42′17.0″，东经111°56′49.0″。该墓建于汉代，为邓州市文物保护单位。墓葬坐落于缓坡上，四周为耕地。墓冢呈圆丘形，直径40米，高4米。

吴汉

吴汉，生年不详，卒于汉光武帝建武二十年（44年），字子颜，南阳宛城（今河南南阳）人。东汉著名将领，云台二十八宿之一。

吴汉家贫，曾在县里当亭长，后因朋友犯法牵连，逃到渔阳（治今北京密云区西南），以贩马为生，结交很多豪杰。更始政权建立，吴汉任安乐县（治今北京顺义区西北）令，王郎起事后，他建议太守彭宠依附刘秀，彭宠最终同意。吴汉率兵一路过关斩将，屡败王郎之兵。刘秀到达广阿（今河北隆尧东）后，拜吴汉为偏将军，攻陷邯郸后，封建策侯，后为大将军，接管幽州兵权，统领北方十郡兵马。

幽州牧苗曾意图联络北方十郡，不服从刘秀，吴汉只身去见苗曾，在苗曾出城迎接时，一刀将其斩于马下，诸郡骇然，纷纷归降，吴汉顺利控制幽州等处。率诸郡之兵南下，在清阳（今河北清河东南）与刘秀会合，将全部兵将登名造册上交，赢得诸将领赞誉。刘秀平定河北时，吴汉率领五千精兵为先锋，身先士卒，屡立战功。刘秀称帝，拜吴汉为大司马，封舞阳侯。

建武二年（26年）春，吴汉率众平乱大胜，加封广平侯，食邑四县。第二年，吴汉进攻青犊军，青犊军战败投降。围困苏茂，攻入广乐城（今河南虞城），然后带兵到睢阳（今河南商丘）围攻刘永部，刘永兵败被杀，广乐、睢阳被吴汉占据。建武四年（28年），他又北上平定清河长直（今河北清河东南）等地流寇，进到鬲县（今山东德州），严令手下不得进兵滋事，县内百姓感激，大开城门欢迎吴汉。第二年春，他攻破渤海郡（治今河北沧县东南），征讨董宪，攻克朐城（今江苏连云港），将董宪斩首，东方基本平定，班师回京。

建武八年（32年），吴汉联合西北各郡兵马围困隗嚣于西城，最终大败而归。建武十一年（35年）春，吴汉率兵征伐公孙述，逆江而上直逼成都，翌年进入成都。建武十五年（39年），吴汉率军进军西北，平匈奴之乱，将雁门（治今山西右玉南）、代郡（治今山西阳高西南）、上谷（治今河北怀来东南）三郡百姓迁到居庸关（今北京昌平区西北）、常山关（今河北唐县西北、太行山东麓的倒马关）以东，以免百姓受战乱之苦，同时加强边境防御，匈奴也多年不敢再滋事。建武十八年（42年），

吴汉墓

蜀郡守将史歆谋反，吴汉带兵平乱，攻克成都，斩杀史歆，然后率兵沿江而下，征讨巴郡，叛乱者杨伟、徐容等人惶恐解散。吴汉斩其大帅二百余人，将其党羽百家迁徙到南郡、长沙。

建武二十年（44年），吴汉患病离世。光武帝下诏吊唁，发北军五校、轻车、武士送葬，谥忠侯。吴汉亲历战事不断，每次战斗均奋勇向前，战事不利时也能镇定自若，激励手下士气。吴汉用兵勇猛，足智多谋，一生南征北战、东杀西剿，为完成东汉王朝的统一立下了卓越战功，但他从不居功自傲，而是小心谨慎，严格遵循君臣之礼。妻子曾置办许多田产，吴汉将田产全部分给同族兄弟和外户人家，得到光武帝赞许和乡里称颂。

吴汉墓在今南阳市卧龙区潦河坡镇潦河坡村，县道022可达，地理坐标为北纬33°11′59.75″，东经112°24′53.06″。该墓建于汉代，为南阳市文物保护单位。墓葬坐落于吴老庄的老虎岭下，山水环绕，树木葱葱。墓冢原已不存，后经修复、绿化。墓冢呈圆形，直径约8米，高约2米。下部1米以石围砌。冢前立碑。

蔡茂

蔡茂，生于汉成帝阳朔元年（前24年），卒于汉光武帝建武二十三年（47年），字子礼，河内郡怀县（今河南武陟西南）人。汉朝文官。

西汉哀帝、平帝年间，蔡茂以精通儒学而闻名，应试博士，针对灾异阐述对策，成绩优异，擢为议郎，迁侍中。王莽篡权，蔡茂托病辞官，投奔窦融。窦融推荐他为张掖太守，蔡茂推辞不任。后与窦融一同被征，复任议郎，迁广汉太守，政绩突出。

阴皇后的宾客在蔡茂界内屡犯条禁，蔡茂全部据实办案，无所回避。洛阳令董宣查办湖阳公主，蔡茂支持董宣，上奏朝廷对皇亲国戚加以拘束，光武帝采纳。蔡茂于建武二十年（44年）任司徒，清廉节俭，没有丝毫懈怠。

建武二十三年（47年），蔡茂去世，享年七十一岁。赐东园梓棺，赙赠甚厚。

蔡茂墓在今焦作市武陟县大虹桥乡西司徒村，乡道032可达，地理坐标为北纬35°03′15″，东经113°19′40″。该墓建于汉代，为武陟县文物保护单位。墓冢西侧紧临村庄，东侧为耕地。破坏严重，呈不规则形状，高约1.3米，长约10米，宽约5米。

蔡茂墓

朱祐

朱祐，生年不详，卒于汉光武帝建武二十四年（48年），字仲先，南阳郡宛县（治今河南南阳）人。东汉将领，云台二十八宿之一。

朱祐幼年丧父，借住在外祖父家中。当时与刘秀相识，并一同到长安求学，交情甚好。刘秀起兵，反对王莽，朱祐也加入绿林军。更始元年（23年），更始帝刘玄即位，朱祐为护军都尉，到达河北后，跟随刘秀攻战，为偏将军，封安阳侯。建武元年（25年），刘秀称帝，朱祐为建义大将军。建武二年（26年），朱祐封堵阳侯。攻打檀乡农民军，降众十万余人。邓奉在南阳（今河南南阳）叛乱，朱祐征讨，失败被俘。建武三年（27年），刘秀亲征，邓奉投降，恢复朱祐职位，并厚加赏赐，朱祐后又攻占新野（今河南新野）、随（今湖北随州）等地。

朱祐、祭遵率军征讨延岑和秦丰部将张成，斩杀张成。建武四年（28年），朱祐率破奸将军侯进、辅威将军耿植包围秦丰，第二年秦丰投降，朱祐又和臧宫一起平定延岑残党。建武九年（33年），驻屯南行唐（治今河北行唐南桥故郡村），防备匈奴。

朱祐于建武十三年（37年）封鬲侯，食邑七千三百户。建武十五年（39年），奉上大将军印绶，只奉朝请，即参加春、秋两季朝会。朱祐认为古代没有人臣封王爵的，应改王为公，又上奏三公并去"大"字，皇帝全部采纳。

建武二十四年（48年），朱祐去世。有子名朱商。朱祐性格质朴正直，崇尚儒学，打仗以平定城邑为本，不以获首级多少为目的，愿意接受敌人投降。禁制兵士，不许他们掠夺百姓，当时军士都喜欢放纵，因此对他颇有不满。

朱祐墓在今周口市商水县城关乡朱冢村，省道217、省道213可达，地理坐标为北纬33°32′19.0″，东经114°30′36.0″。该墓建于汉代。墓区平坦，现为耕地。墓区原面积约400平方米，墓冢现已平。

贾复

贾复，生年不详，卒于汉光武帝建武三十一年（55年），字君文，南阳冠军（今河南邓州西北）人。东汉将领，云台二十八宿之一。

贾复自幼喜欢研习经书，尤对《尚书》痴迷，在同门中颇有名气。他成年后步入仕途，任王莽政权县吏，去河东之地运盐，路遇劫匪，其他人吓得四散逃跑，只有贾复机智冷静，将盐安全运达。王莽末年，民不聊生，百姓揭竿而起，贾复放弃官职，聚集几百人，自号将军，以羽山（今江苏、山东界一带）为根据地，抗击王莽。

刘玄更始政权建立，贾复率领手下投奔汉中王刘嘉，封为校尉。更始政权逐步显露衰相，刘嘉不愿脱离刘玄，就将贾复推荐给刘秀，得刘秀赞赏、器重，被任命为破虏将军督军，贾复也以死相报。征战河北，贾复为偏将军，屡立战功，消灭王郎后，任都护将军，之后率军镇压射犬一带农民义军，身先士卒，自己扛着大旗前冲，将农民军杀退。贾复后率兵镇压真定（今河北正定）农民军，身受重伤，刘秀闻知非常心痛。贾复很快痊愈，追赶上大军，刘秀很高兴，派他往邺城（今河北临漳西南）镇压农民军，大胜而归。

建武元年（25年），刘秀称帝，拜贾复为执金吾，封冠军侯。贾复与其他将领围攻洛阳，击溃更始大将白虎公陈侨部。第二年，贾复增封两县，食邑三县。进攻郾王尹尊，攻打淮阳，均获胜，后占据召陵（今河南漯河召陵区）、新县（今河南新县）等地，又参加讨伐邓奉之叛。建武三年（27年），贾复迁左将军，攻打从关中退到新城、渑池一带的赤眉军，接连获胜。

贾复作战勇敢，身经百战，鲜有失败。建武十三年（37年），贾复被封为胶东侯，食邑六县，是食邑最多的大臣。虽受恩宠，但从不恃宠而骄，散朝后回家闭门研究儒学，更不结党，深得朝臣尊敬。建武三十一年（55年），贾复病逝，谥刚侯。

贾复墓在今平顶山市宝丰县城关镇大寺社区大寺坑北，邻共河街、维新街，地理坐标为北纬33°52′32.0″，东经113°03′34.0″。该墓建于东汉，为宝丰县文物保护单位。墓区四周苍松翠柏，南临大寺坑。墓地原有面积2890平方米，冢高5米，后被推平。现有乾隆四十八年（1783年）立《重修贾刚侯墓碑记》残段。

郅恽

郅恽,生卒年不详,字君章,汝南西平(今河南西平)人。东汉文臣,以廉直著称。

郅恽十二岁时母亲去世,居丧守孝超出礼节,稍长后研读《韩诗》《严氏春秋》,精通天文历数。王莽代汉,郅恽夜观天象,察及汉朝不会灭亡,上疏谏王莽不要违天命窃王位,被下狱。后遇大赦得以赦免,同郡人郑敬一道到苍梧山隐居。光武帝建武三年(27年),积弩将军傅俊请他为将兵长史,亲率士卒收容伤者、安葬死者,百姓心悦诚服,他所到之处百姓便很快降服。

建武七年(31年),傅俊为郅恽请功,郅恽认为靠军功获职可耻,便辞职回乡。当地县令聘请郅恽为官吏。朋友董子张父亲被人杀害,郅恽替他报仇,然后逃走躲避。出任汝南太守欧阳歙功曹,飨宴上直言欧阳歙把恶当作善,看人不明,但欧阳歙终未听从郅恽的话,郅恽只得离开。到

郅恽墓

江夏以教书为生，不久举孝廉，出任洛阳东城门官。

郅恽不畏权贵，秉公执法。有一次，光武帝带人到洛阳郊外打了一天猎，回城时已是晚上。皇帝的车驾到了东门，城门早已关闭，随从叫开门，郅恽拒绝。皇帝亲自来到城下，叫郅恽开门，不料郅恽说："夜里看不清楚，王法规定不能开门。"光武帝只好绕到东中门进城。第二天，光武帝正要找郅恽责问，不料郅恽的奏章已经送上来了。奏章上说："陛下跑到遥远的山林里去打猎，白天还不够，直到深夜才回来。这样下去，国家大事怎么办？"光武帝看到奏章，不仅没有责怪郅恽，还赏给他一百匹布，让他教皇太子学习《韩诗》。

建武十七年（41年），皇帝欲废黜郭皇后，郅恽上疏光武帝要衡量轻重，不要引天下人非议。皇帝不听，郭皇后被废黜，太子不安，他又劝说太子左右戴罪隐退，侍奉母亲，太子听从。郅恽升任长沙太守，教化民众，淳朴民风。后因前任太守受贿，郅恽受到牵连，被罢职回乡，因病去世。子名郅寿，以廉著称。

郅恽墓在今济源市轵城镇东天江村西南约600米，省道309可达，地理坐标为北纬35°01′51″，东经112°39′21″。该墓建于东汉，为济源市文物保护单位。现仅余一冢，坐落于耕地之中，西侧约100米为一工厂，距国道207约350米。墓冢近方形，夯筑，长约20米，高约5.3米，面积约400平方米。

马成

马成，生年不详，卒于汉光武帝建武三十二年（56年），字君迁，南阳棘阳（今河南新野东北）人。东汉将领。

马成初为县中小官吏，投奔刘秀任安集掾，后任郏县令。刘秀北上征讨河北，马成辞去县令，辗转找到刘秀，任期门。建武元年（25年），刘秀称帝，马成封护军都尉。建武四年（28年），庐江郡守李宪自命天子，刘秀拜马成为扬武将军率兵进攻。他围而不攻，至建武六年春，城内粮草几近断绝，命令进攻，血洗舒县（今安徽庐江西南），李宪被杀。

建武七年（31年），马成封平舒侯，第二年随刘秀西征隗嚣，因功封天水太守，为扬武将军。建武九年（33年），马成任中郎将，率兵西征，攻克河池（今陕西凤县东），平定武都（今甘肃西和西南）。

建武十年（34年），马成代理大司空，一心务公，数月后重拜扬武将军。建武十四年（38年），马成率兵驻守常山（今河北元氏西北）、中山（今河北定州），治北部边塞，修筑堡垒，建造烽火台，后拜中山太守，挂将军印绶，主管屯兵。建武二十四年（48年），南方叛乱，马成奉命平叛，因准备不足无功而返。建武二十七年（51年），封全椒侯。建武三十二年（56年），马成去世。有子名马卫。

马成墓在今焦作市沁阳市太行街道马坡村西北1000米，省道308可达，地理坐标为北纬35°06′43.5″，东经112°54′57.8″。墓冢坐落于田地中，俗称"大冢"和"马头冢"。原冢占地约500平方米，封土高6米，现为平地。

刘隆

刘隆，生年不详，卒于汉光武帝建武中元二年（57年），字元伯，南阳（今河南南阳）人。东汉将领，云台二十八宿之一。

王莽时期，刘隆父亲刘礼与刘崇起兵谋杀王莽事泄，刘隆年不满七岁，逃过一劫。年长后刘隆到长安游学，被王莽政权拜为骑都尉，遂将妻儿安置在洛阳。后投奔刘秀，任骑都尉，与冯异共同对抗朱鲔、李轶等。建武二年（26年）封亢父侯。建武四年（28年）拜诛虏将军，讨伐李宪，平后屯田武当。建武十一年（35年），代南阳郡太守。建武十三年（37年），增加食邑，封竟陵侯。朝廷核查田亩，刘隆阻碍，被下狱，后贬为平民。

建武十七年（41年），刘隆复封扶乐乡侯，出击交趾（今越南）征氏姐妹，大胜回京后，封长平侯。后为骠骑大将军，代理大司马事。刘隆奉法自守，视事八年，呈大将军印绶，不再任官，武帝特赐牛、酒，并以列侯奉朝请。建武三十年（54年），封慎侯。建武中元二年（57年），刘隆去世，谥靖侯。子刘安嗣位。

刘隆墓在今周口市太康县清集乡东扶村东北约500米，国道311可达，地理坐标为北纬34°07′44.02″，东经114°40′01.49″。该墓建于汉代，为太康县文物保护单位。墓葬坐落于耕地之中，北距国道311约100米，地势平坦。墓冢呈圆形，直径约21米，高约3米。冢上植有树木等。

刘隆墓

桓荣

桓荣，生卒年不详，字春卿，沛郡龙亢（今安徽怀远西龙亢镇）人。东汉名儒、文臣。

桓荣幼时家贫，少年时赴长安拜博士朱普为师，刻苦自励，孜孜不倦，十五年未回家，终成学业。王莽篡汉，桓荣回到家乡，恰逢朱普去世，桓荣为老师奔丧，然后留下教授徒众。新莽末年，天下大乱，桓荣拿着经书和弟子到山谷中隐居，虽然生活贫困，仍坚持讲学。

光武帝建武十九年（43年），六十余岁的桓荣供职于大司徒府，为皇帝讲解《尚书》，讲得很好，拜为议郎，赐钱十万，皇帝遂让他教授太子。朝会时，皇帝经常叫桓荣在大臣面前讲解经书，后拜为博士，常叫他宿在太子宫中。五年后，桓荣推荐门生胡宪做侍讲，自己每天早晨进宫旁听。

建武二十八年（52年），桓荣为少傅，赐辎车、乘马，他认为太子学业已完成，上疏辞谢打算回家。建武三十年（54年），拜太常。

明帝即位，以师礼尊桓荣，此时他已年过八十，身体衰老，多次请求致仕，皇帝都厚加赏赐，每开口必尊称大师。永平二年（59年），拜为五更养老，后封关内侯，食邑五千户。桓荣生病，皇帝派使者慰问，病重时皇帝亲自到家中问安，入街下车，赐帷帐、刀剑。桓荣去世后，皇帝亲自临丧送葬，赐冢茔在首阳山之南。

桓荣墓在今许昌市襄城县湛北乡七里店村东，国道311可达，地理坐标为北纬33°48′42.12″，东经113°27′41.81″。原墓冢高5米，周长120米，今已不存。

汉光武帝刘秀

刘秀，生于汉哀帝建平元年（前6年），卒于汉光武帝建武中元二年（57年），字文叔，南阳郡蔡阳县（今湖北枣阳西南）人。东汉开国皇帝，年号建武、建武中元，庙号世祖，谥光武帝。

刘秀九岁时父母去世，随叔父刘良生活，他须眉大口，耳阔鼻方，喜欢田间劳作。刘秀于新莽天凤年间到京师学习。地皇三年（22年），他到新野以卖谷物为生，十月在宛（今河南南阳）起事，时年二十八岁。十一月，兵还舂陵（今湖北枣阳南），会聚当地诸家子弟，杀死新野县尉，后屡次战败王莽军队，退守棘阳（今河南新野东北）。

地皇四年（23年）二月，刘秀拥戴汉室刘玄为帝，国号汉，年号更始，刘秀任太常偏将军，随后攻下昆阳（今河南叶县）、定陵（今河南舞阳）、郾县（今河南漯河郾城区）等地，进至阳关（今河南禹州西北）。五月，王莽军包围昆阳，刘秀被迫撤回，后又亲率精兵反复猛冲，斩杀王莽军士千余人，汉军军心大振，王莽军队大败。

兄长刘縯被刘玄杀死，刘秀为避杀身之祸，委曲求全，赶赴宛城谢罪，刘玄不疑，封为破虏大将军、武信侯。王莽政权灭亡，刘玄想迁都洛阳，任刘秀为司隶校尉先到洛阳整修宫殿衙门，后以破虏将军代行大司马事。刘秀奉命安抚黄河以北地区，镇抚州郡，考察黜陟，释放囚徒，废除苛政，恢复汉制，很快赢得民心。更始二年（24年），北巡至蓟（今北京城西南），王郎悬赏捉拿，刘秀等逃至信都（今河北冀州），召集兵马攻击王郎，次年五月攻破邯郸，消灭王郎。刘玄封刘秀为萧王，命他回京，刘秀借口河北未平拒绝回京，时刘秀兵多将广，人称"铜马帝"。刘秀后派人杀害更始政权尚书谢躬，与更始政权彻底决裂。

更始三年（25年）正月至六月，刘秀先后击败两股起义军和洛阳守将朱鲔。六月二十二日，刘秀称帝于鄗（今河北柏乡北），年号建武，大赦天下，改鄗为高邑。为彻底消灭农民起义军，陈兵新安、宜阳，十月进入洛阳，正式定都于此。次年夏，赤眉军彻底失败，黄河中下游尽归刘秀所有。建武五年（29年），刘秀占领渔阳、南郡，次年占领江淮，统一关东，河西地区归附。建武九年（33年）平定天水，建

汉光武帝原陵

武十一年（35年）春攻打巴蜀公孙述，数月后公孙述战死。

建武十六年（40年），经过数十年战争，刘秀统一全国。他加强中央集权，功臣贵戚赐爵位田宅，除其军政大权；对外戚和诸侯王多方限制，使他们不能结党营私和专权；设三公之位，而把大权归于尚书台，政令由尚书台直陈皇帝，由皇帝裁决。这些措施强化了皇权，巩固了中央专制，达到了总揽权纲的目的。他大力裁撤官吏，合并郡县；罢免贪官污吏，加强监察，提高负责监察的御史中丞、司隶校尉、部刺史等官员权力和地位；偃武修文，励精图治，"知天下疲耗，思乐息肩。自陇、蜀平后，非儆急，未尝复言军旅"（《后汉书·光武帝纪》）；六次下释奴之诏，三度禁止虐杀奴婢；兴修水利，让屯兵将士返乡，以刑徒守边，使劳动力增加，有利于农业生产和经济的恢复发展；减轻人民负担，轻徭薄税，废除什一税，恢复三十税一；取消郡国都尉官，停止地方兵都试，废除更役制度；诏令各郡县丈量土地，核实户口，度田后出现"牛马放牧，邑门不闭"（《后汉书·光武帝纪》）局面；重用文人贤士，表彰王莽时隐居不仕的官僚、名士；重视文教，修建太学，设五经博士，许多郡县兴办学校，朝廷旧典新籍汗牛充栋。

光武帝时期，东汉人口和垦地显著增加，经济社会发展明显进步，史称"光武中兴"或"建武之治"。"明慎政体，总揽权纲，量时度力，举无过事。退功臣而进文吏，戢弓矢而散马牛，虽道未方古，斯亦止戈之武焉。"（《后汉书·光武帝纪》）建武中元二年（57年）二月，刘秀病逝，享年六十三岁，葬于洛阳北黄河滩原陵。

刘秀青年时到京城长安学习，当看到

执金吾车骑壮盛威风八面的样子，十分羡慕，情不自禁地对人说："仕宦当作执金吾，娶妻当得阴丽华。"（《后汉书·皇后纪》）后果娶当地美女阴丽华为妻。称帝后于建武十七年（41年）废郭皇后立阴丽华为皇后。阴丽华为后期间，恭敬节俭，不爱玩乐，不喜哭虐，庄重沉静，性格仁孝，富有同情心和仁爱之心，待人宽厚。生子刘庄即为后来的汉明帝。

汉光武帝原陵在今洛阳市孟津县白鹤镇铁谢村西，省道314可达，地理坐标为北纬34°50′35.08″，东经112°35′21.39″。该陵始建于东汉，为全国重点文物保护单位。陵南倚邙山，北临黄河，近山傍水。陵墓由神道、陵园和祠院组成。陵园呈方形，占地6.6万平方米，内外遍植古柏，庄重肃穆。墓冢位于陵园正中，夯筑土丘，高约20米，周长约500米。墓前有清乾隆五十六年（1791年）立墓碑，上书"东汉中兴世祖光武皇帝之陵"。冢上古柏密布。墓冢西侧为光武祠，存北宋太祖开宝六年（973年）《新修后汉光武皇帝庙碑》一通，元、明、清历代碑刻16通。光武殿前甬道两旁有巨柏28棵，暗合东汉云台28将之数，俗称"二十八宿柏"。

邓禹

邓禹，生于汉平帝元始二年（2年），卒于汉明帝永平元年（58年），字仲华，南阳新野（今河南新野）人。东汉著名政治家，云台二十八宿之一，为刘秀平定天下第一功臣。

邓禹十三岁熟读诗书，后离家到长安游学，与刘秀成为至交。新莽末年，刘秀占有河北，遂投奔刘秀，纵论天下大势，建议刘秀积蓄实力，邓禹所言正与刘秀的打算相符，于是刘秀招揽天下英豪，取悦民心，先定河北，再夺天下。刘秀将邓禹留在军中参与重大军务，左右称其为将军。邓禹文武全才，率兵出战攻打乐阳（今河北石家庄鹿泉区），大胜王郎横野将军刘奉。邓禹知人善任，不揣私心，举荐的都是贤能之辈。后到广阿，刘秀对他愈加信任，邓禹所推荐将领一律任用。邓禹后率兵到清阳（今河北清河东南）平定铜马流寇，连克敌军，平定北部地区。

刘玄迁都长安，刘秀想趁机占据关中，拜邓禹为前将军持节行事，率军西征。光武帝建武元年（25年），刘秀在鄗称帝，邓禹平定河东，为大司徒，封酇侯，食邑万户，时年仅二十四岁。邓禹继续西进，治军严明，对百姓秋毫无犯，威镇关西。率兵北到栒邑（今陕西旬邑附近），攻破赤眉军大营。建武二年（26年）春，邓禹封梁侯，食邑四县，率兵南归长安，驻军昆明池，大飨士卒。

邓禹攻击蓝田不下，遂转兵云阳（今陕西淳化西北）休整，人马逐步离散，军队供给困难，赤眉军趁机回到长安，数次交战均不能取胜。建武三年（27年）春，邓禹率二十四人逃到宜阳（今河南宜阳西），派人到洛阳送上大司徒、梁侯印玺，以示谢罪，数月后拜为右将军。建武四年（28年）春，延岑率兵到顺阳（今河南淅川南）抢掠，邓禹平叛，获得大胜。

建武十三年（37年），光武帝大封群臣，邓禹封为高密侯。他心知皇帝不愿功臣执掌朝政，于是上缴将军印绶，回家侍奉母亲，教育后辈，十三名子女各学技艺，自食其力，所有用度来自封邑，不再置办田产，得光武帝信任和器重。建武中元元年（56年）再拜大司徒，邓禹随光武帝东巡，到泰山封禅。

明帝继位，拜邓禹为太傅，皇帝对他尊崇有加。一年多后邓禹生病，明帝多次

邓禹墓

亲临看望，并封他的两个儿子为郎官。永平元年（58年），邓禹病逝，享年五十七岁，谥元侯。

邓禹墓在今焦作市沁阳市王曲乡里村东南，省道312、县道019可达，地理坐标为北纬35°06′16.9″，东经112°52′25.6″。该墓建于东汉，为河南省文物保护单位。墓葬坐落于村庄之中，周邻均为民宅。墓冢封土夯筑，高约6米，南北长54米，东西宽46米，面积约2484平方米。冢上原有祭坛，后废弃。神道两侧原有石翁仲、天禄、辟邪等，现仅存石辟邪，保存于沁阳博物馆。

耿弇

耿弇，生于汉平帝元始三年（3年），卒于汉明帝永平元年（58年），字伯昭，扶风茂陵（今陕西兴平东北）人。东汉著名军事将领，云台二十八宿之一。父耿况，曾任上谷太守，耿弇为其长子。

耿弇年少好学，熟习父业，喜欢领兵打仗。更始帝时到宋子县，适逢王郎假冒汉成帝儿子刘子舆在邯郸起兵，耿弇拒绝投靠。听说刘秀在卢奴，便昼夜兼行前去拜见，为其门下吏，几次获召见。从刘秀北巡蓟县（今河北蓟州），王郎兵近，刘秀仓促南行，属官大多离散。耿弇逃回家乡，说服父亲派寇恂到渔阳与彭宠联合发兵南下，沿途击杀王郎军三万人，平定二十二县，并与刘秀会师，任偏将军，统率本部兵众继续攻打邯郸。

更始帝立刘秀为萧王，让他罢兵率军回长安，耿弇阻止刘秀听从更始帝命令，并愿意和吴汉回幽州调发兵力。刘秀拜吴汉为大将军，耿弇与吴汉率幽州十郡兵马南下，随刘秀击破铜马、高湖、赤眉、青犊等农民军，又追击尤来、大枪、五幡等部，直到元氏。耿弇经常亲率精锐骑兵为先锋，敌兵望风披靡。

刘秀称帝后，拜耿弇为建威大将军，攻打敖仓获胜。建武二年（26年），封耿弇为好畤侯。建武三年（27年），耿弇攻南阳，占领数座城。建武四年（28年），耿弇进讨张步，先定济南，再占领临淄，最终平定齐地。刘秀大加赞赏，认为其功劳高于韩信。耿弇虽身负箭伤仍坚持战斗，刘秀知道后亲自带兵前来援助，并说："你真是有志者事竟成啊！"其后数年耿弇西征北巡，战无不克。建武六年（30年），西拒隗嚣。建武八年（32年），随刘秀攻打陇地，第二年平定安定、北地诸营堡。耿弇一生共攻克四十六郡，屠城三百，未曾受挫。建武十三年（37年），耿弇增封邑，以列侯奉朝请，国有疑难入朝咨询筹划，甚见倚重。

耿弇于永平元年（58年）去世，享年五十六岁，谥愍侯。子耿忠嗣。耿弇满门忠烈，父耿况、弟耿舒、耿国，子耿忠，侄耿秉、耿夑、耿恭都是后汉名将。

耿弇墓在今周口市川汇区李埠口乡李庄村北，省道238（交通东路）可达，地理坐标为北纬33°36′27.17″，东经114°40′42.20″。墓地原面积约600平方米，现封土已平。

王霸

王霸，生于孺子婴居摄二年（7年），卒于汉明帝永平二年（59年），字元伯，颍川颍阳（今河南许昌西）人。东汉将领，云台二十八宿之一。

王霸年少时为狱吏，后到长安求学。刘秀起兵路过颍阳，王霸追随刘秀，在昆阳（今河南叶县）打败王寻、王邑的王莽军主力，之后回乡休整。更始政权打算迁都洛阳，令刘秀为司隶校尉，先行去洛阳修整宫室官府，再次路过颍阳，王霸遂跟刘秀而去。刘秀任大司马，王霸任功曹令史。刘秀到河北，前途莫测，颍川一带募来的部属全都陆续离开，刘秀感慨地对王霸说："颍川一带跟随我的人都离去了，唯独你留下，真是疾风知劲草啊！"

刘秀被王郎追赶，仓皇南逃，王霸跟随，过滹沱河时，王霸假称河已结冰，可以过河，稳住了军心。设法过河后，任军正，赐关内侯。攻打王郎时，王霸奋力追杀逃窜的王郎，得到其印绶，以功封王乡侯。

刘秀称帝，王霸为偏将军，统领臧宫、傅俊部。建武二年（26年），王霸平定檀乡农民军。建武四年（28年），王霸攻打庞萌及董宪，大胜。同年秋，王霸攻打盘踞在垂惠（今安徽蒙城西北）的周建，周建战败逃走，其侄周诵举城投降，刘秀拜王霸为讨虏将军。

建武九年（33年），王霸任上谷太守，领兵屯田，攻打匈奴军队。建武十年（34年），王霸以先锋攻打卢芳部将贾览，击退援助的匈奴军，然后回师雁门，攻击匈奴和卢芳。建武十三年（37年），王霸修飞狐道，建亭障，堆石布土，防范匈奴和卢芳。王霸在上谷二十余年，与匈奴、乌桓交战数百次，并提出和亲政策，得到采纳。建武三十年（54年）封淮陵侯。明帝永平二年（59年），王霸以病去职，不久病故。

王霸墓在今许昌市建安区榆林乡破庙王村西北，县道010可达，地理坐标为北纬33°54′36.0″，东经113°44′01.0″。该墓建于东汉，为许昌县（今许昌建安区）文物保护单位。墓葬坐落于耕地之中，原占地面积约800平方米，现已不存。

马武

马武,生年不详,卒于汉明帝永平四年(61年),字子张,南阳湖阳(今河南唐河湖阳镇)人。东汉著名军事将领,云台二十八宿之一。

马武年轻时与人结怨,遂跑到江夏(治今湖北武汉新洲区西)避难,并在此定居。新莽末年,马武参加绿林军,刘玄建立更始政权,马武封侍郎。后随刘秀在昆阳(今河南叶县)击败王莽主力,封振武将军。刘秀征讨王郎,马武援助刘秀,最终将王郎打败。刘秀完全脱离刘玄更始政权,马武也正式归顺刘秀,随刘秀打仗舍生忘死。兵败撤退时,马武率兵殿后,力保刘秀安全撤退,进攻时身先士卒,一往无前。

建武元年(25年),刘秀称帝,马武为侍中、骑都尉,拜山都侯。建武四年(28年),马武征讨刘永,率兵攻下成武(今山东成武)、楚丘(今河南滑县),拜捕虏将军。第二年,庞萌造反,光武帝率兵征讨,马武任先锋。建武六年(30年)夏,马武随耿弇攻打隗嚣,汉军战败撤退,马武殿后掩护,一马当先冲入敌阵,确保主力撤退。建武十三年(37年),马武因功增加食邑户,封鄃侯,驻扎在曲阳(今河北曲阳西沙河之东),防备匈奴。马武因失手杀死军吏,回到京师上交将军印绶,改封杨虚侯,留在京师。建武二十五年(49年),马武到武陵(今湖南常德北)平叛,很快平定。

一次马武带兵出征,进入崎岖的山路中。当时正值酷暑,烈日炎炎似火,行军多日,很少喝到水,士兵与马匹小便中都带血,疼痛难忍。一天,马武的车夫偶然发现一匹战马小便中没有了血,十分奇怪,经细心观察后发现,这匹马连日来爱啃食路边的一种宽叶小青草,于是他采集了这些小青草放在锅里煮汤喝,两天一过,自己小便中也没有血了。车夫惊喜万分,连忙报告将军,马武问是哪种草,车夫指着马武战车前的宽叶小草说:"就是这种草。"马武高兴地说:"好一个车前草,我们的生命有救了。"从此,车前草的名字和它的药用价值就传开了。

明帝时,西羌犯境,马武任捕虏将军,将羌军驱出边境,并趁势打败羌军主力,羌人再也不敢犯边。马武回朝后增加食邑七百户,总数达到一千八百户。马武喜欢喝酒,且酒后乱评众臣,光武帝知他性情

马武墓

直率，也不追究。永平四年（61年），马武病逝于家中。子马檀继爵位。

马武墓在今开封市尉氏县十八里镇樊家村北，省道325、县道032可达，地理坐标为北纬34°25′04.9″，东经114°17′04.3″。该墓建于东汉，为河南省文物保护单位。墓葬坐落于孟家村南地，四周为耕地。墓冢南北长50米，东西宽25米，高4米，周长145米，面积1297平方米。冢上有柏树十余棵。

袁安

袁安，生年不详，卒于汉和帝永元四年（92年），字邵公，汝南汝阳（今河南商水西南）人。东汉文臣，刚正不阿，为时人所重。

袁安祖父名袁良，通晓《孟氏易》，袁安少年时承继袁良之学，为人严肃庄重，素有威望，受当地人尊敬。初任县功曹，刺史托他捎信，袁安以此举有"假公济私"之嫌而拒绝。天降大雪，袁安不愿让百姓替他扫雪，县令非常感动，举荐他为孝廉，任阴平（治今甘肃文县西北）长、任城（治今山东金乡西北）令，所到之处，深受官吏和百姓敬畏、爱戴。明帝永平十四年（71年），袁安拜楚郡太守，查办楚王刘英叛乱事，对没有确凿证据的犯人全部释放出狱。一年多后袁安召为河南尹，号令严明，不轻易拘捕小错之人，时常褒奖有政绩的官吏，在职十年，京城无事。

章帝建初八年（83年），袁安迁太仆。元和二年（85年），北单于侵犯边境，袁

袁安墓

安与司徒桓虞等同意归还北匈奴的边境人口，皇帝最终采纳，第二年，任司空。章和元年（87年），代桓虞为司徒。和帝即位，窦太后掌权，袁安与任隗坚持反对其兄车骑将军窦宪北击匈奴，弹劾窦景擅自调动边境军队，窦氏党羽被贬职免官者四十余人。

袁安因天子年幼、外戚专权，仕途的最后几年都在与外戚作斗争，每次朝会晋见或与公卿谈论国事都会落泪，皇帝和大臣都非常信任他。袁安于和帝永元四年（92年）春去世，朝廷上下痛惜。数月后窦氏势败，皇帝理政，除袁安子袁赏为郎。其子袁京、袁敞都很出名。

袁安墓在今驻马店市平舆县阳城镇新集村委东孔坟村西，后李线可达，地理坐标为北纬33°04′00.0″，东经114°29′38.0″。该墓建于东汉，为平舆县文物保护单位。墓冢坐落于西孔坟村与东孔坟村之间的耕地之中，地势平坦。墓冢为近代所修，圆形，直径50米，高11米。

窦宪

窦宪，生年不详，卒于汉和帝永元四年（92年），字伯度，扶风平陵（今陕西咸阳西北）人。东汉权臣。

窦宪的父亲窦勋在他幼年时去世，章帝建初二年（77年）他的妹妹立为皇后。窦宪初为郎官，后任侍中、虎贲中郎将，弟弟窦笃任黄门侍郎，兄弟同在宫中，宠贵日盛，朝中大臣都非常害怕他，窦宪遂恃宠欺人，用低价强买沁水公主园田。章帝责备窦宪，皇后毁服（降低服饰等级以示自责）谢罪，章帝才原谅窦宪，但不再授予他重权。

和帝即位，太后临朝称制，窦宪为侍中，窦笃为中郎将，威望和权力无人能及。窦宪性情急躁，且睚眦必报。都乡侯刘畅多次被太后召见，窦宪怕刘畅分权，派刺客杀死刘畅，太后大怒，把他禁闭于内宫。窦宪自知难保，请求出击匈奴，以赎死罪。窦宪被封为车骑将军，佩金印紫绶出塞。第二年，汉军大破北单于，降众数十万，去塞三千余里。为纪念此役胜利，窦宪在燕然（今蒙古国境内）刻石纪念。后人遂用"燕然勒石"比喻击败外敌。如范仲淹诗"燕然未勒归无计"句便是。

窦宪班师回朝，同时派人追击北单于，北单于臣服。窦宪被封为大将军、武阳侯，食邑三万户，他坚辞不受。众臣又奏请窦宪位在三公之上，朝廷又封他为冠军侯，窦宪仍然不受。永元三年（91年），窦宪出镇凉州（治今甘肃武威），再次大败北单于，北单于逃亡不知所踪。窦宪平定匈奴，威名大震，朝中大臣无不攀附，绝不敢反对，窦氏一族权力达到顶峰。

永元四年（92年），窦宪纠结党羽，意图谋反，汉和帝知晓后，预先做了布置，待窦宪到京城中后，下令拘捕，收大将印绶，封冠军侯，回到封地后迫令其自杀。窦宪作为外戚而得宠，非但不知收敛，却横行霸道以致刺杀大臣，甚至还想谋反，罪不容诛。但其抗击匈奴，大破北单于，使东汉边疆多年不再遭到匈奴侵扰，也称有功。

窦宪墓在今南阳市邓州市张村镇冠军村西南，省道249可达，地理坐标为北纬32°47′51.58″，东经111°55′36.06″。该墓建于东汉，为邓州市文物保护单位。原墓冢高6米，周长100米，现已不存。

韩棱

韩棱，生年不详，卒于汉和帝永元十年（98年），字伯师，颍川郡舞阳（今河南舞阳）人。东汉文臣。父亲韩寻曾任陇西郡（治今甘肃临洮）太守。

四岁时父亲去世，韩棱对母亲孝顺，对兄弟疼爱，深得称赞。成年后他尽散家财于兄弟们，被认为有高风亮节。韩棱初任颍川郡功曹，太守葛兴因病无法理政，韩棱暗中代葛兴处理政事，后被人告发而削职为民。明帝惜韩棱之才，不久即取消惩罚，后官至尚书令，皇帝赐宝剑，亲书"韩棱楚龙渊，郅寿蜀汉文，陈宠济南椎成"（《后汉书·袁张韩周列传》），三位尚书按性格、特长，分别得到相宜宝剑，韩棱得到楚地龙渊宝剑，意指其胸有谋略。

章帝章和二年（88年），汉和帝即位，朝政由窦太后和其兄长窦宪把揽。窦宪派人杀害齐殇王之子刘畅，韩棱认定凶手就在京师，窦太后大怒，严词责备，但他坚持己见。韩棱为政，不畏强权，坚持正义，

韩棱墓

多次与窦宪等人斗争。同时，他举荐贤良能士和德才兼备的官员，如应顺、周纡等，都是当时名臣。窦宪后来自尽，韩棱负责审查，尽心竭力，废寝忘食，将窦宪同党逐一审查定罪，和帝对他大为赞赏，赐布三百匹。韩棱后外任南阳太守，政绩不凡，几年后又入朝任太仆。永元九年（97年）韩棱任司空，永元十年（98年）七月因病去世。

韩棱墓在今平顶山市舞钢市庙街乡冷岗村刘沟组西约1000米，建设路转村间公路可达，地理坐标为北纬33°21′45.1″，东经113°26′16.1″。该墓建于东汉，为河南省文物保护单位。墓冢背靠老金山东麓，三面环山，一面环水。墓区面积2500平方米，墓冢东西长67米，宽35米，高8米。墓冢东侧新立一石碑，上书"东汉司空韩棱之墓"。

楼望

楼望，生于新莽地皇二年（21年），卒于汉和帝永元十二年（100年），字次子，陈留雍丘（今河南杞县）人。东汉经学家。

楼望幼时好学，主攻《严氏春秋》，品行高尚，操节清白，称名乡里。建武年间，赵王刘栩以重金礼聘，楼望不慕金钱拒不接受，后在郡里当功曹。楼望于明帝永平初年任侍中、越骑校尉；永平十六年（73年）升大司农；永平十八年（75年）任太常；章帝建初五年（80年）任太中大夫，后为左中郎将。

和帝永元十二年（100年），楼望逝于任上，享年八十岁。楼望虽为高官，仍诲人不倦，弟子门生达九千多人，世称"儒宗"。他治学刻苦，主攻《春秋》，在后汉经学史上占有重要地位。

楼望墓在今开封市杞县葛岗镇东空桑村西北，省道327可达，地理坐标为北纬34°35′18.0″，东经114°38′56.0″。墓葬坐落于耕地之中，四周为农田，地势平坦，现墓冢已平。

汉明帝刘庄

汉明帝刘庄，生于汉光武帝建武四年（28年），卒于汉明帝永平十八年（75年），字子丽，原名刘阳。东汉第二位皇帝，58—75年在位，年号永平，庙号显宗，谥孝明。汉光武帝第四子，母阴丽华。

刘庄年少时聪明伶俐，师从博士桓荣，十岁通晓《春秋》，建武十五年（39年）封东海王。光武帝清查田亩，陈留吏牍上写有"颍川、弘农可问，河南、南阳不可问"（《后汉书·朱景王杜马刘傅坚马列传》），皇帝不解其意，仅十二岁的刘庄说："河南是帝乡，南阳是帝城，田亩和宅第肯定逾制，不能认真核查。"光武帝诘问陈留吏，果然如此。刘庄生母阴丽华，美貌异常，刘秀未起兵时娶做妻子。后刘秀废郭后，立阴丽华为皇后。子以母宠，母以子贵。刘秀废与郭后所生之子刘强，立与阴丽华所生之子刘庄为太子。年十五岁时，单臣、傅镇造反，刘庄主张不要围城太紧过急，让他们突围出来，一个亭长就能应付，结果正如刘庄所料。

建武中元二年（57年）刘庄即皇帝位，年三十岁。明帝热心儒学，注重刑名文法，为政苛察，总揽权柄。严令后妃之家不得封侯与政，对贵戚、功臣多加防范，画二十八将于云台，不包括岳父马援。限制他的舅舅们位不过九卿。委任开国元勋高密侯邓禹为太傅，同母弟东平王刘苍为骠骑将军，光武朝太尉赵熹保留原职，使宗室、功臣、官僚都有自己的政治代表。明帝对生母阴太后、异母郭太后都非常尊重，平等对待，赢得外戚和臣下赞许。对官员严厉，对老师则尊崇有加，"尊桓荣以师礼"（《东观汉记·桓荣》），桓荣去世，明帝亲自临丧送葬。

明帝允许同北匈奴互市，逐步使边境地区各民族不再遭受侵扰。永平十六年（73年），明帝命窦固、耿忠征伐北匈奴，斩首千余级，追至蒲类海，取伊吾地。其后，班超出使西域，西域诸国遣子入侍，复置西域都护，西域与中原恢复正常来往。

据传，明帝一次梦见高大金人，头顶放射白光，降临宫殿中央后腾空西去。朝会时他向群臣详述梦中所见，有个博学大臣说那可能是西域佛陀，明帝遂派使者赴天竺求得其书及沙门，并于洛阳建立中国第一座佛教庙宇白马寺，佛教始在中土流传。

明帝性狭苛褊察，为帝勤政，驭下有

汉明帝显节陵

术,大权不旁落,同时休养生息,有惠于民,四民乐业,户口滋殖。明帝于永平十八年(75年)去世,终年四十八岁,葬显节陵。

汉明帝显节陵在今洛阳市孟津县送庄镇三十里铺村西南900米,连霍高速或省道238可达,地理坐标为北纬34°46′30.9″,东经112°34′58.3″。该陵建于东汉,为全国重点文物保护单位。俗称"大汉冢"。墓葬坐落于耕地之中,临农田和村庄,南近连霍高速,北远眺黄河。墓冢呈圆形,直径约150米,高约20米,周长约500米。冢上树木郁郁葱葱。

班超

班超，生于汉光武帝建武八年（32年），卒于汉和帝永元十四年（102年），字仲升，扶风安陵（今陕西咸阳东北）人。古代著名外交家、军事将领，因弃笔从戎和出使西域而载入史册。父亲班彪、兄长班固、妹妹班昭都是著名史学家。

班超少有大志，不拘小节，孝顺、勤劳，口才出众，阅览许多书籍。明帝永平五年（62年），三十一岁的班超随兄长班固、母亲到洛阳，为官府抄书糊口。后任兰台令史，因错被免。一次他停下工作，将笔掷于一旁，叹息道："大丈夫即使没有雄才大略，也应该向在外建功立业的傅介子和张骞学习，封侯晋爵，怎么能老是干这种笔墨营生呢？"周围的人都取笑他，班超便说："小子安知壮士志哉！"（《后汉书·班梁列传》）这就是"投笔从戎"的故事。

永平十六年（73年），窦固出击匈奴，四十二岁的班超为代理司马，独自率军攻打伊吾获胜。窦固见他很有才干，便派他出使西域。在鄯善国，北匈奴使者随后到来，鄯善国国王对班超他们由恭敬周到变得疏忽怠慢。班超料定事情有变，便率随从袭击匈奴使者，将他们全部杀死，鄯善举国震恐，鄯善王愿以儿子为人质归服汉朝，班超接受。窦固上报，明帝赞赏，任班超为军司马，继续出使西域各国。

于阗国雄霸西域南道，北匈奴派有使者监护，班超到达时广德王态度冷淡，神巫又散布谣言，并向汉使索要嘴黑毛黄的好马，班超让神巫亲自来取，神巫一到，班超就把他杀死。广德王惶恐不安，下令杀死北匈奴使者，并归服汉朝。龟兹国王建占据西域北道，攻破疏勒国，立龟兹人兜题为疏勒王。班超到疏勒国后先派田虑去劝兜题降汉，兜题不肯，班超便将他擒获。班超进城召齐文官武将，立原国王的侄子忠做疏勒国王，将兜题释放，疏勒国也与龟兹国结下怨仇。

永平十八年（75年），章帝登基。龟兹、姑墨两国屡次攻打疏勒国，班超固守盘橐城，与疏勒王忠共同坚守一年多，捕杀叛降者，疏勒国重新安定。章帝建初三年（78年），班超率疏勒、于阗等国军队攻占姑墨石城。建初五年（80年），班超上疏建议乘胜联合乌孙进攻龟兹，章帝采纳。建初八年（83年）为将兵长使，第二年发疏勒、于阗兵攻打莎车王，另立成大为疏勒王，攻打叛王忠，三年后将忠擒获，西域南道畅通无阻。章帝章和二年（88年），班超再次攻打莎车，莎车王投降，龟兹等国撤退，班超从此威震西域。

和帝永元二年（90年），月氏遣副王谢率七万大军进攻班超。班超兵马不多，先是坚守不出，然后寻机伏兵攻击，大获全胜，于是月氏臣服，岁奉贡献。第二年，龟兹、姑墨、温宿投降，班超为西域都护。永元六年（94年）秋，班超集各国兵讨伐焉耆，杀死焉耆王广，更立元孟为焉耆王，西域五十余国全部内属。永元七年（95年），班超封定远侯，邑千户，时年六十四岁。

班超政治和军事才能非凡，在西域三十一年，争取支持，瓦解反对势力，每有攻战，辄为先登，身被金夷，不避死亡，战必胜，攻必取，维护了东汉边境安全，加强了中原与西域各族联系，为促进民族融合作出了卓越贡献。永元十二年（100年）朝廷召其返回，永元十四年（102年）八月班超回到洛阳，拜射声校尉。回来后班超的胸胁疾病情加重，当年九月去世，享年七十一岁。皇帝派使者吊祭，赠赙甚厚。子雄嗣侯位。

班超墓在今洛阳市孟津县朝阳镇煤窑新村南约400米，省道243可达，地理坐标为北纬34°46′35.6″，东经112°28′33.2″。该墓建于东汉，为全国重点文物保护单位。俗称"班冢"。墓葬坐落于耕地之中，地势平坦。墓冢不甚规则，东西长约31米，南北宽约30米，高9米。

班超墓

汉章帝刘炟

汉章帝刘炟,生于汉明帝永平元年(58年),卒于汉章帝章和二年(88年)。东汉第三位皇帝,75—88年在位,年号建初、元和、章和,庙号肃宗,谥孝章。明帝刘庄第五子,母贾贵人。

刘炟年幼时性格宽容,喜欢儒家思想,深得明帝喜欢。明帝永平三年(60年)立为皇太子,永平十八年(75年)即皇帝位,时年十八岁。是年十月,大赦天下。京师及三州大旱,章帝下诏免收兖、豫、徐州田租,并以谷赈济贫民。建初七年(82年)九月,巡幸偃师,以观秋天粮食及收成情况,皆精骑轻行,没有辎重,并下令不得修建路桥,不得遣使迎接、探望起居,一切从简。车驾还宫,章帝下诏囚徒减刑一等,不得鞭打,迁到边境地区允许父母、妻、子相随。他还修改残酷刑罚条文五十余条,禁止私自煮盐、铸铁。章帝忠厚仁义,笃于亲系,政令刑罚宽疏。但他过于放纵外戚,导致汉和帝时期外戚专权,留下日后

汉章帝敬陵

外戚专权和宦官专政的隐患。

在经济方面，章帝打击豪强地主，兼并土地，给予优惠政策募民垦荒，减轻徭役赋税，人口增殖。文教方面，提倡儒术，建初八年（83年）选高才生受学《左氏春秋》《榖梁春秋》《古文尚书》《毛诗》，集中诸卿、博士等于白虎观讲议"五经"同异，命班固将讨论结果整理成书，名《白虎通德论》（又称《白虎通义》《白虎通》）。历法方面，改革历法，始用李梵等所作《四分历》。

章帝思想活跃、政治清明、经济繁荣，他两度派班超出使西域，使西域地区重新称藩于汉，与明帝共同创造了"明章盛世"。章帝是一位书法家，草书非常有名，后世流行的"章草"，一种说法即是因章帝喜爱而形成。章草是早期草书，始于秦汉时期，由草写隶书演变而来，与"今草"相比，章草保留隶书笔法，上下字独立而不连。章帝于章和二年（88年）正月去世，终年三十一岁，葬敬陵。

汉章帝敬陵在今洛阳市孟津县平乐镇平乐村北，省道238可达，地理坐标为北纬34°45′57.3″，东经112°35′02.8″。该陵建于东汉，为全国重点文物保护单位。俗称"二汉冢"。墓葬坐落于山地，四周为农田。墓冢为圆形土丘，直径约110米，高约16米，周长约420米，墓冢土筑、平夯。冢上树木郁郁葱葱。

黄香

　　黄香，生卒年不详，字文强，江夏安陆（今湖北云梦）人。东汉官吏，以孝闻名，为"二十四孝"之一。

　　黄香九岁时母亲去世，因思念母亲而面容憔悴，乡里称赞。十二岁时，太守刘护召见，称其"门下孝子"。黄香家贫，没有仆人，凡事亲力亲为，吃苦耐劳，尽心奉养家人。他博采经书典籍，精研道术，擅写文章，京城人称赞他"天下无双江夏黄童"（《后汉书·文苑列传》），后授郎中。章帝元和元年（84年），汉章帝下诏命黄香到东观读书，后告假回家。回到京师后，他应召谈论政事，授尚书郎，多次陈述政事，皇帝嘉许。

　　和帝永元四年（92年），黄香任左丞，任期满后增加秩禄。永元六年（94年），累迁至尚书令，后拟为东郡太守，黄香上疏辞让，继任尚书令，增秩二千石，赐钱三十万。出现疑案，黄香均据实处理，务求轻判，爱惜人命。他熟悉边防和军事，处理得当，皇帝知他精勤，多次恩赏。

　　殇帝延平元年（106年），黄香任魏郡太守，把郡内园田分给百姓。遇到水灾，他把自己的俸禄和赏赐分给穷人，后因水

黄香墓

灾事被免官，数月后逝于家中。作品有《九宫赋》《天子冠颂》等。有子名黄琼。

元代郭守正辑《二十四孝》，黄香名列其中，是"二十四孝"中"扇枕温衾"故事的主角。据载，黄香刚九岁时即知孝顺长辈。炎炎夏日，他给父母搭蚊帐，扇扇子；寒冷冬天，他用身体温暖父母的被子，其孝举一直被人推崇。

黄香墓在今许昌市禹州市郭连镇黄台寨村黄台寨自然村东北部，县道003可达，地理坐标为北纬34°09′07.0″，东经113°36′49.0″。该墓建于东汉，为许昌市文物保护单位。墓葬坐落于孝山上，四周均为耕地。墓冢现高约5米，周长38.5米。墓前原有碑，现已毁。

虞诩

虞诩，生卒年不详，字升卿，陈国武平（今河南鹿邑西北）人。东汉名将。

虞诩十二岁通习《尚书》，早年丧父，孝养祖母，县里推荐他为顺孙。陈国相认为他是难得的人才，打算任他为官，虞诩推辞道："祖母九十，非诩不养。"（《后汉书·虞傅盖臧列传》）国相作罢。祖母去世，服丧期满，虞诩被征召到太尉李修府任郎中。安帝永初四年（110年），羌人起兵，攻城略地，大将军邓骘拟丢弃失地，集中力量保守北边，虞诩反对，邓骘兄弟便推荐虞诩任一直内乱的朝歌长。虞诩上任后招募壮士百余人，杀死几百名叛乱者，县境清平，后改任怀县令。西羌攻武都（治今甘肃成县西），虞诩为武都太守，率三千兵马与羌人作战，大获全胜。

顺帝永建元年（126年），虞诩任司隶校尉，数月内连续奏劾众多高官。中常侍张防滥用权势，虞诩依法追究，但始终不能成功，于是将自己捆绑起来见廷尉。张防申诉，虞诩被罚服劳役，众人为虞诩求请，得以释放，复起任议郎，数日后升

虞诩墓

尚书仆射。当时的官员允许犯罪百姓交钱赎罪，虞诩上疏反对，皇帝遂下令废止。虞诩的不少上奏均合情合适合理，因此多被采纳。他好揭发坏人，从不回避，因此得罪了不少人，曾遭到九次斥责，三次处罚，但他始终不改刚正的性格。永和初年，虞诩升尚书令，后因公事离职。

朝廷知虞诩忠直，欲再次召任，但此时虞诩已经去世。虞诩临终前对儿子虞恭说："吾事君直道，行己无愧，所悔者为朝歌长时杀贼数百人，其中何能不有冤者。自此二十余年，家门不增一口，斯获罪于天也。"（《后汉书·虞傅盖臧列传》）

虞诩墓在今周口市鹿邑县高集乡大冯庄行政村田楼自然村东南1200米，国道210、国道311可达，地理坐标为北纬33°55′18.58″，东经115°13′39.14″。该墓建于东汉，为鹿邑县文物保护单位。俗称"田堌堆"。墓北为一条东西向小河，四周为耕地。墓冢高5米，东西长94米，南北宽48米。

许慎

许慎，约生于明帝永平元年（58年），约卒于桓帝建和元年（147年），字叔重，汝南召陵（今河南漯河召陵区）人。古代著名经学家、文字学家、语言学家，撰著《说文解字》，影响深远。

许慎性格质朴厚重，拜贾逵为师，博览经籍，得大学问家马融赞赏，时人有"五经无双许叔重"（《后汉书·儒林列传》）之誉。曾在郡里任功曹，"奉上以笃义，率下以恭宽"（《太平御览·职官部》），后举孝廉，任洨县（治今安徽固镇东北）之长，官至太尉南阁祭酒。也有人认为他是在任太尉南阁祭酒后才任的洨长。

许慎精通文字训诂，和帝永元十二年（100年）作《说文解字》，后多次删改，于安帝建光元年（121年）最终完成。派子许冲将《说文解字》及《孝经古文说》上呈朝廷，安帝赏赐布四十匹。《说文解字》主要反映了古文经学派的观点，同时部分吸收今文经学派的观点。

《说文解字》正文14篇，卷末叙目1篇，共15篇，收单字9353个，重文（即异体字）1163个，分于540部，解说113441字，体例为"今叙篆文，合以古籀""分别部居"（《说文解字·序》）"据形系联"（《骈体文钞·序类》）。"今叙篆文，合以古籀"指收录文字以小篆为主，古文和籀文作为附件；"分别部居"指把文字按偏旁部首分类，共540类，这是许慎首创，在文字学方面影响极大；"据形系联"指部首的编排次第，是根据字形的相近原则编定的，如一部之下是上部、示部、三部等，这些部首形体上有关联。《说文解字》是我国第一部说解文字原始形体结构及考究字源的文字史书，造字法上提出象形、指事、会意、形声、转注、假借的"六书"学说。

《说文解字》体例完整、内容丰富、价值巨大，受到学者的高度重视。郑玄注《三礼》、应劭著《风俗通义》、晋灼注《汉书》，均引用《说文解字》的内容。东汉以后，字典辞书无不以《说文解字》为范。在世界文学史上，《说文解字》也有重要影响，国外不少学者研究此书，日本等国甚至成立《说文解字》学会。

约桓帝建和元年（147年），许慎卒于家中，享年约九十岁。许慎初以"五经"传说臧否不同，撰《五经异议》十卷，还

许慎墓

著有《孝经古文说》一卷、《淮南子注》二十一卷、《春秋左传许氏义》一卷、《五经通义》一卷、《尔雅许君义》一卷、《汉书许义》一卷等,均失传。

许慎墓在今漯河市城乡一体化示范区姬石镇许庄村东100米,省道237可达,地理坐标为北纬33°36′47″,东经114°05′38″。该墓始建于东汉,为全国重点文物保护单位。现已辟为许慎文化园,园内松柏青翠,绿草茵茵,环境优美。墓冢为现代整修,在园内北侧,高约4米,径约16米,周长近40米。墓冢四周植松柏,前有清代碑刻。文化园集遗产展示、名人凭吊、资料收藏、汉字文化观览于一体,供人拜祭及观赏旅游。

黄叔度

黄叔度，生于汉明帝永平十八年（75年），卒于汉安帝建光二年（122年），名宪，号征君，汝南慎阳（今河南正阳）人。东汉著名贤士。

黄宪出身低微，父亲为牛医，但以品学和德行见重于世。章帝章和二年（88年），黄宪十四岁时遇到汉末名士颍川荀淑，荀淑向他作揖谈话，更对黄宪说："你是我的老师。"同郡人戴良才高倨傲，但对黄宪非常尊敬，自言："良不见叔度，不自以为不及。既睹其人，则瞻之在前，忽焉在后，固难得而测矣！"（《后汉书·周黄徐姜申屠列传》）当时的名人陈蕃、周举、郭林宗等，对他也非常佩服。

初举孝廉，后征召公府，友人劝他做官，但黄宪在京师短暂停留即返回，并未任职。安帝建光二年（122年），黄宪去世，终年四十八岁。天下人称其为征君。

黄叔度墓在今驻马店市正阳县真阳镇金龙桥社区北，临中心街和北环城路，地理坐标为北纬32°36′38.0″，东经114°23′03.0″。该墓始建于东汉，为河南省文物保护单位。墓葬所在地被辟为小公园，周临学校、民宅。墓冢呈方形，边长约11米，高约2米。墓南有石碑两通：东为唐颜真卿题碑，镌"汉黄叔度墓"；西为清乾隆十七年（1752年）邑令解忻撰文的《重修黄征君墓碑记》。冢前建享殿两间，冢上植柏树。

黄叔度墓

张衡

张衡，生于汉章帝建初三年（78年），卒于汉顺帝永和四年（139年），字平子，南阳西鄂（今河南南阳石桥镇）人。古代著名科学家、文学家。

张衡年少时擅长作文，后到长安、洛阳等地学习，逐渐通晓"五经""六艺"。性好宁静，不愿结交俗人，才学高人一等，但无骄傲自满之意。和帝永元年间，举为孝廉，屡次征召不赴。针对当时王侯、属吏奢侈过度，张衡著《二京赋》讽喻规劝。大将军邓骘认为他是个奇才，多次召请，仍不应召。安帝永初四年（111年），张衡任郎中，后升太史令，不慕高官厚禄，多年不得提升，后来又一度不担任太史令。顺帝初年，官复原职，作《应闲》表明自己的处世思想。

张衡曾就"政事渐损，权移于下"（《后汉书·张衡列传》）上疏，并认为河图及"六经"等皆虚妄之词，非圣人所宗。后任侍中，被宦官视为心腹之患，他也经常考虑自己的前途命运，但以为吉凶倚伏，幽微难明，作《思玄赋》以宣寄情志。永和元年（136年），出为河间（今河北河间）相，树立威信，整顿法制，暗中探知奸党姓名，全部逮捕法办，上下敬畏，不敢再为非作歹，河间政治清明。

张衡专注于天文、阴阳、算数，擅长机械制造，他研究自然界变化，制造浑天仪，写就《灵宪》《算罔论》等历法、数学方面的论著。顺帝阳嘉元年（132年），张衡五十五岁时发明候风地动仪。候风地动仪以纯铜铸造，直径八尺，盖隆起，形似酒樽。外表饰篆文和山、龟、鸟、兽图案，内部中央竖粗大铜柱，四周伸出八条滑道，装置机关。外面有八条龙，口含铜丸，口下各有一只蛤蟆，张嘴承接铜丸，制造巧妙。地震时，机关发动，龙口吐出铜丸，蛤蟆张嘴接住，按它所在方向可推知地震方位。这是世界上最早的记录地震的仪器。

张衡也是我国古代杰出的文学家，《两京赋》在汉代文学史中有重要地位，被称为"汉赋四大家"之一。天文方面的成就更是彪炳史册，他是浑天说的代表人物、杰出的科学家。他的发明推动了科学发展，被认为是不可思议的奇迹。如此全面的人物，在世界史上也是极为罕见的。永和四年（139年），张衡上疏辞职告老还乡，朝廷把他调回京城任尚书。当年去世，享

张衡墓

年六十二岁。张衡著有《周官训诂》，曾打算继孔子研究《易经》中《彖》《象》等残缺部分，未能完成。所著诗、赋、铭、七言，如《灵宪》《应闲》《七辩》《巡诰》《悬图》等凡三十二篇。

张衡墓在今南阳市卧龙区石桥镇小石桥村西，省道231可达，地理坐标为北纬33°10′12.0″，东经112°36′30.7″。该墓始建于东汉，为全国重点文物保护单位。现已辟为张衡博物馆，建有大门、享殿、碑廊等。墓冢在享殿之后，冢高约7米，周长79米，面积471平方米。墓冢下部约60厘米以石围砌。墓冢四周砌有花墙圈护，树木葱葱。墓前立郭沫若题词碑一通，有碑楼两座，内立《汉征尚书张公平子墓》碑两通，为明嘉靖、清光绪年间重刻。墓北有张衡读书台旧址。博物馆现为当地重要的文化旅游景点，供游人游览参观。

汉和帝刘肇

汉和帝刘肇，生于章帝建初四年（79年），卒于和帝元兴元年（105年）。东汉第四位皇帝，88—105年在位，年号永元，庙号穆宗，谥孝和。章帝第四子，母梁贵人。

梁贵人早逝，刘肇由窦太后收养。窦太后对他非常疼爱，视为己出。章帝建初七年（82年）立为皇太子，章和二年（88年）即皇帝位。刘肇做皇帝后，窦太后临政，窦宪等四兄弟专权，他们见和帝逐渐长大，即意图谋反。永元四年（92年），十四岁的和帝联络中常侍钩盾令郑众，准备趁机消灭窦氏党羽。他首先令窦宪回京，以使其远离军队；然后派人分头捉拿郭璜、郭举父子和邓叠、邓磊兄弟，清除外围。第二天派人到窦家宣读诏书，收回窦宪大将军印绶，改封冠军侯，限令窦宪、窦固、窦景各回封地，然后迫令他们自杀。

消除外戚势力后，和帝开始亲政。他每天早起临朝，深夜批阅奏章，从不荒怠政事。和帝一朝，曾多次平定少数民族叛乱，西域都护班超大破焉耆，西域降附者五十余国；乌桓校尉任尚大破南单于，辽

汉和帝慎陵

东收归改为渤海郡。和帝多次下诏赈灾、免赋，妥善安置流民，劝课农桑。法律上主张宽刑，任用仁爱之人掌管刑狱，断案依据经典，务从宽恕，对偶错之人从宽处理。和帝体恤民众，多次诏令理冤狱、恤鳏寡、矜孤弱、薄赋敛。永元八年（96年），洛阳蝗灾，和帝下罪己诏。岭南（今广东地区）供龙眼、荔枝，唐羌上疏请求停止，遂罢省。他还重视选拔人才，曾四次专门下诏纳贤。

和帝本为梁贵人所生，但从未公开，永元九年（97年）窦太后去世，梁家奏明朝廷，意图为梁贵人正名。和帝念及窦太后之恩，未降其尊号，谥章德皇后，梁贵人追封为皇太后。元兴元年（105年）十二月，和帝于洛阳章德前殿去世，年仅二十七岁，葬于慎陵。

汉和帝慎陵在今洛阳市孟津县平乐镇平乐村，省道238可达，地理坐标为北纬34°45′43.2″，东经112°35′07.5″。该陵建于东汉，为全国重点文物保护单位。俗称"三汉冢"，北距汉章帝陵约600米。墓葬坐落于山地，四周为农田。墓冢呈圆形，直径70米，高约16米。陵前原有清人龚松林立《汉和帝慎陵》石碑一通。墓夯土筑、平夯。冢上树木郁郁葱葱。

竺法兰

竺法兰，生卒年不详，名字意译法宝，中天竺（今印度）人。僧人、著名佛学学者。

竺法兰为印度僧人，自言诵经论数万章。永平四年（61年），汉明帝夜梦金人，遂派使者蔡愔等到西域求法。在大月氏，蔡愔遇到摄摩腾和竺法兰，遂邀请二人来汉。永平十年（67年），竺法兰、摄摩腾二人来到洛阳城，住白马寺翻译经文。竺法兰少时便懂汉语，蔡愔在西域获得的佛经，竺法兰就翻译出来。永平十四年（71年），建大法王寺，专门供竺法兰二人译经，二人合译《四十二章经》，独译《十地断结经》四卷、《法海藏经》一卷、《佛本行经》五卷。

竺法兰墓在今洛阳市洛龙区白马寺镇白马寺村，国道310可达，地理坐标为北纬34°43′32.23″，东经112°35′50.78″。该墓建于东汉，为全国重点文物保护单位。墓葬坐落于白马寺院内西南隅，鼓楼西侧。墓冢直径8米，高2.2米。冢前有明圣旨碑一通，周围植柏树多株。白马寺是著名的旅游景区，每年都有大量来自世界各地的游人来此祭拜参观。

竺法兰墓

摄摩腾

摄摩腾，生卒年不详，又称迦摄摩腾，迦摄即迦叶，中天竺（今印度）人。僧人、著名佛学学者。

摄摩腾熟解大、小乘佛教经典，以游化传教为己任。在天竺一附庸小国讲《金光明经》时，逢外国军队侵犯国境，摄摩腾前往边境劝和，两国避免战争，他由此声名鹊起。汉明帝时，与竺法兰二人被郎中蔡愔邀请至汉。摄摩腾誓志弘扬佛法，不惧劳苦，冒涉流沙，永平十年（67年）来到洛阳。

明帝迎接摄摩腾二人，对其大加赞赏，在城西门外建精舍让他们居住，这是汉地有沙门之始；在洛阳建白马寺，是中国佛寺开端，二人住白马寺翻译经文。其后，摄摩腾和竺法兰来到五台山，奏明明帝在此破土建庙。不久，摄摩腾在洛阳去世。据载，摄摩腾翻译了《四十二章经》一卷。

摄摩腾墓在今洛阳市洛龙区白马寺镇白马寺村，国道310可达，地理坐标为北纬34°43′31.08″，东经112°36′06.85″。该墓建于东汉，为全国重点文物保护单位。墓葬坐落于白马寺院山门内东南侧，钟楼东侧。墓有封土，青石包砌，直径8米，高2.2米。冢前有明圣旨碑一通，墓冢周围植有柏树等。

摄摩腾墓

荀淑

荀淑，生于章帝建初八年（83年），卒于桓帝建和三年（149年），字季和，颍川颍阴（今河南许昌）人。东汉文官，品行高洁。

荀淑年轻时德行高尚、学问渊博，作文不喜雕琢，注重实际，常被儒生瞧不起，但大家都知道他有知人之明。安帝时征荀淑为郎中，升当涂（治今安徽怀远东南）长，后来辞官还乡，当时名贤李固、李膺等都尊他为师。梁太后临朝理政，逢日食、地震，光禄勋杜乔、少府房植举荐荀淑回答。荀淑借机讥讽皇亲贵戚，遭大将军梁冀忌妒，调任朗陵侯相。因他处事正直，明于治理，被称为神君。

不久，荀淑辞官回乡闲居养志，家产增多，即分送宗族、好友。建和三年（149年）去世，享年六十七岁。李膺时任尚书，自己上表，服丧三年。二县立祠。有子八人：俭、绲、靖、焘、汪、爽、肃、专，时人称八龙。

荀淑墓在今许昌市魏都区高桥营街道俎庄社区东北，临文峰中路和永昌大道，地理坐标为北纬34°04′02.53″，东经113°50′19.67″。该墓建于东汉，为许昌市文物保护单位。墓冢高7米，周长100余米。冢上原植柏八株，传为八子所植，现存七株，又称"八柏冢"。

荀淑墓

李固

李固,生于和帝永元六年(94年),卒于桓帝建和元年(147年),字子坚,汉中南郑(今陕西汉中)人。东汉名臣。司徒李郃的儿子。

李固相貌奇特,头有骨突,脚底有龟文。他年少时好学,经常不远千里步行寻师,读书万卷,结交不少英贤,有志之士多羡慕其风采并向他学习,京师人赞其为李公第二(指继其父为公)。顺帝阳嘉二年(133年),李固对策针砭时弊,建议不许外戚专权、罢退宦官等,顺帝多采纳,任为议郎。后出任雒县(治今四川广汉北)县令,途中解除印绶回到汉中,闭门不与外人交往。

半年后,大将军梁商召李固任从事中郎,李固奏请梁商整治风化、退辞高位,梁商不纳。永和年间,李固任荆州刺史,境内盗贼蜂起,李固从宽处理,免除盗贼以前的罪行,半年内所有盗贼投降,州内从此平安无事。后李固调任泰山(治今山东泰安)太守,招诱盗贼投降,不再一味攻打,一年内盗贼散去。李固升将作大匠,上疏推荐贤德之士多有采纳,任大司农,建议处罚违法官吏、减少特派官员、弹劾不称职牧守、皇帝专心庶政等,皇帝采纳。

冲帝即位,李固任太尉,与梁冀统领

李固墓

尚书事务。第二年冲帝去世，梁太后怕引起动乱，打算暂缓发丧，李固认为皇帝驾崩不能掩匿，建议太后立即发丧。立嗣时，李固让梁冀详择合适，务存圣明，并推举清河王刘蒜，梁冀不从，另立了质帝刘缵。不久，梁冀毒杀了质帝，欲立蠡吾侯。李固再次请立清河王刘蒜，梁冀则坚持拥立蠡吾侯刘志。双方相持不下，梁冀被激怒，劝太后罢免李固官职，终立蠡吾侯即位，即桓帝。一年后，梁冀一帮人诬陷李固因公假私、离间近戚、自建支党，将他们抓捕下狱，幸得太后赦免。梁冀担心李固对己不利将李固杀害，享年五十四岁。李固之子李基、李兹死于狱中，李燮逃命。李固著的章、表、奏、议、教令、对策、记、铭共十一篇，弟子赵承等共议李固言论事迹，写成《德行》一篇。

李固墓在今安阳市林州市横水镇石家壑村，省道301转村间公路可达，地理坐标为北纬36°04′21.75″，东经113°52′24.31″。该墓建于东汉，为林州市文物保护单位。墓葬坐落于耕地之中，地势平坦。墓冢呈不规则形，东西长20米，南北宽14米，高2米。

陈蕃

陈蕃，生年不详，卒于汉灵帝建宁元年（168年），字仲举，汝南平舆（今河南平舆北）人。东汉名臣。

陈蕃少时聪明，祖父、父亲对他寄予厚望，就在园中专门为他建造了一间房屋让他读书。他终日埋头苦读，根本顾不及打扫，屋舍脏乱。陈蕃十五岁时，他父亲的朋友薛勤见此说道："孺子何不洒扫以待宾客？"陈蕃回答："大丈夫处世，当扫除天下，安事一室乎！"（《后汉书·陈王列传》）薛勤知其有大志向，非常惊奇。陈蕃初以举孝廉入仕，拜郎中，不久母亲病故，辞官守丧。三年后，刺史周景召他为别驾从事，二人意见不合，陈蕃遂弃官而去。太尉李固举荐他为议郎，后升乐安（治今山东邹平东南）太守，为政清廉，政绩突出。

大将军梁冀派人请托陈蕃办事，他将送信之人打死，降为修武（今河南修武）县令，不久迁尚书。他上疏建议暗中考核地方官吏，选择清正贤明者代替乱政官吏，因此得罪皇帝近臣，外放豫章（治今江西南昌）太守。在郡守任上，他推举了郡里的高洁之士周璆。周璆同陈蕃一样不肯轻易出仕，前任郡守曾多次设法请他到官府任职，周璆就是不到任。可是陈蕃去请周璆，他就到任了。原来陈蕃从不称呼周璆的名，而称呼他的字，并且特意准备了一个木榻，专供周璆坐躺，周璆离开官府，陈蕃就把木榻悬挂在梁上，以至唐朝诗人王勃在《滕王阁序》中有"人杰地灵，徐孺下陈蕃之榻"之句。陈蕃后任大鸿胪，上疏为人说情，获罪免官回家，后征为议郎，升光禄勋。他曾上疏劝谏皇帝慎重对待封爵赏赐，少置宫女，桓帝采纳其建议。

陈蕃掌管官吏选举，不偏袒权贵，被豪门子弟诬陷，获罪罢官回家，不久征为尚书仆射，转调太中大夫，延熹八年（165年）任太尉。河南尹李膺等因违背皇上意旨受到惩处，陈蕃代为申诉，词意恳切，桓帝不纳，其后他又为受到诬陷的朝臣说情，桓帝更加恼怒，由此也得罪不少同僚。延熹九年（166年），李膺等人下狱受审，陈蕃又极力劝谏，桓帝以他用人不当为借口，将他罢免。

永康元年（167年），桓帝去世，陈蕃任太傅兼理尚书事，尚书为防触怒朝中权臣假称有病不朝，陈蕃严词责备。灵帝

陈蕃墓

即位后,窦太后下诏表彰陈蕃,封他为高乡侯,食邑三百户,陈蕃十次上疏辞让。当时宦官专权,政治黑暗,结党营私,迫害正直朝官,陈蕃与窦太后父亲——大将军窦武同心协力治理国家,共下决心消灭乱政宦官。事情泄露,窦武等人被杀,陈蕃率领属官和学生持刀冲进宫门,被捉拿下狱,当天即被杀害,家属流放,宗族、门生、旧部免职禁锢。陈蕃性情严肃,不结交宾客,官吏、百姓都敬畏他。

陈蕃墓在今驻马店市平舆县古槐街道平北社区,省道213可达,地理坐标为北纬32°58′06.0″,东经114°37′55.0″。该墓始建于东汉,为河南省文物保护单位。墓葬坐落于陈蕃公园内。墓冢原封土已平,后修复,高3米,直径约9米。墓前原有石碑,今已不存,新立《东汉太傅陈蕃之墓》碑。

栾巴

栾巴，生年不详，卒于汉灵帝建宁二年（169年），字叔元，魏郡内黄（今河南内黄西北）人。东汉官吏。

栾巴性情朴实、正直，勤奋好学，熟读儒家经典，喜好道术，不喜为官。顺帝时，供职掖庭，后任黄门令。被选任为郎中，四迁至桂阳（治今湖南郴州）太守。栾巴任太守期间，制定婚姻丧葬、祭祀等礼仪，兴办学校，讲授儒家典籍，传播礼教。他在职七年，桂阳政事清明，后因病回家。

栾巴受荆州刺史李固推荐，征召为议郎，后升为光禄大夫，巡视州郡，巡查徐州后迁豫章（治今江西南昌）太守。当时豫章祭祀鬼神之风大盛，栾巴命人捣毁祭祀鬼怪的房屋、牌位等，把巫婆、神汉绳之以法，改变了当地风气。调任沛国丞相，颇有政绩，后征召回京，任尚书。顺帝驾崩，朝廷营筑宪陵，他反对毁掉陵墓两侧原有平民百姓的坟墓，因此获罪下狱，被遣送还家。

灵帝即位，大将军窦武、太傅陈蕃主政，栾巴再任议郎。窦武、陈蕃被杀，栾巴作为同党谪永昌（治今云南保山东北）太守，他以有功于朝廷，觉得遭遇不公，于是托病不行，并上疏为陈蕃、窦武申冤。皇帝发怒，下诏严厉斥责，并将他下狱治罪，后栾巴在狱中自杀。有子名栾贺。

栾巴墓在今三门峡市灵宝市阳店镇栾村西南部，国道310转村间公路可达，地理坐标为北纬34°34′42.1″，东经111°01′16.3″。该墓建于东汉。墓葬坐落于小峪水库岸边丘陵地带，东侧为甘山。墓冢呈圆锥状，现存高3米左右，侧看呈三角形。

栾巴墓

李咸

李咸，生于和帝永元十二年（100年），卒于灵帝熹平四年（175年），字元卓，汝南郡西平（今河南西平）人。东汉官吏，廉洁正直。

李咸孝顺贤德、熟读诗书、明习礼乐。举孝廉，任郎中，举茂才，后授高密（治今山东高密）令，为官勤政，体恤民情。后迁徐州（治今山东郯城）刺史，廉洁清正，官员忌惮，因事辞官，又拜渔阳（治今北京密云区西南）太守，迁度辽将军，促进边境融合。李咸征为河南尹后回家为母守丧。李咸于桓帝时拜尚书，历任仆射、令、纳言等，后因事离职，复起拜将作大匠、大司农、大鸿胪、太仆等。

李咸在多个州郡任职，以廉洁干练知名，为官清廉忠心，权幸之臣忌惮。灵帝建宁四年（171年），李咸七十二岁，任太尉。熹平元年（172年），窦太后去世，宦官不同意将其与桓帝合葬，李咸反对，最终灵帝采纳了李咸的意见。熹平二年（173年）三月，李咸被免去太尉之职，熹平四年（175年）去世，享年七十六岁。

李咸墓在今驻马店市西平县出山镇牛昌村委坡李村东北部，省道331可达，地理坐标为北纬33°17′19.1″，东经113°40′43.8″。该墓建于东汉，为西平县文物保护单位。墓葬西南距九女山1100米，墓冢南北长18.5米，东西宽18.2米，高约2.6米，面积约340平方米。墓前原有石碑，传为东汉蔡邕撰。

李咸墓

潘乾

潘乾，生卒年不详，字元卓，陈郡长平（今河南西华东北）人。东汉官吏。

潘乾少秉家学，稍长在上郡（治今陕西北部）任职，雷厉风行，疾恶如仇，获官民好评。后除曲阿（治今江苏丹阳）县尉，铲除奸猾之辈，吏民欢愉。后任溧阳（治今江苏溧阳西北）县令，"构修学宫，宗懿招德"（《全后汉文》），宣扬教化，政绩显著。潘乾为政廉洁、行事自律，颇有仁义之风。灵帝光和四年（181年），属吏立"校官之碑"颂扬其品行和德政。

潘乾墓在今周口市西华县艾岗乡潘北村内北部，省道102、县道005可达，地理坐标为北纬33°50′49.0″，东经114°22′56.0″。该墓建于东汉，为西华县文物保护单位。墓葬坐落于村庄内，原为一高岗地。墓冢尚存，形状不太规则，近似三角形，边长约35米，高约3.6米，占地面积约500平方米。

潘乾墓

陈寔

陈寔,生于和帝永元十六年(104年),卒于灵帝中平四年(187年),字仲弓,颍川许(今河南许昌)人。东汉名臣。

陈寔出身卑微,年轻时为县吏,立志发奋苦读,县令与他交谈,惊奇其学识,推荐他到太学学习。他被人怀疑杀人遭逮捕,因无证据释放,后来陈寔任督邮,暗中托县令礼召当年定他罪的人,众人叹服。陈寔先任西门亭长,不久转郡功曹,被司空黄琼召为闻喜(今山西闻喜)县令,后因丧离职,再任太丘县令长。他为政修德清静,不扰百姓,百姓安居乐业。后因郡相乱征赋税、目无法纪,陈寔辞职回家。朝廷逮捕党人,陈寔受到牵连,主动入狱,后遇赦获释。

灵帝初年,陈寔被大将军窦武聘为僚属。中常侍张让权倾天下,其父归葬颍川,陈寔前往吊丧,张让感激,多次对陈寔宽免保全。陈寔平心待人接物,公正断判争讼,以理服人,有人慨叹:"宁去坐牢受刑,不在陈老面前丢脸。"太尉杨赐、司徒陈耽数拜公卿,常叹息说:"陈寔未登大位,我等有愧于先。"党禁解除,大将军何进、司徒袁隗奏请陈寔越级入仕,陈寔辞谢,后多次拒绝应征,托病居家养老。

时遇灾荒,百姓困苦,有盗贼夜入陈

陈寔墓

宅，躲在梁上伺机偷盗。陈寔发现后并不喊叫，而是收拾整齐，把子孙们叫进屋内训诫："夫人不可不自勉。不善之人未必本恶，习以性成，遂至于此。梁上君子者是矣！"（《后汉书·荀韩钟陈列传》）盗贼听罢很受感动，立刻下来磕头请罪。陈寔让其反省，改邪归正，并赠绢两匹，县内再无偷盗之事。成语"梁上君子"即出于此。

中平四年（187年），陈寔卒于家中，享年八十四岁。哭悼者三万余人，穿孝服者上百人，众人刻石立碑，谥文范先生。

陈寔有子陈纪、陈谌，皆贤能，同号三君，又与同邑钟皓、荀淑、韩韶等以清高有德闻名于世，称"颍川四长"。

陈寔墓在今许昌市长葛市古桥镇陈故村西，临长南路，地理坐标为北纬34°13′17.14″，东经114°59′50.72″。该墓始建于东汉，为许昌市文物保护单位。现已辟为陈寔墓园，占地约4000平方米，建有围墙和牌坊大门，有二碑亭。墓冢在园内后部，呈圆形，直径约15米，高约4.5米，占地200多平方米。墓冢上及四周多植树木。

百里嵩

百里嵩，生卒年不详，字景山，封丘（今河南封丘）人。东汉循吏。

东汉末年，百里嵩任徐州（治今山东郯城）刺史，清正廉洁、体察民情、关心百姓疾苦。一年大旱，禾苗枯焦，赤地千里，百里嵩查看各县旱情，传说其巡车所至之处，感天动地，立降大雨，旱情遂解，时人称"刺史雨"。百里嵩去世后归葬故里封丘，后人封墓祭祀。元成宗大德九年（1305年），在墓旁立碑记其事迹。

百里嵩墓在今新乡市封丘县王村乡庙岗村东南，省道311可达，地理坐标为北纬35°03′15.52″，东经114°26′45.05″。该墓始建于东汉，为新乡市文物保护单位。现为使君祠，1980年重建，总面积约4.4万平方米，西部为墓区，东部为祠区。祠区主体有山门、大殿和后殿，大殿内有"千里秋成"匾额，为慈禧太后书。东侧碑亭内有一碑，传为清嘉庆三年（1798年）朝廷所立。祠堂西有使君墓，墓冢呈八角形，尖顶，上阔下收，高2.6米，周长23.2米。墓上生柏树一棵，盘根错节。甬道两侧有石碑多通，其中有嘉庆九年（1804年）所立两通。

百里嵩墓

桥玄

桥玄，生于汉安帝永初三年（109年），卒于灵帝光和六年（183年），字公祖，梁国睢阳（今河南商丘）人。东汉名臣，刚正不阿。父名桥肃，曾任东莱太守。

桥玄初任县功曹，主动向豫州刺史周景请求查办陈王相国羊昌，顶住压力将羊昌及党羽捉拿归案，押解进京。后举为孝廉，任洛阳左尉，受河南尹梁不疑所辱，辞官回乡。桥玄复起后四迁至齐王相国，因过失被罚劳役，四年刑满后任上谷（治今河北怀来东南）太守。后改任汉阳（治今甘肃甘谷东南）太守，桥玄严惩了有贪污罪的上邽县（今甘肃天水）县令皇甫祯。桥玄后来托病免职，再征为司徒长史，加封将作大匠。

桓帝末年，北部少数民族叛乱，桥玄为度辽将军靖边，养精蓄锐，后出兵击退叛兵，边境安定无事。灵帝初期，桥玄回任河南尹，改少府、大鸿胪。建宁三年（170年）迁司空，后任司徒，曾推荐与己有私怨的南阳太守陈球任廷尉。他见国力薄弱，难有用武之地，遂托病上奏，将各种灾害归咎己身，被免职。

一年多以后桥玄任尚书令，弹劾太中大夫盖升贪污，皇帝不纳，桥玄遂托病辞官，后任光禄大夫。光和元年（178年）为太尉，数月后因病免职，改太中大夫，在家中养病。那时常有盗贼劫持人质，一次，桥玄的小儿子正在家中玩耍，被三个手持棍棒的人劫持而索取钱财，桥玄不肯交钱。官兵包围桥宅，但恐伤及人质无法进攻，桥玄高呼："这些罪犯无法无天，我怎能为了一个儿子的性命而放纵这些危害国家的盗贼！"催促士兵进攻，桥玄的儿子在格斗中被杀。桥玄亲自到皇帝面前承认过失，并请求从此劫持人质者都格杀勿论，不准用赎金换取人质，免得奸人有机可乘，皇帝采纳。此后，再也没有人敢在京城劫持人质了。

光和六年（183年），桥玄去世，享年七十五岁。桥玄性情刚直急躁，但谦虚勤俭，善待下级，亲人和族人无人担任高官。去世时家无产业，丧事不用殡礼，时人交口称赞。有子名乔羽。

桥玄墓在今商丘市睢阳区古宋街道王坟村东，省道325（阏伯路）可达，地理坐标为北纬34°21′37.9″，东经115°37′24.3″。墓冢原较大，现已不存。

蔡衍

蔡衍，生于安帝建光元年（121年），卒于灵帝建宁元年（168年），字孟喜，汝南项（今河南沈丘）人。东汉官吏。

蔡衍年轻时在家乡设立学馆教化百姓，善于处置纠纷争讼，公平公正调解，力使双方满意，百姓依赖。桓帝时举孝廉，不久任冀州刺史。宦官与朋党争斗，蔡衍独善其身，秉公处置。中常侍具瑗请他举荐其弟具恭为茂才，蔡衍断然拒绝。他还弹劾中常侍曹腾弟、河间相曹鼎，大将军梁冀说情，蔡衍不予理睬。梁冀有意与其结交，蔡衍托病不见，得罪梁冀。南阳太守成瑨受诬获罪，蔡衍等上表求救，被连坐免官，遂隐居乡里，闭门不出。灵帝即位，拟任蔡衍为议郎，但蔡衍已去世，终年四十八岁。

蔡衍墓在今周口市项城市南顿镇蔡庄村西，光武大道转村间公路可达，地理坐标为北纬33°28′10.6″，东经114°49′24.6″。该墓建于东汉。墓葬坐落于耕地之中，四周为农田，地势平坦。原有墓冢，高约1.5米，现已不存。

汉桓帝刘志

汉桓帝刘志，生于顺帝永建七年（132年），卒于桓帝永康元年（167年）。东汉第十位皇帝，146—167年在位，年号建和、和平、元嘉、永兴、永寿、延熹、永康，庙号威宗，谥桓。父蠡吾侯刘翼，母匽氏。

质帝本初元年（146年），外戚梁冀毒死皇帝，与梁太后定策迎立刘志即位，刘志时年十五岁，梁太后把持朝政。桓帝延熹二年（159年），梁冀阴谋反叛，桓帝诏司隶校尉张彪带兵围梁冀府，收回大将军印绶，梁冀与妻、子自杀，数十人伏诛。延熹十年（167年），因外戚、官员与太学生联合反对宦官，桓帝下令将司隶校尉李膺等二百余人下狱，史称"党锢之祸"。

桓帝崇尚佛、道，沉湎女色，信任宦官，察举非人，时人讥为"举秀才，不知书；察孝廉，父别居"（《太平御览·人事部》），东汉王朝自此江河日下。但桓帝也并非完全没有作为，建和元年（147年）他下诏规范孝廉、廉吏参选，杜绝邪伪请托。是年日食，诏三公、九卿、校尉各言得失，大赦天下。派遣官吏分行赈饥，数次诏大将军、公、卿、校尉举荐贤良及直言极谏之人。桓帝于永康元年（167年）十二月去世，终年三十六岁，葬宣陵。

汉桓帝宣陵在今洛阳市孟津县送庄镇三十里铺村北，连霍高速或省道238可达，地理坐标为北纬34°47′18.5″，东经112°35′13.1″。该墓建于东汉，为全国重点文物保护单位。俗称"鳌子冢"。墓葬坐落于山地，紧临村庄、耕地。墓冢呈圆形，直径130米，高15米。冢上树木郁郁葱葱。

汉桓帝宣陵

蔡邕

蔡邕，生于顺帝阳嘉元年（132年），卒于献帝初平三年（192年），字伯喈，陈留圉（今河南杞县西南）人。东汉著名文学家、书法家。

蔡邕至孝，母亲卧病三年，蔡邕不解衣带，母亲病危时七十余天他未曾上床睡觉，一直在母亲身边侍候。母亲去世，他在墓旁盖房居住，动、静遵守礼制。与叔父、叔伯兄弟同居，三代没有分家，受乡里称赞。蔡邕年少时博学多才，喜欢文学、数术、天文，擅长音乐。桓帝时，中常侍徐璜等人召蔡邕弹琴，他走到偃师假称生病返家，不愿与这帮人来往。在家少与人来往，作《释诲》警惕与自勉。

灵帝建宁三年（170年），蔡邕三十九岁时征召至司徒桥玄府，出补河平县令。后拜郎中，在东观校书，升议郎。熹平四年（175年），蔡邕等人正定"六经"文字，刻碑立于太学门外，此即《熹平石经》，其后儒生皆以此为准。他曾上疏建议不要囿于避嫌任职，应打破禁区，但未被采纳。熹平六年（177年）七月，蔡邕密请皇帝按典章斋戒祭祀、访求贤能、提拔敢谏之臣、广开贤明之路、揭发不法、谨慎铨选官吏、赏罚分明、免除以守陵而任太子舍人的大臣，皇帝多采纳。

光和元年（178年），蔡邕上奏弹劾不法之臣，遭人忌恨，中常侍程璜使人诬告他以仇奉公、谋害大臣、大不敬，迁朔方（今内蒙古杭锦旗西北），后徙居王原（今内蒙古包头西北），第二年大赦，获免返回。蔡邕担心自己最终难免一死，遂远走吴郡（今江苏）一带，居此十二年。吴人烧桐木煮饭，他拿来造琴，声音悦耳，但琴尾烧焦，时人称"焦尾琴"。

中平六年（189年），灵帝去世，董卓为司空，征召蔡邕。他不得已应召，行祭酒，补侍御史，转持书御史，升尚书，三天内遍历三台，后升巴郡太守，又留任侍中。献帝初平元年（190年），蔡邕拜左中郎将，从献帝迁长安，封高阳乡侯。董卓看重蔡邕才学，对他非常尊重，蔡邕曾规劝董卓，以图减少董卓的暴行。董卓被诛后，他到司徒王允家做客，谈到董卓时为之叹息，王允勃然大怒，说他与董卓通同叛逆，被逮捕交廷尉审讯。蔡邕苦苦哀求，希望能"黥首刖足"（《后汉书·蔡邕列传》），留下性命，完成汉史。虽有

蔡邕墓

多人劝阻王允，终未能阻止，蔡邕含冤而死，享年六十一岁，时人扼腕痛惜，兖州、陈留画像纪念。蔡邕所作汉史《灵纪》及十意，补诸列传四十二篇，大多没有保存下来。所著诗、赋、碑、诔、铭、赞、连珠、箴、吊、论议、祝文、章表、书记等共一百零四篇，传于世。

蔡邕旷世逸才，是辞赋大家，所作多小赋，内容多样，贴近生活，语言清新，直抒胸臆，很具感染力。散文长于碑记，工整训雅，多用排偶，颇受推崇。诗歌现传四百余首，为其女文姬依记忆而记。他工篆书、隶书，尤擅隶书，结构严整，体法多变，创造"飞白书"，对后世影响巨大。

蔡邕墓在今开封市尉氏县蔡庄镇大朱村，县道 034 可达，地理坐标为北纬 34°13′25.0″，东经 114°07′35.0″。该墓建于东汉，为尉氏县文物保护单位。墓葬坐落于村庄之中，四周为民宅，临一干涸水塘。原墓冢高大，现呈不规则圆形，直径约 7 米，高约 2 米。墓前有现代立碑一通，上书"汉蔡中郎墓"，另有古柏一株。

范滂

范滂，生于顺帝永和二年（137年），卒于灵帝建宁二年（169年），字孟博，汝南征羌（今河南漯河召陵区东南）人。东汉直臣。

范滂自小名节高洁，州里人都很敬服他，后被举荐为孝廉。时冀州（治今河北柏乡北）饥荒，盗贼四起，范滂任清诏使，负责去查明情况。范滂走马上任，慷慨激昂，立志澄清宇内。到达冀州境内后，不法的太守、县令纷纷离职逃跑，范滂据实弹劾上奏。后迁光禄勋主事，当时陈蕃任光禄勋，范滂以下属礼拜访陈蕃，陈蕃没有阻止他，范滂对此很不满，扔掉笏板弃官而去。郭林宗责备陈蕃，陈蕃于是向范滂道歉。

范滂又被太尉黄琼征召。不久范滂举奏二十多个刺史和享有二千石俸禄的权贵。尚书责备范滂举报过多，疑其有私心。范滂则据实回答，说明自己所检举的都是贪污腐败、奸邪残暴、祸害百姓的人，官吏无话可说。范滂见时势混乱，志向难以实现，遂呈文辞官。

太守宗资知道范滂的名声，请求朝廷让范滂暂任功曹，并将政事委托于他。范滂在任期间，疾恶如仇，对行为有违孝悌或仁义礼节的人，均予以处置，推荐品德高尚者使他们显贵，提拔贫寒之士使他们身居高位。范滂的外甥李颂，经人请托被宗资任命为小官，范滂认为李颂不是合适人选，压置不办，宗资只好作罢。但也因此得罪了一些人，郡中才能低下之人，无不怨恨范滂，共同指责范滂所用之人为"范党"。后来因此被人诬告，范滂获罪，案情查清后，范滂回到乡里，汝南士大夫热烈欢迎他。同乡的人跟随侍奉在他左右，范滂对他们说："你们这样是加重我的罪行。"于是自己回到家乡。

灵帝建宁二年（169年），宦官大肆诛杀党人，范滂也被列入诛杀行列。督邮吴导素来敬重范滂，当他接到处死范滂的诏书，实在不忍心宣布，关上门在驿舍大哭，范滂听说后，说："这一定是因为我！"他立即赶到县狱。县令郭揖看到范滂后大吃一惊，忙把官印放好，拉着范滂要和他一起逃走，范滂说："我死了灾祸就可以平息。怎么敢因为我而连累您，又让我的母亲流离失所呢？"范滂母亲前来和他诀别，母子相慰，范滂向母亲再三拜别而去，路人无不感动流泪。不久范滂死于狱中，终年三十三岁。

范滂墓在今驻马店市确山县刘店镇大刘庄村委古庄村西，国道107、县道020可达，地理坐标为北纬32°44′33.2″，东经114°10′11.5″。该墓建于东汉，为确山县文物保护单位。墓葬坐落于村庄之中，原占地7500平方米，墓冢占地400平方米，高约4米。现墓冢已平，曾发现石墓门及石猴、石马。

王允

王允，生于顺帝永和二年（137年），卒于献帝初平三年（192年），字子师，太原祁（今山西祁县东南）人。东汉末重臣。

王允年少时即有才学，同郡郭林宗对其大加赞赏，二人结为知己。桓帝永寿元年（155年），十九岁的王允在郡里任职，后被刺史邓盛举为别驾从事。王允有大节，经常诵读经传，早晚学习骑马射箭，后任侍御史。灵帝中平元年（184年），黄巾军起事，王允被选任豫州刺史，征荀爽、孔融等为从事，上疏奏请解除党禁。后讨伐黄巾军大胜，得中常侍张让与黄巾军来往书信，上奏朝廷，由此得罪张让，第二年被逮捕入狱，逢大赦，仍为刺史。后因他事被捕，幸得众人求情得免，王允惧怕再遭陷害，遂改名换姓流浪于河内、陈留等地，直至灵帝驾崩才回京师。

大将军何进请他任从事中郎，调河南尹，献帝继位后任太仆，再调署理尚书令。初平元年（190年），王允五十四岁时任

王允墓

司徒，仍署理尚书令。董卓迁都关中，将朝政托付于他，王允假情屈意，唯命是从，取得董卓信任，暗中却联络他人，打算分路征讨董卓，拥天子还洛阳。第二年，董卓封王允为温侯，食邑五千户，王允坚辞不受，终受二千户。初平三年（192年），他暗地联络董卓部将吕布，在董卓入朝时将其杀死。

王允轻视吕布，吕布却自认有功，二人渐渐失和，同时，王允性情刚烈、疾恶如仇，在众人面前少有温润，难得诸人拥护。董卓部将李傕、郭汜围攻长安，吕布招呼王允一起逃走，王允不肯，终被杀害，享年五十六岁。长子侍中王盖，次子王景、王定及宗族十余人被杀。汉献帝迁都许昌后，思念其忠节，遂改葬，派虎贲中郎将吊祭，赐东园秘器，封孙王黑为安乐亭侯，食邑三百户。

王允墓在今许昌市魏都区半截河街道菅庄社区南堰口村东北，天宝西路可达，地理坐标为北纬34°03′10.1″，东经113°49′33.1″。该墓建于东汉，为魏都区文物保护单位。墓葬乃献帝为其所设衣冠冢，东临半截河。冢高约5米，占地约200平方米。冢上有古柏一株，苍劲挺拔。

汉质帝刘缵

汉质帝刘缵，生于顺帝永和三年（138年），卒于本初元年（146年）。东汉第九位皇帝，在位一年，年号本初，谥孝质。父渤海孝王刘鸿，母陈夫人。

冲帝永嘉元年（145年）正月，年仅三岁的冲帝因病去世，梁太后与大将军梁冀暗中商定，将刘缵迎入南宫，封建平侯，并即皇帝位，时质帝八岁。梁太后以皇太后临朝称制，朝政控制在其兄梁冀手中。梁冀专横跋扈，引起众怒，质帝非常聪明，朝中之事了然于心，一次朝会当着群臣称梁冀"此跋扈将军也"，引梁冀不满。

梁冀担心质帝虽年幼，但毕竟为一朝之主，成年后恐难以控制，遂决定设计毒害。本初元年（146年）六月，梁冀指使亲信把毒药掺在食物中，质帝中毒身亡，死于洛阳宫中，年仅九岁，葬静陵。质帝聪慧，但因年幼而不善韬晦，终遭毒手。

汉质帝静陵在今洛阳市偃师市高龙镇高崖村西南，国道207可达，地理坐标为北纬34°38′23.60″，东经112°41′27.93″。该陵建于东汉，为全国重点文物保护单位。墓葬坐落于伊河南岸，东临207国道，地势平缓，四周为农田。墓葬圆形封土，直径53.2米，高11米。

汉质帝静陵

吕布

　　吕布，生年不详，卒于献帝建安三年（198年），字奉先，五原郡九原（今内蒙古包头九原区）人。东汉末年著名将领，骁勇善战。

　　吕布弓马娴熟，骁勇善战，初在并州（治今山西太原西南）刺史丁原帐下为主簿，甚是亲近。董卓入京后诱使吕布杀死丁原，并吞并了他的部队，然后任吕布为骑都尉，结为父子，不久任中郎将，封都亭侯，出行均由他保卫。后因小事忤逆董卓，董卓掷戟打他，吕布由此心生怨恨，又与董卓婢女私通，心中不安，遂与司徒王允等人共谋除掉董卓。吕布将董卓杀死，王允任吕布为奋威将军，假节，仪同三司，封温侯。

　　董卓部将李傕和郭汜攻打长安，吕布战败，投奔南阳袁术，纵兵抄掠，袁术深以为患，吕布遂转投河内张杨。张杨诸将打算将他杀掉，吕布害怕，只得转投袁绍。二人合击黑山军张燕，大破张燕军队，但

吕布墓

吕布将士暴横，袁绍不满，吕布遂请求回洛阳。袁绍表面答应，任其为司隶校尉，派人护送并图谋杀害，被吕布发觉后逃走，再次投奔张杨。

献帝兴平元年（194年），陈留太守张邈迎吕布为兖州牧，据守濮阳，曹操攻击，双方相持不下。兴平二年（195年），曹操大破吕布于巨野，遂东奔刘备。袁术暗结吕布一同攻打刘备，吕布率兵攻袭下邳（治今江苏睢宁北），刘备大败投降，吕布代刘备为徐州牧。朝廷任其为左将军，吕布遂令陈登奉章谢恩，陈登投靠曹操，伺机图谋。袁术派兵攻打，吕布采纳陈珪之计，离间袁术手下众将，袁术兵败。

建安三年（198年），吕布同袁术攻打刘备，曹操派夏侯惇救援失败，后亲自率兵攻打吕布。吕布打算投降，陈宫等人劝阻，无奈派人向袁术求救，自己守城不出。曹操攻打甚急，吕布让左右杀死自己，众人不忍，遂举城投降。吕布为求保命，对曹操说："令布将骑，明公将步，天下不足定也。"（《后汉书·刘焉袁术吕布列传》）刘备以丁原、董卓之事提醒曹操不要放过吕布，吕布遂与陈宫、高顺等被缢杀。吕布作战勇敢，但无英奇大略，举动不肯详思，性易反复，唯利是图，终难保善终。

吕布墓在今焦作市修武县郇封镇小兰封村西北，省道233可达，地理坐标为北纬35°08′46.76″，东经113°25′38.28″。该墓建于东汉，为修武县文物保护单位。墓葬坐落于耕地之中，四周为农田。原墓冢呈圆形，规模较大，现存南北长约15米，东西宽8.5米，高约3.4米。

颜良、文丑

颜良、文丑，生年不详，卒于献帝建安五年（200年）。东汉末年袁绍部将。

建安四年（199年），袁绍以颜良、文丑为将，率精卒十万，准备攻许（今河南许昌）。颜良与文丑是袁绍军中勇将，孔融劝告曹操小心，说"颜良、文丑，勇冠三军"（《三国志·魏书·荀彧传》）。次年，袁绍与曹操在官渡（今河南中牟东北）交战，沮授劝袁绍："良性促狭，虽骁勇不可独任。"（《三国志·魏书·袁绍传》）但袁绍仍让颜良与郭图、淳于琼进攻守护白马（今河南滑县东）的曹将刘延，袁绍自为后援。曹操率兵北救，采用荀攸计策，分兵渡河，自率轻兵掩袭白马，张辽、关羽先到城下，颜良仓促迎战，被关羽击斩于马下。据《三国志·蜀书·关张马黄赵传》载，关羽见到颜良帅旗，快马加鞭杀入颜良军中，瞬间斩杀颜良，带回颜良首级。

曹操解了白马之围后，迁徙百姓沿黄河向西撤退，袁绍率军渡河追击，军至延津南，派文丑与刘备继续率兵追击。曹操时有骑兵六百，无力拒敌，便用计令士卒解鞍放马，故意将辎重丢弃。袁军中计，

颜良墓

文丑墓

纷纷争抢财物，曹操突然攻击，击败袁军，混战中文丑被杀。颜良、文丑皆为河北名将，却一战皆死，袁绍军锐气大挫。

颜良墓在今郑州市巩义市鲁庄镇四合村颜良寨南约500米，国道310、县道058可达，地理坐标为北纬34°34′36″，东经112°51′52″。该墓建于东汉。墓区位于寨南一自然冲沟内，四周均为台坡耕地，沟底尚有自然水流，四周树木葱葱。仅余土冢，形状不甚规则，高3～4.5米，直径7～10米，周长约80米。

文丑墓在今郑州市巩义市鲁庄镇四合村颜良水库旁，国道310转县道058可达，地理坐标为北纬34°34′52″，东经112°51′36″。该墓建于东汉。墓区位于自然冲沟底部，西为水库，紧临一废弃炼油厂。现仅存土冢，形状不规则，长4～11米，高4.5米。

袁绍

袁绍，生年不详，卒于献帝建安七年（202年），字本初，汝南汝阳（今河南商水西北）人。东汉末年割据者。

袁绍出身名门，喜欢结交名士，礼贤下士，门下养了大量士人。年少为郎，除濮阳（治今河南濮阳西南）长，后徙居洛阳，辟为大将军何进掾吏，为侍御史、虎贲中郎将。灵帝中平五年（188年），初置西园八校尉，袁绍为佐军校尉。灵帝驾崩，袁绍劝何进召董卓等进京，胁迫太后诛杀宦官，转司隶校尉。董卓兵至，袁绍不同意董卓废立皇帝，出奔冀州，董卓为了拉拢他，仍让他担任渤海郡（治今河北南皮东北）太守。献帝初平元年（190年），袁绍为盟主讨伐董卓，自号车骑将军，领司隶校尉，但联军内部并不团结，终因粮尽而散。袁绍又领冀州牧，接着夺取了青州和并州。初平四年（193年），袁绍进攻黑山起义军，杀数万人。兴平二年（195年），袁绍封右将军。

建安元年（196年），曹操迎天子都于许（今河南许昌），以袁绍为太尉，封邺侯。第二年拜大将军，赐弓矢节钺，虎贲百人，兼督冀、青、幽、并四州。建安三年（198年），袁绍大举进攻幽州（治今北京），公孙瓒失败自焚，袁绍完全占领幽州，成为当时实力最强的军事割据者。建安四年（199年）六月，袁绍挑选精兵十万，战马万匹，南下进攻许都，曹操以数万兵力抗击，主力在官渡（今河南中牟东北）一带筑垒固守。十二月，刘备反曹，与袁绍联系，打算合力攻曹，曹操于次年二月亲率精兵东击刘备，袁绍谋士田丰建议袁绍举军而袭其后，袁绍以幼子有病为辞拒绝。

建安五年（200年），袁绍派颜良进攻东郡太守刘延，曹操亲自率兵北上解白马（今河南滑县东）之围，斩颜良，继而杀文丑，顺利退回官渡，袁绍军锐气大挫。八月，袁军主力接近官渡，双方对峙。十月，袁绍谋士许攸投奔曹操，建议轻兵奇袭袁军屯粮地乌巢（今河南延津东南）。计划成功，袁军粮草全毁，军心动摇，内部分裂，袁绍仓皇退回河北。建安七年（202年），袁绍因兵败忧郁而死。袁绍宽雅有风度，喜怒不形于色，但刚愎自用，优柔寡断，不善识人，不接受谋士建议，因此失败。

袁绍墓在今新乡市卫滨区平原镇

张固城村南，临省道219（西外环），地理坐标为北纬35°16′47.76″，东经113°48′18.57″。该墓建于东汉末年。墓葬坐落于新焦铁路北侧，原有墓冢，南北长15米，宽5米，高1.5米，现已不存。曾出土石刻，云"汉袁绍墓"。

华佗

华佗，生年不详，卒于献帝建安十三年（208年），字元化，一名旉，沛国谯（今安徽亳州）人。古代著名医学家。

华佗早年求学，精通经学，沛国相陈珪荐为孝廉，太尉黄琬征召，没有赴职。通晓养生术，时人认为他年龄近百，但容貌健朗。精通医术，配药只需几种，熟悉剂量，不用称量，一抓即准。针灸不过一两处穴位，每处七八次，病即痊愈。手术时让病人喝麻沸散，病人丝毫不觉痛苦，且很快痊愈。

甘陵相夫人有孕，腹内疼痛，他诊脉后判定胎儿已死，并说如在左边即是男胎，果如其言。县吏尹世生病，华佗令吃热食发汗，并说若不出汗三天后去世，也正如其所断。府吏儿寻、李延头痛发热，病状相同，华佗诊断儿寻是外热应当通导，李延是内热应当发汗，开药亦不同，第二天两人即病愈。华佗见严昕，从面部判断他得了急病，严昕返回途中头晕摔下车，第二天即去世。诸如此类之事颇多，曹操患有头风病，听说后征召华佗扎膈俞穴，立即治好。

曹操得重病，华佗认为短时难以治愈，应长期治疗，后思乡心切返回家中，借口发妻病重不愿回来。曹操反复写信催促，华佗仍不愿意，曹操派人将其关押，最后拷打至死，享年六十余岁。华佗去世后，曹操头痛病没法除去，但他认为华佗是想借此抬高自己，即使不杀，华佗也不会除去他的病根。

华佗是我国古代著名的医学家，善用麻醉、针灸等法，精通内、外、妇、儿各科，诊断精确，用药精当，疗效明显，被誉为神医。华佗发明了麻沸散，开创麻醉药物之先河，首创全身麻醉法施行外科手术，被尊为外科鼻祖。著有医学著作《青囊经》，后失传。创出一套养生之术，名五禽之戏，一叫虎，二叫鹿，三叫熊，四叫猿，五叫鸟，可以除病。如身体不适，可做一禽之戏，全身微汗，再敷上粉，就会感到轻便。

华佗墓在今许昌市建安区苏桥镇石寨村西南，县道011可达，地理坐标为北纬34°07′17.06″，东经113°46′17.79″。该墓始建于东汉，为河南省文物保护单位。墓区临石梁河，地势平坦。现辟为华佗墓园，四周有仿古砖墙，园内建有华佗像及祭祀建筑。墓冢在园内后部，冢以砖围砌

华佗墓

成六角形,边长约 8 米,直径约 14 米,高约 4 米,面积约 360 平方米。前有清乾隆十七年(1752 年)立石碑一通,上书"汉神医华公墓"。许多医家、游人和求医百姓前来拜谒。

司马徽

司马徽，生年不详，卒于献帝建安十三年（208年），字德操，颍川阳翟（今河南禹州）人。东汉末年著名隐士。

《世说新语·言语篇》注引《司马徽别传》记载，人问其某人某事好坏，司马徽都说"好"，即有"好好先生"之名。名士庞德公擅长知人识人，称诸葛亮为卧龙、庞统为凤雏、司马徽为水镜，送司马徽号"水镜先生"。庞统二十岁左右时拜见司马徽，两人交谈一天一夜，司马徽称庞统是南州士人之翘楚，庞统因此声名渐显。其后向刘备推荐诸葛亮和庞统。建安十三年（208年）七月，曹操南征得司马徽，本想重用，可惜不久司马徽即病逝。

司马徽墓在今许昌市禹州市褚河镇余王行政村潘庄自然村东侧，县道013（贺神线）可达，地理坐标为北纬34°05′28.0″，东经113°32′54.0″。墓葬坐落于耕地之中，地势平坦。现冢已平，墓前原有石碑一通，刻有"汉司马徽先生之墓"，亦佚。

伏完

伏完，生年不详，卒于献帝建安十四年（209年），琅邪东武（今山东诸城）人。汉末大臣，献帝伏皇后之父，大司徒伏湛七世孙。

伏完性格深沉，颇有气度，袭爵不其侯。初举孝廉，不久迁五官中郎将，又官拜侍中。娶桓帝长女阳安长公主刘华为妻，生六子一女，即伏德、伏雅、伏后、伏均、伏尊、伏朗、伏寿。兴平二年（195年），伏寿被献帝立为皇后，伏完升执金吾。建安元年（196年），伏完官拜辅国将军，仪同三司。献帝迁许都后，曹操大权在握，独揽朝政，伏完奉上印绶，改拜中散大夫，迁屯骑校尉。

建安五年（200年），伏皇后给伏完写信诉说曹操暴行，令父亲秘密对付曹操，但伏完不敢举动。建安十四年（209年），伏完去世，子伏典嗣侯。建安十九年（214

伏完墓

年），伏皇后当日图谋泄露，曹操废杀伏寿及两皇子，伏皇后宗族百余人被杀，伏皇后母亲盈等十九人迁徙涿郡（治今河北涿州）。

伏完墓在今许昌市建安区张潘镇寨张村西刘庄村东，国道311可达，地理坐标为北纬34°00′01.1″，东经113°59′59.7″。该墓建于东汉，为许昌县（今许昌建安区）文物保护单位。墓葬坐落于耕地之中，地势平坦。墓冢近不规则圆形，直径约45米，高约5米。

马腾

马腾，生年不详，卒于献帝建安十七年（212年），字寿成，右扶风茂陵（今陕西兴平东北）人。东汉末年军事将领，军阀之一。

马腾年少时家贫，以砍柴为生，成年后身高八尺多，容貌雄伟，性格温厚。灵帝末年，羌氐反叛，马腾被召入伍，累建军功，由军从事因战功渐升至军司马。

灵帝中平四年（187年），马腾联合韩遂、王国合兵对抗汉朝，王国战败后，马腾、韩遂将其废掉，割据凉州（治今甘肃武威）。献帝初平三年（192年）到长安，封征西将军，屯郿地（今陕西眉县）。马腾因私事求于李傕，李傕不允，马腾一怒之下打算进攻李傕，韩遂劝解不成，遂与马腾一起进攻李傕。马腾、韩遂战败，退回凉州。李傕派人讲和，并封马腾为安狄将军。献帝兴平二年（195年），与韩遂结为异姓兄弟，二人势力最强。建安四年（199年），曹操派钟繇写信给马腾、韩遂，陈述利害关系，马腾、韩遂归顺了曹操，并各派自己的儿子作为人质。之后，马腾派儿子马超随钟繇讨伐袁绍的将领郭援，郭援被杀死，后马腾与韩遂反目，连年交战。曹操派钟繇前去劝和，封马腾为前将

马腾墓

军,假节,封槐里侯,屯槐里(今陕西兴平东南)。后来,马腾来到邺城,封为卫尉。建安十六年(211年),曹操攻打关右地区,马超等人起兵反抗,但被击败。第二年,马腾因此事被杀,夷灭三族。子马超,为蜀汉名将。

马腾墓在今许昌市建安区苏桥镇中许村,县道007可达,地理坐标为北纬34°08′57.0″,东经113°45′04.0″。该墓建于东汉,为许昌县(今许昌建安区)文物保护单位。墓葬坐落于村庄之中,四周均为民舍。墓冢呈不规则圆形,直径约16米,高约4米,占地面积约1000平方米。冢上密植松柏。

应玚

应玚，生年不详，卒于汉献帝建安二十二年（217年），字德琏，汝南南顿（今河南项城西）人。东汉文学家，"建安七子"之一。东汉经学家应劭之侄。

应玚与孔融、陈琳、王粲、徐干、阮瑀、刘桢并称"建安七子"。曹操曾征为丞相府掾属，后为五官中郎将文学，曹丕称其"才学足以著书"。献帝建安二十二年（217年），应玚去世。原有文集，今佚，明人辑《应德琏集》。应玚处汉、魏乱世，对百姓苦难深感同情，作品《灵河赋》《愍骥赋》《撰征赋》等对此都有深刻反映。诗歌亦见长。

应玚墓在今周口市项城市高寺镇王冢子行政村北，国道106可达，地理坐标为北纬33°14′20.15″，东经114°52′48.85″。该墓建于东汉。墓葬坐落于汾河南岸，西距高丘寺1000米。原冢高大，现已不存。

贾诩

贾诩，生于汉桓帝建和元年（147年），卒于魏文帝黄初四年（223年），字文和，武威姑臧（今甘肃武威）人。曹魏谋士。

贾诩年少时默默无闻，但也有人认为他有张良、陈平的才能。初举孝廉，任郎官，因病辞官。董卓进入洛阳，贾诩以太尉掾为平津都尉，后升讨虏校尉，在董卓的女婿牛辅军中任职。献帝初平三年（192年），董卓失败，牛辅被杀，李傕、郭汜等打算解散回乡。贾诩制止，建议他们不要分散兵力，而是会集兵力进攻长安，后为左冯翊，拜尚书，再拜光禄大夫。兴平二年（195年），李傕、郭汜、樊稠共把朝权，互相猜忌，贾诩为宣义将军，每次都劝大家以大局为重，维持稳定。皇帝离开长安，贾诩便上还印绶，投靠同郡将军段煨，但段煨怕他夺自己的兵权，贾诩心中不安。

张绣时在南阳，贾诩暗中联系，投奔张绣。曹操出兵攻击张绣后退回，张绣不听贾诩阻拦率兵追击，大败而归；贾诩此时又让张绣追击，张绣不解，但却获胜而归，张绣非常信服。曹操与袁绍在官渡交战，袁绍招请张绣，贾诩反对，并抢先答复使者说："袁绍同袁术算是兄弟呢，也不能相容，难道会容下天下能人？"使者走后，贾诩向张绣分析天下形势和曹操优势，劝张绣归顺曹操，张绣听从。曹操见了贾诩，高兴地握着他的手说："是你让我的德信远扬天下。"从此，贾诩成了曹操身边不可或缺的一名谋士。灭袁绍、破马超，他连献妙计。曹操上表推举贾诩为执金吾，封都亭侯，升冀州牧，任司空参军。袁绍围攻，贾诩告诉曹操等待时机可一举而定，后袁军大败，黄河以北平定，贾诩迁太中大夫。建安十三年（208年），曹操不听贾诩劝阻顺江东下，最终失利。曹操在渭南同韩遂、马超作战，贾诩建议曹操答应马超等人割地讲和的条件，又离间韩遂、马超，最终获胜。

魏国太子未定，曹丕求教，贾诩告诉他要崇大德、威器度，致力功业，勤奋不息，不违人子之理，曹丕听从。曹操也曾单独询问贾诩立太子一事，贾诩先是默不作声，曹操追问，他才说："我正在思考袁本初、刘景升父子（两人都是因废长立庶而致乱败）呀！"曹操大笑，曹丕得立。贾诩自知非曹操旧臣，担心受人猜疑，因此总是小心谨慎，平时深居简出，不私交官门，儿女婚娶不攀附高第。

魏文帝曹丕即位，贾诩为太尉，进封魏寿乡侯，增三百户封邑，共八百户。文帝想出兵攻打吴、蜀，询问贾诩孰先孰后，贾诩反对使用武力，认为应先以文治国，再以武力定天下，文帝不纳，发动江陵战役攻吴，以失败而止。黄初四年（223年），贾诩去世，享年七十七岁，谥肃侯。子贾穆嗣位。

贾诩墓在今许昌市建安区尚集镇岗朱村，国道220可达，地理坐标为北纬34°08′14.3″，东经113°52′15.6″。该墓建于曹魏时期，为许昌县（今许昌建安区）文物保护单位。墓葬坐落于耕地之中，地势平坦。原面积约3000平方米，冢高10米，现已近平。

张仲景

张仲景，约生于桓帝和平元年（150年），约卒于献帝建安二十四年（219年），名机，字仲景，南阳郡（治今河南南阳）人。东汉著名医学家，后世称其为"医圣"。

张仲景出身没落官宦家庭，自幼好学，灵帝时举孝廉，后官至长沙太守。他嗜好医学，喜读医书，崇拜扁鹊，同乡何颙曾说："君用思精而韵不高，后将为良医。"（《太平御览·方术部·医二》）拜宗族张伯祖为师，尽得其传，何颙赞叹仲景之术精于伯祖。张仲景勤求古训，博采众方，"上以疗君亲之疾，下以救贫贱之厄，中以保身长全，以养其生"（《伤寒杂病论》）。

他注重医学理论，躬行实践，医德高尚，批判一些医生不认真钻研医术，墨守成规，粗枝大叶，指责他们按寸不及尺，握手不及足。张仲景任长沙太守时，伤寒病人较多，他就在公堂上为人诊治，弃官还乡后在家乡为民治病，时人称神医。侍中王仲宣患病，张仲景开五石汤，王仲宣却没有服用，二十年后他的眉毛脱落，然后不久即去世，全如张仲景所言。桓帝染寒疾，召张仲景调治，用药一剂即愈。皇帝打算留为侍中，张仲景见朝政日非，便说："君疾可愈，国病难医。"遂隐于少室山。

张仲景著有《伤寒杂病论》，共十六卷，集理、法、方、药于一身，据伤寒发热病起始发展过程及病邪侵害脏腑经络的程度，结合患者内在正气盛衰，开辨证论治之先河，形成独特的中国医学思想体系，对推动中国古代医学发展具有重大作用，被奉为"医经"，一直是学习中医必读的经典著作。后分为《伤寒论》和《金匮玉函要略方》。《伤寒论》论述伤寒之类急性传染病，计十卷，二十二篇，三百九十七法，一百一十三方；《金匮玉函要略方》论内、外、妇、儿等科疾病，计六卷，一百三十九条，二百六十二方。除《伤寒杂病论》，张仲景还著有《辨伤寒》十卷、《评病药方》一卷、《疗妇人方》二卷、《五脏论》一卷、《口齿论》一卷，惜已散失不存。

张仲景是中医辨证论治理论的奠基人，强调运用多种诊断方法，从复杂病情中掌握疾病发生、发展、变化的普遍性、特殊性，做出正确诊断，在辨证的基础上达到治疗目的。他提出"八纲"理论，即以阴、阳、表、里、寒、热、虚、实为纲，诊断方法应用四诊，即望、闻、问、切。这些理论和方法，至今仍被应用。

他还被称为方剂学之祖，大胆创新，因症立法，以法系方，丰富方剂种类。在《伤寒论》和《金匮玉函要略方》中，收录数百个药方，药物配伍精练，主治明确，当时江南一些名医都保存有他的医方。同时对民间针刺、灸烙、温熨、药摩、坐药、洗浴、润导、浸足、灌耳、吹耳、舌下含药、人工呼吸等治法，他也一一加以研究。

他反对谶纬迷信和巫祝，坚持无神论，认为致病的原因无非三条：一是经络受邪，侵入肺腑；二是四肢九窍血脉相传，壅塞不通；三是房事、金刃、虫兽所伤。这些都与天命鬼神无关。他重视疾病预防，主张治未病，对潜伏的慢性病做到早发现早治疗。他认为是否发病与人体能否适应外界环境及气候变化有关系，如能保持体内正气旺盛畅达，外邪不易侵入体内，就不会生病。

张仲景重视生药选择洗剔，重视药物炮制。先把药物粉碎，以便于煎煮和有效成分提取，炮制方法有炮、炙、烧、炼、熬、熏、煮等。在温病学方面，提出温病有新感和伏气之分，最早提出温病症状和忌用辛温法治疗。在针灸方面，记载许多针灸治疗内容，包括针刺和灸刺两方面。

他的医学思想和医术得到时人和后人认可，南北朝名医陶弘景曾言："惟张仲景一部，最为众方之祖。"唐代名医孙思邈称赞说："至于仲景特有神功，寻思旨趣，莫测其致，所以医人，未能赞仰。"清代，更尊其为"医圣"。其医学思想和医术对亚洲各国，如日本、朝鲜、越南、蒙古等都有影响。日本历史上曾有专宗张仲景的古方派，时至今日，日本中医界还喜欢用他的医方。

张仲景墓

张仲景墓在今南阳市宛城区东关街道，临仲景南路、医圣街，地理坐标为北纬33°00′01.7″，东经112°32′53.6″。该墓始建于东汉，为全国重点文物保护单位。现已辟为医圣祠，包括山门、大殿、前殿、中殿、墓园等。墓冢坐北朝南，为方形仿汉砖石结构。墓基为青石砌成，基上由汉砖砌成阶梯形，最顶放一青石雕莲花台，墓四角各嵌入一青石雕羊头。冢高约2米，底径3.5米。上有歇山顶亭子。墓旁有晋咸和五年（330年）《汉长沙太守医圣张仲景墓》碑一通，清顺治十三年（1656年）《东汉长沙太守医圣张仲景墓》碑一通。医圣祠为张仲景纪念地，集文物保护、中医文献收藏、文博陈列展览、民众祭祀纪念为一体，每年举行祭祀活动，场面盛大。

应劭

应劭,生卒年不详,字仲远,汝南南顿(今河南项城西)人。东汉官吏。

应劭年少时专心好学,博览多闻,灵帝时举为孝廉,召为车骑将军何苗掾吏。灵帝中平二年(185年),羌胡等联合东侵三辅,应劭力主招募陇西羌胡勇士抵御,反对用鲜卑士兵,朝廷同意。中平三年(186年),应劭在考核中成绩优异,受到朝廷嘉奖。中平六年(189年),应劭拜泰山太守。献帝初平二年(191年),黄巾军进入郡界,应劭率文武官员作战,斩首数千人,获俘万余人,郡内安宁。兴平元年(194年),前太尉曹嵩和儿子曹德入境,被徐州牧陶谦杀死,应劭惧怕,弃郡投冀州牧袁绍。后死于邺城(今河北临漳西南)。

应劭重视法治,坚决捍卫法律的尊严,抨击以情代法。应劭曾删定律令作《汉仪》,于建安元年(196年)上奏,献帝赞赏。建安二年(197年),为袁绍军谋校尉。献帝时迁都许(今河南许昌),慨叹旧章湮没,应劭缀集所闻,删定律令,著《汉官仪》,凡朝廷制度、百官典式,多依应劭所立。著有《状人纪》《中汉辑序》《风俗通》《汉书集解音义》等。

应劭墓在今周口市项城市南顿镇上头村西南,国道106可达,地理坐标为北纬33°26′03.3″,东经114°49′11.2″。该墓建于东汉,为项城市文物保护单位。原有三冢,现仅存一冢,可能为应劭之墓。冢高近7米,直径约11米。

应劭墓

毛玠

毛玠，生卒年不详，字孝先，陈留平丘（今河南封丘东）人。汉末官吏，清廉正直。

毛玠年轻时为县吏，清廉公正，后打算去荆州避乱，途中听说刘表政令不明，便前往鲁阳（今河南鲁山）。献帝初平三年（192年），曹操任兖州牧，征召毛玠为治中从事。毛玠建议曹操遵奉天子，以天子名义号令地方诸侯，并发展农业生产，积储军用物资，以成霸业，曹操采纳，升其为幕府功曹。

曹操任司空、丞相，毛玠任东曹掾，同崔琰主持选拔官员。他坚持选用清廉正直之士，品行不端、不守本分者即使名声显著，也不得推举。他力持俭朴，为人表率，天下士子都以清廉自勉，地位尊贵、深受恩宠的大臣车马服饰也不敢超出限度，深得曹操赞许。曹丕任五官中郎将时拜访毛玠，委托他为自己的亲信升官，毛玠坚辞拒绝。后毛玠升为右军师。

献帝建安二十一年（216年），曹操被封为魏王，魏国建立，毛玠任尚书仆射，曾秘密向曹操进谏："袁绍因嫡庶不分，造成宗族覆灭、国家灭亡。"群臣讨论立储，毛玠借口离开，曹操赞其敢于直谏。后崔琰被迫自杀，毛玠不满，口出怨言，被人告发，曹操虽没有杀毛玠，但罢免了他的官职。后来毛玠逝于家中。曹操赐棺器、钱帛，拜其子毛机为郎中。毛玠位高权重，却常粗衣淡食，抚养早孤侄儿，得到赏赐即施舍贫穷族人，家无余财。

毛玠墓在今许昌市建安区五女店镇毛王村南，国道311可达，地理坐标为北纬34°01′49.0″，东经114°01′07.0″。该墓建于东汉，为许昌县（今许昌建安区）文物保护单位。墓葬坐落于村南高岗上，四周均为耕地。墓葬占地约700平方米，墓冢已不存。

夏侯渊

夏侯渊，生年不详，卒于献帝建安二十四年（219年），字妙才，沛国谯（今安徽亳州）人。曹魏大将。

夏侯渊随曹操起兵，任别部司马、骑都尉，升陈留、颍川太守。建安五年（200年），以督军校尉参加官渡之战，后督兖、豫、徐州军粮，保障供给，军威复振。建安六年（201年），昌豨反叛，夏侯渊与张辽合军围攻，昌豨投降。建安十一年（206年），昌豨复叛，夏侯渊与于禁合力攻击，昌豨再降，夏侯渊拜典军校尉。黄巾军徐和、司马俱等部攻城略地，夏侯渊率兵斩杀徐和，平定诸县，夺其军粮。建安十四年（209年），随曹操征孙权，在赤壁被孙刘联军击败后，督诸将击破庐江叛将雷绪。

建安十六年（211年），以征西护军督徐晃等攻太原平定商曜之乱，屠太原城。率兵出河东随曹操出征，在渭南大败马超。建安十七年（212年），行护军将军督朱灵、路招等镇守长安（今陕西西安西北），率军击降南山刘雄。同年秋率兵征伐马超、韩遂余党梁兴，将其斩杀，因功封为博昌亭侯。建安十九年（214年）春，马超包围祁山，夏侯渊出兵援救，亲自督粮在后，马超战败退走汉中。

进攻韩遂，追至略阳（今陕西汉中），夏侯渊亲率精兵轻装疾进，纵火攻焚羌屯，斩获甚众，韩遂率兵回救，夏侯渊下令击鼓冲锋，一举击溃韩遂，乘胜攻破高平等地，授指挥军队符节。讨伐独霸枹罕（今甘肃临夏）的宋建，攻破城池，斩杀宋建。招降河西羌族各部，陇右平定。

建安二十年（215年）七月，曹操率夏侯渊攻降张鲁，夏侯渊升为都护将军。曹操回师时，拜夏侯渊为征西将军，留守汉中。建安二十一年（216年），增食邑三百户，前后共八百户。建安二十三年（218年），刘备亲率大军北征，进军至阳平关（今陕西汉中宁强县阳平关镇），夏侯渊、张郃、徐晃等率军阻击，两军相持。建安二十四年（219年）正月，刘备迁回到定军山（今陕西勉县南），伺机歼敌，夏侯渊率兵争夺，被讨虏将军黄忠斩杀。

夏侯渊用兵神速，作战勇猛，屡建功勋，重视后勤保障，常亲督粮运，作战获胜后也首先取粮，但谋略稍逊，曹操常告诫他："为将当有怯弱时，不可但恃勇也。

夏侯渊墓

将当以勇为本，行之以智计；但知任勇，一匹夫敌耳。"（《三国志·魏书·夏侯渊传》）最终夏侯渊果然恃勇而亡。谥愍侯。

夏侯渊墓在今许昌市建安区河街乡贺庄村北，省道220可达，地理坐标为北纬34°04′24.0″，东经113°45′54.0″。该墓建于东汉，为许昌市文物保护单位。墓葬坐落于一处油库院内。墓冢呈椭圆形，东西长约50米，南北长约40米，高约10米。土冢上树木密植，四周以砖墙围护。

夏侯惇

夏侯惇，生年不详，卒于献帝建安二十五年（220年），字元让，沛国谯（今安徽亳州）人。曹魏大将。

夏侯惇年少时以勇闻名，后随曹操讨伐黄巾军，任裨将。献帝初平元年（190年），讨董卓时夏侯惇为司马，随曹操到扬州（治今安徽寿县）募兵，后屯兵白马，升折冲校尉，领东郡太守。初平四年（193年），曹操征陶谦，留夏侯惇守濮阳（治今河南濮阳西南）。张邈叛迎吕布，夏侯惇出走鄄城（今山东鄄城），途中被伪降的吕布军劫持，随即释放。攻击吕布，被流矢射伤左目，败北而回，复领陈留、济阴太守，任建武将军，封高安乡侯。

建安元年（196年），夏侯惇任河南尹，出兵援助刘备，失败而回。建安五年（200年），曹操与袁绍交战，夏侯惇率部防守敖仓，掩护大军左侧。建安七年（202年），进攻驻守新野的刘备，刘备退却，夏侯惇与于禁追击，被刘备伏兵所败。建安九年（204年），任伏波将军，受权便宜从事。建安二十年（215年），夏侯惇讨伐汉中张鲁，后督二十六军，与曹仁、张辽等屯兵居巢（今安徽巢湖），防卫孙权。建安二十四年（219年），夏侯惇拜前将军，督各军还寿春（今安徽寿县），徙屯召陵（今河南漯河召陵区）。

建安二十五年（220年），曹操病故，曹丕继位，封夏侯惇为大将军。是年四月，夏侯惇去世，曹丕穿素服到邺城东城门发丧，谥忠侯。魏明帝青龙元年（233年），与曹仁、程昱配飨曹操庙庭。

夏侯惇墓在今许昌市建安区河街乡贺庄村北，省道220可达，地理坐标为北纬34°04′26.0″，东经113°46′24.0″。墓冢现已不存。

钟繇

钟繇,生于汉桓帝元嘉元年(151年),卒于魏明帝太和四年(230年),字元常,颍川长社(今河南长葛东)人。汉魏大臣,著名书法家。

钟繇年少时即聪明好学,后被举荐为孝廉,任尚书郎、阳陵(治今陕西咸阳东北)县令,又任黄门侍郎。李傕、郭汜作乱,钟繇和尚书郎韩斌谋划,设法使皇帝得以离开长安,曹操迎驾于许都(今河南许昌),钟繇护驾有功,任御史中丞,升侍中、尚书仆射,封东武亭侯。马腾、韩遂据关中,曹操命钟繇以侍中领司隶校尉,写信给马腾、韩遂等人,说服马腾等人归顺朝廷。

曹操在官渡与袁绍相持,钟繇派人送两千匹马到曹军前线,曹操将其比作萧何。钟繇与袁尚部郭援作战,趁其渡河时攻击,斩杀郭援。河东叛乱,钟繇又将他们击溃,钟繇将关中民众迁至洛阳,招纳逃亡叛离者,几年内人口逐渐增加。曹操征讨关中,钟繇为前军师,后任大理,迁相国。再后因西曹掾魏讽谋反,钟繇受到株连而被罢免官职。

曹丕继王位,再任大理。曹丕称帝后,改廷尉,封崇高乡侯,升太尉,转平阳乡侯。明帝即位,晋定陵侯,增封邑五百户,共一千八百户,后升太傅。太和四年(230年),钟繇去世,享年八十岁。明帝穿素服吊唁,谥成侯。子钟毓承嗣。正始四年(243年),配飨曹操庙庭。

钟繇闻名于后世,最重要的是由于他的书法。他是我国著名书法家,创立了真书、楷书,为我国古代书法艺术的发展作出了突出贡献。他师从曹喜、刘德升、蔡邕三人,博采诸家之长而又独具特色。相传其为得到蔡邕学习书法的"笔法",向珍藏"笔法"的韦诞苦苦哀求,韦诞不肯,钟繇竟昏了过去,待韦诞死后,他令人掘其墓才看到"笔法"。当时流行汉隶,书写不便,钟繇加以改造,最终形成楷书。《贺克捷表》是他为祝贺曹操出战胜利而作,被称为"备尽法度,为正书之祖";《荐季直表》是写给魏文帝的表奏,自然流畅,功力深厚;其他还有《上尊号奏》《宣示表》等。钟繇与其后的王羲之被后人并成为"钟王"。

钟繇墓在今许昌市长葛市长兴路街道田庄村南,省道325可达,地理坐标为北纬34°14′48.0″,东经113°47′13.0″。该

钟繇墓

墓建于曹魏时期,为长葛市文物保护单位。现辟为钟繇陵苑,墓冢在苑内东北角,近圆形,直径约12米,高约3米。前有现代立墓碑一通。常有书法爱好者前来参观、拜谒。

曹操

曹操，生于桓帝永寿元年（155年），卒于献帝建安二十五年（220年），字孟德，又名吉利，小字阿瞒，沛国谯（今安徽亳州）人。西汉开国功臣曹参之后，祖父曹腾为宦官，父曹嵩为曹腾的养子。东汉末重臣，曹魏政权奠基人，著名政治家、军事家、文学家、书法家。

曹操年少时机敏有谋略，任侠放荡，不治德行、学业，但梁国人桥玄、南阳人何颙认为他有雄才大略，名士许子将称其"治世之能臣，乱世之奸雄"。二十岁举孝廉，任郎官，后任洛阳北部尉，不畏权贵，处死宦官蹇硕的叔父，令权贵侧目。升顿丘（治今河南清丰西南）县令，召入任议郎。灵帝中平元年（184年），黄巾军起义，曹操任骑都尉讨伐颍川农民军，升济南国相，罢免贪官，禁绝淫祀，打击奸盗，百姓称颂，但权贵嫉妒，曹操愤而辞职。中平五年（188年），为典军校尉。

董卓进京，曹操变卖家产，募集义军，准备征讨。献帝初平元年（190年）正月，各路诸侯起兵，曹操任奋武将军领兵西进，与董卓部将徐荣激战失败后，同夏侯惇等去扬州募兵，进驻河内郡。初平二年（191年），袁绍上奏举荐曹操为东郡太守，第二年春驻军顿丘。青州黄巾军攻入兖州，济北国相鲍信等请曹操任兖州牧，进攻黄巾军，得降兵三十多万，收编精锐组建青州兵。初平四年（193年），曹操攻打袁术部将刘详、徐州牧陶谦，克城池多座。兴平元年（194年），征讨陶谦，攻取颇多。献帝兴平二年（195年），攻克定陶，十月封兖州牧，兖州平定。

建安元年（196年）正月，曹操迎接献帝，封建德将军，升镇东将军，封费亭侯。七月，曹操到洛阳，保卫京都，统领诸军，领尚书事。迁都许县（今河南许昌），任大将军，封武平侯，后将大将军职让于袁绍，任司空，代车骑将军，实行屯田制。建安二年（197年），曹操讨伐张绣失败，击败袁术部将桥蕤等，战胜刘表部将邓济。建安三年（198年），曹操战胜刘表、张绣联军，活捉吕布、陈宫。

建安四年（199年），曹操派史涣、曹仁攻眭固，得胜回师敖仓。派刘备、朱灵到下邳拦阻袁术，刘备驻守沛县。建安五年（200年），曹操亲征刘备获胜，关羽投降。袁绍派兵攻打东郡太守刘延，曹

曹操高陵

操北上救援，白马之围得解，回师官渡与袁绍对峙数月，采纳袁绍谋士许攸计策，以奇兵火烧乌巢粮草，获官渡之战胜利，创造了历史上著名的以少胜多的战例。建安六年（201年），曹操再次击败袁军，南征刘备，刘备逃奔刘表。建安七年（202年），曹操进攻袁氏兄弟，屡战屡胜，第二年袁谭、袁尚逃走。

建安九年（204年），曹操占领邺城，兼任冀州牧，收回被袁谭攻占的郡县。建安十年（205年），袁谭被斩首，袁尚等投奔乌丸。建安十一年（206年）正月，曹操亲征袁绍外甥高干，将其斩首。建安十二年（207年），曹操大封功臣，二十多人封列侯，其余论功行赏。然后，北征三郡乌丸，大胜，辽东太守公孙康把袁尚、袁熙等人斩首。建安十三年（208年），曹操任丞相，基本平定北方后，发兵征讨刘表与孙权，赤壁交战失利，形成三足鼎立的局面。

建安十六年（211年）正月，世子曹丕做五官中郎将。马超与韩遂等人反叛，曹军进攻大胜，韩遂、马超等人逃到凉州，关中平定。建安十七年（212年）正月，曹操回到邺城，规定朝拜时赞礼官不必点名唱礼，入朝可不小步快走，可以穿靴、佩剑。建安十八年（213年），曹操被封为魏公。建安十九年（214年），曹操位升诸侯王之上，授金印章、红绶带和远游冠。建安二十年（215年），西征张鲁，张鲁投降。建安二十一年（216年），加封魏王，所享礼制逐步增加，渐渐接近天子。

曹操是杰出的政治家、军事家、文学

家、书法家，三国曹魏政权的缔造者。他消灭多方势力，统一中国北方，恢复经济生产和社会秩序，奠定曹魏立国基础。实行屯田，兴修水利，恢复农业，增加粮食生产。用人唯才，打破世族门第观念，抑制豪强，加强集权。精于兵法，著《孙子略解》《兵书接要》《孟德新书》等。散文清峻整洁，开创建安文学风骨。善诗歌，今存二十多篇。其中，有抒发抱负的，如《龟虽寿》云"老骥伏枥，志在千里。烈士暮年，壮心不已"；有描写大海景象的，如《观沧海》云"秋风萧瑟，洪波涌起。日月之行，若出其中；星汉灿烂，若出其里"，其气势磅礴，格调豪放；有反映人民苦难的，如《蒿里行》云"铠甲生虮虱，万姓以死亡。白骨露于野，千里无鸡鸣。生民百遗一，念之断人肠"；有表达求贤若渴、广纳人才、以成大志心情的，如《短歌行》云"山不厌高，海不厌深。周公吐哺，天下归心"。其他文章文字质朴，流畅率真。擅长书法，尤工章草，书作"金花细落，遍地玲珑；荆玉分辉，瑶岩璀璨"，笔墨雄浑，雄逸绝伦。曹操在生活方面雅性节俭，不好华丽。建安二十五年（220年）正月，曹操到洛阳，二十三日去世，享年六十六岁，谥武王，葬高陵。遗令节俭，不封不树，敛以时服。子曹丕称帝后，上庙号太祖，尊武皇帝，因此称魏武帝。

曹操高陵在今安阳市殷都区安丰乡西高穴村西，国道107可达，地理坐标为北纬36°14′48.0″，东经114°15′33.0″。该陵建于东汉，为全国重点文物保护单位。2009年经考古发掘，现原址保护。墓葬平面呈甲字形，为多室砖室墓，坐西向东，由墓道、护墙、墓门、封门墙、甬道、墓室和侧室组成，全长近60米。出土有金器、银器、铜器、铁器、玉器、骨器、漆器、瓷器、釉陶器、陶器、石器等，可复原文物约400件。有反映墓主人身份的铭牌和铁甲、剑、徽，以及时代特征明显的铁帐架构件等。另外，还有铜带钩、鎏金盖弓帽和大量的云母片及陶器残片等。

关羽

关羽,生年不详,卒于献帝建安二十五年(220年),本字长生,后改云长,河东解(今山西临猗西南)人。三国蜀汉著名军事将领,被后世誉为"武圣"。

关羽因战乱逃亡到涿郡(治今河北涿州),逢刘备召集兵马攻打黄巾军,关羽和张飞即跟随刘备。刘备任平原国相,关羽、张飞为别部司马,三人同睡一床,亲如兄弟。刘备袭击徐州杀死刺史车胄,即令关羽镇守下邳(治今江苏睢宁北),代行太守职务。

献帝建安五年(200年),曹操东征徐州,擒获关羽,任为偏将军。袁绍派颜良进攻东郡太守刘延,曹操派张辽和关羽为先锋进击,关羽远远望见颜良帅旗车盖,策马上前刺杀颜良于军中,将其首级割下返回。曹操上奏朝廷封关羽为汉寿亭侯,赏赐厚重,关羽将所赐钱物全部封裹,留下书信,径直赶往袁绍军营投奔刘备。

关羽随刘备依附刘表,刘表死后,刘备准备南渡长江,派关羽率数百艘船走水路,约定在江陵(今湖北荆州)会师。曹操追击,刘备恰遇关羽船队,一同赶到夏口(今湖北汉口)。孙权派兵协助刘备打败曹操,曹操退归北方,刘备乘胜占江南数郡,任关羽为襄阳太守、荡寇将军,驻军江北。平定益州后,关羽掌荆州(治今湖南常德东北)。

关羽听说马超归降,给诸葛亮写信询问马超武艺、才干谁人可比,诸葛亮知其气傲心高,回信说马孟起不及美髯公,关羽十分高兴,把信交给宾客幕僚传阅。关羽蓄长须,所以诸葛亮称他美髯公。他曾被毒矢射中,阴雨天疼痛,须刮去骨上毒素才能彻底除患,他便将医生请到帐中,自己一边与众将士饮酒进餐,一边治疗,臂上鲜血淋漓,仍割肉把酒,谈笑自若。

建安二十四年(219年),刘备自立汉中王,关羽为前将军,受节钺。同年,率军攻打曹仁,曹操派于禁救援,关羽便以水淹于禁军,并生擒于禁,于禁投降,后又斩杀魏国将军庞德,声震华夏。曹操派人劝说孙权派兵袭击关羽,以解曹仁之围。当初孙权打算与关羽结亲,关羽辱骂东吴来使,孙权十分恼恨。南郡(治今湖北荆州)太守糜芳、将军士仁怨恨关羽轻视,而且关羽曾说要惩处他们,二人恐惧不安,孙权暗中派人诱降糜芳和士仁,曹

关羽墓

操又派徐晃率军救援，关羽只好退兵。

孙权派吕蒙袭击，伏精兵于舳舻之中，使白衣摇橹，作商贾服，后占据江陵，俘获关羽将士的妻儿老小。关羽军队溃散，孙权派部将堵击，在临沮（今湖北南漳）斩杀关羽及其子关平，关羽享年约六十岁。孙权惧怕刘备报复，遂将关羽首级送给曹操，打算嫁祸于他，曹操识破并以诸侯礼将关羽首级葬于洛阳，建庙祭祀。孙权则将关羽身躯以诸侯礼葬于当阳（今湖北当阳），即关陵，也称当阳大王冢。景耀三年（260年）九月，蜀汉后主追谥壮缪侯，子关兴承爵。明万历三十三年（1605年）敕封"三界伏魔大帝神威远镇关圣帝君"，清顺治五年（1648年）敕封"忠义神武关圣大帝"。关羽称万人之敌、骁勇之将，追随刘备，虽然被擒但不忘旧主，重情守义，显国士之风，然他刚而自矜，恃气骄功，好勇而谋略不足，终因此而败。

关羽墓在今洛阳市洛龙区关林街道关林村，临关林路、关圣街，地理坐标为北纬34°36′36.22″，东经112°28′39.12″。该墓建于明清时期，为全国重点文物保护单位。明万历年间，在汉庙旧址重又建庙、植松，清乾隆时扩建，康熙五年（1666年）敕封"忠义神武关圣大帝林"，始称关林。关林总面积约百亩，古柏苍苍，环境幽寂。关林前为祠庙，后为墓冢，主要建筑均在中轴线上，依次为舞楼、大门、仪门、甬道、拜殿、大殿、二殿、三殿、石坊、八角亭，最后为关冢。碑亭内立石碑一通，碑额篆书"敕封碑记"，碑刻"忠义神武灵佑仁勇威显关圣大帝林"。关冢建于八角形台基之上，周围以条砖砌成八角形围墙，每边长约22米，直径52米，高约5米。每天都有大批游人前来参观、祭拜。

杜畿

杜畿，生于汉桓帝延熹六年（163年），卒于魏文帝黄初五年（224年），字伯侯，京兆杜陵（今陕西西安东南）人。汉魏官吏、将领。

杜畿幼年父母双亡，遭继母虐待，他却以孝顺出名。二十岁时在郡中任功曹，后任郑县（今陕西华县）县令，县狱关押数百人，亲自审问，一一定案，颇有主见。举孝廉，任汉中府丞，后弃官旅居荆州。献帝建安年间，杜畿带着继母灵柩返回故乡，荀彧将其推荐给曹操，任司空司直，升护羌校尉，持节领西郡太守。高干在并州反叛，杜畿改河东太守，朝廷大兵赶到，高干战败。

杜畿推行宽松治理政策，让百姓休养生息。有人争讼，亲自陈说大义，让他们认真思索，乡邑父老责备诉讼之人，官司日益减少。免除孝子、贞妇、顺孙家徭役，并经常慰问勉励。督促百姓养牛和牝马，百姓勤劳耕作，丰衣足食。冬天装备戎装，讲习武艺。开设学宫，讲授儒家经典。韩遂、马超叛变，弘农郡、冯翊郡很多县邑起兵，唯河东郡没有二心。曹操西征，军粮全赖河东，敌人被打败，郡中储粮尚剩二十多万斛，曹操给杜畿增加俸禄到二千石。曹操征伐汉中，河东郡五千民夫互相勉励不能辜负太守，没有一人逃走。

魏国建立，杜畿为尚书，仍留在河东郡。曹丕即王位，赐关内侯，召拜尚书。文帝即位，封杜畿丰乐亭侯，食邑百户，为司隶校尉。文帝伐吴，杜畿为尚书仆射，留朝掌管。文帝去许昌，仍命杜畿留守。黄初五年（224年），杜畿奉命制造御楼船，在陶河试航，遇大风沉没而亡，享年六十二岁。文帝哭泣，追赠太仆，谥戴侯。子杜恕承袭爵位。

杜畿墓在今洛阳市宜阳县柳泉镇花庄村北，省道323（八官线）可达，地理坐标为北纬34°31′35.53″，东经112°03′39.44″。该墓建于曹魏时期，为宜阳县文物保护单位。墓葬坐落于山脉南麓坡地，地势较低。墓冢原高约7米，周长20余米，现已不存。

张辽

张辽，生于汉灵帝建宁二年（169年），卒于魏文帝黄初三年（222年），字文远，雁门马邑（今山西朔州）人。汉魏将领。

张辽年少时在郡里当差，后从并州刺史丁原为从事，带兵至洛阳后到河北募兵，得千余人，尽归董卓。董卓死后，归属吕布，迁骑都尉。吕布为李傕所败，从吕布东奔至兖州，为曹操所败后至徐州。献帝建安二年（197年）领鲁相，时年二十九岁。建安三年（198年），吕布遣张辽与高顺等攻打刘备，其后曹操破吕布于下邳，张辽率部众归降，拜中郎将，赐关内侯，因战功累迁裨将军。建安五年（200年），曹操命张辽与关羽解白马之围，镇治鲁国诸县。建安六年（201年），张辽与夏侯渊围困昌豨，成功劝降。

建安七年（202年），张辽随曹操讨伐袁谭、袁尚，拜中坚将军。建安八年（203年），曹操令张辽与乐进攻拔阴安，将民众迁至河南。建安九年（204年），张辽奉命巡视赵国、常山，招降缘山一带乱众，后攻袁谭。建安十年（205年），张辽受命巡抚海滨一带，征破营州刺史柳毅。张辽回邺城时，曹操出门迎接，与张辽共乘一车，封为荡寇将军。建安十一年（206年），张辽进击荆州，平定江夏诸县，封都亭侯，时年三十八岁。第二年从征袁尚，引军突击，大破敌兵，亲斩单于蹋顿。

建安十三年（208年），张辽屯军长社（今河南长葛东），第二年卢江人陈兰、梅成叛乱，张辽督领张郃、牛盖讨伐陈、梅，终斩陈兰、梅成，尽虏其众，因功增食邑，假节。建安十八年（213年），张辽与臧霸同为前锋，攻破孙权军营，擒孙权都督公孙阳。建安二十年（215年），孙权进围合肥，张辽披甲持戟，直冲敌阵，孙权将士望风披靡，无人敢挡，当时张辽已四十七岁，曹操对其大加赞扬，拜为征东将军。建安二十二年（217年），张辽屯居巢，建安二十四年（219年）还屯陈郡（治今河南淮阳）。

魏文帝黄初元年（220年），张辽转拜前将军，还屯合肥，进都乡侯，又封晋阳侯，增邑千户，共二千六百户。黄初三年（222年），张辽还屯雍丘（今河南杞县），染病，曹丕亲临探视，赐御衣，送御食。后与曹休临江驻防，破吴将吕范。不久病重，逝于江都（治今江苏扬州），

张辽墓

享年五十四岁。曹丕流涕，谥刚侯，子张虎嗣爵。齐王正始四年（243年），得享从祀曹操庙庭。

张辽是三国名将，一生征战无算，对曹操忠心不贰，为曹操统一北方立下汗马功劳，深得曹操信任。他英勇有谋略，带兵讲义气，每次攻战，常常亲自擂鼓助威，不知疲倦，因此无坚不摧。带领军队出征，抚众以和，奉令无犯，当敌制决，靡有遗失。

张辽墓在今许昌市长葛市董村镇张湾村西南约200米，省道220转村间公路可达，地理坐标为北纬34°17′50.85″，东经113°55′27.01″。该墓建于曹魏时期，为长葛市文物保护单位。墓葬坐落于耕地之中，四周为农田，地势平坦。墓冢近圆形，直径约22米，高5米，占地面积约500平方米。墓冢上植有柏树。

杨修

杨修，生于灵帝熹平四年（175年），卒于献帝建安二十四年（219年），字德祖，弘农华阴（今陕西华阴东南）人。东汉末文学家。

杨修才思敏捷，灵巧机智，极富学问，建安年举孝廉，除郎中。后任曹操谋士，官居主簿，掌典领文书，总知内外，事事满意，人人争相与其交好。杨修和贾逵、王凌同为主簿，与曹操儿子、临淄侯曹植为朋友。曹植与杨修多次书信往来，因骄纵而被曹操疏远后仍连缀不止。

杨修和丁仪兄弟打算拥立曹植为太子，曹丕深以为患，用车载朝歌长吴质相见商议对策。杨修向曹操告发，曹丕采纳吴质计策，在车中装载绢布，曹操派人搜查，不见车中有人，曹操对杨修起疑。曹操造后花园，在园门上写"活"字，杨修说门内添"活"字乃"阔"字，丞相嫌园门太大，曹操知道后心生忌讳。有人送曹操奶酥，曹操写"一合酥"，杨修见后即让大家分吃，曹操问时，杨修从容回答："盒上明明写'一人一口酥'，岂敢违丞相之命？"曹操喜笑，但心中妒忌。

曹操出兵汉中被困，进退两难，心中犹豫，在部将请定夜间口令时随口回答"鸡肋"，杨修即让军士收拾行装准备归程。夏侯惇问何故，杨修说："夫鸡肋，食之则无所得，弃之则又可惜，公归计决矣。"（《后汉书·杨震列传》）曹操大怒，以制造谣言、扰乱军心将他处斩，终年四十五岁。也有载，曹操派曹丕和曹植各从一门出城，但暗中命令不得打开城门，曹丕见不能出去即返回。杨修告诉曹植假借曹操命令出城，若士兵不听，可立斩守门之人，此事被人告发，他以交结王子被赐死。也有分析称杨修为袁术外甥，曹操为防后患，因此寻事将他杀死。

杨修才华出众，学识超群，处事敏捷，军国多事，总知外内，事皆称意。但他恃才放旷，言行无忌，预事不周，恣意妄行，有称其"渝我淳则"，即改变了淳厚的道德礼仪规范。杨修是著名文学家，著作颇丰，有赋、颂、碑、赞、诗、哀辞、表、记、书等，今存作品数篇，其中有《答临淄侯笺》《节游赋》《神女赋》《孔雀赋》等。

杨修墓在今三门峡市灵宝市豫灵镇北寨村西，国道310、县道319可达，地理坐标为北纬34°35′00.6″，东经110°23′00.8″。

该墓建于东汉时期，为灵宝市文物保护单位。墓葬坐落于古道北侧，东临玉溪涧，东北为绝崖，西是平原。墓冢原高约2米，周长20米，后遭破坏。

郗虑

郗虑，生卒年不详，字鸿豫，又名郄虑，山阳高平（今山东邹城）人。汉末大臣。

郗虑年少时受业于郑玄，建安初年为侍中。建安十三年（208年），以侍中守光禄勋持节策免司徒赵温。献帝曾问孔融："鸿豫何所优长？"孔融回答："可与适道，未可与权。"郗虑回答："融昔宰北海，政散民流，其权安在也！"（《三国志·魏书·武帝纪》）二人互揭长短，以致不睦。是年，郗虑为御史大夫，弹劾孔融，孔融被免，继而构罪下狱而死。

建安十八年（213年），献帝令郗虑持节策命曹操为魏公。第二年，曹操逼迫皇帝废掉伏皇后，郗虑持节策诏，让皇后交出玺绶，皇帝无奈："郗公，天下宁有是邪！"（《三国志·魏书·武帝纪》）约在建安二十五年至二十七年（220—222年），郗虑被免职。

郗虑墓在今许昌市建安区张潘镇郗庄村西，国道311、省道237转村间公路可达，地理坐标为北纬34°01′13.31″，东经114°01′53.66″。该墓建于东汉，为许昌县（今许昌建安区）文物保护单位。墓葬临村庄耕地，四周种植树木，地势平坦，南与张潘故城相望。墓冢高3.5米，周长100米，占地900平方米。

郗虑墓

徐晃

徐晃，生年不详，卒于魏明帝太和元年（227年），字公明，河东杨（今山西洪洞东南）人。汉魏将领。

徐晃曾在郡中为吏，后随车骑将军杨奉讨贼有功，任骑都尉。李傕、郭汜叛乱长安，徐晃劝说杨奉陪同皇帝回洛阳，途中封为都亭侯。到洛阳后，徐晃劝杨奉归顺曹操，杨奉听从后又反悔，曹操讨伐，徐晃便投奔曹操。领兵出战获胜，升裨将军，征吕布时迫使吕布将领赵庶、李邹等投降，同史涣斩眭固，随曹操破刘备，败颜良、文丑，任偏将军。徐晃同曹洪攻打祝臂，与史涣攻打袁绍粮队，因功封都亭侯。曹操破邯郸，徐晃劝易阳县令韩范投降，又单独率兵讨伐毛城，随曹操击败袁谭，平定平原郡。后又随曹操征剿蹋顿，封为横野将军，再随曹操讨伐荆州，屯扎樊城，与满宠征讨关羽，与曹仁攻击周瑜。

建安十五年（210年），徐晃统兵讨伐太原郡叛军，拔取城池，杀敌帅商曜。韩遂、马超谋反，徐晃屯驻汾阴安抚河东郡，率骑兵、步兵四千击退敌将梁兴，曹操大军得以渡河，打败马超，后又斩杀梁兴，三千多户投降。徐晃随曹操讨伐张鲁，征伐氐族，对方投降，升平寇将军。徐晃与夏侯渊防御刘备，大破刘备陈式部，协助曹仁讨伐关羽，将关羽击退，曹操传令表扬。徐晃整顿部队返回，曹操出城七里迎接，设宴庆祝。徐晃一生随曹操征战无数，深受曹操信任。在樊城、襄阳战役中，曹操表扬徐晃说："徐将军的奇功，真要超过孙武、司马穰苴这些名将了。"在攻取荆州后，曹操感叹道："徐将军真是具有周亚夫之风啊！"

曹丕即王位，封右将军，晋逯乡侯。曹丕即皇帝位，晋杨侯，同夏侯尚讨伐刘备获胜。镇守阳平关（属今陕西宁强），封阳平侯。明帝即位，在襄阳抵御吴将诸葛瑾，增加食邑二百户，共三千一百户。太和元年（227年），徐晃去世，谥壮侯，子徐盖承袭。

徐晃小心谨慎、作风简朴，垂危时嘱以常服收殓。尽心建功效力，始终不多交朋友。作战风格和战术思想较为独特，多是做出注定失败、无力取胜的模样，待机进攻后则穷追不舍，争取实利，将士常常顾不上吃饭。每战有功，很少请赏，时有言"不得饷，属徐晃"。他自言有幸遇到

徐晃墓

明主，应当建功回报，不能追求个人私利和名誉。终其一生，均为曹魏统一北方而战，战功赫赫，可见其品质之可贵，终成曹魏政权开国元勋和中国古代著名将领。

徐晃墓在今许昌市建安区张潘镇城角徐村，省道 237 可达，地理坐标为北纬 34°00′43.9″，东经 114°02′27.2″。该墓建于曹魏时期，为许昌县（今许昌建安区）文物保护单位。墓葬坐落于耕地之中，地势平坦。墓冢近圆形，直径约 15 米，高约 3 米，占地约 70 平方米。

许褚

许褚,生卒年不详,字仲康,谯郡谯县(今安徽亳州)人。汉魏军事将领,以勇力见长。

许褚身高八尺多,腰阔十围,相貌雄伟,颇有勇力。汉末,聚集当地青年和宗族几千家,筑壁垒抵抗贼寇。盗贼劫掠,他倒拽牛尾走百余步,强盗大惊逃跑,周围各郡亦因此惧怕他。献帝建安二年(197年),许褚率部众归顺曹操,任都尉。建安三年(198年),随曹操讨伐张绣,率先登城,杀敌无数,升校尉。官渡之战,谋士徐他等人阴谋反叛,被许褚觉察杀死,曹操对他更加信任,出入同行,不离左右。后许褚随曹操包围邺县,奋力战斗,赐关内侯。建安十六年(211年),讨伐韩遂、马超渡黄河时,马超追来,箭矢如雨,许褚拼死护卫曹操,勉强渡到对岸。两军开战,曹军击溃马超,许褚任武卫中郎将。

许褚力大如虎,但并不聪明,因此军中称其"虎痴"。但他谨慎守法,沉默寡言,深得曹操爱惜,后升中坚将军。黄初元年(220年)曹操去世,许褚痛哭吐血。曹丕即皇帝位,封许褚为万年亭侯,升武卫将军,总督中军宿卫禁兵。太和元年(227年),明帝即位,封牟乡侯,食邑七百户,赐一子关内侯。许褚去世后,谥壮侯,子许仪承袭。

许褚墓在今焦作市武陟县龙源街道西仲许村,临黄河大道和沁河路,地理坐标为北纬35°06′27.22″,东经113°24′16.57″。墓葬原占地650平方米,有石羊3件,现墓冢已平,无迹可寻。

曹休

曹休，生年不详，卒于魏明帝太和二年（228年），字文烈。东汉、曹魏著名将领，曹操族子。

幼时天下大乱，十余岁时父亲去世，随母亲到吴地避难，被吴郡太守收留。献帝中平六年（189年），曹操举兵讨伐董卓，曹休投奔曹操，与曹丕同食同住，后随曹操四处征战，曾任虎豹骑宿卫。建安二十三年（218年），刘备起兵攻汉中，吴兰攻击下辨（今甘肃成县西），曹休任骑都尉，为主帅曹洪参军，一同进军征讨，击破吴兰。建安二十四年（219年），曹操亲征汉中不胜，曹休退至长安，授中领军。

黄初元年（220年），曹丕称帝，曹休升领军将军，封东阳亭侯。大将军夏侯惇去世，曹休为镇南将军，假节都督诸军事，接替夏侯惇驻汝南郡召陵（今河南漯河召陵区），抵御孙权。率军击破历阳，烧掉吴军芜湖军营，迁征东将军，兼领扬州刺史，进安阳乡侯。母亲去世，曹休悲痛不已，饮食不进，告假返乡葬母。黄初三年（222年），曹丕兵分三路讨伐孙权，曹休为征东大将军，假黄钺，斩杀吴军数千，取得大捷，拜扬州牧，屯驻东南边境防止东吴进犯。

黄初七年（226年），曹丕驾崩，曹休与镇军大将军陈群、中军大将军曹真、抚军大将军司马懿四人受遗诏辅政。明帝即位，进长平侯。吴将审德屯驻皖城（今安徽潜山），曹休将其击破，斩杀审德，增邑四百户，迁大司马，都督扬州如故。太和二年（228年），东吴鄱阳太守周鲂诈降，曹休贸然而进，遭遇袭击溃不成军，明帝派人抚慰，优加恩赏，曹休惭愧，背部痈发，不久去世，谥壮侯，子曹肇继嗣。后配祀于曹操庙庭。

曹休墓在今洛阳市孟津县送庄镇三十里铺村东南，省道238可达，地理坐标为北纬34°46′28.29″，东经112°35′45.91″。墓葬坐落于大汉冢东汉帝陵陵园东侧，朱仓东汉帝陵陵园西侧，连霍高速公路南侧。经考古发掘，墓为砖券多室墓，由墓道、甬道、耳室、前室、后室、北侧室、南双侧室等部分组成，东西长50.6米，南北宽21.1米。出土有陶器、铜器、铁器、金银器等，后室出土铜印，篆书白文"曹休"二字。

汉献帝刘协

汉献帝刘协，生于灵帝光和四年（181年），卒于魏明帝青龙二年（234年），字伯和，又字合。汉朝末位皇帝，189—220年在位，年号永汉、中平、初平、兴平、建安、延康，谥孝献。灵帝第三子，母王美人。

幼年时，母王美人被何皇后杀死，灵帝怕他受到暗害，将他交给董太后抚养。灵帝认为何皇后子刘辩轻佻无威仪，董太后也数劝灵帝立刘协为太子，因此，灵帝想传位于刘协，但犹豫不决。189年，灵帝驾崩，宦官蹇硕打算诛杀何皇后弟、大将军何进，然后立刘协为帝，没有成功，刘辩在何进与何皇后支持下即位，刘协为渤海王，不久转陈留王。

何进被十常侍谋杀，袁绍等入宫诛杀宦官，刘协与少帝刘辩被宦官张让和段圭劫持出宫，后被尚书卢植、河南中部掾闵贡救出。回宫途中遇到董卓，少帝语无伦次，刘协讲述事情清楚，董卓认为刘协贤能，且自己与董太后同族，遂有废立之意。董卓控制朝政后，废少帝，立九岁的刘协为帝，鸩杀何太后，挟天子以令诸侯。关东诸侯起兵讨伐，董卓火烧洛阳城，挟刘协迁都长安（今陕西西安西北）。

初平三年（192年），王允和吕布刺杀董卓后把持朝政，不久李傕等击败吕布，占领长安，杀死王允，控制东汉政权。兴平元年（194年），三辅大旱，谷价颇贵，刘协令侍御史侯汶出太仓米、豆煮粥救济，怀疑他侵占公粮，派人取米、豆煮粥实验，证实侯汶作弊，之后饥民终得救济。兴平二年（195年），刘协趁李傕、郭汜内讧之际逃出长安，在杨奉、董承等护卫下进驻安邑（今山西夏县）。次年，兖州牧曹操迎刘协入洛阳，曹操"奉天子以令不臣"，迫刘协迁都于许（今河南许昌），改称许都。

建安五年（200年），刘协不满曹操大权独揽，暗下衣带诏，令董贵人父亲、车骑将军董承诛杀曹操，事情败露，董承等人被杀。伏皇后写信给父亲伏完，尽数曹操残暴不仁之事，望伏完效仿董承铲除权臣，但伏完未敢行动。建安十九年（214年），计谋败露，伏皇后被幽闭而死，两位皇子被毒杀，伏氏宗族百余人被处死。建安二十年（215年），曹操威逼献帝立其女为皇后。

建安二十五年（220年），魏王曹操

汉献帝禅陵

去世，子曹丕继王位，献帝被迫禅让，自为山阳公，曹皇后为山阳公夫人，仍用天子礼乐。时盛传刘协被杀，刘备以汉室宗亲即皇帝位，建蜀汉，追谥刘协孝愍皇帝，之后孙权也称帝，天下三分。魏明帝青龙二年（234年），刘协去世，享年五十四岁。明帝以素服发丧，以汉天子礼葬禅陵。

汉献帝禅陵在今焦作市修武县七贤镇古汉村西南约250米，省道233可达，地理坐标为北纬35°21′51″，东经113°26′10″。该陵始建于曹魏时期，为全国重点文物保护单位。墓冢坐落于耕地之中，地势平坦。墓冢近方形，长约75米，宽约45米，高约4米，周长约250米。陵前有享堂3间，清代碑3通，其中有清乾隆五十二年（1787年）墓碑一通，上书"汉献帝陵寝"。旁有当年守陵人用的禅陵井。墓冢中部被取土破坏，周植松柏等树木。

和洽

和洽，生卒年不详，字阳士，汝南西平（今河南西平）人。汉、魏大臣，为官清廉。

和洽曾被举孝廉，又受大将军征召，均未任职。袁绍派人到汝南迎接士大夫，多数人欣然前往，和洽认为袁绍结局未必圆满，便与亲朋归附荆州刘表，刘表待以上宾。曹操平定荆州后，任和洽为丞相掾属，和洽在选人方面，注重才能。魏国建立，和洽任侍中，有人诬陷毛玠诽谤曹操，和洽坚持查明是非，据实惩处，后任郎中令。

曹丕称帝，任光禄勋，封安城亭侯。明帝即位，封西陵乡侯，食邑两百户。太和年间，上书建议停止或减省繁重劳役及其他多余杂务，补充军队储备，筹划必胜之策。后任太常。他为官清廉，注重操守，没有多余积蓄，卖掉田宅方勉强自给。去世后谥简侯，长子和离继爵。

和洽墓在今驻马店市西平县出山镇铁方岗村西北300米，省道331可达，地理坐标为北纬33°16′12.2″，东经113°41′51.5″。该墓建于曹魏时期，为西平县文物保护单位。和洽墓与和峤墓同称"和家坟"。墓葬坐落于耕地之中，西距任三楼水库200米，南距前庄400米。墓冢南北长16米，东西宽15米，高2米，面积约240平方米。

和洽墓

魏晋南北朝时期

司马懿

司马懿，生于汉灵帝光和二年（179年），卒于魏齐王嘉平三年（251年），字仲达，河内温县孝敬里（今河南温县招贤镇）人。父京兆尹司马防。曹魏著名政治家、军事家，西晋时追封宣皇帝。

司马懿年少有奇节，聪明有谋略，博学而多闻，潜心儒学。汉末大乱，常叹气忧患天下，献帝建安六年（201年）任上计掾。曹操为丞相，召为文学掾，后迁黄门侍郎，转议郎、丞相东曹属，不久转主簿，随军讨伐张鲁、孙权。魏国建立，迁太子中庶子，常有奇策，为太子倚重，迁军司马，建议曹操务农积谷。关羽在樊城（今湖北襄阳樊城区）围困曹仁，曹操打算迁都河北，司马懿劝阻，并建议利用孙权牵制关羽，解樊城之围。曾向曹操建议扩大军屯规模。建安二十五年（220年），曹操去世，司马懿统领丧事，奉灵柩回邺安葬。

曹丕袭王位，封河津亭侯，转丞相长史。文帝即皇帝位，以司马懿为尚书，不久转督军、御史中丞，封安国乡侯。黄初二年（221年）迁侍中、尚书右仆射。黄初五年（224年）留镇许都，封向乡侯，转抚军、假节，领兵五千，加给事中、录尚书事。黄初六年（225年），文帝征吴，司马懿留守都城。文帝病重，司马懿与曹真、陈群等受命辅助少主。明帝即位，封舞阳侯，孙权进攻，司马懿督率诸军讨伐获胜，迁骠骑将军。太和元年（227年），屯兵于宛（今河南南阳），加都督荆、豫二州诸军事。蜀将孟达降魏，后又反悔，司马懿得知后，出其不意，进兵讨伐，仅用十六天时间擒斩孟达。

司马懿鼓励农桑，禁止浪费，百姓归附。建议采取宽松政策，以使百姓安乐，并提出攻打吴国对策，明帝认可。太和四年（230年）迁大将军，加大都督、假黄钺，与曹真一起伐蜀，遇大雨回师。第二年，诸葛亮进军天水，司马懿屯军长安，都督雍、梁军事，统领车骑将军张郃、后将军费曜、征蜀护军戴凌、雍州刺史郭淮等讨伐诸葛亮，大破蜀军，俘获斩首数以万计。

青龙元年（233年），开凿成国渠，筑临晋陂，灌田数千顷。青龙二年（234年），诸葛亮率十余万大军再次北伐，司马懿节度征蜀护军秦朗待敌，两军接战，诸葛亮不得前进，回到五丈原。司马懿派奇兵抄袭，大胜。此后诸葛亮多次挑战，司马懿不出，以待其变。诸葛亮派人给司马懿送来"巾帼妇人之饰"，嘲笑司马懿像妇人一样，打算以此激怒司马懿，迫使他出战，但他仍不出战，两军对垒百余日，诸葛亮病死，蜀军撤退，司马懿出兵追击。青龙三年（235年），迁太尉，多次增加封地，击退蜀将马岱，赈济关东（函谷关以东地区）饥荒。辽东太守公孙渊谋反，魏明帝派司马懿率四万大军征讨。景初二年（238年），进军辽东，司马懿采取声东击西之计，三战三胜，最终杀死公孙渊，增封昆阳食邑。

景初三年（239年），齐王曹芳即帝位，司马懿与大将军曹爽辅助少主，升侍中，持节，都督中外诸军事，录尚书事，后为太傅，入殿不趋走，参拜天子不提己名，可带剑穿履上殿。正始元年（240年），司马懿增加封邑，上奏停止修建宫室，节省费用。正始二年（241年），督率诸军南征，吴军溃逃，增封食邑郾、临颍，功德日盛，却更加谦恭。常告诫子弟们说："盛满是道家所忌，春夏秋冬尚且往返推移，吾又有何德能居此高位。减损再减损，或可免于祸啊！"正始四年（243年），督率诸军进击诸葛恪，诸葛恪弃城而逃，司马懿在这一地区大兴屯田守边，开凿淮阳、百尺二渠，又在颍水南北筑堤成陂，得田万余顷，此后淮北富庶。正始六年（245年），司马懿朝会时可乘轿上殿。

正始八年（247年），曹爽独揽朝政，司马懿无法制止，声称有病，不与朝政。曹爽、何晏等人遂生篡夺君位之心，司马懿也暗中准备，引起曹爽怀疑。司马懿假

东冢

北冢

南冢

装病重，曹爽得报深信不疑，对司马懿不再戒备。司马懿表面装病，实际上暗中布置，准备消灭曹爽势力。

嘉平元年（249年），齐王曹芳拜祭明帝高平陵，曹爽兄弟随从，司马懿趁机奏请永宁太后废黜他们，让司徒高柔统领曹爽原兵营，太仆王观统领原曹羲兵营。司马懿亲率太尉蒋济等出迎天子，并向天子禀奏经过。司马懿以谋反的罪名诛杀曹爽及其党羽，并灭其三族，但对曹爽门下人物特别宽大处理。同年，曹芳任命司马懿为丞相，增邑达八县、二万户，十二月朝会时不下拜。嘉平二年（250年），在洛阳立庙，司马懿固辞，丞相、郡公之位不变。嘉平三年（251年），司马懿逼杀意图谋反的太尉王凌，将魏室王公集中于邺城。是年司马懿去世，享年七十三岁，齐王着孝服吊丧，葬仪比霍光，追赠相国、郡公，葬于河阴，谥文贞，后改谥文宣。晋国初建，追尊为宣王。晋武帝即位后，尊宣皇帝，陵墓称高原，庙号为高祖。

司马懿是三国曹魏时期杰出的政治家、军事家，西晋王朝的奠基人，魏国四代托孤辅政重臣，"在朝则匡赞时俗，百僚仪一；临事则戎昭果毅，折冲厌难"（《全三国文·魏》）。多次劝谏魏明帝罢修宫室，节用务农，识拔人才，推广屯田，兴修水利。他聪亮明允，与诸葛亮对阵多年，使蜀汉北伐无功而返。与曹爽斗智，善于藏锋，麻痹对方，最后诛杀曹爽，独揽朝纲，为西晋王朝建立奠定了基础。

司马懿墓在今焦作市温县番田镇三陵村西，省道238、省道253均从村庄附近经过。现有三冢，传为司马懿及其儿子司马师、司马昭之墓，或为司马懿祖茔。该墓建于曹魏时期，为温县文物保护单位。墓地紧临村庄和农田，地势平坦。墓冢呈品字形排列，基本为圆形，墓冢高大。东冢直径约24米，高约4米，占地面积约80平方米。地理坐标为北纬34°59′07″，东经112°52′21″。北冢直径约28米，高约7米，占地面积约110平方米。地理坐标为北纬34°59′07″，东经112°52′18″。南冢直径约36米，高约7米，占地面积约250平方米。地理坐标为北纬34°59′05″，东经112°52′18″。南侧为现代公墓。

程秉

程秉，生卒年不详，字德枢，汝南南顿（今河南项城西）人。三国时吴国官员、儒士。

程秉从经学大师郑玄研究经学，后避战乱至交州（治今广东广州），与经学家、训诂学家刘熙探讨经学大义，能博通"五经"。交趾太守士燮聘为长史。孙权闻其乃当时名儒，即以厚礼聘为太子太傅，后任太常，颇得孙权厚遇。黄武四年（225年），孙权为子孙登娶亲，程秉迎亲，孙权亲自登上程秉的船，可见孙权对他的尊重和礼遇。程秉又教诲孙登"尊礼教于闺房，存周南之所咏，则道化隆于上，颂声作于下矣"（《三国志·吴书·程秉传》），孙登笑着接受。后程秉因病去世，著有《周易摘》《尚书驳》《论语弼》，计三万多字。

程秉墓在今周口市项城市南顿镇东风村司老街村北，国道106可达，地理坐标为北纬33°25′59.02″，东经114°50′24.93″。墓葬坐落于耕地之中，四周为农田，地势平坦，今地表无迹。

王祥

王祥，生于汉灵帝中平元年（185年），卒于晋武帝泰始五年（269年），字休征，西晋琅邪临沂（今山东临沂北）人。魏晋大臣，以"卧冰求鲤"闻名，为"二十四孝"之一。

王祥生性至孝，亲母早死，继母朱氏多次在父亲面前诋毁他，父亲因此不喜欢他，经常让他打扫牛圈。父母有病，他日夜伺候，不脱衣睡觉，汤药先尝。据传母亲想吃鲜鱼，当时天寒地冻，王祥脱下衣服准备砸冰捕鱼，冰忽然融化，跳出两条鲤鱼；母亲对王祥说想吃烤黄雀，即有数十只黄雀飞进帷幕，乡亲们惊奇，认为是他的孝心感动了天地。

汉末，天下大乱，王祥带着母亲和弟弟王览到庐江（今安徽合肥）避乱，隐居三十多年。徐州刺史吕虔召他任别驾，时已年近七十，盗寇横行，他率领士兵讨伐，一一击破，州内清静，政令教化推行。后荐举为秀才，任温令，多次升迁至大司农。

王祥墓

高贵乡公曹髦即位，因参与制定国策有功，封关内侯，拜光禄勋，转司隶校尉。参与讨伐毌丘俭，增封四百户，迁太常，封万岁亭侯。高贵乡公曹髦被杀，王祥痛哭，不久拜司空，转太尉，加侍中，后封睢陵侯，食邑一千六百户。

司马炎即帝位，王祥拜太保，晋公爵，因年老多次请求退职，武帝不许，并下诏有司不得议论。王祥坚持辞官，武帝同意以睢陵公退居府第，地位同太保太傅一样，俸禄赏赐同前，并厚加赏赐。王祥病重时，写遗嘱训诫子弟，坚持薄葬。泰始五年（269年），王祥去世，享年八十五岁，时人叹其清达至极。皇帝赐棺椁、朝服、钱、布帛等，第二年谥元。有五子，名王肇、王夏、王馥、王烈、王芬。王祥后世为江南望族，名人辈出。

王祥墓在今郑州市荥阳市高村乡高村东南约500米，省道232可到达，地理坐标为北纬34°52′52″，东经113°22′34″。该墓建于西晋，为荥阳市文物保护单位。墓葬坐落于耕地之中，地势平坦，视野开阔。墓南侧约100米处为运粮河，传为王祥卧冰之处，今河水已断。土冢近圆角方形，边长32～40米，高约6米。墓前原有一碑，刻王祥卧冰故事，冢上原有墓塔，现均已佚。

曹彰

曹彰，生年不详，卒于魏文帝黄初四年（223年），字子文，沛国谯（今安徽亳州）人。曹魏武将，曹操与卞氏所生次子。

曹彰年少时擅长射箭驾驭，体力过人，徒手格斗猛兽，没有丝毫胆怯，数次跟随其父出征，斗志慷慨。曹操曾对他说："汝不念读书慕圣道，而好乘汗马击剑，此一夫之用，何足贵也！"曹彰对左右说："丈夫一为卫、霍，将十万骑驰沙漠，驱戎狄，立功建号耳，何能作博士邪？"曹彰"好为将"，认为应当"被坚执锐，临难不顾，为士卒先；赏必行，罚必信"（《三国志·魏书·任城陈萧王传》）。

献帝建安二十年（215年），封鄢陵侯。建安二十三年（218年），代郡乌桓造反，曹彰为北中郎将，行骁骑将军，北征至涿郡，胡兵数千骑突然赶到，曹彰兵马未集，固守要害，待敌兵退散时率兵追击，大破胡兵，北方遂平。曹操东还，以曹彰为越骑将军，留守长安。

曹彰墓

曹丕即王位，曹彰与诸侯就国。文帝黄初二年（221年），曹彰晋公爵，第二年封任城王。黄初四年（223年），曹彰奉命进京朝觐，后去世。谥威，赐銮辂、龙旂，虎贲百人。子楷嗣位，徙封中牟。

曹彰墓在今许昌市鄢陵县城北约1.5公里安陵镇鄢汴公路东侧，省道219可达，地理坐标为北纬34°07′02.83″，东经114°11′32.52″。该墓建于曹魏时期。墓葬南、北、东三面皆农田，俗称"三里冢"。墓冢近圆形，直径约9米。墓冢北边有庙。

曹植

曹植，生于汉献帝初平三年（192年），卒于魏明帝太和六年（232年），字子建，沛国谯（今安徽亳州）人，出生于东郡（今河南淮阳）。曹操之子，母卞氏。著名文学家。

曹植十几岁时已诵读《诗经》《论语》及辞赋，擅长作文。铜雀台建成，曹操让诸子登台作赋，他起笔立成，内容可观。曹植性格简约，不治威仪，车马服饰不求华丽，受曹操宠爱。建安十六年（211年），曹植封平原侯，建安十九年（214年）改封临淄侯，时年二十三岁。曹操征孙权，曹植留守邺县，尽心尽责。

曹植因才受宠，曹操几次欲立其为太子，但他行事任性，不知掩饰，饮酒过度，终被曹操所弃，而立曹丕为太子。尤其是在建安二十二年（217年），他在曹操外出期间，借着酒兴私自坐着王室的车马，擅开王宫大门司马门，在只有帝王举行典礼才能行走的禁道上纵情驰骋，一直游乐到金门。曹操大怒，处死了掌管王室车马的公车令。从此加重对诸侯的法规禁令，曹植也因此事而日渐失去曹操的信任和宠爱。杨修与曹植交好，曹操寻机杀死杨修，曹植更加不安。建安二十四年（219年），曹仁被关羽围困，曹操命曹植任南中郎将前去解救，但被曹丕故意灌醉，因误事而被曹操罢职。

曹丕即王位，诛杀依附曹植的丁仪、丁讷，逼曹植七步成诗："煮豆持作羹，漉菽以为汁。萁在釜下燃，豆在釜中泣。本自同根生，相煎何太急？"（《初潭集·兄弟》）曹丕感动，赦免曹植，令其回到封国。黄初二年（221年），谒者灌均上奏，称曹植醉酒傲慢，曹植被降为安乡侯，改鄄城侯。黄初三年（222年），曹植被封为鄄城王，食邑二千五百户，黄初四年（223年）封雍丘王。

明帝太和元年（227年），曹植改封浚仪（今河南开封），第二年回到雍丘（今河南杞县），慨叹才能不得施展，上疏请求试用。太和三年（229年）封东阿王，太和五年（231年）再次上疏，明帝回诏。第二年朝见，二月封陈王，食邑三千五百户，但无法与明帝单独见面，也没机会试用，郁郁寡欢。太和六年（232年），曹植因病去世，终年四十一岁。遗嘱简葬，葬鱼山，谥思，后世称陈思王。景初年间，明帝下令销毁奏陈曹植的罪状,记录曹植撰写的赋、颂、诗、铭、杂论一百多篇,制成副本,收藏在府内外。

曹植人称绣虎,早期诗作多为歌唱理想、抱负,情感上比较乐观、浪漫,后期表达由理想和现实的矛盾所激起的悲愤,既有"哀而不伤"的庄雅,又蕴含窈窕深邃的奇谲,既继承汉乐府反映现实的笔力,又保留温丽悲远的情调。同时,他的诗作亦有自己鲜明独特的风格,完成了乐府民歌向文人诗的转变。写有许多反映贵族生活的作品,如《公宴》《斗鸡》等。《泰山梁甫行》《送应氏》等反映了他对战乱社会现实的了解,《薤露行》《白马篇》等体现了他建功立业的抱负。《吁嗟篇》以蓬草象征自己四处飘荡,屡被迁徙;《赠白马王彪》中有"捐躯赴国难,视死忽如归"名句,以激进语言表达内心强烈的不满;《杂诗》直接叙述报国志向与报国无门的哀怨。他在《杂诗·南国有佳人》这首诗中写道:"南国有佳人,容华若桃李。朝游江北岸,夕宿潇湘沚。时俗薄朱颜,谁为发皓齿?俯仰岁将暮,荣耀难久恃。"将自己比作南国佳人,命运多舛。《仙人篇》《五游咏》《游仙诗》等描绘了神仙世界,是他理想世界的反映。散文、辞赋如《与杨祖德书》,评述当时著名文人,倾吐自己抱负。《求自试表》是呈奏明帝要求任用的作品,极富情感。《洛神赋》写于黄初三年(222年),是他的代表作品,虚构自己在洛水遇神女的故事,描写男女情感,为后人称颂。

曹植墓在今开封市通许县长智镇后七步村,邢长线可达,地理坐标为北纬34°29′55.61″,东经114°34′56.23″。该墓建于曹魏时期,为河南省文物保护单位。墓葬坐落于村庄之中,南邻七步村小学。墓冢呈圆形,直径约10米,高3.4米,面积约480平方米。原有祠,后被毁。存明万历八年(1580年)《通许县创建陈思王陵祠记》碑。

曹植墓

杜恕

杜恕，生年不详，卒于魏齐王嘉平四年（252年），字务伯，京兆杜陵（今陕西西安东南）人。曹魏大臣。父杜畿，子杜预。

年少时与冯翊李丰都以父荫任职，两人关系较好。成年后李丰砥砺名行，获世人称誉，而杜恕放纵不拘，我行我素，不合时宜，居家自若。明帝时，杜恕拜为散骑侍郎，数月后转补黄门侍郎，给事于宫门内。他不结朋党，专心公事，政事每有得失，都据引纲纪说理，得侍中辛毗器重。后出任弘农太守，数年后任赵国相，因病离职。复起任河东太守，一年余迁淮北都督护军，又因病离职。

杜恕为官务存大体，对官民惠爱，深得百姓欢心。不久任御史中丞，不能融入朝中风气，出任幽州刺史，加建威将军，使持节，护乌丸校尉。鲜卑首领的儿子带领几十人马，没有经由关口擅自来到州城，州里杀死了其中一名鲜卑人，却没有上报。征北将军程喜弹劾，杜恕按律当斩，因其父杜畿为国事有功，得以减刑，贬为庶人，流放章武郡（治今河北大城）。杜恕著有《体论》八篇，又作《兴性论》一篇。嘉平四年（252年），杜恕在章武去世。

杜恕墓在今洛阳市宜阳县柳泉镇花庄村北，省道323（八官线）可达，地理坐标为北纬34°31′35.53″，东经112°03′39.44″。该墓建于曹魏时期，为宜阳县文物保护单位。墓葬坐落于山脉南麓坡地，地势较低。墓冢原高约7米，周长20余米，现已不存。

山涛

山涛，生于汉献帝建安十年（205年），卒于晋武帝太康四年（283年），字巨源，河内怀（今河南武陟西南）人。古代著名散文家，"竹林七贤"之一。

山涛早年丧父，家中贫困，年少时即有器量，独立不群。喜好《庄子》《老子》，常隐居掩饰自己，与嵇康、吕安交好，后遇阮籍，常在竹林中游乐，成为莫逆之交。魏齐王正始五年（244年），年四十时步入仕途，历任郡主簿、功曹、上计掾，又举孝廉，征召为河南从事。司马懿杀死曹爽后，山涛归隐不问世事。司马师举为秀才，授郎中，后转骠骑将军王昶从事中郎，很久以后拜赵国相。景元二年（261年）迁尚书吏部郎，后迁大将军从事中郎。司马昭西征，后方事务全部委托于山涛，行军司马职务，率亲兵五百镇守邺城（今河北临漳西南）。

魏元帝咸熙初年，山涛被封为新沓子。因谏立司马炎有功，备受武帝器重。武帝即位，任大鸿胪。泰始初年，加奉车都尉，晋新沓伯，出任冀州（治今河北临漳西南）刺史，加宁远将军。选拔隐逸之士，查访贤人，表彰三十余人，后都显名于世，受到百姓士人推崇，当地风俗为之一变。转北中郎将，督邺城守备事务，后入京为侍中，迁尚书。又转任北中郎将，督邺城守备事。后入朝为侍中，迁尚书。因母亲年老请求辞职，武帝下诏说："您虽然想要奉养老母，然而职务有上下公私之分，家中早晚有人侍奉医药，您应当暂割情爱，以兴一心在公之德。"山涛决心辞官，表疏上了几十次，武帝最终答应了他的要求，授议郎衔返回府第。武帝因山涛清贫俭约，无力供养家人，特别供给每日膳食，加赐床帐被褥。礼遇厚重，当时没有人能与他相比。

山涛后被任命为太常卿，因疾病没有就职。适逢母亲去世，于是返回乡里。当时，山涛已年过六十，守丧超过常礼，亲自背土堆坟，亲手种植松柏。武帝下诏任命山涛为吏部尚书，山涛以母丧身病为由辞让，表章情意恳切。后为诏命所逼迫，勉强就职。他积极举荐人才，前后荐拔的人遍及京师和州郡，都是有用的人才。咸宁初年转太子少傅，加散骑常侍，又授尚书仆射，加侍中，领吏部。逢缺时做好备选，根据皇帝诏旨倾向，再明言上奏，荐拔的人物列名成册，时称"山公启事"。

太康初年，山涛迁右仆射，加光禄大夫、侍中，掌选如故，因年老身病多次告退，皇帝不许。拜山涛为司徒，并下令其不准再上章表辞职。太康四年（283年），山涛去世，享年七十九岁。赐棺木、朝服、钱、布等，谥康。有五子：山该、山淳、山允、山谟、山简。山涛位高权重，但正派节俭，不养婢妾，俸禄赏赐散给亲友。他善饮酒，八斗才醉。著述多已散佚，《隋书》有集九卷。

山涛墓在今焦作市武陟县大虹桥乡东小虹村，省道235可达，地理坐标为北纬35°04′11″，东经113°16′59″。该墓建于西晋，为河南省文物保护单位。原冢高大，东西长50余米，南北宽30余米，墓前有明嘉靖五年（1526年）立《晋侍中吏部尚书山公墓》碑，清同治十二年（1873年）立《晋侍中新沓伯山公之墓》碑，现均不存。

魏明帝曹叡

曹叡，生于汉献帝建安十一年（206年），卒于景初三年（239年），字元仲，沛国谯县（今安徽亳州）人。曹操之孙，曹丕之子。三国魏第二位皇帝，226—239年在位，年号太和、青龙、景初，谥明。

曹叡自幼备受曹操喜爱，常随他参加宴会及朝政，十五岁封武德侯，文帝黄初二年（221年）封齐公，次年晋平原王。黄初七年（226年），文帝病危，曹叡被正式册封为太子，次日继位。八月，东吴进犯，朝臣上奏请求发兵，明帝曹叡分析认为进攻不会长久，后吴军果然撤退。太和元年（227年），明帝派将军郝邵、鹿磐平定西平郡（治今青海西宁）麹英反叛。太和二年（228年），司马懿斩杀叛将孟达，攻败蜀军。明帝诏告天下向朝廷举荐良才，必须通晓儒家经典。太和四年（230年），明帝要求官吏真正学通一部儒家经典，选拔真正优秀者重用，罢退华而不实的无能之辈。太和五年（231年），派司马懿统

魏明帝高平陵

兵抗击诸葛亮。太和六年（232年），诏令诸王改封诸侯王，各以辖郡为诸侯国。

青龙元年（233年），并州刺史毕轨与鲜卑开战，魏军溃败，后派骁骑将军秦朗统率精锐讨伐，叛军战败后逃到漠北。青龙二年（234年），蜀军进驻渭南，诏令司马懿迎战。东吴军北上，明帝亲乘龙舟率师出征，吴军撤走。青龙三年(235年)，诏令大修洛阳宫，大兴土木，朝臣杨阜、高堂隆等劝谏，不纳。青龙四年（236年），诏令凡遇死罪囚犯，应尽快通知家属，并可陈请宽恕，皇帝应当尽量保全性命。景初元年（237年），东吴进犯，被荆州刺史胡质击退。孙权与高句骊联络，明帝派幽州刺史毌丘俭与辽东太守公孙渊抵御。公孙渊反叛，景初二年（238年）明帝派司马懿征讨，全歼叛军。

景初三年（239年），明帝病重，急召司马懿入朝，遗令司马懿和曹爽辅佐太子。不久，明帝于洛阳宫嘉福殿去世，终年三十四岁，葬高平陵。

曹叡处事沉着、刚毅，明识善断，即位不久就政由己出，使几个辅政大臣形同虚设。同时注重法理，诏令设置律博士，改革汉法，制定新律，又下令删简死刑条款，减少死罪；减少鞭杖之刑，以免屈打成招。军事上也较有作为，成功抵御了内外敌人的攻击。他还重用曹真、张郃、司马懿这些名将，有力地巩固了政权。曹叡能诗文，善乐府，与祖父曹操、父曹丕并称魏之"三祖"。原有集，已散佚，清代辑有曹叡散文二卷，近人黄节著《魏武帝魏文帝诗注》，后附曹叡诗十三首。

魏明帝高平陵在今洛阳市汝阳县内埠镇茹店村东南，省道238可达，地理坐标为北纬34°20′07.50″，东经112°34′17.15″。该陵建于曹魏时期，为全国重点文物保护单位。陵区坐落于山地之中，四周为农田。墓冢封土夯筑，近椭圆形，东西长约35米，南北宽约26米，高约5米。

王浚

王浚，生于汉献帝建安十一年（206年），卒于晋武帝太康六年（285年），字士治，小字阿童，弘农湖县（今河南灵宝西北）人。西晋将领。

王浚博通典籍，文武全才，姿容修美，"恢廓有大志"。未入仕时，他曾在家乡修造宅院，拓宽门前道路，"欲使容长戟幡旗"，众人取笑他，他却说："燕雀安知鸿鹄之志。"后召为河东从事，严正清峻，不廉官吏望风而去。王浚参与征南军事，羊祜见其不凡，深相接纳，转任车骑从事中郎，后任巴郡（治今重庆市）太守。他整肃法律条文，宽缓徭役租税，对产育者给予休复之便，保全救活数千婴儿。

晋武帝泰始八年（272年），王浚转任广汉太守，垂布德惠，百姓赖之。益州（治今四川成都）刺史皇甫晏被张弘所杀，王浚继任，将张弘等人全部诛灭，因功封关内侯。王浚广施仁政，树立威信，各族百姓归附，政绩突出，拜右卫将军、大司农。在巴蜀建造战船，训练水军，"舟楫之盛，自古未有"。咸宁五年（279年），晋伐东吴，以王浚水军为主力。

太康元年（280年），王浚率水陆大军自成都沿江而下，攻破丹阳（今湖北秭归东南），擒丹阳监盛纪。大军顺流直下，克西陵、荆门、夷道，俘吴国镇南将军留宪、征南将军成据、宜都太守虞忠、监军陆晏等，继而攻占乐乡。为平东将军，假节钺，都督益、梁诸军事。王浚率军继续顺江而下，进至建业（今江苏南京），吴主孙皓送文请降，王浚将其送到晋都。至此，吴国灭亡，三国分裂局面结束。灭吴之战，王浚共攻克四州、四十三郡，战功卓著。后人多有诗文记述王浚，如唐代刘禹锡名句"王浚楼船下益州，金陵王气黯然收"便是。

王浚灭吴有功，任辅国大将军，领步兵校尉，加封襄阳侯，食邑万户。后升镇军大将军，加散骑常侍，领后军将军。太康六年（285年），转抚军大将军，开府仪同三司，加特进，散骑常侍，后军将军如故。是年十二月去世，享年八十岁，谥武，子王矩嗣。

王浚墓在今三门峡市灵宝市西阎乡大字营村北，国道310可达，地理坐标为北纬34°36′10.68″，东经110°45′39.16″。该墓建于西晋，为灵宝市文物保护单位。墓葬坐落于北岭上，古称柏谷。原有墓冢，高3米，周长25米，现已不存。

蜀汉后主刘禅

刘禅，生于汉献帝建安十二年（207年），卒于晋武帝泰始七年（271年），字公嗣，乳名阿斗。刘备之子，母昭烈皇后甘氏。蜀汉后主，223—263年在位，年号建兴、延熙、景耀、炎兴，谥孝怀。

建安二十四年（219年），刘备自封汉中王，立刘禅为王太子。章武元年（221年），刘备称帝，建蜀汉，刘禅为皇太子。

章武三年（223年），刘禅继承皇位，时年十七岁，大赦天下，改元建兴。时由诸葛亮辅政，事无大小，均由诸葛亮决定。诸葛亮派尚书郎邓芝出使吴国，以加强吴蜀的友好关系。建兴二年（224年），致力于发展农业，休养生息。第二年，诸葛亮征讨南方四郡，四郡平定。建兴六年（228年），诸葛亮攻打祁山，未胜。建兴七年（229年），孙权称帝，与蜀国订立盟约。

建兴九年（231年），诸葛亮再次兵出祁山。建兴十二年（234年），诸葛亮病逝，刘禅大赦天下。诸葛亮去世后，刘禅自摄国事，有费祎、董允、蒋琬、姜维等贤臣辅佐，蜀汉维持统治。景耀六年（263年），魏将钟会、邓艾等大举伐蜀，诸葛瞻迎战失败，刘禅接受谯周建议，向曹魏投降。

蜀汉灭亡后，刘禅移居洛阳，封安乐县公。泰始七年（271年），刘禅去世，享年六十五岁，谥思公。西晋末年，刘渊起事，追谥孝怀皇帝。

刘禅陵在今洛阳市孟津县平乐镇翟泉村东，省道238转白常路可达，地理坐标为北纬34°44′37.68″，东经112°36′59.45″。该陵建于西晋。原有墓冢呈圆形，直径15米，高7米，现已不存。

司马师

司马师，生于汉献帝建安十三年（208年），卒于魏高贵乡公正元二年（255年），字子元，河内温（今河南温县）人。曹魏权臣，司马懿长子，追谥晋景帝。

司马师文雅沉毅，有风采，富谋略，年少时声誉颇佳，和夏侯玄、何晏等齐名，何晏常称其可成天下之事。魏明帝景初年间任散骑常侍，后升中护军，制定选拔制度，以功提拔，无徇私情。魏齐王嘉平元年（249年），司马懿诛杀曹爽，单独和司马师秘密策划，安镇内外，布置严整，深得司马懿赞许。事成后封长平乡侯，食邑千户，又加封卫将军，辅佐朝政。

嘉平四年（252年），升大将军，加封侍中，持节，都督中外诸军，录尚书事。令百官举荐人才，明确少长尊卑，体恤贫孤，清除无用之人，四海向往，内外恭谨。第二年，孙吴太傅诸葛恪包围新城（今安徽合肥），司马师认为诸葛恪只为一时好处，不会滋扰其他地区，终如其所料。众将筑城防守，相持数月，诸葛恪力量消耗，司马师下令进攻，诸葛恪大败。

嘉平六年（254年），齐王曹芳与中书令李丰等人谋划，以太常夏侯玄取代司马师辅政，司马师得报，即将李丰杀死，其他人也被逮捕，灭三族。皇帝下诏增加食邑，司马师推辞不受，之后争得永宁太后支持，废掉皇帝，改立高贵乡公曹髦，改年号正元。

第二年，镇东大将军毌丘俭、扬州刺史文钦作乱，司马师率军征讨，毌丘俭被杀，文钦投奔吴国，淮南平定。是年死于许都（今河南许昌），终年四十八岁。高贵乡公身穿素服亲临吊丧，谥忠武。晋建立后称景王，晋武帝受禅后尊景皇帝，陵称峻平，庙称世宗。

司马师墓在今焦作市温县番田镇三陵村西60米，参见"司马懿"条。

阮籍

阮籍，生于汉献帝建安十五年（210年），卒于魏元帝景元四年（263年），字嗣宗，陈留尉氏（今河南开封尉氏）人。"建安七子"之一阮瑀的儿子。魏晋名士，"竹林七贤"之一，擅长诗文。

阮籍三岁丧父，由母亲把他抚养长大。父亲死后，家境清苦，阮籍勤学而成才，天赋异禀，八岁就能写文章。阮籍长得仪表堂堂，志气豪放，博览群书，尤其喜好《庄子》《老子》。他傲然自得，放任不羁，但又喜怒不形于色，或闭门读书，数月不出；或游山玩水，经日不归。他喜欢喝酒、弹琴，有时竟至得意忘形，时人多称他痴呆。族兄文业认为他胜过自己，许多人也都称他怪才。他在少年时期好学不倦，酷爱研习儒家经典，同时也表现出不慕荣华富贵，以道德高尚、乐天安贫的古代贤者为效法榜样的志趣。阮籍在习文的同时还兼习武，其《咏怀诗》写道："少年学击剑，妙技过曲城。"阮籍性格孤僻、轻荡，在十六七岁时，有一次随其叔父阮熙到东郡，兖州刺史王昶与他相见时，他"终日不开一言"，王昶"自以为不能测"。阮籍在政治上有济世之志，曾登广武城，观楚、汉古战场，慨叹"时无英雄，使竖子成名！"

魏正始三年（242年），阮籍三十三岁时太尉蒋济征召，到任后即以病辞官。后任尚书郎，时间不久又以生病为由辞官。曹爽辅政，召为参军，他以有病推辞，隐居乡下。司马懿任太傅，他为从事中郎，司马师时任大司马从事中郎。高贵乡公即位，封他为关内侯，迁散骑常侍。

阮籍本有济世之志，但天下大乱，名士终难保全，因此不问世事，经常酣饮。司马昭辅政，阮籍任东平（治今山东东平）相，拆毁府舍墙壁使内外互通，实施法令清正简约，十天后回京，任大将军从事中郎。有子杀母，阮籍惊呼杀父可以，竟然杀母？他认为禽兽仅知母而不知父，杀父如同禽兽，杀母禽兽不如，大家心悦诚服。

他听说步兵营厨师善酿酒，贮藏有好酒，就请求当步兵校尉，故人称"阮步兵"。凡朝廷有宴请，必酩酊大醉，虽有议论，他不为所动。当时司马昭为了拉拢阮籍，想要儿子司马炎娶阮籍之女作为妻子，阮籍不愿答应，就连续醉酒六十天，不给对方开口提亲的机会。这就是"醉酒避亲"的故事。阮籍虽不受礼教拘束，但言谈含

阮籍墓

蓄，不品评人物，且性情至孝。母亲去世，他正与人下棋，坚持决出胜负，接着喝酒二斗，高声长号，吐血数升，哀伤致骨瘦如柴，几乎死去。

阮籍与谯国嵇康、河内郡山涛年龄相近，意气相投，后又与沛国刘伶、陈留郡阮咸、河内郡向秀、琅玡郡王戎常集合于竹林下，欢畅饮酒，世称"竹林七贤"。景元四年（263年），阮籍去世，享年五十四岁。阮籍善作文，有《咏怀诗》八十多篇，著《达庄论》，叙述无为的好处。后人辑有《阮步兵集》。子名阮浑。

阮籍早年崇尚儒学，志在用世，他表面上纵酒超脱，骨子里自有深虑。主张回归自然，公开倡导无君无臣、无富无贵的思想，蔑弃礼法名教，以隐世为旨趣。他是魏晋玄学的重要人物，赞同老庄"达"的观点，以自然排斥名教。文学方面，他的《咏怀诗》采用比兴、象征等写作技巧，形成悲愤哀怨、隐晦曲折的诗风，语言朴素，意境旨远。他的论说文阐述其哲学观念，采用"答客问"的辩难式写法，塑造出玄学家形象，语言朴素凝重，不尚华饰，同时流露出较浓厚的仙隐思想。阮籍在"竹林七贤"中排序第一，可见其名望之高，受他们的影响，晋时虚无的生活态度成为风尚。

阮籍墓在今开封市尉氏县小陈乡阮庄村东北300米，省道102、县道032转村间公路可达，地理坐标为北纬34°19′16.0″，东经114°17′05.0″。该墓建于曹魏时期，为河南省文物保护单位。墓冢近长方形，长约19米，宽约10米，高约2.8米。墓前有清嘉庆十二年（1807年）墓碑一通，书"魏关内侯散骑常侍嗣宗阮公之墓"。

司马昭

司马昭，生于汉献帝建安十六年（211年），卒于魏元帝咸熙二年（265年），字子上，河内温（今河南温县）人。曹魏权臣，追封晋文帝，司马师同母弟，子司马炎。

魏明帝景初二年（238年），司马昭因父荫封新城乡侯，正始初年为洛阳典农中郎将，免除苛捐杂税，不误农时，百姓喜悦，后转散骑常侍。曹爽伐蜀，司马昭为征蜀将军，回师后拜议郎。司马懿诛杀曹爽，司马昭率众保卫二宫，因功增封邑一千户。齐王正始八年（247年），蜀将姜维攻击，司马昭为安西将军，持节，屯兵关中调度诸军，姜维撤退。转安东将军，持节，镇守许都（今河南许昌）。嘉平三年（251年），都督淮北诸军事，增封邑三百户，赐金印紫绶。不久晋都督，统军伐吴大败，削侯爵。嘉平六年（254年），姜维侵扰，司马昭为征西将军，驻军长安，姜维退去后，率军击破叛乱羌胡，因功封新城乡侯。

高贵乡公曹髦即位，晋封高都侯，增封邑二千户。毌丘俭、文钦叛乱，司马昭兼中领军，留镇洛阳。司马师病重，司马昭前去看望，拜卫将军，后镇守许都。甘露元年（256年），加大都督，奏事不提名，后加赐黄钺，增封邑三县。第二年，镇东大将军诸葛诞叛乱，司马昭护卫帝、后东征，杀诸葛诞，夷灭三族，增封邑一万户，食三县。

曹髦为魏帝，他见司马昭飞扬跋扈，凌驾于皇帝之上，朝廷的事都要他同意才能办，便对左右说："司马昭之心，路人所知也。吾不能坐受废辱。"曹髦于甘露五年（260年）亲率殿中宿卫军攻伐司马昭，但被司马昭的亲信杀死。司马昭归罪于太子舍人成济，灭其三族，立燕王曹宇子常道乡公曹奂为天子。元帝景元四年（263年），司马昭派邓艾、钟会伐蜀，各路军频繁报捷，封晋公，晋相国，加九锡。蜀主刘禅投降，司马昭以相国统摄朝政。

咸熙元年（264年），晋爵为王，增封地，共二十郡，之后屡加恩赏，礼仪如天子。咸熙二年（265年），司马昭去世，享年五十五岁，葬崇阳陵，谥文王。晋武帝司马炎受禅即位后，追谥文皇帝，庙号太祖。

司马昭陵在今焦作市温县番田镇三陵村西60米，参见"司马懿"条。另据考古调查得知，位于偃师市首阳山镇潘屯、杜楼村以北1.5公里的枕头山墓地，可能是司马昭崇阳陵所在。

杜预

杜预，生于魏文帝黄初三年（222年），卒于晋武帝太康五年（284年），字元凯，京兆杜陵（今陕西西安东南）人。西晋政治家、军事家、学者。大诗人杜甫先祖。父杜恕，曾任幽州刺史。

杜预博学，无所不晓，熟悉治国安邦之略，自言可立功立言，因父亲与司马懿不和，长久不得调升。司马昭嗣位，杜预娶司马昭的妹妹高陆公主。甘露二年（257年）拜尚书郎，承祖父丰乐亭侯爵，四年后转参相府军事。钟会伐蜀，杜预为镇西长史，钟会谋反，僚属中只有他得免，增封邑一千一百五十户。与车骑将军贾充等制定律令，他为律令注解，一同颁布天下。

晋武帝泰始年间，杜预任河南尹，施政以国家大政为准，受命制定官吏考核条例。司隶校尉石鉴因事弹劾，杜预被免职转任安西军司，到陇右平定胡虏，加秦州（治今甘肃甘谷东）刺史、领东羌校尉、轻骑将军，假节。石鉴为安西将军，官报私仇弹劾杜预擅自修饰城门官舍等事，判以侯爵赎罪，后拜度支尚书。

石鉴虚报军功，杜预弹劾，二人均被免官，数年后再任度支尚书。提议皇太子为元皇后服丧三年，以循古制，皇帝听从。制定《二元乾度历》，推行于世。请求在富平津建桥，晋武帝带百官到桥边宴会。创造欹器，武帝赞叹。咸宁四年（278年），遭大雨和蝗灾，上疏陈奏很多要事。任职七年，处理的大事不可胜数，时人称"杜武库"。

晋武帝准备灭吴，杜预支持，拜征南大将军，都督荆州诸军事，实施借刀杀人之计，大破孙吴张政所部，因功增食三百六十五户。杜预又反复上疏请求晋武帝下决心伐吴，并鼓励属下说："现在我们接连取胜，士气大振，正需要一鼓作气。打仗好比劈竹子，只要劈开几节，底下就会迎刃而解了。"这也是"势如破竹"和"迎刃而解"的来历。太康元年（280年），杜预派遣兵马沿江西上，连战连捷，吴内州郡望风归顺，直逼秣陵（今江苏南京），因功晋当阳县侯，封邑达九千六百户。屡次向皇帝陈述武职非己所长，请求退职，皇帝不许。他建学校，开山洞，设关隘，派兵屯守要害之地，巩固太平形势。修治水利，灌田一万余顷，百姓称其"杜父"。

杜预身不跨马，射箭不能穿透木札，

杜预墓

然每遇征伐大事，他都居将帅之位，"振长策而攻取，兼儒风而转战"（《晋书·杜预传》）。为人心胸开阔，交友接物，恭敬有礼，有人求教，诲人不倦，做事敏捷而又言语谨慎。后专心钻研经籍，著有《春秋左氏经传集解》，作《盟会图》《春秋释例》等，成一家之学。杜预学问广博，通晓历史上灭亡成败的道理，常说："立德，我难以达到；立功、立言，我可能达到。"太康五年（284年），杜预任司隶校尉，加特进，行至邓县（今河南邓州）去世，享年六十三岁。武帝悲悼，追赠征南大将军、开府仪同三司，谥成，子杜锡继嗣。

杜预墓在今洛阳市偃师市城关镇后杜楼村北，国道310可达，地理坐标为北纬34°44′14.0″，东经112°44′20.0″。该墓建于西晋，为偃师市文物保护单位。墓葬北临北覆舟山。原有墓冢，直径约2.1米，高1.2米，面积约14平方米，现已不存。现有清乾隆十一年（1746年）碑刻一通，书"晋当阳侯杜公讳预之墓"，存于城关镇第三中学院内。

钟会

钟会，生于魏文帝黄初六年（225年），卒于魏元帝景元五年（264年），字士季，颍川长社（今河南长葛东）人。曹魏名将，擅长书法。太傅钟繇幼子，钟毓弟。

钟会自幼即显才华，博学精练。二十岁左右入朝任秘书郎，不久迁尚书郎中书侍郎。嘉平六年（254年），高贵乡公曹髦即位，赐关内侯。正元二年（255年），毌丘俭叛乱，钟会随大将军司马师东征，主管机密，回师后升黄门侍郎，东武亭侯，食邑三百户。诸葛诞谋反，司马昭率军到寿春，钟会随行，作伪书给东吴右大司马全琮之子全怿，谎称吴主要杀尽其家，全怿开城投降，此事以钟会功最大，时人称其张子房。朝廷封陈侯，多次不受，遂迁司隶校尉。钟会虽在外任，但朝廷大小事务无不插手，嵇康等人被杀，都是钟会出的计谋。

景元年间，司马昭派大军伐蜀，群臣皆言不可，唯钟会认为可取。景元三年（262年），钟会封镇西将军，假节，都督关中军事。第二年伐蜀，钟会为主将，西出阳

钟会墓

安口，攻打剑阁，久攻不下。邓艾奇袭得手，击杀诸葛瞻，刘禅投降，姜维归降钟会。平蜀后钟会意图谋反，密报司马昭诬告邓艾谋反，司马昭命钟会将邓艾关进囚车押解回朝，尽收邓艾手下士卒。钟会赶到成都，准备起兵，突遭兵变，于景元五年（264年）与姜维一起被杀，终年四十岁。

钟会在书法上相当有造诣，继承父亲钟繇书法的风格，追求字形的结构，行书、草书都很擅长，尤工隶书。作品逸致飘然，气势酣畅，有凌云之志。后人评议其"真书第五""章书第六""草书第七"，"有十二意，意多奇妙"。他还善于模仿他人笔迹，可以假乱真。

钟会墓在今许昌市长葛市长兴路街道田庄村南，省道325可达，地理坐标为北纬34°14′48.0″，东经113°47′13.0″。该墓建于曹魏时期，为长葛市文物保护单位。现辟为钟繇陵苑，墓冢在苑内西北角，形状不规则，直径约13米，高约3.6米。

王弼

王弼，生于魏文帝黄初七年（226年），卒于魏齐王正始十年（249年），字辅嗣，山阳郡（今河南焦作）人。古代著名玄学家，魏晋时期玄学代表人物之一。

王弼少年时即享有盛名，好谈儒道，辞才逸辩，与何晏、夏侯玄等同开玄学清谈风气。于正始年间任尚书郎，正始十年（249年），曹爽被杀，他受到牵连被免，是年秋去世，年仅二十四岁。王弼认为，"道者天之称"，天地虽大，"寂然至无，是其本矣"。"无"是宇宙万物本体，万物皆由道而生。强调"贵无"而"贱有"，并从本末、体用、动静、一多等关系上来论证"以天下为本"。认识上提出"得意在忘象，得象在忘言"的思想。以"凡有皆始于无"，肯定名教（有）出于自然（无），用"援老入儒"方式，以新的玄学代替当时逐渐失势的汉儒学经学。著作有《周易注》《周易略例》《老子注》《老子指略》。注《易》偏重哲理，一扫汉代经学烦琐之风。

王弼墓在今洛阳市偃师市山化镇东屯村南500米，省道314可达，地理坐标为北纬34°43′14.48″，东经112°49′47.74″。原有墓冢及明正德七年（1512年）《魏偃师伯王公墓》碑，现均不存。

向秀

向秀，生于魏明帝太和元年（227年），卒于晋武帝泰始八年（272年），字子期，河内温（今河南温县）人。玄学名士、文学家，"竹林七贤"之一。

向秀年少时非常聪明，二十岁时写《儒道论》。他生性不羁，不愿随俗，同嵇康在洛阳打铁，与吕安浇灌庄园，经常相聚于山林，饮酒狂欢，肆意快活。向秀不愿入仕，钟会造访时，向秀和嵇康不予理睬，引钟会不快，嵇康和吕安蒙冤被害。向秀迫于压力，不得已应郡举，司马昭非常高兴，任为散骑侍郎，后转黄门侍郎、散骑常侍，但他"在朝不任职，容迹而已"（《晋书·向秀传》）。

向秀喜书，曾自注《庄子》，在《庄子隐解》中，在旧注之外另加许多独特的见解，但未及完成，后由郭象注完。向秀的注解在当时影响很大，对推动玄学起到很大作用。在哲学方面，提出自生、自化等思想，主张死生出入，皆忽然自生，礼法出于自行，有了将自然和名教统一的想法，对山水诗作的哲理化有助推作用，对

向秀墓

后代咏怀诗的议论化倾向也有重大影响。

晋武帝泰始八年（272年），向秀因病去世，终年四十六岁。向秀原有集二十卷，后散佚，今存赋、文各一篇，赋为《思旧赋》，为怀念嵇康和吕安而作，隐晦地表达对朝廷的不满和对友人的怀念。文为《难嵇叔夜养生论》，谈及养生之道。他还注释过《周易》，即《周易向氏义》，仅存残文。

向秀墓在今焦作市武陟县三阳乡冢头村东约50米，省道104、省道235可达，地理坐标为北纬35°06′19″，东经113°15′22″。该墓建于西晋，为武陟县文物保护单位。墓冢坐落于耕地中，呈长方形，南北长47米，东西宽34米，高近2米。

成公绥

成公绥，生于魏明帝太和五年（231年），卒于晋武帝泰始九年（273年），字子安，东郡白马（今河南滑县东）人。西晋文学家。

成公绥自幼聪慧，博览群书，才识过人。他生来不喜追求物质，家中没有资产，非常贫寒，经常借债，但他处之如常。中书令张华欣赏成公绥，每次见到他的作品，都认为天下无二，推荐其任太常博士，后迁中书郎，经常受诏与张华作诗赋，曾和贾充等人制定法律。当时有乌鸦经常聚于房舍，他言此有反哺之德，以为祥禽，作赋赞美。晋武帝泰始九年（273年），成公绥去世，终年四十三岁。原有集，已散佚，明人辑有《成公子安集》。

成公绥墓在今安阳市滑县八里营乡赵苑村西200米，省道222可达，地理坐标为北纬35°30′20.0″，东经114°44′15.0″。该墓建于西晋，为滑县文物保护单位。墓葬坐落于耕地之中，地势平坦。墓冢呈椭圆形，东西长17米，南北宽16米，高约2米。

成公绥墓

晋武帝司马炎

司马炎，生于魏明帝青龙四年（236年），卒于西晋太熙元年（290年），字安世，河内温（今河南温县）人。司马懿之孙，司马昭之长子。西晋开国君主，265—290年在位，年号泰始、咸宁、太康、太熙，庙号世祖，谥武。

司马炎宽惠仁厚，深沉有度量，魏嘉平年间封北平亭侯，历给事中、奉车都尉、中垒将军，加散骑常侍，累迁中护军，假节。迎立常道乡公，迁中抚军，进新昌乡侯。晋国建立，立为世子，拜抚军大将军，开府、副贰相国。司马昭原欲立幼子司马攸为世子，何曾等人力争，最终司马炎得立。咸熙二年（265年），司马炎封晋王、太子，同年八月嗣司马昭相国、晋王官爵。他下令宽刑宥罪，抚众息役，国内居丧三日，诸郡中正举荐才、德之士。

公卿何曾、王沈等固请即皇帝位，司马炎同意，魏亡晋立。晋武帝宇量弘厚，为政仁恕、正直，未尝失色于人，明达善谋，能断大事，得以抚宁万国，绥靖四方。他厉行恭俭，清心寡欲，曾下诏以青麻为御牛缰绳，临朝宽裕，法度有恒。休养生息，推广《泰始律》，扩大生产，爱护百姓，虚心纳谏，任人唯贤，短期内就出现了"太康繁荣"的盛景。他还大力发展文化事业，对中华文化的发展也颇有建树。太康元年（280年）伐吴，东吴灭亡，三国鼎立局面结束，国家重新统一。

平吴之后，天下安定，武帝开始怠于政事，耽于游乐宴饮，后宫粉黛近万，甚至发生了"羊车望幸"的荒唐事。由于武帝奢靡无度、纵情享乐，使得世风日下。武帝还宠爱后党，亲贵当权。为了巩固司马氏政权，他大封司马氏宗室子弟，他的宗室二十七人同时封王。以至于在他死后不久便出现了"八王之乱"，中国再次陷入分裂局面。武帝病危时欲以汝南王司马亮辅政，但杨骏秘而不宣，昏迷时，杨后下诏以杨骏辅政。武帝本欲对司马亮有所托付，但司马亮未能及时到达。

太熙元年（290年），武帝去世，享年五十五岁，葬峻阳陵。武帝在位二十多年，前期厉行节俭、虚心纳谏、用人唯贤，为经济、文化发展作出贡献；晚年安逸享乐、奢侈腐化、用人失当，官吏斗富成风，加速了西晋王朝灭亡。

晋武帝陵在今洛阳市偃师市首阳

山镇南蔡庄村北,国道310可达,地理坐标为北纬34°43′58.80″,东经112°42′16.75″。该陵建于西晋,为河南省文物保护单位。墓葬坐落于村北坡地,经考古钻探共发现墓葬23座,形制统一。据考证,此处为西晋皇陵区。

杨骏

杨骏，生年不详，卒于晋惠帝永平元年（291年），字文长，弘农华阴（今陕西华阴东南）人。西晋重臣。

杨骏年少时即在朝廷任职，后外任高陆（治今陕西高陵）令，骁骑、镇军二府司马。因女儿为皇后，不断超迁，从镇军将军迁为车骑将军，封临晋侯。尚书褚䂮、郭奕上表奏议杨骏心胸狭隘，不能担当重任，武帝不纳。杨骏和弟弟杨珧、杨济揽权，时人称"三杨"。

武帝病重，杨骏排斥公卿大臣，亲自伺候左右，趁机随意撤换公卿，提拔心腹之人。武帝病情好转后，严厉批评杨骏，并召汝南王司马亮与杨骏共同辅政，杨骏把诏书藏起来，中书监华廙亲自来要，他始终不给。武帝去世，杨骏成为朝中重臣，武帝入殓盖棺时，他却不下殿告别，心怀不轨，自此显露。

惠帝即位，杨骏为太傅、大都督，假黄钺，统摄朝政，总领百官。他把外甥段广、张劭安插在惠帝周围，诏命要呈报太后审查方能发出，又培植亲党统领禁兵，由此公卿王室怨恨，天下愤然，弟弟杨珧、杨济多次劝阻，反被废闲居于家。杨骏不懂典制，武帝去世当年就更改年号，还大开封赏，取悦群臣。他为政严苛，刚愎自用，与朝中上下不合，一些故交好友也逐渐疏远。

贾后与黄门董猛等人意图铲除杨骏，便联络楚王司马玮奏请皇帝下诏废黜杨骏。东安公司马繇率卫士四百人讨伐杨骏，烧了他的府第，杨骏逃到马棚，被士兵杀死，亲戚党羽诛灭三族，达数千人。西晋"八王之乱"，自此开始。

杨骏墓在今三门峡市灵宝市大王镇老城村南岭自然村西部，县道009可达，地理坐标为北纬34°40′21.8″，东经110°55′46.6″。该墓建于西晋，为灵宝市文物保护单位。墓葬坐落于岭地，名龟头岭，又名石嘴山，地势起伏。原冢高3米，周长25米，现已近平。

和峤

和峤，生年不详，卒于晋惠帝元康二年（292年），字长舆，汝南西平（今河南西平）人。西晋大臣，和洽之孙。

和峤年少时即有盛名，珍视名节，诸人称赞。承袭父爵上蔡伯，先为太子舍人，后迁颍川（治今河南许昌）太守，为政清廉简约，深得百姓颂赞。任黄门侍郎，后迁中书令，深得武帝器重。按制，中书监与中书令同车入朝，和峤鄙视中书监荀勖的为人，自己乘坐一车，朝廷遂令中书监和中书令分乘。

吴国平定，和峤因参谋有功而任侍中，皇帝对他愈加信任，他见太子司马衷不够聪明，就直言相谏，皇帝不纳。太康末年任尚书，因母亲去世离职。太熙元年（290年），惠帝即位，和峤为太子少傅，加散骑常侍、光禄大夫。元康二年（292年），和峤逝于任上，赠金紫光禄大夫，加金章紫绶，谥简。和峤家资丰厚，但生性吝啬，因此被时人讥笑，杜预就称他有钱癖。

和峤墓在今驻马店市西平县出山镇铁方岗村西北500米，省道331可达，地理坐标为北纬33°17′13.2″，东经113°42′53.5″。该墓建于西晋，为西平县文物保护单位。墓葬坐落于耕地之中，西临任三楼水库。原墓冢南北长17米，东西宽16米，现封土已平。

潘岳

潘岳，生于魏齐王正始八年（247年），卒于晋惠帝永康元年（300年），字安仁，荥阳中牟（今河南中牟）人。西晋文学家。

潘岳年少时以才学和聪颖闻名，人称奇童，很早即被征召至司空太尉府，举秀才。泰始四年（268年），潘岳著《藉田赋》，歌颂司马炎躬耕藉田。栖迟十年后，出为河阳（今河南孟州）令，他自觉大材小用，郁郁寡欢，题写歌谣讥讽朝臣，发泄不满。调任怀县（今河南武陟西南）县令，这期间，潘岳坚持保留"逆旅"（民间旅店），被朝廷采纳。他任职两县，勤于政务，调补尚书支度郎，迁延尉评，后因事免职。

杨骏辅政，潘岳被召为太傅主簿，永平元年（291年）杨骏被杀，潘岳受到牵连，因公孙宏救助，得免一死。不久任长安（今陕西西安）令，赴任途中作《西征赋》记述山水，抒发"人之升降，与政隆替"的信念和为政打算。后被征为博士，他没有应召，不久任著作郎，后又投靠贾谧门下，

潘岳墓

以文才成为贾谧"二十四友"之首。

潘岳一表人才，英俊秀美，出去游玩时女孩子手拉手把他围起，并往车里投掷水果，获"掷果潘安"雅号，"掷果盈车"一语即出于此。后世将美貌男子誉为"貌比潘安"，即指此人。

然而潘岳生性轻躁，热衷功名，谄媚贾谧，贾谧外出，必望尘而拜。起草祷神文，助贾后和贾谧废掉太子司马遹，后由著作郎转为散骑侍郎，再迁给事黄门侍郎。惠帝永康元年（300年），赵王司马伦废杀贾后，诛贾谧，潘岳也被处死，夷灭三族。

潘岳擅长作文，曾代乐广向朝廷上辞呈，文章颇佳，"若乐不假潘之文，潘不取乐之旨，则无以成斯矣"（《世说新语》）。写哀悼类文章根据对象的不同，把感情融入其中，情真意切，感人至深，怀念亡妻的三首《悼亡诗》，为代表之作。《怀旧赋》谋篇布局恰到好处，运用顺叙倒插手法，引人无限悲思，一片真情。《秋兴赋》借物言志，别具风韵。《闲居赋》记述自己三十年仕途经历，展示自己绝意官场、视富贵如浮云的心态。《天中诗》《马汧督诔》表现对人民受灾受难的同情，对晋军腐败的揭露，对有功无赏的不平。时人孙兴公说："潘文烂若披锦，无处不善。"（《世说新语·文学》）钟嵘则将他和曹植等人列为"五言之冠冕，文词之命世"（《诗品·序》）。

潘岳墓在今郑州市巩义市芝田镇北石村南2000米，国道310可达村庄，地理坐标为北纬34°41′40″，东经112°55′21″。该墓建于西晋，为郑州市文物保护单位。墓葬坐落于山坡台地中，形状不规则，长、宽各约20米，高约6米。

石崇

石崇，生于魏齐王正始十年（249年），卒于晋惠帝永康元年（300年），字季伦，小名齐奴，西晋渤海南皮（今河北南皮东北）人。西晋大臣，以奢华、斗富闻名。

石崇年少时聪明智慧，有勇有谋，父亲石苞临终时不给他财物，并说："此儿虽小，后自能得。"（《通志》）石崇二十余岁任修武县令，时人称其有才能，入京任散骑郎，又迁城阳太守。伐吴立功，封安阳乡侯，好学不倦，称病解职。不久任黄门郎，累迁散骑常侍、侍中，深得晋武帝器重。

元康初年，杨骏辅政，大肆封赏，石崇等人上奏阻止，未被采纳。石崇后出任南中郎将、荆州刺史，领南蛮校尉，加鹰扬将军。他聪颖有才气，但行事不检点，在荆州时劫掠商人，获得的财富不计其数。后来他征为大司农，征书未到擅自离去，于是被免。不久拜太仆，为征虏将军，假节，监察徐州等地军事，镇守下邳。石崇与徐州刺史高诞在酒宴上起了争执，被军司弹劾，官职被免，后任卫尉，谄媚于权臣贾谧，为贾谧"二十四友"之一。

石崇财富颇丰，房屋宏丽，贵戚王恺、羊琇等人也都崇尚奢靡。石崇与王恺斗富，王恺用糖水洗锅，他便用蜡烛作柴；王恺做四十里紫丝布步障，他便做五十里锦步障；王恺用赤石脂涂墙壁，他便用花椒。晋武帝暗中帮助王恺，赐他一棵二尺余高的珊瑚树，世上罕见，石崇用铁如意击碎珊瑚树，拿出家里六七株高三四尺的珊瑚树。石崇在河阳的金谷建有别馆，名金谷园，又名梓泽，楼台亭阁，雕梁画栋，金碧辉煌，美轮美奂。洛阳八景之一的"金谷春晴"指的就是这里春天的景色。

贾谧被诛，石崇等人也受到牵连被免。赵王司马伦专权，其党羽孙秀意图索要石崇的爱妾绿珠，石崇没有答应，并筹划诛杀司马伦和孙秀。孙秀察觉，假借皇帝命令前去逮捕石崇，石崇对绿珠说是因为她而惹祸。绿珠以死报答，跳楼而亡，这就是"绿珠坠楼"的故事。石崇全家十五人被杀，享年五十二岁。惠帝复位，以九卿礼葬石崇，封从孙石演为乐陵公。

石崇墓在今洛阳市孟津县送庄镇东山头村南，省道314、省道238转村间公路可达，地理坐标为北纬34°46′48.34″，东经112°33′20.77″。该墓建于西晋，原有一冢，名尉冢，据传为石崇墓，现已不存。

嵇含

嵇含，生年不详，卒于晋惠帝光熙元年（306年），字君道，自号亳丘子，巩县亳丘（今河南巩义）人。西晋文学家、植物学家，嵇康侄孙。

嵇氏一门以文名世，嵇含年少时即好学能文，他在住室门上书"归厚之门"，室内壁书"慎终之室"，鞭策自己。初举秀才，任郎中，晋惠帝时齐王冏任命他为征西参军。长沙王司马乂召为骠骑记室，后任襄城（治今河南襄城）太守，又附镇南将军刘弘，经常举荐贤才，刘弘待之以上宾。南方有乱，刘弘荐嵇含为平越中郎将、振威将军、广州（治今广东广州）刺史，作战英勇，歼灭叛军。刘弘死后，嵇含留领荆州，他素与刘弘的司马郭劢有隙，光熙元年（306年），被郭劢杀害。

嵇含将岭南的各类植物，根据属性的不同分为草、木、果、竹四类八十种，详加叙述，编成《南方草木状》一书。这是世界上最早的区域植物志，比西方植物学专著要早一千多年。这部著作最早对植物进行了分类，最早采用生物防治病虫害，受到国内外的高度重视。

嵇含墓在今郑州市巩义市鲁庄镇鲁庄村北约200米，国道310、县道958可达，地理坐标为北纬34°37′39″，东经112°52′11″。该墓建于西晋，为郑州市文物保护单位。墓冢坐落于耕地之中，高约3米，直径约22米，周长约150米，占地面积约400平方米。

嵇含墓

山简

山简,生于魏齐王嘉平五年(253年),卒于晋怀帝永嘉六年(312年),字季伦,河内怀县(今河南武陟西南)人。西晋大臣,山涛之子。

山简性情温文尔雅,颇类父亲山涛,初任太子舍人,历仕至太子庶子、黄门郎。山简出任青州(治今山东青州)刺史,召回任侍中,不久转任尚书,又历镇军将军、荆州刺史,兼南蛮校尉,但未赴任即又任尚书。惠帝光熙元年(306年),五十四岁的山简转任吏部尚书。

怀帝永嘉初年,山简出任雍州(治今陕西西安西北)刺史、镇西将军,召回任尚书左仆射,兼管吏部,上疏建议朝中大臣举荐人才,朝廷同意。永嘉三年(309年),出任征南将军,都督荆、湘、交、广四州诸军事,假节,镇守襄阳,怡闲自乐,沉迷饮酒,当地豪族习氏有优美的园林水池,山简名水池为高阳池。

不久,他加督宁、益二州军事。匈奴入侵,山简遣王万率军解救兵败,迁于夏口,招纳流亡之士,当地人多归附。华轶与山简是老朋友,作乱江州,山简以旧情不忍讨伐。永嘉六年(312年)山简因病去世,享年六十岁。追赠征南大将军、仪同三司。子山遐。

山简墓在今焦作市武陟县大虹桥乡东小虹村,省道235可达,地理坐标为北纬35°04′11″,东经113°16′59″。该墓建于西晋,为武陟县文物保护单位。原墓上分下连,东西长35米,南北宽22米,占地770平方米,现地表已平。

冉闵

冉闵，生年不详，卒于永兴三年（352年），字永曾，小字棘奴，魏郡内黄（今河南内黄西北）人。冉魏政权创建者，350—352年在位，年号永兴。

晋成帝咸康四年（338年），冉闵任后赵游击将军，首次参战，只有他的三千人马保全，一战成名，被石勒提拔为北中郎将，之后多次参加防卫后赵边界的战事，屡立战功。石世即位，冉闵支持石遵推翻石世，后又联合其他将领诛杀石遵，改立他的哥哥石鉴，任为大将军，掌控朝政大权。石鉴打算杀死冉闵，但事败反为冉闵所杀。后冉闵推翻羯赵政权，歼灭三十多万羯族与匈奴为主的胡兵，羯族与匈奴被基本杀绝。

350年，冉闵称帝建国，年号永兴，国号大魏，史称冉魏。之后突袭各路胡军，先后经历六场恶战，杀胡人无数。永兴三年（352年），他带领人马出城争粮，被鲜卑大军包围后俘虏。燕将慕容恪捉到冉闵，献与前燕国主慕容俊，慕容俊令人将冉闵鞭笞三百，斩于遏陉山（今属辽宁朝阳），后追封武悼天王。

冉闵陵在今安阳市内黄县高堤乡冉村寨外村东，省道302可达，地理坐标为北纬35°56′55.0″，东经114°42′03.0″。该墓建于西晋，为内黄县文物保护单位。墓葬坐落于耕地之中，四周邻村庄和农田，地势平坦。墓区原有墓冢、石案，神道两侧立石羊、石马、翁仲、华表等，后均遭到破坏。

冯熙

冯熙，生年不详，卒于北魏孝文帝太和十九年（495年），字晋昌，长乐信都（今河北冀州）人。北魏大臣。

冯熙生于长安，由姚氏魏母携带至氐羌抚育，喜好骑马射箭，有勇气才干。后随魏母回到长安，随宫中博士学习《孝经》《论语》等，喜欢阴阳兵法。成年后游于华阴、河东，生性泛爱，不拘小节，不管士子庶人，都喜欢结交。

他的妹妹为文成帝皇后（即后来的文明太后），派人查访知其所在，召入京城，拜冠军将军，赐肥如侯，与恭宗女博陵长公主结婚，拜驸马都尉。后出任定州（治今河北定州）刺史，进封为昌黎王。显祖即位，任太傅，累拜内都大官。高祖即位，文明太后临朝，冯熙为侍中、太师、中书监领秘书事。他以荣宠引人不满，心不自安，乞求外任，除车骑大将军、开府、都督、洛州刺史，任侍中、太师如故。

冯熙为政不能仁厚，但喜佛法，他出资在诸州镇建佛陀精舍，合七十二处，写一十六部一切经。营建塔寺多在高山秀阜，死伤很多人、牛，有人劝阻，冯熙说建成后人只见佛陀，怎知杀过人、牛。他收人

冯熙墓

子女为奴婢，有容色者幸之为妾，有子女数十人。后请求入朝，授内都大官、太师如故。冯熙对魏母非常孝顺，如同亲母，魏母去世，他散发徒跣，水浆不入三日。

冯熙后改封京兆郡公，孝文帝纳其三女，二女为后，一女为左昭仪，因此宠贵更甚，赏赐累计巨万。后因病休养四年，于太和十九年（495年）去世。魏孝文帝正车驾淮南，到徐州举哀致丧，制丧服，豫办凶仪，凡所营送，全由公家准备，给彩帛前后六千匹，皇后和太子亲往哭丧。

赠假黄钺、侍中、都督十州诸军事、大司马、太尉、冀州刺史，加黄屋左纛，备九锡。谥武。孝文帝迎接灵柩，悲恸而拜，下葬时送临墓所，亲作墓志铭。

冯熙墓在今洛阳市偃师市邙岭镇刘坡村南，光上路可达，地理坐标为北纬34°46′51.0″，东经112°39′04.0″。该墓建于北魏，为全国重点文物保护单位。墓葬坐落于冯王山上，四周均为山岭。墓冢近圆形，直径约30米，高约6米，周长约80米。

江淹

江淹，生于南朝宋文帝元嘉二十一年（444年），卒于南朝梁武帝天监四年（505年），字文通，济阳考城（今河南民权东北）人。南朝著名文学家，历仕南朝宋、齐、梁三代。

江淹年少时勤学不怠，不喜儒家经典，耽于诗文创作，六岁能作诗。十三岁丧父，生活拮据，自己上山砍柴，性格沉静，少与人交往。宋孝武帝大明七年（463年），二十岁的江淹出仕，任皇子始安王刘子真师，授"五经"，又任南徐州从事，后转奉朝请。宋建平王刘景素喜结交士人，江淹随他到南兖州，广陵令郭彦文获罪，江淹受到牵连被捕入狱，刘景素将他救出。不久江淹举南徐州秀才，对策上第，转巴陵王国左常侍，后随刘景素镇守荆州。

宋少帝即位，多失德，有人劝刘景素举事，江淹劝阻不听，后为镇军参军事，领南东海郡丞。刘景素经常与心腹日夜谋议，江淹知道将大祸临头，赠诗十五首讽谏。逢南东海太守因事不能履职，江淹自请由郡丞掌管郡事，惹刘景素大怒，将其贬为建安吴兴（治今福建浦城）令。江淹在当县令时，相传有一天他漫步浦城郊外，歇宿在一小山上，睡梦中见神人送给他一支闪着五彩的神笔，自此文思如涌，成了一代文章魁首，当时人称为"梦笔生花"。

后废帝元徽四年（476年），刘景素叛乱被杀。顺帝升明初年，萧道成辅政，召江淹为尚书驾部郎、骠骑参军事，不久荆州刺史沈攸之作乱，萧道成咨政于江淹。江淹认为萧道成雄武有奇略，宽容仁恕，贤能毕力，民望所归，且奉天子而伐叛逆，必可成就大业。军书表记，全由江淹起草，后补记室参军。

南朝齐高帝建元初年，江淹为骠骑豫章王记室，代东武（治今山东诸城）令，参掌诏册，并修国史，不久迁中书侍郎。武帝永明初年，迁骁骑将军，掌国史，出为建武将军、庐陵（治今江西吉水）内史。视事三年，还任骁骑将军，兼尚书左丞，不久以本官领国子博士。少帝萧昭业即位，他以本官兼御史中丞。时萧鸾为相，江淹弹劾官吏多人，内外肃然。

明帝建武元年（494年），萧鸾即位，江淹为车骑临海王长史，除廷尉卿，加给事中，迁冠军长史，加辅国将军。出为宣城（治今安徽宣城）太守，将军如故，四年后还为黄门侍郎、领步兵校尉，不久又为秘书监。东昏侯永元年间，崔慧景举兵围攻京城，许多人投奔，江淹托病不去，事平后众人佩服。后以秘书监兼卫尉，固辞未准，后任冠军将军，秘书监如故，不久兼司徒左长史。和帝中兴元年（501年）迁吏部尚书，第二年转相国右长史，冠军将军如故。

武帝天监元年（502年），为散骑常侍、左卫将军，封临沮县开国伯，食邑四百户。江淹觉得人生至此，应当满足，打算终老田园，当年以病迁金紫光禄大夫，改封醴陵侯。天监四年（505年）去世，享年六十二岁。皇帝着素服为其致哀，赠钱三万，布五十匹，谥宪伯。其子蒉袭封嗣。

江淹年少时以文章出名，晚年才思微退，时人言其才尽，"江郎才尽"典故即出于此。著述百余篇，自撰为前后集，并《齐史》十志，并行于世。作品包括诗、文和辞赋三部分，诗以《渡泉峤出诸山之顶》《仙阳亭》《游黄蘖山》等最具特色，《赤亭渚》《步桐台》《渡西塞望江上诸山》《秋至怀归》等亦颇有佳句。《望荆山》《还故园》等写仕途失意，为后人称道。辞赋多属抒情小赋，名篇如《恨赋》和《别赋》，《恨赋》写人生短促、志不获骋的感慨，《别赋》写不同人物的离愁别恨，为历代传诵。《狱中上建平王书》是诉说自己的冤屈愤懑之作，《袁友人传》是悼念好友袁炳之作。江淹历宋、齐、梁三朝，迄今流传的作品大都作于宋末和齐初，可断定为齐永明以后的作品只有《灵丘竹赋》和《铜剑赞》两篇，其余可能均已散失。

江淹墓在今商丘市民权县程庄镇岳庄村西，省道211转村间公路可达，地理坐标为北纬34°46′40.0″，东经115°12′16.0″。该墓建于南朝梁，为商丘市文物保护单位。墓葬坐落于村庄之中，四周为民宅。建有砖坊，两边各有石碑，记载江淹生平及后氏重修碑记和名录。四周树木葱茏。墓冢近圆形，直径6.5米，高2.3米。冢前有明成化年间墓碑一通，上书"齐醴陵侯金紫光禄大夫江文通之墓"。

江淹墓

北魏孝文帝元宏

孝文帝元宏，生于献文帝皇兴元年（467年），卒于文帝太和二十三年（499年），生于平城（今山西大同）。献文帝拓跋弘长子，本名拓跋宏。北魏皇帝，471—499年在位，年号延兴、承明、太和，庙号高祖，谥孝文。

相传元宏出生时神光照在室内，天地氤氲，和气充塞，幼年即显聪慧，成年后深沉冷静，仁义孝顺，有君子之风。皇兴三年（469年），三岁的元宏被立为皇太子，皇兴五年（471年）八月即皇帝位，改元延兴。时拓跋弘为太上皇，掌控诸事。延兴六年（476年），太上皇驾崩，冯太后临朝听政，孝文帝对冯太后颇为敬畏，朝政一直受控于冯太后。

太和八年（484年），孝文帝诏令文武百官核定俸禄，明令禁止官吏贪腐。太和九年（485年）十月，孝文帝颁布均田法，各州郡核查田亩，重新分配，成年男子、妇女、奴婢、官吏均可分得田地；改革赋役制度，实行新户调法。这些措施，使民众有田可耕，赋税相应增加，社会经济秩序逐步改善。太和十年（486年），孝文帝实行"三长制"，即每五家为一邻，设邻长，五邻为一里，设里长，五里为一党，设党长，这是国家基层管理的重要举措。邻长、里长、党长均择乡里中强而守法者担任，赋税征收以家为单位进行。此外，他还推行屯田制以发展经济，巩固中央集权。

太和十四年（490年）九月，冯太后崩，孝文帝异常悲痛，五天不思饮食，亲政后加大汉化改革力度。首先迁都洛阳，以便笼络当地士人，便于漕运，远离鲜卑保守贵族势力，顺利实现汉化。太和十七年（493年）秋，孝文帝以讨伐南朝萧齐为名，率数十万大军南下，十月中旬到达洛阳，适逢秋雨，将士不愿再前行。孝文帝趁机提出定都洛阳，众人只得答应，迁都计划顺利实现，此后数年一百多万人从平城迁到洛阳。太和二十年（496年），穆素、陆睿及元颐等武装叛乱，太子元恂打算率众返回平城，孝文帝将太子废为庶人后赐死。

孝文帝的汉化政策主要包括：改变衣冠、籍贯与丧葬地点，穿汉服，葬邙山，籍贯均定为洛阳；改胡语、胡姓，三十岁以下者不准再说鲜卑语，三十岁以上者可逐步改变，将拓跋氏改为元氏，其他贵族

北魏孝文帝长陵

八大姓也分别改成汉姓；改革官制，仿魏晋体制建立官僚系统；禁止鲜卑同姓通婚，倡导鲜卑贵族与汉姓大族通婚；仿汉制在洛阳设立学校，加强儒家传统正统思想地位，推广教化。

孝文帝是著名政治家、军事家和改革家，他所推行的汉化政策，促进了鲜卑族的文明化进程，加速了民族融合，对中华民族的发展进步具有重要意义。他为政勤勉，体恤民情，多次问候民间长者，对下纪律严明，规定出行或行军不准骚扰百姓，践踏庄稼。他生活俭朴，爱惜民力，不尚华奢。为人宽容，食中曾见虫秽之物，传膳者不小心烫伤他的手，都不予追究。冯太后曾想废掉他，但他对冯氏一直非常尊重，对兄弟也非常友好。善待文士，喜欢与他们交往，自己勤奋好学，尤喜老庄。迁都后，统一南北成为他的首要任务，曾三次出征。太和二十三年（499年），萧齐攻魏，三月他率兵亲征，大败萧齐，因病重退师，途中去世，终年三十三岁，葬长陵。

北魏孝文帝长陵在今洛阳市孟津县朝阳镇官庄村东南，孟邙公路可达，地理坐标为北纬34°45′51.0″，东经112°25′05.4″。该陵建于北魏，为全国重点文物保护单位。墓葬坐落于邙山坡地，四周为农田。长陵存孝文帝及文昭皇太后两陵，陵园南北长410米，东西宽395米，占地约16万平方米。孝文帝墓冢近圆形，高14米，周长350米，俗称"大冢"。西北70米有文昭皇太后陵，高10米，周长170米，俗称"小冢"。曾出土《魏文昭皇太后山陵志铭并序》。发现有陵墙、西门和南门、壕沟、排水设施、建筑基址、路土、水井等遗迹和大冢墓道，出土有瓦当、板瓦、筒瓦等建筑材料。

司马悦

司马悦，生年不详，卒于宣武帝永平元年（508年），字庆宗。北魏大臣，琅琊贞王司马楚之孙，司马金龙之子。

世宗初，司马悦任镇远将军、豫州（治今河南汝南）刺史，擅断狱。时有汝南人董毛奴被杀，嫌犯张堤屈打成招，案件上报，司马悦怀疑，追查现场遗留刀鞘，拘捕刀鞘主人董及祖，董及祖供认不讳。司马悦与镇南将军元英攻克义阳，朝廷改梁司州为郢州，以司马悦为刺史，后改豫州刺史，论赏前功，封渔阳子。宣武帝永平元年（508年），豫州人白早生反叛，将司马悦杀死送至梁国，朝廷诏赠平东将军、青州刺史，谥庄。子司马朏袭。永平四年（511年）葬于河阳（今河南孟州）。

司马悦墓在今焦作市孟州市会昌街道斗鸡台村西北5队，省道238可达，地理坐标为北纬34°53′36.0″，东经112°44′50.0″。该墓建于北魏。墓冢原高10米，周长100米，1979年发现，出土有墓志，铭文为著名的书法艺术珍品。

杨机

杨机，生于北魏孝文帝延兴四年（474年），卒于孝武帝永熙二年（533年），字显略，天水冀县（今甘肃甘谷）人。北魏初年，祖父杨伏恩举家迁到洛阳，杨机出生于此。北魏大臣。

杨机年少即有志节，为士大夫称道，被河南尹李平、元晖召为功曹，元晖将郡中一些事务委托于他，杨机因此声名更著，后可参加朝会。朝廷选拔清直之士，杨机被举为京兆王元愉中尉，后迁给事中、伏波将军、廷尉评。宣武帝延昌年间，杨机掌河阴县（治今河南孟津东北），为官清正廉洁，不畏权势，政事明晰透彻，断狱体谅人情，声誉颇佳。后任平东将军、荆州刺史杨大眼长史。

孝明帝熙平年间，为泾州（治今甘肃泾川）平西府长史，不久授河阴令，转洛阳令，京城人惮于他的威严，少有人作奸犯科。杨机后迁镇军将军、司州治中，转别驾，兼尚书左丞、南道行台，讨伐荆州蛮人叛乱。又任中散大夫，再任别驾，州牧、高阳王雍将许多事务委其办理，外任清河内史，转左将军、河北太守，均以政绩出名。

孝庄帝建义初年，杨机拜平南将军、光禄大夫，兼廷尉卿，又任安南将军、司州别驾，不久任河南尹，转廷尉卿，徙卫尉卿，出任安西将军、华州刺史。孝武帝永熙初年，任卫将军、右光禄大夫，不久任度支尚书。永熙二年（533年），卷入朝中派系斗争被杀，享年六十岁。杨机品行端正，奉公守法，被时人称道。他家贫无马，多乘坐小牛车，时人论其为人清白。

杨机墓在今洛阳市宜阳县锦屏镇马窑村，省道319、省道323可达，地理坐标为北纬34°31′40.75″，东经112°20′47.37″。该墓建于北魏。墓葬坐落于三道岭上，地势高亢，东望伊阙，西临飞山，南低北高。墓葬已遭破坏，征集陶俑、瓷器、陶器、石器等文物百余件。

袁翻

袁翻，生于魏孝文帝承明元年（476年），卒于孝庄帝建义元年（528年），字景翔，陈郡项（今河南项城）人。父袁宣，子袁聿修。北魏重臣。

袁翻年少时即以才学著名，初为奉朝请，宣武帝景明初年任著作佐郎，参与撰修国史，后拜尚书殿中郎，正始初年参与制定律令，后因母亲去世离职。孝明帝熙平元年（516年），袁翻除廷尉少卿，频发不平议论，受灵太后责备，出任阳平太守，内心不满，作《思归赋》。后迁凉州刺史，拜吏部郎中，又迁齐州（治今山东济南）刺史。

孝昌初年，袁翻任安南将军、中书令，领给事黄门侍郎，与徐纥共掌文书。当时蛮贼充斥，朝廷打算用兵，袁翻上表谏止，朝廷不听，兵败，袁翻再上表奏请为死亡将士举哀。孝昌二年（526年），拜度支尚书，寻转都官，加抚军将军。

孝庄帝建义元年（528年），尔朱荣举兵反乱，袁翻遇害于河阴（今河南孟津东北），享年五十三岁，朝廷赠使持节、侍中、车骑将军、仪同三司、青州刺史。袁翻名位俱重，各方贤达攀附，但他独善其身，对后进无所奖拔。著文百余篇，行于世。

袁翻墓在今周口市项城市南顿镇崔街村北，国道106可达，地理坐标为北纬33°25′58.83″，东经114°50′2.07″。该墓现已不存。

北魏宣武帝元恪

宣武帝元恪,生于孝文帝太和七年(483年),卒于延昌四年(515年),名恪,生于平城(今山西大同)。孝文帝次子,母高氏。北魏皇帝,499—515年在位,年号景明、正始、永平、延昌,庙号世宗,谥宣武。

据载,高氏梦见太阳追赶,化成一条龙环绕她数匝,醒后有孕,后生元恪。太和二十一年(497年),十五岁的元恪被立为皇太子。太和二十三年(499年),元恪即皇帝位,大赦天下。宣武帝拒绝鲜卑遗老重返故里的建议,扩建洛阳城,巩固孝文帝汉化成果。宣武帝趁南朝齐和帝昏暴统治时期,于景明二年(501年)南伐,历八年战事结束,占领扬州、荆州、益州等地,国势盛极一时。

宣武帝时期,腐败现象越来越严重,外戚高肇专权后,朝政更加腐败。高肇逼杀北海王元详,控制诸亲王,引京兆王元愉不满,起兵谋反,不久即被镇压。宣武帝统治末期,农民起义此起彼伏,朝廷花

北魏宣武帝景陵

费大量精力镇压。

元恪年幼有风度，喜怒不形于色，雅性素朴。当初文帝观察诸子志趣，放置宝物让大家挑选，元恪只取骨质如意，文帝惊讶。他喜欢经史，尤擅佛教经典，常常亲自讲佛论经，广召僧众，辨明义旨。宣武帝容貌风采颇佳，上朝时深沉大度，端庄稳重，有皇帝之风。延昌四年（515年），宣武帝去世，终年三十三岁，葬景陵。

北魏宣武帝景陵在今洛阳市老城区邙山镇冢头村东，临机场路，地理坐标为北纬34°44′04.83″，东经112°24′25.77″。该陵建于北魏，为全国重点文物保护单位。墓葬坐落于邙山之顶，周边地势平坦，现处洛阳古代艺术博物馆内。封土直径约105米，高约24米，周长314米。墓经发掘，砖筑，全长54.8米，由墓道、前甬道、后甬道、墓室四部分组成。共出土文物45件，包括青瓷器、釉陶器、陶器、石器、铁器等，其中如方形四足陶砚和龙柄盘口壶、龙柄鸡首壶、四系盘口壶、钵、盂等青瓷器都颇具历史和文化价值。

元怿

元怿，生于孝文帝太和十一年（487年），卒于孝明帝正光元年（520年），字宣仁，洛阳（今河南洛阳）人。北魏孝文帝第四子。

元怿年幼时非常聪明，相貌俊美，孝文帝非常宠爱他。他博览经史，有文才，宽仁容裕，喜怒不形于色。太和二十一年（497年），十一岁的元怿封清河王。宣武帝初年拜侍中，后转尚书仆射，长于政事，明于决断，声名颇佳。司空高肇把持朝政，数次忤逆元怿等人，元怿将高肇比作王莽，对宣武帝说："何使明君失之于上，奸臣窃之于下？"

孝明帝初年，元怿迁太尉，侍中如故，并掌门下事，揽持朝政，竭力匡辅，以天下为己任。领军元叉是太后妹夫，恃宠骄盈，元怿依法裁处，被元叉所怨。元叉党人宋维诬告元怿谋反，将其拘禁，终因不实获释。他搜集以往忠烈之士，著《显忠录》二十卷，表明心志。正光元年（520年）七月，元叉与刘腾威逼肃宗，囚禁灵太后，元怿也被拘于门下省，构陷罪状，被杀害，终年三十四岁。朝野上下为之悲痛，劈面致哀者达数百人。

元怿墓在今洛阳市瀍河回族区瀍河乡上窑社区西北，临北盟路，地理坐标为北纬34°42′25.9″，东经112°28′24.7″。该墓建于北魏，为全国重点文物保护单位。墓葬坐落于瀍河西岸，临近村庄。墓冢直径约30米，高约15米。洛阳古代艺术博物馆复建。

元怿墓

袁跃

袁跃，生卒年不详，字景腾，陈郡项（今河南项城）人。北魏大臣，袁翻之弟。

袁跃学识广博，才华出众，以诚交友，其兄袁翻对人常说："袁跃是我们袁家的千里马。"他历任尚书都兵郎中，兼领员外散骑常侍。朝廷拟建明堂，袁跃上疏议论，时人赞其知识广博。他给蠕蠕国主阿那瑰写信，言辞优美。后升车骑将军、太傅、清河王元怿文学官，为元怿欣赏，文表大多出于袁跃。袁跃去世后赠冠军将军、吏部郎中。袁跃无子，以兄袁翻之子袁聿修为子。著有文集十三卷，当时非常流行。

袁跃墓在今周口市项城市南顿镇崔街村北，国道106可达，地理坐标为北纬33°25′59.83″，东经114°50′03.07″。该墓现已不存，原情况不明。

元叉

元叉，生年不详，卒于魏孝明帝孝昌二年（526年），又名元义，字伯俊，小字夜叉。北魏皇室，南平王拓跋霄之孙，江阳王元继长子。

元叉为胡灵太后妹夫，又与胡灵太后私通，因此权倾朝野，清河王元怿多次惩戒他，元叉遂告元怿谋反。孝明帝正光元年（520年）七月，元叉与宦官刘腾将灵太后软禁于北宫，囚元怿于门下省，诬陷元怿谋反，将他杀害。此后，元叉与太师高阳王元雍等辅政，又诛相州刺史中山王元熙、右卫将军奚康生。

正光五年（524年）秋，孝明帝与灵太后、丞相元雍密谋除掉元叉。元叉害怕，上疏辞官，被解除兵权，为骠骑大将军，仪同三司，尚书令，侍中，领左右，仍总任内外之事，后又解侍中。不久有人告发元叉及弟元爪谋反，并得其手书，孝昌二年（526年），胡灵太后将二人赐死于家中。追赠元叉为侍中、骠骑大将军、仪同三司、尚书令、冀州刺史，封其子元亮平原郡开国公，食邑一千户。

元叉墓在今洛阳市孟津县朝阳镇向阳村西南，省道243可达，地理坐标为北纬34°44′30.6″，东经112°27′51.0″。该墓建于北魏，为全国重点文物保护单位。墓葬东临洛孟公路，墓冢为夯筑圆形，直径35米，残高约11米。洛阳古代艺术博物馆复建。

元叉墓

北魏孝庄帝元子攸

孝庄帝元子攸，生于宣武帝正始四年（507年），卒于永安三年（530年）。彭城王元勰第三子，母李妃。北魏皇帝，528—530年在位，年号建义、永安，庙号敬宗，谥武怀、孝庄。

元子攸年少时陪孝明帝读书，稍长后风神秀慧，姿貌甚美。后拜中书侍郎、城门校尉，兼给事黄门侍郎，很受孝明帝喜欢，经常待在宫中，后迁散骑常侍、御史中尉。孝昌二年（526年），二十岁的元子攸封长乐王，后转侍中、中军将军。孝昌三年（527年），转卫将军、左光禄大夫、中书监。

武泰元年（528年），孝明帝去世，大都督尔朱荣拥立元子攸继位，时年二十二岁。孝庄帝勤于政事，朝夕不倦，多次亲自览阅案卷，消弭冤狱。即位不久，葛荣的义军南下威逼洛阳，尔朱荣率众平乱，葛荣被俘后处斩，尔朱荣封大丞相，都督河北京外诸事，后又平定邢杲，屠杀元颢，擒拿万俟丑奴，功名显赫，权势日盛，野心逐步显露。

北魏孝庄帝静陵

孝庄帝开始密谋诛杀尔朱荣。永安三年（530年），以尔朱皇后生太子为名，诱其进宫后将其杀死。尔朱荣的弟弟尔朱世隆收拢尔朱荣部下继续反叛，孝庄帝劝降不成，便决一死战，尔朱世隆战败后率军北撤。尔朱荣的儿子尔朱兆率兵占据晋阳（今山西太原），与尔朱世隆合兵，推立太原太守元晔为帝，再次杀向洛阳。孝庄帝防卫不当被生擒，关在永宁寺中，移到晋阳后被杀，年仅二十四岁，葬静陵。

北魏孝庄帝静陵在今洛阳市西工区红山街道上寨社区南，国道310可达，地理坐标为北纬34°42′15.9″，东经112°22′29.8″。该陵建于北魏，为全国重点文物保护单位。墓葬坐落于坡地，毗邻村庄、农田，占地面积1200平方米。墓冢近圆形，残高15米，直径约40米。曾出土石翁仲一件。

北魏孝明帝元诩

孝明帝元诩，生于宣武帝永平三年（510年），卒于武泰元年（528年）。宣武帝第二子，母胡充华。北魏皇帝，515—528年在位，年号熙平、神龟、正光、孝昌、武泰，庙号肃宗，谥孝明。

据说，元诩出生时有光照于庭中，是为瑞相。延昌元年（512年），三岁的元诩被立为皇太子，延昌四年（515年）即皇帝位，太保、高阳王元雍决庶政，任城王元澄为尚书令，朝政听于二人。后群臣奏请母胡太后临朝称制，皇太后遂亲览万机。

正光元年（520年）七月，侍中元叉、中侍中刘腾矫诏将皇太后幽闭于北宫，杀清河王元怿，总揽朝政。相州刺史、中山王元熙举兵攻伐二人，没有成功。第二年，右卫将军奚康生计划刺杀，反被元叉所害。孝昌元年（525年），以领军将军元叉为骠骑大将军、仪同三司。之后皇太后临朝摄政，刘腾被追削爵位，元叉除名为民。

当时四方多事，诸夷纷纷造反。山胡刘蠡升自称天子，都督元谭被杜洛周所败，五原降户鲜于脩礼反于定州，西部敕勒斛律洛阳造反，被别将尔朱荣出击大破。鲜

北魏孝明帝定陵

于脩礼被手下元洪业斩杀，但元洪业又被葛荣所杀。可谓反叛四起，战乱不断，皇帝下诏："顷旧京沦覆，中原丧乱，宗室子女，属籍在七庙之内，为杂户滥门所拘辱者，悉听离绝。"（《魏书·肃宗纪》）

武泰元年（528年），孝明帝去世，年仅十九岁，葬于定陵。皇太后以元钊继位，大都督尔朱荣不满意，勒兵向南，杀皇太后和幼主，立元子攸为帝。《魏书·肃宗纪》中评价："魏自宣武已后，政纲不张。肃宗冲龄统业，灵后妇人专制，委用非人，赏罚乖舛。于是衅起四方，祸延畿甸，卒于享国不长。抑亦沦胥之始也，呜呼！"

北魏孝明帝定陵在今洛阳市孟津县送庄镇东山头村东南1200米，省道314转村间公路可达，地理坐标为北纬34°46′30.2″，东经112°33′43.7″。该陵建于北魏，为全国重点文物保护单位。墓葬坐落于邙山坡地，南临连霍高速，北眺黄河，近邻工厂、农田，占地面积10000平方米。墓冢近圆形，直径100米，高17米。

袁聿修

袁聿修，生于北魏宣武帝永平四年（511年），卒于隋文帝开皇二年（582年），字叔德，陈郡阳夏（今河南太康）人。北朝朝臣，为官清廉，称"清郎"。

袁聿修七岁时父亲去世，守丧礼度，与成人无二。九岁时州里辟为主簿，性格深沉，颇有见地，清净寡欲，与世无争，深受尚书崔休赏识。袁聿修后任太保开府西阁祭酒，又领本州中正，不久兼尚书度支郎，又历任兵部和户部郎中。东魏孝静帝武定末年，任太子中舍人。

北齐文宣帝天保元年（550年），袁聿修任太子庶子，以本官行博陵太守。任职数年，政绩出色，声誉颇佳，深得百姓称赞。天保八年（557年），兼任太府少卿，不久转大司农少卿，又改太常少卿。孝昭帝皇建二年（561年），因母去世离职，不久官复原职，加冠军将军、辅国将军，调任吏部郎中。后迁司徒左长史，加骠骑大将军，领兼御史中丞，因事被免去御史中丞，不久迁秘书监。

北齐后主天统年间，与赵郡王高睿等商议制定"五礼"，后出任信州（治今河南淮阳）刺史。为政清廉，不言而治，官民欢心，任满还京时，百姓夹道相送，又为他立碑纪念。任刑部尚书，仍领本州中正，兼吏部尚书，仪同三司，不久正任吏部尚书。他性格平和温润，遵守规矩法度，尚书十年，未接受馈赠，时人称其"清郎"。

北齐灭亡，袁聿修入仕北周，仪同大将军，任吏部下大夫。周静帝大象二年（580年），为东京司宗中大夫。隋文帝开皇元年（581年），七十一岁的袁聿修加上仪同三司，迁东京刑部尚书，又入为刑部尚书。开皇二年（582年），袁聿修出任熊州（治今河南宜阳）刺史，不久去世，享年七十二岁。

袁聿修墓在今周口市项城市南顿镇马楼村南，光武大道可达，地理坐标为北纬33°25′39.3″，东经114°53′09.7″。该墓建于隋。墓葬坐落于耕地之中，地势平坦，现已不存。

隋唐五代时期

韩擒虎

韩擒虎，生于西魏大统三年（537年），卒于隋开皇十二年（592年），字子通，东垣（今河南新安）人。隋朝大将。

韩擒虎自幼慷慨大方，胆识出众，粗犷豪迈，而且容貌魁岸，英雄仪表。他天生喜欢读书，经史百家皆知其要旨。北周时，宇文泰见其气度不凡，就让他同自己的儿子交往，后以军功至仪同三司、都督、新安太守，袭父爵新义郡公。

北周建德五年（576年），东征北齐，说降北齐金墉（今洛阳东北）守将独孤永业。平定范阳一代北齐残余势力，加上仪同，官拜永州（治今河南信阳）刺史。大象二年（580年），杨坚任北周丞相，任韩擒虎为和州（治今安徽和县）刺史，多次挫败陈兵进攻。

581年，隋朝建立，杨坚称帝，拜韩擒虎为庐州（治今安徽合肥）总管，出镇

韩擒虎墓

庐江（今安徽合肥），直接威胁陈朝京师建康（今江苏南京）。开皇八年（588年）八月，文帝大举进攻陈朝，韩擒虎率部众出庐江，为灭陈主力，并担任先锋。他率领五百壮士趁夜渡过长江，占领江防重镇采石矶，用半天时间，夺取建康上游门户姑孰（今安徽当涂），然后继续向建康进发。多名陈将闻得韩擒虎大名，相继投降。韩擒虎即与其他将领会师新林（今江苏南京西南）后，率军杀奔朱雀桥，直逼朱雀门，守将弃军而逃，余众溃散。陈军大将任蛮奴投降，韩擒虎轻而易举地进入了建康城，手下将领将陈后主与宠妃张丽华从一口枯井中擒获。杨坚称赞韩擒虎与另一将军贺若弼，"平定江表，二人之力也"（《隋书·韩擒虎传》），并予以重赏，进位上柱国，赐绢物八千段。

突厥来朝，皇帝特意介绍韩擒虎是捉拿陈国天子之人，突厥人惶恐，不敢仰视。韩擒虎后封寿光县公，食邑千户。以行军总管屯驻金城（治今甘肃兰州），抵御胡人，后拜凉州（治今甘肃武威）总管，对经略西北边境颇有贡献。文帝曾专门将他召回，在宫廷赐宴，给予极高礼遇。开皇十二年（592年），韩擒虎去世，享年五十五岁。韩擒虎弟韩增寿、韩洪，子韩世谔，都是当时猛将。

韩擒虎墓在今安阳市滑县赵营乡小韩村东约1000米处，省道222、省道101可达，地理坐标为北纬35°35′28.0″，东经114°53′36.0″。该墓始建于隋代，为滑县文物保护单位。北近金堤河，南邻黄庄河，四周为林场和耕地。墓冢呈椭圆形，直径约12米，高约4米。南有韩擒虎墓祠遗址。

甄权

甄权，生年不详，卒于唐贞观十七年（643年），许州扶沟（今河南扶沟）人。隋唐时期名医。

甄权母亲生病，为医母病，甄权和弟弟甄立言精研医术，造诣颇深，终成名医。隋文帝开皇初年，为秘书省正字，后因病免职。鲁州刺史库狄嵚患风湿，手臂不能拉弓，众大夫无法医治。甄权表示若保持射箭的姿势，一针就可以射箭了，随后便在库狄嵚肩隅穴用针，一针下去，马上就好了。甄权治病，大多是用此种办法。唐太宗贞观十七年（643年），皇帝到他家慰问，并授朝散大夫，赐几杖衣服。甄权于当年去世。撰有《脉经》《针方》《明堂人形图》各一卷。

甄权墓在今周口市扶沟县包屯镇郝岗村北200米，省道218转村间公路可达，地理坐标为北纬34°11′46.0″，东经114°25′48.0″。该墓始建于唐代，为扶沟县文物保护单位。墓葬坐落于岗地之中，地势平坦。墓冢直径约8米，高约4米，占地面积50余平方米。墓东北100米有其弟甄立言之墓。

甄权墓

甄立言

甄立言，生于南朝梁大同十一年（545年），卒于唐贞观年间。甄权之弟。隋唐时期名医。

甄立言和甄权均擅长医术。唐高祖武德年间，甄立言迁太常丞。御史大夫杜淹患风毒发肿，皇帝令甄立言看病。甄立言诊断后回奏：十一天后午时必死。后果如其言。时有尼名明律，六十余岁，患有心腹鼓胀之症，身体羸瘦，已经两年。甄立言诊脉后说腹内有虫，于是让她服雄黄。明律一会儿吐出一蛇，如人手小指大小，病即痊愈。太宗贞观年间，病逝。撰有《本草音义》七卷、《古今录验方》五十卷、《本草药性》三卷，均佚。

甄立言墓在今周口市扶沟县包屯镇郝岗村北约300米处，省道218转村间公路可达，地理坐标为北纬34°11′51.0″，东经114°25′56.0″。该墓始建于唐代，为扶沟县文物保护单位。墓冢位于岗下，淤积近平，唯见墓顶。

屈突通

屈突通，生于北周明帝元年（557年），卒于唐贞观二年（628年），长安（今陕西西安）人。隋唐时期名将。

屈突通在隋朝时曾当过虎贲郎将，隋文帝命他到陇西核查牧产，查出马匹数量相差两万匹，皇帝大怒，欲将罪臣太仆卿慕容悉达、监牧官吏一千五百余人处死，屈突通拼死力谏，全部减轻处罚。后擢左武卫将军。屈突通为官正直，即使亲属犯法，也不宽恕。他的弟弟屈突盖为长安令，也以正直严厉出名。时人称"宁食三斗艾，不见屈突盖；宁服三斗葱，不逢屈突通"（《旧唐书·屈突通传》）。

隋炀帝继位后，派屈突通召汉王杨谅进京。当初，文帝曾与杨谅有约，若有玺书征召，须有符合双方约定的记号，所以当屈突通持诏书到来时，杨谅见诏书没有与文帝相约的印记，知道其中有变，便诘问屈突通，屈突通沉着应答，平安返回长安。大业年间，与宇文述共破反兵杨玄感，以功迁左骁卫大将军。秦、陇盗起，授关内讨捕大使。安定人刘迦论反，屈突通发关中兵击之，却不与战，军中以为屈突通怯战。待刘迦论不备，趁夜以精兵袭之，斩刘迦论。屈突通打仗持重，所以虽然没有大胜，但也能不败。炀帝南巡时，又镇守长安。

大业十三年（617年），李渊起兵，屈突通守卫河东，双方久战不下。之后手下将领桑显和被李渊将刘文静兵击溃，屈突通势力大衰，处境艰难。有人劝降，屈突通不肯，宁愿以死报国。后桑显和投降了刘文静，刘文静派人进攻屈突通，屈突通自知难逃此劫，下马痛哭，被擒，送往长安。李渊不仅不杀他，还说："何相见晚耶？"屈突通泣曰："通不能尽人臣之节，力屈而至，为本朝之辱。"李渊说："忠臣也！"（《旧唐书·屈突通传》）就把他释放，并授予兵部尚书、蒋国公，为秦王行军元帅长史。

唐高祖时，屈突通随李渊平定薛仁杲，诸将争抢敌军珍宝，只有屈突通没拿任何东西。李渊听说后，特别赏赐金银六百两、彩绸千段。后判陕东道行台左仆射，讨伐王世充，论功第一，拜陕东道大行台右仆射，镇守东都洛阳。数年后，任刑部尚书。屈突通以自己是武将，不习文不熟悉条文为由坚辞，改工部尚书。

玄武门之变后，屈突通复任检校行台仆射，镇守洛阳。太宗贞观元年（627年），任洛州都督，进左光禄大夫。贞观二年（628年），屈突通去世，享年七十二岁，赠尚书左仆射，谥忠。后又下诏配飨太宗庙廷。唐高宗李治永徽五年（654年），追赠司空。

屈突通墓在今济源市梨林镇屈西村内中南部，省道312、乡道022可达，地理坐标为北纬35°06′33″，东经112°44′23″。该墓始建于唐代，为济源市文物保护单位。现仅余一冢，坐落于村庄之中，四周均为民宅。原墓冢高大，现破坏严重，形状不甚规则，长约10米，宽约2米，残高约3.5米，周长约25米。居民在建房时，曾发现墓砖。

屈突通墓

马三宝

马三宝，生年不详，卒于唐贞观三年（629年），代（今山西代县）人。唐初将领。

马三宝反应灵敏，颇有谋略。最初事柴绍，为家童。柴绍娶李渊之女平阳公主，李渊起兵时，马三宝侍奉公主聚于司竹园（今陕西西安司竹乡），说服贼寇何潘仁与公主联合，自称总管，接纳四方盗寇，拥兵数万，李渊授其为左光禄大夫。之后，马三宝跟随秦王李世民平定长安，因功官拜太子监门率，击败反叛的胡人刘拔真。跟随李世民平掉薛仁杲，跟从柴绍攻击吐谷浑，冲锋陷阵，斩其首领，前后俘虏男女数千人，因功封新兴县男。

马三宝后来跟随李渊巡幸司竹园，李渊询问马三宝该地是否其兴兵之处，并将他与同为公主家奴的西汉卫青相比。贞观元年（627年），拜左骁卫大将军，进爵为公。贞观三年（629年），马三宝去世。李世民为其辍朝，谥忠。

马三宝墓在今许昌市建安区小召乡段墓村北500米，县道007可达，地理坐标为北纬34°09′47.7″，东经113°57′11.7″。该墓始建于唐代。墓四周为耕地，地势平坦，仅余一冢。墓冢形状不甚规则，长约25米，宽2.5～14米，高约2.5米，占地面积约360平方米。墓冢附近存民国三年（1914年）石碑一通。

马三宝墓

谷那律

谷那律，生年不详，卒于唐永徽元年（650年），魏州昌乐（今河南南乐）人。唐朝大臣，熟谙儒学。

谷那律阅书广博，在贞观年间累迁至国子博士，黄门侍郎褚遂良称他为"九经库"。唐时九经指三礼（《周礼》《仪礼》《礼记》）、三传（《左传》《公羊传》《谷梁传》），以及《易》《书》《诗》，是当时学子科举的必读书，能被称为"九经库"，可见谷那律学识之渊博。不久谷那律迁谏议大夫，兼弘文馆学士。

谷那律曾经跟随太宗出猎，在途中遇雨。太宗问他油衣如何才能不漏，谷那律说若能以瓦制作，必然不会漏了，其意是劝太宗多在殿堂之内，不要外出狩猎。太宗非常高兴，赏赐帛二百段。永徽元年（650年），卒于任上。

谷那律墓在今濮阳市南乐县元村镇谷村西北，省道301、县道001均可到达，地理坐标为北纬36°06′57.59″，东经115°06′51.08″。该墓建于唐代，为南乐县文物保护单位。墓区坐落于一池塘中，地势低凹，紧临水面。墓冢呈椭圆形，长约2.3米，宽约1.3米，高约1.2米。墓冢外以水泥封护，四周植有树木，前有现代墓碑一通。

谷那律墓

张公艺

张公艺，生于北齐承光二年（578年），卒于唐高宗仪凤元年（676年），郓州寿张（今河南台前）人。一介平民，治家有方，九世同堂，传为佳话。

张公艺幼年聪明好学，公道忍让，孝父尊长。十二岁时，主持家业，九代同居，家庭和睦。据族谱记载，张公艺幼年有成德之望，正德修身，礼让齐家，立义和广堂，制典则、设条教，以戒子侄。是以父慈子孝，兄友弟恭，夫正妇顺，姑婉媳听。九辈同居，合家九百人，每日鸣鼓会食。养犬百只，缺一不吃。

北齐时，东安王高永乐到张公艺家拜访，慰抚旌表。隋开皇年间，大使、邵阳公梁子恭也亲自慰抚，重表其门。贞观年间，唐太宗又派人加旌表。麟德年间，唐高宗去泰山时路过郓州，亲自到张公艺家，问他何能如此仁义。张公艺拿出纸笔，只写了百余个"忍"字，高宗感动哭泣，并赐给他家缣帛。仪凤元年（676年），张公艺去世，享年九十九岁。

张公艺墓在今濮阳市台前县孙口镇桥北张村南100米，省道254、省道101可达，地理坐标为北纬35°57′36.6″，东经115°52′30.0″。该墓始建于唐代，为濮阳市文物保护单位。此为其家族墓地，砌有茔墙，四周植树木。原墓冢、石坊、碑碣等均淤没于地下。后人在墓址上重新堆垅，现存墓冢9座，面积1500平方米。张公艺墓冢高3米，直径约6米，周长18米。下部约2米以水泥围砌。

张公艺墓

孙思邈

孙思邈，生于隋开皇元年（581年），卒于唐高宗永淳元年（682年），京兆华原（今陕西耀州）人。中国古代名医，人称"药王"。

孙思邈七岁入学，日诵一千余字。弱冠之年，即熟悉庄子、老子及百家之说，并喜欢佛教典籍，时人称其为"圣童"。北周宣帝时，隐居太白山（在今陕西眉县），杨坚辅政，征他为国子博士，孙思邈称疾不就。唐太宗即位，召他到京师，打算授他爵位，他仍坚辞不受。高宗显庆四年（659年），拜他为谏议大夫，又固辞不受。咸亨四年（673年），高宗患疾，令其随御。上元元年（674年），孙思邈因病请归。

当时知名之士宋令文、孟诜、卢照邻等，都以师礼待孙思邈。卢照邻有恶疾，久治不愈，向孙思邈询问良医治疾之道。孙思邈说："良医导之以药石，救之以针剂，圣人和之以至德，辅之以人事，故体有可愈之疾，天地有可消之灾也。"又说："胆欲大而心欲小，智欲圆而行欲方。"（《大唐新语》）

孙思邈自称开皇元年（581年）出生，年九十三岁时，谈论起北周、北齐年间的事情，如数家珍。魏征等人编修齐、梁、陈、周、隋五代史，屡次访问孙思邈，孙思邈以口相授，有如目睹。由此推断他不止百岁了，然而视听不衰，神采甚茂。

时人孙处约带着他的五个儿子侹、儆、俊、佑、佺，拜见孙思邈，孙思邈说："俊当先贵；佑当晚达；佺最名重，祸在执兵。"（《旧唐书·孙思邈传》）后来，全都如其所言。太子詹事卢齐卿年幼时，向孙思邈请教后来之事，孙思邈说："你五十年后将位登方伯，我的孙子为属吏。"后来齐卿为徐州刺史，孙思邈的孙子孙溥为徐州萧县丞。孙思邈当初对齐卿言说此事时，孙溥尚未出生。

孙思邈对阴阳、天文、医药等都很精通，尤其是在医药方面，以《千金方》影响最大。该书共三十卷，系统总结了唐以前的临床诊治经验，涉及妇科、儿科、七窍、伤寒、内科、养生等各个方面，是我国最早的一部临床医学百科全书，对后世有着较大的影响，对中华传统医学的发展有着重要意义。唐太宗赞孙思邈："凿开径路，名魁大医。羽翼三圣，调和四时。降龙伏虎，拯衰救危。巍巍堂堂，百代之师。"（《全

孙思邈墓

唐文》卷四）北宋徽宗敕封其为"妙应真人"，后世尊其为"药王"。

永淳元年（682年），孙思邈去世，遗令薄葬，不藏明器，祭祀不用牲畜。一个多月后，颜貌不改，但尸体轻得像只有衣服一样，当时人都觉得奇怪。孙思邈自注《老子》《庄子》，撰《千金方》三十卷，《千金翼方》三十卷，《福禄论》三卷，《摄生真录》《枕中素书》《会三教论》各一卷。有子，名孙行。

孙思邈墓在今济源市王屋镇林山村，省道312、县道008可达，地理坐标为北纬35°10′26.26″，东经112°18′14.27″。该墓始建于唐代，为济源市文物保护单位。又称孙真人坟。墓葬地处王屋山脉、大店河西岸的庙岭之上，背靠王母洞，面向三官岭，四周群山环绕，草木葱茏，东有清虚小河流过。墓冢圆形，直径9米，冢高2.5米，四周以砖围砌。前有孙真圣庙，即孙思邈祠，为四合院落。

李密

李密，生于隋开皇二年（582年），卒于唐武德元年（618年），字玄邃，一字法主，祖籍辽东襄平（今辽宁辽阳南），后迁京兆长安（今陕西西安），为长安人。隋末时农民军首领。

李密父李宽，为隋朝柱国、蒲山郡公。李密承袭父爵，年少时即志向远大，不吝资财，礼遇贤才，又好读书，尤好兵书，常能背诵。李密初任左亲侍，后称病辞职，专心读书。有一天，李密骑着牛去包恺处，他把一本《汉书》挂在牛角上，一手牵牛，一手翻看书卷。宰相杨素恰好在背后看见，见这青年如此好学，便纵马追上去问道："书生是何人？"李密见是宰相杨素，忙从牛背上跳下来，行礼通报姓名。杨素回家后和儿子杨玄感谈起，希望他能和李密结成朋友。经过杨素的宣传，"牛角挂书"后来成了个很有名的历史故事，李密和杨玄感也成了刎颈之交。隋大业九年（613年）隋炀帝征伐高丽，杨玄感在黎阳（今河南浚县）举兵反隋，把李密请来为其出谋划策。李密向杨玄感献上三计：率兵入蓟，扼住隋炀帝退兵的咽喉要道，然后传檄天下；率兵取长安，据函、崤关口，而后取天下；先取东都洛阳、屯兵坚城。这上、中、下三计，杨玄感却采纳了下计。

后来隋将来攻，李密又建议引军西入，但途中杨玄感执意围攻弘农宫，被隋军追上，遭到失败，李密从小路入关被捕获，中途择机逃脱。李密来到淮阳后自称刘智远，聚徒教授，但觉郁郁不得志，作五言诗阐发远大志向被告发，不得已逃走。当时翟让在瓦岗寨聚众一万余人，李密投靠翟让，但因他是杨玄感的部下，被翟让关押。李密通过王伯当向翟让分析时局，劝翟让推翻隋朝。翟让听后对李密非常佩服，于是将他释放，并派他劝说多股义军投降自己。李密又建议翟让直取荥阳，翟让采纳，战事顺利，大败悍将张须陀。

大业十三年（617年），翟让分兵与李密，别为牙帐，号蒲山公。李密治军严明，每战所得金银珠宝都赐予部下，众人皆愿为其所用。当年二月，攻破兴洛仓，开仓赈济百姓，并扩军至十万，打败隋将刘长恭，李密被推为首领，号魏公，改元永平。不久，多路兵马来投，李密攻下回洛仓，直逼隋东都洛阳，这时瓦岗军声威大震。翟让意图削夺李密权力，被李密杀死，李密取得了瓦岗军的绝对领导权。之后与王世允激战，大败王世充。将作大匠宇文恺来降，东至海、岱，南至江、淮郡县，纷纷请降。此时李密手下官吏都劝他称帝，李密拒绝。大业十四年（618年），李密率三十万大军攻洛阳，洛阳告急。正在这时，宇文化及在江都杀死隋炀帝，并率十万大军北上。消息传到洛阳，"七贵"大臣（指段达、王世充、元文都、皇甫无逸、卢楚、郭文懿、赵长文）拥立留守洛阳的越王杨侗即位。王世允专横跋扈，杨侗欲借李密之手除之，便册封李密为太尉、尚书令、行军元帅、魏国公。李密为了避免两面作战，接受了册封。七月李密出兵讨伐宇文化及，战斗中受伤，坚壁于汲县。此时李密骄傲自满，不体恤将士，将士打了胜仗也无赏赐，而兴洛仓存粮已散尽，百姓无食，暴骨道路，徐世勣等谋士劝说亦不被采纳，瓦岗军将领逐渐离心离德。

唐武德元年（618年）九月，王世充趁瓦岗军疲惫之机率兵攻击，李密不听部属袭击洛阳的建议战败，始觉后悔，欲自刎，被王伯当等阻拦。无奈之下，西入函谷关向唐高祖投降。李渊封其为光禄卿、邢国公，呼之为弟，并将表妹独孤氏嫁给李密为妻。后见执政者索贿，渐生不平。其后高祖命李密去黎阳（今河南浚县）召集旧部，经略东都，但途中又将其召回。李密大为恐惧，认为李渊要杀害他，就又反叛李渊，占据桃林县（治今河南灵宝）。王伯当试图劝阻，李密不听。唐副将盛彦师率兵追击，李密战败被斩，终年三十七岁，首级被送往长安。当时徐世勣仍在黎阳，高祖遣使持李密首级前往招降徐世勣。徐世勣上表请求收葬，朝廷同意，乃发丧，三军缟素，礼仪完备，以君礼葬于黎阳山南五里。

李密墓在今鹤壁市浚县卫溪街道罗庄村，现墓已不存，曾出土墓志，墓盖书《唐上柱国邢国公李君之墓志铭》，与《全唐文》魏征所撰的《李密墓志铭》相差不大。

王伯当

王伯当，生年不详，卒于唐武德元年（618年），浚仪（今河南开封）人。隋末李密农民军将领。

王伯当家境贫苦，他喜欢舞刀弄枪，青年时一身本领闻名乡里。隋末，王伯当率众起义，活动于济阳（今山东曹县）一带。李密同杨玄感起兵失败后，投奔翟让，险遭杀害，通过王伯当劝翟让推翻隋朝统治，翟让采纳，李密得以幸免。王伯当在李密的游说下，加入了翟让的瓦岗军，后来出谋划策让翟让将义军大权交于李密，在洛口推举李密为魏公。他对李密忠心耿耿，是李密军中的重要人物。

唐武德元年（618年），李密与王世充在偃师决战，王伯当守卫金墉城（今河南洛阳北）。李密兵败，王伯当弃金墉城，北走河阳（今河南孟州）。李密走投无路，与王伯当会合后，打算自杀，被王伯当等人劝阻，之后李密带领王伯当等两万人降唐，王伯当为左武卫将军。

李密受李渊之命，召集旧部对抗王世充，途中李密打算叛唐，王伯当反对，但李密不从。王伯当说道："士立义，不以

王伯当墓

存亡易虑。公顾伯当厚，愿毕命以报。今可同往，死生以之，然无益也。"（《新唐书·李密传》）李密和王伯当率领数千人袭击桃林县，越熊耳山南出途中被唐将盛彦师伏击，王伯当和李密一起被杀。

王伯当墓在今三门峡市陕州区西李村乡龙脖村南，国道310转村间公路可达，地理坐标为北纬34°36′27.71″，东经111°39′10.23″。该墓始建于唐代。墓葬坐落于丘陵地带，四周群山围绕，莲昌河临冢而过。现有墓冢3座，均高7米左右，周长90余米，呈品字形，据传分别为李密、王伯当和唐公主之墓。

姚懿

姚懿，生于隋开皇十年（590年），卒于唐龙朔二年（662年），字善意，陕州硖石（今河南陕州）人。唐朝大臣。

姚懿出生官宦，父亲姚祥为隋怀州长史兼检校函谷关都尉。姚懿年少时即胸怀大志，做事坚毅果敢，弓马纯熟，喜读经史。隋大业十三年（617年）七月，太原留守李渊起兵攻打长安，经李世民派人规劝，姚懿归附李渊，得到丰厚赏赐。

唐高祖武德二年（619年），割据于马邑（今山西朔州）的刘武周勾结突厥南进，秦王李世民率军北伐，姚懿随同筹谋，屡立战功。武德三年（620年）七月，李世民统兵东征王世充，姚懿任骠骑都尉、水陆行军副总管，不久升为左卫亲府右郎将。武德四年（621年），他被降职为建安府折冲都尉，三十二岁的姚懿心灰意冷，谢职不就，带领族人筑室于乡，躬耕农作，教习子弟。

649年，高宗李治登基，复任其为忠武将军、晋州高阳府折冲都尉，封长沙县男，改任常州长史，姚懿以病不就。不久，朝廷又任他为持节硖州诸军事、硖州刺史，他"举六察，按百城，导齐江门，茂育云泽"（《全唐文》卷三百二十八），受到百姓赞誉。授银青光禄大夫。龙朔元年（661年），巂州蛮族叛乱，七十二岁的姚懿持节巂州都督，正面训导官吏，公正处理事务，严格整训军队，做好武力准备，服人以诚不以言，以威不以暴，处理得当，平息骚乱。

龙朔二年（662年），姚懿逝于巂州都督府，享年七十三岁。龙朔三年（663年），归葬硖石父姚祥墓侧。中宗神龙年间，因子姚崇之功追赠幽州都督。玄宗开元三年（715年），追赠吏部尚书，谥文献。姚崇在故居起衣冠冢，昭文馆学士胡皓撰文、书法家徐峤之书丹《大唐故巂州都督赠幽州都督礼部尚书文献公姚府君碑铭并序》。

姚懿墓在今三门峡市陕州区张茅乡西崖村西南，国道310可达，地理坐标为北纬34°43′09.6″，东经111°22′32.5″。墓葬地处台地，地势北高南低，北临陇海铁路，南为山间溪流。原有圆形冢、石像生，后均不存。墓葬经发掘，由墓道、甬道、墓室和东西耳室组成。出土有陶器、瓷器、漆器、木器、玉带、木俑、铜铃等器物。墓碑为河南省文物保护单位。

玄奘

玄奘，生于隋开皇二十年（600年），卒于唐高宗麟德元年（664年），俗姓陈，名祎，洛州缑氏（今河南缑氏）人。著名高僧，西行求法，建立法相宗。

陈祎生于官宦之家，父陈惠曾任江陵县令，家中兄弟四人，他是幼子。陈祎自幼聪颖，熟知典故，父亲讲"曾子避席"的故事，陈祎也像曾子一样，整襟而起，离席而立。兄长陈捷出家于洛阳净土寺，陈祎也经常到寺中听诵经和讲论，对佛教产生兴趣。隋大业八年（612年），朝廷在洛阳剃度二十七名和尚，陈祎因年小而落选。大理寺卿郑善果见陈祎潜质不凡，破格让他剃度，取名玄奘。出家后，即随兄长陈捷在洛阳净土寺习诵听讲。法师教授的《涅槃经》《摄大乘论》等经典玄奘一遍即理解，两遍可复述，令法师们称奇，便让他升座复述。玄奘能尽到师责，自此声名远播，其时才刚刚十三岁。

唐朝建立，玄奘随兄长来到长安，居住在庄严寺，又到四川成都空慧寺，系统学习《摄大乘论》《毗昙》《迦延》等。唐武德五年（622年），二十三岁的玄奘在成都受比丘戒。在这段时间内，他潜心研究佛学经典，后又到湖北荆州天皇寺，讲习《摄大乘论》和《毗昙》，北上向道深法师学习《成实论》后，返回长安。武德九年（626年），遇到来自印度的波颇密多罗，听说他的师父、印度佛教高僧戒贤在那烂陀寺（今印度巴特那尔南）讲授《瑜伽师地论》，就有了赴印度求法的想法，并开始学习西域各国语言和梵文。

贞观元年（627年）玄奘入长安大觉寺，向道岳法师学习《俱舍论》。当时的佛学智者法常和僧辩都对他特别欣赏，称其为"千里驹"，他因而闻名长安。贞观二年（628年），向朝廷请求西行，未准。翌年，河南、关中、陇右等地区饥荒，三十岁的玄奘随饥民和商人开始西行求法之路。到凉州（今甘肃武威）后，受邀讲习《涅槃经》《摄大乘论》等月余，受到当地人士和商人赞许，西行求法之事逐步在西域传开。凉州都督欲阻止他西行，幸得当地佛教众人帮助，日夜兼程到达瓜州（今甘肃安西东），之后一人步入茫茫沙漠，四天五夜，滴水未进，终于到达伊吾国境（今新疆哈密地区）。

经过一年时间，玄奘历尽千辛万苦，

玄奘墓

行经二十余国，到达北印度的滥波国（今阿富汗拉格曼省）。自此南行，经揭罗喝国（今阿富汗贾拉拉巴德）到达犍陀罗国（今巴基斯坦白夏瓦区），后向东南行，经咀叉始罗等国，到达迦湿弥罗国（今克什米尔印控匹之斯利那加）。停留两年，学习《俱舍论》《顺正理论》，以及因明学、声明学等，把第四次佛教结集的三十万经论全部学完后，开始新的旅程。后辗转来到至那仆底国（今印度北部菲罗兹布尔），居住一年多。贞观五年（631年）到达中印度，游历三十余国家，学习佛教经典。

此后，他继续向那烂陀寺进发。寺中僧众久闻其大名，玄奘到达时有上千人迎接，并引其参拜寺院主持戒贤。戒贤收其为徒，倾心相授。五年时间，玄奘着重学习《瑜伽师地论》，兼学婆罗门书、印度梵文。后来到低罗择迦寺，向般若跋陀罗学习两月，又到杖林山向胜军居士学唯识、因明两年。贞观十五年（641年），回到那烂陀寺，为寺众讲授《摄大乘论》和《唯识抉择论》。当时，大乘佛教分为空、有两宗。玄奘用梵语写成《会宗论》三千颂，融会两宗思想，赢得戒贤法师等人赞许。玄奘口才出众，知识广博，每到一处都会讲解佛教学说，西域各国人士都很尊敬信服他。贞观十六年（642年），戒日王举行无遮大会，玄奘为论主，赢得大、小乘佛教的一致认可，被尊称为"大乘天"和"解脱天"，按当地风俗骑大象游行一周，又参加了七十五天的施舍大会后，启程回国。

贞观十九年（645年），四十六岁的玄奘回到京师长安。第二天，即展示了他从印度带回来的佛经佛像。玄奘到洛阳拜见了太宗，太宗非常高兴，打算让他还俗从政，玄奘谢绝，并请求到少林寺翻译佛经。后来，太宗下诏梵本六百五十七部在弘福寺翻译，广召知识渊博沙门五十余人，帮助他整理。贞观二十二年（648年）六月，玄奘应诏拜见太宗，太宗再一次让他从政，玄奘再次谢绝，太宗被他的至诚感动，特为他的译经写了《大唐三藏圣教序》。

高宗永徽三年（652年），朝廷在慈恩寺西院建大雁塔，收藏玄奘从印度带回来的佛经、佛像。显庆元年（656年），高宗又令人一同润色玄奘所译佛经，共有七十五部呈奏。京城人多来拜谒，玄奘奏请于僻静之处翻译，便移到宜君山故玉华宫（今陕西铜川北玉华宫）。

玄奘于麟德元年（664年）圆寂，享年六十五岁，葬于白鹿原，送葬者数万人。玄奘一生共译佛典七十五部，一千三百三十五卷，为中国古代四大译师（鸠摩罗什、真谛、义净、玄奘）之一。玄奘在西域十七年，经一百余国，熟悉各国语言，并记录当地山川谣俗，土地所有，撰《大唐西域记》十二卷。

玄奘墓在今洛阳市偃师市缑氏镇唐僧寺村，国道207可达，地理坐标为北纬34°35′48.24″，东经112°48′42.36″。现辟为玄奘墓园，为后人修建的纪念性墓。墓葬坐落于村庄内，南临国道207，东临玄奘寺。墓冢建于方形台基之上，周边砌筑栏杆。墓冢呈圆形，直径约13米，高约4米。周以石围砌成须弥座，高约1米。冢前有现代墓碑，上书"大唐三藏法师玄奘之墓"。冢正前有五层方形砖塔和经幢。园内尚有玄奘弟子纪念碑刻数十通。

上官仪

上官仪，约生于隋大业四年（608年），卒于唐麟德元年（664年），字游韶，陕州陕县（今河南三门峡）人。唐朝大臣，擅作诗。

隋大业十四年（618年），宇文化及在扬州弑杀隋炀帝，上官仪的父亲上官弘时任江都宫副监，也遭杀害。上官仪年幼，藏匿后得以幸免。后出家为僧，精心钻研佛教典籍，同时涉猎经史，擅于作文。唐贞观元年（627年），扬州都督杨仁恭对他礼遇有加。后中进士，被太宗招为弘文馆直学士，累迁秘书郎。太宗喜欢作文，每次都让上官仪共同欣赏，凡有宴会也都让他参加。贞观二十年（646年），上官仪参与撰写《晋书》，完成后转为起居郎，加级赐帛。

高宗嗣位，上官仪迁秘书少监。龙朔二年（662年），加银青光禄大夫、西台侍郎、同东西台三品，兼弘文馆学士。上官仪本以文采而出名，工于五言诗，辞藻华丽，语言优美，显贵后，有很多人效仿其文，时人称为"上官体"，加之恃才任势，被人嫉恨。

麟德元年（664年），武后让道士行巫术，被宦官王伏胜告发。高宗大怒，欲将武后废为庶人，召上官仪商议。上官仪认为皇后专权，海内失望，废掉则可顺人心，高宗便让上官仪起草诏书。武后知道后找高宗申诉、辩解，高宗反悔，把事情推到上官仪身上，上官仪下狱而死，享年约五十七岁。其子上官庭芝，一同被杀。中宗神龙元年（705年），上官仪的孙女上官婉儿为中宗昭容，因此追赠上官仪为中书令、秦州都督、楚国公。有《上官仪集》三十卷，已佚，《全唐诗》有其诗一卷，计二十首。

上官仪墓在今三门峡市渑池县南村乡南村西南300米处，省道247转村间公路可达，地理坐标为北纬35°03′03.4″，东经111°49′01.4″。该墓建于唐代，为渑池县文物保护单位。墓葬坐落于山坡台地，现冢已无存。

韦思谦

　　韦思谦，生年不详，卒于武则天永昌元年（689年），本名仁约，字思谦，因名发音与武则天父亲名讳相似，故称字。郑州阳武（今河南原阳）人。唐朝宰相。

　　韦思谦八岁时丧母，以孝闻名。中进士后，补应城（今湖北应城）令，一年后调吏部，因未按制度进职、奖励有关官吏，被认为工作不力。吏部尚书高季辅认为韦思谦是人才，提升他任监察御史，因而出名。中书令褚遂良低价购买土地，他上奏弹劾，褚遂良被降职。褚遂良复职后，韦思谦被降职出任清水（今甘肃清水）令。韦思谦自认性格粗率，手握大权即会招祸上身，但身居此位，自当全心报答国恩，不能为保全妻儿而碌碌无为。后任检校沛王府宾客，多次迁升至右司郎中。

　　永淳元年（682年），韦思谦历任尚书左丞、御史大夫，高宗认为韦思谦贤能，

韦思谦墓

多次同他论事。武侯将军田仁会与侍御史张仁祎不和，上奏诬陷，高宗责问张仁祎，张仁祎害怕对答不当，韦思谦为他辩解，言辞流利，观点鲜明，高宗深以为是，张仁祎得以免罪。韦思谦以自己为谏官，见到王公时从不跪拜行礼，并自喻为雕鹗鹰鹯四种猛禽，不屑与众禽为伴。在左丞任上，振举纲目，朝廷肃然，后任司属卿。

武则天光宅元年（684年），任右肃政大夫，垂拱元年（685年）赐爵博昌县男，升任凤阁鸾台三品。垂拱二年（686年），任纳言。垂拱三年（687年），韦思谦请求辞官，朝廷加授太中大夫。永昌元年（689年）九月，逝于家中，追赠幽州都督。子韦承庆、韦嗣立，皆为丞相。"父子三人，皆至宰相。有唐已来，莫与为比。"（《旧唐书·韦思谦传》）

韦思谦墓在今新乡市原阳县原兴街道时寨村西，省道229可达，地理坐标为北纬35°04′16.0″，东经113°58′14.0″。该墓建于唐代，为原阳县文物保护单位。墓葬紧临文岩渠，四周为耕地。墓冢为近代堆拢，东西长约13米，南北长约11米，以水泥封砌。原有清康熙二十七年（1688年）知县安如泰墓碑，今佚。现存现代墓碑一通。

娄师德

娄师德，生于贞观四年（630年），卒于武则天圣历二年（699年），字宗仁，郑州原武（今河南原阳）人。唐朝宰相、名将。

贞观十八年（644年），十五岁的娄师德进士及第，授江都（今江苏扬州江都区）尉。高宗上元初年任监察御史，吐蕃进犯，奉命出使，与吐蕃首领论赞婆等人会于赤岭（今青海西宁县），向论赞婆晓以利害，显示唐廷威仪，吐蕃人心悦诚服。后征讨吐蕃，娄师德自告奋勇，戴红抹额来应召，高宗授以朝散大夫从军，因功迁殿中侍御史兼河源军（今青海乐都）司马，主管屯田事宜。其后，与吐蕃在白水涧八战八胜。

武则天天授初年，娄师德升左金吾将军、检校丰州（治今内蒙古乌拉特前旗或五原县）都督。率兵士屯田，积谷粮数百万，武则天下诏慰劳。长寿元年（692年），娄师德被封为夏官侍郎、判尚书事，第二年进同凤阁鸾台平章事。不久任河源积石、怀远等军及河、兰、鄯、廓等州检校营田大使。内迁秋官尚书、原武县男，转左肃政台御史大夫并知政事。证圣元年（695年），吐蕃进犯洮州（今甘南藏族自治州临潭县），娄师德统军迎战，兵败被贬为原州员外司马。万岁通天二年（697年），任凤阁侍郎，复为同凤阁鸾台平章事。后巡抚河北，进为纳言，封谯县子，陇右诸军大使，仍检校河西营田。

娄师德身高八尺，方口厚唇，颇有气度，别人冒犯，他会自思己过，没有怒色。其弟向他请教为何忍耐，并说"人有唾面，洁之乃已"。娄师德说："洁之，是违其怒，正使自干耳。"（《新唐书·娄师德传》）这就是"唾面自干"的典故。在狄仁杰未入朝之前，娄师德曾举荐狄仁杰辅政，但狄仁杰不知，后排挤娄师德，并对武则天说娄师德为将谨守但不贤能，也不知人识人，武则天告诉他娄师德推荐之事，狄仁杰非常惭愧。

圣历二年（699年），突厥犯境，娄师德任检校并州长史，天兵军大总管。九月，在会州（今甘肃靖远）去世，享年七十岁，赠幽州都督，谥贞，葬给往还仪仗。娄师德戍边、为相三十年，忠诚勤朴，得以功名始终。

娄师德墓在今新乡市原阳县师寨镇

娄师德墓

安庄村南，省道229转村间公路可达，地理坐标为北纬35°03′08.77″，东经113°53′41.78″。该墓始建于唐代，为原阳县文物保护单位。墓葬位于耕地之中，地势平坦。墓冢直径约7米，高2.5米，周以砖围砌。原有墓碑二通，其一刻"唐封阁老平章娄贞公之墓"，后被毁。墓冢前有现代立碑一通，上书"唐封阁老平章事娄师德之墓"。

狄仁杰

狄仁杰，生于贞观四年（630年），卒于武则天久视元年（700年），字怀英，并州太原（今山西太原）人。唐朝宰相、著名政治家，直言敢谏。

狄仁杰出生于官宦之家，年少时即有主见，家中有人被害，官吏诘问，众人都去回答，只有狄仁杰端坐读书。狄仁杰科考及第，任汴州判佐，后经工部尚书阎立本推荐，任并州都督府法曹。同僚母亲病重，但要远行，狄仁杰请而代之，以孝、友闻名。一次赴任途中路过洛阳，他的父母就在离洛阳不远的河阳，他不愿以私事延误公务，没有前往探望。第二天当他登上高山，见天空一片白云向河阳的方向飞去，便指着那片白云，对随从人员说："我父母双亲居住的地方就在这片白云下面。"说罢不由流下泪来，直到白云离去才前行，这就是"白云亲舍"典故的出处。

狄仁杰于仪凤年间，任大理丞，一年内判案一万七千余件，无一人诉冤。左卫威大将军权善才、右监门中郎将范怀义误砍昭陵柏树，皇帝大怒，欲斩首。狄仁杰上奏认为他们罪不当死，据理力争：如果因他们误伐一柏而杀二臣，后世将如何评价高宗皇帝？高宗怒息，权善才、范怀义得以免死。不久，狄仁杰被任为侍御史，负责审理案件，纠劾百官。弹劾韦机扩建恭陵太过壮丽，王本立恃宠用事等，朝廷肃然。之后狄仁杰加朝散大夫，迁度支郎中。跟随唐高宗出巡，又不令地方官吏兴师动众，别开御道，高宗赞其真是大丈夫。

垂拱二年（686年），五十七岁的狄仁杰任宁州（今甘肃宁县、正宁一带）刺史。"抚和戎夏，人得欢心，郡人勒碑颂德。"（《旧唐书·狄仁杰传》）经举荐，升为冬官侍郎，充江南巡抚使，焚毁淫祠1700余所。后转尚书右丞，出任豫州（治今河南汝南）刺史。越王李贞起兵事败，余党两千人论罪当诛。狄仁杰上书为他们免去死罪，改为发配边疆戍边，这些人到了边地还为狄仁杰立碑。宰相张光辅平定李贞叛乱，将士恃功大肆勒索，狄仁杰怒斥张光辅，义正辞严。张光辅怀恨在心，奏狄仁杰言多不逊，狄仁杰因此被贬为复州（今湖北沔阳）刺史，后又召为洛州司马。

天授二年（691年），狄仁杰任地官侍郎、同凤阁鸾台平章事，时年六十二岁。一次武则天对狄仁杰说："卿在汝南有善政,然有谮卿者,欲知之乎?"狄仁杰答谢说:"陛下以为过,臣当改之;以为无过,臣之幸也。谮者乃不愿知。"(《新唐书·狄仁杰传》)人称其有长者之风。

长寿二年(693年)正月,来俊臣诬告狄仁杰谋反。当时法律规定,一经审问即承认谋反的人可以减免死罪。狄仁杰为不死于来俊臣的酷刑,就先承认了,但暗中拆被帛书写冤情,儿子狄光远得后持书上告,武则天下令释放,贬为彭泽(治今江西彭泽)令。万岁通天元年(696年)十月,契丹攻陷冀州(今河北临漳)。朝廷任命狄仁杰为魏州(今河北大名)刺史。狄仁杰到任后,见前任刺史惧怕贼寇,驱民保城,百姓更加恐惧,便让百姓全部返田耕作,并说契丹来犯,自会领兵抵挡,不会让百姓蒙难,契丹人听说后自行撤退。百姓敬仰,为其立祠。不久,升任幽州都督。

神功元年(697年)十月,狄仁杰拜鸾台侍郎、同凤阁鸾台平章事,加银青光禄大夫,兼纳言。针对百姓西戍疏勒等四镇、停江南之转输、慰河北之劳弊等事建言,迁检校纳言,兼右肃政台御史大夫。圣历元年(698年),突厥南下骚扰河北,狄仁杰任河北道元帅,行事合宜。

狄仁杰为唐朝贤相,正直无畏,疾恶如仇,直言敢谏。契丹猛将李楷固等兵败来降,有人建议处斩,狄仁杰奏请授其官爵,委以专征,李楷固等率军讨伐契丹余众,得胜而归。武则天称帝后,欲立其侄武三思为太子,众臣不敢反对。唯狄仁杰上奏说天人未厌唐德,应立庐陵王李显为太子,并说"姑侄与母子孰亲?陛下立庐陵王,则千秋万岁后常享宗庙;三思立,庙不祔姑"(《新唐书·狄仁杰传》),以此来打动武则天。武则天复立李显为太子,迎接其还宫。狄仁杰知人善用,在位时推荐张柬之、恒彦范、敬晖、姚崇等,

狄仁杰墓

此皆为中兴名臣。后人即以"桃李满天下"形容学生众多。

久视元年（700年），狄仁杰升为内史。武则天到三阳宫避暑，赐宅狄仁杰，恩宠无比。武则天欲造浮屠大像，用功数百万，诏令天下僧尼捐钱资助，狄仁杰上疏劝谏，罢止。由于他为人正直，工作认真，又有丰富的从政经验，因而成为武则天得力的助手，不论是内政还是外交都要征求狄仁杰的意见。狄仁杰深得武则天的信任，被尊为"国老"。武则天说朝中不可一日无国老，多次拒绝狄仁杰告老还乡的要求。为表示对这位老臣的爱护，武则天准他上朝不必下跪，又免去他在宫中值夜，还特意对他的同僚说，不是军国大事不要麻烦国老。是年九月，病故，享年七十岁。武则天哭着说："天啊！你为何这么早就夺走了我的国老啊！"罢朝三日，赠文昌右相，谥文惠。中宗继位，追赠司空。睿宗时封梁国公。

狄仁杰墓在今洛阳市洛龙区白马寺镇白马寺村东北，国道310可达，地理坐标为北纬34°43′17.8″，东经112°36′07.4″。该墓始建于唐代，为洛阳市文物保护单位。墓葬位于白马寺山门东南约100米，现属白马寺景区范围内。墓冢呈圆形，直径6.5米，高2米，水泥围砌高约1.5米。墓冢南北两侧各有墓碑一通，南侧有祭台，台上两侧各建一碑楼，碑楼内各有碑刻一通。

卢照邻

卢照邻，字升之，约生于贞观六年（632年），约于武则天天册万岁元年（695年）或之后数年间去世，幽州范阳（今河北涿州人）。著名诗人，"初唐四杰"之一。

卢照邻生活在贞观盛世，少年时代生活比较优裕。年约十岁时游学南下，受业于著名文学家曹宪、经史学家王义方，聪敏好学，尤善属文。弱冠学成求仕，于高宗永徽五年（654年），被授邓王府典签，邓王李裕甚为爱重，将其比作汉代司马相如。约高宗显庆末，他离开邓王府到秘书省任职，后被免。此后不久，因横事入狱，幸为友人救护得免。仕途上过早地遭到挫折，使才华横溢的青年诗人感到委屈和不满。

约在龙朔元年（661年）到咸亨年中，卢照邻曾多次入蜀。乾封元年（666年）又奉命出使益州大都督府。乾封三年（668年），调任益州新都（今四川成都附近）尉，经过十多年的仕途坎坷，他逐渐看到了盛世下的社会阴暗面。两年后，辞官离蜀，赴京参加典选，遭到讥评。随后他回到了父母居住的太白山下，开始了更加不幸的后半生。大约在此期间，卢照邻身患风疾，又遭父丧，病情日重。居丧期间，他先后到长安、洛阳问医养病，并卧疾东龙门山。病情加重，又转到阳翟（今河南禹州）具茨山下，久疾不愈，不堪其苦，自投颍水而死。

卢照邻的思想比较复杂，儒、道、释三家对其都有较深的影响。早年他热心仕途，以儒家思想为主，对未来充满憧憬，渴望在政治上一展宏图。但现实又是残酷的，他沉迹下僚二十余年，始终没有施展才能的机会。在经受仕途坎坷、身染疾病之后，受道家和道教影响颇深，慕仙求道，齐荣辱，等生死，试图以此求得精神上的安慰和解脱。尤其在他生病后期，佛家思想又占了上风，也是在极度苦闷中寻求精神寄托。

卢照邻的诗文多已散佚，现存只是很少一部分，以诗歌、骚赋成就最高。他主张摒弃南北朝齐梁时期的浮艳文风和华而不实的骈体文。批判模拟乐府诗的流习，提倡乐府新题，为盛唐诗歌的彻底革新开辟了道路。他不仅提出了革新诗文的主张，而且以自己的部分创作实践了自己的理论，取得了一系列的成就。卢照邻的诗歌

卢照邻墓

取材广泛，内容扎实，思想性也很强。他把诗歌反映面由宫廷拓展到了边塞，还常以绚丽多彩的诗笔描绘祖国河山。许多诗作抒发了"才高位下"、郁郁不得志的感慨，也具有一定的社会意义。在诗歌艺术上，卢诗也有许多特点，如咏史诗古朴无华，七言歌行音节铿锵流转，绝不假雕饰，在当时都难能可贵。此外，他还作有骚、赋和各类应用文。总之，卢照邻去除齐梁以来的卑弱文风，同时又批判地继承南北朝文学的贡献，对此后的李白、杜甫等大诗人及后代诗风都有很深的影响。杜甫赞美包括卢照邻在内的"四杰"作品为"不废江河万古流"。

卢照邻墓在今许昌市禹州市无梁镇龙门村尚家门村西，省道325转村间公路可达，地理坐标为北纬34°18′28.0″，东经113°29′59.0″。该墓始建于唐代，为许昌市文物保护单位。墓葬坐落于山坡台地之上，东临河溪。墓冢直径21米，高7米。

法如

法如，生卒年不详，俗姓王，上党（今山西上党）人。著名高僧。

法如幼年时随舅舅至澧阳，十九岁出家，师事青布明（惠明）。后参拜五祖弘忍，随侍五祖十六年，最终嗣承其法。弘忍圆寂后，法如北游中岳少林寺。武则天垂拱二年（686年）开法，居少林寺六年，传法三载，"再振玄纲""光复正化"（《唐文拾遗》），成为北方禅宗"定门之首"。圆寂于少林寺，徒众为之建塔于寺西。

法如墓在今郑州市登封市少林街道少林寺塔沟村路北边沿，国道207可达，地理坐标为北纬34°30′23.24″，东经112°55′57.85″。该墓始建于唐代，为全国重点文物保护单位。墓塔坐北面南，坐落于高台之上。为单层单檐式方形砖塔，高6米余，下有基台。塔身南辟一券门。塔室为方形，上部为攒尖顶。北壁前有《唐中岳沙门法如禅师行状》碑一通。塔身上

法如墓

有叠涩砖檐，檐上为方形塔顶，最上为石雕宝刹，由宝珠、仰月、水烟、宝盖和三重相轮、莲花组成。

王求礼

王求礼,生卒年不详,许州长社(今河南长葛)人。唐朝大臣,直言敢谏。

武则天朝,王求礼为左拾遗,迁监察御史,敢于直谏,上奏弹劾无所畏避。武则天营建明堂,奢侈无度,王求礼立即上书讽谏。契丹李尽忠反叛,河内王武懿宗征讨畏懦不前,待契丹人劫掠后撤走,武懿宗称百姓投靠契丹,请求诛杀。王求礼据实上奏,言明百姓为势所逼,只为保全而无背叛之心,武懿宗拥兵数十万,却不尽力杀敌,论罪当诛。武懿宗惶恐,但得武则天赦免。

契丹陷幽州,朝廷军费不济,左相豆卢钦望奏议停发九品以上京官两月俸禄,以资军事。王求礼认为国家富有,停发贫官薄俸非宰相合理举措。豆卢钦望奏称王求礼不识大体,王求礼则针锋相对反驳,此方案最终没有施行。

久视二年(701年)三月降雪,凤阁侍郎苏味道等以为瑞兆,准备上表庆贺。王求礼制止说:"雪降暮春是灾异,怎么是祥瑞呢?如三月雪是瑞雪,那么腊月雷也是瑞雷了。"贺者不听,仍然进宫祝贺。王求礼声色俱厉,说道:"今阳气债升,而阴冰激射,此天灾也。主荒臣佞,寒暑失序,戎狄乱华,盗贼繁兴,正官少,伪官多,百司非贿不入,使天有瑞,何感而来哉?"(《新唐书·王求礼传》)群臣害怕,因而罢朝。

王求礼刚正因而致名位不达,累迁至左台殿中侍御史。中宗神龙元年(705年),为卫王府参军。后因病去世。

王求礼墓在今许昌市长葛市石象乡冢王村南,省道220可达,地理坐标为北纬34°12′21.0″,东经113°55′18.0″。该墓始建于唐代,为长葛市文物保护单位。墓葬坐落于耕地之中,地势平坦,四周有树木。原墓冢高大,现存直径约6米,高约2米。

王求礼墓

杜审言

杜审言，约生于贞观十九年（645年），卒于景龙二年（708年），字必简，襄阳（今湖北襄阳）人，迁居巩县（今河南巩义）。唐朝大臣，擅长作诗，为大诗人杜甫祖父。

杜审言青年时代即与李峤、崔融、苏味道并称为"文章四友"。他自命不凡，目空一切，参与评判举子考卷，自言判词可使吏部侍郎苏味道羞愧至死，并说"吾文章当得屈、宋作衙官，吾笔当得王羲之北面"（《新唐书·杜审言传》）。但其仕途不平，长期在地方做小官吏，任职远在"四友"中其他三人之下，常有郁郁不平、怀才不遇之感。

司马周季重、司户郭若讷与杜审言不睦，罗织他的罪名，将他关在牢狱中准备处死。周季重在府中宴饮庆贺时，杜审言的儿子杜并，时仅十三岁，带刀闯入周季重府内将其刺成重伤，杜并被周季重的下人杀死。周季重临死时，念及杜并之孝，对陷害杜审言心生悔意，道出郭若讷让他陷害杜审言的实情，杜审言得以免除死罪，但仍被免官回到东都洛阳，尔后撰文纪念杜并。

杜审言于咸亨元年（670年）中进士，其后任隰城（今山西隰县）尉、洛阳丞等职。圣历元年（689年）坐事贬吉州（今江西吉安）司户参军。后还东都。时武则天当政，让他立刻写一篇《欢喜赋》，杜审言挥笔立成，武则天看后十分满意，任其为著作佐郎，不久迁为膳部员外郎。神龙元年（705年），中宗复辟，欲处置与武则天关系密切之人，杜审言与武则天男宠张易之、张昌宗兄弟曾有交往，因此受到牵连，被流放到峰州（今越南永富省境内），不久召还任国子监主簿加修文馆直学士。景龙二年（708年），杜审言去世，享年六十四岁，赠著作郎。

杜审言的诗促进了律诗的完型，称得上是律诗的奠基人，对其后人杜闲、杜甫都有重要影响，在我国古典诗歌发展史上也占有一定地位。著名五律如《和晋陵陆丞早春游望》。原有《杜审言集》十卷，现仅存诗四十首，《全唐诗》编为一卷。杜审言现存诗中除部分应制诗外，大都是写景、纪行、酬唱之作。他任低级地方官时和被贬以后所作的诗，或写游宦生活，或抒羁旅情怀，大多反映其仕途不顺的愤懑之情，较少雕饰而颇具生活实感。他的

杜审言墓

诗以浑厚见长，写景、纪行有刚强清新之气，常以遒劲的笔力，描绘出雄伟神奇的崇山峻岭和苍茫辽阔的边塞风光；抒怀之作也往往是感慨深沉而音情顿挫；歌颂升平的奉和应制诗，内容虽无甚可取，然诗风也是庄严典雅的。杜诗还有工整细腻、清新流丽的一面，主要表现在一些描写优美恬静的自然景色的诗中，达到了较高的艺术境界。

杜审言墓在今洛阳市偃师市城关镇后杜楼村北，国道310可达，地理坐标为北纬34°44′15.03″，东经112°43′57.00″。该墓始建于唐代。墓葬北临北覆舟山南麓坡地。墓冢原高2.5米，面积40平方米，现不存。现有今立墓碑，书"杜公审言之墓"，立于城关镇第三中学院内。据清乾隆年间《偃师县志》载，此为杜审言与继室卢氏之墓。

卢怀慎

卢怀慎，生年不详，卒于开元四年（716年），滑州灵昌（今河南滑县西南）人。唐朝宰相。

卢怀慎年少时即与众不同，时人称其将来不可限量。他中进士后，历任监察御史、吏部员外郎等职，廉洁谨慎。中宗景龙年间，迁右御史台中丞，上疏陈时政，请核名实，减少冗官现象，严治贪污，但未得采纳。累迁黄门侍郎，赐爵鱼阳伯。

先天二年（713年），卢怀慎与侍中魏知古同掌官吏选拔事宜，不久征同中书门下三品。开元三年（715年），迁黄门监。卢怀慎与紫微令姚崇同掌枢密，但他自以为才干不及姚崇，于是遇事推让，时人谓之"伴食宰相"。开元四年（716年），兼吏部尚书，是年秋天因病重数次上表请求辞官，获准。

卢怀慎为人"清而慎"，以清俭著称，以清白垂美，不营置产业，用器和服饰也没有华丽装饰，所得禄俸都随时分散他人，家中并无积蓄。与姚崇等同心协力，终济玄宗成开元盛世。

卢怀慎致仕后不久即去世，赠荆州大都督，谥文成。临终时遗表，推荐宋璟、卢从愿等人，深受玄宗赞许。他去世后，妻子和儿子生活艰难，朝廷下诏赐物品和粮食给其家人，又派中书侍郎苏颋为其作墓碑碑文，玄宗亲自书写于碑上。

卢怀慎墓在今新乡市延津县魏邱乡石坟村西，省道219可达，地理坐标为北纬35°18′07.0″，东经114°19′56.0″。该墓始建于唐代。墓葬四周为耕地，地势平坦。原有石像生，俗称石坟。墓冢现已夷为平地，地表无迹。

司马承祯

司马承祯，生于贞观二十一年（647年），卒于开元二十三年（735年），字子微，河内温（今河南温县）人。著名道士。

司马承祯年少时即喜好学习，不愿入仕，为道士后师事嵩山道士潘师正，学习符箓、辟谷、导引、服饵等道教法术，很快精通，才智深得潘师正欣赏。司马承祯后辞别师父，遍游天下名山，最终隐居天台山。

武则天召见司马承祯，降手敕赞美他，不久他便离开。景云二年（711年），唐睿宗令司马承祯兄长司马承祎去天台山将他召至京师，询问阴阳术数和治国之事。司马承祯以为"无为之旨，理国之道也"（《全唐文》卷七百十二），颇合帝意，赐予宝琴及霞纹帔等物。司马承祯坚持回到天台山，朝中大臣赠诗者一百余人。

玄宗开元九年（721年），唐玄宗派人将司马承祯迎接进宫，亲授法箓，赏赐丰厚。开元十年（722年），司马承祯返回天台山，玄宗作诗相送。开元十五年（727年），玄宗又将他召至京师，诏命其在王屋山置坛室居住。玄宗根据司马承祯的建议，在五岳各置真君祠，其形象制度全部由司马承祯按道经创意。司马承祯长于篆、隶体，玄宗就让他以三种字体书写《道德经》，刊正文句，定五千三百八十字，以为真本，奏呈皇帝。玄宗又将司马承祯在王屋山的居所定名"阳台观"，亲自题写匾额，派人送去，并赐绢三百匹，以作药饵，又令玉真公主和光禄卿韦绦到阳台宫修金箓斋道场，厚赏司马承祯。

司马承祯与陆余庆、赵贞固、卢藏用、陈子昂、杜审言、宋之问、毕构、郭袭微、释怀一等人号称"方外十友"。开元二十三年（735年），司马承祯卒于王屋山，享年八十九岁。相传他去世之日，双鹤绕坛，白云从坛中涌出，上连至天，而其容色如生。玄宗为之叹息，宜赠徽章，用光丹箓，赠银青光禄大夫，号真一先生，并亲自书写碑文。司马承祯著有《玄真道曲》《修真秘旨事目历》《上清含象剑鉴图》《坐忘论》《天隐子》《服气精义论》《采服松叶法》等。

司马承祯的道教思想以老庄思想为本，吸收儒家的正心诚意和佛教的止观、禅定学说融合而成。他认为只要"遂我自然""修我虚气"，就能修道成仙。他将修仙的过程分为"五渐门",即斋戒(浴身洁心)、安处(深居静室)、存想(收心复性)、坐忘(遗形忘我)、神解(万法通神),他认为神仙之道,五归一门。他还将修道分为"七阶次",即敬信、断缘、收心、简事、真观、泰定、得道。此"五渐门""七阶次",可概括为简缘、无欲、静心三戒。只需勤修三戒,就能达到"与道冥一,万虑皆遗"(《坐忘论》)的仙真境界。

司马承祯墓在今济源市王屋镇王屋山景区紫微宫北,省道312转村间公路可达,地理坐标为北纬35°10′42.90″,东经112°16′31.74″。该墓始建于唐代。墓葬坐落于老坟洼内,四周群山环绕,树木葱葱,环境幽静。墓冢已平,地表无迹。

姚崇

姚崇，生于永徽元年（650年），卒于开元九年（721年），字元之，陕州硖石（今河南三门峡东南）人。唐朝著名宰相，父姚懿。

姚崇年少时风流倜傥，颇有气节。二十岁时经人提醒，才发愤读书。初为孝敬挽郎，于仪凤二年（677年）二十八岁时任濮州（治今河南范县濮城）司仓参军，五迁至兵部郎中。契丹入侵，军务繁杂，姚崇处理奏报快如流水，武则天见其贤能，拜兵部侍郎。当武则天和群臣论及周兴、来俊臣被诛杀后有无谋反者时，姚崇对武则天直言周兴、来俊臣制造冤案，当时被杀之人并非真的谋反，并以全家性命担保当下实无意造反之人，武则天听后大加赞赏，并说："前宰相务顺可，陷我为淫刑主，闻公之言，乃得朕心。"（《新唐书·姚崇传》）赐他千两白银。

武则天圣历三年（700年）春，姚崇进同凤阁鸾台平章事，不久迁中书侍郎，兼相王府长史。长安四年（704年），以母亲年迈请求辞官，保留相王府长史，回家侍亲。不久，又兼春官尚书、同凤阁鸾台三品。张易之擅自把大德寺的十名僧侣调往定州（治今河北定州），僧人不情愿而诉告，姚崇判停止迁徙。张易之找姚崇说情，遭到拒绝，恼羞成怒，诬告姚崇，姚崇被贬为司仆卿，后为灵武道大总管。

神龙元年（705年），张柬之等人打算拥立中宗复位，姚崇其时回京，参与其事。事成后，姚崇因功封为梁县侯，食邑二百户。中宗主政，满朝欢欣，但姚崇觉得自己久事武则天，现在违背她，心有所愧，哭泣于朝堂，即使由此获罪也心甘。不久即出任亳州（治今安徽亳州）刺史。后又任宋、常、越、许等州刺史。

睿宗继位，姚崇拜兵部尚书、同中书门下三品，不久迁中书令。太平公主干政，诸王手握兵权。景云二年（711年），姚崇和宋璟上书，提出外任诸王，迁太平公主于东宫等建议，睿宗告诉了太平公主。太平公主迁怒太子李隆基，李隆基奏请加罪二人，姚崇被谪为申州（治今河南信阳）刺史，移徐、潞二州，迁扬州长史，又徙同州刺史。任内，姚崇恪尽职守，吏治清明，百姓为其建碑颂德。

先天二年（713年），唐玄宗出猎时召见姚崇，君臣纵猎，交谈甚欢，玄宗即打算让姚崇为相。姚崇趁机提出十条政见，涉及讼狱、军备、职官、税赋、佛道等方面，玄宗认为可行。姚崇被召回任兵部尚书、同中书门下三品。不久，迁紫微令，进封梁国公，新封百户。

根据姚崇建议，玄宗下诏令一万两千余名僧人还俗务农，减轻财政负担，增加了社会劳动力；安排郎吏顺序，玄宗亦任姚崇行事。姚崇进贤用能，罢黜不肖，天下大治。山东蝗灾，百姓祭拜，却不敢捕捉，姚崇力排众议，严词要求执行灭蝗政策，提出灭蝗具体方法，蝗灾得以平息。

当时，其他宰相害怕玄宗，不敢断事，只有姚崇辅助皇帝裁决朝政。姚崇生病，遇有大事，玄宗即派人咨询，奏事称意，玄宗就说这一定是姚崇的意见，若不称意，就会责问大臣为什么不去问姚崇，对姚崇日加信任。玄宗让姚崇搬到四方馆居住，姚崇以居舍华丽宏伟而推辞，玄宗对他说："我恨不能让你住到宫中，为何推辞呢？"

赵诲为姚崇亲信，因私受蕃人礼品当被处死，姚崇上书求救，惹得玄宗不快。京师之地特赦，赵诲没有被赦免，又被加杖责发配。姚崇恐惧不安，上疏请求解除相职，并推荐宋璟代替，玄宗同意，以开府仪同三司罢政事。

开元五年（717年）正月，玄宗居丧未满三年，打算巡幸东都洛阳，适逢太庙崩塌，巡幸之事遭到大臣反对，认为是上天在示警。玄宗询问姚崇，姚崇认为太庙因木料经年朽烂而毁，与出行并无关系，只是恰巧遇到一起，可如期出行，并建议新作太庙，以显大孝。玄宗高兴，并依所奏，赏姚崇绢二百匹，下诏让他五日一奏。

姚崇墓

开元八年（720年），授姚崇为太子少保。

姚崇一生三次入相，政声显著，与房玄龄、杜如晦、宋璟并称唐朝四大贤相。姚崇天生俊杰，动必推公，夙夜孜孜，致君于道，忠心辅佐，使赋役宽平，刑罚清省，百姓富庶，终成开元盛世。姚崇于开元九年（721年）病逝，享年七十二岁。赐扬州大都督，谥文献。开元十七年（729年），追赠太子太保。姚崇去世前，遗令子孙不要贪图富贵，不要厚葬，不要迷信佛道。姚崇著有文集十卷，曾参与修订《开元前格》，《全唐诗》录其诗六首。

姚崇墓在今洛阳市伊川县彭婆镇许营村北，省道238转村间公路可达，地理坐标为北纬34°29′35.0″，东经112°32′42.0″。该墓始建于唐代，为河南省文物保护单位。墓葬地处高台地，北临万安山，南近少洛高速。墓冢为现代堆砌，直径约9.5米，高4.5米，下部约0.5米，以石围砌。冢前立碑，上书"唐中书令梁国公姚崇墓"。四周建有围墙，南侧建有山门。

刘希夷

刘希夷，生于永徽二年（651年），卒年不详，字廷芝（一作延之），汝州（今河南汝州）人。唐朝诗人。

刘希夷于上元二年（675年）中进士，时年二十五岁。刘希夷虽少年及第，却终生都不曾谋得一官半职以展其志，所以他苦闷、无奈、悲愤、消极，那种青春虚度、人事日非的感喟充溢于怀古、闺情、送别、行旅、宴饮等各种题材的诗作中，前人云其"词旨悲苦"。曾作《白头吟》，内有"今年花落颜色改，明年花开复谁在"之句，又作"年年岁岁花相似，岁岁年年人不同"，然后慨叹："死生有命，岂由此虚言乎！"（《唐才子传》）以花落可复开来反衬青春之不返，既抒发了岁月易逝、人生易老的感伤，又寄寓着生命有限，大自然却是永恒的这样一个哲理，更是其上述种种情绪的高度艺术概括。相传他的舅舅宋之问喜欢后面一联，欲据为己有，刘希夷不答应，宋之问恼怒，便派人以土囊将他压杀，

刘希夷墓

年未及三十岁。

刘希夷容美出众，喜欢谈笑，善弹琵琶，饮酒数斗，虽落魄但不拘常礼。他的诗歌作品多从军、闺帷之作，词情哀怨，颇依古调，体势与时不合，并不被看重。《新唐书·艺文志》载刘希夷有集十卷及诗集四卷，今传，代表作有《从军行》《采桑》《春日行歌》《春女行》《捣衣篇》《白头吟》《洛川怀古》《将军行》等诗，《全唐诗》收录三十五首。

刘希夷墓在今平顶山市汝州市骑岭乡黄庄行政村刘沟自然村北，县道024（风烟线）可达，地理坐标为北纬34°13′22.0″，东经112°53′11.0″。该墓建于唐代。墓葬坐落于风穴山入口处，在风穴寺景区牌坊门内约100米，北依山麓。现已辟为夷园，建有纪念堂和厢房。墓区东西宽53米，南北长130米。墓冢呈圆形，以石圈砌，直径约3米，高约1米。冢前存现代墓碑一通。冢上植有情人柏，为两棵柏树连体而生。

李弘

　　李弘，生于永徽三年（652年），卒于上元二年（675年）。唐高宗第五子，母武则天，谥孝敬皇帝。

　　永徽四年（653年），两岁的李弘被封为代王。显庆元年（656年），五岁的李弘被立为皇太子。李弘自幼孝顺仁德，为太子后体恤民情，曾经向郭瑜学习《左传》，读到楚世子芈商臣弑君故事，不忍听闻，掩书而罢，改读《礼记》。龙朔元年（661年），命许敬宗、许圉师、上官仪等人从古今文集中摘选佳句，按类编录五百卷，名《瑶山玉彩》。总章元年（668年），李弘请求赠颜回太子少师、曾参太子少保，高宗同意。后奏请有士兵逃亡者，家里不再连坐，高宗也同意。

　　咸亨二年（671年），高宗巡幸洛阳，李弘留守京师监国，因身体多病，庶政多决于辅佐的戴至德、张文瓘、萧德昭等人。关中旱荒，军队粮食供应不足，他见士兵的粮食有榆皮、蓬食，悄然命人供给米。

恭陵

义阳公主与宣城公主以母萧淑妃获罪,被幽禁宫中,年四十不得嫁,李弘向高宗奏请让她们出嫁,武后大怒,将她们许配给卫士,李弘因此失去武后宠爱。他上书请将沙苑之地分借穷人,高宗准许。李弘被召至东都后,纳裴居道之女为妃,裴妃贤淑,高宗因此宽心。

上元二年(675年),李弘与高宗、武后同赴合璧宫时暴卒,年仅二十四岁。谥孝敬皇帝,葬于恭陵,以皇帝之礼举丧。高宗极为悲痛,亲制《孝敬皇帝睿德纪存铭》,并自书于碑上。

恭陵在今洛阳市偃师市缑氏镇缑氏村北2公里处,国道207、国道310转顾刘路可达,地理坐标为北纬34°38′08.66″,东经112°48′39.00″。该陵始建于唐代,为全国重点文物保护单位。墓葬位于滹沱岭西南景山白云峰之巅,地处高阜,视野开阔,南靠207国道,北连310国道,四周为山坡台地。陵园坐北朝南,平面呈正方形,长、宽各约440米。四周原有陵墙围护,今已无存。陵墙四角有角阙,阙台之上有角楼建筑。四面陵墙中部各置神门,神门外各置门阙,现仅存门阙夯土台基。南神门外设神道,神道两侧分列有石像生,正南50米处设阙台,现地表下基址尚存。陵园内有灵台和哀皇后墓。灵台呈长方形覆斗式,哀皇后墓位于灵台东北40米处,呈方锥形。陵园现存石刻十九件,唐高宗李治撰书"孝敬皇帝睿德纪"碑一通。

沈佺期

沈佺期，生于显庆元年（656年），卒于开元二年（714年），字云卿，相州内黄（今河南内黄）人。唐代诗人。

沈佺期于上元二年（675年）中进士，约武则天垂拱元年（685年）任协律郎等职，开始与达官贵人、文学之士往还唱和，显出诗歌创作的才华。武则天命张昌宗领衔修撰《三教珠英》，当时任通事舍人的沈佺期参与其中。长安元年（701年）《三教珠英》修成，沈佺期任考功员外郎。知长安二年（702年）贡举，旋擢为考功郎中，长安三年（703年）再迁给事中。长安四年（704年）春，在考功任上受贿事被人弹劾入狱。

神龙元年（705年），张昌宗、张易之兄弟被杀，沈佺期的受贿案尚未了结，加上交通二张的新罪名，被流放到驩州（今越南荣市）。景龙元年（707年）遇赦北归，授台州录事参军，迁起居郎。次年，中宗改弘文馆为修文馆，沈佺期入馆，常与中宗和诗。后迁中书舍人，历太府少卿、太子少詹事，封吴兴县开国男。

沈佺期于开元二年（714年）去世。他擅长作文，尤长七言之作，与宋之问齐名，时人称"沈宋"。两人的最大贡献，是促使格律诗最后形成。《新唐书·艺文志》载有沈佺期文集十卷。

沈佺期墓在今安阳市内黄县张龙乡西沈村，省道215转村间公路可达，地理坐标为北纬35°59′51.56″，东经114°48′37.29″。该墓始建于唐代。原墓冢近圆形，直径约5米，高1.5米，周长14米，现已不存。

张廷珪

张廷珪,生年不详,卒于开元二十二年(734年),济源(今河南济源)人,祖上为常州人氏。唐朝大臣。

张廷珪年少时即以文学才华而知名,生性慷慨,有志向。他二十岁时,应制举。武则天长安年间,累迁至监察御史。武则天欲营造宏大佛像,张廷珪上疏谏止:"夫佛者,以觉知为义,因心而成,不可以诸相见也。"(《居士传》)武则天从其言,并于长生殿召见,深加赏慰。景龙末年(709年),张廷珪为中书舍人,再转洪州都督、江南西道按察使。

张易之被诛之后,众人要求穷追其党羽。张廷珪建言:"易之盛时,趋附奔走半天下,尽诛则已暴,罚一二则法不平,宜一切洗贷。"(《新唐书·张廷珪传》)中宗纳之,避免了一场杀戮。

玄宗开元元年(713年),张廷珪入朝为礼部侍郎。天气久旱不雨,关中饥馑,玄宗下令求直谏。张廷珪上疏,建议皇帝"约心削志,澄思励精,考羲农之书,敦素朴之道。登庸端士,放黜佞人,屏退后宫,减彻外厩,场无蹴鞠之玩,野绝纵禽之赏。促石田之远境,罢金甲之悬军,惠恤茕嫠,蠲薄徭赋。去奇技淫巧,损和璧隋珠,不见可欲,使心不乱"(《文苑英华·货殖下》)。

张廷珪后再迁黄门侍郎。监察御史蒋挺犯法,诏决杖朝堂。张廷珪奏:"御史宪司,清望耳目之官,有犯当杀即杀,当流即流,不可决杖。士可杀,不可辱也。"(《旧唐书·张廷珪传》)议者以张廷珪所言极是。后因泄露禁内事,出为沔州刺史,又历苏、宋、魏三州刺史,入宫为少府监,加金紫光禄大夫,封范阳男。四迁至太子詹事,因年老有病致仕。

张廷珪于开元二十二年(734年)去世。赠工部尚书,谥贞穆。张廷珪平时与陈州刺史李邕亲善,李邕所撰碑碣文字,必请张廷珪以八分书体书写。张廷珪擅长撰楷、隶、八分,为时人所看重。开元十年(722年),狄光嗣撰《唐兖州刺史韦府君遗爱颂》,同年李邕所撰《狄梁公生祠记》,均为其所书。

张廷珪墓在今洛阳市伊川县高山镇坡头寨村东,省道322转平莲线可达,地理坐标为北纬34°23′55.30″,东经112°17′11.42″。墓葬现已不存。

神会

神会，生于乾封三年（668年），也有说生于武则天垂拱二年（686年），卒于肃宗乾元二年（760年），俗姓高，襄阳（今湖北襄阳）人。著名禅僧，荷泽宗之祖，六祖慧能弟子。

神会幼年时即学习过五经、老庄等诸子学说，十四岁出家，于韶州（今广东韶关）曹溪接受禅宗六祖慧能"顿悟"说。慧能死后，神会到洛阳宣扬慧能学说，主张以"无念"为宗，因曾住洛阳荷泽寺，故称荷泽宗。著有《显宗记》。

荷泽宗的基本理论，具见于神会所著的《显宗记》和《景德传灯录》卷二十八所保存的《神会语录》以及敦煌出土的《大乘开心显性顿悟真宗论》。宗密在《禅源诸诠集都序》记述荷泽一宗的教义时说：

"诸法如梦，诸圣同说。故妄念本寂，尘境本空。空寂之心，灵知不昧，即此空寂之知是汝真性。任迷任悟，心本自知，不藉缘生，不因境起。知之一字，众妙之门。由无始迷之故，妄执身心为我，起贪瞋等念；若得善友开示，顿悟空寂之知。……故虽备修万行，唯以无念为宗。"

神会墓在今洛阳市洛龙区龙门街道龙门社区西，省道238（龙门大道）可达，地理坐标为北纬34°33′54.9″，东经112°27′24.7″。该墓始建于唐代。墓葬现在龙门国家粮食储备库大院内，西邻伊河，北近唐洛阳城南城墙。墓葬下为塔基，上为石砌建筑。塔基石室为单室，平面近正方形，已被树木覆盖。

吴道玄

吴道玄，约生于永隆元年（680年），卒于肃宗乾元二年（759年），字道子，阳翟（今河南禹州）人。我国古代著名画家，有"画圣"之称。

吴道子年幼孤苦穷困，跟民间画师学习绘画。曾学书法于张旭、贺知章，后发愤改攻绘画。曾为双流县令韦嗣立幕吏，"遍写蜀道山水"，遂"创山水主体，自成一家"，当时的吴道子还不到二十岁，因而称"幼抱神奥，年未弱冠，已穷丹青之妙"。曾任兖州瑕丘县尉，后厌倦政治斗争，闲居许州（今许昌魏都区）洞口村，再流浪于洛阳，成为专职民间画工。约在开元初年，被玄宗召入宫中，任内教博士，"非有诏不得画"，称"画圣"，并改名道玄，官至宁王友。

吴道子于开元初入宫，到天宝十五载（756年）安史之乱，在宫中度过了四十个春秋。安禄山攻陷长安后，大肆搜捕画师、乐师，吴道子先是藏到民间，后来追随玄宗到四川。第二年长安收复，玄宗回宫，吴道子因年迈无法回来，留在了四川，约八十岁死于资阳。

吴道子开创了一代画风，在中国乃至

吴道玄墓

世界绘画史上都占有极其重要的地位。他情性豪爽,喜欢酒后作画,"每作画,必酣酒"。在大同殿画《嘉陵江三百里旖旎风光图》,不到半天即完成,时人称"当其下笔风雨快,笔所未到气已吞!"他的画技术熟练而造型生动,往往不借助于工具,凭借扎实的技术和对画作的理解,一蹴而就。他的画早年线条较细,后来创造了"兰叶描""枣核描"和"莼菜条",表现出"高侧深斜、卷褶飘带之势",更能敏锐地表现事物的立体造型。他创造了笔势圆转,衣服宽松,裙带飘举的"疏体"画法,所绘衣褶,有飘带之势,世称"吴带当风"。他独创的佛教图像样式,被称为"吴家样"。他画的人物个个不同,绝不千人一面。画洛阳的寺庙四十多间,人物无一同者。在他之前山水画仅作为陪衬,吴道子使山水画自成一体,史称"山水之变始于吴"。他是一位全能画家,人物、鬼神、山水、建筑、花鸟无一不精。现存有关作品三百九十一件,如《释迦降生图》《八十七神仙卷》《鬼伯》等,壁画真迹有《云行雨施》《万国咸宁》等。吴道子还传扬绘画技术,教授许多弟子,较著名的有卢稜伽、李生等,对他们言传身教,或与之共同作画。吴道子的绘画艺术对唐代的绘画有着深刻的影响,他被后代画工尊称为"师祖""画圣"。

吴道玄墓在今许昌市禹州市鸿畅镇山底吴村,省道231转贺神线可达,地理坐标为北纬34°06′06.29″,东经113°19′58.44″。墓冢在三峰山西峰,南望九龙山,西面眺蓝河,东为平原。此为当地吴氏后人新建纪念冢。墓冢呈圆形,四周以石围砌。前有照壁,刻"叶落归根"。沿山势,砌有长长的台阶,直达墓葬。

雷万春

雷万春，生于武则天大足元年（701年），卒于至德二载（757年），涿州（今河北涿州）人。唐朝将领，抗击安史乱兵被害。

雷万春为唐武将张巡的偏将。安史之乱时，据守雍丘（今河南杞县）。敌将令狐潮围雍丘，雷万春立于城上，同令狐潮对话。令狐潮埋伏士兵，连发六箭，击中雷万春面部，雷万春纹丝不动。令狐潮在雍丘北部扎营，打算袭击襄邑（今河南睢县）、宁陵（今河南宁陵）。张巡派雷万春率领四百骑兵攻击令狐潮，令狐潮将雷万春包围。张巡趁机突围，大破令狐潮部，令狐潮逃走。

雷万春带兵，方略稍差，但强毅勇敢，用命坚决。至德二载（757年），雷万春随张巡守睢阳（今河南商丘）时，兵力不足一万，叛军尹子奇兵力十万。孤军坚守十个月之久，城破时七万人的睢阳只剩下四百多人，雷万春、张巡及其他二十五名别将均惨遭杀害。

雷万春墓在今商丘市睢阳区古宋街道老南关社区南，省道207（南环路）可达，地理坐标为北纬34°21′28.9″，东经115°36′25.9″。墓冢现已不存，无迹可寻。

王维

王维，生于武则天大足元年（701年），卒于上元二年（761年），字摩诘，祖籍太原祁（今山西祁县）人，后迁蒲县。唐代著名诗人，亦擅长书画、音乐。

王维年少时即显露才学，九岁时能作辞。父亲早逝，母亲崔氏笃信佛教，对王维产生了很深的影响。约在十五岁时，王维和弟弟王缙离家赴长安和洛阳。由于才华出众，迅速受到两京之地高门贵戚的欢迎。开元九年（721年），王维进士及第，任太乐丞。在京期间，主要游历于宁王、岐王、薛王等豪戚之门，与著名诗人崔颢、卢象等人交游甚密。这一时期王维创作了不少应制之作和一些优秀的歌行作品。

才华早著、科场顺利的青年王维，在入仕不久，就遭到第一次官场挫折，被贬为济州司仓参军。开元十四年（726年）离开济州回长安，开元十五年（727年），改官淇上，不久就弃官在当地隐居。开元十七年到二十一年（729年到733年），回长安闲居。这一时期王维古体诗创作增多，同时开始写田园诗。开元二十二年（734年）到洛阳请求张九龄汲引，由张九龄推荐出任右拾遗。

开元二十五年（737年），张九龄被罢相。时隔不久，王维就奉命到凉州（今甘肃武威）劳军，在河西节度使幕中担任两年多的判官。这一时期他创作了一批边塞诗。从边疆返回不久，任中侍御史，开元二十八年（740年）被派到襄阳主持南选，一路上游览了很多名山大川，创作了大量山水诗，诗歌创作达到了一个新的高潮，许多脍炙人口的名篇都出自这一时期。

开元二十四年（736年），李林甫把持朝政，朝廷政治日趋黑暗。王维对此既感到压抑，又很无奈，他以自己的方式表达不满，先后在终南山和蓝田辋川购置了别业，开始过上半官半隐的日子。

安史之乱时，王维来不及逃走，被安禄山军俘虏，他故意用药使嗓音喑哑。安禄山知王维有才，将他押到洛阳，拘在普施寺内，逼迫他任给事中。安禄山举行宴会，王维非常悲伤，暗中作诗，表达悲恻之情。安史之乱平定后，王维被判有罪下狱，他将任伪官时所作的《菩提寺私成口号》献给肃宗，得到嘉许。诗云："万户伤心生野烟，百官何时再朝天。秋槐落叶空宫里，凝碧池头奏管弦。"弟弟王缙为

王维墓

王维赎罪，获特赦，授太子中允。肃宗乾元年间，王维迁太子中庶子、中书舍人，复拜给事中，转尚书右丞。后与道友裴迪弹琴赋诗，啸咏终日。这一时期，王维常与十余名僧人同食，并以玄谈为乐。退朝后，焚香独坐，以诵经为要。妻子亡故后，也不再续娶，三十年孤处。

王维既是诗歌大家，能写各种诗体，尤以五言律诗和绝句著称，擅长五言诗，又工于书画，尤工草隶，还精通音律，可以说是文学艺术"全才"，不仅名盛于开元、天宝年间，且至今无人超越。诗歌多边塞、山水诗，以山水诗成就为最高，为山水田园诗派代表人物，与孟浩然合称"王孟"，曾将所作田园诗汇集，名《辋川集》。著有《王右丞集》，存诗400首。王维深受佛教思想的影响，他的诗作常常含有禅宗的"空""静"二字，目前我们看到的含有"空""静"的诗篇80首，故后世称其为"诗佛"。常用五律和五绝，篇幅短小，语言精美，音节舒缓，表现幽静山水和诗人恬适。其他题材作品，如送别、纪行，也常有写景佳句，如"远树带行客，孤城当落晖"（《送綦毋潜落第还乡》）、"山中一夜雨，树杪百重泉"（《送梓州李使君》）、"日落江湖白，潮来天地青"（《送邢桂州》）、"大漠孤烟直，长河落日圆"（《使至塞上》）等，都是传诵不衰的名句。以军旅和边塞生活为题材的《从军行》《陇西行》《燕支行》《观猎》《使至塞上》《出塞作》等，都是壮阔飞动之作。《陇头吟》《老将行》则抒发了将军有功不赏的悲哀。《观猎》生动地描写了打猎时的情景。《夷门歌》歌咏历史人物的侠义精神，《少年行》四首表现少年游侠的勇敢豪放，笔墨酣畅。贬官济州时所作《济上四贤咏》及《寓言》

《不遇咏》和后期所作《赵女弹筝篌》，对才士坎坷不遇的不平现象表示愤慨。《洛阳女儿行》《西施咏》《竹里馆》则以比兴手法，寄托了作者因贵贱不平而生的感慨和对权贵的讽刺。抒写妇女痛苦的《息夫人》《班婕妤》等，悲惋深沉。赠送亲友和描写日常生活的抒情小诗，如《送别》《临高台送黎拾遗》《送元二使安西》《送沈子福之江东》《九月九日忆山东兄弟》《相思》《杂诗》等，被广为传诵。他诗中名句如"明月松间照，清泉石上流"（《山居秋暝》）、"红豆生南国，春来发几枝。愿君多采撷，此物最相思"（《相思》）、"劝君更尽一杯酒，西出阳关无故人"（《送元二使安西》）、"独在异乡为异客，每逢佳节倍思亲"（《九月九日忆山东兄弟》）等至今为世人传诵。王维善画人物、丛竹、山水，画思入神，山水平远，云势石色，绘工以为是天机所至，学者无法企及，有名作如《辋川图》。他自称是"当代谬词客，前身应画师"。宋代大文豪苏轼赞他"味摩诘之诗，诗中有画；观摩诘之画，画中有诗"（《苏轼集》）。他还通晓音律，有人得到《奏乐图》，不知何名，王维看后说是《霓裳》第三叠第一拍，请乐工演奏，果然如是。

王维于上元二年（761年）七月去世，享年六十一岁。临终时，给弟弟写下遗书，又给平生亲故作别书数幅，多是敦励朋友奉佛修心。

王维墓在今南阳市方城县四里店乡维摩寺行政村王坟自然村西北，省道239转村间公路可达，地理坐标为北纬33°23′04.0″，东经112°51′23.0″。该墓始建于唐代，为衣冠冢。墓葬坐落于山坡台地，北高南低，四周为耕地。墓冢直径约9.5米，高2米。冢上存一棵腊子树。

张巡

张巡，生于景龙三年（709年），卒于至德二载（757年），字巡，邓州南阳（今河南南阳）人。唐朝名将，抗击安史乱兵英勇就义。

张巡聪明有才干，开元年间举进士，办事干练，重义慷慨。安禄山作乱，张巡时为真源（今河南鹿邑）县令。他劝上司修葺城池，招募士兵，作好拒敌的准备。时吴王李祇奉诏组织河南诸郡练兵，张巡与单父（今山东单县）县尉贾贲积极响应。

安史之乱发生后，时雍丘（今河南杞县）县令令狐潮打算弃城投降，百姓和属吏不肯听从，令狐潮将他们逮捕并企图杀掉。正好有乱兵攻城，令狐潮出去迎敌，那些百姓和属吏关闭城门不让令狐潮进城。张巡和贾贲趁机带领众人进入雍丘，杀死令狐潮妻、子，环城守备。贾贲迎战而死，张巡统合贾贲的兵士一同守城。其间，张巡身先士卒，或出其不意进攻敌兵，或采取有效措施，抵抗敌人进攻，坚守城池。

数月后，叛军攻势越来越猛烈，张巡

张巡墓

认为雍丘城小，物资不足，难以坚守，于是率领士兵连夜投奔睢阳城，与睢阳太守许远会合，共同对抗叛军。至德二载（757年），安禄山的儿子安庆绪派尹子奇率兵十三万攻睢阳。张巡连续与尹子奇作战，打退叛军多次进攻。许远认为自己才不及张巡，心甘情愿受张巡调遣。两人用七千兵力对抗十多万叛军，玄宗十分赞赏，封张巡为主客郎中兼御史中丞。

睢阳城日益困难，张巡调度有限兵力和粮食，与尹子奇周旋，射伤尹子奇的眼睛，屡有胜绩。睢阳城因被久围，粮已断绝，树皮也被吃光，张巡杀死了自己的小妾，供士兵食用。再派南霁云出城向河南节度使贺兰进明求援，但贺兰进明拒绝救援。

十月，城将被破，张巡面向长安叩拜，立志化为厉鬼，继续与叛军搏杀。城破，张巡、许远等人被擒。尹子奇知道张巡不会替自己效力，便将他杀害，终年四十九岁。张巡指挥作战四百余次，折将三百，杀敌近十二万，睢阳保卫战有力地阻击了叛军，保全了唐朝的经济生命线，为平定安史之乱赢得了时间。睢阳保卫战也成为中外战争史上最惨烈、最辉煌的战例之一。

张巡墓在今商丘市睢阳区古宋街道北刘庄村，临环城南路，地理坐标为北纬34°22′21.78″，东经115°36′29.90″。该墓始建于唐代。现辟为张巡祠，1990年重建，占地4.07万平方米，包括广场区、建筑区和墓葬园林区三部分。墓冢新建，呈圆形，直径约20米，高约3.8米。

许远

许远，生于景龙三年（709年），卒于至德二载（757年），字令威，杭州盐官（今浙江海宁西南）人，一说杭州新城（今杭州富阳区新登镇）人。唐朝将领，抗击安史乱兵被害。

许远为人宽厚，深明吏治。初从军于河西，任碛西支度判官。剑南府章仇兼琼打算把女儿嫁给他，许远坚决不同意。章仇兼琼生气，寻机将许远劾贬为高要（今广东高要）尉，后逢大赦返回。玄宗天宝十四载（755年），安禄山谋反，玄宗拜许远为睢阳（治今河南商丘）太守，后累加侍御史、本州防御使。

至德二载（757年）正月，安庆绪部将尹子奇攻打睢阳城，许远与张巡拒守三年，因外援不至，兵士疲惫不堪，粮食耗尽，最终城被攻破。尹子奇将许远押送到洛阳，途经偃师时，将其杀害。后赠荆州大都督。

大历年间，张巡之子张去疾上书，称尹子奇攻占睢阳时，远离许远部，而三十余将战死，独许远与部下没有伤亡，请求追夺其官爵，以雪冤耻。皇帝下诏令人讨论，大家认为张去疾证据不充分，没有准奏。

元和年间，韩愈见张巡传记中没有许远的事迹，说："张巡、许远二人守城战死而成名，只是先后之别。世人怀疑许远畏死而降服，若真的怕死，许远何苦坚守不降呢？虽然知道必死，仍然拒守，许远不怕死是非常明了的。"

许远墓在今洛阳市偃师市城关镇西寺庄村，国道310转村间公路可达，地理坐标为北纬34°42′18.0″，东经112°46′54.0″。该墓始建于唐代，民国二十七年（1938年）重修，为洛阳市文物保护单位。墓葬位处西寺庄村小学内。墓冢原为方形，重修后呈圆形，直径约9米，高6.5米。现墓冢不存，村内存民国二十七年（1938年）立碑一通，上书"唐睢阳太守许公之墓碑"。

颜真卿

颜真卿，生于景龙三年（709年），卒于兴元元年（784年），字清臣，琅琊临沂（今山东临沂）人。唐朝大臣，著名书法家，工楷、草书，史称"颜体"。

颜真卿年少时父亲去世，母亲殷殷教导。他勤于学业，辞有文采，尤其善于书写，且事亲至孝。开元二十二年（734年）中进士，四任监察御史，后任河西陇右军试覆屯交兵使。有冤狱久不能决，颜真卿到任后很快辩白，时值天旱，狱决后随即下雨，郡人呼为"御史雨"。后充河东朔方军、陇右军试覆屯交兵使，迁殿中侍御史、东都畿采访判官，转侍御史、武部员外郎。杨国忠见他不肯依附自己，就将其贬到平原郡（治今山东陵县）任太守。

安禄山叛逆之心渐明，颜真卿修建城池，招募壮士，储备粮草，表面上则会交文士，泛舟外池，饮酒赋诗。安禄山以为颜真卿一介书生，不足为虑。不久，安禄山造反，诸郡尽陷，唯平原城守具备，玄宗听报后非常高兴。谓左右曰："朕不识真卿何如人，所为乃若此！"（《新唐书·颜真卿传》）安禄山攻陷洛阳后，杀了留守李憕、御史中丞卢奕、判官蒋清，并将首级送到河北。颜真卿为防人心动摇，假称不是三人首级，并将三人首级秘密藏起，待机取出，为其棺敛祭殡，赢得人心。各郡归顺，共推颜真卿为帅，得兵二十余万，横绝燕、赵。皇帝下诏加颜真卿户部侍郎，仍任平原太守。

颜真卿与反兵袁知泰部将交战，大胜，斩首万人。肃宗在灵武（今宁夏灵武）继位，颜真卿数次派人以蜡丸裹书陈事，肃宗授颜真卿工部尚书，兼御史大夫、河北采访招讨使。后因寡不敌众，至德元年（756年）十月，率部下至凤翔（今陕西凤翔）谒帝，诏授宪部尚书，不久加御史大夫。军国之事，知无不言，多次上书，但被宰相所猜忌，出任同州（治今陕西大荔）刺史，转蒲州（治今山西永济蒲州）刺史。后又贬为饶州（治今江西鄱阳）刺史、升州（治今江苏南京）刺史、浙江西道节度使，征为刑部尚书，贬为蓬州（治今四川仪陇）长史。

代宗即位，颜真卿任利州（治今四川广元）刺史，又迁户部侍郎，除尚书左丞。因议事得罪宰相元载，改检校刑部尚书知省事，累进封鲁郡公。元载又以诽谤之名，将颜真卿贬为硖州（治今湖北宜昌）别驾，

颜真卿墓

抚州（治今江西临川）、湖州（治今浙江湖州）刺史。元载伏诛后，拜颜真卿为刑部尚书。代宗驾崩时，他任礼仪使。杨炎为宰相时，因颜真卿刚正，也不喜欢他，改任太子少傅。

后来卢杞专权，忌惮颜真卿，改任他为太子太师，罢去礼仪使。卢杞本为御史中丞卢奕之后，颜真卿提及当日卢奕传首至平原郡之事，请求卢杞相容，卢杞下拜，但却含怒于心。适逢节度使李希烈叛乱，卢杞明知劝说李希烈凶多吉少，却趁机报复，奏请颜真卿出使。至河南，河南尹郑叔则见李希烈反状已明，劝他不要前往，颜真卿说"君命不可避"，直入叛贼巢穴，宣读诏旨，李希烈养子及部将拔刀相对，欲杀颜真卿，颜真卿神色不变，镇定自若。李希烈遂将颜真卿送到馆驿，逼迫其上书朝廷为自己辩解，遭到拒绝。李希烈欲僭称帝，又以宰相位为诱饵劝降颜真卿，遭到严词拒绝。颜真卿自度必死，作遗表，自为墓志、祭文，指着寝室西壁下面说："这就是我的殡丧之所。"

兴元元年（784年），叛兵在庭院中堆柴，并浇上油，点上火，威胁颜真卿说："如果不侍奉大楚皇帝，就烧死你！"颜真卿毅然投身火海，无所畏惧，被迅速制止。八月三日，叛军将颜真卿缢杀，享年七十六岁。贞元元年（785年），丧归京师。德宗痛悼，废朝五日，谥文忠，并赠司徒，赐布帛五百端。

颜真卿擅长书法，初学褚遂良，后又法张旭，逐步摆脱初唐风范，创造出新的书风。正、草书汲取诸家之长，楷书骨力遒劲、气概凛然、笔力遒婉，被称为"颜体"，他与柳公权并称"颜柳"，有"颜筋柳骨"之誉。行书遒劲郁勃，体现盛唐风度，被后世誉为"天下第二行书"。颜真卿传世作品以碑刻较多，楷书有《多宝塔感应碑》《麻姑仙坛记》《东方朔画像碑》《颜勤礼碑》《颜氏家庙碑》等。《颜氏家庙碑》筋力丰厚，是晚年得意之作。行书有《争座位稿》，书迹有《自书告身》《祭侄文稿》。后人辑有《颜鲁公文集》十五卷，并著有《韵海镜源》等。《祭侄文稿》又称《祭侄季明文稿》。安史之乱时，颜真卿堂兄颜杲卿任常山郡太守，与颜真卿共同声讨安禄山叛乱。颜季明为颜杲卿第三子，颜真卿堂侄，往返于常山、平原之间传递消息，抵抗叛军。但太原节度使拥兵不救，以至城破，颜杲卿与子颜季明先后罹难，《全唐书》卷三百四十四中载："贼臣不救，孤城围逼，父陷子死，巢倾卵覆。"颜真卿派长侄泉明前往善后，仅得杲卿一足、季明头骨，他满含悲愤，一口气写了著名的《祭侄文稿》，被后人推崇，为行书顶峰。黄庭坚《山谷题跋》说："鲁公《祭侄季明文》文章字法皆能动人。"

颜真卿墓在今洛阳市偃师市山化镇汤泉村内北部，文化路可达，地理坐标为北纬34°43′49.6″，东经112°49′28.6″。该墓建于唐代，为洛阳市文物保护单位。墓葬地处邙山南麓，地势北高南低，依地势而建，南临汤泉村小学。墓冢近圆形，直径20米，高6米。墓前有清代碑，上书"福唐赠司徒谥文忠颜鲁公之墓"，另有一碑，上书"唐太师颜鲁公真卿墓碑记"。

南霁云

南霁云,生于太极元年(712年),卒于至德二载(757年),魏州顿丘(今河南清丰)人。唐朝将领,安史之乱中被俘,坚贞不屈被杀。

南霁云出身微贱,年少时为人操舟渡船。安禄山造反,巨野县尉张沼起兵讨伐,提拔南霁云为将。尚衡攻击叛兵李廷望,又让南霁云为先锋,后派遣他到睢阳,与张巡计事。南霁云见张巡诚心待人,便留在张巡处帮助张巡。张巡劝他回去,南霁云不肯。尚衡又赠金帛相迎,南霁云感谢但不接受。

睢阳被安庆绪部将尹子奇包围,危在旦夕。御史大夫贺兰进明屯兵临淮(今安徽凤阳临淮关),许叔冀、尚衡在彭城(今江苏徐州)观望。张巡派南霁云到许叔冀处请师,没有成功。南霁云大骂许叔冀于马上,要和许叔冀决一死斗,许叔冀不敢应。张巡又派他到临淮告急,南霁云领精骑三十,突围而出,左右开弓,敌兵虽多,

南霁云墓

均被杀退。至贺兰进明处，贺兰进明以睢阳必失，出兵无益，拒绝出兵。贺兰进明见南霁云为壮士，就想把他留下，大摆宴席，令人奏乐。南霁云哭泣说城中将士已数月无粮，现在援兵不出，自己食不下咽，拔佩刀自断一指，然后离去。他拿出弓箭射中佛寺浮图砖，说："破贼后回来一定灭了贺兰进明，此矢为证！"南霁云趁夜返回城中，被敌兵发现，南霁云且战且走，进城后将士相拥而泣。

由于寡不敌众，睢阳城破，诸将被虏，南霁云等人宁死不降，与姚訚、雷万春等三十六人同时遇害，终年四十六岁。后朝廷追赠南霁云开府仪同三司、扬州大都督，并宠其子孙。宣宗大中年间，作张巡、许远、南霁云像于凌烟阁。睢阳至今祠飨，号"双庙"。

南霁云墓在今濮阳市清丰县纸房乡谢朱娄村南500米，县道017可达，地理坐标为北纬115°09′56.2″，东经35°53′08.69″。该墓建于唐代，为河南省文物保护单位。墓地坐落于耕地之中，地势平坦。墓冢近长方形，南北长约10米，东西宽约5米，高约1.5米。墓南侧有近代碑刻一通，书"唐将军南霁云之墓"。

杜甫

杜甫,生于唐太极元年(712年),卒于大历五年(770年),字子美,巩县(今河南巩义)人。中国古代伟大的现实主义诗人,与李白合称"李杜"。杜甫的诗歌影响深远,后人称其为"诗圣",其诗被称为"诗史",为世界文化名人。

杜甫出身于一个世代"奉儒守官"的文化世家,他的十三代世祖为西晋名臣杜预,祖父杜审言为唐初著名诗人。杜甫从小就受到儒学的熏陶和作诗的训练,立志继承祖上的学业。杜甫自幼聪颖,七岁开始作诗,"七龄思即壮,开口咏凤凰。九龄书大字,有作成一囊"(《壮游》)。他幼年丧母,被寄养在洛阳二姑母家。杜甫少年老成,苦读诗书,所从游者皆当时名士。二十岁后开始漫游吴越,历时四年。开元二十三年(735年)回到洛阳,参加科举考试,有志于"致君尧舜上,再使风俗淳"(《奉赠韦左丞丈二十二韵》),但未中。天宝三载(744年),他与李白在洛阳相会,又与高适一起游梁宋,登吹台,慷慨怀古。后又与李白客游齐鲁,过了一段"醉眠秋共被,携手日月行"的快乐日子,写下了"会当凌绝顶,一览众山小"(《望岳》)的千古绝句。

天宝五载(746年),二十五岁的杜甫来到长安,第二年参加了唐玄宗下诏举行的大规模人才选拔考试,但由于奸相李林甫把持朝政,嫉贤妒能,以"野无遗贤"上表,结果无一人考中。这时的杜甫在长安无依无靠,生活拮据,"饥卧动即向一旬,敝衣何啻联百结"(《投简咸华两县诸子》),只好"朝扣富儿门,暮随肥马尘",奔走干谒,过着"残杯与冷炙,到处潜悲辛"(《奉赠韦左丞丈二十二韵》)的困苦生活。天宝九载(750年),上献《三大礼赋》,得到玄宗召试,但直到天宝十四载(755年),才被授予掌甲仗与门禁的右卫率府胄曹参军。这一年十一月他回奉先探亲,路上亲眼见到百姓的疾苦和统治集团奢侈生活形成强烈对比,并且在回到家中见到他未满周岁的幼儿刚刚饿死,心情十分痛苦。这一时期杜甫写下了《丽人行》《兵车行》《自京赴奉先县咏怀五百字》等诗作,揭露朝廷的黑暗和人民的苦难,提出对侵略战争的疑问,表达了诗人同情百姓疾苦、忧国爱民的思想情怀,写出了"朱门酒肉臭,路有冻死骨"(《自京赴奉先县咏怀五百字》）的诗句，揭示了盛唐社会在表面繁荣下深藏的社会危机。

公元755年安史之乱爆发、长安陷落后，杜甫夹杂在流亡队伍里逃难，饥寒交迫。但当听到唐肃宗于灵武（今宁夏灵武）即位后，便欲投奔，半道被叛军俘获。杜甫由于地位低下，没有像其他官员一样被押往洛阳，而是被困居在长安。在长安陷贼期间，杜甫作《悲陈陶》《悲青坂》《哀江头》《春望》等诗。其中"国破山河在，城春草木深"（《春望》）表达了诗人的忧国之情。至德二载（757年），杜甫冒险从长安逃至肃宗临时驻地凤翔，"麻鞋见天子，衣袖露两肘"（《述怀》），肃宗感其诚，授左拾遗，虽仅为八品，但成为近臣，令杜甫有了一展抱负的想法。闰八月，杜甫回家探亲，写下了《北征》《羌村三首》等现实主义作品。

乾元元年（758年）六月，因宰相房琯出战失利，杜甫上奏求情，肃宗不悦。是年冬天，肃宗命他回鄜州（今陕西富县）探亲。乾元二年（759年）三月，被任命为华州（治今陕西渭南）司功参军。从洛阳返回华州时，写下了两组长诗，即"三吏""三别"，标志着他现实主义创作达到顶峰。同年，杜甫辞去了华州司功参军，离开了他恋恋不舍的长安和心爱的故乡洛阳，西行去了秦州（治今甘肃天水），只能依靠亲友接济、种药、卖药生活。由于衣食不能自给，又听人劝说来到同谷县（今甘肃康县），这时的杜甫穷苦到了极点，他每天在山里拾橡栗充饥，在同谷短暂停留后于当年十二月起程入蜀。然而这段艰苦的生活他写了不少纪行诗，使后人既看到了他生活的艰辛，又看到了蜀道的艰难。到达成都后在友人资助下，杜甫在成都西郊草堂寺不远的浣花溪旁盖了茅屋，也就是今天的杜甫草堂。这一时期，杜甫暂时避开了兵乱，虽然依旧清贫，却写了不少歌颂自然的诗，如《春夜喜雨》《江畔独步寻花》《绝句四首》，还有表达爱民情怀的《茅屋为秋风所破歌》等诗篇。

代宗宝应元年（762年），为避兵乱，杜甫移居梓州（今四川三台）。广德元年（763年）正月，安史之乱平定。杜甫闻讯兴奋异常，写下了《闻官军收河南河北》。次年正月，携家小顺江而下，准备回归中原。到达阆中时，严武来到成都出任剑南节度使，他又返回成都，重新在草堂住下，做了严武的幕府。严武推荐杜甫任成都节度参谋、检校尚书工部员外郎，所以后人称他为"杜工部"。这期间杜甫写下了许多诗作，如"黄四娘家花满蹊，千朵万朵压枝低。留连戏蝶时时舞，自在娇莺恰恰啼"（《江畔独步寻花》），"两个黄鹂鸣翠柳，一行白鹭上青天。窗含西岭千秋雪，门泊东吴万里船"（《绝句·其三》）等，至今脍炙人口。

永泰元年（765年），严武病逝，杜甫失去依靠，不得不东下出川。时走时停，历时一年到达夔州（今重庆奉节），住了近两年。这一时期他对自己一生诗歌创作的心得和经验，做了全面系统的回顾与反思，尤其是对格律诗的创作，作了细密深入的探索，创作了《秋兴八首》《昔游》《登高》等诗篇四百多首，达到了创作高峰。

杜甫墓

大历三年（768年）正月，杜甫听从弟弟杜观的劝说，乘舟东下，来到荆楚。这时他耳聋、右臂偏枯，又失去了同亲友的联系，到了走投无路的境地。他先从荆州到公安，到岳州，再乘船经过潭州到衡州，投奔老友未成，此时他甚至没有安身之所，只能在船上度日。但他仍关心国事，关注人民，并没有停止创作，写下了《逃难》《岁晏行》及著名的《登岳阳楼》。

大历五年（770年）夏天，杜甫准备到郴州（今湖南郴州）投亲，但途遇暴雨，受阻于湘江。冬天，在寒冷、饥饿与病魔的折磨下，辞世于孤舟之上，享年五十九岁。辞世前，还写下了《风疾舟中伏枕书怀》。死后家人无力安葬，只能把灵柩厝在岳阳。直到四十三年后的宪宗元和八年（813年），才由他的孙子迁葬于河南偃师首阳山下，与先祖杜预等埋葬在一起。

杜甫一生坎坷，却写下了数千首诗文，至今仍有一千四百多首传世。杜甫的诗歌普遍具有沉郁特点，语言和篇章结构富于变化，讲求炼字炼句。杜甫自以"沉郁顿挫"概括自己的作品，"至于沉郁顿挫，随时敏捷，而扬雄、枚皋之徒，庶可跂及也"（《进雕赋表》）。杜甫处于唐朝盛世末期，少时有雄心壮志，后来安史之乱爆发，国运衰微，加之仕途不济、命途多舛，理想与现实的巨大差距使他诗风大变，趋近现实主义。杜甫中年后，诗风沉郁顿挫，忧国忧民。他的诗词以古体、律诗见长，风格多样，多涉社会动荡、政治黑暗、人民疾苦，反映社会矛盾和底层百姓的苦难，记录了唐代由盛转衰的历史巨变，表现了儒家的仁爱精神和忧患意识，是现实主义诗歌的代表作。如"烽火连三月，家书抵万金"（《春望》），"出师未捷身先死，长使英雄泪满襟"(《蜀相》),"无边落木萧萧下,不尽长江滚滚来"(《登高》)等名句,被千古传诵。

杜甫的诗兼备众体,除五古、七古、五律、七律外,还写了不少排律、拗体,运用的艺术手法多样,是唐诗思想艺术的集大成者。杜甫继承汉魏乐府"感于哀乐,缘事而发"(《汉书·艺文志》)的精神,又摆脱乐府古题的束缚,创作了不少"即事名篇,无复依傍"的新题乐府,如著名的"三吏""三别"等。死后受到韩愈、元稹、白居易等诸多名家的大力颂扬。杜诗对元稹、白居易的新乐府运动的文艺思想及李商隐的近体讽喻时事诗影响甚深。杜甫的现实主义创作,自白居易后,影响了许多诗人的创作,从而形成一个现实主义诗派,在晚唐的诗坛上独领风骚,使中国的古典诗歌臻于完美。宋以后,王安石、苏轼、黄庭坚等人对杜甫推崇备至,苏轼说:"古代诗人众矣,而杜子美独为首。"(《王定国诗集》序),秦观称杜甫为"集大成"(《韩愈论》)的诗人。文天祥更以杜诗为坚守民族气节的精神力量。杜甫的作品将律诗从文学作品变成了抒发政治抱负的载体,为后来的政治题材诗作奠定了基础。清初文学评论家金圣叹把杜甫之诗与屈原的《离骚》、庄周的《庄子》、司马迁的《史记》、施耐庵的《水浒传》、王实甫的《西厢记》,合称"六才子书"。他一生没有做过像样的官,但觉得自己好像倾向太阳的葵藿,政治热情始终没有减弱。杜甫的现实主义诗歌有不少还忠实地记录了当时国内和边疆发生的重大事件,

这无疑弥补了史书的不足,所以后人把他的诗称作"诗史"。杜甫亦擅长书法,书体楷隶行草兼工,整体以意行之,赏古而雄壮。同时对唐代隶书家的赞扬,对曹霸、张旭的评价都很有深度。他的"书贵瘦硬"说,更是奠定了其在书法史上的重要地位。

杜甫对后人的影响不仅在诗歌方面,更在于思想道德方面。儒家思想是杜甫的主导思想,最大的特点是深厚的忧患意识和心忧民瘼,处处体现他忠君爱国和关心普通百姓疾苦的深厚感情。虽然诗人一生穷困潦倒,但他那"穷年忧黎元"的热诚并没有丝毫减退。像"安得广厦千万间,大庇天下寒士俱欢颜,风雨不动安如山"等诗句在他的作品中时能见到,表现出杜甫伟大高尚的品格,历来为后人所敬仰。杜诗虽然沉郁顿挫,甚至蘸满血泪,但读了并不会令人情绪低落,反而促人精神焕发。杜甫不仅在思想上忧国忧民,他还自觉地将儒家的仁爱理念、忠恕之道和恻隐之心付诸实践。可以说他的仁爱忠恕思想影响了后代无数人。

杜甫墓在今洛阳市偃师市城关镇杜楼村城关三中学校院内北部,国道310(商都西路)可达,地理坐标为北纬34°43′58.4″,东经112°44′18.0″。该墓始建于唐代,为河南省文物保护单位。墓葬四周种植树木。墓冢呈八角形,高2米,周长32米,青砖围砌。墓前有清乾隆年间所立碑一通,上书"唐工部拾遗少陵杜文贞公之墓",另有重修、拜谒碑刻数十通。每天都有游人慕名前来瞻仰、祭拜。

元结

元结，生于开元七年（719年），卒于大历七年（772年），字次山，河南（治今河南洛阳）人。唐朝大臣、文学家。

元结为后魏常山王遵第十五代孙。从太宗征辽东，因功拜常岭，袭常山公。父延祖，不愿就仕，认为"人生衣食，可适饥饱，不宜复有所须"（《新唐书·元结传》）。元结年少时放荡不羁，十七岁时折节向学。玄宗天宝六载（747年），元结到长安应试，作《皇谟》三篇、《二风诗》十篇、《二风诗论》一篇，针砭时弊，提出种种改革建议，因宰相李林甫作梗，此次举子全部落第。天宝十二载（753年），三十五岁的元结再试，擢进士第。安史之乱爆发，元结只好返归故里，为避战乱，举家迁往瀼溪（今江西瑞昌），一直居住到肃宗乾元二年（759年）。元结在《与瀼溪邻里》诗中，怀念了瀼溪人的情意和作者与他们融洽相处的时光。

肃宗向天下取士，有人推荐了元结。元结被召到京师，上《时议》三篇，分析时局和朝臣心理，指出朝政颓废的症结。肃宗大悦，拜为右金吾兵曹参军，摄监察御史，为山南西道（治今陕西汉中）节度参谋，并被派往各州招募义军。元结收葬战死者尸骨，取名"哀丘"。肃宗打算亲征史思明，被元结劝阻。元结屯守于泌阳（今河南泌阳），因讨贼有功，迁升监察御史，后又进水部员外郎，佐助荆南节度使吕𬤊，又任山南东道节度使来瑱幕府参军。当时有些将士的父母为了躲避战乱，留居军中，元结向来瑱建议供给他们衣食，以使将士能够尽孝道，讲忠义。来瑱去世，元结代理山南东道节度使。

宝应元年（762年），元结上疏请求归养，授著作郎。广德元年（763年），为道州（治今湖南道州）刺史。当地遭受战乱，贫困不堪。元结据实上奏，请求免除欠税，朝廷批准。第二年，再次奏免。元结为百姓搭屋给田，免除徭役，一万余外出流亡的人返回。进授容管经略使，平定八州。元结母亲去世，众人请留，加左金吾卫将军，百姓为他立石颂德。大历七年（772年）正月，奉命还京，是年去世，享年五十四岁。赐礼部侍郎。

元结主张诗歌为政治教化服务，要"极帝王理乱之道，系古人规讽之流"，济世劝俗，补缺拾遗，"上感于上，下化于下"，

元结墓

反对"拘限声病,喜尚形似"(《次山集》)的风气,开新乐府运动之先声。因此作品具有强烈的现实性,触及当时社会的尖锐矛盾,如《舂陵行》《贼退示官吏》揭示百姓的饥寒和朝廷的苛政。《闵荒诗》《系乐府十二首》等或规讽时政,或揭露时弊。他的诗作除少数四言、骚体与七古、七绝外,主要是五言古风,质朴淳厚,笔力遒劲,颇有特色。散文不同流俗,杂文体散文更受重视,如《瘼论》《丐论》《处规》《出规》《恶圆》《恶曲》《时化》《世化》《自述》《订古》《七不如》等,或直举胸臆,或托物刺讥,揭露人间伪诈,鞭挞现实。他的文章大多短小精悍,笔锋犀利,绘形图像,逼真生动。其他散文如书、论、序、表、状之类,刻意求古,意气超拔,与当时文风不同。《大唐中兴颂》三句一韵,类似秦石刻,风格雄伟刚峻。后人对元结评价很高,唐代裴敬把他与陈子昂、苏源明、萧颖士、韩愈并提,也有人把他看作韩柳古文运动先驱。原有集,后佚,明人辑《元次山文集》,曾编选《箧中集》行世。

元结墓在今平顶山市鲁山县梁洼镇泉上村北,国道311、国道207转村间公路可达,地理坐标为北纬33°51′11.09″,东经112°52′70.29″。该墓始建于唐代,为鲁山县文物保护单位。墓葬坐落于青石条岭东侧祠院之中,冢呈圆形,东侧以砖墙砌直。直径约7.5米,高约2米。墓冢前存明嘉靖十年碑一通,上书"唐节度使元次山之墓"。原有墓碑,由唐颜真卿撰文书丹,后移入学宫(今鲁山一高院内),建有碑亭。碑上书"唐故容州都督兼御史中丞本管经略使元君表墓碑铭并序""金紫光禄大夫行湖州刺史上柱国鲁郡开国公颜真卿撰并书"。碑现为全国重点文物保护单位。

裴遵庆

裴遵庆,生年不详,卒于大历十年(775年),字少良,绛州闻喜(今山西闻喜)人。唐朝宰相。

裴遵庆自幼博闻强记,颇有志气,生性机敏,但谨身晦迹,不理世务。以荫补入仕,累授潞府司法参军,当时年纪已大,并不被人所知。后调任吏部,授大理寺丞,剖断刑狱,举正纲条,政绩逐渐显著,迁司门员外、吏部员外郎。唐玄宗天宝年间,每年吏部选人过万,裴遵庆敏识强记,细心校核文簿,资料齐详却从不耽搁,当时人称吏事第一,由是声名大著。天宝末年,杨国忠当国,因不攀附,裴遵庆被外任郡守。

肃宗即位,征拜给事中、尚书右丞、吏部侍郎。恭敬俭约,克己奉公,稳重谨密,当时颇有声望。上元年间,萧华辅政,裴遵庆被屡荐为黄门侍郎、同中书门下平章事。代宗广德初年,仆固怀恩造反,代宗见裴遵庆忠厚,派他奉诏宣慰。宣诏后,仆固怀恩打算听命入朝,但被副将范志诚阻止。当时代宗在陕地,裴遵庆脱身赴行在,还京后迁太子少傅。永泰元年(765年),罢知政事务,不久改任吏部尚书、右仆射,负责选荐等事。

裴遵庆敦守儒家礼则,老而弥谨。皇帝也非常信任他,有人告他,皇帝都不理会。大历十年(775年)十月去世,享年九十余。著有《王政记》,记述今古礼仪。

裴遵庆墓在今洛阳市伊川县彭婆镇许营村,省道238转村间公路可达,地理坐标为北纬34°31′42.0″,东经112°32′16.0″。该墓建于唐代。墓葬坐落于万安山南麓,现墓冢近平。原有神道碑,上书"唐故尚书司仪郎赠司空裴府君神道碑"。

马燧

马燧，生于开元十四年（726年），卒于贞元十一年（795年），字洵美，原籍右扶风（治今陕西西安），迁汝州郏城（今河南郏县）。唐朝著名将领。父马季龙，官至岚州（治今山西岚县北）刺史，擅长兵略。

马燧高大威猛，身高六尺二寸，沉勇多谋略。曾与诸兄长一起学习经史，但以天下多事，男儿当建功济国家，于是改学兵法。安禄山反叛，派贾循守范阳（今北京）。马燧预料安禄山终会失败，建议贾循杀掉安禄山亲信，断其后路，建功立业，但贾循犹豫未决，被安禄山杀死，马燧逃至西山（今属北京），后经平原郡回到魏郡（治今河北大名）。

宝应元年（762年），三十七岁的马燧任赵城（今山西赵城）尉。回纥因助朝廷平叛有功，肆意妄为，所过之处大肆抢掠，泽潞节度使李抱玉准备馈劳他们，却无人敢去。马遂自告奋勇，先贿赂回纥首领，得到他的令旗和印章，可处死违反命令之人。得到此令后，他提死囚为身边差役，稍有违抗即斩杀，回纥兵恐惧，不敢暴掠。观察到仆固怀恩树党自重，意图谋反，建议李抱玉做准备，在仆固怀恩造反后，游说仆固怀恩部下薛嵩，薛嵩归顺。后历任左武卫兵曹参军、太子通事舍人、著作郎、营田判官，及秘书少监兼殿中侍御史、节度判官承务郎等职。外任郑州（治今郑州管城区）刺史，重视农业生产，减免百姓赋税，受到百姓拥护。

代宗大历四年（769年），改任怀州（治今河南沁阳）刺史。时当地大旱，马燧加强教化，收葬无名尸体，减除赋役，拜访下属父母，安定民心。转任陇州（治今陕西陇县）刺史，堵塞吐蕃入侵陇西道路。随李抱玉入朝，任商州（治今陕西商州）刺史兼水陆转运使。大历十年（775年），河阳（治今河南孟州）三城兵乱，为检校左散骑常侍、河阳三城史。第二年五月，汴州大将李灵耀、魏博节度使田承嗣反唐，马燧与淮西节度使李忠臣共讨李灵耀，平定汴州（治今河南开封），居功至首。大历十四年（779年）六月，五十四岁时迁河东节度留后，不久任河东节度使，补充兵源，加强军事技能训练，制造战车、合体盔甲，完备器用。

德宗建中二年（781年）六月，迁检

校兵部尚书，封幽国公。田悦接替叔叔田承嗣任魏博节度使，发动叛乱，围邢州（治今河北邢台），攻临洺（今河北永年），守将坚守。马燧奉命将兵二万救援临洺，历数战，大获全胜，田悦败走，因功加右仆射。战后，马燧按承诺以私财奖励将士，德宗赞许，拨钱五万贯偿还马燧，加封魏博招讨使。马燧进军邺（今河南安阳），造桥强渡洹水，与田悦再战再胜，杀敌将孙晋卿、安墨啜。田悦败走魏州，再战于魏州城外，大破田悦。马燧进同中书门下平章事、北平郡王、魏州大都督长史。

兴元元年（784年）七月，马燧奉命平定李怀光之乱，他使用攻心战术，单骑劝降李怀光部下，立下大功，任保宁、奉诚军行营副元帅，时年五十九岁。迁光禄大夫，兼侍中。德宗赐《宸扆》《台衡》二铭，刻在石碑上，德宗亲自题额，以示隆宠。

贞元二年（786年）冬，吐蕃大将尚结赞进犯，马燧任绥、银、麟、胜招讨使，反击吐蕃。尚结赞遣使求和，德宗不同意，马燧便同使者一起入朝，吐蕃表明愿意结盟，德宗最终同意，吐蕃兵撤走。谈判时，吐蕃劫持朝廷使者浑瑊，放回了马燧的儿子马弇，德宗因此后悔恼怒，夺去马燧兵权，仅留任司徒兼侍中，奉朝请。

贞元五年（789年）九月，画其像于凌烟阁。贞元九年（793年）七月，进见时特令可不跪拜。告退时不慎摔倒，德宗亲自扶起并送至门外。后马燧请求告老，未获准。贞元十一年（795年）八月去世，享年七十岁。皇上废朝四日，诏京兆尹韩皋监护丧事，吴王献为吊祭，赐太傅，谥庄武。

马燧墓在今平顶山市郏县城关镇南关街金吾庄西北，临文化路，地理坐标为北纬33°57′27.48″，东经113°12′13.23″。该墓始建于唐代，为郏县文物保护单位。原冢高4米，面积340平方米，墓碑上书"唐北平王马公燧之墓"。后冢与碑均被破坏。

李元淳

李元淳，生于开元二十七年（739年），卒于贞元二十年（804年），本名长荣，字遂陇，敦煌人。唐朝将领。

李元淳年少时即有勇有谋，为人至孝、仁厚。玄宗天宝末年，安史之乱爆发，李元淳从军抗击叛乱，时年十六岁，因作战英勇，收复失地，得以拜见肃宗，授右金吾卫将军。后随王瑛出镇淮海，扫平寇贼，兼杭州别驾，继为镇海军节度兵马使，授通议大夫，检校太子詹事。李希烈叛乱，又随军大败李希烈，因功加银青光禄大夫，封狄道县子，后封祁连郡王，加上柱国兼御史中丞。

德宗贞元二年（786年），拜右神策将军。贞元四年（788年），为怀州（今属河南焦作）都团练使兼御史大夫。第二年，加怀州刺史。任内，种植树木，遮蔽风尘，商旅得便。贞元十二年（796年），任检校工部尚书、河阳三城怀州节度使。贞元十五年（799年），六十一岁时拜昭义军节度使，在磁、邢、洺三州开置屯田，宽百姓赋税，惠及一方。贞元二十年（804年）去世，享年六十六岁。皇帝辍朝一日，赠尚书右仆射。

李元淳墓在今洛阳市孟州市槐树乡汤庙村南200米，县道043可达，地理坐标为北纬34°56′23.0″，东经112°41′34.0″。该墓始建于唐代。墓葬坐落于耕地之中，四周为农田和树木。原墓冢高大，现高4.5米，周长43米。

李元淳墓

裴垍

裴垍，生年不详，卒于元和六年（811年），字弘中，河东闻喜（今山西闻喜）人。唐朝宰相。

裴垍二十岁中进士。贞元年间，对策第一，特授美原县（今陕西富平）尉。任满后拒绝各藩镇、州府征辟，拜为监察御史，转殿中侍御史、尚书礼部考功员外郎等职。清正不阿，主持考试词判，不受请托，皆以实才取人。

元和初年，入为翰林学士，后转考功郎中、知制诰、中书舍人。李吉甫拜平章事，裴垍为他推荐贤才三十余人。元和三年（808年），朝廷诏举贤良，裴垍等将皇甫湜、牛僧孺、李宗闵等人招为上第录取，有人奏议录用非人，裴垍被降为户部侍郎，宪宗知道他正直，对他更加信任和倚重。秋，拜为中书侍郎、同中书门下平章事。第二年又加集贤院大学士，监修国史。

裴垍任职翰林时，宪宗励精图治，一切机要都和裴垍商议。裴垍也小心谨慎，认真按旨意办事。任宰相后，辨明善恶，杜绝蹊径，齐整法度，考课官吏，细心听纳。吐突承璀受宠，常向宪宗有私人请求，

裴垍墓

宪宗碍于裴垍，诫其收敛。出于对裴垍的信任和倚重，宪宗在朝堂上常呼裴垍官号，而不直呼其名。裴垍也尽心尽力，一切为公，建议多被采纳。

裴垍才能兼备，勤于职守，依律办事不怕触犯权贵，注意听纳不同意见弥补不足，知人善任，贬抑庸劣，荐举擢拔者多成名臣。裴垍风范凛然，改革税收弊政，减轻百姓负担，颇有作为，百业渐兴，宪宗朝也是唐中后期少有的政治清明时期。

元和五年（810年），裴垍中风，宪宗数次派人慰问，不时过问饮食用药。病重不愈，无奈罢去相职，任兵部尚书、银青光禄大夫。第二年（811年），改太子宾客，当年去世，皇帝废朝，予以丰厚丧礼，赠太子少傅。

裴垍墓在今洛阳市宜阳县韩城镇城角村北1500米，省道323（八官线）、省道247可达，地理坐标为北纬34°30′36.99″，东经111°56′30.60″。该墓始建于唐代，为宜阳县文物保护单位。墓葬坐落于耕地之中，地势平坦。墓冢下部呈方形，边长约25米，上部呈圆形，直径约6米，高约10米。

裴度

裴度，生于永泰元年（765年），卒于开成四年（839年），字中立，河东闻喜（今山西闻喜）人。唐朝宰相。

贞元五年（789年），裴度进士及第，贞元八年（792年），以宏辞补校书郎，应对策问成绩优等，调任河阴（今郑州荥阳东北一带）县尉。迁监察御史，又任河南功曹参军，后召为起居舍人。宪宗元和六年（811年），以司封员外郎知制诰。第二年，受命宣谕，遍至属州布扬皇帝德泽，百姓欢服，回来后拜为中书舍人。元和九年（814年），进御史中丞。元和十年（815年）五月，受命赴蔡州（今湖北枣阳西南）行营了解军情，回朝详奏攻取之策，颇合上意。因裴度坚持平叛，早有反意的成德节度使王承宗、淄青节度使李师道派人刺杀裴度，裴度受伤，伤愈后即任门下侍郎、同中书门下平章事，使人心安定。上奏建议宰相可私宅见客、不设冢宰统领百官，宪宗采纳。

裴度坚持主张攻打淮西节度吴元济，战事不利时，亲自前往淮西督战，巡抚诸军，宣达圣旨，士气倍增，罢中使监军，归兵权于将帅，颇得军心，军法严肃，号令划一，捷报连传，终擒获吴元济。减省刑法，百姓欢愉，局势立即平稳，淮西战事结束。元和十三年（818年）二月，宪宗诏加其为金紫光禄大夫、弘文馆大学士，赐勋上柱国，封晋国公，食邑三千户，复知政事。诏刑部侍郎韩愈撰《平淮西碑》，以示纪念。之后，裴度又派善辩之士游说成德节度使王承宗，使王承宗降伏，献策平定李师道。元和十四年（819年），裴度任检校左仆射、同中书门下平章事、太原尹、北都留守、河东节度使。

长庆元年（821年）秋，幽州、镇州、河朔等地再乱，裴度以原职任镇州四面行营招讨使，检阅军队，补充士卒，无暇安寝，亲自督战西线军队，身临敌境，攻破敌城，斩杀贼将，频频报捷。穆宗嘉许，月月派宫中使臣抚慰，晋裴度为检校司空，兼任掌管北山诸蕃使。时翰林学士元稹忌妒裴度，军务所奏多被元稹留持，裴度呈奏抨击，穆宗偏宠元稹，取消裴度的兵权，任代理司徒、同平章事，调任东都留守。长庆二年（822年）三月，裴度到达长安，先叙河朔暴乱，再述受职东都情况，言辞温和，气势强劲，感动众人。次日，任代

裴度墓

理司徒、扬州大都督府长史，任淮南节度使，进阶为光禄大夫。裴度与李逢吉不和，遭其陷害，被贬为左仆射。长庆三年（823年）八月，裴度调出朝廷任司空、山南西道节度使。

敬宗即位，恢复裴度兼任同平章事，并传密旨抚慰，打算将他召回。宝历二年（826年），裴度到长安，敬宗礼遇优厚，诏命裴度主持政事。敬宗对裴度非常信任，奖掖心意不减，奸邪之徒无法再进谗言。敬宗准备游历东都洛阳，众臣劝阻，敬宗不纳。裴度以东都宫殿荒芜，应加修整，一年半载后再议，敬宗嘉许，取消东游。不久，裴度兼任度支使。

裴度等人迎立江王李昂为天子，是为文宗。因功加授门下侍郎、集贤殿大学士、太清宫使。沧景节度使李全略去世，其子李同捷窃取兵权，裴度奏请讨伐，诛杀李同捷。裴度奏请将度支使职权归还有关官吏，文宗采纳。进阶为开府仪同三司，实封三百户食邑。

后因年迈多病，恳辞军政要职，文宗对他礼遇更厚。太和四年（830年），下诏褒奖，任为司徒、平章军国重事，允许病愈后每三、五日前往中书省一次，裴度辞让不受。九月，加守司徒、兼侍中、襄州刺史，任山南东道节度使、观察使、临汉监牧。裴度坚贞正直，屡遭排挤，渐随世俗以免祸事。宰相李宗闵、牛僧孺等趁裴度以病辞官时，罢免了他的相位，调任襄阳节度使。太和八年（834年）三月，裴度以本职兼任东都尚书省职务，充任东都留守。太和九年（835年）十月，升中书令。在东都，裴度建府宅，设假山，开池塘，建别墅，处理公务之余与诗人白居易、刘禹锡酣畅宴饮，放声纵情，借吟诗、饮酒、弹琴、书法自娱自乐,当时名士都相从交游。

开成二年(837年)五月,以本职兼任太原尹、北都留守、河东节度使。开成三年(838年)冬,裴度病重,祈请返回东都养病。开成四年(839年)正月,裴度返回长安任中书令。三月初三,文宗在曲江池赏赐宴饮,裴度因病不能赴宴,文宗派宦官赐诗,使者刚至,裴度逝世,享年七十五岁。文宗惊悼悲痛,赠太傅,谥文忠,停朝四日,赠礼优缛,命京兆尹郑复监护丧事,所需物品由官府供给。裴度遗表以文宗尚未确定皇储为忧虑,未及家事。武宗会昌元年(841年),加赠太师。宣宗大中初年,诏配飨宪宗庙庭。

裴度生性柔弱,才具中等,但神态超逸俊爽,处事执着,操守坚正,朝政凡有失误处无不极力进言。坚持任用贤才,荐引李德裕、李宗闵、韩愈等名士,重用李光颜、李愬等名将,从不荐引无才亲友。反对朋党,反对权奸。一心维护李唐统治,反对藩镇割据,先后平吴元济、李师道,以功名震四夷,历事四朝,以全德始终,实现"元和中兴"。

裴度在文学上主张"不诡其词,而词自丽。不异其理,而理自新"(《全唐文》卷五百三十八),对当时古文写作追求奇诡倾向具有补偏救弊意义。他赞赏韩愈才能,但不同意韩愈以文为戏写嘲讽性杂文。对文士多有提掖,时人莫不敬重。元和四年(809年),裴度为武侯祠创作《汉丞相诸葛武侯祠堂碑》(即《蜀丞相诸葛武侯祠堂碑》),书丹者为柳公绰、刻工为鲁建,该碑有"三绝"之誉。

裴度墓在今郑州市新郑市龙湖镇林锦店村东南500米,国道107、省道102可到达附近,地理坐标为北纬34°36′18″,东经113°43′25″。该墓始建于唐代,为郑州市文物保护单位。现临华南城裴度路,临现代建筑和耕地,地势平坦。墓冢土筑,高约8米,周长200米。墓前原有墓碑以及神道石刻,均被毁。

温造

温造，生于永泰二年（766年），卒于大和九年（835年），字简舆，河内（今河南沁阳）人。唐朝文臣。

温造幼年好学，英俊潇洒，他目睹唐中期以后宦官专权，藩镇割据的混乱局面，自负节操，隐居于王屋山，以渔钓逍遥为事。寿州刺史张建封听说后相召，温造欣然说："此可人也。"从之，并娶其侄女为妻。后出使幽州，回来后张建封上奏，德宗爱其才，召至京师，欲用为谏官，因事泄而罢。

长庆元年（821年），温造授京兆府司录参军，奉命出使河朔称旨，迁殿中侍御史，拜起居舍人，赐绯鱼袋，充太原、镇州、幽州宣谕使，事皆称旨。不久坐事出为朗州（治今湖南常德）刺史，开后乡渠九十七里，溉田两千顷，郡人获利，于是名为"右史渠"。四年后，召拜侍御史，弹劾甚严，众人畏服。迁左司郎中，不久拜御史中丞。

太和二年（828年）十一月，宫中昭德寺起火，台官没有及时赶到。温造上奏解释原因，并请自罚，得到皇帝谅解。温造性格刚烈，不畏权贵，朝中有不合乎礼仪、制度的事情，一律上奏弹劾。后迁尚书右丞，加大中大夫，封祁县开国子，赐金紫。

太和四年（830年），兴元军作乱，杀节度使李绛。文宗授温造检校右散骑常侍、兴元尹、山南西道节度使，许以便宜从事。温造将为乱之人召集一处，只将首犯斩首，其他人也都一一认罪，以功加检校礼部尚书。太和五年（831年）四月入为兵部侍郎，以耳疾求退。七月，检校户部尚书、东都留守，判东都尚书省事、东畿汝防御使，改授河阳怀节度观察等使。温造以河内膏腴，上奏开浚怀州古秦渠枋口堰，役工四万，灌溉济源、河内、温、武陟四县耕田五千余顷。

太和七年（833年）十一月，入为御史大夫。太和九年（835年）五月，转礼部尚书。是年六月去世，享年七十岁，追赠尚书右仆射。有文集八十卷。温造晚年积聚财货，一无散施，时人颇不以为然。有子名温璋。

温造墓在今济源市坡头镇左山村中，省道243可达，地理坐标为北纬34°56′52″，东经112°30′22″。该墓始建于唐代。墓葬坐落于山坡台地，紧临村庄和耕地，现已不存。

韩愈

韩愈,生于大历三年(768年),卒于长庆四年(824年),字退之,河阳(治今河南孟州)人,郡望昌黎(今辽宁义县),世称"韩昌黎"。谥文,后世称韩文公。著名文学家、思想家、哲学家,"唐宋八大家"之首,世界文化名人。

韩愈三岁时父亲去世,一直跟着长兄韩会生活。他从小就十分聪明,三岁开始识字,每日记诵数千百言,七岁能文。大历十二年(777年),韩会受元载案牵连,由御前起居舍人贬为韶州(今广东韶关)刺史,韩愈跟随长兄到韶州。此间他废寝忘食,刻苦攻读,读遍了诸子百家的著作,为他以后复兴儒学奠定了思想基础。大历十四年(779年),韩会病死贬所,韩愈跟着嫂子回到河阳,后又到南方避乱,投奔安徽宣城的亲戚,继续潜心攻读钻研儒学,以文会友,积累人脉。德宗贞元二年(786年),赴京赶考,连续三次败北,寄人篱下甚至靠乞讨度日,同时仍然发奋读书。贞元七年(791年)中进士,在吏部考试中又连续三次失利。走投无路的韩愈连续三次上书宰相,诚恳地表达自己愿意效劳国家的决心,但均石沉大海。这段时间因为没有收入,生活到了"饥不得食,寒不得衣"的凄惨境地。不得已他愤而离开长安,途中见到地方官用笼子装着两只鸟去向皇帝进贡,大喊"回避",韩愈感触很大,遂作《感二鸟赋(并序)》,抒发自己怀才不遇的愤懑。

曾担任过宰相的郑余庆欣赏韩愈的才华,并为他四处宣扬,韩愈逐步得到一些官员的认可。曾任宰相的董晋镇守大梁时,召韩愈为幕僚,任观察推官,董晋去世后,他来到镇守徐州的张建封处担任推官。贞元十六年(800年)冬赴京参选,贞元十七年(801年)任国子监四门博士,贞元十八年(802年)升任监察御史。上任不到三个月,由于当年关中大旱,颗粒无收,当地官员却隐瞒灾情,继续加重百姓负担,致使人民饿死甚众,韩愈直言上谏,为民请命,请求宽减民徭、田租而得罪重臣权贵,于贞元十九年(803年)十二月被贬为阳山(今广东阳山)县令,后来韩愈写了《赴江陵途中赠翰林三学士》一诗,诗中追述,"中使临门遣,顷刻不得留……朝为青云士,暮作白头囚"。韩愈虽受不白之冤,在阳山这个偏远贫瘠之地,并未

隋唐五代时期

403

消沉,而是勤政爱民,教民耕织、开荒植树;恢复教育、教化民众;抑制豪强,保护百姓;教民守法奉约。史书称韩愈"有爱在民,民生子多以其姓字之"(《新唐书·韩愈传》)。同时他还不忘读书学习,从事儒家理论研究和创作。这一时期他写就了影响古今的"五原"(即原道、原性、原毁、原人和原鬼)及二十多首诗作文章。贞元二十一年(805年)正月,顺宗即位,二月大赦天下,韩愈于当年八月任江陵法曹参军。

元和初年,韩愈被朝廷召回,权知国子博士,分司东都,后改都官员外郎,拜河南令,迁职方员外郎,复为博士。韩愈虽然才高,但是数次被黜,因此郁郁不得志,作《进学解》自解、自勉。后朝廷知韩愈史学功夫扎实,又任命其为比部郎中、史馆修撰。后转考功、知制诰,进中书舍人。

元和十二年(817年)八月,淮西节度使吴元济拥兵自重,韩愈上《论淮西事宜状》,支持裴度武力平叛的对策,为时任宰相的韦贯之所不容,又有人揭发韩愈与荆南节度使裴均交往,为其儿子作文,韩愈被降职任太子右庶子。后宪宗决定对淮西用兵,韩愈以行军司马的身份随裴度出征,先是亲往汴梁说服都统韩弘出兵一万二千协助裴度攻取淮西,并提出派精兵走捷径进入蔡州(今河南汝南)活捉吴元济的建议,将军李愬依计行事,活捉了吴元济,叛乱顺利平定,韩愈因功授刑部侍郎。

宪宗朝时信佛成风,元和十四年(819年),宪宗令人到法门寺迎接佛骨,在皇宫和京城各个寺院供奉。韩愈不顾个人安危上《论佛骨表》,痛斥佛教耗费资财,阻碍生产发展,加重百姓负担,崇佛并不能使人长寿,要求将佛骨投诸水火,永绝根本,断天下之疑,绝后代之惑,勒令僧

韩愈墓

道还俗，发扬儒家学说。宪宗大怒，欲将韩愈处死，幸得宰相裴度、崔群等人一再劝阻求情，才免除死罪，贬为潮州（治今广东潮州）刺史。韩愈以诗记此事："一封朝奏九重天，夕贬潮阳路八千……"（《左迁至蓝关示侄孙湘》）韩愈离京不久，其家属也被遣离京赴潮，连病中的十二岁幼女挐也不能幸免，在秦岭冻饿而死。第二年韩愈被赦回京路过秦岭，作诗文记其事。在女儿去世五年后，将其归葬河阳并写下了《女挐圹铭》，后又设祭，再次写下了《祭女挐女文》，表达了父女骨肉情深。到达潮州后，韩愈并未因冤生怨意志消沉，而是发动当地百姓抗旱防涝、搞水利建设，发展农业生产，驱除鳄鱼，解民之苦，兴办教育，传播儒学，沟通中原与潮州地区的文化交流。任上，韩愈还赎出仆隶七百余人，禁止富贵人家将无钱赎回的子女作为奴隶。韩愈在潮虽然任职不到一年，但建立了不朽功绩，使潮州人民矢志不忘。至今人们还把东山改称"韩山"，把驱走鳄鱼的恶溪改名为"韩江"，把率领民众修筑的江堤命名为"韩堤"。后宪宗心生怜悯，内迁任袁州（治今江西宜春）刺史。在袁州任上，一如潮州时，体恤百姓，释放奴婢，并上奏朝廷下令全国凡典贴良家男女为奴婢者一皆放免。同时兴办书院，教育人才。韩愈在袁州任上时间虽短，但也留下了好的政声。

元和十五年（820年），穆宗继位，韩愈回京任国子祭酒，转兵部侍郎。长庆元年（821年）七月，镇州（今河北正定）兵变，王廷凑杀了长官田弘正自立。穆宗派韩愈前往宣抚，众臣皆替韩愈担忧，以为此去凶多吉少。元稹说"韩愈可惜"，穆宗亦悔，令韩愈"度事从宜，无必入"（《新唐书·韩愈传》）。然而韩愈从国家统一大局出发，不顾个人安危，毅然只身深入虎穴，对叛兵因势利导，晓以利害，严词谴责，叛军既畏惧朝廷，又感韩愈之言，遂归顺。韩愈以自己的胆识和智慧平定了叛乱，避免了战争，圆满完成使命，朝廷大喜。回京后改任吏部侍郎，不久转京兆尹兼御史大夫。任上，敛束禁军作恶，六军将士皆不敢犯，盗贼止，遇旱，米价不敢涨。时宰相李逢吉素与御史中丞李绅不和，李绅又弹劾韩愈，李逢吉趁机将李绅外任，后穆宗省悟，调韩愈回任兵部侍郎，又复任吏部侍郎。长庆四年（824年）六月，因病告老还乡。同年十二月因病去世，享年五十七岁。赠礼部尚书，谥文。

韩愈的一生，不仅在政治上有所建树，而且在文学上成就更著。他领导了中唐的古文运动，其文学思想上驳斥佛、老玄疏之论，而直承尧、舜、禹、汤、文武、周公、孔孟之道，以无比的魄力和不顾生死的勇气，欲扫思想界空虚无根的意识形态，恢复振兴儒家道德，拯救当时人们对佛、老的迷惑。韩愈在《答李秀才书》中说："然愈之所志于古者，不惟其辞之好，好其道焉尔。"他强调"文以载道"，提倡古文是因为"古道载于古人之文"（《旧唐书·韩愈传》），称他创作的古文为"经诰之指归，迁、雄之气格"（《旧唐书·韩愈传》）。他所讲的古文，就是要学道，学习儒家讲的道理。但也不是生搬硬套，而是对当时社会还适用的道理，更不是学习古人的文辞。韩愈的这种思想至今对我们仍有启迪。正是由于尊儒道，他自然就特别重师，因此作《师说》以说明师与道两者的关系。当时师道不传已久，人人不重师道，佛老学广泛流行，儒家道德反无人遵奉，韩愈自告奋勇，抗颜为师，虽受世人讥笑，仍不顾一切收召门徒，指导后进，弘扬儒家学说，促使业已衰微的儒学重现生机，逐渐兴盛。所以后世才有"道济天下溺"之说。韩愈还继承了孟子"民贵君轻"思想，提出"君不出令，则失其所为君"（原道），"主而暴之，不得其为主"（原人）的道高于君的理论。提出君出令，臣行令，士民工商各司其职的社会分工说。从民本思想出发，提出了具有历史意义的货币理论（《钱重物轻状》），利国便民的便盐法（《论变盐法事宜状》）。在文学形式上，力斥华而无实的骈文，提倡文从字顺的新散文。主张文章内容应力求充实，文章的形式应有所创新。提倡"文以载道"的写作思想和"唯陈言之务去"（《韩愈集·碑志七》）、"文从字顺各识职"（《韩愈集·碑志十一》）、"丰而不余一言，约而不失一辞"（《韩愈集·书二、启》）的语言风格。韩愈领导的古文运动，不仅振兴了儒学，而且在文学理论上亦有所创新和发展：在文学形式上促进了传奇小说的发展；以文为诗，扩充了诗的领域，成为散文诗；开拓了碑传文的新境，使书函一体成为精妙作品。韩愈在赋、诗、论、说、传、记、书、序、哀辞、祭文、碑文、状、表、杂文等创作领域均有卓越成就。韩愈诗重抒情，尚奇警，创造了奇崛体，成为影响后世著名的流派，留下的诗作三百多首，其中"白雪却嫌春色晚，故穿庭树作飞花"（《春雪》），"天街小雨润如酥，草色遥看近却无"（《早春》），"欲为圣明除弊事，肯将衰朽惜残年"（《左迁至蓝关示侄孙湘》）等都是传世名句。《师说》中的"师者，所以传道、授业、解惑也""弟子不必不如师，师不必贤于弟子，闻道有先后，术业有专攻"，《马说》中的"世有伯乐，然后有千里马。千里马常有，而伯乐不常有"，《进学解》中"业精于勤荒于嬉，行成于思毁于随"等都是经典之说。他的祭文、哀辞、碑文无不写得内容丰赡，海涵地负，饱含感情，文情并茂，自然和谐，动人心脾。尤以散文气势宏伟，曲折有致，语言精湛。政论文则逻辑严密，言辞锐利，所以有"文起八代之衰"的美誉。

为振兴儒学，韩愈广交朋友，在他身边聚集了一大批志同道合的文人学者，如李观、张署、孟郊、张籍、皇甫湜、白居易等。他虽然不赞成"永贞革新"集团中的领导人物王伾、王叔文的作为，但并不影响他同参与革新集团的重要人物柳宗元、刘禹锡的友谊，以至在柳宗元去世时为柳宗元作墓志。韩愈还乐于提携后辈，极力推荐有才学之人，虽然自己清贫，仍然尽力帮助有困难的朋友和弟子。为了举荐李贺，他专为李贺写了《讳辩》。《新唐书》记载韩愈"自愈没，其言大行，学者仰之如泰山、北斗云"。韩愈一生尊奉儒学，更是身体力行。他将养育自己的大嫂视为母亲，为她守孝三年。

韩愈墓在今焦作市孟州市西虢镇韩庄村北,省道238可达,地理坐标为北纬34°54′21″,东经112°42′41″。该墓始建于唐代,为全国重点文物保护单位。现已辟为韩园,占地约50亩,规模颇大,包括山门、祭台、飨堂、墓冢、碑廊等部分。土冢抹角方形,长、宽约27米,高约5米,周长近百米。冢下部以青石围砌,高约1.3米。冢上枣树密植。冢前及神道两侧有清及现代碑刻10余通。常有文人、学者及韩氏后人前来参观、祭拜。

刘禹锡

刘禹锡，大历七年（772年）出生于苏州嘉兴县，卒于会昌二年（842年），字梦得，郡望中山（今属河北），籍贯洛阳。中唐时期杰出诗人，进步的思想家和哲学家。

贞元九年（793年），二十二岁的刘禹锡考中进士，初为淮南节度使杜佑的幕佐，典记室，后随杜佑入朝，任监察御史。贞元末年，王叔文在太子东宫掌权，对刘禹锡非常赏识，以为他有宰相之器。顺宗继位，王叔文引刘禹锡和柳宗元入禁中，图议政事，对刘禹锡言无不从。后转屯田员外郎、判度支盐铁案，兼崇陵使判官。

永贞元年（805年），王伾、王叔文领导了一场革新运动，刘禹锡是领导集团的重要一员，但革新很快失败，王叔文被赐死，王伾遭贬后病死，刘禹锡、柳宗元等八人一起被贬为司马，史称"二王八司马事件"。

刘禹锡先是被贬为连州（今广东连州）刺史，途经荆南（今湖北江陵）时，又改授朗州（今湖南常德）司马。第二年正月，唐宣宗改年号为元和，大赦天下。但诏令刘、柳等八人"纵逢恩赦，不在量移之限"（《旧唐书·刘禹锡传》）。九年后奉召回京，刘禹锡作诗，其中"玄都观里桃千树，尽是刘郎去后栽""语涉讥刺，执政不悦"（《旧唐书·刘禹锡传》），又被贬到更为遥远的播州（治今贵州遵义），后得御史中丞裴度说情，才改贬连州。以后又陆续封夔州（治今重庆奉节）、和州（治今安徽和县）刺史。直到唐敬宗宝历二年（826年），才奉诏返回东都洛阳，任主客郎中。两年后，得宰相裴度之荐，再次被召回长安，本拟出任知制诰，又因写了《再游玄都观绝句》，诗中有"种桃道士归何处，前度刘郎今又来"，再次引起执政不满，改任礼部郎中、集贤殿学士。四年后，裴度罢相，刘禹锡随即出任苏州刺史，颇有佳传。以后转汝州（治今河南汝州）、同州（治今陕西大荔）刺史。后因足疾返回东都洛阳，改授太子宾客，又改秘书监，不久加校检礼部尚书官职。武宗会昌二年七月（842年）去世，享年七十一岁，赠户部尚书。

刘禹锡思想进步，他所参加的"永贞革新"运动具有进步意义。他的诗歌也具有很强的思想性和哲理性，如诗句"莫道

刘禹锡墓

桑榆晚，为霞尚满天"（《酬乐天咏老见示》），"芳林新叶催陈叶，流水前波让后波"（《乐天见示伤微之敦诗晦叔三君子皆有深分因成是诗以寄》），"沉舟侧畔千帆过，病树前头万木春"（《酬乐天扬州初逢席上见赠》），"自古逢秋悲寂寥，我言秋日胜春朝。晴空一鹤排云上，便引诗情到碧霄"（《秋词》）等就是最好的例证。刘禹锡反对藩镇割据，主张国家统一。他在连州得知朝廷削平了吴元济和李师道的叛乱时，高兴地写下了《平蔡州》《平齐行》《城西行》等诗一抒胸臆。讽喻诗是刘禹锡诗作的重要组成部分，这些讽喻诗大多把矛头指向形形色色的丑恶现象。长期的被外贬流放生活，使刘禹锡更加清楚地看到了唐王朝逐渐从兴盛走向衰落，朝廷政治腐败给人民生活带来的苦难，写下了不少借古讽今的怀古诗，著名的《西塞山怀古》《金陵怀古》《蜀先主庙》《观八阵图》和《姑苏台》等。这些诗大多从前朝盛衰兴亡的历史教训中，对唐王朝统治者进行劝喻和忠告，具有很强的思想性。如"旧时王谢堂前燕，飞入寻常百姓家"（《乌衣巷》）、"兴废由人事，山川空地形。后庭花一曲，幽怨不堪听"（《金陵怀古》）等都是这一类诗作的代表。刘禹锡在被贬期间，由于接触到了下层百姓的生活，创作了不少具有浓郁生活气息和地方特色的《竹枝词》，这类民歌体诗作，或写真挚爱情，或描绘山川风物，或感叹世途险恶，词句浅白而不俚俗，写得多彩多姿，散发出清新的生活气息。如"杨柳青青江水平，闻郎岸上踏歌声。东边日出西边雨，道是无情却有情"，读来朗朗上口，又回味无穷。刘禹锡诗歌多体具备，均有佳作，在当时和后世都得到很高的评价，白居易称他为"诗豪"，苏轼、王安石、黄庭坚等大家也都深表佩服。

隋唐五代时期

409

刘禹锡还是一位出色的散文家,擅长写论述性散文,代表作有《天论》《华佗论》。《天论》中刘禹锡发展了荀子的唯物主义哲学思想,具有朴素的辩证法思想,是古代哲学史上的重要论著。此外,他的《陋室铭》简练隽逸,情韵俱高,千古传诵。《砥石赋》《秋声赋》也都写得不同凡响。杂文也是因小见大,含意深刻,如《因论》七篇。也有的是因读书有所感,辄立评议,如《华佗论》《辩迹论》《明贽论》等。这些作品短小精悍,隐微深切,或借题发挥,针砭现实,或托古讽今,抨击弊政,都具有一定的现实性。

刘禹锡不仅在"永贞革新"集团中,即使在唐中后期的大诗人中也是性格开朗豁达的一位。虽然革新失败,屡遭贬谪,但他对所追求的政治理想并不灰心,虽遭受磨难,但思想并未消沉,并且终身保持奋发向上的精神,即使到了晚年这种精神也没有消失,因此他得以高寿。

刘禹锡墓在今郑州市荥阳市京城路街道狼窝刘行政村狼窝刘自然村南,郑州至上街公路(G310)从墓北约70米处穿过。地理坐标为北纬34°46′20″,东经113°24′41″。该墓建于唐代,为郑州市文物保护单位。此地原地势较高,古称檀山原。现已辟为禹锡公园,西北临成功广场,园内有树木、青草、水塘,环境优雅。土冢,圆形,高约3.5米,直径14米,周长50米,面积达200多平方米。冢下部以石围砌,高约1.6米。上部夯土,表面覆青草。冢南北各置一碑,均为现代所立。南碑上书"刘禹锡之墓"。

白居易

白居易，生于代宗大历七年（772年），卒于会昌六年（846年），字乐天，号香山居士、醉吟先生。祖籍太原，生于新郑。唐朝诗人，与元稹共同倡导新乐府运动，世称"元白"，与刘禹锡并称"刘白"。

白居易幼时即聪慧过人，从小就爱读诗书，少年时写得一手好诗。德宗建中末年（783年），新郑受藩镇叛乱波及，白居易一家被迫迁往徐州。到后不久，只身前往江南游学，后一度又到了长安。年十五六岁时，著文送给著作郎顾况，顾况见白居易报着自己的名字拿着自己的诗卷前来求教，就戏谑地说："长安米贵，居大不易。"可当他看到"野火烧不尽，春风吹又生"的句子时，顿时很惊讶，于是叹道："我谓斯文遂绝，今复得子矣，前言戏之耳。"（《全唐诗话》）贞元七年（791年），白居易返回家中埋头苦读。他自己回忆这段时间的生活，"二十已来，书课赋，夜课书，间又课诗，不遑寝息矣，以至于口舌成疮，手肘成胝"（《旧唐书·白居易传》）。在此期间，与邻居湘灵相爱至深，但却未能结为连理，写下了《生别离》《冬至夜怀湘灵》《感情》等多首诗怀念与湘灵的感情。

贞元十四年（798年），白居易二十七岁时中进士，与友人到慈恩寺塔（今大雁塔）游览，写下"慈恩塔下题名处，十七人中最少年"的诗句。贞元十九年（803年）春天，参加吏部书判拔萃考试，授秘书省校书郎。与同被授予校书郎的元稹关系密切，主张相近，共同倡导了以现实主义创作为特色的新乐府运动，被后人称作"元白"。

元和元年（806年），补为盩厔（治今陕西周至）县尉，集贤校理，任职一年多。在这段时间里，对下层百姓的困苦给予了极大的关注和同情，写了《观刈麦》等诗作。长篇叙事诗《长恨歌》也在这一时期写就。这篇长诗在写作技巧和艺术建构上都非常出色，充满浪漫主义色彩，独特的幻想方式，充实丰富了中华文化，成为经久不衰的名篇。元和二年（807年），召为翰林学士。元和三年（808年），三十七岁时与杨氏成婚。四月，他被任命为左拾遗，在《初授拾遗献书》中，表达了自己恪尽职守的决心，之后又上奏许多谏章，直陈官场贪腐和官员跋扈。这一时期他创作了

隋唐五代时期

讽喻诗近二百首，针砭时弊，反映百姓疾苦，五十首《新乐府》、十首《秦中吟》乃我国古代现实主义诗歌名作。

元和五年（810年）五月，任谏官满三年，改任京兆府户曹参军。元和六年（811年）四月，母亲去世，遵制丁忧。三年后的元和九年（814年）十二月回朝，被任命为太子左赞善大夫。次年，宰相武元衡被刺杀，白居易上奏要求捕贼正法纪，被朝中一些官员以宫官不能先于谏官言事为由，并罗织其他罪名，贬为江州（治今江西九江）司马。江州之贬对白居易是一次极大的政治打击，对他的政治主张及诗歌风格都产生了很大影响。此间他在庐山造舍，与人游山玩水，有时逾月才回。这一时期，他作《强酒》描述诗人醉酒狂歌的郁闷心情，《与元九书》则以书信的形式向元稹阐述了自己现实主义诗歌创作的认识，《琵琶行》则通过与琵琶女的一唱一和，以"同是天涯沦落人，相逢何必曾相识"，叙说了诗人的凄凉孤寂和无限忧郁的心情。元和十三年（818年）十二月，任忠州（治今重庆忠县）刺史。第二年冬，召还京师，拜司门员外郎。

元和十五年（820年），穆宗继位，先后任主客郎中、知制诰，加朝散大夫。长庆元年（821年）转中书舍人，负责替皇帝起草旨、令，成为天子近臣，境遇大为改善。因国事日非，朝中朋党倾轧，白居易屡次上书言事，天子不听，便主动请求外任。长庆二年（822年）七月，任杭州刺史。在杭州任上，白居易尽力减免百姓赋役，强化教育，改善水利设施，加筑西湖堤蓄水以备灌溉，修缮城内六口大井以利市民用水，深得百姓拥戴。当地民众将西湖十里白沙堤改名"白公堤"，表达了百姓的敬爱之情。秩满，任太子左庶子，分司东都。

宝历元年（825年）三月，任苏州刺史。在苏州任上，白居易同主政杭州一样，继续造福当地百姓，同时常与诗友唱和宴游。在苏州虽然只任职一年多，也做了很多好事，深受百姓爱戴，以至于在离任时百姓夹道拜别。文宗大和元年（827年），任秘书监，次年转任刑部侍郎，封晋阳县男，食邑三百户。大和三年（829年），白居易身体有恙，请求分司洛阳，诏授太子宾客。大和五年（831年），任河南尹，大和七年（833年）再授太子宾客分司。开成元年（836年），任同州刺史，因病未上任，不久诏任太子少傅，进封冯翊县开国侯。此间，白居易在洛阳过着饮酒、弹琴、赋诗、游山玩水的生活。时常与著名诗人刘禹锡唱和，时称"刘白"。

会昌二年（842年）春，罢太子少傅，以刑部尚书致仕。白居易除儒学之外，还颇通佛教典籍。白居易与香山僧人如满结香火灶，往来香山与洛阳之间，自号香山居士，始终将百姓的冷暖挂在心间。在《新制绫袄成感而有咏》中写道："百姓多寒无可救，一身独暖亦何情。心中为念农桑苦，耳里如闻饥冻声。争得大裘长万丈，与君都盖洛阳城。"他在七十三岁时还出资募人疏通伊河龙门潭以南的八节滩和九峭石两个险滩，使水路通畅，便于船只行驶。

白居易于大中元年（846年）病逝，

白居易墓

享年七十五岁，遗命葬于洛阳香山。唐宣宗作诗悼念，"缀玉联珠六十年，谁教冥路作诗仙。浮云不系名居易，造化无为字乐天。童子解吟长恨曲，胡儿能唱琵琶篇。文章已满行人耳，一度思卿一怆然"。赠尚书右仆射，谥号文，世称"白傅""白文公"。曾编《洛中集》，又数次编订一生诗文，保存于庐山东林寺。

白居易是唐代知名大诗人中得年最高、创作时间跨度最大、留下诗文最多的。他一生创作诗文三千余首，流传下来的有两千八百多首，有后人编辑的《白香山集》和《白居易集》传世。白居易的诗歌理论在中国古代文学史上占有重要地位。他将诗分为讽喻、闲适、感伤、杂律四类，曾言"仆志在兼济，行在独善。奉而始终之则为道，言而发明之则为诗。谓之讽喻诗，兼济之志也；谓之闲适诗，独善之义也"（《与元九书》），尤其看重闲适诗和讽喻诗，讽喻诗意激气烈，闲适诗平和悠然，为人称道。创作上，他主张"文章合为时而著，歌诗合为事而作"，提出"根情、苗言、华声、实义"（《旧唐书·白居易传》）的观点，认为诗歌要取材于现实，反映现实生活，关心百姓疾苦，并能起到惩恶劝善、补察时政的功能，同时还要真实可信、浅显易懂，方为极致。他的许多著名诗句通俗易懂，脍炙人口，被称为"老妪能解"。他的讽喻诗题材集中、主题突出，"一吟悲一事"（《全唐诗》）。在人物刻画上，他能抓住人物特征，以白描方式描绘出鲜明的形象，并以浅白之句寄讽喻之意，取得绝佳的艺术效果。白居易的诗大抵可分为：讽喻诗，代表作有《秦中吟十首》和

《新乐府》五十首；叙事诗，最著名的是《长恨歌》和《琵琶行》，这是中国诗歌史上叙事诗的最高成就；日常生活情趣诗在白居易诗中占较大比例，这类现实主义作品对后世影响极大；山水景观题咏诗成就也相当高；唱和诗数量空前，多体皆有。诗词中的名句流传甚广，如："在天愿作比翼鸟，在地愿为连理枝。天长地久有时尽，此恨绵绵无绝期"（《长恨歌》），"离离原上草，一岁一枯荣。野火烧不尽，春风吹又生"（《赋得古原草送别》），"千呼万唤始出来，犹抱琵琶半遮面"（《琵琶行》），"日出江花红胜火，春来江水绿如蓝。能不忆江南？"（《忆江南》），"人间四月芳菲尽，山寺桃花始盛开"（《大林寺桃花》），"绿蚁新醅酒，红泥小火炉。晚来天欲雪，能饮一杯无？"（《问刘十九》），"一道残阳铺水中，半江瑟瑟半江红"（《暮江吟》），"几处早莺争暖树，谁家新燕啄春泥"（《钱塘湖春行》）等。白居易的诗在唐代就影响极大，远至日本、朝鲜，在当时甚至超过李、杜。

白居易墓在今洛阳市洛龙区龙门街道郜庄社区南，龙门大道可达，地理坐标为北纬34°33′33.6″，东经112°28′32.4″。该墓始建于唐代，为全国重点文物保护单位。现已辟为白居易墓园游览区，名白园。墓葬地处龙门东山琵琶峰，东眺嵩岳少室，西瞰龙门，北顾邙山，南望伊水，景色宜人。墓为清康熙四十八年（1709年）河南学政汤石曾所建。墓冢呈圆形，直径8.4米，高约3米，下部以石围砌。四周有0.8米高砖砌围墙。墓冢西砖砌碑楼，存康熙四十八年墓碑，上书"唐少傅白公墓"。白园为世界文化遗产龙门石窟景区的重要组成部分，每天有许多游人来此凭吊先贤、游览参观。

李德裕

李德裕,生于贞元三年(787年),卒于大中三年(849年),字文饶,赵郡(治今河北赵县)人。唐朝宰相。父李吉甫,亦官至宰相。

李德裕年幼时即有大志,苦心力学,精于《左传》等。李德裕不喜欢科考,贞元年间随父亲平定南蛮,不求入仕。宪宗元和初年,累辟诸府从事。元和十一年(816年)被河东节度使张弘靖征为书记,后由大理评事任殿中侍御史。元和十四年(819年),入朝拜监察御史,时年三十三岁。

穆宗即位,李德裕为翰林学士,禁中书诏典册,多出其手,后改屯田员外郎。长庆元年(821年),上疏奏请驸马诸亲不得与宰相私会于相府,皇帝采纳。转考功郎中、知制诰。长庆二年(822年),任中书舍人,受李宗闵、牛僧孺等朋党势力倾轧,转为浙西观察使。勤俭持政,留够用度后其他全部奉军,又革除害民旧俗,去除多余祠庙,清除寇盗,奏请减轻百姓进献,使百姓受益,朝廷下诏嘉奖。

文宗即位,加检校礼部尚书。大和三年(829年)任兵部侍郎,裴度推荐他任相,不久为吏部侍郎李宗闵排挤,任检校礼部尚书,出为郑、滑节度使。大和四年(830年)任检校兵部尚书、成都尹、剑南西川节度副使、知节度事、管内观察处置、西山八国云南招抚等使。到西川后,修葺关防,完缮兵备,西拒吐蕃,南平蛮、蜒,数年之内,夜犬不惊,饱受创伤的百姓得以休养。大和七年(833年),以本官平章事,进封赞皇伯,食邑七百户,后又代中书侍郎、集贤大学士。大和八年(834年),出为兴元节度使,改检校尚书左仆射、润州刺史、镇海军节度使、苏常杭润观察使等。大和九年(835年),为太子宾客,分怀东都,后贬袁州(治今江西宜春)长史。朋党李宗闵等相继伏诛,文宗知道李德裕为朋党所诬,于大和十年(836年)三月,授银青光禄大夫,滁州(治今安徽)刺史,又迁太子宾客,检校户部尚书,复浙西观察使。开成二年(837年)五月,授扬州大都督府长史、淮南节度副大使知节度使事。

武宗即位,授李德裕门下侍郎、同平章事,时年五十四岁。开成末年,回纥受黠戛斯部所攻而败,遣使向唐廷求助兵粮,收复本国。李德裕以回纥在平定安史之乱时立过大功,同意给他们粮食,武宗准许借米三万石。回纥兵内乱，乌介部突入朔州州界，公开掠夺，李德裕草制处分关防不力的军队，同时加固关防，出兵击败回纥兵。不久，进位司空。会昌元年（841年），兼任左仆射。会昌三年（843年），黠戛斯攻安西、北庭都护府，时议应出师救援，李德裕以两地距京城遥远，不便于进攻和镇守，是以实费换虚事，终未能出征。会昌四年（844年），李德裕辅佐武宗讨伐擅袭泽潞节度使位的刘稹，平定泽、涟等五州。

自开成五年（840年）至会昌四年（844年），朝中筹度机宜，选用将帅，军中书诏，奏请合议，起草诏令等，全由李德裕决断。李德裕任宰相期间，深得武宗信任，他执政五年，外攘回纥、内平泽潞、裁汰冗官、制驭宦官，功绩显赫，以功兼守太尉，进封卫国公，封三千户。会昌五年（845年），因病请求解除机务，以本官平章事兼江陵尹、荆南节度使，数月后召还，复知政事。

李德裕是唐中期很有作为的政治家和军事家，他出将入相，屡建大功，但深陷"牛李党争"。唐文宗后来实在厌烦朝臣的朋党之争，把牛、李双方的主要人物都贬出朝去。但武宗封李德裕为宰相，将牛党贬出，可是武宗死后，牛、李党被召回，李德裕则被一贬再贬，出为东都留守、东畿汝都防御使。大中元年（847年），为政敌所诟，罢去留守，以太子少保分司东都，又贬为潮州（今广东潮州）司马、潮州司户。大中二年（848年），贬崖州（治今海南儋州）司户，大中三年（849年）正月，到达珠崖郡。是年十二月去世，享年六十三岁。后追封太子少保、卫国公，赠尚书左仆射。

李德裕以才识自负，喜欢著书作文，位极台辅，仍读书不辍。东都伊阙南置有平泉别墅，未仕时，曾在此讲学。出将入相，三十年不回，而题寄歌诗，都铭刻于石。今有《花木记》《歌诗篇录》二石尚存。有文集二十卷。《次柳氏旧书》《御臣要略》《代叛志》《献替录》等存于世。初贬潮州时，仍留心著述，写杂序数十篇，号《穷愁志》。

李德裕墓在今洛阳市伊川县城关镇窑底村西北约1公里，省道243可达，地理坐标为北纬34°29′23.00″，东经112°26′11.19″。该墓始建于唐代。墓在一处土岭上，四周均为丘陵台地，种植作物。原冢高大，现几乎不见。砖券墓道，高两米余。附近并有李德裕之父李吉甫之墓，遗迹难寻。

卢仝

卢仝,约生于德宗贞元十一年(795年),卒于文宗太和九年(835年),自号"玉川子"。祖籍范阳(今河北涿州),生于济源(今河南济源)。唐代诗人、文学家。

卢仝读书刻苦,博览经史,工于作诗著文,年少即有才名。近二十岁时,隐居少室山,不愿仕进。卢仝家境贫困,仅有破屋数间,朝廷曾两度起用,均不就。曾作《月蚀诗》讽刺当时宦官专权,受到韩愈称赞。甘露之变时,因留宿宰相兼领江南榷茶使王涯家,与王涯同时被宦官所害。

卢仝好茶,他的《走笔谢孟谏议寄新茶》诗传唱千年而不衰,其中《七碗茶诗》最为脍炙人口,与陆羽《茶经》齐名。卢仝著有《茶谱》,被世人尊称"茶仙"。卢仝诗作对当时腐败朝政和民生疾苦均有反映,风格奇特,近似散文。现存诗103首,有《玉川子诗集》。

卢仝墓在今济源市思礼镇思礼村东北部,省道312转乡道008可达,地理坐标为北纬35°06′48″,东经112°30′20″。该墓始建于唐代。现辟为卢仝文化苑,西侧紧临济源市裕鑫铜业有限公司。墓在苑区北端,原墓冢已平,后人堆垄土冢,直径约7米,高约2米,下部约1.2米用石围砌,上雕各种花卉。墓冢北、东、西三侧以浅土丘环抱,呈马蹄形。原有墓碑,亦不知所踪。冢前有现代碑刻一通。

卢仝墓

韩昶

韩昶,生于贞元十五年(799年),卒于大中九年(855年),字有之,河阳(治今河南孟州)人。唐朝大臣,韩愈之子。

韩昶早年跟随散文家樊宗师学习。大和元年(827年),二十九岁时中进士。初仕邠州(治今陕西彬县)从事,试弘文馆校书郎,后任襄州(治今湖北襄阳)从事,除高陵尉集贤殿校理。迁度支监察御史,拜左拾遗。牛僧孺镇守襄阳时,奏为支使。拜秘书省著作郎,迁国子博士,除襄阳别驾,检校礼部、户部郎中。大中九年(855年)去世,享年五十七岁。

韩昶墓在今焦作市修武县郇封镇前雁门村北约150米,县道022可达村庄附近,地理坐标为北纬35°10′13″,东经113°29′07″。该墓始建于唐代,为修武县文物保护单位。墓葬坐落于耕地之中,紧临村间公路。墓冢近圆角方形,长12~13米,高1.3~2米。

韩昶墓

李商隐

李商隐，生于元和七年（812年），卒于大中十二年（858年），字义山，号玉谿生、樊南生，怀州河内（今河南沁阳）人，祖上迁居荥阳（今属郑州）。晚唐著名诗人，擅长骈文，与杜牧合称"小李杜"，与温庭筠合称"温李"。诗作构思新奇，风格秾丽。

李商隐出身于小官吏家庭，父亲李嗣，曾做获嘉（今属河南新乡）县令。李商隐两岁时，父亲罢去获嘉县令，到浙江幕府任职。三岁随父居浙江，度过了六个春秋。十岁前后，父亲病故，他随着母亲护送父亲灵柩回到荥阳。守丧期满，李商隐移家到洛阳东甸，这时家庭经济困难，不得不经常帮人做些佣书贩舂的零工杂活来维持生计。堂叔亲授经典，教为文章，年幼时即擅长作文。

李商隐十六岁时作《才论》《圣论》两篇古文，得到一致称赞。当时的文坛名将、朝廷元老令狐楚对他特别赏识，致之华馆，待以嘉宾，请李商隐参加郓州节度使幕府为巡官，并教以对偶典雅的骈文，使李商隐成为骈文能手。大和七年（833年），二十二岁的李商隐在令狐楚的资助下，赴京考试，连考两次均名落孙山。李商隐写下《有感二首》《重有感》等诗，抨击腐败。后经令狐楚之子令狐绹竭力推荐，才在开成二年（837年）进士及第，拜秘书省校书郎，又补弘农（今河南灵宝）县尉。是年冬天，令狐楚去世，临死写给皇帝的遗表由李商隐代笔，年底李商隐随其灵柩回长安，途中写下《行次西郊》，对农村凋敝和农民贫困等社会问题的认识进行了诗体总结。

不久，李商隐参加泾源（今甘肃泾县北）节度使王茂元的幕府，任掌书记，王茂元爱其才华，将自己的小女儿嫁给他。但因令狐楚与王茂元分属牛、李二党，致使令狐绹认为他"背恩"。开成三年（838年）春天，李商隐赴京参加博学鸿词科考试，主考官周墀和李回对他的文章很赏识，但最终被中书省长官抹掉了名字。他写了《漫成三首》《回中牡丹为雨所败》等诗，发泄心中郁愤。登上安定城楼，作《安定城楼》，抒发理想抱负和对国事的忧愤。开成四年（839年），再次赴吏部试判，入等授官秘书省校书郎。虽只正九品，品级很低，但向来被认作是清要之职。不久又被排挤出京，外任弘农县尉。到任不久，因对蒙冤刑徒有宽减而触忤上司，便辞职移居关中。

李商隐墓

会昌二年（842年），通过书判拔萃，第二次进入秘书省担任正字。会昌四年（844年），母亲去世，回家守丧。岳父王茂元参加讨叛战争时，他代写《与刘稹书（檄）》。会昌五年（845年）十月，重回秘书省。武宗时期，李商隐大部分时间在关中和永乐（今山西芮城）一带闲居。这一时期的诗歌，一类是继续反映现实政治斗争，如《赠别前蔚州契苾使君》《行次昭应县道上送户部李郎中充昭义攻讨》等，另一类是咏史，如《汉宫词》《瑶池》等。

宣宗时，李商隐被牛党攻击。大中元年（847年）春天，他离开朝廷四处奔波，到达南郡（治今湖北江陵），途中完成了骈文集《樊南甲集》，并作序。大中二年（848年）三四月间，李商隐离开桂林北归，五月至潭州（治今湖南长沙），在观察使李回处作短暂停留。其间，写了一些关于桂林、长沙、岳阳楼的诗篇。大中三年（849年），京兆尹卢弘正请李商隐任掾曹。第二年，卢弘正镇守徐州，辟为掌书记。之后入朝，补太学博士。大中五年（851年）七月，东川（治今四川三台）节度使柳仲郢请李商隐为节度判官，检校工部郎中。准备去时，妻子病逝，写有《房中曲》等悼亡诗。大中七年（853年），编完《樊南乙集》。由于心中苦闷，转而向佛，自出财俸，在长乎山慧义精舍经藏院创五间石壁，用金字刻上《妙法莲花经》七卷，还为精舍南禅院的四证堂的石碑写了铭文，借佛事排遣愁绪。梓州时期，是他创作的黄金时代，写了《井络》《筹笔驿》《杜工部蜀中离席》等诗作。

大中十年（856年），李商隐担任盐铁推官，到过金陵、扬州、镇江、苏州、杭州等地，凭吊六朝和前代遗迹，写了如《南朝》《齐宫词》《隋宫》等咏史诗。大中十二年（858年）二月，李商隐被罢职，不久抱病回到郑州。大中年间，他作品丰富，是为第二个创作高潮期。传世名著有《樊南文集》《玉谿生诗集》等。政治上的挫折，心情的抑郁，生活的颠沛流离，使得李商隐英年早逝,去世时终年四十七岁。

李商隐生活在唐王朝趋于衰颓没落的时代。他的家族,从高祖起,都只做过地方小官吏,他十岁时父亲又病故,家境贫寒,使他对社会生活较早地有所体察,也促使他自幼"悬头苦学",企图以科举晋身,振兴家道。虽然他满腹才华,但由于当时朝政日趋腐败和受牛李党争的影响,李商隐在政治上终身不得志,长期的心情压抑,郁郁不舒,反而促使他关心国家命运和现实政治,他的诗作很多是揭露藩镇割据、宦官擅权、朋党倾轧的。《韩碑》《随师东》等是其中较重要的作品。早期作品指陈时局,语气悲愤,常常借用历史题材反映对当时社会的意见。也有不少批判社会现实的诗作,如《重有感》,效仿杜甫《北征》而作的《行次西郊一百韵》,《咏史》则批判当权者的荒唐、愚昧、无能,其他还有《隋宫二首》《马嵬二首》《贾生》《瑶池》等。咏史诗构思凝练,取材精当,将历史与现实巧妙融合,寓自身情感于艺术形象之中,具有很强的艺术表现力。抒怀和咏物诗,如《安定城楼》《杜工部蜀中离席》等,借以抒发自己郁郁不得志的苦闷,部分七言律诗被认为是借鉴了杜甫的诗风。即景抒情诗,如《登乐游原》,其中"夕阳无限好,只是近黄昏"为千古名句。在揭露上层统治集团的同时,他对下层百姓的疾苦,也有所反映,如长诗《行次西郊作一百韵》《灞岸》《即日》《异俗》。李商隐还写了大量的爱情诗,这些诗作独具特色,《夜雨寄北》表达了对妻子王氏的深切思念,其中有名句"何当共剪西窗烛,却话巴山夜雨时"。悼亡追忆作品如《正月崇让宅》《悼伤后赴东蜀辟至散关遇雪》,诗中的名句诸如"春蚕到死丝方尽,蜡炬成灰泪始干""身无彩凤双飞翼,心有灵犀一点通""此情可待成追忆,只是当时已惘然""相见时难别亦难,东风无力百花残""沧海月明珠有泪,蓝田日暖玉生烟"等被千古传诵。他还擅长骈体文,曾编订《樊南甲集》《樊南乙集》。他博采众长,吸纳杜甫七律、齐梁诗、李贺诗等特点,形成自己深情、缠绵、绮丽、委婉、精巧的风格。诗作擅长用典,善借历史类比,表达难以明言之志。李商隐的无题诗最为著名,现存诗作近二十首,其中不少是爱情诗,也有作者身世遭遇和借题抒怀、咏物寄慨之作。但都构思新奇,风格秾丽,缠绵悱恻,朦胧含蓄,至今读来仍觉口齿留香。李商隐现有诗约六百首,多种诗体都有佳作,其中尤以近体诗成就最高,七言律绝是杜甫之后的代表。

李商隐墓在今郑州市荥阳市豫龙镇二十里铺行政村首蓿洼村东南500米,现已辟为李商隐公园,西侧紧临商隐路,地理坐标为北纬34°45′23″,东经113°26′33″。该墓始建于唐代,为郑州市文物保护单位。墓区在园内东北角,四周以诗墙相隔,相对自成一域。园内植被密布,环境优雅。墓冢圆形,土筑,直径10余米,高约5米,面积110多平方米。墓冢下部以石围筑,高约1.3米。冢南有一石碑,上书"李商隐之墓"。四周诗墙,有后人所书写、镌刻的李商隐诗作。

蔡京

蔡京，生年不详，卒于咸能四年（863年），郓州（治今山东东平北）人。唐朝官吏、诗人，初为僧人。

蔡京初为滑州（治今河南滑县）僧童。文宗大和四年（830年），天平节度使令狐楚于道场中见到蔡京，爱其聪慧，令其还俗，陪子弟读书。开成元年（836年），登进士第。会昌三年（843年），登学究科，授畿县尉。会昌五年（845年）迁监察御史，受命复按江都令吴湘盗用粮钱案，秉公执法，处置公允。宣宗大中二年（848年），因此事被贬为澧州（治今湖南澧县）司马，后任抚、饶等州刺史。

咸通三年（862年），官至岭南西道节度使。因统御无方，咸能四年（863年）被军士所逐，贬死崖州。蔡京能诗，《全唐诗》存诗3首，其中《咏子规》中"惊破红楼梦里心"，为小说《红楼梦》取名所鉴。

蔡京墓在今安阳市滑县牛屯镇蔡村西北，省道215、省道219转村间公路可达，地理坐标为北纬35°17′31.0″，东经114°29′14.0″。该墓始建于唐代，为滑县文物保护单位。墓葬坐落于耕地，地势平坦，与村庄间隔一自然冲沟。墓冢形状大致呈长方形，南北长43米，东西宽23米，高约4米。

蔡京墓

裴休

裴休，生卒年不详，字公美，河内济源（今河南济源）人。唐朝宰相。

裴休志操坚正，幼年时和兄弟同学于济源，长年不出门，白天学习经籍，夜里攻习诗赋。有人卖给他们兄弟鹿肉，唯独裴休不食。穆宗长庆年间中乡试，文宗大和元年（827年）入为监察御史、右补阙、史馆修撰，武宗会昌年间以尚书郎历典数郡。

大中元年（847年），累官至户部侍郎，充诸道盐铁转运使，转兵部侍郎，兼御史大夫，领使如故。大中六年（852年），以本官同平章事，判使如故。裴休领使，让僚佐察验转输弊端，令途经县令兼管漕运之事，能者奖励，设置新法十条，立税茶法二十条。三年内，漕米至渭、河仓者一百二十万斛，更无沉舟之弊。累转中书侍郎，兼礼部尚书。

大中十年（856年）罢相职，检校户部尚书、汴州刺史、御史大夫，充宣武军节度使，又进阶金紫光禄大夫、上柱国、河东县子，食邑五百户，守太子少保，分司东都。大中十一年（857年），检校户部尚书、潞州大都督府长史、御史大夫，充昭义节度、潞磁邢洺观察使。大中十三年（859年），加检校吏部尚书、太原尹、

裴休墓

北都留守、河东节度观察等使。大中十四年（860年）八月，以本官兼凤翔尹，充凤翔陇州节度使。

懿宗咸通元年（860年），入为户部尚书，累迁吏部尚书、太子少师。逝于任上。赠太尉。裴休性情宽惠，为官不倡苛察，但吏民畏服。善于作文，书法自成一家，传世拓本有《定慧禅师碑》。裴休还专攻佛典，经常与僧人讲求佛理。中年后，不食荤血，经常斋戒禁食欲。时人重其高洁，但又鄙其太过，多以词语嘲讽他，裴休并不以为然。

裴休墓在今济源市五龙口镇裴村中部，东环路可达，地理坐标为北纬35°07′58″，东经112°38′44″。该墓始建于唐代，为济源市文物保护单位。原有4冢，现仅存大冢，四周均为民宅。墓冢土筑，形状不甚规则，最长约12米，高约4.5米，周长约225米。

李存孝

李存孝，生年不详，卒于乾宁元年（894年），本姓安，名敬思，代州飞狐（今河北涞源）人。晚唐将领。

李存孝年少时，晋王李克用掠地代北得之，给事帐中，并收为义子，始用李存孝之名。成年后，善于骑射，骁勇冠绝，随李克用连年征战，骑马在先，生擒汴将邓季筠，活捉京兆、昭义节度使尹孙揆，鲜有败绩，李克用占领多地，其军功最重。

昭宗大顺二年（891年），进攻镇州、赵州南部。李存信与李存孝不和，对李克用说李存孝望风而退，无心击贼，恐有私情。李存孝知道后，自恃战功，郁郁不平，致书赵州王镕。景福元年（892年），又面见王镕谈及军机事务。李克用知道后暴怒，出师讨伐李存孝，王镕害怕，请求李克用以三万兵协助攻击李存孝。李存孝攻打李存信，又阻止李克用掘堑围城，两战皆胜。

李克用的军校袁奉韬暗中派人告诉李存孝说，李克用的沟堑完成后即归太原，如堑垒不成则不会回去。李存孝信以为真，不再阻止李克用，李克用遂加紧构筑军事，深沟高垒，难以逾越。李存孝城中粮食耗尽，于乾宁元年（894年）三月登城谢罪投降，李克用将他挟至太原，车裂于市。李克用虽然杀死李存孝，但痛惜其才，死后十多天不过问事务。

李存孝墓在今焦作市武陟县大虹桥乡安庄村北，县道027可达，地理坐标为北纬35°04′45.3″，东经113°18′48.8″。墓葬坐落于沁河岸边，原直径约25米，后被水淤，现已平。

李罕之

李罕之,生于会昌二年(842年),卒于光化二年(899年),陈州项城(今河南项城)人。唐末将领。

李罕之为人骁勇,力抵数人。年少时读书不成出家为僧,因行为不端,所到之处都不能久留,便在酸枣(今河南延津)乞讨,但没人给他东西。李罕之扔掉乞讨用具,撕毁衣服,投奔黄巢农民军。

乾符六年(879年),淮南节度使高骈击败黄巢,李罕之投降高骈,任光州(治今河南潢川)刺史。蔡州节度使秦宗权来攻,李罕之败走,依附河阳节度使诸葛爽,任怀州(治今河南沁阳)刺史。诸葛爽攻击秦宗权,李罕之为副招讨。中和四年(884年),任河南尹和东都留守。

光启元年(885年),秦宗权部将孙儒来攻,李罕之兵少,退守渑池。光启二年(886年),诸葛爽去世,大将刘经掌权,认为李罕之英勇难以控制,遂攻打李罕之。李罕之反击,先胜后败,退保怀州。孙儒又攻陷河阳(治今河南孟州),但被梁军攻击败走,李罕之趁机收复河阳,并归附朱温。

李罕之性情苛暴,御兵无法,不得人心,同他一起归附的张言却制兵有方,粮草充沛。李罕之经常向张言索取用度,张言苦不堪言,趁他攻击晋、绛时占领河阳。李罕之无奈归附李克用,任泽州(治今山西晋城)刺史,与李存孝攻击张言,兵败回太原。李罕之纵兵为祸,派兵袭掠怀、孟、晋、绛诸州,并以活人为食。河内百姓反抗,全部被杀,时人称其"李摩云"。

昭宗乾宁元年(894年),李克用受朝廷之命讨伐凤翔节度使李茂贞和河中节度使王行瑜,李罕之任邠州行营副都统,一同征战。王行瑜被杀,李罕之任检校太尉,食邑千户,并想掌管一方,李克用担心他有了实力后脱离,没有同意,李罕之非常不满。

光化元年(898年),潞州薛志勤去世,李罕之自行进驻,李克用大怒,派李嗣昭攻打,李罕之向朱温求救。光化二年(899年),朱温派丁会驻守,任李罕之为河阳节度使,到达怀州时,因病去世,享年五十八岁。

李罕之墓在今周口市项城市付集镇李大庄村东,省道217可达,地理坐标为北纬33°11′29.0″,东经115°01′23.2″。该墓始建于唐代。墓葬东临村庄,西为耕地,地势平坦。墓冢原呈圆锥形,现封土近平。

吴融

吴融,生年不详,卒于天复三年(903年),字子华,越州山阴(今浙江绍兴)人。唐朝诗人。

龙纪元年(889年)中进士。随宰相韦昭度出讨西川,任掌书记,累迁侍御史。其后一度去官,流落荆南。后召为左补阙,拜翰林学士,中书舍人。天复元年(901年)朝贺时,受命于御前起草诏书十余篇,顷刻而就,深得昭宗赏识,进户部侍郎。同年冬,昭宗被藩镇军阀劫持至凤翔,吴融扈从不及,客居阌乡(今河南灵宝)。不久,召还为翰林学士承旨。卒于任上。

吴融的诗歌属于晚唐温庭筠、李商隐一派,多流连光景、艳情酬答之吟唱,前人评为"靡丽有余,而雅重不足"(《唐才子传》)。《子规》《叶落》《红叶》《野庙》《途中见杏花》都是代表作。吴融也有少数感时怀事或托古讽今的篇章,如《彭门用兵后经汴路三首》《文德初闻车驾东游》《华清宫》《隋堤》。其中七律《金桥感事》气格沉雄,音节洪亮,是难得的佳篇。有《唐英歌诗》三卷,明汲古阁刊本。

吴融墓在今三门峡市灵宝市豫灵镇麻庄村西,国道310可达,地理坐标为北纬34°32′10.42″,东经110°23′07.23″。该墓始建于唐代,为灵宝市文物保护单位。墓冢原高3米余,周长约130米,今已不存。

后梁太祖朱温

后梁太祖朱温，生于唐宣宗大中六年（852年），卒于后梁乾化二年（912年），曾名朱全忠，宋州砀山（今安徽砀山）人。五代后梁的开国皇帝，907—912年在位，年号开平、乾化，庙号太祖，谥神武元圣孝皇帝。

朱温兄弟三人，他是家中幼子，父亲朱诚以教书为业，去世后家境贫寒，母子四人做佣工为生。朱温孔武有力，性格剽悍。唐僖宗乾符四年（877年）黄巢起兵，朱温和二哥朱存参加农民军，转战多省。广明元年（880年），黄巢攻入长安称帝，朱温任东南面行营先锋使。中和二年（882年），朱温攻占同州（治今陕西大荔），任同州防御使。数次被河中（治今山西永济）王重荣所败，黄巢却拒绝增援，朱温听从幕僚建议杀死黄巢的监军，投降了王重荣。僖宗任命朱温为左金吾卫大将军、河中行营招讨副使，赐名朱全忠。中和三年（883年），授汴州刺史、宣武军节度使。黄巢兵败退走，蔡州节度使秦宗权叛附黄巢，围攻陈州。陈州刺史赵犨求援于朱温，朱温率兵解了陈州之围，时已中和四年（884年）。朱温与河东节度使李克用追击黄巢，黄巢战死。朱温受诏任检校司徒、同中书门下平章事，封沛郡侯。

光启二年（886年），进王爵，封吴兴郡王。秦宗权继黄巢称帝，攻击汴州，朱温自知力不能挡，一面招兵一面求援。光启三年（887年）二月，援兵到来，大败秦宗权卢瑭部。秦宗权亲率精兵数千围困汴州，朱温在宴席间离开，偷袭义军张晊部，秦宗权和张晊败走。秦宗权再次派张晊攻打，朱温率军埋伏，斩杀张晊军兵无数，张晊逃回，被秦宗权斩杀。皇帝派使慰问，赠朱温纪功碑、铁券及德政碑。后又兼淮南节度使、蔡州四面行营都统等。

大顺元年（890年），朱温派宰相张浚攻打李克用兵败，兼宣义军节义使讨伐河东攻占魏州（治今河北大名东北）、宿州（治今安徽宿州）、徐州（治今江苏徐州）等地。乾宁二年（895年），李克用受封晋王，朱温杀其子。乾宁四年（897年），克兖州（治今山东兖州）。光化元年（898年），兼天平军节度使，在巨鹿（今河北平乡）击败李克用，乘胜追击攻占多个州郡。光化三年（900年），李克用与幽州刘仁恭结成联盟，击败朱温。之后，朱温

后梁太祖宣陵

接连战败刘仁恭的部队，占据了易、定等以南诸镇，河北之地基本归朱温所有。

天复元年（901年），受封梁王，后兼河中尹、护国军节度使，攻占华州（今属陕西渭南）、邠州（治今陕西彬县）等地。皇帝被凤翔节度使李茂贞、邠宁王行瑜等控制。天复二年（902年），朱温大败李茂贞。第二年，李茂贞以放出天子为条件同朱温讲和，皇帝得解，朱温护送回朝，任诸道兵马副元帅。天祐元年（904年），朱温挟持昭宗到洛阳，数月后杀死昭宗，立昭宗第九子李柷为帝，史称哀帝，朝政由朱温彻底把持。

开平元年（907年），朱温废哀帝为济阴王，自己登基称帝，国号梁，定都汴梁（今河南开封）。开平二年（908年），杀死济阴王。朱温称帝，但四周割据势力庞大，后梁政权并不安稳。李茂贞联络四方藩镇势力，推举李克用为盟主，联合出兵讨伐朱温。在内部也有不同的声音，朱温的哥哥朱全昱就反对朱温称帝，在庆功宴上公然怒斥朱温。

开平二年（908年），朱温与李克用在泽、潞二州交战。李克用病死，其子李存勖继位后在潞州城下大败梁军。朱温不甘心失败，亲率大军攻打，无功而返，变得异常暴躁和多疑，导致上下失和，人心离散。佑国节度使王重师因未按时进贡，被朱温换掉，以刘悍接替。后来刘悍也遭到冷遇，就诬王重师图谋不轨，勾结李茂贞叛乱，朱温也不细察，诛杀王重师九族。同州的忠武节度使刘知俊担心被无端杀死，于开平三年（909年）投靠李茂贞。

开平四年（910年），朱温怀疑成德

节度使王镕与李存勖勾结，就派杜廷隐攻打王镕。王镕反叛，联合李存勖攻打后梁，双方在柏乡（今河北高邑）相持。开平五年（911年），梁军大败，两支主力军队被歼，后梁元气大伤。乾化二年（912年），朱温大病初愈，亲自率兵进攻李存勖，行至下博（今河北深州下博），谣传敌军将至，朱温惊惶失措，急逃往枣强（今河北枣强）。

朱温嗜赌、好色，公然与大臣妻子私通，奸污大臣妻女，甚至与儿媳乱伦，渐至众叛亲离。是年六月病重，他知大限将至，因宠爱养子朱友文的妻子，就意欲立朱友文为皇储。为了避免争夺皇位，便想把儿子朱友珪贬到莱州（治今山东莱州），朱友珪的妻子张氏得知消息，告诉了朱友珪，朱友珪就买通禁军将校，率领五百名兵士混入皇宫，包围了朱温寝宫。深夜闯入殿中，朱温怒斥朱友珪，朱友珪也指着他骂道："老贼该碎尸万段！"他身后的仆夫冯廷谔抢上一剑把朱温刺死，享年六十一岁。朱友珪用毯子裹住朱温尸体，埋在寝宫，并派人杀掉了朱友文。天亮后，朱友珪假传圣旨，言朱友文谋反，皇帝让自己暂时主持军政。

朱温葬于宣陵，在今洛阳市伊川县白沙镇常岭村北，省道323可达，地理坐标为北纬34°25′03.0″，东经112°32′00.0″，该陵始建于五代，为河南省文物保护单位。墓葬坐落于高台地，北临省道323（八官线），东为吴岭，西为常岭村南北路。墓冢高5米，封土面积约50平方米，大部分被村庄民房占用。陵前有神道，现存石翁仲、石羊各一件，余石刻被毁。

王彦章

　　王彦章，生于咸通四年（863年），卒于同光元年（923年），字贤明，郓州寿张（今山东梁山）人。五代后梁将领。

　　王彦章年少时即从军，属朱温帐下，以骁勇善战著称。后授军职，职掌禁兵。跟随朱温征战，常持铁枪冲锋陷阵，屡立战功。后梁开平二年（908年），授左龙骧军使。开平三年（909年），转左监门卫上将军，仍兼左龙骧军使。乾化元年（911年），改行营左先锋马军使，加金紫光禄大夫、检校司空，依前左监门卫上将军。乾化二年（912年），朱友珪即位，加检校司徒。凤历元年（913年）正月，朱友贞即皇帝位，授王彦章濮州（治今山东鄄城北）刺史、马步军都指挥使，不久改先锋步军都指挥使。末帝乾化元年（914年），为澶州（治今河南清丰西）刺史，进封开国伯。

　　朱友贞打算将魏州（治今河北大名东北）分作两镇，为防兵乱，派王彦章在邺

王彦章墓

城防备。后魏州军果然发生兵变，进攻王彦章的馆舍，王彦章仓促南逃。晋军攻克澶州，王彦章的家人全部被俘，被晋王李存勖送到晋阳，待遇优厚。李存勖派人秘密诱降王彦章，王彦章将来者杀死，以绝李存勖招降的想法，家人全部被杀。

王彦章后来任汝州防御使、检校太保。末帝贞明二年（916年），改郑州防御使。第二年，授西面行营马军都指挥使，加检校太傅，不久授行营诸军左厢马军都指挥使。贞明五年（919年）五月，迁许州（治今河南许昌）两使留后，军职如故。贞明六年（920年）正月，授许州匡国军节度使，充散指挥都头都军使，进封开国侯。不久，授北面行营副招讨使。贞明七年（921年）正月，移镇滑州（治今河南滑县）。

晋军攻陷郓州，王彦章以北面招讨使出征，双方历百余战，晋军退保杨刘。晋军将自兖州出师，王彦章拒敌，途中被晋军袭击，兵败被擒。晋王亲自赐药为其治创，并令中使慰抚，以诱其投降。王彦章宁死不降遇害，享年六十一岁。后晋高祖石敬瑭嘉许王彦章之忠诚，诏赠太师。

王彦章墓在今郑州市新密市苟堂镇付家门村刘庄组，省道323到达苟堂镇后，沿山路可到达墓地附近，地理坐标为北纬34°21′50″，东经113°28′35″。该墓始建于五代，为新密市文物保护单位。墓在山沟之内，四周峰峦环抱，附近有农家。墓冢封土夯筑，呈不规则形状，残冢高约7米，周长40米。

唐昭宗李晔

唐昭宗李晔，生于咸通八年（867年），卒于天祐元年（904年），原名杰，又名敏。唐朝第十九位皇帝，889—904年在位，年号龙纪、大顺、景福、乾宁、光化、天复、天祐，庙号昭宗，谥圣穆景文孝皇帝。唐懿宗第七子，母王氏，唐僖宗弟。

咸通十三年（872年），六岁的李晔受封寿王，时名李杰。乾符三年（876年），领幽州卢龙军节度使。僖宗因战乱出奔四川时，李晔领军护卫左右。文德元年（888年），僖宗驾崩，李晔被迎立回京，立为皇太弟，改名李敏，不久即皇帝位，时年二十二岁。李晔喜欢读书作文，尤其重视儒学。但他继位时，唐王朝已是千疮百孔，处于风雨飘摇之中。昭宗继位后，也想有一番作为，针对朝政不张的困顿局面，立志恢张旧业，号令天下。

大顺元年（890年），中书令朱全忠（即朱温）上表请求攻伐李克用，昭宗犹豫不决，然而好说大话的宰相张浚在朱全忠的支持下接连上奏，昭宗终于同意，但张浚根本不懂兵法，结果全军覆没，张浚只身外逃到朱全忠处。

景福元年（892年），凤翔李茂贞等人奏请征伐大太监杨复恭，并请加山南招讨使，昭宗不允，李茂贞等人擅自出兵。杨复恭战败投奔太原，途中被华州节度使韩建斩杀。李茂贞恃兵求兼领山南节度使，所奏表章言辞不逊，诋毁时政，昭宗令宰相杜让能领兵攻打李茂贞，杜让能不敢去。另一个宰相崔昭纬却暗地里勾结李茂贞，结果朝廷一出兵就大败，李茂贞逼迫昭宗杀死杜让能。

乾宁元年（894年），李茂贞再次拥兵进京。当时的李茂贞统辖十五郡，兵强马壮，欺凌王室，已显篡唐之意。乾宁二年（895年），因昭宗对封河中节度使一事犹豫不决，李茂贞与邠州王行瑜、华州韩建等再次拥师进入长安，三人企图废掉昭宗，李克用宣布要起兵入京平叛，这三个军阀又退回根据地。昭宗仓皇出逃，等到李克用兵临长安后，唐昭宗才得以回京，他只好册封这位反叛将军为晋王。

乾宁三年（896年），李茂贞再次进犯京畿，王师接战不利，昭宗无奈率领禁兵出幸太原。途中，华州刺史韩建请求昭宗驻跸华州。李茂贞的军队攻入京师，将宫室烧为灰烬。朱全忠等上表请求昭宗移师洛阳，昭宗下诏嘉许，但未能成行。李茂贞又上表请罪，愿行君臣之礼，维修宫阙，因昭宗被韩建所控制，未能实现。乾宁四年（897年），诸王密谋诛杀韩建。事泄，韩建将八位王爷囚于府第，解散昭宗身边侍卫，之后又将十一位王爷全府上下统统杀死。

光化元年（898年），诸藩镇、百官上表请求昭宗还京，返回长安后对韩建厚加封赏。光化三年（900年），宦官、左右军中尉刘季述、王仲先等人将昭宗幽禁于东宫，迎皇太子监国，称昭宗为上皇。宰相崔胤向朱全忠求救，朱全忠派兵进攻刘季述等人，杀了王仲先，将昭宗救出复位。朱全忠此时已有篡代之心，率兵攻击李茂贞，并打算迁都洛阳，而李茂贞却欲迎驾至凤翔。

天复元年（901年），中尉韩全诲奉车驾出幸凤翔，昭宗诏令朱全忠撤兵，崔胤则与朱全忠密谋进攻。天复三年（903年），朱全忠连战连捷，李茂贞杀死韩全诲等人请求和解，昭宗车驾回到长安。朱全忠又将七百余名宦官赐死，受封"回天再造竭忠守正功臣"。

天祐元年（904年），朱全忠奏请昭宗迁都洛阳，长安住户全部迁居。途中，昭宗身边内侍二百余人全部被朱全忠杀死，替换成朱全忠属下。朱全忠又密令朱友恭、氏叔琮等人弑杀昭宗，终年三十八岁，葬于和陵。据传，昭宗在东迁洛阳的途中经过华州，适逢何皇后产下幼子，昭宗怕被朱温谋害，就托心腹近侍婺源人胡三带出。胡三不负重托，带幼子回乡抚养，取名昌翼。后昌翼长大才知自己身世。胡昌翼隐居婺源，一生倡导明经，无心仕途，其后裔被称为"明经胡"。

和陵在今洛阳市偃师市顾县镇曲家寨村南，国道310可达，地理坐标为北纬34°37′17.0″，东经112°47′45.0″。该陵建于唐代，为全国重点文物保护单位。俗称"小冢"，东南约1.5公里唐恭陵为"大冢"。墓葬坐落于景山（又叫太平山）之巅，地貌平坦。墓葬封土已平。墓道长60米，墓室面积200平方米。地表可见3个坍坑，地势较低，自南向北依次排开，直径在3～6米之间。墓前原有石翁仲一件，门阙台基一处，现已无存。

卫审符

卫审符，生卒年不详，字表节，怀州修武（今河南修武）人。唐朝将领。

卫审符相貌英俊，操守高洁，知书达礼，初授泽州（治今山西晋城）军州事。天复元年（901年），授怀州（治今河南沁阳）刺史，任内招复流民，教化乡俗，颇有能声。哀帝天祐三年（906年），加金紫光禄大夫，检校司空，守唐州刺史兼御史大夫，上柱国，食邑三百户。调任山西，打通沁水至荆蛮的商道，使得道途通济。授蔡州（治今河南汝南）刺史，任上去世，归葬故里。

卫审符墓在今焦作市马村区安阳城街道西韩王村南1000米，银河大道可达，地理坐标为北纬35°16′11.2″，东经113°20′13.2″。该墓建于五代，为焦作市文物保护单位。原有墓冢、墓碑及石像生等。现墓冢已平，墓地残留羊、虎断石。

荆浩

荆浩，生卒年不详，字浩然，沁水（今山西沁水）人，生于济源。五代著名画家。

荆浩博通经史，长于文章。退隐不仕，隐于太行山之洪谷，自号洪谷子。

荆浩擅画山水，经常携笔摹写山中古松，作云中山顶，能画出四面峻厚的雄伟气势，山水画中全景构图及皴法和水晕墨章的表现肇始于荆浩。荆浩的山水画兼采吴道子和项容用墨之长，"吴道子画山水有笔而无墨，项容有墨而无笔。吾当采二子之所长，成一家之体"（《图画见闻志》）。他在《笔法记》中说："随类赋彩，自古有能，如水晕墨章，兴我唐代。"概括了荆浩的山水画特色，对中国山水画发展具有重要影响。他亦擅画佛像，曾在汴京（今河南开封）的双林园画过壁画。著有《笔法记》，存世《匡庐图》相传是他所作。

荆浩墓在今济源市五龙口镇谷堆头村东南150米，省道312可达，地理坐标为北纬35°06′40″，东经112°38′36″。该墓建于五代，为济源市文物保护单位。墓冢坐落于农田中，紧临一条公路，地势平坦。土冢呈圆形，高约2米，直径约13米。南有现代碑刻一通。

荆浩墓

后唐明宗李嗣源

后唐明宗李嗣源，生于唐懿宗咸通八年（867年），卒于后唐长兴四年（933年）。原名邈佶烈，被李克用收为义子，赐名李嗣源。五代后唐皇帝，926—933年在位，年号天成、长兴，庙号明宗，谥圣德和武皇帝。

李嗣源为人朴实，少言语，办事严谨，作战勇敢。唐昭宗乾宁三年（896年），梁军攻打兖、郓两州，李嗣源出兵大败梁军，率领的五百骑兵获"横冲都"称号。光化三年（900年），援助李嗣昭大败梁将葛从周，身中四箭，"李横冲"因而名闻天下。

梁、晋相持于柏乡，梁军旗帜、铠甲、战马均为白色，晋兵未战先惧，独李嗣源豪气冲天，认为梁军徒有其表。及战，一马当先，活捉梁军两裨将，梁军兵败。李嗣源因功拜代州（治今山西代县）刺史，后拜相州（治今河南安阳）刺史，昭德军节度使。徙镇安国，抵抗契丹进犯。

后唐庄宗同光元年（923年），李嗣源徙镇横海，受命攻打郓州胜利，因功拜天平军节度使、蕃汉马步军副都总管。梁军王彦章来攻，庄宗增援，李嗣源为先锋，生擒王彦章。攻打汴州，占领封丘，拜中书令。第二年，获赐铁券，攻占潞州，徙镇宣武（治今河南开封），兼蕃汉内外马步军总管，破契丹于涿州。同光三年（925年），徙镇成德（治今河北正定）。李嗣源先从李克用征战三十载，冒刃血战，体无完肤，又为李存勖浴血奋战十余年，为梁晋争锋和李存勖霸业立下了汗马功劳。

后唐庄宗晚期，庄宗对李嗣源开始猜忌，怀疑他有不臣之心。庄宗派他率军征讨魏州，又派人暗中监视，不料兵至魏州发生哗变，李嗣源在女婿石敬瑭和安重诲等人的劝诱下自立而反。先入汴州，继而向洛阳进发，庄宗驾崩后，李嗣源入洛阳监国，之后即皇帝位。天成二年（927年），更名李亶。长兴元年（930年），上尊号"圣明神武文德恭孝皇帝"。长兴四年（933年）驾崩，享年六十七岁，葬徽陵。

李嗣源在位期间实行了一系列开明政策，杀掉了庄宗时乱政的小人和宦官，大量裁减后宫人员。他不喜声色淫乐，不喜臣下阿谀奉承，下令免除诸道节度、刺史、文武将吏旧进月旦起居表，经常召文武百官言时政得失，能够接纳臣下忠谏。整顿

后唐明宗徽陵

吏治，禁止官吏徇私请托、荐引，买卖官告文书，限制各级官吏荐引和荫庇官员数额。他针对庄宗弊政，进行了一系列改革，如严格法制，禁止官吏科敛和贪墨，严惩贪官，赏赐清廉之臣，禁止富户投名影庇、逃免丁徭，禁止高利贷，禁止买卖人口，禁止虐杀奴仆，禁止虐待父母，禁止任意网罗、弹射、戈猎，禁止宰杀耕牛等。李嗣源为政宽仁，关心百姓疾苦，多次下令赦免罪犯，减免受灾百姓赋税丁徭。李嗣源是五代十国时期较少的几个好皇帝之一。但他姑息藩镇，权臣安重诲跋扈，次子李从荣骄纵，以致他逝后变乱迭起。

徽陵在今洛阳市孟津县送庄镇送庄村南，省道314、省道238可达，地理坐标为北纬34°47′02.7″，东经112°33′53.3″。该陵始建于五代后唐，为全国重点文物保护单位。墓葬四周均为耕地，地势平坦。墓冢近弧方形，长、宽均约50米，高12米，周长约200米。

后唐庄宗李存勖

后唐庄宗李存勖，生于唐僖宗光启元年（885年），卒于后唐同光四年（926年）。李克用长子。五代后唐政权建立者，923—926年在位，年号同光，庙号庄宗，谥光圣神闵孝皇帝。

李存勖五岁时，李克用就说他是奇儿，二十年后将代自己出战。李存勖十一岁时，随李克用打败王行瑜，被派往京城报捷。唐昭宗见李存勖气宇不凡，赏赐给他翡翠玉盘，并抚摸着李存勖的后背说："你一表人才，日后当大富大贵，到时可不要忘了我呀！"长大后，李存勖擅骑射，胆略过人，喜欢音乐、舞蹈、戏剧。后梁开平二年（908年），继父爵，为晋王，时年二十四岁。

李克用去世，其弟李克宁叛变，李存勖设计将他擒获并杀死，并将父亲去世、叔叔叛乱的消息告诉大将周德威，周德威正与梁军交战，为支持李存勖而返回太原。梁军见周德威撤兵，防备松懈，李存勖利用这个机会向后梁军队展开攻击，梁军大败。开平四年（910年），朱温派兵攻打成德节度使赵王王镕，王镕向李存勖求援，李存勖不顾手下大将们的反对，执意救赵。

开平五年（911年）正月，双方在柏乡（今属河北邢台）展开决战，大败后梁军队。之后，晋军向梁境深入，幽州节度使刘守光打算趁机进攻晋地，李存勖为防后患回师。后梁末帝乾化四年（914年），李存勖杀掉燕王刘守光。

贞明元年（915年），魏州兵乱，节度使贺德伦向李存勖求援。李存勖趁机出兵，处决叛变头目，兼领魏博节度使，攻占梁、德、澶等州后，双方对峙于莘县（今山东曹县）。李存勖假意撤兵，待梁军出城后，返回攻击，相继攻克多州。贞明三年（917年），契丹围攻幽州，李存勖派李嗣源击退契丹，随后夺取黄河重要渡口杨刘。贞明四年（918年），李存勖击退梁将王彦章后，双方在胡柳（今河南濮阳）开战，损失惨重，无力再行攻击，遂北撤。贞明五年（919年），领卢龙节度使。贞明六年（920年），诸将请李存勖即皇帝位，他没有答应。龙德二年（922年），派兵攻占镇州（治今河北正定），又打败契丹进攻，领成德军节度使。

龙德三年（923年）四月，李存勖称帝，国号唐，史称后唐，建元同光，定都洛阳，时年三十九岁。当年攻入汴梁，梁末帝朱友贞自杀；后梁灭亡。李存勖自小就通音律，能歌善舞，会作曲，创作的歌曲流行了一百多年。他还喜欢演戏，给自己起了个艺名"李天下"。他不但喜欢演戏，还特别宠信唱戏的艺人，他在皇宫里养了许多伶人，伶人提出的要求他都满足，由此把后唐政治搞得乌烟瘴气。所以他在治理国家上建树不多，为政奢侈，耽于享乐。同光四年（926年）二月，魏州士兵哗变，攻入邺都（今河北临漳），李存勖派李嗣源前去征讨，行至邺都城下，士兵拥戴李嗣源，准备回汴梁称帝。李存勖亲自率军进攻汴梁，途中先锋将军叛变，又听说李嗣源已到汴梁，下诏班师返回洛阳。从马直指挥使郭从谦哗变，混战中李存勖中箭而亡，终年四十二岁。伶人善友可怜李存勖，搜集乐器放在他身上与他一同焚化。李嗣源继位后将李存勖葬于雍陵，庙号庄宗。

雍陵在今洛阳市伊川县城关镇窑底村西南约2公里，省道243可达，地理坐标为北纬34°28′03.45″，东经112°26′28.68″。该陵始建于五代后唐，为伊川县文物保护单位。墓葬坐落于山岭东麓坡地，四周为山峦，邻近耕地农田。陵园占地6000平方米，原有高大墓冢，现已平。

后晋高祖石敬瑭

石敬瑭，生于唐昭宗景福元年（892年），卒于后晋天福七年（942年），晋阳（今山西太原）人。五代后晋政权建立者，936—942年在位，年号天福，庙号高祖，谥圣文章武明德孝皇帝。

相传石敬瑭出生时，白气充于房内，时人都非常惊奇。他少年时性格稳重沉静，少言语，喜欢读兵书。李嗣源为代州刺史时，很器重他，将自己的爱女嫁给了他。李克用听说他擅长射箭，就让他侍卫左右。李嗣源又请求让他跟随大军出征，领骑兵，号"三讨军"，乃心腹之兵。

后梁贞明二年（916年），李存勖并有河北之地。同年，梁将刘鄩进攻清平，李存勖急往驰援，为刘鄩所围。石敬瑭率十余骑直击刘鄩军中，左冲右突，无人能挡，由此声威大振。再战，石敬瑭持剑反复冲杀，将刘鄩逐走数十里。石敬瑭跟随李存勖出生入死，历大小战事无数，战功赫赫。

后唐同光四年（926年），赵在礼于魏州兵变，李嗣源率军平叛，石敬瑭一同出征。魏州城下，李嗣源被士兵拥戴为主，本想回朝请罪，石敬瑭劝他不要犹豫，并统骁骑三百为前锋，抢占汴梁，使庄宗半途而返。而后，兵屯汜水，虎视洛阳。

李嗣源称帝，加石敬瑭光禄大夫、检校司徒，充陕州保义军节度使。第二年又加检校太傅兼六军诸卫副使，进封开国伯，增食邑四百户。此后，石敬瑭屡次升迁，加封无数，又兼领兵权，位高权重，恩宠一时。石敬瑭生性简朴，不喜声色宴乐，勤于政务，常与幕客谈论政事得失，许多事务都亲自决断，上下咸服，境内肃然。

长兴四年（933年），明宗李嗣源驾崩，李从厚继位，即闵帝。凤翔节度使李从珂起兵反叛，自立为帝，即末帝。闵帝出逃，路遇石敬瑭，同入卫州，随从被石敬瑭拘禁，无奈离开，后被末帝所害。清泰元年（934年），末帝诏令石敬瑭移授郓州节度使，石敬瑭生疑，以身体有病拒绝应诏，末帝派人征讨。石敬瑭向契丹求援，辽太宗耶律德光率兵增援，初战即获大胜。二人相见，论定父子之义。

清泰三年（936年），契丹封石敬瑭为大晋皇帝，改元天福，国号晋，即位柳林（今北京通州区南）。称帝后，石敬瑭将雁门以北及幽州之地即燕云十六州割让

后晋高祖显陵

给契丹,不仅失去大片土地,而且使中原失去了长城一带天然屏障,给中原人民带来无穷灾难,对后世影响深远。同时,岁输帛三十万,并向契丹自称"儿皇帝"。当时石敬瑭四十七岁,而契丹国主耶律德光只有三十七岁。末帝自焚而死,石敬瑭长驱直入洛阳。天福二年(937年),迁都汴梁。天福三年(938年),升汴梁为东京,以洛阳为西京。

石敬瑭称帝期间,战事不断。他生活奢侈,立法严酷。魏州节度使范延光叛乱称帝,石敬瑭派杨光远平叛,两人反而联合,石敬瑭的两个儿子也先后被杀。东都巡检张从宾相继谋反,平乱后,镇州节度使安重荣叛乱,后因部将投降而失败。天福七年(942年),吐谷浑反叛契丹,逃往晋地,辽国派人斥责,石敬瑭在忧惧中死去,享年五十一岁,葬于显陵。

显陵在今洛阳市宜阳县盐镇乡石陵村西200米,省道318、省道246可达,地理坐标为北纬34°37′20.0″,东经112°05′42.0″。该陵始建于五代后晋,为全国重点文物保护单位。墓葬坐落于山脉东坡,地势西高东低,远眺群山,四周为耕地。墓冢呈不规则圆形,直径约29米,高5米。冢上密布野枣树。墓前原有清雍正二年(1724年)立碑一通,上书"晋高祖之陵",大部分没于地下。墓南约300米有石望柱一根,地表上可见0.5米,呈六棱形。石陵村内存墓前石狮子,有破损。

后汉高祖刘知远

刘知远,生于唐昭宗乾宁二年(895年),卒于后汉乾祐元年(948年),晋阳(今山西太原)人,即位后改名刘暠。五代后汉政权建立者,947—948年在位,年号天福、乾祐,庙号高祖,谥睿文圣武昭肃孝皇帝。

刘知远性格沉稳,安静寡言,不好嬉戏。年长后,面呈紫色,眼睛多白色。最初在李嗣源帐下为军卒,与后梁军交战,救护石敬瑭脱难。石敬瑭任北京留守时,刘知远任牙门都校。后梁闵帝投奔石敬瑭,但闵帝左右想趁机杀害石敬瑭,刘知远预先做好准备,混战时拿着火把奋力攻击,尽杀闵帝左右,石敬瑭得保无虞。

后唐末帝清泰三年(936年),刘知远等人谋划,石敬瑭称帝建立后晋。但他对石敬瑭割让燕云十六州给契丹,称"儿皇帝"的做法不以为然。不久升任北京马步军都指挥使,历任检校司空、充侍卫马步都指挥使,权点检随驾六军诸卫事,改

后汉高祖睿陵

陕州节度使，充侍卫亲军马步都虞候。石敬瑭进入洛阳，刘知远负责巡警，没有人能作乱。后晋天福二年（937年），加检校太保、太傅、太尉，同平章事，时年四十三岁。天福五年（940年），任邺都留守兼侍卫亲军马步军都指挥使。天福六年（941年），授北京留守、河东节度使。

天福七年（942年），后晋出帝石重贵即位，迁检校太师，第二年进位中书令。开运元年（944年），契丹主耶律德光率军南下，刘知远为幽州道行营招讨使，大破契丹军，累迁太原王、北平王。开运三年（946年），耶律德光率契丹军大举进兵，将出帝迁到开封府。刘知远分兵守卫边境，以防不测。

开运四年（947年），后晋被辽国所灭，刘知远派人向辽国上表。之后，众人劝进，刘知远在太原称帝，建立后汉政权，复用天福年号，称天福十二年（947年），时年五十三岁。在攻占中原之地后，迁都汴梁。即位后，刘知远一改过去靠搜刮民财犒军的惯例，而是拿出宫中所有的财物赏赐将士，下诏免除河东境内苛捐杂税，赦免罪犯。乾祐元年（948年），改名刘暠，减免百姓赋税，是年驾崩，享年五十四岁，葬于睿陵。子刘承佑继位，是为隐帝。

睿陵在今许昌市禹州市苌庄乡柏村幸福自然村南100米，永登高速或省道325可达，地理坐标为北纬34°20′21.0″，东经113°18′14.0″。该陵始建于五代，为全国重点文物保护单位。墓葬坐落于耕地，地势较平。墓冢前原有石像生，后毁。墓冢呈圆形，直径约40米，高约8米。

后周太祖郭威

郭威，生于唐昭宗天祐元年（904年），卒于后周显德元年（954年），字文仲，邢州（治今河北邢台）尧山人。本姓常，母亲改嫁郭简，于是改姓郭。后周开国皇帝，951—954年在位，年号广顺、显德，庙号太祖，谥圣神恭肃文武孝皇帝。

据载，郭威出生时，红光照耀房屋，有木炭烧裂之声。三岁时郭威举家迁太原，之后父母相继去世，郭威跟姨妈生活。成年后，郭威身材魁梧，爱好兵法，好勇斗狠。后梁末帝龙德元年（921年），郭威十八岁，应募从军，在潞州留后李继韬帐下，李继韬对他多有庇护。李继韬被李存勖所杀，郭威即到李存勖军中。郭威生性聪敏，喜做笔记，阅读广泛，并深究其奥妙，众人都很佩服。

后唐明宗天成元年（926年），石敬瑭将他招至麾下，掌管军籍。末帝清泰末年（936年），刘知远又将他召至左右，其后一直跟随刘知远，悉心竭力，忠心做事，成为其心腹重臣。后晋灭亡，郭威辅佐刘知远建立后汉，被授权枢密副使，检校司徒，后正授枢密副使，检校太保。乾祐元年（948年）正月，刘知远去世，隐帝刘承佑继位，拜枢密使加检校太尉。

后李守贞叛乱，郭威受同平章事，统领各路军马平叛。郭威平时平等待兵，宽厚待人，与士兵同甘共苦，战时身先士卒，战后赏罚严明，将士均乐为其所用。乾祐二年（949年），李守贞战败自焚，三镇（河中、凤翔、永兴）之乱平定。凯旋后，加检校太师，兼侍中，赏赐丰厚。乾祐三年（950年），受邺都留守，抵御契丹。临行前，叮嘱隐帝多听谏言，机要事务与大臣商议，隐帝正色感谢。任内，尽除烦弊之事，政务有序，隐帝下诏表扬。

但隐帝被奸臣所误，处死了杨邠、史弘肇等大臣，并下诏诛杀郭威。郭威得知后，率兵返回京城，双方交战，隐帝被近臣郭允明杀掉。郭威入京，太后临朝，迎立刘知远的侄子徐州节度使刘赟入继大统。适契丹进犯，郭威率兵北征，军驻澶州（治今河南濮阳），众将士拥立郭威为帝，返回京城。太后下令由郭威监国，总理庶政。郭威上书，申明自己身不由己、被将士拥戴的经过。

后周太祖广顺元年（951年），太后下诏，言明郭威可即皇帝位。郭威正式登

后周太祖嵩陵

基,国号后周,时年四十八岁。此前,刘赟已被太后下诏贬为湘阴公,拘于宋州。郭威称帝后,派人将他处死。郭威称帝引起多方势力不满,刘赟的父亲刘崇在太原称帝,建立北汉政权。泰宁节度使慕容延超叛乱,他率兵亲征平定。

郭威即位后专门去曲阜拜谒孔庙、孔子墓,表示要尊崇圣人,以儒教治天下。在位颇有政绩,蠲免百姓额外苛敛,废止残忍刑法,听从百姓私便交易,放宽盐、酒、皮革禁令。恢复农业生产,授无主田给饥民,免其差税,编户增加三万余,无主荒地听任农民耕垦。治理河患,灌溉良田。提倡节俭,废止各地向朝廷的进贡,减轻百姓负担,严惩贪官,严禁军队扰民。北方社会一度出现安定的迹象。郭威深爱自己的妻子柴皇后,他们的两个儿子均被后汉隐帝所害。他在皇后死后不仅未娶,

且把帝位传给妻侄柴荣(改名郭荣),也就是后来的周世宗。显德元年(954年)郭威病重,对养子郭荣说:"我死后,只需给我穿上纸做的衣服,尸体装在瓦棺里马上入土,不要久留宫中。墓穴不用石头。工匠和民夫,必须出钱雇请。不要修地下宫室,也不要宫女守陵。如果不照我说的做,我地下有知绝不会保佑你。"是年驾崩,享年五十一岁,葬于嵩陵。

嵩陵在今郑州市新郑市郭店镇周庄村,国道107、省道102和省道321路经附近,地理坐标为北纬34°32′18″,东经113°41′41″。该陵始建于五代后周,为全国重点文物保护单位。陵地坐落于耕地,冢西有一干沟。土冢近圆形,高约8米,直径24～25米,周长103米。按遗言陵墓建造非常俭朴,不用石柱、石人、石兽,不修下宫。原有石碑均被毁。

后蜀主孟昶

后蜀主孟昶,生于后唐天祐十六年(919年),卒于宋乾德三年(965年),字保元。后蜀高祖孟知祥第三子,母李氏。后蜀第二位皇帝,934—965年在位,年号明德、广政。

孟知祥为两川节度使时,孟昶为行军司马。孟知祥建立后蜀,以孟昶为东川节度使、同中书门下平章事。孟知祥去世,孟昶继立,不改元,仍称明德元年(934年),时年十六岁。五年后,才改元广政。

孟昶喜好打球娱乐,喜房中之术,采良家女子充后宫。枢密副使韩保贞规谏,孟昶大悟,解散这些人。然而孟昶年少,不亲理政事,将相大臣都是孟知祥的故人,这些人骄横不法,孟昶即位数月,即杀骄纵的李仁罕。之后,孟知祥的故将旧臣逐步被清除,孟昶开始亲政。

契丹灭晋,雄武军节度使何建以秦、成、阶三州归附于蜀。孟昶打算占据关中,但数战无功。广政十三年(950年),孟昶加号睿文英武仁圣明孝皇帝。广政十八年(955年),后周世宗柴荣伐蜀,孟昶派人迎战,但屡遭败绩,秦、成、阶、凤等州复归于周。

孟昶为帝之时,中原多乱,他据险一方,君臣奢侈自娱,甚至于溺器皆以七宝装饰。孟昶宠爱慧妃花蕊夫人,慧妃喜欢芙蓉花与牡丹花,孟昶就特地为她修了一座牡丹苑,还下令在城墙上种满芙蓉花,连寻常百姓家也要家家栽种。每到芙蓉花开时节,成都城中花团锦簇,争奇斗艳。沿城四十里远近,都如铺满了锦绣一般,从此成都也得了一个雅号"锦城"。宋兴,太祖赵匡胤伐蜀,后蜀无力抵抗。北宋乾德三年(965年)春,孟昶无奈草表以降,时年四十七岁。孟昶到开封,拜检校太师兼中书令,封秦国公。不久孟昶去世,追封楚王。

孟昶墓在今开封市祥符区万隆乡大孟昶村,县道030可达,地理坐标为北纬34°31′14.8″,东经114°20′30.8″。该墓始建于北宋,为河南省文物保护单位。墓葬坐落于村庄之中,临大孟昶小学。原墓冢近圆形,直径约70米,高约10米,现已不存。

后周世宗柴荣

后周世宗柴荣，生于后梁末帝龙德元年（921年），卒于后周显德六年（959年），邢州（治今河北邢台）人。后周第二位皇帝，954—959年在位，年号显德，庙号世宗，谥睿武孝文皇帝。

柴荣的姑姑为郭威的圣穆皇后，年少时柴荣即陪伴在姑姑及郭威左右。郭威无子，见柴荣办事谨慎，忠厚老实，就把家事交给柴荣处理。柴荣悉心打理，维持家业，郭威将他收为义子。郭威任枢密副使时，柴荣为左临门卫将军。后汉隐帝乾祐二年（949年），郭威镇守邺城，柴荣任天雄军牙内都指挥使，领贵州刺史、检校右仆射。第二年，郭威回京，柴荣奉命留守邺城。

后周太祖广顺元年（951年），郭威称帝，柴荣为澶州（治今河南濮阳）节度使、检校太保，封太原郡侯。柴荣为政清明，改扩建街道、衙门，城内面貌焕然一新。罢免部分杂税，减轻了百姓负担。广顺三年（953年）正月，任开封尹，加封晋王，时年三十三岁。显德元年（954年）正月，加开府仪同三司、检校太尉兼侍中，判内外兵马事。郭威病逝，柴荣奉遗命于柩前继位。

北汉刘崇联合辽兵大举南下，世宗亲征督战，转败为胜，围太原不克而还。令赵匡胤为殿前都虞候，整治军队，训编禁卫军。继位第二年，令朝官撰写《为君难为臣不易论》《平边策》等奏章，世宗亲自阅览，根据奏章中先易后难的策略，先攻打南方，再定北疆。显德二年（955年）起，占领秦（治今甘肃天水）、凤（治今陕西凤县）、成（治今甘肃成县）、阶（治今甘肃武威）等州。三次亲征南唐，至显德五年（958年），得南唐江北、淮南十四州，南唐去帝号。

显德六年（959年），世宗亲自北伐辽国，顺利占领三关三州十六县。忽患重病，回撤汴梁后，病情日重。因"点检做天子"谶语，解除张永德殿前都点检职务，由赵匡胤继任。加枢密使魏仁浦中书侍郎同平章事，命他与宰相范质、王溥一道辅助幼主。世宗办事谨慎，虚心求谏，凡事率先垂范，甚至事必躬亲，过早耗费了精力，是年六月，世宗驾崩，终年三十九岁，葬于庆陵。子柴宗训继立。

世宗作风简朴，政绩突出，是五代时

后周世宗庆陵

期少有的有为之君。他大力整顿吏治,破格任用贤才,改革科举制度,选拔有真才实学的人才。力肃贪腐,注重法治,废除酷刑,制定《大周刑统》。罢黜正税之外的一切税收,鼓励开荒,颁发《均田图》均定赋税。抑制佛教,禁止私自剃度出家,拆毁寺庙,勒令数十万还俗僧人,毁铜佛像铸钱,促进了商业发展。扩建开封城,疏浚河道,便利了漕运。重视文化事业,延聘文学之士,加大国家藏书量。

庆陵在今郑州市新郑市郭店镇陵上村西,国道107、省道102和省道321路经附近,地理坐标为北纬34°33′43″,东经113°41′50″。该陵始建于五代后周,全国重点文物保护单位。四周均为耕地,地势平坦。土冢近圆形,高20米,直径约34～35米,周长约105米。冢前明清及近现代祭祀碑刻32通。墓前有现代墓碑,上书"周世宗陵"。南有神道,长约百米,两侧种植松柏。

后汉隐帝刘承祐

刘承祐,生于后唐明宗长兴二年(931年),卒于后汉乾祐三年(950年)。后汉高祖刘知远和李皇后之子。五代后汉末帝,948—950年在位,年号乾祐,谥隐帝。

刘知远镇守太原时,刘承祐为节院使,后累官至检校尚书右仆射。后汉建立,授左卫大将军、检校司空,迁大内都点检、检校太保。乾祐元年(948年),刘知远去世,刘承祐即位,时年十八岁。

护国军节度使李守贞造反,攻陷潼关,永兴军将领赵思绾和凤翔节度使王景崇先后叛附于李守贞。隐帝令枢密副使郭威讨伐李守贞,乾祐二年(949年),赵思绾投降后被郭威杀死。契丹进犯河北,郭威及宣徽南院使王峻讨伐,契丹撤退。乾祐三年(950年),行营都部署赵晖攻克凤翔。

时郭威以枢密使为天雄军节度使,率兵逼近汴梁城下。隐帝派人拒敌,后汉军失败,将士多投奔郭威。隐帝打算返回城内,被开封尹刘铢拒绝,无奈率人向西北奔逃,途中被茶酒使郭允明杀死,年仅二十岁。

隐帝葬于颍陵,在今许昌市禹州市花石镇徐庄村北约1000米,省道325、省道237可达,地理坐标为北纬34°18′26.0″,东经113°17′23.0″。该陵始建于五代,为全国重点文物保护单位。墓葬坐落于农田之中,地势平坦。现墓冢已平,石像生等埋入地下。

后周恭帝柴宗训

后周恭帝柴宗训，生于后周太祖广顺三年（953年），卒于宋开宝六年（973年）。周世宗柴荣第四子。五代后周皇帝，959—960年在位，年号显德，谥恭帝。

后周显德六年（959年），诏令授特进，左卫上将军，封梁王。同年六月，世宗病死，柴宗训继位，年仅七岁，由符太后垂帘听政，沿用周太祖年号显德。范质、王溥等主持军国大事，三次上表请恭帝临朝听政，恭帝最终应允。重用赵匡胤，任宋州节度使，检校太尉，殿前都检点进开明侯。显德七年（960年），镇、定两州来报，辽和北汉合兵南侵。赵匡胤率领禁军北上抵御，禁军到达陈桥驿，发生陈桥兵变，赵匡胤称帝。

赵匡胤回师开封，建立宋朝，废黜恭帝，降封为郑王，后周亡。不久，柴宗训迁往房州。北宋开宝六年（973年）去世，

后周恭帝顺陵之一

后周恭帝顺陵之二

年仅二十一岁。葬于顺陵。

顺陵在今郑州市新郑市郭店镇陵上村东北200米，国道107、省道102和省道321路经附近，地理坐标为北纬34°33′48.70″，东经113°42′03.34″。该陵始建于北宋，为全国重点文物保护单位。墓葬四周均为耕地，地势平坦。墓冢高约4米，周长40米。墓室和墓道发现有壁画。

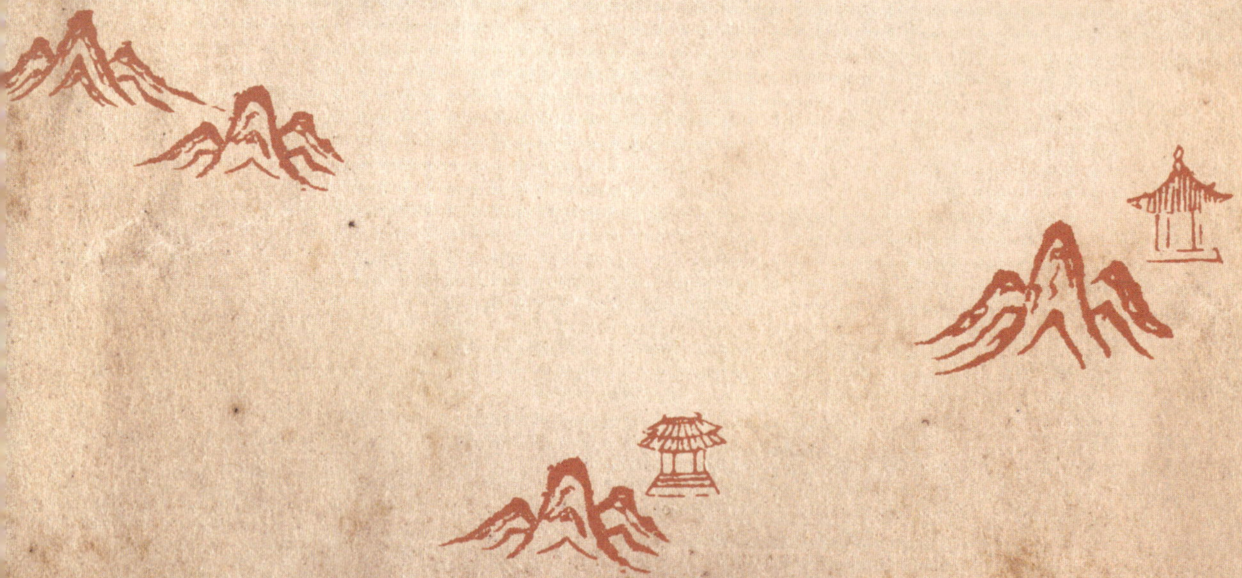

李新民 著

河南名人墓 下

中原出版传媒集团
中原传媒股份公司

大象出版社
·郑州·

宋元时期

赵普

赵普，生于五代后梁龙德二年（922年），卒于宋太宗淳化三年（992年），字则平，幽州蓟（今北京市西南）人。后唐时，父亲赵回为避战乱，举家迁到洛阳（今河南洛阳）。宋朝开国重臣、宰相，著名政治家。

赵普性格深沉、寡言，娶豪族魏氏女为妻。后周太祖显德元年（954年），被永兴军节度使刘词辟为从事，刘词去世，遗表向朝廷举荐赵普。赵匡胤攻占滁州（治今安徽滁州），赵普任滁州军事判官，悉心照料赵匡胤父亲赵弘殷。赵匡胤非常赏识赵普的才干，便将他收到门下。赵匡胤打算处死一批盗贼，赵普认为其中有无辜之人，请求详加审问，大部分人得以幸免。淮南平定后，赵普调任渭州（治今甘肃陇西）军事判官。赵匡胤领同州（治今陕西大荔）节度使，赵普为推官，移镇宋州（治今河南商丘）后，赵普做掌书记。

后周显德七年（960年）正月，赵匡胤北征至陈桥驿（今河南封丘东南）时，在赵普等人的鼓动下，黄袍加身。赵普以辅佐之功，被授右谏议大夫，充枢密直学士。后周昭义节度使李筠据潞州（治今山西长治）发难，赵普从赵匡胤出兵，平定后升兵部侍郎、枢密副使。李重进据扬州反叛，赵普进策建议迅速进军，李重进很快被平。建隆元年（960年）太祖赵匡胤向赵普询问息天下之兵，建国家长久之计，赵普认为藩镇权势太重，建议削夺其权，制其钱谷，收其精兵。太祖采纳，相继采取措施，降黜手握兵权的将领，制定相互制约的职权体制，削减异姓王的权力，天下渐定。

建隆三年（962年），赵普升枢密使、检校太保，时年四十一岁。乾德二年（964年），任门下侍郎、平章事、集贤殿大学士，兼修国史，太祖视其为左右手，事无大小，都向他咨询断决。乾德五年（967年），加右仆射、昭文馆大学士。赵普建议太祖派遣使臣巡查诸道，征发丁壮送到京师以备守卫，诸州设通判主管资金和粮食，于是兵甲精锐，府库充实。

赵普专权日久，朝臣忌恨。他派人到秦、陇一带购买官禁大木，为自己营造府第，被人举报，太祖生气，打算将他逐出京师。又以空地交换皇家菜园扩大私宅，开店牟利，并包庇不法官员，太祖诏令参知政事与赵普轮流知印、押班、奏事，以削弱他的权力。不久，贬为河阳（治今河南孟州）三城节度使、检校太傅、同平章事。

太宗太平兴国元年（976年），回京任太子少保，迁太子太保，但受政敌攻击，郁郁不得志。时有人向太宗告发秦王赵廷美有阴谋，赵普主动表示愿意查勘，拜司徒兼侍中，封梁国公，赵廷美后以谋反罪被杀。太平兴国八年（983年），出为武胜军节度使、检校太尉兼侍中。太宗作诗送行，赵普感激涕零。

雍熙三年（986年），宋大军北伐契丹，久未班师，赵普上谏希望停止战事。雍熙四年（987年），赵普移山南道节度使，改封许国公，后拜太保兼侍中。嫉恶强直，数次直言相谏，使枉法者得罪。党项李继迁侵扰边境，赵普举荐拒敌的赵保忠反与李继迁同谋，时论赵普难辞其咎，不再独断事务。太宗体恤赵普，因天气炎热，特令他可于午时归私第。端拱元年（988年），太宗免其朝拜之礼，只每天到中书视事，有大事则召对。赵普生病时，太宗多次到府第探望。赵普以病重请求致仕，出为西京留守、河南尹。赵普面谢，太宗赐坐，所提建议都予以采纳，出发时太宗又到府第送行。

赵普历仕北宋三十三年，对太祖始终一心，休戚同体，贵为国卿，亲若家相，与太宗亦是故旧。他厚重有识，能断大事，不妄求恩顾以争禄位，不私徇人情以邀名望，倾竭自效，尽忠国家，可谓社稷重臣、良臣。太祖受周之禅，收许多藩镇之权，去五代战争之患，致天下于太平，确属赵普辅助之功。赵普晚年手不释卷，每归私第，便关门读书，第二天临朝，断事如流。去世后，家人见其常读之书乃《论语》二十篇，后世便称其以半部《论语》治天下。

淳化三年（992年），因年老久病，三次上表请求致仕。拜太师，封魏国公，给宰相俸禄，让其安心养病，并手诏慰问。是年七月病逝，享年七十一岁。太宗震悼落泪，废朝五日，赠尚书令，追封真定王，赐谥忠献，并亲自撰写神道碑铭，遣官护葬，下葬日亲自扈从仪仗队奏乐。真宗时，追封赵普为韩王，配飨太祖庙庭。

赵普墓在今郑州市巩义市北山口镇铁匠炉村长城冶金耐材有限公司内，国道310可达，地理坐标为北纬34°44′32″，东经113°00′45″。该墓始建于北宋，为全国重点文物保护单位。原冢高 57 米，周长 45 米，现已平。

罗彦环

罗彦环，生于后唐庄宗同光元年（923年），卒于北宋太祖开宝二年（969年），晋阳（今山西太原）人。五代北宋初期武将。

因父亲为后晋泌州刺史，罗彦环得任内殿直。后晋出帝石重贵于开运二年（945年）亲自率军大举攻辽，进驻澶州，派人宣慰大名府守将，选募军中骁勇之士随行，罗彦环入选。罗彦环等人于夜间悄悄出发，按时返回后，被任命为兴顺军指挥使。开运三年（946年），后晋灭亡，罗彦环赴幽、蓟，途经元氏，得知河东节度使刘知远在晋阳建立后汉，立即奔赴，刘知远对他极为赞赏。收复开封后，擢升为护圣指挥使。

后汉乾祐三年（950年），郭威拥兵自立，建后周，迁罗彦环都虞候。广顺三年（953年），枢密使王浚骄横跋扈，企图挟制郭威，后被贬，罗彦环被视作王浚同党贬为邓州（治今河南邓州）教练使。世宗柴荣即位，罗彦环任伴饮指挥使，改马步军都军头。显德二年（955年），他

罗彦环墓

跟随向训征伐后蜀有功，迁散指挥都虞候。

显德七年（960年），赵匡胤陈桥兵变返回汴梁，罗彦环见到后周宰相范质等人有不悦之意，即拔剑上前，范质等人只得听命。升控鹤军左厢都指挥使，改内外马军都军头、领眉州防御使。随宋太祖平定泽州（治今山西晋城）和潞州（治今山西长治）返还后，任侍卫步军都指挥使、领武信军节度使。建隆二年（961年），出任彰德军节度使。

乾德二年（964年），改任安国军节度使，与昭义军节度使李继勋大破契丹。乾德四年（966年）春，与阁门使田钦大破北汉兵，擒拿北汉将领鹿英等人，获马三百匹。乾德五年（967年），移镇华州。开宝二年（969年）去世，终年四十七岁。

罗彦环墓在今郑州市巩义市鲁庄镇罗彦庄村东约200米，国道310、营君路可达，地理坐标为北纬34°37′24″，东经112°51′08″。该墓始建于北宋。当地百姓称其为罗彦伟墓，具体原因不明。墓区四周均为耕地，远可眺望群山，现仅剩土冢。墓冢高3米，直径约5.5米，周长20米。据传，原四面均有墓道，可达墓室。

杨朴

杨朴,生卒年不详,字契元,新郑(今河南新郑)人。宋朝诗人。

杨朴为北宋时期诗人,精于诗歌,其诗歌被当时的士大夫广为传诵。他曾经挂着拐杖到嵩山深处,构思诗歌,数年后写成百余篇。杨朴经常骑着牛来往郭店,自称东里遗民。每次打算作诗,就伏在草丛中冥想,想出佳句,就跃身而起,见者无不惊骇。

他与当时的宰相毕士安为同窗,关系密切。杨朴经毕士安推荐,太宗召见,面赋《蓑衣》诗,太宗称赞,但他不愿为官,除官不受,回来后作《归耕赋》以明志。真宗又召见他,打算授官于他,问他是否有诗相赠,杨朴假称没有,只有妻子作诗一篇:"更休落魄耽杯酒,且莫猖狂爱咏诗。今日捉将官里去,这回断送老头皮。"(苏轼:《书杨朴事》,《东坡志林》卷二)皇帝大笑,赐赠丝帛,让他回去。真宗拜祭皇陵,路经新郑时,特意派人赐给他茶叶和丝帛。

杨朴一次在道旁小溪中钓鱼,逢漕台陈文惠出行,随从呵斥,他也不理睬。陈文惠生气,将他带到驿亭中诘问,杨朴要来纸笔,作诗:"昨夜西风烂漫秋,今朝东岸独垂钩。紫袍不识蓑衣客,会对君王十二旒。"(《苕溪渔隐丛话前集》)陈文惠看罢立即道歉并让他离开。

杨朴去世后,宋翰林学士李淑撰墓表,立石碑于墓前。诗人黄庭坚过其墓时拜谒,并作诗悼念。杨朴著有《东里集》,《宋史》著录《杨朴诗》一卷,均佚。

杨朴墓在今郑州市新郑市龙湖镇魏庄村袁堡自然村东400米,国道107、省道102可到达,地理坐标为北纬34°35′09″,东经113°43′03″。该墓始建于北宋,现已不存。

高怀德

高怀德，生于后唐明宗天成元年（926年），卒于宋太宗太平兴国七年（982年），字藏用，真定常山（今河北正定西南）人。父亲高行周，曾为后周天平节度使，封齐王。宋朝将领。

高怀德性格忠厚，为人洒脱，作战英勇。青年时随父从军，任将校军职。后晋出帝开运二年（945年），时年二十岁，北征契丹，途中被辽军包围，援兵未至，情况危急。高怀德左右开弓，四面冲杀，敌兵不敌，挟父亲突出重围，以功领罗州（治今广东廉江）刺史，后又任集州（治今四川南江）刺史、信州（治今江西上饶）刺史，再随父亲镇守宋州（治今河南商丘）。

后晋末年，契丹南侵，高行周北上抵御，高怀德守睢阳，群盗四起，他坚壁清野，群盗不能入。后汉初年，为忠州刺史。后周初年，父亲去世，高怀德被召为东西班都指挥使，领吉州（治今江西吉安）刺史，后改铁骑都指挥使。太原刘崇进犯，后周世宗讨伐，高怀德为先锋虞候，以功迁铁骑右厢都指挥使，领果州（治今四川南充）团练使。

高怀德随世宗征淮南，知庐州行府事，充招安使。庐州城下交战，斩首七百余人，迁能捷左厢都指挥使、领岳州（治今湖南岳阳）防御使。率帐下亲信数十骑夜间侦察敌营，天明时被发现，以少击多擒获对方裨将，查清对方形势强弱。恭帝即位，升为侍卫马军都指挥使，领江宁军节度使，又为北面行营马军都指挥使。

宋太祖赵匡胤即位，拜殿前副都点检，移镇滑州（治今河南滑县），充关南副都部署。高怀德娶太祖之妹燕国长公主，加封驸马都尉。与石守信平息上党李筠叛乱，因功升忠武军节度使、检校太尉。后跟随赵匡胤，平定扬州。建隆二年（961年），高怀德改任归德军节度使。开宝六年（973年）秋，加同平章事，时年四十七岁。冬天，燕国长公主去世，去驸马都尉封号。

太宗即位，加兼侍中、检校太师。太平兴国三年（978年）患病，太宗诏太医到府第治疗。第二年，高怀德随太宗出征太原，改镇曹州（治今山东菏泽），封冀国公。太平兴国七年（982年），改武胜军节度使，是年七月去世，享年五十七岁。赠中书令，追封渤海郡王，谥武穆。

高怀德在将门长大，习练军事，不喜

高怀德墓

欢读书。他是五代、北宋著名将领,历仕后晋、后汉、后周、北宋,一生戎马,战功显赫。他性格简率,不拘小节。擅长音律,自己作曲,音律精妙。喜好射猎,曾三五天露宿于野外,获狐狸、野兔数百。有时家中有客,不告别就走,从侧门带领数十骑到郊外打猎。

高怀德墓在今郑州市巩义市芝田镇蔡庄村西约300米,省道237可达,地理坐标为北纬34°41′01″,东经112°58′22″。该墓始建于北宋,为全国重点文物保护单位。墓葬坐落于耕地之中,地势平坦,仅余土冢。墓冢近长方形,长约9米,宽约4.5米,高3米,周长约20米。

乔维岳

乔维岳，生于后唐明宗天成元年（926年），卒于宋咸平四年（1001年），字伯周，陈州南顿（今河南项城）人。五代北宋时文官。

后周世宗显德初中进士，授太湖主簿。后升任平舆（今河南平舆）令。北宋太祖开宝年间，升为太子中舍，高邮军知军，扬州、常州、升州通判，后任殿中丞。

太平兴国元年（976年），因母亲去世丁忧。太平兴国三年（978年），泉州陈洪归附，乔维岳为通判。当地贼众十余万攻打州城，城内兵只三千，形势危急。监军何承矩、王文宝主张将城内百姓杀死，然后逃离。乔维岳坚决反对："朝廷寄委，今惠泽未布，盗贼连结，反欲屠城，岂诏意哉？"（《厚德录》卷三）率领大家继续坚守，援兵至后解围，朝廷嘉奖，任淮南路转运副使，迁右补阙，后任淮南转运使。

乔维岳墓

乔维岳于任上，开挖河道，清除淤沙，建设船闸、桥梁，畅通了淮河漕运。到泗州巡查，有法掾错判致使囚犯殒命，乔维岳质诘，法掾以家有老母求情，未予处罚，乔维岳因此获罪，罢转运使，任楚州（治今江苏淮安）知州。后历任户部员外郎、度支判官、郎中，出任两浙转运使，怀州（治今河南沁阳）、沧州（治今河北沧州）知州。

朝廷考课京官，将乔维岳召回。真宗赵恒为寿王时，将他留为开封府推官。太宗知悉乔维岳在泗州获罪的原委后，特加赏赐。赵恒被立为太子，迁乔维岳太子左谕德、太常少卿。京中事务繁杂，乔维岳办事周全快捷，太子赞赏。权知开封府，拜给事中、知审官院。因年老体胖，行礼不便，请求外任，授海州（治今江苏连云港海州镇）刺史。

咸平元年（998年），乔维岳知苏州。因有风湿，吴地又多鱼蟹，对身体不利，迁寿州（治今安徽寿县），真宗命太医前去治疗。咸平四年（1001年）去世，享年七十六岁，赠兵部侍郎。乔维岳熟悉政事，善于处理复杂事务，又慧眼识人。在怀州时，王钦若刚举为进士，乔维岳就看出他必然会有所为，后果至宰相。

乔维岳墓在今周口市项城市南顿镇崔街村东北，国道106转006乡道可达，地理坐标为北纬33°26′10.2″，东经114°50′25.6″。该墓始建于北宋。墓葬四周为耕地，地势平坦。墓冢略呈圆形，直径约4.3米，高约1.5米。

宋太祖赵匡胤

宋太祖赵匡胤，生于后唐明宗天成二年（927年），卒于开宝九年（976年）。涿州（治今河北涿州）人，生于洛阳甲马营。父赵弘殷，追谥宣祖，母杜氏。宋朝开国皇帝，960—976年在位，年号建隆、乾德、开宝，庙号太祖，谥英武圣文神德皇帝。

据传赵匡胤出生时红光环绕房屋，异香一宿不散，身体呈金黄色三日不变。成年后，容貌雄伟，气度豁达，识者都说赵匡胤乃非常人。他年少时学习骑马射箭，都超人一等。曾骑劣马，头触门楣坠地，但无所伤。与人在室内下棋，听到门外有麻雀，出门捕捉麻雀，房屋随即坍塌。五代后汉时，遇一老僧告诉他向北会得良机。赵匡胤后来游历天下，后汉隐帝乾祐二年（949年），投到枢密使郭威帐下，时年二十三岁。

后周太祖广顺元年（951年），赵匡胤升为禁军东西班首领，拜滑州副指挥，后转开封府马直军使。世宗继位，典禁兵。抵御北汉，战事吃紧，他带本部人马冲锋，北汉兵溃退。回来后拜殿前都虞候，领严州（治今浙江桐庐）刺史。广顺三年（953年），随世宗出征淮南，手刃南唐节度使皇甫晖。赵弘殷率兵半夜到达城下，传呼开门，赵匡胤严守军纪，不念父子之情，仍让父亲天明进入，受到称赞。

显德元年（954年）征寿春（今安徽寿县），攻占寿州，回来后拜义成军节度、检校太保，仍兼殿前都指挥使。冬天，又攻破南唐十八里滩营寨、泗州、楚州，淮南平定。显德二年（955年），改忠武军节度使。显德六年（959年），世宗北征，赵匡胤为水陆都部署，平定瓦桥关以南。世宗在途中得一皮囊，内有三尺长木片，上写"点检作天子"。当时张永德为点检，世宗回到京师后即罢张永德，拜赵匡胤为检校太傅、殿前都点检。

后周恭帝柴宗训继位，改归德军节度、检校太尉。显德七年（960年）春，北汉勾结契丹进犯，赵匡胤出兵抵御。到达陈桥驿，军中善观天象的苗训见有两个太阳，黑光摩荡。夜里，军士集到驿门，宣言拥立点检为天子，天明时逼到赵匡胤寝所。诸人拿着武器列于庭中，说："诸军无主，愿策太尉为天子。"（《宋史·太祖本纪》）有人以黄衣加到他身上，众人跪拜，高呼万岁。赵匡胤要求诸将不得惊犯太后、皇帝，不得侵凌大臣，不得侵掠朝廷府库、士庶之家，遵令有重赏，违令者斩，诸人听从，演绎出了"陈桥兵变黄袍加身"的故事。

赵匡胤返回汴梁后，即皇帝位。建隆元年（960年），定国号为宋，赏赐内外百官、军士。昭义军节度使李筠叛乱，派归德军节度使石守信等人征讨，李筠战败赴火烧死，其子李守节出城投降。淮南节度李重进在扬州叛乱，令石守信等人攻占扬州，李重进自焚，诛杀其同党，扬州乱平。

乾德元年（963年），慕容延钊出兵两湖，迫使荆南节度使高继冲投降，接着挺进湖南，武平节度使周保权被宋军俘虏。乾德二年（964年），赵匡胤命王全斌、曹彬统兵六万，兵分两路伐后蜀，后蜀主孟昶被迫投降。开宝三年（970年），派大将潘美征南汉。开宝七年（974年），以曹彬、潘美为主将，攻打南唐，第二年攻破都城金陵（今江苏南京），南唐后主李煜投降。削平南唐是赵匡胤统一南方的最后一战。吴越、漳泉等也相继臣服于宋，为结束五代十国数十年的分裂局面、中国重新实现统一奠定了坚实的基础，这是宋太祖赵匡胤一生最大的功绩。

赵匡胤能一统天下，一方面靠武力，一方面靠攻心。历代改朝换代都充满血腥屠杀和残酷报复；他反其道而行之，对失去权力的国君待之以礼，输之以诚。后周恭帝被废死后，赵匡胤亲自素服发丧。南唐后主李煜投降时，赵匡胤"御明德门见李煜于楼下，不用献俘仪"，又"封李煜为违命侯，子弟臣僚班爵有差"（《宋史·太祖本纪》）。后蜀主孟昶投降之后，赵匡胤"御崇元殿备礼见之"，赏赐无数。吴越王钱镠表示归顺，被封为兵马大元帅。赵匡胤亲自检查钱镠入朝的准备与接待工作，又亲自接见他。特准他剑履上朝，书诏不名。南汉王刘𬬮被俘入京，赵匡胤对他释罪不问，封恩赦侯。

北宋建国后，赵匡胤担心出现晚唐以来军阀割据、国家分裂动乱的局面，难以实现长治久安。建隆二年（961年）七月，他把石守信、高怀德等禁军高级将领留下来喝酒，自言做皇帝艰难，整夜不敢安枕而卧，不如节度使快乐。石守信等人惊骇，忙问其故。赵匡胤说："你们虽然无异心，但你们的部下想要富贵，一旦黄袍加身，你们到时身不由己。"众将心知受到猜疑，恳请太祖指明生途，赵匡胤便劝他们释去兵权，多置良田美宅，饮酒相欢，以终天年，君臣之间两无猜疑，上下相安。第二日，石守信、高怀德、王审琦、张令铎、赵彦徽等大将上表自称患病，请求解除兵权，太祖同意，让他们到地方任节度使。这就是著名的"杯酒释兵权"。

执政后的赵匡胤在军事、政治等方面采取了一系列变革。他鉴于前朝藩镇割据，武将拥兵自重的教训，在军事方面，将禁军的侍卫司分为侍卫马军司和侍卫步军司，与殿前司合称"三衙"，选择资历、威望不高的人担任禁军将领。设立枢密院，长官为枢密使，拥有调动军队的权力，将统兵权和调兵权分开，全部军权归于皇帝。实行更戍法，让禁军首领经常调动，造成兵无常帅、帅无常师的局面，防止政权受

宋太祖永昌陵之一

宋太祖永昌陵之二

宋太祖永昌陵之三

到武将威胁。政治方面，实行行政、军政、财政三权分立，枢密使管军政，三司使管财政，宰相仅行使行政权。设参知政事为副相，进一步削弱宰相权力。在地方，将原来节度使兼领的支郡收归中央管辖，让文臣知州县，三年一换，使武将不掌地方政权。知州下设通判，可以直接向皇帝报告，使知州和通判互相牵制，分割地方权力。财权上，规定中央官吏主持地方税收，地方藩镇不得干预。后又规定，地方每年的财政收入除留少量用于日常开支外，余皆送往京师，并在各路设转运使一职，专司税赋的输送。这些政治、军事体制的改革和设立，加强了中央集权，避免了武将割据，为宋朝的经济文化繁荣打下了基础，但同时也为以后的军事积弱埋下了隐患。纵观北宋一朝，政治上较为清明，社会也比较安定，没有出现藩镇割据、武将拥兵自重的局面，也未出现外戚专权、宦官乱政的情况，经济发展，科技文化繁荣，与太祖奠定的政治、行政、军事体制有直接的关系。

赵匡胤孝顺友善，勤俭节约，宫中帘子都用青布，平时之服，多次浆洗。初登大宝，经常微服出行，毫不在意自身安全。汴京新宫建成，他让诸门大开，以示心无邪念。他赏罚严明：武将王彦升擅杀大臣韩通，终身不与节钺；王全斌入蜀，滥杀无辜，虽立大功，仍加贬绌。诸州判死刑，必须报奏，交刑部复视。赵匡胤晚年喜欢读书，重视儒者。据说他曾作"勒石三戒"，锁置殿中，嗣君即位均需跪读。其戒有三：一、保全柴氏子孙；二、不杀士大夫；三、不加农田之赋。另有记载三戒：一为柴氏子孙有罪不得加刑，纵犯谋逆，止于狱中赐尽，不得市曹行戮，亦不得连坐支属；二为不得杀士大夫，及上书言事人；三为子孙有渝此誓者，天必殛之。

赵匡胤乃有为之君，自觉作天子不容易，后悔当初的决定。受杜太后之命，传位于赵光义，曾言赵光义龙行虎步，他日必为太平天子。开宝九年（976年）十月驾崩，享年五十岁。后人盛传"斧声烛影"，疑为其弟、时晋王、后太宗赵光义杀死了他。太宗太平兴国二年（977年）四月，葬永昌陵。真宗大中祥符元年（1008年），加尊谥启运立极英武睿文神德圣功至明大孝皇帝。

宋朝皇陵位于今郑州市巩义市西南的市区、西村、芝田、回郭一带，东距北宋都城东京（今河南开封）约122公里，西距西京（今河南洛阳）约55公里。陵区建于北宋年间，现为全国重点文物保护单位，是一个面积巨大的陵区。巩义所在属浅山丘陵区，南眺嵩山，北望邙山，伊洛水蜿蜒向东注入黄河。北宋皇陵南依嵩山北麓、北傍洛水河岸，岗地南高北低，东穹西垂，符合"五音姓利"阴阳堪舆学说。北宋九帝，除徽、钦二帝被金人掳走，其余七帝均埋葬于此，连同赵匡胤父亲赵弘殷的陵墓，统称"七帝八陵"，即宋宣祖的永安陵、宋太祖的永昌陵、宋太宗的永熙陵、宋真宗的永定陵、宋仁宗的永昭陵、宋英宗的永厚陵、宋神宗的永裕陵、宋哲宗的永泰陵。同时，还有许多皇族、重臣陪葬于此。各皇陵格局基本相同，坐北朝南偏东，包括帝陵上宫、后陵上宫、下宫、陪葬墓等。帝陵上宫为最主要部分，位于陵区南部，建有高陵台，同时也是墓冢，位于宫城中部。陵台下为地宫，埋葬皇帝尸首。后陵上宫建制大体与帝陵相同，只规模缩小。后陵西北即为下宫，供奉帝后遗容、遗物和守陵、祭祀的场所。主要建筑有正殿、影殿、斋殿、浣濯院、神厨、陵使廨舍、宫人住所、库房等。围绕上宫和下宫，筑有十多米高的神墙及神门、角楼，称宫城。宫城四面开神门，门外有石狮一对。南神门外有献殿，为祭奠之所。上宫以南，排列门阙、仪仗，形成神道。神道两侧对称排列石刻造像，自南向北有望柱、象及驯象人、瑞禽、角端、马与控马官、虎、羊、客使、武将、文臣、镇陵将军和宫人等。各陵石雕内容和数量基本相同，一般为58件。整个陵园，包括后妃陵墓，统称"兆域"。

赵匡胤的永昌陵在今西村镇的常封村与滹沱村之间，永安路可达，地理坐标为北纬34°39′53″，东经112°57′22″。永昌陵位于永安陵西部略偏北处，陵区地表现均为农田。陵园坐落于耕地之中，紧临公路。陵区南北长2000米、东西宽约600米。永昌陵上宫地势南高北低，地面建筑已不存，现存鹊台2个，平面大致呈方形。宫城位于神道石雕像的北端，现存有四神门两侧的门阙和四隅的角阙基址。陵台位于宫城正中，呈方形覆斗状。现存石雕像45件。下宫位于上宫西北约350米，长方形，南门存石狮一对。在陵北和西北部，祔葬有孝章宋皇后和章怀潘皇后陵。

曹彬

曹彬，生于五代后唐明宗长兴二年（931年），卒于宋真宗咸平二年（999年），字国华，真定灵寿（今河北灵寿）人。宋朝著名将领。

曹彬周岁时，父母拿来许多玩具，他只取了武器、祭祀器皿和一枚官印，众人都很惊奇。成年后，曹彬敦厚质朴。后汉隐帝乾祐年间，为成德军牙将，时人称其非普通人士，将来必有作为。后周太祖的贵妃张氏是曹彬姨母，郭威即皇帝位，曹彬回京，隶柴荣帐下。后随柴荣镇守澶渊（今河南濮阳西），补供奉官，擢升河中都监。蒲城帅王仁镐对他礼遇有加，曹彬更是依礼制行事，端庄持重。

后周世宗显德三年（956年），二十六岁的曹彬改潼关监军，迁西上阁门使。显德五年（958年）出使吴越，完成任务后立即归还，吴越人的赠礼全部上交，世宗坚持让他留下，曹彬全部分给亲旧，不留一钱。出任晋州（治今山西临汾）兵马都监时，曹彬穿着粗糙丝织衣服，座位不加装饰。后迁引进使。时赵匡胤掌管禁军，曹彬以自己为周室近亲，又兼内职，不与其私下交结，非公事不上门造访，也很少参加宴会，得到器重。

宋太祖建隆二年（961年），曹彬自晋州被召回，迁客省使，进攻河东北汉，接连取胜。乾德初年，改左神武将军，与李继勋大败北汉和契丹联军。兼枢密承旨。乾德二年（964年）伐蜀，曹彬为都监，郡县被攻下时，诸将意欲屠城，曹彬拦阻，太祖下诏褒奖。出征时曹彬随行之物只有图书、衣服，回师后，以清介廉谨，授宣徽南院使、义成军节度使。乾德六年（968年），李继勋、党进率师征太原，曹彬为前军都监。开宝二年（969年），赵匡胤亲征太原，曹彬再任前军都监，率兵先往，降敌将陈廷山，夺马千余匹。开宝六年（973年），进检校太傅。

开宝七年（974年），征伐江南，曹彬与李汉琼、田钦祚先赴荆南，由荆南顺流向东，攻城略地，连战连胜，屡破敌军。后包围金陵，吴人情势危急，派人讲和。城将攻克时，曹彬假装生病，借此令诸将城破后不妄杀一人，诸将许诺。城陷，李煜与大臣百余人请罪，曹彬安慰，以礼相待。凯旋回师，上书称"奉敕江南干事回"，足见其谦恭。太祖赐曹彬钱二十万，不久拜枢密使、检校太尉、忠武军节度使。

太宗即位，加曹彬同平章事，向他询问讨伐太原之事。曹彬认为原先没有攻克事出有因，现在兵甲精锐，平定太原如摧枯拉朽。太平兴国三年（978年），进检校太师，随太宗征太原，兼侍中。后曹彬遭枢密副使臣弭德超诬陷，于太平兴国八年（983年）罢为天平军节度使。不久，太宗醒悟，进封他为鲁国公，愈加信任。雍熙三年（986年），与潘美等北伐。初时战事顺利，后因粮草不济最终失败，因此降授右骁卫上将军。第二年，起为侍中、武宁军节度使。淳化五年（994年），徙平卢军节度使，时年六十四岁。

曹彬生性仁义、宽厚随和，在朝中不曾顶撞皇帝，也不言人过失。攻伐征战，秋毫无取。攻灭后蜀时，诸将滥杀战俘，纵容部下抢夺百姓财物，只有曹彬不肯乱杀人，行李中只装了几本书和换洗衣服。太祖要赏赐提升他，他说："征西战士都被处罚，只有我受赏，恐不利于激励士气。"婉拒皇帝恩宠。攻陷金陵时，他要求诸将发誓入城后不乱杀一人。位兼将相，也不高高在上，乘车遇到士大夫，必然引车避让。下官汇报事情，他也带好帽子相见，以示尊重。有一官吏婚后不久犯罪，曹彬为防人非议这官吏的妻子，一年后才对这官吏施杖刑。他的官俸都散给宗族，没有多少积蓄。

真宗继位，曹彬复检校太师、同平章事。咸平二年（999年），曹彬生病，真宗亲自探望、和药，赐白金万两。是年去世，享年六十九岁。皇上痛哭，赠中书令，追封济阳郡王，谥武惠，赠其妻高氏韩国夫人，官其亲族、门客、亲校十余人，配飨太祖庙庭。有六子，后均在朝中为官。

曹彬墓在今郑州市上街区峡窝镇沙固村西北，丹江南路可达，地理坐标为北纬34°49′33″，东经113°14′46″。该墓始建于北宋，为郑州市文物保护单位。墓冢前临汜河，后倚曹坡，紧邻村庄和耕地。地势平坦，视野开阔。冢坐落于一台地之上，两侧形似凤凰翅膀，当地人俗称"凤凰台"。墓占地4700平方米，冢高10米余，直径数十米。墓前原有清嘉庆二十四年（1819年）汜水县令曹德锡所立石碑一通，载其咸平二年卒于京师，其子璨、玮迎葬于汜水之事。

曹彬墓

卢多逊

卢多逊,生于后唐明宗长兴五年(934年),卒于宋太宗雍熙二年(985年),怀州河内(今河南沁阳)人。宋朝大臣,官至宰相。

后周太祖显德元年(954年),卢多逊中进士,初任秘书郎、集贤校理,迁左拾遗、集贤殿修撰。北宋太祖建隆三年(962年),知制诰,历祠部员外郎。乾德年间,知贡举,加兵部郎中、史馆修撰、判馆事。开宝四年(971年)冬,为翰林学士。与赵普不和,经常攻击赵普。开宝六年(973年),出使江南,上书称江南衰弱,可以攻取。同修《五代史》,迁中书舍人、参知政事。卢多逊博涉经史书籍,过目不忘,且文辞敏捷,做事有谋略。太祖喜好读书,每次取书,卢多逊都向人打听书目,然后自己日夜阅览,太祖问起书中之事时,卢多逊对答如流。

太平兴国元年(976年),卢多逊拜中书侍郎、平章事,后任兵部尚书。赵普复任丞相,经常讥讽卢多逊,让他辞任。太平兴国七年(982年),有人奏称卢多逊暗中结交秦王赵廷美,遂被捕入狱,判死刑,诛九族。太宗念其身居相位,久事朝廷,免除其死刑,夺其官职及三代封赠,全家发配崖州(治今海南三亚)。到崖州后,卢多逊上表谢恩:"流星已远,拱北极以无由。海日空悬,望长安而不见。"(《尧山堂偶隽》)

雍熙二年(985年),卢多逊卒于崖州水南村寓所,享年五十二岁。他在崖州期间写有《水南村》诗,久为传诵。开宝年间,奉敕与尚药奉御刘翰等纂修《新评定本草》,即后世所称《开宝本草》。

卢多逊墓在今焦作市中站区许衡街道新庄村南200米,临中南路和晋新高速,地理坐标为北纬35°14′45.32″,东经113°07′30.88″。该墓建于北宋。墓葬坐落于坡地,周邻农田。为卢氏家族墓地,现墓冢均被平。

南唐后主李煜

南唐后主李煜，生于南唐烈祖升元元年（937年），卒于宋太宗太平兴国三年（978年），原名李从嘉，字重光。南唐后主，961—967年在位，使用北宋年号，史称李后主、南唐后主。南唐元宗李璟第六子。

李煜年少聪悟，喜欢读书作文，工书画，知音律。初封安定郡公，累迁诸卫大将军、副元帅，封郑王。南唐元宗交泰二年（959年），年二十三岁时封吴王。北宋太祖建隆二年（961年），李璟迁都洪州（治今江西南昌），李煜以太子监国。是年，李璟去世，李煜袭位，居建康（今江苏南京），正式更名为李煜。即位后，遣户部尚书冯谧向宋廷贡金器两千两、银器两万两、纱罗缯彩三万匹，上表陈述绍袭之意。其后，北宋朝廷每有胜利或嘉庆之事，都会派人犒师修贡。

北宋平定岭南，李煜上表改唐国主为江南国主，唐国印为江南国印，赐诏直呼其名。自行降低规制，改变官署名称，如改中书门下省为左右内史府，尚书省为司会府，御史台为司宪府，降封诸王为国公，官号也多所改易。李煜表面上畏服北宋，行藩臣之礼，实际上仍然缮甲募兵，暗中备战。太祖认为李煜难以制伏，便令其来朝，但没有奉诏。

建隆七年（966年），北宋曹彬、潘美等率兵讨伐。李煜获悉大兵将至，十分惶恐，派人进贡。第二年，北宋军攻到城下，李煜整日在宫中沉溺酒色，浑然不知。一日登城，见外面旌旗遍野，匆忙部署反击，但为时已晚，遭遇大败。李煜又上贡北宋，手书恳求罢兵，太祖答曰："卧榻之侧，岂容他人鼾睡。"（《续资治通鉴长编》卷十六）太祖开宝八年（975年）冬天，城破，曹彬等驻兵于宫门，李煜率近臣拜降。李煜及宰相汤悦等四十五人被押解回汴梁，太祖下诏一并释放，赐冠带、器币、鞍马等，封违命侯，妻周氏封郑国夫人，封其子、弟等官职。

李煜在北宋过着半是俘虏、半是寓公的生活，几乎整日以泪洗面。这时，他有了切身的亡国之痛，才清醒过来，感到悔恨、绝望。李煜把他的孤寂、愁苦、悔恨的真情和对故国的思念，都填进了他的词里，"无限江山，别时容易见时难。流水落花春去也，天上人间"（《浪淘沙》），"春花秋月何时了？往事知多少。小楼昨夜又东风,故国不堪回首月明中"(《虞美人》)。这些词句传到宋太宗耳中,便引起猜忌。宋太宗又听说李煜后悔当初错杀潘佑,觉得此人怨恨很深,不能再留,于太平兴国二年(977年),用"牵机药"把他毒死,终年四十二岁。

李煜本非太子,得国实属偶然。他生性懦弱,不善治国,不修甲兵,沉湎酒色,过着奢侈浮华的宫廷生活,还留下了诸多如大小周后的故事。但他多才多艺,在书、画、音律等方面,均有建树,尤以词作名于后世。现存词三十余首,亡国前多反映宫廷生活和男女情爱,风格绮丽,如"花明月暗笼轻雾,今宵好向郎边去。刬袜步香阶,手提金缕鞋"(《菩萨蛮》),"别来春半,触目柔肠断。砌下落梅如雪乱,拂了一身还满"(《清平乐》)等。亡国后多反映亡国之痛,格调哀婉。词多直抒胸臆,言辞真切,改变了词作长期的传统风格,扩大了词的表现领域,使词人可以多方言怀述志,对豪放派词有一定影响。因其地位大起大落,对人生苦难感悟较他人更为深刻,因此作品感情纯真,情真意切,超越时人。其诗语言自然、精练,善用白描手法、贴切比喻,文采动人,清新流丽而又婉曲深致。"问君能有几多愁,恰似一江春水向东流"(《虞美人》),"自是人生长恨水长东""剪不断,理还乱,是离愁,别是一番滋味在心头"(《相见欢》)等成为千古名句。《通志堂集》有评:"花间之词,如古玉器,贵重而不适用;宋词适用而少贵重,李后主兼有其美,更饶烟水迷离之致。"王国维则认为:"唐五代之词,有句而无篇;南宋名家之词,有篇而无句。有篇有句,唯李后主降宋后之作及永叔、子瞻、少游、美成、稼轩数人而已。"李煜擅长行书,多以颤笔行文,线条遒劲,世称"金错刀"。喜欢写大字,以卷帛为笔,挥洒如意,世称"撮襟书"。李煜画竹,一一勾勒而成,特点鲜明,称为"铁钩锁"。所绘林石、飞鸟,意境高远。李煜有《文集》三十卷、《杂说》百篇,晁公武《郡斋读书志》载《李煜集》十卷,《宋史·艺文志》亦载《南唐李后主集》十卷,均佚。陈振孙《直斋书录解题》有《南唐二主词》一卷,录李煜词三十四首,存世有明万历四十八年(1620年)墨华斋本,清代邵长光又录得一首,近代王国维增加九首。李煜词集注本有清人刘继增《南唐二主词笺》,近人唐圭璋《南唐二主词汇笺》、王仲闻《南唐二主词校订》、詹安泰《李璟李煜词》等。

李煜墓在洛阳,具体位置不详。洛阳市孟津县朝阳镇后李村发现一座墓葬,俗称老坟台。据传此为李煜墓,但缺乏证据。墓葬坐落于梯田,发现有砖砌墓室。墓室长约4.5米,宽约4米。墓冢前原有石羊、石人等。

宋太宗赵光义

宋太宗赵光义，生于后晋天福四年（939年），卒于宋至道三年（997年），涿州（治今河北涿州）人，生于浚仪（今河南开封）。宋朝第二位皇帝，976—997年在位，年号太平兴国、雍熙、淳化、至道，庙号太宗，谥神功圣德文武皇帝。赵匡胤之弟，原名赵匡义，为避太祖之讳，改名光义。继位后，改名赵炅。

赵光义之母杜氏，梦有神人捧着太阳给她，既而有娠。出生时，"赤光上腾如火，闾巷闻有异香"（《宋史·太宗本纪》）。童年时与伙伴游戏，众人都畏服他。赵光义年纪渐长，气宇轩昂，神采不凡，一看即知绝非凡人。他爱好读书，工文业，多艺能。后周世宗时，任供奉官都知。

建隆元年（960年），赵光义任殿前都虞候，领睦州（治今浙江建德）防御使。太祖出征泽、潞，他为大内点检留镇东京，领泰宁军节度使。后再征李重进，任大内都部署，加同平章事、行开封府尹，再兼中书令。开宝六年（973年），封晋王，序班在宰相之上。

开宝九年（976年），继帝位。继位后，继承太祖之业，文治方面更有许多独到之处，他开创、修改、完善了多项典章制度，奠定了宋朝政治、军事、文化、经济等方面制度的基础，巩固了统治，使宋朝维持了三百余年的统治。太宗谋断过人，有削平天下之志。太平兴国二年（977年），取消唐末五代以来节度使领支郡制度，将所有支郡改为直隶州，北方节度使专权局面基本改观。此后，节度使成为虚衔。太平兴国三年（978年），南唐将领陈洪进和吴越王钱俶相继交出土地，太宗赐以高官厚禄，南方统一。太平兴国四年（979年），赵光义御驾亲征，决定消灭北汉，四面进讨，围攻北汉统治中心太原。亲至太原城下督战，诏谕北汉主刘继元投降，北汉平定，收容杨业等名将。至此，五代以来的割据政权被全部消灭。

后赵光义移师幽州，欲乘胜收复燕云地区。起初一路势如破竹，各州县纷纷收复，但在攻打幽州时，宋军疲惫，辽又有援兵，败于高梁河。太宗身中两箭，在涿州乘驴车连夜南逃，丢弃军器物资不可胜计。此后，每年箭伤都要复发，最终也因此而逝。雍熙三年（986年），太宗为雪前耻，分兵三路北伐辽军，中西两路进展

宋太宗永熙陵之一

顺利，东部军大败。急调中西两路军支援东路军，因西路军统帅潘美擅自改变作战部署，北伐再次失败。自此，宋廷不再有收复燕云的军事行动。

为削弱州郡一级长官权力，至道三年（997年），下令将全国州郡划分为十五路，陆续在各路设转运司、提点刑狱司、安抚司、提举常平司。路、州、县官员由中央官兼任，属于差遣性质，三年一换。此举分散了地方的权力，加强了中央对地方的控制。军事上，他将重兵驻扎在内地，边境只屯驻少量禁军，守内虚外，加强了对禁军的管辖，也削弱了北宋军队的战斗力。重视法制建设，诫吏慎刑，淳化二年（991年），置审刑院于禁中，作为刑案最高复审机构。为实现文官政治，太宗非常重视科举。雍熙二年（985年），他创殿前唱名赐及第之制，被录取的人成了天子门生，彻底收回了取士大权。同时，他扩大取士名额，在位间取进士、诸科达五千八百余人。

太宗在位期间，重视农业，召集流民，奖励垦荒，增加耕地面积。每年五月到城南观麦，赐给田夫钱帛，以示慰劳。他还作稼穑诗以赠近臣，表明自己重视农业，鼓励臣下关心农业。重视水利，在河北地区修筑陂塘，兴修六百余里堤堰，还屡次修治钱塘江堤。十分重视漕运，曾驾临治河大堤视察汴河决口的修复情况，并亲自下到洪水之中。他命大臣建成内坞，穿池引水，舟系其中，在他的重视下，造船技术也有了很大进步。

太宗喜爱读书，每天坚持看二三卷《太平御览》，并给臣下说："我很喜欢读书，从书中常常能得到乐趣。只要打开书本，总会有好处的。"后来，"开卷有益"便

宋太宗永熙陵之二

成了成语。他十分关心文教事业，太平兴国三年（978年），在宫城内新修崇文院，数次派人到全国各地搜募书籍、古画及墨迹等。太宗在位期间，命人编修了《太平御览》《太平广记》《文苑英华》等类书。他还经常临幸太学，听博士讲经，对讲得好者赐锦帛奖励。太宗非常关心民众疾苦，曾派医官煮制草药，分送生病百姓，帮百姓解脱大疫。派李昉等人编修《神农普救方》《太平圣济方》等医书，普及医疗知识。多次下令大赦天下，罪犯减刑。太宗奉佛，在位期间，大建佛寺，继位第一年就剃度僧民十七万人，积极赞助佛经翻译事业。

太宗仁慈勤俭，穿浆洗衣服，毁奇巧器皿，不喜女乐，不出巡打猎。他勤于政务，在位二十二年颇有建树，可称贤君。至道三年（997年），病逝于万年殿，享年五十九岁，葬永熙陵。

永熙陵在今郑州市巩义市西村镇常封村和滹沱村之间，地理坐标为北纬34°40′42.8″，东经112°56′58.8″。该陵始建于北宋，为全国重点文物保护单位。陵依坡地而建，南部地势略为隆起，北部较为平坦，陵区内地表均为农田，由南向北呈阶状分布。永熙陵现由上宫、下宫、元德李皇后陵、明德李皇后陵和章穆郭皇后陵组成。上宫保存最好，存鹊台2个，乳台2个。宫城位于乳台北142米，平面呈方形。陵台耸立于宫城正中，略呈方形覆斗状。神道石雕像完整无缺，存上宫石雕像60件。下宫位于上宫西北，存南门狮2件。西北袝葬明德李皇后、章穆郭皇后、元德李皇后3座皇后陵。

宋元时期

陈省华

陈省华，生于后晋天福四年（939年），卒于宋景德三年（1006年），字善则，阆州阆中（今四川阆中）人。宋朝大臣。与子陈尧叟、陈尧佐、陈尧咨均为进士出身，故称一门四进士。

陈省华曾在后蜀任职，为西水县尉。后蜀被北宋消灭后，授陇城县主簿，累迁至栎阳（治今陕西临潼北）县令。县里的郑白渠被邻邑的强族占据，陈省华疏通渠道，惠及附近全部百姓。后迁楼烦（今山西娄烦）令。大约在太平兴国五年（980年）左右，任济源（今河南济源）县令。

端拱三年（990年），太宗亲试进士，陈省华的长子陈尧叟荣登甲科，太宗问及他的父亲，有人回答是陈省华。太宗即召陈省华为太子中允，不久判三司都凭由司，后改盐铁判官，迁殿中丞。黄河在郓州决口，陈省华掌管州中事务，又为京东转运使，拜祠部员外郎、知苏州。苏州水灾，陈省华招复流民数千户，将死者安葬，朝

陈省华墓

廷下诏书褒奖。历户部、吏部员外郎，改知潭州（治今湖南长沙）。陈省华智辨有才干，后入京掌左藏库，判吏部南曹，擢升鸿胪少卿。

真宗景德元年（1004年），陈省华掌管吏部铨试，暂知开封府，转光禄卿。由于政务繁杂，朝廷准许他的请求，禁止宾友来往。不久，因病请辞，拜左谏议大夫。陈省华上书请求退休，真宗不许，下手诏慰问，亲自阅览药方后赐予他。

陈省华教子有方，虽满门身处高位，但从不以贵自处。有客人来访，儿子只能站立左右。陈省华于景德三年（1006年）去世，享年六十八岁，赠太子少师，加封秦国公。妻冯氏，封燕国夫人。

陈省华墓在今郑州市新郑市郭店镇宰相陈村西，省道102可达，地理坐标为北纬34°30′31.74″，东经113°43′36.18″。该墓始建于北宋，为河南省文物保护单位。墓葬临村庄耕地，地势平坦。现辟为崇孝寺，墓冢在寺后端。冢呈圆形，直径约8米，高约3.5米。四周以石围砌。原有宋仁宗宝元二年（1039年）"陈公省华神道碑"，神道两侧排列着石人、石羊、石马、石虎等，现大多不存。尚存石羊，但残破不堪。现修复神道碑，高7米多，下有碑座，上建碑楼。

张齐贤

张齐贤，生于后晋高祖天福八年（943年），卒于宋大中祥符七年（1014年），字师亮，曹州冤句（今山东曹县西北）人，徙居洛阳（今河南洛阳）。宋朝大臣，官至宰相。

后晋出帝开运二年（945年），三岁时为避战乱举家迁往洛阳。张齐贤好学上进，志向远大。赵匡胤到洛阳，张齐贤以布衣身份到赵匡胤处献策，逐条陈述十件事，太祖认为有道理，张齐贤坚持认为十条建议都应采纳，太祖遂把他赶走。回朝后，赵匡胤向赵光义推荐张齐贤，说可以任宰相。太平兴国二年（977年），赐进士第，以大理评事通判衡州（治今湖南衡阳）。审查案件保住五名被误判的盗贼的性命。四年任职期满，升秘书丞，后知忻州（治今山西忻州）。第二年召回，改任著作佐郎，直史馆，改任左拾遗。上疏反对太宗北征。太平兴国六年（981年），任江南西路转运副使，同年冬以右辅阙升任转运使。熟知政务，时人赞誉，为死囚首犯申冤，并建议严格审查送往京城的死囚，以免其中有冤屈。吉州百姓占据官府土地，沿江土地虽然沉没，官府仍向百姓收钱，张齐贤上疏免除。张齐贤积极纠正时弊，务求宽大，惠及百姓。后拜枢密直学士，擢右谏议大夫，签书枢密院事。雍熙元年（984年），张齐贤转左谏议大夫。雍熙三年（986年），代州（治今山西代县）名将杨业战殁，张齐贤授给事中，出知代州。迎战辽军，不畏强敌，大败辽军，张齐贤将功劳归于他人。端拱元年（988年），拜工部侍郎。第二年，兼任河东制置方田都部署，又任刑部侍郎、枢密副使。淳化二年（991年），任参知政事。数月后，授任吏部侍郎、同中书门下平章事。太宗常下手诏慰问张齐贤的母亲，给予赏赐，夸赞她有一个好儿子。淳化四年（993年），罢为尚书左丞，时年五十一岁。转礼部尚书，知河南府。后知永兴（治今陕西西安），知荆南、安州（治今湖北安陆）。一年后加任刑部尚书。

咸平元年（998年），任兵部尚书，同中书门下平章事。咸平三年（1000年），因朝会饮酒失仪，被免除宰相。咸平四年（1001年），去泾、原、清远（今宁夏灵武东南）诸州军经略安抚，回到京师后上疏报灵州（治今宁夏灵武西南）等地困境，建议加强边防,朝廷不纳,灵州失陷。任右仆射,改判永兴军兼马步军部署。因事贬太常卿,分司西京。景德元年(1004年),任兵部尚书,知青州(治今山东青州),兼青、淄、潍安抚使。第二年改吏部尚书。随真宗封禅回朝,任右仆射。大中祥符三年(1010年)到河阳,随真宗祭祀汾阳,升左仆射。大中祥符五年(1012年),请求归家养老,以司空退休。在洛阳每天与亲朋喝酒吟诗,心旷神怡。大中祥符七年(1014年)去世,享年七十二岁。谥文定。有《书录解题》传于世。

张齐贤墓在今洛阳市伊川县酒后镇酒后村东南,洛栾线、白梁线可达,地理坐标为北纬34°16′27.78″,东经112°17′48.00″。该墓始建于北宋,为洛阳市文物保护单位。墓葬坐落于山坡农地,原有土冢及碑一通,上书"宋司空张文定公墓神道碑",今均已不存。

吕蒙正

吕蒙正，生于后晋出帝开运三年（946年），卒于宋大中祥符四年（1011年），字圣功，河南府（治今河南洛阳）人。宋朝大臣，官至宰相。

吕蒙正出身官宦，曾祖、祖父、父亲都入仕为官。年少时，父母不和，同母亲一起被赶出家门。据说母子曾栖身洛阳城东的废弃窑洞中，发迹后，窑洞所在坞流村被改名为相公庄。早年读书，在洛阳龙门山的寺院度过。其间，写了许多诗篇，如《读书龙门山》等。

太平兴国元年（976年），参加省试和殿试，第二年中状元，授将作监丞，通判升州（治今江苏南京）。离京赴任时，太宗赐二十万用钱。召回后授著作郎、直史馆，加左拾遗。太平兴国五年（980年），拜左补阙、知制诰。太平兴国八年（983年），升都官郎中，入为翰林学士，擢左谏议大夫、参知政事。端拱元年（988年）二月，拜中书侍郎兼户部尚书、平章事，监修国史。淳化元年（990年）正月，成为宰相。第二年，蔡州知州张绅因罪被免，有人诬告说是吕蒙正公报私仇，陷害张绅，吕蒙正请求罢相。淳化四年（993年），事情查明，吕蒙正复相。吕蒙正因不顾太宗反对，坚持自己推荐的使辽人选，获太宗赞许。

至道元年（995年）四月，以右仆射出判河南府兼西京留守。任职六年，为政宽仁，事务多委于僚属，自己总揽大纲。其间，留下《尹洛日作》等诗作。至道三年（997年）三月，真宗继位，官升尚书左仆射，仍判河南府。奉家财三百余万为太宗修永熙陵。咸平三年（1000年）十一月，召回京城。第二年，以本官同平章事，昭文馆大学士，第三次任相，又加司空兼门下侍郎。咸平六年（1003年），因病辞相。授太子太师，封蔡国公。

吕蒙正事亲以孝，事国以公，待人宽厚。初拜参知政事上朝时，有朝臣嫉妒他升迁过快，在旁边指着他说："这个人亦参政吗？"吕蒙正假装没听见，并阻止同僚查清此人是谁。进京为官后，恪尽孝道，接父亲到京城与母亲同住，早晚拜望，受时人赞美。对恩荫制度，予以批评，只让自己儿子任九品京官将作监丞，自此宰相儿子授九品官成为定制。同时，他很注意选拔人才，知人善任，对贪腐官员严加惩

吕蒙正墓

处。对上秉公直言，坚持正确意见。反对对外战争，主张以简易治国。受人诬告也不以为意，事实查明更处之泰然。

景德二年（1005年）二月，吕蒙正回洛阳养病，过起普通人的生活，怡然自得。真宗路过洛阳，两次到吕蒙正家问候。吕蒙正认为儿子无大才，向真宗推荐侄子吕夷简。他还慧眼识人，资给富弼，富弼后来两次入相。大中祥符四年（1011年）四月，封许国公。是年去世，享年六十六岁。真宗派使吊唁，赐中书令，谥文穆。

吕蒙正墓在今开封市尉氏县朱曲镇小寨村，县道036可达，地理坐标为北纬34°18′23.0″，东经114°04′15.0″。该墓始建于北宋，为尉氏县文物保护单位。墓葬坐落于村小学院内，四周植有树木。应当为纪念性墓葬。墓冢高约12米，直径约66米，夯土封筑。墓南立石碑，上书"宋吕蒙正养晦处"。

晁迥

晁迥，生于后周太祖广顺元年（951年），卒于宋景祐元年（1034年），字明远。世为澶州清丰（今河南濮阳东北）人，自其父始徙家彭门（今四川彭州北）。宋朝大臣。

晁迥少年时师从王禹偁，擅作白体诗。太平兴国五年（980年）中进士，博通文史，授大理评事，知岳州录事参军，改将作监丞，迁殿中丞。因判狱有过失，被解除二官职。后复任将作监丞，监管徐州、婺州二州的税收，升太常丞。真宗即位，擢右正言、直史馆。敬献《咸平新书》十篇，《理枢》一篇，召见应试，授予右司谏、知制诰，判尚书刑部。真宗北征，晁迥任右谏议大夫，为判官，升翰林学士。不久，知审官院，任明德、章穆两处园陵的礼仪使，共同撰修国史。主管大中祥符元年（1008年）贡举，共同制定封禅泰山，祭祀汾阳的礼仪。

晁迥墓

后任工部侍郎。出使契丹，归来后上奏《北庭记》，加封史官修撰，知通进银台司，敬献《玉清昭应宫颂》，国史修成，升刑部侍郎。朝廷制定礼仪条文，各种诏令多出于晁迥之手。皇帝对他礼遇有加，升兵部侍郎，请求分掌西京，授工部尚书，集贤院学士，判西京留司御史台。

仁宗即位，升礼部尚书，六年后晁迥多次请求告老还乡，以太子少保退休。每年皇帝均给予赏赐，天圣年间，八十一岁时仁宗召见，得到大量赏赐，任太子少傅。后又被召见，建议皇帝整顿朝政，变灾难为吉祥。敬献《斧扆》《慎行箴》《大顺》《审刑》《无尽灯颂》等文。后染疾病，不服药，也不让人探望，穿官服戴官帽而死，享年八十四岁。朝廷罢朝一天，追赠太子少保，谥文元。

晁迥墓在今濮阳市清丰县阳邵乡西阳邵村西600米，省道213可达，地理坐标为北纬36°02′31.0″，东经114°57′27.0″。该墓始建于北宋。原墓地占地30余亩。墓前原有石坊、石像生等，今均无存。墓冢新拢，规模较小，径约2米，高不足1米。

韩国华

韩国华，生于后周世宗显德四年（957年），卒于宋大中祥符四年（1011年），字光弼，相州（治今河南安阳）人。宋朝大臣。子韩琦为北宋名臣。

太平兴国二年（977年）中进士，初仕大理评事、通判泸州，迁右赞善大夫。调还后任彰德军节度判官，逐迁著作佐郎、监察御史。雍熙年间，以太常少卿出使高丽，意欲与高丽联合北征辽国，完成使命。雍熙三年（986年），改右拾遗、直史馆，判鼓司、登闻院，又充三司开拆推官。雍熙四年（987年），判本司，迁左司谏，充盐铁判官。

淳化二年（991年），契丹请和，韩国华前往河朔探察虚实，探知契丹议和之心不诚。直昭文馆，不久授刑部员外郎，判三司勾院，复任盐铁判官，又为左计判官，寻都判三勾，赐金紫，改兵部员外郎、屯田郎中、京东转运使，徙陕西路。任内，为川、陕官员奏请增加俸禄。加都官郎中，入判大理寺，改职方郎中。知河阳（治今河南孟州）、潞州（治今山西长治），有政绩，得朝廷诏奖。

真宗景德年间，韩国华出使契丹。出任江南巡抚，入权开封府判官，不久改太常少卿，出知泉州（治今福建泉州）。大中祥符初年，迁右谏议大夫。韩国华相貌堂堂，性情纯直，颇有时誉。大中祥符四年（1011年），还至建州（治今福建建瓯），去世，享年五十五岁。子琚、璩、琦，并进士及第。

韩国华墓在今安阳市殷都区水冶街道向阳村西约200米，省道221、省道301可达，地理坐标为北纬36°08′16.57″，东经114°05′46.60″。该墓始建于北宋。墓冢已平，仅余一通宋碑。碑首分垂六条龙首，额题"宋故魏国韩公神道碑"。石碑高6米有余，表面石痂纵横交错，俗称"梅花碑"。向阳村旧称铁佛寺村，而铁佛寺村古称韩家庄。

王旦

王旦，生于五代后周显德四年（957年），卒于宋天禧元年（1017年），字子明，大名莘县（今山东莘县）人，太宗初年，父王祜任职开封，举家迁居开封。宋朝名相。

王旦自幼沉默好学，父王祜曾说："此儿当至公相。"宋太宗太平兴国五年（980年）中进士，初任大理评事、平江（今湖南平江）知县。改将作监丞，监潭州（治今湖南长沙）银场。任著作佐郎，参与编写《文苑英华》。参加馆阁考试，任直史馆，参与国史编修。迁殿中丞、通判郑州。上表请求天下建常平仓，以塞兼并之路。徙知濠州（治今安徽凤阳东北），皆有善政。

淳化二年（991年）王旦任右正言、知制诰。淳化三年（992年），他与苏易简同知贡举，加虞部员外郎，同判吏部流内铨，知考课院。改礼部郎中、集贤殿修撰，又知制诰，仍兼修撰、判院事。至道元年（995年）知理检院，至道二年（996年）进兵部郎中。至道三年（997年），真宗即位，拜中书舍人，不久任翰林学士兼知审官院、通进银台封驳司。真宗以王旦贤能，曾言："为朕致太平者，必斯人也。"（《宋史·王旦传》）咸平三年（1000年），知贡举，拜给事中、同知枢密院事，一年后以工部侍郎参知政事。

景德元年（1004年），契丹侵犯边境，随真宗到澶州（治今河南濮阳）。留守东京的雍王赵元份生病，王旦回京掌管诸事。景德二年（1005年）加尚书左丞，景德三年（1006年）拜工部尚书、同中书门下平章事、集贤殿大学士，监修《两朝国史》。真宗准备封禅泰山，有不少大臣反对，皇帝担心王旦也不同意，就与他宴饮，并赐酒让他回家与家人共享。王旦回府打开赐酒，内实为珍珠宝器，遂对天书、封禅等事再无异议。

大中祥符元年（1008年），为天书仪仗使，随真宗封泰山，进中书侍郎兼刑部尚书。受诏撰写《封祀坛颂》，加兵部尚书。大中祥符四年（1011年），祀汾阴后土祠，又为大礼使，迁右仆射、昭文馆大学士，撰《祠坛颂》。拒绝进秩，兼门下侍郎、玉清昭应宫使。大中祥符五年（1012年），为玉清奉圣像大礼使。景灵宫建成，又为朝修使。大中祥符七年（1014年），刻写天书，兼刻玉使。玉清昭应宫建成，拜司空。

《国史》编成,迁司空。真宗对他言无不听,凡有所请,必问:"王旦以为如何?"王旦不喜言笑,终日静坐,奏事时如意见不同,一言而定。

王旦为相宽容,为人正直,遭人诽谤,引咎不辩,他人有过失,尽量为之辩白。对契丹和西夏的额外要求,为显示朝廷威严和富足,也都尽量满足,以使契丹和西夏不敢小觑。寇准屡次言及王旦短处,王旦却极力称赞寇准,即使寇准出现失误,也不揭发,真宗由此更赏识王旦。寇准因故被免枢密职位,经王旦举荐,任节度使、同平章事,寇准惭愧感叹,自觉德量不及王旦。寇准过生日奢侈过度,王旦也以他不知而为其说情。王旦认为王钦若不足相材,阻止真宗任王钦若为相,但当王钦若得罪真宗,却又为他陈情。王旦从不以私利结交,任人唯贤,多有举荐,从未让人知晓,对私谋官位者,严加拒绝。每有差缺,亦定三四个备选,由皇帝定夺。

天禧元年(1017年)进位太保,为兖州太极观奉上宝册使,复加太尉兼侍中。因病请辞,皇帝不允,又加封邑,令皇太子出来拜见。向皇帝举荐大臣十余人,其后均至宰相或为名臣。后复求避位,允可,以太尉领玉清昭应宫使,给宰相半俸。皇帝召见,询问宰相人选,王旦举荐寇准,去世后,即用寇准为相。

王旦病重,真宗每日三四次派人询问,亲手和药相赐。遗表中希望皇帝"日亲庶政,进用贤士,少减焦劳之意",告诫子弟"当务俭素,保守门风,不得事于泰侈,勿为厚葬以金宝置柩中"(《宋史·王旦传》)。真宗感叹,到其府第,赐白金五千两。天禧元年(1017年)去世,年六十一岁。真宗悲痛,废朝三日,赠太师、尚书令、魏国公,谥文正。有文集二十卷。乾兴初年,配飨真宗庙廷。仁宗篆碑首"全德元老之碑"。王旦政绩并不突出,"谓祖宗之法具在,务行故事,慎所变改"(《宋史·王旦传》)。他在相对安定少事的宋真宗朝长期为相,被称为"平世之良相",生前死后都获得了极高声誉。

王旦墓在今开封市顺河区东郊乡边村东,临国道220(新宋路)、东一路,地理坐标为北纬34°47′20.27″,东经114°24′44.00″。该墓葬坐落于原开封联合收割机厂院内,地处高岗,地势稍高。原有石像生等,已移到开封铁塔公园。现地表无迹可寻。

杨延昭

杨延昭,生于后周显德五年(958年),卒于宋大中祥符七年(1014年),本名杨延朗,后因避道教神赵玄朗讳而改名杨延昭,又名延景。麟州(治今陕西神木)人。杨业之子,宋朝名将,抗辽屡立战功。

杨延昭幼时沉默寡言,少年时喜欢玩军阵游戏,父亲杨业曾说他很像自己。杨业每次出征时,杨延昭都跟随父亲。太宗太平兴国年间,杨延昭补供奉官。攻打应、朔时,杨延昭为先锋,在朔州城下交战时,胳膊被流矢贯穿,但更加英勇作战。以崇仪副使出知景州,任江、淮南都巡检使,崇仪使、知定远军,徙保州缘边都巡检使等。

咸平二年(999年)冬,契丹扰边,杨延昭正在遂城(今河北徐水)。遂城较小,防御设备差,契丹急攻,长围数日,众人危惧。时值隆冬,杨延昭召集城中丁壮,拿着武器护守,让人用水浇在城墙上,水结成冰无法攀登,契丹退去,以功拜莫州(治今河北任丘)刺史。真宗召见,论起边防事务,延昭应对得当,皇帝非常高兴,给予丰厚赏赐。是年冬天,大败契丹,进本州团练使。咸平五年(1002年),契丹入侵,杨延昭等被袭,军士多丧失,得真宗谅解,没有治罪。第二年,契丹再次入侵,复用杨延昭为都巡检使,又徙宁边军部署。

杨延昭智勇双全,善于作战,不过问家中之事。所得奉赐全部犒军,出入不讲排场,骑从如小校。他治军号令严明,与士卒同甘苦,逢敌必身先士卒,有军功必推功于下属,军士愿为其效命。他负责边防二十余年,契丹颇为忌惮,称其为杨六郎。

景德元年(1004年),统兵抵进辽境,攻占城池,俘获甚众。双方讲和,杨延昭知保州(治今河北保定)兼缘边都巡检使。第二年,进保州防御使,不久徙任高阳关副都部署。大中祥符七年(1014年)去世,享年五十七岁。皇帝痛悼,派遣中使护送棺木返回,河朔百姓见到灵柩痛哭流涕。录其三子为官,常从、门客等也都因才任命。

杨延昭墓在今焦作市沁阳市常平乡九渡村东,县道034可达,地理坐标为北纬35°15′18.96″,东经112°58′25.30″。该墓始建于北宋,为沁阳市文物保护单位。墓葬坐落于丹水河畔东岸九峰山腰一处平

杨延昭墓

台之上，西瞰丹水，东面绝壁，地势险峻。墓冢以石头堆砌，呈圆形，直径8米，高3.5米。墓园荒草萋迷，荆棘遍地。墓室半入峭崖，外以白灰、块石砌筑。九渡村西南有宋代营寨，寨堡东西长近80米，南北宽近40米，料石建筑，顶有垛堞巡道，有西门，堡内营房呈田字形布局，传为杨延昭领兵作战时所建。平台北有粮仓"大谷仓""小谷仓"，山坡上有炭化麦粒。

钱若水

钱若水,生于建隆元年(960年),卒于咸平六年(1003年),字澹成,又字长卿,新安(今河南新安)人。宋朝大臣。

钱若水年幼时聪颖好学,才思敏捷,十岁时即可撰文。华山陈抟说他心神清朗,可以学道,不然也可富贵,但不要急于求成。雍熙二年(985年),二十六岁考中进士,任同州观察推官,公正廉洁,郡治和谐。淳化初年,经寇准推荐应试翰林,成绩最优,任秘书丞、充任史馆。一年后,迁右正言、知制诰,又领理检院。不久,钱若水同知贡举,加屯田员外郎。受命到边塞处理事务,皇帝非常满意,改职方员外郎,翰林学士。不久,知审官院、银台通进封驳司。至道初年,同知枢密院事。

真宗即位,钱若水加工部侍郎。不久他以母年老请求致仕,未获准。后以本官兼任集贤院学士、判院事。受诏修《太宗实录》,书成,真宗阅览,掩面而泣。重修《太祖实录》,不到一年即完成。不久,任吏部流内铨。他随真宗巡视大名,提出御敌安边之策,提议治罪不作为的傅潜,重用杨延朗、杨嗣等将领,真宗采纳。知开封府,提出择郡守、募乡兵、积刍粟、革将帅、明赏罚等五项边防建议,朝廷采纳。不久,出知天雄军兼兵马部署。

时有人建议复建绥州城(治今陕西绥德)防备党项,迟不能决。钱若水前去探查,上奏称绥州复城,必须增加卫戍,粮食也需依靠河东,但地隔河、山,输送不便,而且材木匮乏,遇到进攻又难于固守,复建城池,不见得有好处。真宗采纳,并称其为儒臣中知兵者。秋天,巡抚陕西缘边诸郡,令可便宜处置边事。回来后拜邓州(治今河南邓州)观察使、并代经略使、知并州事。

钱若水气度翩翩,轻财好施。善谈论,有器量见识,堪当大事。对继母非常孝顺,远近闻名。以诚待人接物,无不称道,荐引后进,推贤重士,气度豁达。他还精于术数,知道自己年寿不久,便恳请辞避权位。咸平六年(1003年)生病,针灸两足,创口大量出血,此后体质衰弱,皇帝下手诏慰劳。回归京师数月后钱若水去世,终年四十四岁。赠户部尚书,赐母白金五百两。死后,士人君子都非常痛惜。著有文集二十卷。子钱延年刚七岁，录为太常奉礼郎。

钱若水墓在今洛阳市新安县城关镇上河村，省道246可达，地理坐标为北纬34°42′48.0″，东经112°07′46.0″。墓地现为居民区。墓冢无存，墓碑移至他处。

魏咸信

魏咸信，生卒年不详，字国宝，卫州汲（今河南新乡东北）人。宋朝大臣。

赵匡胤尚未即皇帝位时，昭宪太后曾到魏咸信家中，时其尚年幼，侍于母侧，俨如成人，太后惊奇，约为婚姻。开宝年间，赵光义为开封府尹，按昭宪太后意思，召见魏咸信，命他与人比赛射箭，并定下将永庆公主嫁给他。授右卫将军、驸马都尉。一年后，出领吉州（治今江西吉安）刺史。

太平兴国初年，拜吉州防御使。雍熙三年（986年）冬，太宗出讨契丹，魏咸信知澶州（治今河南濮阳）。第二年，拜彰德军节度使。淳化四年（993年），黄河淹没澶渊北城，再知澶州。趁流水未下，抓紧征集工匠完成黄河桥，皇帝非常高兴。水患消除，朝廷下诏服役士兵修整河堤，魏咸信以不会决口上奏，遂罢。

真宗即位，改定国军节度使。咸平年间，任开封旧城内都巡检。车驾北征，为贝冀路行营都统署，负责督师。景德元年（1004年），随真宗出幸澶州，石保吉与李继隆为排阵使。契丹请和，真宗置酒赏李继隆、石保吉，魏咸信自愧无功而回避，真宗笑着抚慰他。景德二年（1005年），改武成军节度使，知曹州（治今山东菏泽）。秋雨积涝，魏咸信开广济河堤疏导，未造成大害。改知河阳（治今河南孟州）。

大中祥符初年，加检校太尉，又知澶州，移领忠武军节度使。不久召还，时已年迈，两眼昏花，入见真宗请求恩泽。大中祥符七年（1014年），上表请求任用，真宗以其已位居节制，没有答应。是年冬天，南京（今河南商丘）建成，奖赏太祖旧臣，加魏咸信同平章事，又判天雄军。

魏咸信熟读史书，善待士卒，但为人吝啬，喜好追求利益。父亲魏仁浦营造的邸舍，都被他占有。去世后，诸侄子告于官府，为时人所耻。天禧元年（1017年），改陕州大都督府长史、保平军节度使，生病而归，不久去世。赠中书令，录其后辈，迁官者七人。子侃。

魏咸信墓在今洛阳市洛龙区白马寺镇白马寺村，国道310可达，地理坐标为北纬34°43′37.2″，东经112°35′03.1″。该墓葬东临白马寺约1公里，四周为耕地，地势平坦。墓冢今已不存。墓前原有宋代神道碑，今移到他处。

陈尧叟

陈尧叟，生于建隆二年（961年），卒于天禧元年（1017年），字唐夫，阆州阆中（今四川阆中）人。宋朝宰相，陈省华长子。

端拱二年（989年），二十九岁的陈尧叟中状元，初仕光禄寺丞，后直史馆。次年四月，陈省华、陈尧叟父子任秘书丞，并赐二人绯袍。后充三司河南东道判官，赈济灾民，再迁工部员外郎、广南西路转运使。岭南风俗，生病求神不服药，陈尧叟有《集验方》，刻于州驿。植树凿井，每二三十里置亭舍，准备饮器，供路人饮用。

琼州（治今海南琼山）所用粮食由广西输送，因不习水性，屡次覆船。陈尧叟叫琼州遣兵具舟自取。交州（治今越南河内一带）由黎桓统治，朝廷加封黎桓为国信使，照例封赏由百姓负担，陈尧叟奏请由朝廷供给，不予私赠。海盗出没，陈尧叟捕获后送回交州，边境安宁。

咸平元年（998年），朝廷诏令诸路百姓种植桑枣。陈尧叟根据广西自然地理，鼓励百姓种植苎麻，并上奏陈情，真宗同意。加刑部员外郎，充度支判官，又为广南东、西两路安抚使，迁兵部，拜主客郎中、枢密直学士、知三班兼银台通进封驳司、制置群牧使。

黄河于澶州决口，陈尧叟与冯拯同为河北、河东安抚副使。事毕回京，奉诏裁减冗事，减冗帐、裁冗吏。拜右谏议大夫、同知枢密院事。咸平五年（1002年），郊祀，进给事中，签署院事。景德年间，迁刑部、兵部二侍郎，与王钦若并知枢密院事。真宗朝祭皇陵，权东京留守，兼群牧制置使，拟订条例，著有《监牧议》，建宋朝马政。

大中祥符初年，陈尧叟加尚书左丞。真宗封禅泰山，陈尧叟奉诏撰《朝觐坛碑》，进工部尚书，又献《封禅圣制颂》，撰《亲谒太宁庙颂》，加特进，赐功臣。陈尧叟善草隶，撰写御制诗歌刻石。大中祥符五年（1012年），以本官检校太傅、同平章事，充枢密使，加检校太尉。从幸太清宫，加开府仪同三司。大中祥符六年（1013年），以本官检校太尉、同平章事，充枢密使。

陈尧叟足部有疾，屡次请求辞官。大中祥符九年（1016年），皇帝慰问，优拜右仆射、知河阳（治今河南孟州）。天禧元年（1017年），病情加重，得允可后回

陈尧叟墓

至京师。是年去世，享年五十七岁。皇帝辍朝两日，赠侍中，谥文忠。著《请盟录》三集二十卷，已佚。

陈尧叟墓在今郑州市新郑市郭店镇宰相陈村西，省道102可达，地理坐标为北纬34°30′20.44″，东经113°43′32.18″。该墓始建于北宋，为河南省文物保护单位。墓葬临村庄耕地，地势平坦。三兄弟墓从东往西依次排开，相距数米，分别是陈尧叟、陈尧佐、陈尧咨。墓冢呈圆形，直径约8米，高约3.4米，周以石围砌。冢前各有墓碑，为陈氏后人新立。

寇准

寇准，生于建隆二年（961年），卒于天圣元年（1023年），字平仲，华州下邽（今陕西渭南）人。北宋政治家、文学家。

寇准年少时聪明好学，尤其对《春秋》三传，熟读于心。太平兴国五年（980年），二十岁的寇准考中进士，任大理评事。后出任巴东（今湖北巴东）知县、成安（今河北成安）知县，需百姓承担赋役时，他将姓名贴于县衙门上，因此没人敢耽误定期。累迁殿中丞，通判郓州，又授右正言、直史馆，三司度支推官，盐铁判官。百官言事，寇准直陈利害，得皇帝器重。升尚书虞部郎中、枢密院直学士，判吏部东铨。端拱二年（989年），奏事不合太宗意，太宗站起离开，寇准扯住太宗衣角，劝他听完，事定才罢。太宗十分赞赏，将他比作魏征。

淳化二年（991年）大旱，太宗召群臣问政，寇准认为有冤狱所致，太宗怒入禁中，不久又召寇准询问。寇准说祖吉、王淮二人犯罪，但处罚不公，太宗细察，实如寇准所言，拜准左谏议大夫，枢密副使，改同知枢密院事。寇准与知院张逊不睦，受诬陷被贬知青州（治今山东青州）。皇帝时常思念，经常提及，第二年召回拜参知政事，出使渭水以北，安抚蕃夷。至道元年（995年），加给事中。

太宗拟立太子，问于寇准，寇准认为选择国君不能与后妃、中官、近臣谋划，应选择众望所归之人。太宗提议襄王赵恒，寇准即请皇帝决定，赵恒即任开封府尹，封寿王，立为皇太子。太宗与太子拜谒祖庙回来，京城百姓直呼"少年天子"，寇准连连拜贺，称这是国家之福，太宗赏寇准对饮，大醉而罢。至道二年（996年），选拔官吏，寇准只将自己喜欢的人提拔到要位，排序时又得罪虞部员外郎冯拯，冯拯等人上疏弹劾。寇准强辩，太宗不悦，寇准被贬为邓州知州。

真宗即位，迁尚书工部侍郎。咸平元年（998年），改知同州（治今陕西大荔）。咸平三年（1000年），徙凤翔府（治今陕西凤翔），迁刑部，权知开封府。咸平六年（1003年），迁兵部，为三司使。当时盐铁、度支、户部三司为一使，寇准以六判官分别主管，繁简适中。真宗打算任寇准为相，担心他刚直，难以独任。景德元年（1004年），毕士安任参知政事兼同中书门下平章事，寇准以集贤殿大学士而位次其下。

是年，契丹犯边，寇准提议训练部队，任命将领，占据要害，防备契丹。冬天，契丹大举入侵，来势汹汹，边疆一晚发五次告急文书，朝臣恐惧，寇准谈笑自如。王钦若、陈尧叟提议南迁都城，寇准坚决主张抵抗，并说迁都之策，罪可杀头！寇准请真宗驾幸澶州，并说五日即可解决边祸，同僚害怕，皇帝为难，寇准一再坚持，真宗决定亲征。

到达澶州南城，契丹正得胜气盛，众臣让真宗在南城驻跸，寇准则劝真宗过河到北城。到了北城门楼，士兵们望见御盖，踊跃欢呼，声传数十里，契丹兵惊愕，站不成列。真宗将战事委于寇准，他号令明肃，士卒喜悦，初战即胜，与人宴饮下棋，真宗见他如此镇定，不再担忧。相持十余日后，宋将射杀契丹统军挞览，契丹惧怕，上书请求结盟，寇准不从，但真宗答应。寇准打算让契丹称臣，献出幽州之地，真宗担心兵事再起，只图维持现状，又有人诬陷寇准欲以兵事捞取好处，寇准不得已答应。真宗派曹利用到契丹军中商议岁币数量，说百万以下都可答应。寇准暗中对曹利用说不能过三十万，否则我就斩了你，终以三十万达成合约。

景德二年（1005年），寇准加中书侍郎兼工部尚书。他颇以澶渊之功自骄，真宗也因此对他亲近。王钦若嫉妒，在真宗面前诋毁寇准，说澶渊之役是城下之盟，古人以此为耻，并说皇帝是寇准的最后筹码，当时是很危险的。真宗心生不悦，逐渐疏远寇准。景德三年（1006年），寇准罢为刑部尚书、知陕州（治今河南三门峡陕州区），用王旦为相。皇帝告诫王旦，寇准经常向别人许官作为恩情，你要以此为戒。寇准随真宗到泰山祭祀，迁户部尚书、知天雄军，又迁兵部尚书，掌尚书省。皇帝出幸亳州，寇准暂任东京留守，又为枢密院使、同平章事。林特为三司使，因河北贡绢不足，急切催促，寇准不喜欢林特，帮转运使李士衡说情，真宗不悦，不久罢为武胜军节度使、同平章事、判河南府，徙永兴军。

天禧元年（1017年），改山南东道节度使。后拜中书侍郎兼吏部尚书、同平章事、景灵宫使。天禧三年（1019年），进尚书右仆射、集贤殿大学士。真宗得病，刘皇后预政，寇准上奏请皇帝传位，令正直大臣辅佐，真宗采纳。寇准密令翰林学士杨亿草上表，请太子监国，并打算推荐杨亿辅政，计划泄露，被罢为太子太傅，封莱国公。内侍都知周怀政请皇后停止预政，传位太子，复寇准相位，事又泄露，周怀政被诛，寇准降为太常卿、知相州（治今河南安阳），徙安州（治今湖北安陆），贬道州（治今湖南道县）司马。真宗不知寇准被贬，曾问左右为什么很长时间没有见到他，左右不敢直言相告。真宗驾崩时说只有寇准和李迪可托付后事，可见对寇准的器重。

乾兴元年（1022年），寇准再贬雷州（治今广东雷州）司户参军。当初丁谓官至参知政事，对寇准非常恭敬，同餐时，汤羹沾到寇准胡须，丁谓起身为寇准拭去。寇准说参政乃国之大臣，怎么能为长官拂拭胡须呢？丁谓心中惭愧，与寇准日渐嫌隙，此后寇准遭难，多与他暗中诬告策划有关。寇准贬至雷州时，丁谓被贬海南，途经雷州，寇准送他一只蒸羊。寇准家僮中有人打算找丁谓报仇，寇准就关住门不让家僮出去，待丁谓走远后，才开门让人出入。

寇准幼年聪明，七岁时随父登华山就留下了"只有天在上，更无山与齐。举头红日近，回首白云低"（《咏华山》）的诗句。寇准与宋初山林诗人潘阆、魏野、"九僧"等为友，诗风近晚唐派。他的七言绝句意新语工，最有韵味，如"萧萧远树疏林外，一半秋山带夕阳"（《书河上亭壁》），"日暮长廊闻燕语，轻寒微雨麦秋时"（《夏日》）等，情景交融，清丽深婉，都是值得玩索的佳作。《全宋词》共辑其词四首。现存《寇莱公集》七卷，《寇忠愍公诗集》三卷。他为人兼资忠义，善断大事，具宰相之才，然有评其才学不足。澶渊之幸，力阻众议，竟成隽功。居相位，性刚自任，用人不按序列，认为若因循惯例，一小吏足矣，不需宰相，引得同僚不悦。性喜豪侈，喜欢宴饮，以功业大而无人论之非。

寇准被贬雷州后，连个像样的住房也没有，但当地官员、百姓素来仰慕寇准的为人，主动替他盖房，安排寓所。他在任上，除少数政务外，主要是读经释书，闲暇时写字、会友，每逢客至，则笑脸相迎，毫无权贵大官的样子。他还指导当地居民学习中州音；传授农业技术、兴修水利，开渠引水灌溉良田；向群众解说天文地理，力避邪说；还修建真武堂，收徒习文学艺，传播中原文化，对雷州文明发展起到促进作用。

天圣元年（1023年），寇准在雷州任所忧病交加，卧倒在床。此时，他以《病中诗》为题，赋诗一首："多病将经年，逢迎故不能。书惟看药录，客只待医僧。壮志销如雪，幽怀冷似冰。郡斋风雨后，无睡对青灯。"诏令寇准徙衡州（治今湖南衡阳）司马，但诏命未至，是年九月，寇准病故于雷州竹榻之上，享年六十三岁。妻子宋氏奏乞归葬故里，仁宗准奏。但因所拨费用有限，灵柩运至中途，钱已用完，只得寄埋洛阳巩县。归葬西京，途中百姓于路旁拜祭哭泣，将竹枝植入地中，上挂纸钱，月余后，枯竹全部生出笋牙。众人就地建庙，经常祭祀。寇准无子，以侄子寇随嗣。景祐元年（1034年），复太子太傅，赠中书令、莱国公，后又谥忠愍。皇祐四年（1052年），诏翰林学士孙抃撰神道碑，仁宗篆碑首"旌忠"。

寇准墓在今郑州市巩义市杜甫路街道东黑石关村东南1000米石羊洼，永安路转村间公路可达，地理坐标为北纬34°43′57.0″，东经112°56′59.3″。该墓始建于北宋，为全国重点文物保护单位。墓葬四周为农田，北为黑石关至永安路生产道，附近有陇海铁路通过。墓区坐北向南，东西200米，南北220米，原墓冢高3米，现夷为平地。现存石虎1件，石人1件，石羊2件。墓前原有清康熙五十五年（1716年）碑一通，上书"宋寇莱公墓"，后被毁。

陈尧佐

陈尧佐，生于乾德元年（963年），卒于庆历四年（1044年），阆州阆中（今四川阆中）人。陈省华次子。宋朝大臣，官至宰相，擅长诗作、书法。

陈尧佐于太宗端拱元年（988年）中进士，历魏县（治今河北魏县）、中牟（今河南中牟）县尉。以试秘书省校书郎知朝邑县（治今陕西大荔朝邑镇），受诬告降为本县主簿。徙下邽，迁秘书郎，知真源县（治今河南鹿邑）。咸平二年（999年），任开封府司录参军事，迁开封府推官。上书指陈时弊，触怒皇帝，被贬为潮州通判。协助州官新修孔庙，倡议建韩吏部祠，撰《招韩文公文》。咸平三年（1000年），他组织吏民捕杀鳄鱼，为民除害。改任直史馆、知寿州（治今安徽寿县），赈济灾民。徙知庐州（治今安徽合肥），提点开封府界事，后为两浙转运副使。

钱塘江石堤两年即坏，陈尧佐请"下薪实土"（先用木桩打入土中，再用树枝横放，用土夯实，反复如此，最后添加垒石），未被采纳。徙京西转运使后，钱塘江大堤仍如其议而建。徙河东路，当地寒冷，百姓困苦，陈尧佐上奏免除石炭税。

纠察在京刑狱，后监鄂州茶场。天禧年间，黄河决口，陈尧佐知滑州（治今河南滑县），造木龙，筑长堤，人呼"陈公堤"。营永定陵，又徙京西转运使，入京为三司户部副使，同修《真宗实录》。特擢知制诰兼史馆修撰，知通进、银台司。

天圣二年（1024年），进枢密直学士、知河南府。天圣三年（1025年），徙并州（治今山西太原）。汾水暴涨，陈尧佐组织筑堤，种植柳树，建成柳溪，水患遂解。天圣五年（1027年），同修《三朝史》，同知开封府，累迁右谏议大夫，为翰林学士。天圣七年（1029年），六十七岁的陈尧佐拜枢密副使。祥符知县陈诂获罪，因与吕夷简有亲，不能治其罪。陈尧佐独言："罪诂则奸吏得计，后谁敢复绳吏者？"（《宋史·陈尧佐传》）遂治其罪。以给事中参知政事，迁尚书吏部侍郎。

明道二年（1034年），以户部侍郎知永兴军。改知庐州（治今安徽合肥），徙同州，复徙永兴军。不久拜同中书门下平章事、集贤殿大学士。罢为淮康军节度使、同中书门下平章事、判郑州。康定元年（1040年），以太子太师致仕。

宋元时期

陈尧佐墓

庆历四年（1044年）去世，享年八十二岁。赠司空兼侍中，谥文惠。陈尧佐年少时好学，成年后读书不辍。从小爱好诗文，多写山水花木，寓志谈史，明白清丽。善古隶八分，能写一丈见方的字，笔力端正遒劲，年老不衰。生性俭约，看动物必告诫左右不要杀害，器物衣服坏了，随时修补。号"知余子"。有《集》三十卷，又有《潮阳编》《野庐编》《愚丘集》《遣兴集》。

陈尧佐墓在今郑州市新郑市郭店镇宰相陈村西，省道102可达，地理坐标为北纬34°30′20.48″，东经113°43′30.87″。该墓始建于北宋，为河南省文物保护单位。墓葬临村庄耕地，地势平坦。三兄弟墓从东向西依次排开，相距数米，分别是陈尧叟、陈尧佐、陈尧咨。墓冢呈圆形，直径约8米，高约3.4米，四周以石围砌。冢前各有墓碑，为陈氏后人新立。

宋真宗赵恒

宋真宗赵恒，生于乾德六年（968年），卒于乾兴元年（1022年）。宋太宗赵光义第三子，母李氏。宋朝第三位皇帝，998—1022年在位，年号咸平、景德、大中祥符、天禧、乾兴，庙号真宗，谥文明武定章圣元孝皇帝。

李氏为太宗妃，相传梦见自己用衣服前摆承接太阳，既而有孕。赵恒出生时，红光照耀，左手有"天"字。幼时聪明伶俐，喜欢列兵布阵，深得太祖喜爱。曾随太祖上殿，端坐御榻之上，太祖问他皇帝好当吗？赵恒回答："一切皆由天命。"学习经籍，过目成诵。

初名赵德昌，太平兴国八年（983年），十六岁时授检校太保、同中书门下平章事，封韩王，改名元休。端拱元年（988年），封襄王，改元侃。淳化五年（994年）九月，进封寿王，加检校太傅、开封尹。至道元年（995年）八月，二十八岁时立为皇太子，改名赵恒，仍判开封府事。宫僚称臣，推让不受，见到宾客，必先施礼，迎送到门口。开封府政务繁杂，赵恒留心狱讼，裁决轻重，狱中屡空，太宗数次下诏嘉美。至道三年（997年）三月，太宗驾崩，三十岁的赵恒即皇帝位。第二年改年号为咸平。

赵恒即位之初，为了抵御辽国骑兵，大量采用了宋太宗时的办法：多开沟渠，多种水田。咸平四年（1001年），还在今徐水周边，引鲍河水以"隔限敌骑"。景德元年（1004年），又以定州为中心，开挖连接唐河、沙河、界河的运河，有效地限制了敌方骑兵。除了开河渠，还大力推广一种"方田"，就是在田地内开挖方格式的水渠网。有的水渠达五尺宽，七尺深。宋真宗在开挖河渠的同时，还大搞屯田，积粮备战，并起用老将曹彬威慑武将。他还亲自选拔精兵强将，对火兵器也给予了重视。宋军人数从太祖末期的66万人（作战部队35万人），增加到真宗末年的91万人（作战部队43万人），大部分都是这一时期增加的。继位后，即追赠皇叔、皇兄等人，因皇位争夺引起的矛盾逐渐平息。真宗即位之初，任李沆等人为相，为政勤勉，每日上朝听取奏事，午饭后观看士兵习武，晚上召值班的侍读、侍讲询问治国方略，直到深夜才回宫。他广开言路，虚心纳谏，减轻劳役，兴修水利，加强生产，使国家土地、人口迅速增加，财政收入稳步增长，出现了"咸平之治"。真宗提倡文教，爱好诗文，亲自作《励学篇》提出"书中自有黄金屋，书中自有颜如玉"，重视科举考试，严惩徇私舞弊，广泛公平选拔人才；制定了不许携带生活用品、夹带书籍等进入考场，对品官子弟进行"别头试""糊名法""誊录试卷法"等考试制度，使科举制度进一步完善和发展；革除冗官冗吏，咸平四年（1001年），下诏裁掉冗吏195802人。真宗还特别重视官员的廉洁自律。他颁布了告诫官员的《文武七条》，要求官员"清心""修德"。同时制定一整套严谨有效的官员选拔任用制度和渎职惩处制度，将各级官员置于严密的监管体系中，对保证政治清明、经济繁荣起到了重要作用。

为了缓解与西夏的矛盾，至道三年（997年）十二月，真宗授党项族首领李继迁定难军节度使，让他占有李氏旧地，承认李继迁占据西北的事实。李继迁死后，儿子李德明继位。景德三年（1006年），双方达成和议，北宋承认李德明的地位，授予其定难军节度使、西平王，俸禄如内地官员。李德明每年向宋朝进贡骆驼、马匹若干，双方在边境设置榷场。

景德元年（1004年），契丹屡屡犯境，三十七岁的真宗御驾亲征，天气寒冷但拒绝披皮袄，以示与将士同甘共苦。在接近澶州时，犹豫不前，在寇准的坚持下，渡过黄河，登上澶州北城，极大地鼓舞了宋军士气。士兵们踊跃作战，取得胜利，阻止了契丹南下，双方进入相持阶段。真宗接受议和请求，派亲信出使议和，私言不计财物，以达和解。最终，双方达成协议，契丹军队撤退。这就是"澶渊之盟"。虽然宋每年须向契丹纳绢输银，但毕竟换得了此后近百年的和平。对在征辽及订立盟约过程中起到重要作用的寇准，真宗格外信任，引起同僚猜忌。在这些人的诬告下，真宗开始对寇准心生怀疑，并将寇准调出京城。

真宗后期，误用王钦若、丁谓为相，并东封泰山，西祀汾水，拜谒亳州太清宫，每次均极尽奢华。提倡佛教、信奉道教，

宋真宗永定陵之一

在全国范围内大兴土木，广建寺院、道观，发放度牒，剃度僧侣，耗费大量社会财富，使国家财政入不敷出。真宗痴迷宗教活动，对政事的兴趣日益减弱，反对天书和迷信的大臣被贬出朝，而奉承者却得到重用。天禧元年（1017年），玉清昭应宫建成，金碧辉煌，花费无度。这一年发生蝗灾，真宗到处祷告，但于事无补，从此一病不起。

真宗病后，形成了以刘皇后为首的后党，真宗不得不重新起用寇准等人，这样朝臣分成两派。天禧四年（1020年）七月，寇准等拟铲除后党中的大臣丁谓等人，并有真宗允许太子监国、铲除丁谓的口谕，但因泄漏而未成功。事后，真宗面对刘皇后质问，矢口否认，寇准等人被贬。真宗神志不清，在寇准离开很长一段时间以后，仍问怎么好长时间没有见到寇准了。拜李迪为相，同时按照刘皇后的意思，太子监国、皇后预政。

后党丁谓压制李迪，真宗将二人降职贬出京城，但事后又将丁谓留在京城。真宗唯刘皇后懿旨行事，丧失了控制朝廷局面的能力。乾兴元年（1022年）二月，真宗病逝，享年五十五岁，葬永定陵。遗诏令太子柩前继位，尊皇后为皇太后，权处军国事。庆历七年（1047年），加谥膺符稽古神功让德文明武定章圣元孝皇帝。

永定陵在今郑州市巩义市芝田镇蔡庄村北岭上，省道237、国道310可达。地理坐标为北纬34°42′08″，东经112°58′28″。该陵始建于北宋，为全国重点文物保护单位。陵区南距蔡庄村1公里，北距巩义市区5公里，地处北宋诸陵的中部，南与西村陵区三陵遥遥相望，岗北坡地上有永昭陵和永厚陵。永定陵由上宫、下宫、章献明肃刘皇后陵、章懿李皇后陵和章惠杨皇后陵，以及两座陪葬墓组成。陵区南北长约1100米、东西宽约720米。上宫现存鹊台2个，均略呈方台状；乳台2个，平面呈长条形。宫城存陵台、四隅角阙和四神门两侧的阙台基址。陵台呈方形覆斗状。上宫存石雕像58件。下宫位于章献明肃刘皇后陵的北部，平面呈长方形，存南门狮一对。

宋真宗永定陵之二

苏立

苏立，生于开宝元年（968年），卒于庆历二年（1042年），字挺之，修武（今河南修武）人。宋朝大臣。

苏立幼年时即慷慨有大志，致力于读书、齐家、治国、平天下。真宗景德年间，契丹南侵，苏立散尽家财，组织乡曲弟子抵御契丹，保全修武。后随宋军北上，献策破敌有功，任符离（今属安徽宿州埇桥区）尉。历河清县（治今河南洛阳吉利区）主簿，遂州（治今四川遂宁）录事参军。政绩突出，升为大理寺丞，知大名（治今河北大名）县事，又迁太子中舍。

苏立本为文吏，但生性好勇，有谋略，长于武事，因此改武官。任供备库副使，知威腾军事等职，后迁右骐骥副使同提点湖南两浙刑狱，封司马温公。庆历二年（1042年），卒于长沙官舍，享年七十五岁。两年后归葬故里。

苏立墓在今焦作市修武县方庄镇孟村南，省道233可达村庄，地理坐标为北纬35°20′47″，东经113°25′14″。该墓始建于北宋，为修武县文物保护单位。墓冢坐落于耕地之中，地势平坦，东南约50米为南水北调水渠。墓冢为后人以土、石堆砌，直径约9米，高约1.5米。墓前有现代碑楼一座。

苏立墓

陈尧咨

陈尧咨，生于开宝三年（970年），卒于景祐元年（1034年），字嘉谟，阆州阆中（今四川阆中）人。陈省华第三子，陈尧叟、陈尧佐弟。宋朝大臣，擅长书法、射箭。

咸平三年（1000年）中状元，授将作监丞，通判济州。为校书郎，值史馆，判三司度支勾院，擢右正言，知制诰。奉诏担任殿试考官时，接受请托，提携刘几道，被贬为单州（治今山东单县）团练副使。不久，又任著作郎，知光州（治今河南潢川）。复任右正言，知制诰，出知荆南。改为起居舍人，同判吏部流内铨时，破格提拔寒门素士，得真宗嘉奖，升右谏议大夫、集贤院学士。以龙图阁学士、尚书工部郎中知永兴军。永兴地多盐碱，无甘泉，陈尧咨引龙首渠入城，惠利于民。

陈尧咨豪侈不循法度，用刑残酷，常致人命。徙知河南府，遭弹劾削职。徙邓州（治今河南邓州）数月，复知制诰，判登闻检院，复龙图阁直学士，不久因失职降为兵部员外郎。母亲病逝，服丧期满后起复工部郎中、龙图阁直学士。时遇边患，陈尧咨被任命为陕西缘边安抚使，再迁右

陈尧咨墓

谏议大夫。知秦州，徙同州，以尚书工部侍郎知开封府，入为翰林学士。

不久，诏任宿州观察使，知天雄军，因位在丞郎之下，上疏辞而不就。皇太后召见，不得已赴任，整修器械，仍驭下粗暴，不恤百姓。以安国军节度观察留后知郓州（治今山东东平），浚导新河。拜武信军节度使，知河阳，徙澶州，又徙天雄军。

陈尧咨善隶书，在兄弟中文才最弱，但颇以气节自持。射技超群，曾以钱币为的，一箭穿孔而过。景祐元年（1034年），病逝于任上，享年六十五岁。赠太尉，谥康肃。

陈尧咨墓在今郑州市新郑市郭店镇宰相陈村西，省道102可达，地理坐标为北纬34°30′20.74″，东经113°43′32.18″。该墓始建于北宋，河南省文物保护单位。墓葬临村庄耕地，地势平坦。三兄弟墓由东向西依次排开，相距数米，分别是陈尧叟、陈尧佐、陈尧咨。墓冢呈圆形，直径约8米，高约3.4米，周以石围砌。冢前各有墓碑，为陈氏后人新立。

王曾

王曾，生于太平兴国三年（978年），卒于宝元元年（1038年），字孝先，青州益都（今山东青州）人。宋朝大臣，官至宰相。

王曾少年丧父，被叔父收养，一表人才，举止有礼。师从本地学者张震，擅诗文，作《有教无类赋》。咸平五年（1002年），连中三元，以将作监丞通判济州（治今山东济宁）。回来后由寇准试于政事堂，擢授秘书省著作郎、直史馆、三司户部判官。景德元年（1004年），真宗派人聘问辽国，称其北朝，王曾说从其国号足矣，因使者已经出发没有更改。迁右正言、知制诰兼史馆修撰。各地上奏祥瑞出现，王曾认为这是国家承平所致，但不能自骄，以免日后出现灾祸。真宗大建玉清昭应宫，王曾上疏陈述五大害处劝谏。

王曾后迁翰林学士，深得真宗尊礼。知审刑院，再迁尚书主客郎中，知审官院、通进银台司，勾当三班院，以右谏议大夫参知政事。因派人堆土于贺皇后旧第门前，被罢为尚书礼部侍郎、判都省，出知应天府（治今河南商丘）。天禧年间，民间传有妖怪，百姓惊慌，王曾令夜里打开城门，捕治散布谣言之人，人心遂平。徙天雄军，复参知政事，迁吏部侍郎兼太子宾客。

乾兴元年（1022年），真宗驾崩，王曾代书遗诏："以明肃皇后辅立皇太子，权听断军国大事。"（《宋史·王曾传》）丁谓打算去掉权字，王曾坚持不去。仁宗即位，迁礼部尚书，议定太后临朝仪礼，太后坐皇帝右侧，垂帘奏事。当时真宗刚逝，人心不定，王曾公正独立，朝廷倚为国家柱石。拜中书侍郎兼本官、同中书门下平章事、集贤殿大学士、会灵观使。王钦若去世，以门下侍郎兼户部尚书为昭文馆大学士、监修国史、玉清昭应宫使。

天圣四年（1026年）大雨，有传言说汴口决口，京城惊恐，王曾见没有奏书上报，断定此乃民间讹传，已而果然。曹利用见王曾位在己上，怏怏不悦，后来坐事，王曾又为之说解。秉公办事，没有顾及太后的尊严和姻亲之家，惹太后不悦，又遇玉清昭应宫火灾，出知青州（治今山东青州）。以彰信军节度使复知天雄军，百姓得惠，为他画像生祠。改天平军节度使、同中书门下平章事、判河南府。

景祐元年（1034年），王曾为枢密使。

第二年，拜右仆射兼门下侍郎、平章事、集贤殿大学士，封沂国公。举荐吕夷简为相，但二人政见不和，因事于仁宗面前交论，言辞不当，同时被罢，以左仆射、资政殿大学士判郓州。

王曾方严持重，言事慎重而切乎情理，荐拔才能之士，厌恶侥幸之徒。选拔、陟黜官吏，都不令人知道，范仲淹曾问他："明扬士类，宰相之任也。公之盛德，独少此耳。"（《宋史·王曾传》）王曾认为，如果执政的人把恩情归己，那么有怨了归谁呢，范仲淹叹服。王曾资质端厚，眉目如画。在朝廷进止有矩，平时少言笑，他人都不敢以私相交。杨亿喜欢言笑，独不敢与王曾相戏。平生自奉俭约，有故人子孙来京，王曾赠送数轴简纸，都裁取自他人书简之后。

宝元元年（1038年）冬去世，享年六十一岁，赠侍中，谥文正。皇祐年间，仁宗篆其碑名"旌贤之碑"，改其乡名旌贤乡。大臣赐碑篆，始自王曾，后配飨仁宗庙。著有《王文正公笔录》。

王曾墓在今郑州市新郑市薛店镇寺王村北，省道102、省道223可达，地理坐标为北纬34°29′56.01″，东经113°48′40.83″。该墓区地势平坦，现为耕地。墓葬已不存。

吕夷简

吕夷简，生于太平兴国四年（979年），卒于庆历四年（1044年），字坦夫，寿州（治今安徽凤台）人。宋朝大臣，官至宰相。

吕夷简进士及第，补绛州（治今山西新绛）军事推官，稍迁大理寺丞。真宗大中祥符年间，通判通州（治今江苏南通），徙濠州（治今安徽凤阳），再迁太常博士。黄河北部地区水灾，选调知滨州（治今山东滨州），上奏不对农器征税，朝廷议纳。擢升提点两浙刑狱，迁尚书祠部员外郎。京师营建，于南方伐木，要求按时完成，有些工徒累死，反被诬逃走，收监其妻子儿女。吕夷简上奏请求放缓差役，朝廷采纳，又奏称严冬运输不便，等河流解冻，再送京师。真宗赞其有为国爱民之心，擢升刑部员外郎兼侍御史知杂事。

太宗朝，蜀地李顺举兵反抗朝廷被镇压，但李顺不知所踪。真宗时，有人称捉到了李顺，群臣恭贺，但经吕夷简详察，非是。大家催促他将此人以真李顺定罪判刑，吕夷简反对，认为不能欺骗朝廷，因此得罪了一些大臣。是年，蝗灾天旱，吕夷简请求皇帝反思自省，修明政教，严饬宰相。改起居舍人、同勾当通进司兼银台封驳事，出使契丹，回来知制诰。进龙图阁直学士，再迁刑部郎中、权知开封府。政绩突出，声誉良好，真宗将他的名字刻在屏风上，准备重用。

仁宗即位，吕夷简进右谏议大夫，查处雷允恭擅自占用永定陵地之事，以给事中参知政事。他建议刘太后远奸邪，奖忠直，辅成圣德，以报真宗。迁尚书礼部侍郎、修国史，进户部，拜同中书门下平章事、集贤殿大学士、景灵宫使。反对太后复建玉清昭应宫，被罢二府兼宫观使。进吏部，拜昭文馆大学士，监修国史。天圣九年（1031年），加中书侍郎。上疏请求为去世的宫嫔李氏发丧，太后诘问其干预后宫之事，吕夷简以"太后他日不欲全刘氏乎"的激烈之辞反驳，宫嫔顺利下丧。后诏任修大内使，事成后进门下侍郎、吏部尚书。

刘太后去世，仁宗亲政，吕夷简疏陈八事：正朝纲、塞邪径、禁货赂、辨佞壬、绝女谒、疏近习、罢力役、节冗费，仁宗接受。罢黜太后重用的大臣，仁宗告诉了郭皇后，郭皇后认为"夷简独不附太后邪？但多机巧、善应变耳"（《宋史·吕夷简

吕夷简墓

传》），于是吕夷简被罢为武胜军节度使、检校太傅、同中书门下平章事、判陈州（治今河南淮阳）。岁中复相，后加右仆射，封申国公。

王曾与吕夷简不和，斥责吕夷简受贿。皇帝查问，虽未查实，仍将吕夷简以镇安军节度使、同平章事判许州，徙天雄军。不久，以右仆射复相，后封许国公，兼枢密使。契丹聚兵幽蓟，声言入侵，时议迁都洛阳。吕夷简认为据城洛阳，无以示威，应建都大名，以示皇帝将亲征，依其议。

吕夷简为国爱民，忧国忘身，聪明亮达，规模宏远，勤劳宋廷二十余年，厥功甚茂。有远见卓识，深谋远虑，谋略得当，消弭仁宗母子矛盾，使人无可乘之机，制治于未乱，朝廷安静，公卿士大夫无祸，有古大臣之度。知人善任，对有才干的官员加以重用，但对反对他的人不够宽容。

宝元二年（1039年），吕夷简患病，诏拜司空、平章军国重事。宝元三年（1040年），皇帝召见，敕吕夷简可乘马直至殿门，不下拜。授司徒、监修国史，军国大事与中书省、枢密院共议。吕夷简以年老，坚持以太尉致仕。庆历四年（1044年）去世，皇帝痛哭："哪里还有忧国忘身如夷简的人啊！"赠太师、中书令，谥文靖。配食仁宗庙，赠碑一通，上书"怀忠之碑"。有集二十卷。子公绰、公弼、公著、公孺。

吕夷简墓在今郑州市新郑市郭店镇李坟村东500米，国道107从墓西侧约百米处经过，地理坐标为北纬34°32′41″，东经113°41′04″。该墓始建于北宋，为新郑市文物保护单位。墓冢坐落于耕地，地势平坦。墓冢近圆形，直径19～23米，高约4米，周长40米。

王德用

王德用，生于太平兴国五年（980年），卒于嘉祐三年（1058年），字元辅，赵州（今河北赵县）人。宋朝大臣。

至道二年（996年），党项李继迁叛乱，王德用的父亲王超出兵讨伐，王德用时年十七岁，担任先锋。他率领万人战于铁门关，斩首十三人，俘获畜产数万，撤退时下令"乱行者斩"，全军肃然，王超感叹王家有后。

王德用后累迁内殿崇班，以御前忠佐为马军都军头，后任邢（治今河北邢台）、洺（治今河南洛阳）、磁（治今河北邯郸磁县）、相（治今河南安阳）等州巡检。张洪霸为盗，王德用用毡车装载勇士，诈称妇人饰品，张洪霸拦劫时，勇士奋力冲杀，将盗贼一网打尽。督捕陕西东路，盗贼以张洪霸被擒，全都逃去。王德用为环、庆路指挥使时，奏事忤怒皇帝，责授郓州马步军都指挥使。历任内殿直都虞候、殿前左班都虞候、柳州（治今广西柳城）刺史，迁捧日左厢都指挥使、英州团练使等。

天圣元年（1023年），王德用以博州（治今山东聊城）团练使知广信军，率禁军增筑城池，皇帝有诏褒谕。徙冀州（今属河北衡水），历龙神卫、捧日天武四厢都指挥使、康州（治今广东德庆）防御使、侍卫亲军步军马军都虞候。后召还京师，为并、代州（治今山西太原代县）马步军副都总管，迁殿前都虞候、步军副都指挥使。历桂州（治今广西桂林）、福州（治今福建福州）观察使。章献太后临朝，下内诏补其为军吏，王德用以此事属军政，不应由太后下诏，坚辞不应。仁宗知晓后，认为他可堪大用，遂为枢密院副使。后以奉国军节度观察留后同知院事，迁知院，历安德军，加检校太尉、定国军节度使、宣徽南院使。

王德用状貌雄伟，面色黝黑而脖颈以下白皙，时人都觉得奇怪。御史中丞上奏称王德用深得士心，不宜久典机密，罢为武宁军节度使、徐州大都督府长史，降为右千牛卫上将军、知随州（治今湖北随州）。后徙真定府、定州路都总管，以宣徽南院使判成德军。未及上任，即徙定州（治今河北正定）路都总管。每日训练士卒，使士兵均可大用。

契丹派人刺探被捉，王德用没有杀他，并让他观看阅兵。探子回去后说汉兵将进攻契丹，契丹议和。入奉朝请，出判相州（治今河南安阳），拜同中书门下平章事、判澶州（治今河南濮阳），徙郑州（今河南郑州），封祁国公。王德用善射，此时年纪已大，与皇帝射箭，仍可达到欲中即中。加检校太师，复判郑州，徙澶州，改集庆军节度使，封冀国公。皇祐三年（1051年），以太子太师致仕。乾元节时，王德用仍到宫中，契丹人便问"黑王相公"又重新起用了吗？仁宗听说后，即将王德用起为河阳三城节度使、同中书门下平章事、判郑州。

至和元年（1054年），王德用任枢密使。后封鲁国公，多次上疏请求去位，任忠武军节度使、景灵宫使，又为同群牧制置使。下诏可五日一上朝，许子、孙一人搀扶。嘉祐三年（1058年）去世，享年七十九岁。赠太尉、中书令，谥武恭，赐黄金。王德用最钟爱儿子王咸融，晚年更是放纵，多行不法之事。

王德用墓在今郑州市新郑市龙湖镇荆王村东南300米，国道107转乡道102可到达，地理坐标为北纬34°33′60″，东经113°37′56″。该墓位于耕地之中，地势平坦。冢已平，仅有碑一通，载其生平。龟跌碑座，方碑，碑高约3.5米，底座长宽约1.3米，为郑州市文物保护单位。

王博文

王博文，生卒年不详，字仲明，曹州济阴（今山东定陶）人。宋朝大臣。

王博文擅长作文，十六岁时举为开封府进士，作回文诗百篇，人谓之"王回文"。淳化三年（992年），太宗亲试进士，以年少归。后在庐州（治今安徽合肥）任官，经州守刘蒙叟推荐，试于中书舍人院，为安丰（今江西九江）县主簿，历南丰（今江西南丰）县尉，颇有能名。后调任南剑州（治今福建南平）军事推官，改大理寺丞，监荆南榷货事务，迁殿中丞。

王博文后经陈尧咨推荐试于中书，赐进士及第，擢升知濠州（治今安徽凤阳）、真州（治今江苏仪征）。又权江、淮制置司事，改监察御史、梓州路（治今四川三台）转运使。因病，出知海州（治今江苏连云港海州区）、密州（治今山东诸城）。当地临海有盐场，百姓盗卖海盐，被捕后均处死，王博文请求放松盐禁，待粮食丰足时再严管，朝廷采纳。除为殿中侍御史。

真宗天禧年间，朱能、王先伪造《乾佑天书》，王博文办理此案，严惩首恶，胁从者七人减免刑罚。任开封府判官，以母亲去世离职。他幼年丧父，母张氏改嫁，为官后以没有断绝母子亲情请求恩封。服除，为三司户部判官，出为河北转运使，迁侍御史、陕西转运使。属地叛乱，劾奏钤辖周文质等人纵容叛乱，耗用边费，周文质等人因此被治罪，叛乱遂平。迁为尚书兵部员外郎，为三司户部副使，再迁户部郎中、龙图阁待制、判吏部流内铨、权发遣三司使事。

权知开封府，进龙图阁直学士、知秦州（治今甘肃天水），徙凤翔府、永兴军。改枢密直学士，复知秦州。沿边军民多有逃走，途中被擒住，一律处斩。王博文派人拿密信招他们回来，为他们开脱，每年很多人得以免死，朝廷下诏令其他地方仿效。再迁右谏议大夫，以龙图阁学士复知开封府。时有豪族邸舍侵占道路，王博文命左右判官拆除，月余即完成。

出知大名府（治今河北大名），迁给事中，又权三司使，同知枢密院事，月余后去世。皇帝亲往祭奠，赠尚书吏部侍郎。王博文任职很多，为政公平宽厚，经常对诸子说："我判罪最严重者为流刑，即使这样也是为他们选择条件好的去处。"

王博文墓在今郑州市上街区峡窝镇四

所楼村东,丹江南路可达,地理坐标为北纬34°47′40″,东经113°16′44″。该墓始建于北宋,为郑州市文物保护单位。原墓冢北为土丘,南为平地。南北长130米,东西宽100米。现封冢已平,为一果园所围占,一碑存放于园内,高1.98米,宽0.64米,厚0.18米,楷书"宋枢密院累赠太师中书令兼尚书令封郑国公谥肃讳博文字仲明王公之墓"。

晁宗悫

晁宗悫，生于雍熙二年（985年），卒于熙宁二年（1069年），字世良，澶州（治今河南清丰）人。宋朝大臣。

晁宗悫以父荫为秘书省校书郎，数次上表感恩称颂，赐进士及第。大中祥符八年（1013年），除馆阁校勘，三迁大理寺丞，集贤校理兼注释御集检阅官。后通判许州，仁宗即位，迁殿中丞、同修起居注。

天圣元年（1023年），上疏请求减少上供，开垦闲田，择选狱官，令监司举荐县令等。累迁尚书祠部员外郎，知制诰。后入为翰林学士。母亲去世丁忧，起复兼任龙图阁学士，又管理开封府，审理案件颇有能名。夏州元昊造反，晁宗悫去陕西安抚，与夏竦商议攻守之策。拜右谏议大夫，参知政事。后随皇帝郊祠染病，数次请求罢职，任资政殿学士、给事中。熙宁二年（1069年）去世，享年八十五岁，赠工部尚书，谥文庄。

晁宗悫墓在今濮阳市清丰县阳邵乡西阳邵村西500米，省道213可达，地理坐标为北纬36°02′39.0″，东经114°57′24.0″。该墓始建于北宋。该墓葬地处耕地，地势平坦，南有一条东西向村路。原墓地广30余亩，有墓冢、石像生、神道、石坊等，周建青砖花墙，时称"花园坟"，后毁于水灾。现存清嘉庆二年（1797年）碑碣，高2.5米、宽0.8米、厚0.25米，断为三截，下半部位于墓前路边沟内，螭首龟座俱失，碑刻楷书"宋参政宗悫公之墓"，为濮阳市文物保护单位。

蔡齐

蔡齐，生于端拱元年（988年），卒于宝元二年（1039年），字子思，祖籍洛阳（今河南洛阳），徙居莱州胶水（今山东胶州）。宋朝大臣。

蔡齐少年时成孤儿，在外祖父刘家生活。大中祥符八年（1013年），中进士。蔡齐外表英伟，举止端正，真宗颇为喜爱，对寇准说"得人矣"，诏令金吾卫士七人，传呼以宠之。状元配给侍从，自蔡齐开始。先任将作监丞，继任兖州（治今山东兖州）和潍州（治今山东潍坊）通判。天禧二年（1018年），以秘书省著作郎直集贤院。

天圣元年（1023年），为司谏、修起居注，改尚书礼部员外郎兼侍御史知杂事。驻守河阳（治今河南孟州）的钱惟演请求朝廷额外增加钱饷，章献太后拟准奏。蔡齐劝谏，认为皇上新登大宝，钱惟演以外戚请求额外赏赐以示私恩，不应该批准，并上疏弹劾钱惟演。以起居舍人知制诰，入为翰林学士，加侍读学士。

太后出巨资修建景德寺，派内侍罗崇勋主持此事，命蔡齐为文记载。罗崇勋暗中派人对蔡齐说，赶快写成，可任参知政事，但他很长时间仍未呈上，罗崇勋进谗言，蔡齐被罢为龙图阁学士、知河南府。改知密州（治今山东诸城），徙应天府（治今河南商丘），召为右谏议大夫、御史中丞。

明道二年（1033年），章献太后去世，遗诏以杨太妃为皇太后，同裁制军国事。蔡齐以皇帝年富力强，不宜使皇后相继称制，遂罢。复任龙图阁学士、权三司使，又拜枢密副使。交趾（治今越南河内）百姓不堪凌虐回归，众人建议拒他们入内，蔡齐认为却之不祥，可给些闲田让他们种，否则必会聚而为盗，未予采纳。数年后，这些人果然叛乱。蜀地豪族王齐雄杀人，因和太后有亲，不久即复官。蔡齐上奏，直言如此是以恩废法，于天下不利，皇帝打算将王齐雄降一等官，蔡齐坚决不同意，皇帝无奈，王齐雄伏法。钱惟演攀附丁谓，陷害寇准，蔡齐对仁宗说："寇准忠义闻天下，社稷之臣也，岂可为奸党所诬哉！"（《宋史·蔡齐传》）

景祐二年（1035年），蔡齐拜礼部侍郎、参知政事，时年四十八岁。契丹屯兵幽州，宰相们打算调兵防备，蔡齐却料定契丹必不会背盟。王曾与蔡齐关系和睦，但为吕夷简不容。景祐四年（1037年），王曾被罢相，蔡齐也以户部侍郎待选，不久出知颍州（治今安徽阜阳）。

蔡齐大方持重，有风采，性情谦退，不妄言。丁谓把持朝政时拉拢蔡齐，蔡齐终没有同流。蔡齐年少时与刘颜关系较好，后刘颜获罪，蔡齐将他的书奏上，得以复官。刘颜去世，蔡齐又将女儿嫁给刘颜的儿子。他所推荐的庞籍、杨偕、刘随、段少连等人，后来都成为名臣。

蔡齐于宝元二年（1039年）去世，享年五十二岁。赠兵部尚书，谥文忠。蔡齐无子，以从子蔡延庆为后。死后，有遗腹子名蔡延嗣。存《小孤山》七律一首。

蔡齐墓在今郑州市巩义市芝田镇蔡庄村南，省道237可达，地理坐标为北纬34°41′08″，东经112°58′08″。该墓始建于北宋。墓区紧临村庄，坐落于耕地之中。墓前原有石碑为清同治八年（1869年）季秋立，上书"宋臣蔡文忠公之墓"，右上注"公讳齐，字子思，宋祥符八年状元，官拜宰相"。墓前原有石表，当地人称为"驸马碑"。表高2.75米、直径0.3米，表额为正方平面，上书"丞相国府君蔡公之神道"。现仅存石表及石表柱础，石表亦有损毁，刻字部分残。

范仲淹

范仲淹,生于端拱二年(989年),卒于皇祐四年(1052年),字希文,苏州吴县(今属江苏苏州)人,世称"范文正公"。宋朝政治家、文学家、思想家,其"先天下之忧而忧,后天下之乐而乐"的忧国忧民思想对后世影响深远。

淳化元年(990年),范仲淹的父亲范墉去世,母亲谢氏改嫁长山(今山东邹平)朱文翰,范仲淹改名朱说。范仲淹年少时即有志向和操守,成年后知道身世,辞别母亲,于大中祥符四年(1011年),二十三岁时来到应天府书院(在今河南商丘)读书。他读书刻苦,昼夜不息,冬天疲惫时,以冷水洗面,饿时以碎粥充饥。因家境贫困,每天只能吃一碗粥,他把凉粥分成四块,早晚各取两块,和着咸菜同吃,吃完继续读书,为后人留下了划粥割齑的典故。艰苦备尝,学识大进。

大中祥符八年(1015年),二十七岁的范仲淹进士及第。初任广德军(治今安徽广德县)司理参军,把母亲接来赡养。调任集庆军(治今安徽亳州)节度推官。正式恢复范姓,改名仲淹,字希文。天禧五年(1021年),监泰州西溪(今江苏东台)盐税,建议在沿海修建堤堰,堤成,时人称"范公堤"。后调回京师,任大理寺丞,又监楚州(治今江苏淮安)粮料院。

天圣四年(1026年),母亲谢氏病故,范仲淹去官回南京(今河南商丘)居住,知府晏殊将他安排到应天府学,上书请择郡守,举县令,斥游惰,去冗僭,慎选举,抚将帅,凡万余言。天圣六年(1028年),服丧结束,升秘阁校理。范仲淹通晓"六经",向学者讲解,从不感到疲倦,每论天下之事,奋不顾身,言辞激昂,士大夫风气因他而大变。天圣七年(1029年),范仲淹请刘太后还政于皇帝。任河中府(治今山西永济)通判,徙陈州(治今河南淮阳),上疏罢修宫观,减少木材贡赋。三年后,仁宗把范仲淹召回京师,任右司谏。

时议多非刘太后,范仲淹建议掩饰太后小过,反对刘太后立杨氏为皇太后的遗诏,皇帝下诏禁止再议太后时事。明道二年(1033年),京东和江淮一带大旱,又闹蝗灾,范仲淹前去赈灾,开仓放粮,禁止过度祭祀,减免赋税,上疏陈救助之策。宰相吕夷简打算废掉郭皇后,范仲淹反对,被贬做睦州(治今浙江梅城)知州。一年多后，移知苏州（治今江苏苏州）。

范仲淹任职苏州时，苏州发生水灾，他带人疏通河道，尽量减少因灾造成的损失，招募百姓耕作，众人称颂，范仲淹因功授尚书礼部员外郎、天章阁待制。召还，判国子监，迁吏部员外郎，权知开封府。范仲淹对吕夷简不按序选拔官员的做法不满，上《百官图》，又称破格者不宜全委权于宰相。后又四次上疏，讥贬时政，言辞激烈，惹恼吕夷简，被贬为饶州（治今江西鄱阳）知州。后调任润州（治今江苏镇江）和越州（治今浙江绍兴）知州。

宝元元年（1038年），党项李元昊建西夏国，称皇帝，侵袭宋延州（治今陕西延安）。范仲淹被召回朝廷，任天章阁待制、知永兴军（治今陕西西安），升龙图阁直学士，迁户部郎中兼知延州（治今陕西延安），亲临前线。他改变过去将兵作战的方式，将全部兵马分作六部，每部三千，根据敌人数量出兵抵御。同时又采取大兴营田，听民互市，建康定军，暂缓用兵，构筑堡寨，招还流民等措施，做好御敌准备。

元昊与范仲淹约和，范仲淹写书信戒喻，元昊回信，言辞不逊，范仲淹当着来使将书信焚烧。朝中有人以为范仲淹与元昊不应当通书信，也不应该焚烧，请求斩范仲淹，仁宗将范仲淹降为本曹员外郎、知耀州（治今陕西铜川耀州区），徙庆州（治今甘肃庆阳），迁左司郎中，为环庆路经略安抚、缘边招讨使。范仲淹请诏书犒赏诸羌族，检阅其人马，并订立赏罚条约，诸羌受命，始为宋朝所用。

庆历二年（1042年）三月，范仲淹密令长子范纯祐和蕃将赵明率兵偷袭西夏军，夺回庆州西北的战略要地马铺寨。筑大顺城（今甘肃庆阳华池县二将川），构筑了坚固的防御工事。仁宗高兴，进范仲淹枢密直学士、右谏议大夫，又复置陕西路安抚、经略、招讨使，以范仲淹、韩琦、庞籍分领。范仲淹号令明晰，爱抚士卒，诚心对待投靠的诸羌族人，党项不敢轻易进攻，元昊请和。诏授范仲淹为枢密副使，改参知政事，范仲淹固辞不受。

仁宗锐意太平，数问当世之事，范仲淹上十事：一明黜陟，二抑侥幸，三精贡举，四择长官，五均公田，六厚农桑，七修武备，八推恩信，九重命令，十减徭役，大多被采用，此即为"庆历新政"。范仲淹以天下为己任，日夜谋虑兴致太平，但变化过速，涉及面太广，并使一些官员利益受损，谤毁稍行，朋党之论再起，新政渐废。边陲有警，范仲淹请求处置，为河东、陕西宣抚使。修麟州（治今陕西神木）故寨，招还流亡三千余户，蠲免赋税，罢酒专卖制度，奏免府州商税，当地遂安定。为资政殿学士、陕西四路宣抚使、知邠州（治今陕西彬县）。原来的施政建议，则渐渐罢止。

范仲淹内刚外柔，性情至孝，因母亲在时贫困，后来虽然富贵，没有宾客也不食肉。妻、子衣食，够用而已。好善乐施，设置义庄，赡养族人。为政忠厚，所任之处均有政恩，邠、庆二州百姓和羌民，都画像祭祠。

因病请知邓州（治今河南南阳邓州），进给事中，不久徙杭州，再迁户部侍郎，徙青州（治今山东青州）。皇祐四年（1052年），病情加重，请知颍州（治今安徽阜阳），未至而去世，享年六十四岁。赠兵部尚书，谥文正，封楚国公、魏国公。范仲淹生病时，皇帝经常派人赐药慰问，既而去世，嗟悼良久，遣人去家中慰问，亲书墓碑"褒贤之碑"。四方叹息，羌酋数百人痛哭如丧父，斋戒三日才去。四子：纯祐、纯仁、纯礼、纯粹。有《范文正公集》传世。

范仲淹文武兼备，擅长诗词、散文。现存诗歌305首，内容广泛，抒发抱负、关注民生、纪游山水，文辞清美。主张诗歌创作要忠于生活现实，符合时事，不为空言。其风格与当时的白体、晚唐体及西昆体迥然不同，为唐宋诗歌转变的重要节点。他反对宋初文坛的柔靡之风，提出宗经复古、文质相救、厚其风化的文学思想。范仲淹的文章，立足点在于政而不在于文，在价值取向上与扬雄、王勃、韩愈、柳宗元以及宋初复古文论一样，具有历史意义和复古精神，对宋初文风的革新具有积极作用。抒发对亲友怀思的词作承继前代词风，以柔情、丽语见长，婉约中蕴含遒劲。以《渔家傲·秋思》为代表的边塞词，开启宋词贴近社会和现实的创作方向，沉郁苍凉的风格也成为豪放词的滥觞。散文作品以证疏和书信居多，陈述时政，逻辑严密，说服力很强。名篇《岳阳楼记》融记叙、写景、抒情、议论为一体，其中"先天下之忧而忧，后天下之乐而乐"为千古名句。《苏幕遮·怀旧》"碧云天，黄叶地。秋色连波，波上寒烟翠……明月楼高休独倚，酒入愁肠，化作相思泪"也是传诵至今。范仲淹重视教育，把"兴学"作为培养人才、救世济民的根本手段，足迹所涉，无不兴办学堂，教泽广被。范仲淹还善书法，"落笔痛快沉着，极近晋宋人书"（《四友斋丛说》）。

范仲淹墓在今洛阳市伊川县彭婆镇许营村北1.5千米，省道238转村间公路可

范仲淹墓

达,地理坐标为北纬34°29′42.0″,东经112°32′32.0″。该墓始建于北宋,为全国重点文物保护单位。墓葬坐落于台地上,地势略高,四周均为农田。现辟为范仲淹墓园,由山门、石坊、墓祠、墓冢、碑刻等部分组成。园内古柏参天,环境优雅。神道两侧有石人、石羊、石狮。墓祠面阔三间,祭祀碑碣多通。墓祠后为墓冢,直径约10米,高2米。前有碑一通,上书"宋参知政事范文正公墓"。墓旁有其母秦国谢太夫人墓及长子监簿公范纯祐墓。墓园北约200米,有范仲淹子纯仁、纯礼、纯粹及侄子等墓园。墓园现由范氏后人看护、祭奠。

晏殊

晏殊，生于淳化二年（991年），卒于至和二年（1055年），字同叔，抚州临川（今江西临川）人。宋朝大臣，官至宰相，也是著名词人。

晏殊从小聪明好学，七岁能作文。景德元年（1004年），江南安抚使张知白以"神童"举荐，与千余人同时入殿考试，晏殊从容不迫，下笔即成，真宗嘉赏，赐同进士出身，时年十四岁。复试时，晏殊以曾经做过赋题，请求另改他题，既成，众人称好，授秘书省正字，留秘阁读书。他学习勤奋，交友慎重，深得直史馆陈彭年称许。景德三年（1006年），召试中书，任太常寺奉礼郎。

大中祥符元年（1008年），任光禄寺丞，后为集贤校理、著作佐郎。大中祥符七年（1014年），随真宗祭祀亳州太清宫，同判太常礼院，再迁太常寺丞，擢左正言、直史馆，升王府记室参军。迁尚书户部员外郎，为太子舍人，寻知制诰，判集贤院。天禧四年（1020年），为翰林学士，迁左庶子。皇帝每次咨询事务，都用方寸小纸细书，晏殊回答后，一并与文稿封好，非常缜密。

乾兴元年（1022年），仁宗继位，刘太后听政。宰相丁谓、枢密使曹利用都想独揽大权，众人束手无策。晏殊提出让刘太后垂帘听政，得到支持，迁右谏议大夫兼侍读学士，加给事中。参与修撰《真宗实录》，进礼部侍郎，拜枢密副使。晏殊反对张耆任枢密使，违背刘太后旨意。天圣五年（1027年），以刑部侍郎贬知宣州（治今安徽宣州），后改知应天府。邀范仲淹到书院讲学，培养了大批人才。五代以来，学校尽废，自晏殊始复兴。召拜御史中丞，改资政殿学士兼翰林侍读学士，兵部侍郎兼秘书监，三司使。

明道元年（1032年），晏殊任参知政事，加尚书左丞。太后谒太庙，有人请太后服衮冕，晏殊回答应着太后服饰。刘太后驾崩，以礼部尚书知亳州，徙陈州（治今河南淮阳），迁刑部尚书，以本官兼御史中丞，复为三司使。宝元年间，陕西用兵，晏殊提出不要以内臣监兵，不授给诸将阵图可随机攻守，招募弓箭手训练以备战斗，拿出宫中的财物资助边费等建议，均得以施行。康定元年（1040年），知枢密院事，又为枢密使，进同中书门下平章事。庆历年间，拜集贤殿学士、同平章事，兼枢密使。

晏殊奖掖人才，唯贤是举，当时的知名人士，如范仲淹、孔道辅等，都出其门下。为相后，更加注重选拔贤材，范仲淹与韩琦、富弼等都得以进用，但小人权幸因此而心生不满。有人奏称晏殊曾经让官兵修房屋出租谋利，被降为工部尚书、知颍州，又徙陈州、许州。后复礼部、刑部尚书，迁户部，以观文殿大学士知永兴军，徙河南府，迁兵部。

晏殊生性节俭，不尚奢华，性格刚烈，性情急躁，累掌数州，官吏百姓都很害怕。知人善任，并将女儿嫁于富弼、杨察。晏殊为宰相兼枢密使时，富弼为副使，晏殊避嫌辞职，皇帝不许，对他非常信任。

至和元年（1054年），因病请求回京师就医，病愈后求外任，留侍经筵，仪从如宰相。一年后，病情加重，谏止皇帝探视，不久去世，享年六十五岁。仁宗亲自奠祭，以生前没有探望而遗憾，罢朝二日，赠司空兼侍中，谥元献，篆碑首名"旧学之碑"。有子名知止，为朝请大夫。

晏殊能诗文，又擅作词。其词多出现诗酒生活和悠闲情致。词风珠圆玉润，温润秀洁，尤以小令成就最高，有"宰相词人"之称。其文章典丽，书法亦工，而以词最为突出，世称"抚州八晏"（晏殊、晏几道、晏颖、晏富、晏京、晏嵩、晏照、晏方）。晏殊开创北宋婉约词风，被称作"北宋倚声家之初祖"，其语言清丽，声韵和谐，独具特色。佳句如"无可奈何花落去，似曾相识燕归来"（《浣溪沙》）、"昨夜西风凋碧树。独上高楼，望尽天涯路"（《蝶恋花》）、"念兰堂红烛，心长焰短，向人垂泪"（《撼庭秋》）等广为流传。其他还有"时光只解催人老，不信多情，长恨离亭，泪滴春衫酒易醒"（《采桑子》）、"人面不知何处，绿波依旧东流"（《清平乐》）、"满目山河空念远，落花风雨更伤春。不如怜取眼前人"（《浣溪沙》）、"天涯地角有穷时，只有相思无尽处"（《木兰花》）等名句广为传诵。原有集，已散佚，仅存《珠玉阁》及清人所辑《晏元献遗文》。又编有类书《类要》，今存残本。

晏殊墓在今许昌市禹州市范坡镇新前行政村西李庄自然村东北部，县道022转村间公路可达，地理坐标为北纬34°01′43.0″，东经113°33′05.0″。该墓葬坐落于梅山岗南坡，四周为耕地。原冢直径10米，高约5米，现已平。

宋庠

宋庠，生于至道二年（996年），卒于治平三年（1066年），初名郊，字伯庠，入仕后改名庠，更字公序。安州安陆（今湖北安陆）人，后徙居开封雍丘（今河南杞县）。宋朝大臣，文学家，与弟宋祁并有文名，时称"二宋"。

宋庠幼年同弟弟宋祁随父亲在外读书，稍长后还乡。天圣二年（1024年），宋庠、宋祁两兄弟同举进士，宋庠乡试、会试、殿试均为第一，时年二十九岁。擢大理评事，通判襄州（治今湖北襄樊）。后升太子中允，再迁左正言，知制诰。宋庠曾上疏建议科举应文武分试，被采纳。不久，知审刑院，判密州一霸王瀚死刑，大快民心。

宝元年间，宋庠以右谏议大夫任参知政事，处事分明，得罪宰相吕夷简，被贬知扬州（治今江苏扬州）。变法失败后，朝廷擢宋庠为枢密使。皇祐元年（1049年），拜兵部侍郎，同中书门下平章事。皇祐三年（1051年），因子弟过错，遭包拯弹劾而被罢相，出知河南府（治今河南洛阳），后知许州（治今河南许昌）、孟州（治今河南孟州）。

嘉祐三年（1058年），召回以兵部尚书，同平章事兼群牧制置使，为枢密使。嘉祐五年（1060年），罢枢密使，出判郑州（治今河南郑州），相州（治今河南安阳）。

1064年英宗即位，判亳州（治今安徽亳州）。晚年笃爱幼子，而幼子所交非人，因此屡遭弹劾。后以司空致仕。治平三年（1066年），病故于家，享年七十一岁。赠太尉兼侍中，谥元献，帝撰其碑首"忠规德范之碑"。

宋庠自应举时即以文学名擅天下，俭约不好声色，读书至老不倦。善正讹谬，曾校定《国语补音》三卷，又辑《纪年通谱》，区别正闰，为十二卷。另有《掖垣从志》三卷，《尊号录》一卷，《缇幼集》二十卷。清四库馆臣从《永乐大典》辑得宋庠诗文，编为《宋元宪集》四十卷。文学方面造诣深厚，有辞赋、诗歌等诸多文体。诗歌有古诗、律诗、绝句，内容表达作者思想和宫廷生活，如《重展西湖》二首等作品，表达作者喜悦心情和对大自然的热爱。书法、绘画亦擅长。

宋庠墓在今许昌市禹州市张得镇前张楼行政村前张楼自然村，省道231可达，地理坐标为北纬34°03′55.08″，东经113°20′46.34″。该墓葬现已不存。

宋祁

宋祁，生于咸平元年（998年），卒于嘉祐六年（1061年），字子京，安州安陆（今湖北安陆）人，后徙居开封雍丘（今河南杞县）。宋朝大臣，文学家。

宋祁与兄宋庠同举进士，礼部奏宋祁第一，宋庠第三。章献太后不欲以弟先兄，乃擢宋庠第一，而置宋祁第十，人称"二宋"。初仕复州（治今湖北天门）军事推官，改大理寺丞、国子监直讲。授直史馆，再迁太常博士、同知礼仪院。参修《广业记》，迁尚书工部员外郎、同修起居注、权三司度支判官。

后判盐铁勾院，同修礼书，又为天章阁待制，判太常礼院、国子监，改判太常寺。出知寿州（治今安徽凤台），徙陈州（治今河南淮阳）。回京后，知制诰、权同判流内铨，以龙图阁直学士知杭州，留为翰林学士。提举诸司库务，数次厘正弊事，增置勾当公事官。徙知审官院兼侍读学士，改龙图学士、史馆修撰，修《唐书》。累迁右谏议大夫，充群牧使，复为翰林学士。

景祐年间，宋祁上奏直言，意欲强君威，别邪正，急先务，皆切中时弊。出知许州（治今河南许昌）数月，复召为侍读学士、史馆修撰。迁给事中兼龙图阁学士，出知亳州（治今安徽亳州），兼集贤殿修撰。一年余，徙知成德军（治今河北正定），迁尚书礼部侍郎，徙定州（治今河北定州），上《御戎论》七篇。加端明殿学士，特迁吏部侍郎、知益州（治今四川成都）。寻除三司使，加龙图阁学士、知郑州。《唐书》著成，迁左丞，进工部尚书。入判尚书都省。逾月，拜翰林学士承旨，复为群牧使。宋祁于嘉祐六年（1061年）去世，享年六十四岁。赠尚书，谥景文。

宋祁兄弟皆以文学显名，宋祁尤能作文，善于议论。诗词语言工丽，多写个人琐事。因《玉楼春》词中有"绿杨烟外晓寒轻，红杏枝头春意闹"句，世称"红杏尚书"，此句也是妇孺皆知。文风艰涩，但也不乏畅达之作，散文如《题司空图诗卷末》极富情感。词多抒发个人情怀，未摆脱晚唐五代艳丽旧习，构思新颖，言辞流丽，描写生动。《鹧鸪天》中有"刘郎已恨蓬山远，更隔蓬山十万重"之语，风行一时。曾自为墓志铭及《治戒》，自称"学不名家，文章仅及中人"（《类说》）。《郡斋读书志》说他诗文多奇字。诗歌也有特色，如《侨居》"世路风波恶，天涯日月遒"、《送范希文》"危言犹在口，飞语已磨牙"等句，寓意极深，耐人寻味。文集已佚，今《四库全书》有六十二卷，为清人辑佚而成。此外，他还有《宋景文公笔记》三卷、《益都方物略记》一卷等存世。

宋祁墓在今许昌市禹州市张得镇前张楼行政村前张楼自然村，省道231可达，地理坐标为北纬34°03′57.08″，东经113°20′48.34″。该墓葬现已不存。

曾公亮

曾公亮，生于咸平二年（999年），卒于元丰元年（1078年），字明仲，号乐正，泉州晋江（今福建泉州）人。宋朝大臣，军事学《武经总要》的撰写者之一。

天圣二年（1024年），二十六岁的曾公亮进士及第，授越州会稽（治今浙江绍兴）知县。天圣六年（1028年），治理镜湖，泄水入曹娥江，使湖边民田免受水涝之苦。因父亲在辖境内买田，被贬监湖州酒事。很久后，曾公亮入京任国子监直讲，又改诸王府侍讲。任期满，任集贤校理、天章阁侍讲、修起居注，升天章阁待制，知制诰兼史馆修撰。后为翰林学士、判三班院。三班院官吏多而杂，曾公亮明定章程，按此行事。以端明殿学士知郑州，才能突显，颇有政声，盗贼都窜到其他地方，本地夜不闭户。

皇祐三年（1051年），曾公亮再入为翰林学士、知开封府。不久，擢给事中、参知政事。后加礼部侍郎，除枢密使。嘉祐六年（1061年），六十三岁时拜吏部侍郎、同中书门下平章事、集贤殿大学士。曾公亮通晓法规，习知朝廷台阁规章，首相韩琦经常向他咨询。仁宗末年，韩琦上奏请求皇帝立皇太子，就与曾公亮等共同商议。

1064年英宗即位，加中书侍郎兼礼部尚书，不久加户部尚书。英宗生病，恰逢辽国派使者来见，命曾公亮在使馆宴请。辽国使者不肯赴宴，曾公亮斥责使者不尊重皇帝之命，质问他们非要皇帝生病时亲临，才会心安理得吗？使者这才就席。

1068年神宗即位，曾公亮加门下侍郎兼吏部尚书。熙宁二年（1069年），进昭文馆大学士，累封鲁国公。熙宁三年（1070年）九月，拜司空兼侍中、河阳三城节度使、集禧观使。熙宁四年（1071年），判永兴军。到任后，裁抑冗费，停止增加边兵，有人称士兵不满减削用费，打算造反，曾公亮不为所动。一年后回到京师，后以太傅致仕。

曾公亮厚道庄重，深沉周密，平时小心谨慎，严守规矩。性格吝啬，不舍得用钱。举荐王安石，共同辅政时，见皇帝信任王安石，便一切听从于他，王安石因此举荐他的儿子曾孝宽至枢密院报答。苏轼曾为此指责曾公亮，曾公亮说皇帝与王安石如同一人，此乃天意，被时人所讥。

曾公亮于元丰元年（1078年）去世，

曾公亮墓

享年八十岁。神宗亲自哭奠，辍朝三日，赠太师、中书令，谥宣靖，配飨英宗庙庭。安葬时，神宗篆碑首"两朝顾命定策亚勋之碑"。曾公亮与丁度承旨编撰军事著作《武经总要》，分前、后两集，每集二十卷。前集详细记述宋代军事制度，后集辑录历代用兵故事和战例，对研究宋以前军事思想和中国古代兵器史极有价值。

曾公亮墓在今郑州市新郑市八千乡辛庄村南约450米，省道102转县道033可到达，地理坐标为北纬34°22′17″，东经113°52′29″。该墓始建于北宋，为新郑市文物保护单位。墓冢坐落于耕地之中，地势平坦，视野开阔。土冢高10米，直径24～25米，周长126米。冢南有高5米的墓碑，为1998年新郑市政府所立。

田况

田况，生于咸平六年（1003年），卒于嘉祐六年（1061年），字元钧，祖籍京兆（今陕西西安），徙居冀州信都（今河北冀州）。宋朝大臣。

后晋灭亡，田况父亲为契丹所虏。真宗景德年间，父亲携家人南归京兆。田况年少即好读书，举进士，补江陵府推官，迁秘书省著作佐郎。举贤良方正，改太常丞、江宁通判。夏竦任陕西经略使，推荐他为判官。

宝元元年（1038年），西夏元昊反宋，田况上疏认为不可轻举冒进，主张严守边境，朝廷采纳，又上治边十四事。迁右正言，专供谏职。权修起居注，知制诰。田况上疏建议皇帝以虑边患为急务。不久，为陕西宣抚副使，还领三班院。处置保州（治今河北保定）军叛乱，除龙图阁直学士，知成德军。招降叛卒二千余人，以功迁起居舍人，徙知秦州（治今甘肃天水秦州区）。

以枢密直学士、尚书礼部郎中知渭州（治今甘肃陇西东南）。迁谏议大夫、知成都，任内循循教诲，蜀人爱戴。

迁给事中，召为御史中丞。回朝后权三司使，加龙图阁学士、翰林学士。著成《皇祐会计录》呈皇帝。改礼部侍郎为三司使。至和元年（1054年），擢枢密副使，升枢密使。因患病罢为尚书右丞、观文殿学士兼翰林侍读学士，提举景灵宫，后以太子少傅致仕。田况于嘉祐六年（1061年）去世，享年五十九岁，赠太子太保。有《奏议》二十卷，《儒林公议》二卷。

田况墓在今许昌市禹州市梁北镇刘垌行政村北，省道231转村间公路可达，地理坐标为北纬34°07′23.78″，东经113°24′37.73″。该墓始建于北宋。墓葬坐落于坡地，地势东高西低，四周为农田。墓冢原高5米，直径10米，现已平。

富弼

富弼，生于景德元年（1004年），卒于元丰六年（1083年），字彦国，洛阳（今河南洛阳）人。宋朝名臣，官至宰相。

相传富弼出生时，母亲韩氏梦见有旌旗、鹤雁降落，对她说有上天诏命。富弼年少时，学习认真刻苦，气度不凡，被誉为"洛阳才子"。不到二十岁就考中进士，范仲淹非常赏识他，经范仲淹撮合，富弼被当时的名臣晏殊招为女婿。天圣八年（1030年），应科考，举为茂才异等，授将作监丞、签书河阳（治今河南孟州）判官。任绛州（治今山西新绛）通判，升为直集贤院。西夏元昊叛乱，富弼力主镇压，请求斩其使者。后召为开封府推官、知谏院。

康定元年（1040年）正月初一，日食，按礼制应罢宴撤乐。时逢契丹使者来朝，富弼建议在驿馆赐食，执掌官员不许，后听说辽使罢宴，仁宗后悔不已。建议废止臣下不得越职言事的法令，朝廷采纳。元昊攻入鄜延（治今陕西延安），大将刘平战死，内侍黄德和逃走，却反诬刘平降敌，富弼竭力为刘平辩诬，请求严惩黄德和，黄德和被腰斩。富弼升盐铁判官、史馆修撰，出使契丹。庆历二年（1042年），三十九岁的富弼知制诰，纠察京狱。宰相吕夷简属吏伪造僧人度牒，开封府不敢追究，富弼要求严惩，与吕夷简产生嫌隙。

辽国派使者索要失地，众臣均知来者不善，不愿前往迎接，吕夷简有意为难，便推荐富弼，富弼虽知不易，仍然答应。富弼对使者萧英推心置腹，以诚相待，萧英大为感动，告知富弼，不愿意交还失地可找个理由搪塞。最终仁宗答应增加岁币，并把宗室女嫁给契丹皇子。富弼又为报聘使出使契丹，辽帝坚持要求北宋归还关南十县，否则将撕毁澶渊盟约，再起战事。富弼据理力争，提出应相互归还失地、契丹皇帝负战事罪责、北方未必取胜、归还失地使宋廷蒙羞等理由，使辽帝理屈词穷，转而要求互通婚姻。富弼继续劝说，认为婚姻不如岁币有无穷之利，契丹皇帝只好让富弼返回再作决定。富弼回国复命，并持国书再使契丹。辽国不再求婚，只想增加岁币，但提出应称"献"或"纳"，富弼据理力争，声色俱厉，契丹皇帝无法，但最终宋廷同意称"纳"。

仁宗为改变宋廷积弱现状意图改革，多次下诏让富弼等人提出改革措施，并令富弼主管北部边境事务。富弼提出任贤摒庸等主张，与范仲淹改革官制的思想一致。这次改革，也就是"庆历新政"。元昊遣使来朝，称"男"而非"臣"，富弼不同意，元昊最终臣服。庆历四年（1044年），辽、西夏联合讨伐靠近宋朝河东路的呆儿族，仁宗怀疑他们想要进攻宋朝，富弼分析后认为契丹是在报复呆儿族的侵扰，且师出无名，不会进攻宋朝，结果正如富弼所料。

富弼巡抚河北，回来后以资政殿学士出知郓州（治今山东东平），一年余加给事中，移知青州（治今山东青州），兼京东安抚使。时值河朔水灾，灾民流亡至青州，富弼让域内百姓出粮，官府放粮并提供住地给灾民，可食之物凭灾民索取，灾民死亡，设大冢即刻安葬等措施。第二年小麦丰收，灾民受粮而归，救活五十余万人，招募士兵上万人。这些举措，改变了以前对灾民救助不力、瘟疫横行等状况，为天下竞相效仿。

至和二年（1055年），五十二岁的富弼被任命为同中书门下平章事，集贤殿大学士。仁宗病重，富弼、文彦博等人住在宫中，事事请示，严格执行，宫内肃然。嘉祐三年（1058年），升昭文馆大学士、监修国史。富弼为相，无所更改，守典故，行故事，天下无事，人尽其职，时称"贤相"。嘉祐六年（1061年），因母丧离职。

1064年英宗即位，富弼任枢密使。两年后，富弼因足疾解职，拜镇海军节度使、同中书门下平章事、判扬州，封祁国公，后晋封郑国公。熙宁元年（1068年），徙判汝州（治今河南汝州），建议神宗不能让臣子知道帝王好恶以免附会、据实赏罚以使人信服、二十年内边防息兵以广布恩惠等。第二年二月，以左仆射、门下侍郎同平章事。

王安石推行变法，富弼不认可，请求辞去相职，以使相出判河南，后改亳州（治今安徽亳州）。王安石的青苗法颁布，富弼认为此举使财物聚敛于上、人散于下，拒不执行，被人弹劾，罢除使相，以仆射判汝州。不久，他上书自称不懂新法，无力治理州郡，请求回归故里养病，神宗允可，加司空，进封韩国公致仕。

富弼生性孝顺，恭俭修身，与人言语以礼相待，即使是低级官吏或百姓，也气色穆然，不见喜愠。他好善嫉恶，不愿与小人相争，范仲淹称其国士，苏轼认为，宋朝百余年未有大的兵戈，富弼有很大功劳。致仕后仍关心朝中要事，宋廷讨伐安南时，他建议主将郭逵择利进退以全王师。契丹争河东地他反对让步，还请求广开言路，速改新法。

元丰三年（1080年），王同老上书神宗，称父亲王尧臣和富弼曾向仁宗建议立神宗的父亲赵曙（英宗）为皇储，经核实属实，升富弼为司徒。元丰六年（1083年）八月，富弼病逝，享年八十岁。遗表劝神宗废除新法，修兵息民。神宗辍朝三日，出祭文，赠太尉，谥文忠。哲宗元祐初年，配飨神宗庙庭。哲宗撰碑首"显忠尚德"，命苏轼撰文刻碑。绍圣年间，章惇执政，称富弼有罪于先朝，罢配飨。靖康初年，恢复。著作现存《富郑公诗集》。

富弼墓在今洛阳市老城区邙山镇史

家屯村，临王城大道，地理坐标为北纬34°41′33.49″，东经112°25′4.72″。该墓葬坐落于王城大道东、陇海铁路北，是富弼的家族墓地。墓葬经发掘，为圆形单室砖墓，由墓道、封门、甬道、墓室、椁室五部分组成，总长24.6米。除墓志和少量壁画外，未见其他遗物。墓志盖上有司马光篆书"宋开府仪同三司守司徒致仕韩国公赠太尉谥文忠富公墓铭"。

程珦

程珦，生于景德三年（1006年），卒于元祐五年（1090年），字君玉，改伯温，洛阳（今河南洛阳）人。宋朝官吏，名儒程颢、程颐之父。

仁宗朝，录用旧臣的后代，程珦先祖曾在太宗朝任三司使，于是程珦任黄坡县尉。很久以后，知龚州（治今广西平南）。有人被诛后，乡人传其成神，程珦叫人把祭祀物品投到江中，妄言遂息。后知磁州（治今河北磁县）、汉州（治今四川广汉）。熙宁年间行新法，程珦认为不便推行，惹怒使者，遂致仕。后转太中大夫。元祐五年（1090年）去世，享年八十五岁。

程珦墓在今洛阳市伊川县城关镇南府店村西一公里，临人民中路，地理坐标为北纬34°25′24.0″，东经112°24′02.0″。该墓始建于北宋，为河南省文物保护单位。墓葬现在荆山公园内，遍植古柏数百株，环境优雅。包括程珦及二子程颢、程颐墓。祠堂在前，现有大殿等。墓地在后，东西长203米，南北宽139米，面积28217平方米。存三冢，呈品字形排列。北为程珦墓，西为程颐，东为程颢墓。墓冢呈圆形，下以水泥围砌。墓冢直径约8米，高约2米。墓前各树石碑及供案。神道两侧有石像生。

程珦墓

文彦博

文彦博，生于景德三年（1006年），卒于绍圣四年（1097年），字宽夫，汾州介休（今山西介休）人。宋朝名臣，官至宰相。

文彦博年少时随颍昌人史火召学习经术，史母认为文彦博将大贵。天圣五年（1027年），二十二岁的文彦博进士及第，先后任翼城（治今山西翼城）知县、绛州（治今山西新绛）通判、监察御史、殿中侍御史。西部用兵，常有将官临阵先退、望敌不进的情况，文彦博上奏称将权不专、兵法不峻将无以建功，仁宗采纳其建议。黄德和诬陷刘平，文彦博查实，将黄德和及其同党论罪。文彦博以直史馆任河东转运副使，所辖麟州与西夏相邻，运饷道路迂回难走，他带人修复唐时故道，在城内积聚粮草。西夏元昊率军来攻，见有准备便撤去。迁天章阁待制、都转运使，连进龙图阁、枢密直学士、知秦州（治今甘肃天水），改益州（治今四川成都地区）。

庆历七年（1047年），文彦博拜枢密副使、参知政事。贝州（治今河北清河一带）王则造反，文彦博为宣抚使，十余天即率军攻入城中，王则被捉，文彦博以功升同中书门下平章事、集贤院大学士。文彦博与枢密使庞籍商议淘汰冗兵、减省冗费，朝臣恐裁减之人聚众为盗，仁宗迟疑不决，文彦博坚持不会有事，朝廷采纳，后确无事发生。

皇祐元年（1049年）八月，文彦博为昭文馆大学士。皇祐三年（1051年），御史唐介揭发文彦博曾送蜀锦给张贵妃，罢为观文殿大学士、知许州（治今河南许昌），改忠武军节度使、知永兴军。至和二年（1055年）六月，五十岁的文彦博再以吏部尚书任同中书门下平章事、昭文馆大学士。至和三年（1056年），仁宗大病，文彦博令内侍随时报告病情，否则以军法处置，又与刘沆、富弼等留宿大殿。仁宗病愈，文彦博等才回私第。他同意唐介还朝，时人多称文彦博仁厚。以河阳三城节度使同平章事、判河南府，封潞国公，改镇保平、判大名府，改镇成德（治今河北正定），迁尚书左仆射、判太原府，复镇保平、判河南。母亲去世，丁忧。

1064年英宗即位，复起成德军节度使，三次上表请求完成服丧，英宗许可。英宗登基，文彦博有推举之功，英宗当面感激，文彦博逊避不敢当。除侍中，徙镇淮南、判永兴军，又入为枢密使、剑南西川节度使。

神宗时，王安石推行变法，文彦博不以为然。庆州（治今甘肃庆阳）兵乱，文彦博借机进言："朝廷行事，务合人心，宜兼采众论，以静重为先。陛下励精图治，而人心未安，盖更张之过也。祖宗法未必皆不可行，但有偏而不举之敝尔。"（《宋史·文彦博传》）王安石反诘。文彦博又论市易司监卖果实，损国体、敛民怨，为王安石所恶。拜司空、河东节度使、判河阳，徙大名府（治今河北大名）。身虽在外，而帝眷有加，后加司徒。元丰三年（1080年），拜太尉，复判河南。以拥戴之功，加两镇节度使，赐宴琼林苑。以太师致仕，居于洛阳。

哲宗元祐元年（1086年），经司马光举荐，复平章军国重事，六日一朝，一月内两赴经筵。文彦博年年求退，五年后再次致仕。绍圣元年（1094年），有人说文彦博朋附司马光，降为太子少保。绍圣四年（1097年）去世，享年九十二岁。徽宗崇宁年间，蔡京将文彦博、吕公著、司马光等人称为"元祐党人"，后又出籍，追赠太师，谥忠烈。

文彦博历北宋四朝，任将相五十年，名闻四夷。谦恭有礼，尊德乐善，与邵雍、程颢等人如布衣之交。致仕以后，与富弼、司马光等十三人，在洛阳置酒赋诗，序齿不序官，称"洛阳耆英会"。爱好诗作，擅长书法。著有《大飨明堂纪要》二卷、《药准》一卷，已佚，今存《文潞公集》四十卷。有八子，皆居要位。

文彦博墓在今洛阳市伊川县城关镇罗村西500米，省道243可达，地理坐标为北纬34°26′50.0″，东经112°26′02.0″。该墓始建于北宋，为洛阳市文物保护单位。墓葬坐落于山坡台地，四周为农田。墓冢呈圆形，高约4米，周长35米。原有"潞国公"墓碑，后佚。现冢前有现代立碑一通，上书"宋太师文潞国公彦博之墓"。

文彦博墓

欧阳修

欧阳修，生于景德四年（1007年），卒于熙宁五年（1072年），字永叔，号醉翁，晚年又号六一居士，吉州吉水县沙溪镇（今属江西永丰）人。宋朝政治家、著名文学家、史学家，唐宋八大家之一，北宋诗文革新运动的杰出领导者。

欧阳修四岁时父亲病故，他随母亲郑氏迁往随州（今属湖北随州），投靠在那里做官的叔父欧阳晔。他的母亲是一位贤惠而懂大礼的妇女，从欧阳修很小的时候，就开始教他认字读书，当时因家境贫困，他经常用一根小木棍在地上写写画画。欧阳修天资聪颖，学习又十分刻苦，很小就开始背诵诗文。稍长，更是好学不倦，尤爱韩愈的诗文。

天圣六年（1028年），欧阳修二十二岁，带着诗文到达汉阳，拜见翰林学士胥偃。胥怜其才，遂留置门下。次年，欧阳修在国子监考试和国学解试时，均获第一。天圣八年（1030年），欧阳修参加由翰林学士、著名文学家晏殊主持的礼部贡举，又获第一。其后参加殿试，中甲科第十四名进士，被委任为西京（今河南洛阳）留守推官。当时的西京留守是西昆派重要人物钱惟演，他喜文爱才，在其幕府里集中了许多才学之士，如通判谢绛、书记尹洙及在邻县做官的梅尧臣、尹源等。欧阳修到洛阳后，很快成为这一文学集团的重要成员。

景祐元年（1034年），欧阳修洛阳任满奉调入京，通过学士院考试，升为馆阁校勘，参与《崇文总目》编纂。景祐三年（1036年），任吏部员外郎、权知开封府的范仲淹，因反对宰相吕夷简专擅权势，任亲蔽贤，被贬饶州（治今江西鄱阳），同时，朝廷又下诏，百官不得越职言事。此时，身为谏官的高若讷非但不替范仲淹辩白，反而私下诋毁范之为人。为此，欧阳修写了著名的《与高司谏书》，斥责高若讷妄随人言，阿附权贵，因此得罪了当权者，被贬为夷陵（治今湖北宜昌）县令。

景祐四年（1037年）十二月，欧阳修调任乾德（今湖北光化）县令。康定元年（1040年）六月，他回到京城，复任馆阁校勘，继续参与编纂《崇文总目》。庆历二年（1042年），欧阳修自请外调，出任滑州（治今河南滑县）通判。在乾德、滑州等地任职期间，欧阳修结合自己古文创作的实践，从理论上探讨写作古文的方法。《答吴充秀才书》等文章较为集中地反映他的古文创作理论主张。

庆历三年（1043年）春，欧阳修被召回京师，以太常丞知谏院。就职后，他写了许多奏议，积极参与朝政改革，还竭力促成范仲淹出任参知政事主持改革大计。针对朝中一些守旧官僚攻击以范仲淹为首的改革派为朋党的谬论，欧阳修写了著名的《朋党论》，对守旧派攻击新政的理论予以反击。庆历四年（1044年）八月，他被任命为河北都转运按察使，被剥夺了在朝发言的权利。庆历五年（1045年），欧阳修回京不久，即遭到御史台的弹劾，以用孤甥张氏资买田产的罪名落职，降知滁州（治今安徽滁县）。在滁州任上，他勤理州务，尽心民事，政事之余，徜徉山水，消忧解闷。在滁城南郊丰山上，欧阳修筑了丰乐亭，还用自己的号醉翁，命名琅琊寺旁的亭子曰醉翁亭。滁州之贬，欧阳修的仕途虽受挫，但文学创作却硕果累累。《丰乐亭记》《醉翁亭记》等一批散文的问世，标志着独具风格的欧文已臻成熟。

庆历八年（1048年）二月，欧阳修移知扬州（治今江苏扬州）。由于政务冗杂，且此时患有眼疾，他于皇祐元年（1049年）二月自请移知颍州（治今安徽阜阳）。至颍州后，他作《采桑子》词赞美西湖风光，还买田建屋，以作归老之计。皇祐二年（1050年）七月，欧阳修改知应天府兼南京留守司事，但在颍地的生活直至晚年仍念念不忘。

至和元年（1054年）五月，欧阳修调回朝廷。次年，奉命出使辽国。嘉祐二年（1057年），欧阳修受命主持礼部贡举。身为文坛盟主的欧阳修，决心借这次主持文试的机会，利用行政手段，彻底改革不良文风。凡为文怪异者，一律予以黜落；而对为文平易自然者，则积极汲引，拔在高第，如苏轼、苏辙、曾巩等，均是嘉祐贡举中被欧阳修发现的人才。他们后来皆以辞章耸动天下，成为北宋诗文革新运动的生力军。

嘉祐五年（1060年），欧阳修因修纂《新唐书》有功，被擢拔为枢密副使，次年升为参知政事，进封开国公。同时也受到政敌的攻击，欧阳修决意急流勇退，离开朝廷。其后几年，他历官亳州（治今安徽亳州）、青州（治今山东益都）、蔡州（治今河南汝南），外任期间很少问津朝政，《六一居士传》即集中地反映了他晚年的生活态度和思想情怀。

熙宁四年（1071年）六月，欧阳修以观文殿学士、太子少师衔致仕，归居颍州西湖，次年七月与世长辞，享年六十六岁。身后留下《欧阳文忠公集》一百五十八卷、《诗本义》十六卷及《新唐书》《新五代史》等著作。

欧阳修天资刚劲，不畏风险，勇往直前，一再被放逐流离，志气自若。他在夷陵时，翻察旧案，见错误不可胜数，以后遇事不敢疏忽；他为政宽简，不求苛急、烦琐，使政事不弛废；作文天才自然，丰约中度，言简意赅，折于至理，人心皆服，天下以师尊之。他引进后学，桃李满天下，所赏识的人，如曾巩、王安石、苏洵、苏轼、

欧阳修墓

苏辙，布衣时均不为人所知，经欧阳修提携，成为文坛领袖。张载、程颢、吕大钧、包拯、韩琦、文彦博、司马光等人都得到过他的激赏和推荐。他对朋友重情重义，生时提掖，死后照顾遗属。

欧阳修是我国古代著名文学家，他倡导诗文革新，反对五代文风和宋初西昆体，反对太学体。认为文、道并重，同时文又具独立性质。着重继承韩愈的文学风格，作文以韩、柳为范，但并不盲目崇古，对韩、柳奇险深奥倾向则弃而不取。对骈体文也不一概否定，对杨亿等人"雄文博学，笔力有余"颇为赞赏。他在理论上为北宋诗文革新建立了正确的指导思想，也为宋代古文的发展开辟了广阔前景。散文的叙事、议论、抒情三种功能得到高度融合。散文内容充实，形式多样，均是有为而作、有感而发，具有强烈的感情色彩；政论慷慨、激越；史论低回往复、感慨淋漓。对骈赋、律赋进行改造，去除排偶、限韵规定，改以单笔散体作赋，创造了文赋。对四六体进行革新，常参用散体单行之古文笔法，为骈四俪六的文体注入新的活力。著名散文作品如《醉翁亭记》《卖油翁》等。词作方面，主要依袭五代词人，但新变成分较多，扩大了词的抒情功能，用词抒发人生感受，改变词的审美趣味，朝通俗化方向开拓。如《采桑子·群芳过后西湖好》《诉衷情·清晨帘幕卷秋霜》《踏莎行·候馆梅残》《生查子·去年元夜时》《朝中措·平山栏槛倚晴空》《蝶恋花·庭院深深深几许》等。欧阳修对诗风进行革新，提出"诗穷而后工"理论。诗中有一些以社会现实为题材的作品，如《食糟民》，但更注意表现个人经历或抒发个人的情怀，以及对历史题材吟咏。其诗受韩愈影响较大，但仍具自家面目，将叙事、抒情融为一体，得韩诗畅尽又避免枯燥艰涩。其诗作也学李白，语言清新流畅，形成流丽婉转风格。其作品如《戏答元珍》《题滁州醉翁亭》《忆滁州幽谷》《画眉鸟》等。其词作佳句甚多，如"月上柳梢头，人约黄昏后。今年元夜时，月与灯依旧。不见去年人，泪湿春衫袖"（《生查子·元夕》）、"今年花胜去年红。可惜明年花更好，知与谁同"（《浪淘沙》）等。欧阳修对《春秋》有独到见解，编辑整理周代至隋唐的金石器物、铭文碑刻撰成《集古录》，是今存最早的金石学著作。他的史学成就也很高，除参与修订《新唐书》，还自撰《五代史记》。书法受颜真卿影响较深，外若优游，中实刚劲。欧阳修曾对洛阳牡丹作考察，撰成《洛阳牡丹记》，包括《花品序》《花释名》《风俗记》三篇，列举牡丹二十四种，是第一部具有重要学术价值的牡丹专著。

欧阳修墓在今郑州市新郑市辛店镇欧阳寺村，现辟为"欧阳文忠公陵园"，国道107可到达，地理坐标为北纬34°24′12″，东经113°36′03″。该墓始建于北宋，为全国重点文物保护单位。陵园在村庄内，坐北朝南，南侧即为耕地，地势开阔。陵园占地8671平方米，由山门、大殿、厢房、墓冢等组成。园林竹、柏密植，环境优雅。欧阳修墓冢在陵园大殿正北方，为与夫人薛氏合葬墓。冢下四周为石砌，高约50厘米。冢高约6米，直径约10米，周长40余米。此处亦是欧阳氏家族墓地，还葬有他的四个儿子。

狄青

狄青，生于大中祥符元年（1008年），卒于嘉祐二年（1057年），字汉臣，汾州西河（今山西汾阳）人。北宋良将。

狄青擅长骑马射箭，被选为皇帝马队的侍从官。宝元元年（1038年），为三班差使、殿侍、延州（治今陕西延安）指使，戍边抵御西夏。历经四年，经常作为先锋参与大小二十五战，八次中箭，攻城俘虏无数。交战时，披头散发，面戴铜具，无人敢挡。经略使韩琦、范仲淹，经略判官尹洙都认为他是良将奇才，待之不菲，范仲淹赠其《左传》。狄青励志读书，通晓秦、汉以来将帅兵法，因此更加知名。以功累迁西上阁门副使，擢秦州（治今甘肃天水）刺史、泾原路副都总管、经略招讨副使，加捧日天武四厢都指挥使、惠州（治今广东惠州）团练使。

仁宗见狄青数有战功，打算召见询问边事方略，狄青画好地图，向仁宗进献。西夏平定，狄青徙真定路副都总管，历侍卫步军殿前都虞候、眉州（治今四川眉山）防御使，迁步军副都指挥使、保大安远二军节度观察留后，又迁马军副都指挥使。狄青在军中拼杀历十余年，身处高位，面部伤痕犹存，仁宗赐药除去疤痕，狄青拒绝，说留着以警醒军士。后以彰化军节度使知延州（治今陕西延安），擢枢密副使。

皇祐四年（1052年），广源州（治今越南广渊）侬智高谋反，朝廷派人剿乱无功。狄青请求出征，除宣徽南院使、宣抚荆湖南北路、经制广南盗贼事，带兵平乱。他告诫诸将听令行事，不要擅自行动，但有将领不听出兵战败，为严肃军纪，狄青将这些将领问斩，军纪遂行。令军中休息以麻痹敌军，趁机夜袭昆仑关，待敌人反攻时，狄青左右夹击，出其不意，大败敌军，侬智高逃走。侬智高开始反叛时，越南曾主动要求出兵助宋平叛，边将余靖认为可行，并准备了大量军粮接济越军，皇帝也称给越军提供军饷，并答应平叛后加以重赏。狄青坚决反对，上奏道："越南声称出兵助我不知是真是假，向外借兵平内乱并非上策，一个侬智高搞得两广不宁，蛮夷贪利忘义，如起而效尤，得寸进尺，朝廷将疲于应付。因此决不可同意向越南借兵。"最后皇帝同意了狄青的意见。平叛后，人们纷纷称赞狄青不仅骁勇善战，并且有政治远见。

狄青墓

叛乱平定回师，狄青复任枢密副使，迁护国军节度使、河中尹，后拜枢密使。狄青以战功显赫，引得同僚猜忌，有人说他家狗头生角，宅有光怪等，要治罪于他。嘉祐初年京师大水，为避洪水狄青将全家搬到相国寺，引时人猜疑，被罢为同中书门下平章事，出判陈州（治今河南淮阳）。

狄青为人谨慎，沉默寡言，遇事必先谋划周全。在军中赏罚分明，与军士同甘苦，敌人来犯时，各个奋勇杀敌，常常建功。凡有战功均推给左右，因此诸将也都叹其勇、服其人。嘉祐二年（1057年），狄青因病去世，享年五十岁。皇帝致哀，赠中书令，谥武襄。熙宁元年（1068年），神宗命人将狄青的画像放入宫中，御制祭文，派人祭奠。子谘、咏。

狄青墓在今漯河市舞阳县辛安镇青冢集村南，省道220可达，地理坐标为北纬33°28′06″，东经113°38′19″。该墓始建于北宋，为漯河市文物保护单位。墓葬紧临村庄、耕地。土冢高约4米，直径约50米。

韩琦

韩琦,生于大中祥符元年(1008年),卒于熙宁八年(1075年),字稚圭,相州安阳(今河南安阳)人。北宋名相。

天圣五年(1027年),二十岁的韩琦进士及第,初授将作监丞、通判淄州(治今山东淄博),后直集贤院,监左藏库。同科大都去了显要职位,时人都替韩琦惋惜,但他处之泰然。宫中需要金帛,大多直接领取,韩琦奏请应进行核验。后任开封府推官、三司度支判官,拜右司谏。韩琦直言敢谏,凡事有不便,未尝不言,前后共上七十余奏疏,曾连疏宰相、参知政事等四人,结果四人同日被免。

宝元二年(1039年),利州(治今四川广元)等地发生饥荒,韩琦任体量安抚使赈济灾民,核减赋役,惩戒贪官污吏,开仓放粮,煮粥济民,使一百九十万饥民得到救护。回京后,仁宗就西夏与宋的边疆局势咨询韩琦,韩琦论西师形势甚悉,被任命为陕西安抚使。刘平战败被诬,韩琦力辩,解其冤。康定元年(1040年),与范仲淹同任陕西经略安抚副使,主持泾原路(治今甘肃平凉)。对西夏力主进攻,韩琦认为敌军数量不多,我军若采守势,

兵力分散,易被逐个击破,进攻则可兵合一处,集中兵力,趁敌骄惰大意之际,定可取胜,仁宗同意。

庆历元年(1041年)春,元昊诈和,被韩琦识破。二月,元昊大举进攻,韩琦命任福迎敌,任福贪功冒进导致宋军在好水川大败,有用人失察之罪,官降一级,知秦州(治今甘肃天水)。十月,兼秦凤路经略安抚、招讨使。庆历二年(1042年),任秦凤路观察使,不久任陕西四路经略安抚、招讨使,把守西陲。其间,韩琦提出减少戍守禁军增加当地士兵,建笼竿城为顺德军以蔽萧关、鸣沙之道,尽取横山,断西夏右臂等经略。

庆历三年(1043年)四月,被召回京任枢密副使。针对时弊和边境局势,提出了"一曰清政本、二曰念边计、三曰擢材贤、四曰备河北、五曰固河东、六曰收民心、七曰营洛邑"这《论备御七事奏》,以及"选将帅、明按察、丰财利、遏侥幸、进能吏、退不才、谨入官、去冗食"(《宋史·韩琦传》)等八项救弊时论。当时,仁宗正令范仲淹、富弼等人推行改革,史称"庆历新政",韩琦之论与范仲淹主张颇近,

自然成了这场改革的主要参与者。陕西大旱，百姓起事，韩琦受命宣抚，很快平息骚乱，采取各种措施赈济灾民。回京后就西北边策上奏，"今当以和好为权宜，战守为实务。请缮甲厉兵，营修都城，密定讨伐之计"（《宋史·韩琦传》）。

韩琦性直，知无不言，不属自己职责之事，有不同意见也会直抒己见，加之参与新政损害了一部分人的利益，被诬为朋党成员。他反对修建水洛城（今甘肃庄浪），被贬出朝，以资政殿大学士知扬州。后改知郓州（治今山东东平），知成德军、定州（治今河北定州）。他断决军中无良者，对战死士兵家属优加抚恤，以古三阵之法教习士兵，大大增强兵士的纪律性和战斗力。后兼安抚使，进大学士，又加观文殿学士。

皇祐五年（1053年），韩琦拜武康军节度使，知并州（治今山西太原），上疏请求将不法的廖浩召回严惩。与契丹交涉，收回契丹强占的部分土地。请求朝廷允许耕种荒芜的土地，得良田九千六百顷。至和二年（1055年），因病请知相州（治今河南安阳），在州署后面建昼锦堂，成为当地名胜。嘉祐元年（1056年），改枢密使。嘉祐三年（1058年），拜同中书门下平章事、集贤殿大学士，时年五十一岁。嘉祐六年（1061年），升昭文馆大学士，兼修国史，封仪国公。

时仁宗无子，大臣纷纷劝谏仁宗在宗室中选立太子。韩琦也多次劝谏，希望皇帝为江山社稷考虑，早立太子，以免将来发生祸乱。仁宗意欲立宗实（即后来的英宗赵曙），韩琦非常赞同，此事遂定。仁宗驾崩，有人以宗实官职较低（岳州团练使），不配为天子，韩琦以仁宗有诏坚持。英宗顺利称帝，韩琦居功至伟，但他从不居功自傲，将功劳推于仁宗之圣明，并教育门人亲客不要以此炫耀。任仁宗山陵使，加门下侍郎，进封卫国公。

英宗登基不久突然患病，曹太后听政，因谗言使两宫关系不睦。韩琦则极力维护英宗，经过韩琦的两面调停，两宫关系才又趋于缓和。英宗病好后，曹太后贪恋权力，仍想垂帘。韩琦因此于治平元年（1064年）五月提出辞职，曹太后无奈，只好还政于英宗。拜右仆射，封魏国公。治平三年（1066年），英宗病重，诸臣均谏英宗立储。韩琦也进言："陛下久不视朝，愿早建储，以安社稷。"英宗应允，立颍王（即后来的神宗）为皇太子。第二年正月，英宗崩，韩琦急召皇太子继位。

神宗登基，韩琦拜司空兼侍中。自仁宗至神宗，三世为相，且有拥主之功，功高震主，有人弹劾韩琦专权，韩琦立即以病卧床不出，在家待罪。神宗又令韩琦视事，他坚持辞去宰相之职，任镇安、武胜军节度使，司徒兼侍中，判相州（治今河南安阳），后改淮南节度使。边将种谔进攻西夏，两国边境局势骤然紧张，韩琦改判永兴军，经略陕西。后判相州，改判大名府（治今河北大名）。其时，王安石实行变法，韩琦认为青苗法本是为民，但却出现害民之事，不应推行。

韩琦出名较早，颇有见识，喜怒不形于色，年刚三十，时人称"韩公"。韩琦

韩琦墓

礼贤下士，渴求人才，见到有才之士均即刻奖拔，但他认为王安石没有宰相之才。与富弼齐名，号称贤相，人称"富韩"。神宗曾评价其"韩琦敢当事，贤于富弼"。欧阳修称其"临大事，决大议，垂绅正笏，不动声色，措天下于泰山之安，可谓社稷之臣"（《宋史·韩琦传》）。熙宁八年（1075年）六月，在相州病逝，享年六十八岁。神宗致哀，辍朝三日，赐金银，御撰墓碑上书"两朝顾命定策元勋"，赠尚书令，谥忠献，配飨英宗庙庭。徽宗时，赠魏郡王。有《安阳集》传世。子五人：忠彦、端彦、纯彦、粹彦、嘉彦。

韩琦墓在今安阳市殷都区北蒙街道皇甫屯村西500米，国道107（邺城大道）可达，地理坐标为北纬36°09′29.8″，东经114°15′59.4″。该墓始建于北宋，为河南省文物保护单位。此为韩琦家族墓地，韩琦墓冢呈圆形，砖石砌筑，直径约19米，高3米。墓冢前原有石像生等，后毁。现因南水北调工程施工，墓已搬迁至东南200米远处，并按原比例复建。

苏洵

　　苏洵，生于大中祥符二年（1009年），卒于治平三年（1066年），字明允，眉州眉山（今四川眉山）人。北宋著名文学家。与其子苏轼、苏辙合称"三苏"，均被列入"唐宋八大家"。

　　苏洵年轻时游手好闲，二十七岁时才开始发奋学习。考进士、临时特科，均名落孙山。苏洵回到家中，将平时所作文章全部焚烧，关门闭户读书，终于通"六经"百家之说，下笔千言。仁宗至和、嘉祐年间，与子苏轼、苏辙一同来到京师汴梁。欧阳修时为翰林学士，将苏洵的二十二篇著作呈奉皇帝，士大夫争相传看，学子们竞相效仿，并得宰相韩琦认可。苏洵召试于舍人院，因病不至，除秘书省校书郎。

　　朝廷修纂建隆年间以来礼书，苏洵任霸州文安县（治今河北文安东北）主簿，与项城县令姚辟同修，成《太常因革礼》一百卷，刚刚上奏朝廷尚未回复即去世，享年五十八岁。朝廷赏赐缣、银二百，子苏轼求赠官职，特赠光禄寺丞，并派人将苏洵遗体运回蜀地。有文集二十卷、《谥法》

苏洵墓之一

三卷。

苏洵长于散文，尤擅政论，议论明畅，笔势雄健。他认为文章的首要目的是"言当世之要""施之于今"。苏洵文章语言古朴简劲、凝练隽永，有时也铺陈排比，形象生动。反对浮艳怪涩的时文，提倡学习古文。强调文章要得乎吾心，写胸中之言，主张有为而作，言必中当世之过。抒情散文不多，其中有如《送石昌言使北引》《张益州画像记》《木假山记》等。苏洵作诗不多，擅写五言古诗，质朴苍劲。他作《权书》等论及军事问题，提出自己的军事策略。他主张"尚威"，加强吏治，破苟且之心和怠惰之气，激发天下进取心。

因其子苏轼、苏辙逝后葬于郏县茨芭乡，后人遂建苏洵衣冠冢，与二子墓一起称为"三苏坟"。三苏坟在今平顶山市郏县茨芭镇苏坟寺村东南，省道238可达，地理坐标为北纬34°04′08.0″，东经113°05′47.0″。三苏坟坐落于小峨眉山下，前眺汝水，左右小岭逶迤，环境优雅。主要包括苏轼、苏辙墓葬和他们父亲苏洵的衣冠冢、祭祀三苏的祠堂和广庆寺三部分。三苏坟始建于宋崇宁元年（1102年），历代均有修葺，现占地30281平方米，为全国重点文物保护单位。现为当地一名胜，各方游人墨客参观络绎不绝。

三苏坟院由神道、大门、红石牌坊、飨堂、斋房、祭坛、三苏墓冢和古柏588株所组成。总面积1.5万平方米。四周有墙垣，南垣正中开门。门内矗立一座石坊，镌刻"青山玉瘗"，左右坊柱镌刻苏轼诗句："是处青山可埋骨，他……伤神。"坊后是飨堂三间，飨堂后是祭坛，祭坛后是三苏坟冢。中为苏洵衣冠冢，东为苏轼墓，西为苏辙墓。三墓西南一字排列6个墓冢，为苏轼六公子墓。院内碑碣林立。院内外遍植柏树，郁郁葱葱。坟院门外神道两旁有石望柱、石马、石羊、石虎、石人。

坟院西南300米处有广庆寺，由南天门、天王殿、大雄宝殿、东西厢房、钟鼓楼及跨院的过厅、官厅和元明清历代的古柏翠竹等组成。寺内有三苏祠，供奉三苏塑像。寺、祠、坟前罗列历代官员修葺、祭祀碑刻。其中清乾隆年间河南巡抚毕沅所立者，称"毕沅碑"。1996年，在广庆寺东高台地上塑苏轼塑像。

苏洵墓之二

宋仁宗赵祯

宋仁宗赵祯，生于大中祥符三年（1010年），卒于嘉祐八年（1063年），初名受益。宋真宗第六子，母李氏。刘皇后无子，将赵祯抚养长大。北宋第四位皇帝，1022—1063年在位，年号天圣、明道、景祐、宝元、康定、庆历、皇祐、至和、嘉祐，庙号仁宗，谥神文圣武明孝皇帝。

赵祯天生仁慈、孝顺、宽厚，喜怒不形于色。大中祥符七年（1014年），四岁的赵祯被封为庆国公。第二年，被封为寿春郡王，在资善堂学习。天禧元年（1017年）兼中书令，第二年被封为升王，又为皇太子。乾兴元年（1022年）二月真宗驾崩，年仅十三岁的赵祯继位，刘太后垂帘处理军国事务。明道二年（1033年），刘太后去世，仁宗开始亲政。

仁宗力图在政治上有所更张以"兴致太平"。庆历三年（1043年），西边战事稍宁，仁宗授范仲淹为枢密副使，擢欧阳修、余靖、王素和蔡襄为谏官。九月，召见范仲淹、富弼等人，责令条奏政事，二人提出明黜陟、抑侥幸、精贡举、择长官、均公田、厚农桑、减徭役、修武备、重命令、推恩信等十项改革主张，拖延或违反新政者从重处置，并派遣使臣巡察施行情况。十月，择长官首先施行，之后施行磨勘新法，明黜陟施行。后又对恩荫制度做出新规定。庆历四年（1044年），颁布贡举新法。五月，范仲淹与韩琦上疏再议兵屯、修京师外城、密定讨伐之谋等七事，并请扩大相权，辅臣兼管军事、官吏升迁等，进一步加深改革。但随着新政实施，毁谤新政言论增多，有人指责范仲淹等人是"朋党"，诬蔑富弼欲行伊霍之事，私撰废立诏草。庆历五年（1045年），范仲淹被罢参知政事，富弼被罢枢密副使，韩琦被罢枢密副使，主持变革的主要人物全部被逐，新政陆续被废除，至八月，欧阳修被罢河北都转运使，至此庆历新政彻底失败。

仁宗朝，最主要的军事冲突在西夏。宝元元年（1038年），元昊称帝，两年后集结重兵进犯宋境，延州（治今陕西延安）、好水川（今宁夏隆德西北）、定川寨（今宁夏固原西北）三战宋军先胜后败，后在进攻关中时遭宋军阻击而全军覆灭。庆历四年（1044年），宋、夏和议，夏向宋称臣，宋每年赐西夏绢十三万匹、银五万两、茶两万斤，史称"庆历和议"，维持了长时间的边境和平。辽兴宗时,萧惠陈兵宋境,索要后周时期柴荣夺取的三关之地。富弼与辽国协议,最终同意增加岁币,维持澶渊之盟,史称"重熙增币"。皇祐四年(1052年),侬智高反宋,仁宗命狄青、余靖率兵南征。皇祐五年(1053年),狄青夜袭昆仑关,大败侬智高。

仁宗朝是宋朝相对和平的历史时期,经济发展较好,交子即出现在此时期。虽无大的战事,但冗兵较为严重。土地兼并也比较严重,仁宗晚年时,"势官富姓占田无限,兼并冒伪习以为俗,重禁莫能止焉","富者有弥望之田,贫者无卓锥之地"(《宋史·仁宗本纪》)。贫富差距进一步扩大,社会矛盾愈加积累。仁宗重视文化,庆历初年编成《崇文总目》六十六卷,是北宋重要的官修目录。嘉祐五年(1060年),又开购赏科,广献书之路。

仁宗崇尚简朴,不事奢华,平时常穿旧衣服,宫中的摆放也多年不换。他性情宽厚,重用贤臣,所以,仁宗朝才出现了范仲淹、韩琦、富弼、包拯等名臣。他还善于纳谏,三司使张尧佐为宠妃的叔父,包拯弹劾,仁宗意欲让张尧佐转为节度使,包拯等人仍不同意,言辞激烈,仁宗无奈允可。仁宗生性恭俭仁恕,百司曾奏请扩大苑林,仁宗称:"吾奉先帝苑囿,犹以为广,何以是为?"苏轼评价:"宋

宋仁宗永昭陵之一

宋仁宗永昭陵之二

兴七十余年，民不知兵，富而教之，至天圣、景祐极矣。"（《宋史·仁宗本纪》）当然，也有评论称仁宗"无定志"，贤者不能安其位，政策朝令夕改，使吏无适守，民无适从。仁宗自幼习书，精通书学，凡宫殿门观，多飞白题榜。当朝大臣卒后碑额赐篆，即始于赵祯。仁宗无后，于嘉祐七年立濮王的儿子宗实（即后来的宋英宗）为皇子。嘉祐八年（1063年）四月一日，仁宗驾崩，享年五十四岁，葬永昭陵。在位四十二年，是北宋历史上在位时间最长的皇帝，也是一位值得称道的皇帝。

赵祯永昭陵在今郑州市巩义市孝义街道的外沟、二十里铺和孝南村，人民路、新华路、杜甫路等均可到达，地理坐标为北纬34°44′39″，东经112°58′43″。永昭陵始建于北宋，为全国重点文物保护单位。陵区东南连接嵩山余脉——青龙山，现已辟为宋陵公园。永昭陵现由上宫、下宫和慈圣光献曹皇后陵组成，南北长约1050米、东西宽约300米。永昭陵上宫诸建筑基址皆存，陵台、乳台、鹊台、门阙、角阙、阙亭等为地面恢复建筑。神道石雕像现存60件。下宫位于慈圣光献曹皇后陵北神门外90米处，遗址现存南北长163米、东西宽130米，南门前现存石狮一对。

宋仁宗永昭陵之三

宋仁宗永昭陵之四

邵雍

邵雍，生于大中祥符四年（1011年），卒于熙宁十年（1077年），字尧夫，范阳（今河北涿州）人。北宋时期易学家、思想家、诗人。

邵雍幼年时随父亲搬到衡漳（今河南林州），又迁共城（今河南辉县），青少年时期就在此度过。年少时，便刻苦读书，冬不取暖，夏不执扇，夜不睡床，后来感慨"昔人尚友于古，而吾独未及四方"（《宋史·邵雍传》），便出外游学。邵雍三十岁时，在河南游学，遂定居。历览中原及周边诸地，终一日幡然而悟，回到家里再不出游。

富弼、司马光、吕公著等人退居洛阳，雅敬邵雍，诸人结为好友，一起游山玩水，并为邵雍买了田宅，他按时耕种也仅足衣食。邵雍将其宅第命名为"安乐窝"，并因而自号"安乐先生"。邵雍早起焚香燕坐，喜欢饮酒，兴致来时，则吟诗自咏。春秋天气好时经常乘小车出游，漫无目的，士大夫中有人认识邵雍的车，争相迎候，交互传呼"吾家先生至也"。

司马光对邵雍以兄长相待，二人的德行尤其为时人所仰慕。邵雍德气纯正，扬人善而隐人恶，不分贵贱少长，一律以诚相待，以忠厚之风名闻天下。仁宗嘉祐年间，朝廷下诏在民间寻找隐逸之士，经王拱辰推荐，邵雍被授将作监主簿，复举为逸士，补颍州（治今安徽阜阳）团练推官，但邵雍托病坚辞不受。神宗熙宁年间，王安石实施新法，许多官吏不愿施行，有的弃官而去。邵雍的门生故旧投书打算前来拜访，邵雍说："这正是贤者应当尽力之时，新法虽然严苛，但能宽一分，百姓受益一分，辞官何益呢？"

邵雍于熙宁十年（1077年）去世，享年六十七岁，赠秘书省著作郎。元祐年间，赐谥康节。邵雍生病时，司马光、张载、程颢、程颐早晚侍候，众人在外庭讨论埋葬之地，邵雍在屋内听得一清二楚，并自定埋进祖茔。去世后，程颢作墓铭。邵雍受《河图》《洛书》《宓义》八卦六十四卦图像，洞彻其奥妙，拓展宓羲先天八卦之要旨，著书十余万言，有《皇极经世书》《观物篇》《渔樵问对》，诗名《伊川击壤集》。有子名伯温。

两宋理学（或称新儒学）的产生，标志着中国儒学进入一个新的复兴阶段。在

邵雍墓

理学的创立阶段，邵雍和周敦颐、张载、程颢、程颐并称"北宋五子"。朱熹也把邵雍同周敦颐、张载、程颢、程颐和司马光并称为道学的"六先生"。上述诸人都是理学的创始人，他们的学说在理学阵营中各具特色，各成学派。邵雍吸收道家与汉代易学思想，形成了自己对《周易》的独到理解，他的作品《皇极经世书》的基本精神是质诸天道而本于人事。《渔樵问对》论述天地万物、阴阳化育和生命道德的奥妙和哲理，将天地、万物、人事、社会归于易理，加以诠释。他编制宇宙年谱的目的在于经世，对道的理解超越以往历代儒家，对宋理的形成与发展作用重大。他在文学尤其是诗歌领域取得瞩目成就，对宋诗风貌的形成具有重要促进作用，在文学史上占有一定地位。

邵雍墓在今洛阳市伊川县平等乡西村西北，省道322可达，地理坐标为北纬34°23′44.0″，东经112°22′00.0″。该墓始建于北宋，为河南省文物保护单位。墓葬坐落于山坡，地势较高，周为农田。现辟为邵雍陵园，有石坊、山门、飨堂、墓碑和墓冢等。整个陵园面积约7600平方米，内多植树木，环境较好。四柱三间石碑坊，额题"安乐佳城"。山门一间，硬山顶，书"邵夫子墓"。飨堂三间，硬山顶，山墙内嵌民国年间碑刻一通。墓地为长方形，南北长53米，东西宽40米。墓冢呈八角形，直径约7米，高1.5米。周以水泥围砌，冢前有近代墓碑一通。山门内，神道两侧各有石虎一只。周邻百姓常在此活动、拜祀。

王拱辰

王拱辰，生于大中祥符五年（1012年），卒于元丰八年（1085年），原名拱寿，字君贶，开封咸平（今河南通许）人。北宋文臣、诗人。

天圣八年（1030年），王拱辰中进士第一名，时年十九岁，仁宗赐名拱辰。入仕通判怀州（治今河南沁阳），任满入京直集贤院，历盐铁判官、修起居注、知制诰，庆历元年（1041年）任翰林学士。王拱辰有谋略、善机变。朝廷为抵御契丹在黄河北修建水渠、湖泊等工事，契丹使者刘六符说这些工事无用，可轻易破掉。仁宗询问王拱辰，他认为契丹用兵崇尚诡计，若契丹确有应付之策，是不会轻易告诉大宋的。不久，契丹又派使者索要关南十县，并责备北宋伐燕无名。王拱辰作答书："既交石岭之锋，遂有蓟门之役。"（《宋史·王拱辰传》）契丹自知理亏，遂与宋和好如初，仁宗大赞。

王拱辰事君尽忠，敢于直言。庆历二年（1042年），权知开封府，第二年拜御史中丞。仁宗欲用夏竦为枢密使，王拱辰上疏认为他经略西师无功，进入两府不能激励他人。面见仁宗时再次极力反对，仁宗不听站起，他就拉着仁宗衣服劝说，最终仁宗同意。弹劾滕宗谅在庆州（治今甘肃庆阳）所作所为多不合法度，但处罚太轻，恐引起边臣效仿，应加以重罚。仁宗没有采纳，王拱辰就不去上朝，并请求自贬，仁宗只好发配滕宗谅，并让王拱辰到御史台供职。僧人绍宗号召人们铸造佛像，京城甚至后宫都出钱帮助，王拱辰认为西部边境有众多将士，把钱用到这些不紧急的事情上，会动摇军心，引起民怨，仁宗下令禁止。

庆历年间，仁宗实施新政，王拱辰反对，对革新派的一些官员伺机打击。新政官员苏舜钦设宴，席间有诽谤周公、孔子的言论，王拱辰上奏弹劾，仁宗将他们罢官或贬职。以翰林学士权三司使，认为兵在精不在众，请求诸道帅臣切实负起责任。出知郑州（治今河南郑州）、澶州（治今河南濮阳）、并州（治今山西太原），回京后任翰林学士承旨兼侍读。仁宗常读《太玄经》，王拱辰详细叙说书中内容，建议仁宗留意"六经"，旁采史书，不必学习《太玄经》。

至和三年（1056年），拜三司使回谢

契丹，契丹皇帝接见并与他一同钓鱼，每钓到鱼都为他斟酒，亲自弹琵琶劝酒，并说："这是南朝的少年状元，入翰林十五年，所以我厚待他。"归来后遭到御史赵抃弹劾，被罚铜二十斤。湖南转运使等购买病逝商人的珍珠，王拱辰把珍珠送入后宫，又被赵抃弹劾，以端明殿学士知永兴军（治今陕西西安），历泰州（今属江苏泰州）、定州（治今河北定州）、河南府（治今河南洛阳）、大名府（治今河北大名），累官至吏部尚书。

神宗即位，王拱辰升为太子少保。熙宁元年（1068年），以宣徽北院使召回，出知应天府（治今河南商丘）。熙宁八年（1075年）回京，为中太一宫使。元丰元年（1078年），任宣徽南院使，再判大名府，改武安军节度使。施新政保甲法，百姓反感每天聚会教习，有的逃跑为盗。王拱辰认为保甲法既耽误农时，又逼人犯罪，上奏神宗，第五等户得免。

元丰八年（1085年），哲宗继位，加检校太师。是年去世，享年七十四岁。赠开府仪同三司，谥懿恪。王拱辰擅诗，著有《文集》七十卷，惜已佚。

王拱辰墓在今洛阳市伊川县城关镇窑底村西约200米，县道243可达，地理坐标为北纬34°28′59.31″，东经112°26′33.67″。该墓始建于北宋。墓葬坐西向东，背山面水，四周为坡地和农田。墓志由安焘撰文，苏辙书丹，文彦博篆盖，记述王拱辰生平及事迹，上书"宋彰德军节度使北京留守赠开府仪同三司谥懿恪王公墓铭"。

吕公著

吕公著，生于天禧二年（1018年），卒于元祐四年（1089年），字晦叔，寿州（治今安徽寿县）人。北宋文臣，吕夷简之子。

吕公著自幼嗜学，废寝忘食，以父恩补为奉礼郎。中进士，通判颍州（治今安徽阜阳），与郡守欧阳修为好友。后来欧阳修出使契丹，契丹主询问中原学问品行上等之人，欧阳修首先以吕公著回答。判吏部南曹，除崇文院检讨、同判太常寺，改天章阁待制兼侍读。英宗亲政，加龙图阁直学士。直称英宗屡次罢黜谏言之人，纳谏之风未彰，英宗不纳，便请求外任，出知蔡州（治今河南汝南）。

神宗继位，召为翰林学士、知通进银台司。司马光论事被罢，吕公著封还诏命，称如此将使有进言职责的人不能尽其言，神宗不纳，他坚持不已，罢解银台司之职。熙宁元年（1068年），知开封府。时阴雨绵绵，京师地震，吕公著借以上疏劝皇帝不要偏听独任，不为邪说所乱。礼官打算在五月请神宗受朝上尊号，吕公著反对，皇帝采纳。熙宁二年（1069年），为御史中丞。王安石行青苗法，吕公著极言反对，王安石对他恨之入骨，被贬知颍州（治今安徽阜阳）。

熙宁八年（1075年），神宗下诏求直言，吕公著上疏，认为皇帝"有欲治之心，而无致治之实，此任事之臣负陛下也"（《宋史·吕公著传》），并请皇帝明察。起知河阳（治今河南孟州），召进京师，提举中太一宫，迁翰林学士承旨，改端明殿学士、知审官院。建议皇帝"以知人安民为难"，又说李世民"之德，以能屈己从谏尔"（《宋史·吕公著传》），神宗赞同。同知枢密院事，有人打算恢复肉刑，取死囚试以劓、刖刑，吕公著反对，遂罢。朝廷欲伐西夏，吕公著先是建议择取良帅，后以秦、晋民力不支，数次上疏直陈兴兵之害。元丰五年（1082年），因病除资政殿学士、定州安抚使。边事失利，神宗慨叹："边民疲弊如此，独吕公著为朕言之耳。"（《宋史·吕公著传》）徙扬州，加大学士。神宗准备册立太子，并以吕公著、司马光为师傅。

哲宗继位，吕公著以侍读还朝。上言陈十事，即畏天、爱民、修身、讲学、任贤、纳谏、薄敛、省刑、去奢、无逸，又请求备置谏员，以广开言路。拜尚书左丞、

吕公著墓

门下侍郎。元祐元年（1086年），拜尚书右仆射兼中书侍郎，建议涉及尚书、中书、门下三省的事务，由三省与宰相共同进呈，取旨后各自施行。

吕公著与司马光同心辅政，继续推行改革，民众欢呼鼓舞。司马光去世，他一人独当朝政，革除王安石科举弊制，参用古今诸儒学说不专取王安石著作，恢复贤良方正科。右司谏贾易因谏言将被严厉问责，吕公著为他辩解称"谏官所论，得失未足言"（《宋史·吕公著传》），贾易仅被罢知怀州（治今河南沁阳）。哲宗宴近臣，将所书唐人诗作分赐众人，吕公著选择其中要语明白、切于治道者一百篇进呈，以资助圣学。元祐三年（1088年），请求辞任，拜司空、同平章军国事。

吕公著于元祐四年（1089年）二月去世，享年七十二岁。太皇太后感悼泣下，痛念很久。哲宗也很悲伤，到家中祭奠，赐予金帛。赠太师、申国公，谥正献，御笔碑首"纯诚厚德"。吕公著自少讲学，治心养性，平时不疾言厉色，不好声名利益，简重清静。见识深刻，遇事善于决断。不以私利，以诚交人，好德乐善。政事常博取众人善言，坚持原则，毅然不变。初与王安石交善，王安石博辩骋辞，只有他能以精识约言使王信服。王安石得志，以为吕公著一定会帮助自己，但他多次指陈王安石的过失，交情不继。吕公著还开启吕学端绪。一生著述颇丰，《全宋诗》《全宋文》均辑有其诗文。有子，名希哲、希纯。

吕公著墓在今郑州市新郑市郭店镇武岗村南150米，经国道107从李坟村西行，进入武岗村，地理坐标为北纬34°32′24″，东经113°40′10″。该墓始建于北宋，为新郑市文物保护单位。墓冢坐落于耕地，地势平坦。墓冢近圆形，直径19～21米，高约7米，周长50米。

张载

张载，生于天禧四年（1020年），卒于熙宁十年（1077年），字子厚，凤翔眉县（今陕西眉县横渠镇）人。北宋大儒，哲学家、理学家、教育家。

张载从小喜欢兵事，曾打算找人结伴取洮西之地。康定元年（1040年），二十一岁的张载向当时陕西经略安抚副使范仲淹上书《边议九条》，陈述见解，范仲淹认为他可成大器，但劝他："儒者自有名教可乐，何事于兵？"（《宋史·张载传》）张载听从劝告，刻苦攻读《中庸》，后遍读佛、道之书，但无所得，便求之"六经"。曾坐着虎皮在京师讲《易经》，听者甚众。程颢、程颐到此，相互论《易经》，张载认为程颢、程颐深明《易经》之道，自己不能与之相比，让大家以他二人为师，并撤坐辍讲。与程颢、程颐谈论道学之要，涣然自信："吾道自足，何事旁求。"（《宋史·张载传》）于是尽弃异学。

庆历二年（1042年），范仲淹为防御西夏南侵，在庆阳府（治今甘肃庆阳）城西北复筑大顺城竣工，特请张载到庆阳撰写《庆州大顺城记》以资纪念。嘉祐二年（1057年），中进士，任祁州（治今河北安国）司法参军，云岩县（治今陕西宜川）令。倡导政事以敦本善俗为先，每月召集乡人高年宴会，亲自为他们劝酒，使百姓知道养老事长之义，时常询问民间疾苦，以训诫子弟，县中大治。

熙宁二年（1067年），张载经御史中丞吕公著推荐，神宗召见问治国之道。张载以法三代相对，神宗高兴，任为崇文院校书。王安石问他对新政的看法，张载说："公与人为善，则人以善归公；如教玉人琢玉，则宜有不受命者矣。"（《宋史·张载传》）后与王安石发生激烈冲突，遂辞官。

张载回到横渠后，"俯而读，仰而思，有得则识之，或中夜起坐，取烛以书"（《宋史·张载传》）。整日讲学读书，写下了大量著作，对自己一生的学术成就进行了总结。与诸生讲学，经常告诉他们知礼成性、变化气质之道。他认为知人而不知天，求为贤人而不求为圣人，是秦、汉以来学者的极大错误，因此他的学问"尊礼贵德，乐天安命，以《易经》为宗，以《中庸》为体，以《孔》《孟》为法，黜怪妄，辨鬼神"（《宋史·张载传》）。论定井田、宅里、学校之法，打算条理成书，以有助于相关诸事。

熙宁十年（1075年），经秦风路（治今甘肃天水）守帅吕大防推荐，诏知太常礼院。因与有司议婚丧礼仪不合，以病辞职，途中病重去世，享年五十八岁。诏赐官职半赙。家贫无钱买敛具，门人出资，护柩返还。南宋宁宗嘉定十三年（1220年），赐谥明公，理宗淳祐元年（1241年）封郿伯，从祀孔子庙庭。张载力行学习古制，为关中士人所宗，世称"横渠先生"。著书号《正蒙》，又作《西铭》，为学者所尊。

张载是北宋重要的思想家，关学的创始人，理学的奠基者之一，在我国思想文化史上占有重要地位，对以后的思想界产生了较大影响。他的著作一直被明清两代视为哲学的代表作之一，是科举考试的必读之书。张载认为宇宙的本原是气："太虚无形，气之本体。"宇宙是一个无始无终的过程，在这个过程中充满浮与沉、升与降、动与静等矛盾的对立运动。事物的矛盾变化可概括为"两"与"一"的关系，"两不立则一不可见，一不可见则两之用息"（《正蒙》），认为"两"与"一"互相联系、互相依存。在认识论方面，提出"见闻之知"与"德性之知"的区别，见闻之知是由感觉经验得来的，德性之知是由修养获得的精神境界，进入这种境界的人就能"大其心则能体天下之物"。在社会伦理方面，提出"天地之性"与"气质之性"的区别，主张通过道德修养和认识能力的扩充去"尽性"。他所倡导的"为天地立心，为生民立命，为往圣继绝学，为万世开太平"成为后世儒学的圭臬。主张温和的社会变革，实行井田制，实现均平，"富者不失其富"，"贫者不失其贫"。提倡"民胞物与"思想，"乾称父，坤称母……民，吾同胞；物，无与也"（《西铭》）。乾坤是天地的代称，天地是万物和人的父母，天、地、人三者混合，处于宇宙之中，因为三者都是"气"聚而成的物，天地之性，就是人之性，因此人类是我的同胞，万物是我的朋友，万物与人的本性是一致的。这些思想严格区分了天、道、性、心等概念，准确表达了理学的基本宗旨和精神，对后世影响极大。张载一生大部分时间和精力用于著书立说，教书育人。他的教育思想主要是：以德育人，变化气质，求为圣人；幼而教之，长而学之；立志向学，勤勉不息；循序渐进，博学精思；学贵心悟，去疑求新；启发诱导，因材施教；虚心求知，择善而从；学贵有用，道济天下。对天文学也有一定研究,运用"宣夜浑天合一说"解决了当时的一些天文学难题，比如关于太阳、月亮距离地球孰远孰近的问题，他提出天体之间相互作用，认为日、月与金、木、水、火、土五星"间有缓速不齐者，七政之性殊也"。他还进一步明确阐发了地球运动的思想，"凡圜转之物，动必有机，既谓之机，则动非自外也"（《正蒙》），同时指出地球运动的动因来自其内部阴阳二气的相互作用。

张载墓在今开封市尉氏县洧川镇东街村，省道220、县道036可达，地理坐标为北纬34°17′14.0″，东经113°59′17.0″。该墓始建于北宋，为尉氏县文物保护单位。墓葬西临红旗中学，东临人工湖。原冢高3米，面积100多平方米，现已不存。

冯京

冯京，生于天禧五年（1021年），卒于绍圣元年（1094年），字当世，鄂州江夏（今湖北武汉）人。北宋文臣。

冯京年少时豪迈不群，参加科考连中三元。仁宗温成皇后的伯父张尧佐打算把女儿嫁给他，并说是皇帝的意思，冯京坚辞不受。历仕将作监丞、通判荆南军府事、直集贤院、判吏部南曹，同修起居注。大臣吴充因上疏议论温成皇后追封事宜被贬，出知高邮（今江苏高邮）。冯京认为吴充所言极是，不应被黜，仁宗没有怪罪他，只解起居注，但不久又恢复，后试知制诰。

岳父富弼当政，为避嫌拜龙图阁待制，出知扬州。后改任江宁府（治今江苏南京），以翰林侍读学士召还，纠察在京刑狱，继为翰林学士、知开封府。冯京数月不去韩琦丞相府拜见，韩琦认为他傲慢，冯京认

冯京墓

为这不是傲慢，而是尊重宰相的权威。安抚陕西，请求修复古渭城（今陕西咸阳渭城），以断西夏人右臂。除为端明殿学士、知太原府。

神宗即位，冯京复任翰林学士，改御史中丞。王安石当政，冯京奏论其改革失当，累数千百言，王安石指其为邪说，请求罢黜。神宗以为其议可用，擢为枢密副使，进参知政事。后数次与王安石论辩，王安石令保甲养马，冯京认为必不可行。有人上疏举荐冯京为相，由此被罗织私通之罪，罢知亳州（治今安徽亳州）。不久，以资政殿学士知渭州（治今甘肃陇西东南），徙知成都府。诸公事迅速明断，一无壅滞，时人皆服。

当地茂州（治今四川茂汶）蕃部骚乱，听说冯京兵至，请求投降。朝臣有人建议趁机扫平蕃人巢窟，遭到冯京反对，上疏请求禁侵掠、给稼器、饷粮食，使之归降，蕃人大喜，愿世代为汉藩。复召知枢密院，不久以观文殿学士知河阳。

哲宗即位，冯京拜保宁军节度使、知大名府，又改镇彰德。当时冯京已老，便以中太一宫使兼侍讲，改宣徽南院使，拜太子少师，致仕。冯京知恩图报，将荫官的机会转给帮助自己的人。冯京于绍圣元年（1094年）去世，享年七十四岁。皇帝亲临府第祭奠，赠司徒，谥文简。

冯京墓在今郑州市新密市曲梁镇五虎庙村南100米，省道88、省道321可达村庄，地理坐标为北纬34°30′51″，东经113°38′34″。该墓始建于北宋，为郑州市文物保护单位。墓葬北即为村庄，四周为农田，地势平坦。东北侧为冯氏后人墓葬两座。墓室经发掘后回填，回填后建有墓冢和石碑。封冢高1.73米，直径约6.7米。墓室为同茔异穴合葬墓，青石条砌筑，四个墓室南北并列，南北长10.3米，东西宽5.55米。

贾黯

贾黯,生于乾兴元年(1022年),卒于治平二年(1065年),字直孺。邓州穰(治今河南邓州)人。北宋文臣,以直言敢谏著称。

庆历六年(1046年),二十五岁的贾黯中状元,授将作监丞,通判襄州(治今湖北襄阳)。迁为著作佐郎,直集贤院,迁左正言,判三司开拆司。上疏言事,首论韩琦、富弼、范仲淹等人可大用。尚书郎杜枢秉公断案被贬,朝臣中唯独贾黯敢上疏力救。越南侬智高反宋,建议军队由余靖统一节制,仁宗采纳。

皇祐四年(1052年)迁左司谏,徙判盐铁勾院,同修起居注。建议修起居注的史官参与记录迩英阁、延义阁的君臣对话,后成为定制。贾黯以刚正著称,所到之处无不称颂。权知开封府,上疏:"请岁计死者多少而赏罚之。"(《宋史·贾黯传》)使监狱犯人待遇得到改善。因政策变革、任用官员等弊端而遭吕诲、司马光等人弹劾,被罢为同提举,在京诸司库务。

英宗即位,迁中书舍人,受诏撰《仁宗实录》,权知审刑院,迁给事中,权御史中丞。不久,吕诲知杂事,因曾弹劾贾黯有意回避。贾黯上疏:"黯言尝荐诲为御史,知其方正谨厚,一时公言,非有嫌怨,愿终与共事。"(《宋史·贾黯传》)打消了吕诲的顾虑。治平二年(1065年),贾黯以翰林侍读学士知陈州(治今河南淮阳),因病未及赴任,是年去世,终年四十四岁。赠尚书礼部侍郎。

贾黯墓在今南阳市邓州市张村镇冠军村西北,省道249可达,地理坐标为北纬32°47′56.46″,东经111°55′22.27″。该墓区地处坡地,四周为农田,现墓葬已不存。

刘昌祚

刘昌祚，生于乾兴元年（1022年），卒于元祐四年（1089年），字子京，真定（今河北正定）人。北宋名将。

刘昌祚的父亲刘贺在与西夏的定川寨战事中牺牲，他以父勋录为右班殿直，主管秦州威远砦。吐蕃在青唐（在今青海西宁）聚兵盐井，长年不散。刘昌祚奉命前去诘责，直言不会和他们争权盐井，并犒赏酋长，兵遂撤去，迁西路都巡检。出使辽国返回，神宗考试驰射，授通事舍人。

西夏入侵，刘昌祚率骑兵两千出援，一箭射死敌兵主帅，西夏兵溃逃，立头功，任阶州（治今甘肃武威）知州。转作坊使，为熙河路（治今甘肃临洮）都监。入蜀破羌有功，加皇城使、荣州（治今四川荣县）刺史、秦凤路（治今甘肃天水）钤辖，又加西上阁门使、果州（治今四川南充）团练使、河州（治今甘肃临夏）知州。神宗元丰四年（1081年），任泾原副都总管，孤军深入与西夏兵交战，夺磨齐隘，进鸣沙川，攻灵州城（今宁夏灵武）不克，贬永兴军钤辖。元丰五年（1082年），复徙泾原，加龙神卫四厢都指挥使，知延州（治今陕西延安）。修建堡寨，训练士卒，屡次打退西夏入侵。

哲宗即位，刘昌祚进步军都虞候、雄州团练使、知渭州（治今甘肃平凉）。发展牧养，在陇山间开垦耕田万顷，募士卒五千，安排将领单独统训。这批士卒作战英勇，其他诸军无出其右者。朝廷打算归还夏人四寨，刘昌祚反对。迁殿前副都指挥使、冀州观察使、武康军节度使。

刘昌祚相貌雄伟，擅长骑射，可在百步外射中目标。西夏士兵得箭后，以为是神人，将箭归还刘昌祚，并为他效命。哲宗元祐四年（1089年）去世，享年六十八岁。赠开府仪同三司，谥毅肃。著有《射法》。

刘昌祚墓在今焦作市修武县方庄镇宰湾村新庄沟东，省道233可达，地理坐标为北纬35°23′13.0″，东经113°23′38.0″。该墓始建于北宋，为修武县文物保护单位。墓葬地处山区坡地，地势较高，四周为农田。墓冢原长2.5米，宽3米，高1.5米，现已平。存方石及石龟碑座。

郭熙

郭熙，约生于乾兴二年（1023年），约卒于元祐五年（1090年），字淳夫，温（今河南温县）人，世称"郭河阳"。北宋画家，擅山水画作。

郭熙早年曾出家为道，之后自学画艺，尤擅山水画。初期山水作品笔法工致，后来学习李成画法，在构图和笔法上别具一格，终成一派。英宗时期，闻名于画坛。神宗熙宁年间，任御画院艺学、待诏，进入创作鼎盛期。他经常在厅堂的白墙上画长松巨木、回溪断崖。神宗好熙笔，画院的好多人都学习他的画作。黄庭坚也有诗赞其画："玉堂卧对郭熙画，发兴已在青林间。"（《次韵子瞻题郭熙画秋山》）宋代画院因郭熙而重新重视山水画，考试时即以"郭体"为范。

哲宗继位，不欣赏郭熙画作，各院内厅堂郭熙的画作都被换掉，宫内收藏的作品也随意处理，宫中杂役用郭熙的画擦桌子，令人可惜。时有收藏家邓椿，祖父邓绾非常喜欢郭熙的画作，哲宗尽数将宫内所藏赐予邓家。文彦博寿辰，请郭熙画《一望松图》，大松树下卧一老人，大松后为连绵不尽的小松，取"子子孙孙、联绵公相之义"（《林泉高致》）。

郭熙传世品很多，主要内容都是表现大自然的环境气候、行旅主题等。代表作《早春图》，将冬天即将过去，春天尚未到来的季节交换自然景象，以高远、深远、平远等笔法，淋漓尽致地表现了出来。《关山春雪图》则成功表现了初春大雪阴霾的景象。这些山水画，远近浅深，风雨明晦，四时朝暮之所不同，被画家竭力地表现出来。抚州（治今江西临川）曲江镇正悟寺殿背两壁分画骊山、华山图，传为郭熙真迹。郭熙还曾为显圣寺悟道者作十二幅大屏，高二丈余，黄庭坚和苏轼、苏辙等都亲往观看。名作《窠石平远图》主要描绘了西北的深秋，天空恬静，万里无尘，荒原、群山、溪水、窠石跃然纸上。元代曹仲明在《枯古要论》中评价郭熙的山水画："郭熙山水，其山耸拔盘回，水源高远，多鬼面石，乱云皴，鹰爪树，松叶攒针，杂叶夹笔，单笔相伴，人物笔尖带点凿，绝佳。"

郭熙主张画作与现实联系，常常游览名山大川，实地写生。他认为山水画要表现意境，而不是单纯自然景象的再现。画花要从各个角度观察，画山水要远、近不同距离观察，既取其势，也取其质。山水在不同的环境和时间节点，所表现出的差别也被郭熙所看重。他把诗歌和绘画紧密地联系起来，将儒家的涵养心性说与绘画联系起来，注重画家平时的修养、创作精神的培养、作画鉴画时胸襟的陶养等。他还善于鉴画，神宗时曾让他把所有宫中秘藏名画鉴赏并详定品目。善作影塑，堆泥于壁，因势成形，泥干后上墨色，山峰、密林、人物、楼阁浑然一体。郭熙的儿子郭思将郭熙的理论手稿编辑成《林泉高致》一书，包括《山水训》《画意》《画诀》《画题》《画格拾遗》《画记》六篇，前四篇总结各地山水的不同特点和在不同时令、不同角度、不同距离观察山水时的变化等情况，以及画作理论等方面的知识和内容，后两篇为郭熙生平和宫中绘画活动与地位等。

郭熙墓在今焦作市温县岳村街道方头村北约100米，省道237、温孟老路经过附近，北望岳村约2公里，地理坐标为北纬34°55′47″，东经113°02′46″。该墓始建于北宋，为温县文物保护单位。该墓葬坐落于农田之中，地势平坦，视野开阔。墓冢封土已平，无迹可寻。原有祠庙三间，后被拆除。

范纯祐

范纯祐，生于天圣二年（1024年），卒于熙宁五年（1072年），字天成，苏州吴县（今属江苏苏州）人，范仲淹长子。

范纯祐少而聪颖，言行合乎礼规。十岁时即博览众书，作文得到称颂。范仲淹在苏州为官，建郡学，聘胡瑗为师。胡瑗立规矩颇多，数百学生多不能很好遵守。范纯祐年纪最小，但却能完全按照老师的规矩，其他学生便向其学习，不再违犯。范仲淹到西部抵御西夏，范纯祐与将卒经常在一起，熟悉每一个人，范仲淹听从他的建议任人，没有错用过人。范纯祐还亲自率兵与西夏兵交战，得胜而还。

范纯祐对父母孝顺，从不违背。没有参加科举，后来荫守将作监主簿，又为司竹监，但并非他所好，不久即解职。随范仲淹到邓州（治今河南邓州），生病在许昌休养。富弼打算去探望他，他说"公则可"。熙宁五年（1072年）去世，终年四十九岁。子正臣。

范纯祐墓在范仲淹墓园，详见范仲淹条。

范纯诚

范纯诚,生于天圣四年(1026年),卒于元丰七年(1084年),字子明。北宋官吏,范仲淹养子。

范纯诚原为范仲淹的侄子,后父母双亡,范仲淹收养了他。历任太庙斋郎,朝请大夫。元丰六年(1083年),任婺州(治今浙江金华)保宁节度使,政绩卓著,深得百姓爱戴。元丰七年(1084年)去世,享年五十九岁。有三子,二子范正辞授婺州教谕,次子范直忠知婺州。

范纯诚墓在今洛阳市伊川县彭婆镇许营村北1.5公里,省道238(常付线)转江彭线可达,地理坐标为北纬34°29′57.06″,东经112°32′29.72″。该墓始建于北宋,为全国重点文物保护单位。墓葬坐落于山坡台地上,地势略高,四周均为农田。现与兄弟墓葬共辟为一墓园,环境优雅。墓冢呈六边形,边长约4.5米,直径约8米,高约1.6米。

范纯诚墓

范纯仁

范纯仁，生于天圣五年（1027年），卒于建中靖国元年（1101年），字尧夫，苏州吴县（今属江苏苏州）人。北宋官吏，范仲淹次子。

范纯仁天资聪颖，八岁即能讲解所学到的知识。因父范仲淹而被任命为太祝。仁宗皇祐元年（1049年），二十三岁的范纯仁中进士，以事亲没有任职。范仲淹去世后，他出任襄城（治今河南襄城）知县，签书许州（治今河南许昌）提案判官，襄邑（治今河南睢县）知县，处罚践踏牧场的士兵，上疏建议将牧场交由县里管理。治平年间，并江东路转运判官，迁殿使中侍御史，升侍御史，后任安州（治今湖北安陆）通判、蕲州（治今湖北蕲州）知州，又历京西提点刑狱、京西陕西转运副使。神宗时，召还朝廷，拜兵部员外郎，兼起居舍人、同知谏院，范纯仁写《尚书解》献给神宗，加官直集贤院，同修起居注。范纯仁反对王安石变法，上奏疏大多言辞激烈，王安石大怒，请求皇帝斥罚，任河中府（治今山西永济）知府，改成都路转运使。仍然反对新法。降和州（治今安徽和县）知州，又徙邢州（治今河北邢台），加直龙图阁，又知庆州（治今甘肃庆阳），开常平仓放粮赈济灾民。调任齐州（治今山东济南）知州，对犯盗窃罪行之人，训诫他们改正错误，盗窃案件比往年减少，请求罢职任提举西京留司御史台。哲宗登基，再直龙图阁，知庆州（治今甘肃庆阳），召回任谏议大夫，改任天章阁待制兼侍讲，升给事中。

元祐元年（1086年），升吏部尚书，又任同知枢密院事。元祐三年（1088年），拜尚书右仆射兼中书侍郎，担心朋党严重，录欧阳修《朋党论》进呈。以观文殿学士知颍昌（治今河南许昌）府，一年后加大学士，知太原（治今山西太原）府。埋葬无主尸骨三千多人。哲宗亲政，仍认为青苗法不可行，并多次为苏辙辩解。吕大防获罪，范纯仁为其辩白受到牵连，出知随州（治今湖北随州）。第二年贬武安军节度副使，驻永州（治今湖南永州）。

徽宗继位，授光禄卿，分管南京（治今河南商丘），居邓州（治今河南邓州）。升右正议大夫、提举崇福宫。范纯仁举荐人才，不为己私。性格平易宽厚，不疾言厉色，廉洁勤俭。后因病请住许州，皇帝

范纯仁墓

应允,卒于建中靖国元年(1101年),享年七十五岁,赠开府仪同三司,谥忠宣,御书碑额,上书"世济忠直之碑"。

范纯仁墓在今洛阳市伊川县彭婆镇许营村北1.5千米,省道238转村间公路可达,地理坐标为北纬34°29′56.95″,东经112°32′28.07″,该墓始建于北宋,为全国重点文物保护单位。墓葬坐落于山坡台地上,地势略高,四周均为农田。现与兄弟墓葬共辟为一墓园,园内树木茂密,环境优雅。墓冢呈六边形,边长约4.5米,直径约8米,高约2米。

孟元

孟元,生卒年不详,字善长,洺州(治今河北永年)人。北宋官吏。

孟元生性谨慎诚实,非常喜欢读书。年少时参加禁军,因有臂力选补殿侍,累迁散都头班指挥使,擢升如京使,兼代州(治今山西代县)兵马都监,改钤辖,徙高阳关路、真定路。王则据贝州(治今河北清河)造反,孟元率兵攻城,受伤数十次,坠入城壕中。平乱后,改右骐骥使,任大名府路钤辖。

孟元后权知沧州(治今河北沧州)。当地百姓以卖盐为生,时值荒年,盐售情况不佳,百姓无法生活。孟元见军中粮食有余,就将多余的粮食与百姓交换食盐,百姓稳定下来。御史中丞郭劝以其贝州功高,但奖赏并没有完全体现上奏,擢升为普州(治今四川安岳)刺史,又迁宫苑使,专管勾麟府军马事,护筑永宁堡,使敌兵不敢轻易进攻。

孟元后历任龙神卫四厢都指挥使、忠州团练使、高阳关马步军总管,迁天武、捧日四厢都指挥使,步军都虞候,眉州(治今四川眉山)防御使,并代路副都总管。又任大名府路副都总管,徙定州(治今河北定州)路,迁马军都虞候,徙鄜延(治今陕西延安)路,行至郑州去世。赠遂州观察使。

孟元墓在今商丘市睢阳区坞墙镇西孟楼村北,国道105转村间公路可达,地理坐标为北纬34°08′18.8″,东经115°43′48.5″。该墓始建于北宋。墓葬坐落于耕地,地势平缓。墓冢近圆形,直径约10米,高约2米。

孟元墓

苗授

苗授，生于天圣七年（1029年），卒于绍圣二年（1095年），字授之，潞州（治今山西长治）人。北宋官吏。

苗授年少时跟随胡翼之学习，补为国子生。以荫功累迁供备库副使，随王韶攻打镇洮军，担任先锋，攻克珂诺城（今甘肃广河），尽取河湟之地。知德顺军，三迁至西上阁门使。战败鬼章有功，知河州（治今甘肃临夏县东北）。后加四方馆使，荣州（治今四川荣县）刺史。取银州，加引进使，滦州团练使，泾原都铃辖。出使契丹，后为秦凤副总管，徙熙河、复知河州。破羌人于露骨山，俘大酋长冷鸡朴，羌族十万多帐归附，威震洮西。

后拜龙神卫四厢都指挥使，徙知熙州（治今甘肃临洮）。神宗元丰年间，苗授攻打西夏，占领兰州（治今甘肃兰州），转战千里。元祐三年（1088年），迁武泰军节度使、殿前副都指挥使，知潞州（治今山西长治）。绍圣二年（1095年）去世，享年六十七岁。赠开府仪同三司，谥庄敏。

苗授墓在今新乡市辉县市百泉镇百泉村西南，临西环路、北环路，地理坐标为北纬35°28′47.87″，东经113°46′50.97″。该墓于1990年发掘，墓底铺青石，出土碗、板、环及锥形器和龙首形器等铁器。有苗授及夫人刘氏墓志铭。

范纯礼

范纯礼，生于天圣九年（1031年），卒于崇宁五年（1106年），字彝叟，一作夷叟，吴县（今属江苏苏州）人。北宋文臣，范仲淹第三子。

范纯礼以父荫为秘书省正字，后佐河南府判官，知陵台令兼永安（今河南巩义）县。建造永昭陵，范纯礼反对将木石砖甓及工徒配于一路。还朝，为三司盐铁判官，以员外郎出知遂州（治今四川遂宁）。认真审查各项调度，不劳于民，减轻处罚，不苛责下属及百姓，免除库吏盗窃丝帛的死罪，百姓奉其如神，画图像于庐，名"范公庵"。除户部郎中、京西转运副使。

元祐元年（1086年），任吏部郎中，迁左司，又迁太常少卿、江淮荆浙发运使。以光禄卿召还，迁刑部侍郎，进给事中。遇事依理依律处置，任刑部侍郎，转吏部，改天章阁待制、枢密都承旨，知亳州、提举明道宫。

徽宗继位，以龙图阁直学士知开封府。为政以仁，处置从宽。拜礼部尚书，擢尚书右丞。范纯礼沉毅刚正，得罪同僚被诬，罢为端明殿学士、知颍昌府（治今河南许昌），提举崇福宫。崇宁年间，贬试少府监，分司南京（今河南商丘）。又贬为静江军节度副使，徐州安置，徙单州（治今山东单县）。崇宁五年（1106年），复为左朝议大夫，提举鸿庆宫。是年去世，享年七十六岁。谥恭献。

范纯礼墓在今洛阳市伊川县彭婆镇许营村北1.5公里，省道238（常付线）转江彭线可达，地理坐标为北纬34°29′56.87″，东经112°32′27.18″，该墓建于北宋，为全国重点文物保护单位。墓葬位于山坡台地上，地势略高，四周均为农田。现与兄弟墓葬共辟为一墓园，园内树木茂密，环境优雅。墓冢呈六边形，边长约4.5米，直径约8米，高约2米。冢上树木密布。

范纯礼墓

宋英宗赵曙

宋英宗赵曙，生于明道元年（1032年），卒于治平四年（1067年），原名宗实，生于东京宣平坊。商王赵元份之孙，濮王赵允让之子，母任氏。北宋第五位皇帝，1063—1067年在位，年号治平，庙号英宗，谥宪文肃武宣孝皇帝。

四岁时，因仁宗无子，宗实被接到宫中。宝元二年（1039年），仁宗的儿子出生，他又回到濮王府邸。四年的宫廷生活并没有令他得到仁宗夫妇的宠爱，反而备受冷落，甚至经常吃不饱肚子，因此他对仁宗和曹皇后充满怨恨。嘉祐二年（1057年），因仁宗儿子连续夭折，在韩琦等人的催促下，仁宗答应立宗室子为嗣。嘉祐六年（1061年），宗实被任命为秦州防御使、知宗正寺，他以父丧为由坚辞不任，后怕落下抗旨不遵的罪名，无奈接受任命。嘉祐七年（1062年）八月，被立为皇子，九月封钜鹿郡公，更名赵曙，年三十一岁。嘉祐八年（1063年）四月二日，即皇帝位，年三十二岁。

英宗体弱多病不能理政，由皇太后曹氏垂帘听政。病愈后并未急于亲政，曹太后亦未主动提出归政，致使两宫关系失和，甚至有了曹太后拟另立新君的传言。大臣们为了缓和两宫矛盾，一面向曹氏施压，一面向英宗谏言。宰相韩琦费尽心机，劝说曹太后归政。他上十几道奏章请英宗处理，英宗处理自如，第二天他便假意请求辞退。曹太后中计，说该退的不是宰相，而是她自己，大臣们趁机奏请太后确定还政日期。曹太后虽然并不情愿，但最终无奈还政于英宗。

治平元年（1064年）五月，英宗开始亲政。他力图革除以往弊政，改变死气沉沉的政治氛围。下诏蠲免拖欠的赋税，救济受灾百姓。为了节省用度，减少自己的乘车、服饰标准，放宫女出宫。对皇室用度进行调整，甚至对皇太后的生活用度也做了严格规定。治平三年（1066年）七月，将常居的清居殿改为钦明殿，上书《洪范》警诫自己不敢享受清闲。同时起用一批能够辅助自己成就一番事业的新人，将翰林学士王畴提为枢密副使，起用武将郭逵，罢免三司使蔡襄。为了减少两府大臣的反对，他下诏让大臣们推荐官员以备提拔，恢复以前严格的考课制度，重定在京朝官及两制以上的磨勘之法，延长各品级官员

宋英宗永厚陵之一

的转迁年限。恢复武举，选拔武职官员，提高武将地位，扭转文强武弱的局面。

英宗对邻国西夏采取强硬态度，赏赐陕西刺配义勇军十三万人每人二千钱，激发他们保家卫国的热情。治平三年（1066年）九月，西夏国主赵谅祚率兵攻打大顺城（今甘肃华池西北）。英宗采纳大臣建议，停止对西夏赐予锦帛，并派使者质问西夏背盟的原因。西夏势弱理亏，被迫撤兵。

英宗喜欢读书，尊敬师长，生活俭朴，以孝、德闻名，父亲去世后分得的财产全部送给离开王府的人。宗室有人用铜带换取他的金带，英宗替他开脱，称自己的就是铜带。先为皇子，谨慎平静，谦恭默然，天下人皆知其有圣德。即位后，均称近臣以官名而不称姓名。当时制度，士大夫之子娶了皇帝女儿，就升高辈分，英宗认为这是以富贵而屈人伦，下诏有司革除此制度。

宋英宗永厚陵之二

宋英宗永厚陵之三

自治平二年（1065年）始，就英宗生身父母的称谓问题，朝廷内部分成两派，一派主张追赠为皇、后，一派主张封王、妃，双方争执不下。英宗无奈，先后将两派中的部分大臣贬出京师，致使御史台和谏院为之一空。治平四年（1067年）正月初八，英宗病逝，终年三十六岁，葬永厚陵。

赵曙永厚陵在今郑州市巩义市孝义街道二十里铺村东南800米，地理坐标为北纬34°44′46.5″，东经112°58′21.3″。该墓始建于北宋，为全国重点文物保护单位。现由上宫、下宫和宣仁圣烈高皇后陵组成，南北长750米，东西宽约300米。上宫建筑基址尚存，并有东、西鹊台2个，乳台2个，宫城存四神门阙台和四个角阙基址。陵台位于宫城中部，略呈方形覆斗状。下宫遗址仅存一对南门狮。永厚陵现存石雕像56件。西北隅祔葬宣仁圣烈高皇后陵，皇后陵西北祔葬魏王赵颢、燕王赵颗和兖王赵俊墓。

程颢、程颐

程颢、程颐，颢为兄，颐为弟，俗称"大程""小程"，合称"二程"。程颢，生于明道元年（1032年），卒于元丰八年（1085年），字伯淳，人称明道先生。程颐，生于明道二年（1033年），卒于大观元年（1107年），字正叔，人称伊川先生。祖籍安徽歙县，生于黄陂（今湖北黄陂）。嘉祐二年（1057年），父亲程珦卜葬祖于伊川，自此定居洛阳。程颢、程颐是北宋时期著名的理学家、思想家，洛学代表人物。

"二程"出生官宦世家，自幼聪颖过人，天分极高。母亲侯氏博览群书，教子有方。二人自小受家庭熏陶，深谙孔孟之道。父亲在虔州（治今江西赣州）任职时，结识周敦颐。"二程"一起闻道于周敦颐，受到周敦颐思想的一定影响。

嘉祐元年（1056年），程颢跟随父亲到达开封，次年考中进士，步入仕途。历任京兆府鄠县（今陕西户县）、江宁府上元县（今江苏上元）主簿、泽州晋城（今山西晋城）县令。他资质过人，极有涵养，不仅学问好，办事能力相当强。在县令任上，巧断疑案，还勇于破除迷信，受时人称赞。程颢为官，大施仁政，减省诉讼，大修水利，平抑物价，减免赋税，兴办教育，取得了瞩目的成绩，受到上下好评。治平四年（1067年）升著作郎，主管编撰国家大事记。王安石变法，程颢被派遣到各路去检查农田、水利、赋役等情况。经吕公著推荐，升任太子中允、权监察御史里行。其间写《论十事札子》等奏疏，陈述自己对变法的意见，认为"圣人立法可改"，应"随时因革"，提出改革旧役制、限制兼并、改革学校和科举等建议。

程颢虽赞同变革，但对王安石的某些具体举措持不同意见。如不同意王安石卖祠部度牒以施行常平法的变法措施，反对实行青苗取息法，要求罢免青苗法，废除推行青苗法的提举官。因为这些异见，程颢仅任职九个月就被罢职，出任地方官。黄河在澶州（治今河南濮阳）曹村决口，程颢亲自率兵众抢险，保护了百姓财产和京师安全。

熙宁五年（1072年），程颢罢归洛阳，监西京洛河竹木务。五年后，任太常丞。元丰元年（1078年），知扶沟县（今河南扶沟），四年后归。元丰六年（1083年），监汝州（治今河南汝州）盐税。这一时期，程颢恪尽职守，在抗洪赈灾、缉盗安民、兴盛教育等方面，都取得了不俗的成绩。元丰八年（1085年），哲宗继位，改承议郎，召为宗正丞，但未及上任就因病去世，享年五十四岁。

程颐十八岁时就曾上疏朝廷，劝谏仁宗施行王道。嘉祐元年（1056年）入太学，作《颜子所好何学论》，论述"学以至圣人之道"，得到当时的著名教育家胡瑗的青睐，被聘为学官。二十七岁时科举不第，又不愿接受别人荐举，长期不仕。这段时间里，他主要跟随父亲，替父亲谋划，办理文牍，并在这些事情中表达自己的政治思想和学术思想。治平二年（1065年），京师大水，朝廷诏求直言，程颐在磁州（治今河北磁县）代父草拟应诏上英宗皇帝书，陈述纲纪、选官、安业、政肃、民和、武备"治安六事"和"立志、责任、求贤""世务三端"。两年后，又为父草拟上神宗皇帝论薄葬书，建议修建皇陵实行薄葬。在《为家君请宇文中允典汉州学书》《为家君作试汉州学策问》中，分别阐述了有关教育和治学等方面的主张。

元祐元年（1086年），程颐以布衣应诏入朝，担任崇正殿说书，辅导年幼的哲宗皇帝。因议论朝政，被贬为西京国子监教授。绍圣四年（1097年），流放于涪州（治今重庆涪陵）。元符三年（1100年），召回洛阳复任职于西京国子监。徽宗崇宁年间，再遭罢官，被列入"元祐奸党碑"。晚年身染风痹，处境艰难。大观元年（1107年）九月，程颐病情加重，于十七日逝世，享年七十五岁。

"二程"均非出色的政治家，他们对后世的影响，在于其学术思想。"二程"是洛学的代表人物，也是理学（道学）的奠基人，影响中国思想界数百年。"二程"理学"泛滥于诸家，出入于老、释者几十年，返求诸'六经'而后得之。明于庶物，察于人伦。知尽性至命，必本于孝悌；穷神知化，由通于礼乐。辨异端似是之非，开百代未明之惑，秦、汉而下，未有臻斯理也"（《伊川先生文集》）。《二程集》既注重传经儒学的人伦之道，又善于观察、研究前人所不注意的自然界，将二者紧密结合。传统儒学为伦理之学，"二程"理学将探讨世界本原放在首位，探索思维与存在的关系，即理气关系。"二程"理学还很重视提高精神境界，讲究生活自律。

他们认为治国之本，在于使君主及庶民均能"明道"，"明道"就是"复天理"。程颢把"复天理"归结为"识仁"，认为仁是一种天地万物与我"浑然一体"，"无物我"之分的"大公"的精神境界。"识仁"就是对这种精神境界的自我意识和自我体现，即要求人放弃一己之私利，具有以圣人、仁人为自己行为准则的胸怀与情操。程颐认为"天理"是事物的所以然，是事物的准则。他说："父子君臣，常理不易。"（《二程遗书》）"复天理"就是要明白这个与每个人等级身份相适应的行为准则，并身体力行。"二程"认为"饥食""渴饮""冬裘""夏葛"是人的不可缺少的基本生活需要，他们称之为"天职"。但是，如果人们的需求超越了人的社会等级身份的规定，则"天职"便转化为"人欲"。"人欲"的实质是私利，乃是天下纷争的根源。欲堵塞动乱之源，唯有运用教育，教人"复天理"，安得天分，不有私心，达到圣人、仁人的境界。而这种教育，首先从士开始，使之在乡里成为道德的楷模，在朝廷成为贤臣，从而影响民风的好转。

"二程"赞同圣人可学而致，并因袭张载"天地之性"和"气质之性"的观点，试图给予理论的论证。程颐认为性即理，人性是天理的体现，先天地含有仁、义、礼、智、信等道德意识，是善的。人所以有恶的意识和行为，缘由有二：一是才的不同，"才禀于气"，气禀有清浊，故人有贤愚；二是受物欲的引诱，善心被放逐。通过学习，气质可变，善心可求，若能坚持不懈，也能和气禀清者一样，成为圣人。因此学者的首要问题是确立学做圣人的志向。"二程"的人性学说，探讨人的个性、智能差异的生理原因，坚持气禀能变，是对古代教育理论的一种深化。

"二程"认为学做圣人，既要进行"格物穷理"的"致知"工作，又要做存心养性的涵养功夫，这叫"敬义夹持"。程颐认为"格物穷理"包括读书、评论古今人物、应接处事等多种途径，而最重要的是读经，因为经是"载道"的。在儒家的经典中，"二程"尤推崇《论语》，《小戴礼记》中的《大学》《中庸》和《孟子》四部书。他们给学生规定的读经顺序是：先《大学》，而后《论语》《孟子》，再后为《春秋》以及其他各经。

在读经方法上，"二程"认为既不能止于章句训诂，蹈买椟还珠的错误；也不能记诵博识、玩物丧志，应坚持由经以求道，贵在自得。教师主要是指导学生读经的方法，至于蕴藏在经中的义理，应由学习者去反复思绎，从己出发，由近及远。故"二程"提倡勤于思，在思考过程中发展思想。"二程"倡导的学风，相对专搞章句训诂的汉学来说，是一大变革。

程颢注重涵养，主张以诚敬存之。要实实在在以义理养心，既不能刻意追求，操之过急，也不能怠惰忘却，一切顺其自然。程颐说"涵养须用敬"（《朱熹文集》），"所谓敬者，主一之谓敬。所谓一者，无适之谓一"（《宋元学案·伊川学案上》），意即心志专一，心有主宰。程颐所主张的"敬"，除这一层意思之外，还讲究人的容貌举止的严肃和庄重。

"二程"同时还是著名的教育家。从二十多岁始，二人讲学时间分别达三十年和五十年，始终不忘教书育人。程颢在任地方官时，提出"乡必有校"。他还经常下乡考察，巡视学校，亲自校正课本，考核教师，不称职者一律更换。扶沟书院也是程颢倡导并建立起来的，并亲自书写"书院"二字匾额。二人在洛阳地区讲学甚频，据载有洛阳、履道坊、龙门山胜德庵、上方寺、龙门香山寺、伊皋书院等。二人在当时的影响很大，来求学者络绎不绝。如"程门立雪"的杨时，卖掉家产的罗从彦，以及吕大临、谢良佐等当时的名流。据《二程门人名单碑》载，二人的弟子有八十八位之多。这些弟子先后分作七派，在全国

程颢墓

各地传播"二程"理学。其中,朱熹就是继承了杨时在福建的一个流派,成为宋朝理学的集大成者。二人的教育思想也颇有特点,即治经为本、读书明理,教学不立、人才自坏,各因其材、教人有序,不学则衰、贵在自得,读书会疑、日新月异。二人的教学方式则有不同,程颢性格温和,喜用启发式教学,善于调动学生的积极性,教学互长。在学习时,严格区分师与生的关系,但平时,则不应强调这种差别。门徒则更喜欢程颢,有"如坐春风"之誉。程颐较为严厉,一丝不苟,有"程门立雪"之典。

后世对"二程"甚为尊重。宋理宗淳祐六年(1246年)二月,理宗封程颢为河南伯,封程颐为伊川伯。河南嵩县程村是"二程"生前最后的居住之地,后裔也均居住于此。元仁宗时,在此建祠,元文宗追封程颢为豫国公,程颐为洛国公。明英宗敕封程村为"二程故里",在此建牌坊,规定文官下轿,武官下马,婚丧嫁娶不得奏乐。清康熙二十六年(1687年),将"二程"进儒为贤,位列汉唐诸儒之下,赐"学达性天"匾额。乾隆十六年(1751年)三月十八,诏令祭奠"二程"。光绪年间,慈禧太后、光绪皇帝赐"希纵颜孟""伊洛渊源"匾额。

"二程"的著作很多,主要有《外书》《遗书》《文集》《经说》《易传》《粹言》等,基本上由他们的弟子整理而成。明清时合并,即《二程全书》或《河南程氏全书》。

"二程"墓在今洛阳市伊川县城关镇南府店村西1公里,临人民中路,地理坐标为北纬34°25′24.0″,东经112°24′02.0″。"二程"墓始建于北宋,为全国重点文物保护单位。墓葬现在程园内,遍植古柏数百株,环境优雅。包括程

程颐墓

颢、程颐及其父程伯温墓。祠堂在前,现有大殿等。墓地在后,东西长203米,南北宽139米,面积28217平方米。存三冢,呈品字形排列。上为"二程"之父程伯温墓,东为程颢墓,西为程颐墓。墓冢呈圆形,下以水泥围砌。墓冢直径约8米,高约2米。墓前各树石碑及供案。神道两侧有石像生。程园为当代人所建,颇为雄伟壮观。

高皇后

高皇后，生于明道元年（1032年），卒于元祐九年（1094年），小名滔滔，亳州蒙城（今安徽蒙城）人。父高遵甫，母亲为北宋开国元勋曹彬曾孙女。英宗赵曙的皇后。

仁宗曹皇后是滔滔的姨妈，从小就把滔滔收养在宫中，宫中人称其为"皇后女"。后来，张妃得宠，滔滔回到父母身边。仁宗无子，便与曹皇后商议，为滔滔主婚，嫁与后来的英宗赵曙。赵曙继位后，于治平二年（1065年）册封滔滔为皇后，时年三十四岁。高皇后反对英宗提拔自己的弟弟，同时也不许英宗亲近妃嫔，表现出了自己的政治智慧。

治平四年（1067年），英宗病逝，神宗赵顼继位，尊高皇后为太后，居宝慈宫。神宗实施新法，遭到高太后反对，导致王安石第一次罢相。元丰八年（1085年）正月，神宗病危，在立子还是立弟的问题上朝中分成两派。立弟派本拟求得高太后侄子的支持，但未成，就诬陷高太后拟立神宗弟雍王，这就是"宣仁之诬"，高太后差点因此被废为庶人。后来神宗立皇子为太子，同意高太后权同听政，高太后辞避不授，经大臣反复劝请，才哭泣同意，并让皇子出帘外见大臣。

元丰八年（1085年）三月初一，高太后开始垂帘，皇子立于帘外。高太后告诉大臣，皇子精俊好学，并手写佛经为皇帝祈福，宰相王珪随即宣读制书，立皇子为太子，并下诏："军国事，并皇太后同处分，俟康复日依旧。"在此之前，雍王、曹王等每天都要进宫向母后问安，皇太子确立后，高太后为防他们图谋不轨，特下令他们不得随意入宫。神宗弥留之际，高太后悄悄安排人为十岁孩儿密制黄袍，并怀揣入宫，为皇太子仓促登基之用。神宗驾崩，哲宗即位，高皇太后成为太皇太后，军国事权同处分，五日一御承明殿，皇帝居左，太后在后，垂帘决事。

哲宗时尚十岁，国事全凭高太皇太后处理。高太皇太后首先恢复祖宗之法，改变神宗的新政，召司马光等反对变法的人物重新入朝，贬斥变法派官员。在对待西夏的问题上，采取和戎政策，将神宗时期夺取的四寨归还西夏。高太皇太后主政时期，党争加剧，而且恩荫太滥，造成员多阙少，财政入不敷出。

高皇后陵

高太皇太后对哲宗爱护备至，任用德高望重的大臣为经筵官，为哲宗讲读经史，学习知识和治国之道。但因高太皇太后专政，大臣们以她为首，漠视哲宗的存在，因此哲宗鲜能发表意见，祖孙之间出现对立情绪。元祐七年（1092年），哲宗十七岁，高太皇太后为其主婚。哲宗虽欲亲政，但高太皇太后并无归政之意，二人的矛盾加剧。

高太皇太后虽居高位，但不徇私情，尤其是对高家成员，更是严加约束，不予营造大宅，缓于升迁，对犯过错之人亦不迁就。抑制外家，被后世称道。同时遵于礼法，不与皇帝同时殿试举人，不同意举办册封太皇太后的仪式。元祐九年（1094年）九月，崩于寿康宫，享年六十三岁，谥宣仁圣烈。

高皇后陵在今郑州市巩义市孝义街道二十里铺村东南800米永厚陵园内北部，临人民路，地理坐标为北纬34°44′46.5″，东经112°58′21.3″。高皇后陵建于北宋，为全国重点文物保护单位。现存陵台高5米，长宽各18米，石刻27件。

苏轼

苏轼，生于景祐三年（1036年），卒于建中靖国元年（1101年），字子瞻，又字和仲，号雪堂、东坡、东坡居士、坡翁，眉州眉山（今四川眉山）人。父亲苏洵，母程氏。北宋文学家，"唐宋八大家"之一，是对后世影响极大的文化巨人。

苏轼十岁时，父亲苏洵游学四方，母亲程氏亲自教授，闻古今成败，辄能说出要旨。二十岁时，博通经史，日可作文数千言。嘉祐二年（1057年），试于礼部，作《刑赏忠厚论》，本来排第一名，主考官欧阳修因有其弟子曾巩应试，此文颇有曾巩风格，欧阳修疑为曾巩试卷，为避嫌将此卷定为第二，后揭晓才知是苏轼。欧阳修称赞他善读书、善用书，他日文章必独步天下。丁母忧后，于嘉祐五年（1060年）调任福昌主簿。欧阳修以其才识兼茂，荐之崇文院秘阁。试六论，文义粲然，又对制策，入三等，除大理评事、签书凤翔府判官。苏轼让衙吏自择水工，贡输木材，以时进止，减少人员伤害。

治平二年（1065年），苏轼入判登闻鼓院。英宗召试，得直史馆。父亲苏洵去世，辞官服丧。熙宁二年（1069年），还朝。

熙宁四年（1071年），王安石欲变科举、兴学校，苏轼上议反对，神宗召见，苏轼谏言"镇以安静，待物之来，然后应之"（《苏轼集附录》）。王安石不悦，命苏轼权开封府推官，决断精敏，名声更远，反对在上元节购买江南观灯，朝廷采纳。王安石创行新法，苏轼上疏论其不利，被王安石不容，于是请求外任。

通判杭州，新政日下，苏轼以便民为要，使百姓安心。徙知密州（治今山东诸城），司农行手实法，让百姓自报田产以确定赋税，不按期施行以违制论。苏轼认为司农擅造律例，不久朝廷见此法害民，遂罢止。徙知徐州（治今江苏徐州），黄河决口，苏轼阻止富人出逃以安民心，带领武卫营禁军筑东南长堤，并让官吏分堵守城，徐州得以保全。徙知湖州（治今浙江湖州），上表称谢，又作诗托讽时事，御史以为诽谤，将其逮捕下狱，欲置其于死地，这就是有名的"乌台诗案"。神宗怜惜，任其为黄州（治今湖北黄冈）团练副使。苏轼与山野村夫相与娱乐于山水之间，并在东坡建造房屋，自号"东坡居士"。此时的他心灰意冷，多次到黄州城外赤壁山游览，写下《赤壁赋》《后赤壁赋》和《念奴娇·赤壁怀古》等千古名作，寄托谪居时的感情。

元丰三年（1080年），神宗数次有意复用，但被一些朝臣阻拦，后神宗亲下手札让苏轼到汝州（治今河南汝州），苏轼则请求到常州（治今江苏常州）任团练副使，朝廷同意。路过金陵时见到被罢相的王安石，苏轼劝王安石就当时大兵大狱的情况上疏发表意见。苏轼虽与王安石政见不同，但还保持了私交，共游蒋山，互相唱和。到了常州，神宗驾崩，哲宗即立。苏轼复为朝奉郎、知登州（治今山东蓬莱），召为礼部郎中，后迁起居舍人。

元祐元年（1086年），哲宗继位，因其年幼，高太皇太后临朝听政，苏轼迁中书舍人。司马光等反对王安石变法的大臣重被启用，变法派官员被贬黜，并陆续废除新法，恢复旧制。司马光打算废止王安石的免役之法，恢复差役法，苏轼认为二者各有利弊，反对司马光尽废新法。不久，除翰林学士。元祐二年（1087年），兼侍读，为哲宗讲习故事，并借以规劝哲宗。宣仁太后告诉他，神宗每次诵读他的文章，必称"奇才，奇才"，但没有来得及重用。元祐三年（1088年），权知礼部贡举，大雪苦寒，苏轼放宽禁约，让士子们畅所欲言。

元祐四年（1089年），因多次议论时事，苏轼恐不被当权者所容，请求外任。拜龙图阁学士、知杭州。杭州大旱，饥疫并作，苏轼请求减免供米，救助缺食百姓，减价粜常平米，多作稠粥药剂，派人治病，使许多百姓存活。自出黄金五十两，作病坊，蓄钱粮，防止瘟疫再次发生。苏轼疏浚茅山和盐桥的两条河流，以通漕运。造

苏轼墓之一

堰闸限制西湖水蓄泄，在湖中作木架，南北达三十里，并作长堤以便通行，堤成后植芙蓉、杨柳于其上，景色如画，人称"苏公堤"。苏轼二十年内两次在杭州为官，对百姓颇有恩德，百姓家中张贴他的画像，吃饭时都要祷告。

元祐六年（1091年），苏轼任翰林承旨，以龙图阁学士出知颍州（治今安徽阜阳）。后又被人诬告，元丰七年（1084年）徙扬州，又以兵部尚书召兼侍读。迁礼部兼端明殿、翰林侍读两学士，为礼部尚书。元丰八年（1085年），以两学士出知定州（治今河北定州），严明军纪，练习战法，进行春季大阅。绍圣元年（1094年），哲宗亲政，新党得势，贬斥元祐旧党，苏轼又成为新党打击的对象，一贬再贬，以本官知英州（治今广东英德），又贬宁远军节度副使，惠州（治今广东惠州）安置。身为罪臣，苏轼在惠州期间被严加看管，诏令不得签书公事，但他仍不忘百姓，向当地官员建议修"两桥一堤"，并把皇帝赏赐的犀带捐献，惠州人民把当年修建的丰湖两段堤称为苏堤。他还关心农业生产，教导百姓改进农具；搜购药物，施药救人；建议太守收集郊外野死者的枯骨，建造丛冢，还亲自撰写了《惠州祭枯骨文》；建议当地官员较好地解决了军队侵占民房的问题。特别指导广州官员从山上引水进市，很好地解决了居民饮水问题。同时，在此期间他创作了大量的诗词，留下来的诗一百六十九首，词十二首，文三百一十二篇。他的政敌听说苏轼在惠州深受当地百姓爱戴，就将其再贬琼州（治今海南）别驾，居于昌化（今海南儋州），在此期间，他办学堂、传教化，成为儋州文化的开拓者、播种人，至今尚传东坡井、东坡田、东坡桥等。

徽宗即位，移廉州（治今广西合浦），改舒州团练副使，徙永州（治今湖南永州）。建中靖国元年（1101年）卒于常州，享年六十六岁，遗嘱葬汝州郏城。次年，子苏过遵嘱将灵柩运至郏城安葬。南宋高宗时，赠资政殿学士，太师，谥文忠。有三子：迈、迨、过，都善于作文。著有《易传》《论语说》。在海南期间，作《书传》十二卷，有《东坡集》四十卷、《后集》二十卷、《奏议》十五卷、《内制》十卷、《外制》三卷、《和陶诗》四卷。

苏轼在政治上既非革新派，又非保守派，他因反对王安石变法被贬，司马光全面废除新法时他又表示异议，因而始终没有得到重用。他对朝廷忠心耿耿却又不曲意奉迎，心胸坦荡，光明磊落，对自己的政敌以至奸小都不存戒心，真诚相待，有时甚至口无遮拦，直至写诗发泄不满，因此皇帝明知他的才能却又屡屡贬谪，甚至捕其下狱，差点因此丧命。苏轼无论在何地为官，都不苟且偷安，他心系百姓，在徐州治水，在杭州任上为百姓造福，"东坡处处筑苏堤"，无论何时何地都不因自己祸福趋避之，真正具有儒家士大夫的担当精神。苏轼为人旷达、乐观的个性更是无人企及，他一生多次被贬，而且越贬离京越远，越偏僻荒凉，他都能坦然面对。无论到哪里，他都能同当地种田人、渔民、樵夫打成一片，与僧人结交，即使到了当时远在天涯的蛮荒之地儋州，他还教当地人掘井、种地，用草药给人治病，甚至自己酿酒喝。他看重的不是自己的官位，而是个性的自由、诗词的创作，他自己说"问汝平生功业，黄州惠州儋州"（《自题金山画像》），这样的人生态度确实难以企及。

苏轼在文、诗、词、画、书等方面都有极高造诣，词是继唐诗李、杜之后中国文学史上的又一个高峰，为宋代文学最高成就的代表，对后世影响巨大，散文方面他是"唐宋八大家"之一。继承韩愈的思想，重视文学的社会功能，主张"务令文字华实相副，期于适用"，反对"贵华而贱实"，强调作者要有充实的生活感受。他的散文作品创作颇丰，尤以前后《赤壁赋》为代表，空灵的文笔，自由思想的境界，跌宕的手法，无不让人流连忘返。"纵一苇之所如，凌万顷之茫然。浩浩乎如冯虚御风，而不知其所止；飘飘乎如遗世独立，羽化而登仙。"（《前赤壁赋》）苏轼挥动如椽大笔，写信手文章，驾驭文字之妙，让人叹为观止。抒发了他超脱地俯察人与宇宙之后的哲学领悟，达到作者与大自然合而为一的心灵净化的境界。他的文学思想是文、道并重，他认为文章艺术具有独立价值，主张文章文理自然、姿态横生，反对千篇一律，散文多姿多彩，气势雄放，语言平易自然。苏轼的词作更是影响深远，他一改前人萎靡不振的词风，曾自称"作文如行云流水，初无定质，但常行于所当行，止于所不可不止"（《宋史·苏轼传》）。他对词体进行全面改革，使词转变为独立的抒情诗体，而非音乐的附庸。认为诗词同源，词为诗之苗裔，将诗与词相提并论，为词与诗的互相渗透提供了理论依据。提出词"自是一家"的主张，追求壮美风格意境，用词抒发真实性情和独特感受，使其文如其为人。扩大词的表现功能，将柔情之词扩展为豪放之词，将爱情之词扩展为性情之词，使词可以充分表现词人的性情和个性，改变了词的柔软情调，开启了宋代豪放派词人的先河。苏轼的词不仅描绘交际、闲居、躬耕等生活场景，还进一步展现大自然的壮丽景色，使词的抒情人物形象与创作主体走向同一。他以诗为词，将诗的表现手法移植到词中，突出表现在题序和典故两方面，对词的发展产生了重大影响。作品如《水调歌头·明月几时有》《前赤壁赋》《后赤壁赋》《念奴娇·赤壁怀古》《题西林壁》《江城子·十年生死两茫茫》等。他的诗作题材广泛、形式

苏轼墓之二

多样、情思深厚,始终把批判现实作为诗的重要主题,如《题西林壁》《和子由渑池怀旧》,通过生动的艺术意象表达哲理,优美动人又饶有趣味,表达出他对苦痛的傲视和超越。史论时有惊人之论和独到见解,表现出高超技巧,流传极广。杂说、书札、序、跋等翻新出奇,形式活泼,议论生动,往往夹叙夹议兼带抒情。作文少有芜词累句,如《记承天夜游》,韵味隽永,为文中妙品。辞赋亦有很高成就,如《赤壁赋》骈散并用,情境兼备。"人有悲欢离合,月有阴晴圆缺,此事古难全。但愿人长久,千里共婵娟"(《水调歌头》),"竹杖芒鞋轻胜马,谁怕?一蓑烟雨任平生"(《定风波·莫听穿林打叶声》),"枝上柳绵吹又少,天涯何处无芳草"(《蝶恋花·春景》),"不识庐山真面目,只缘身在此山中"(《题西林壁》)等名句至今广为传诵。

苏轼还是书法大家,擅长行书、楷书,与黄庭坚、米芾、蔡襄并称为"宋四家",存世作品有《赤壁赋》《黄州寒食诗》和《祭黄几道文》等帖。画亦有较高成就,擅画墨竹,提倡"诗画本一律,天工与清新","士人画"的概念对"文人画"的发展奠定了理论基础,作品有《古木怪石图卷》《潇湘竹石图卷》等。苏轼因散文成就,被誉为"唐宋八大家"之一;他又开创了豪放词先河,与辛弃疾并称为"苏辛";书法造诣极高,为北宋"苏黄米蔡"之首。

苏轼在医药、烹饪、水利等方面亦有贡献。他对中医学也很有研究,流传至今的重要医书《苏沈良方》,就是将苏轼收集的医药良方与沈括收集的汇编在一起。他甚至对烹饪、养生都有一定的研究。这样的文化巨人,历史上实属罕见。

苏轼墓与父苏洵、弟苏辙墓在今平顶山市郏县茨芭镇苏坟寺村东南三苏坟,地理坐标为北纬34°04′08.0″,东经113°05′47.0″。详见苏洵条。

许将

许将，生于景祐四年（1037年），卒于政和元年（1111年），字冲元，福州闽（今福建闽清）人。北宋文臣。

嘉祐八年（1063年），二十七岁时中状元，签书昭庆军判官。召回后当任馆职，又通判明州（治今浙江宁波）。神宗召对，任集贤校理、同知礼院，编修中书条例。从太常丞当转为博士，破格任右正言，即转直舍人院，又迁判流内铨，朝臣羡慕。升知制诰，出使契丹，处置有方，受到神宗称赞，知审官西院、直学士院、判兵部尚书。

许将整顿河北保甲、河东弓箭社和闽楚的枪仗手，进为翰林学士、权知开封府。处置太学虞蕃案，将无罪学生释放，遭人陷害，父子被抓，逾月解脱，贬知蕲州（治今湖北蕲州）。以龙图阁待制起知秦州（治今甘肃天水），改扬州，又改郓州（治今山东东平）。上元节时，官吏将登记的偷盗之人全部下狱，许将认为这样无法让他们改过自新，将其全部释放，自此再无百姓犯法，很多监狱空闲，当地风俗为之大变。

元丰六年（1083年），召任兵部侍郎，上疏认为兵事有三：禁兵、厢兵、民兵；马事有三：养马、买马、牧马；兵器事有二：修缮制作和供给使用。对夏用兵，神宗派侍从询问兵马数量，许将立即详细奏报。以龙图阁直学士知成都府。

元祐三年（1088年），再任翰林学士，第二年任尚书右丞，常常找来熙宁、元丰年间的旧章给皇帝阅览。因在领军人选上奏议前后不一，罢任资政殿学士、知定州，移扬州，又移大名府（治今河北大名）。绍圣初年，入为吏部尚书，上疏请求夏至时皇上亲自北郊祭祀，又任尚书左丞、中书侍郎。章惇任宰相，上奏要挖司马光的墓，许将认为发人之墓，非盛德事，并反对大肆杀戮朋党旧臣，哲宗采纳。

崇宁元年（1102年），进门下侍郎，累官金紫光禄大夫，安抚平定鄜、廓州。守边大臣想率军渡过黄河，众人反对，独许将赞成，不久即有捷报传来。因收复河、湟之功转特进，在政十年。御史中丞朱谔以许将章表诽谤皇上，并说他易变主意从无定论，以资政殿大学士知河南府，再降为资政殿学士、知颍昌府，移治大名，加观文殿学士、奉国军节度使。在大名六年，

许将墓

多次告老,被召为佑神观使。

政和元年(1111年)去世,享年七十五岁。赠开府仪同三司,谥文定。有子名许份,官至龙图阁学士。

许将墓在今信阳市固始县沙河铺乡枣林村杨岗村民组北,省道204转村间公路可达,地理坐标为北纬32°12′09.0″,东经115°44′09.0″。该墓始建于北宋,为信阳市文物保护单位。墓葬坐落于山坡台地上,地势稍高,四周为农田。墓冢为现代堆拢,圆形,直径约5米,高约1.5米。墓冢前立有现代碑刻两通。

苏辙

苏辙，生于宝元二年（1039年），卒于政和二年（1112年），字子由，号颍滨、栾城，晚号颍滨遗老，眉州眉山（今四川眉山）人。北宋文学家，父苏洵，兄苏轼，俱为"唐宋八大家"。

嘉祐二年（1057年），十九岁时与兄苏轼同登进士科，嘉祐六年（1061年）又同时参加临时科考，对策极言得失，判为下等，授商州（治今陕西商州）军事推官。苏辙请求在京师侍奉父亲，三年后，为大名推官。一年后，丁父忧。

神宗熙宁元年（1068年）上疏言事，召对延和殿，为三司条例属官。王安石制定《青苗书》，拟向百姓放贷，苏辙引述唐时"使民侥幸得钱，非国之福。使吏倚法督责，非民之便"（《宋史·苏辙传》）劝告，并致书王安石力陈青苗法不可，惹怒王安石，出任河南推官，后被陈州知州张方平辟为教授。熙宁三年（1070年），授齐州（治今山东济南）掌书记。三年后改任著作佐郎，复从张方平任签书南京判官。因兄苏轼以诗得罪，被谪监筠州（治今江西高安）盐酒税，后移知绩溪县（治今安徽绩溪）。

哲宗即位，以秘书省校书郎召还。元祐元年（1086年）为右司谏，上疏罢除了神宗朝力持变法的旧相蔡确、韩缜及枢密使章惇等人。司马光打算恢复差役制度，苏辙建议暂缓更弦易张，同时加紧审议差役制度，尽快形成法度；司马光又打算更改王安石的科举制度，苏辙同样认为不能过速变更，否则举子来不及准备，司马光皆不从。

元祐二年（1087年），西夏派遣使者请求归还兰州及附近五寨之地，众议不决。苏辙认为应早作决断，否则开战不利，朝廷答应归还五座寨，稳定西部边陲。迁起居郎、中书舍人，劝谏吕公著不要再将黄河回归故道，采纳。进户部侍郎，上疏认为财赋应藏之于民，其次藏之州郡，以及都水监、军器监、将作监由户部、工部共掌等事宜，哲宗从之。之后，又量事裁减吏额。接替苏轼为翰林学士，寻权吏部尚书。出使契丹，后任御史中丞。

元祐六年（1091年）拜尚书右丞，进门下侍郎。西夏以边界不定、和议不决，屡次进犯，苏辙建议更换守边将领。是年，西夏再犯，苏辙认为朝廷没有处理好边界纠纷，向西夏索求过度，以致西夏用兵，应该诘责帅臣，朝廷最终采纳。他反对朝廷任用当年支持变法的旧臣，反驳他们的时议之策，引起哲宗反感，落职知汝州（治今河南汝州），再知袁州（治今江西宜春），未至即降为朝议大夫、试少府监，分司南京，筠州居住。绍圣三年（1096年），移化州（治今广东化州）别驾，雷州（治今广东雷州）安置，又移循州（治今广东龙川）。

徽宗即位，徙永州（治今湖南永州）、岳州（治今湖南岳阳），已而复太中大夫，提举凤翔上清太平宫。崇宁年间，蔡京当国，降朝请大夫，罢祠，居许州（治今河南许昌），再复太中大夫致仕。在许州造屋，号颍滨遗老，作自传，不与他人相见，终日静坐。政和二年（1112年）去世，享年七十四岁。追复端明殿学士。淳熙年间，谥文定。苏辙生性沉静简洁，作文亦如人。所著《诗传》《春秋传》《古史》《老子解》《栾城文集》并行于世。有三子，名迟、适、逊。

苏辙一生宦海沉浮，但笔耕不辍，给后世留下了丰富的著作，今存《栾城集》《后集》《第三集》共八十四卷，《栾城应诏集》十二卷、《诗经传》二十卷、《春秋集传》十二卷、《老子解》二卷、《左史》六十卷、《龙川略志》十卷、《龙川别志》八卷等。对后世影响最大的是散文创作。苏辙在文学方面深受父兄影响，在《历代论引》中说："予少而力学，先君，予师也；亡兄子瞻，予师友也。父兄之学，皆以古今成败得失为议论之要。"一唱三叹，有秀杰之气。但其散文的风格又与其兄不同，他的散文汪洋淡泊。尤擅长政论和史论，政论纵谈时事，如《新论》三篇，针砭时弊，

苏辙墓之一

苏辙墓之二　　　　　　　　　　苏辙墓之三

论断确切,切中肯綮。史论如《历代论》,分析全面,以古喻今,颇有新意。《六国论》评齐、楚、燕、赵不能团结抗秦,《三国论》认为刘备"智短而勇不足","不知因其所不足以求胜",以古鉴今。书信杂文,年少时作品颇有豪气,晚年语气收敛,但依然洒脱、平淡自然。记叙杂文如《庐山栖贤寺新修僧堂记》造语奇特。早期诗作大多为生活琐事、咏物写景,或与苏轼唱和,文采淳朴,如《次韵子瞻闻不赴商幕》三首,洒脱自然,颇有特点。晚年作品如《秋稼》,反映现实生活,《南斋竹》抒发个人感受,情趣悠远,颇见性情,艺术成就更高。《游西湖》云:"闭门不出十年久,湖上重游一梦回。行过间阎争问讯,忽逢鱼鸟亦惊猜。可怜举目非吾党,谁与开樽共一杯?归去无言掩屏卧,古人时向梦中来。"颇见直言性情。他的赋也相当出色,如《墨竹赋》细致逼真,富有诗意。苏辙与父苏洵、兄苏轼创立了苏氏蜀学,遍采"六经"百家,吸取老庄道学和佛教思想,逐步形成"三教合一"的思想,在当时具有重要影响。其书法运笔结字颇似苏轼,潇洒自如,工整有序,传世墨迹有《雪甚帖》《雪诗帖》《车马帖》《晴寒帖》等。

苏辙墓与父苏洵墓、兄苏轼墓均在今平顶山市郏县茨芭镇苏坟寺村东南三苏坟内,地理坐标为北纬34°04′08.0″,东经113°05′47.0″。详见苏洵条。

向皇后

向皇后，生于庆历六年（1046年），卒于建中靖国元年（1101年），怀州河内（今河南沁阳）人。宋英宗赵曙皇后，真宗朝宰相向敏中的曾孙女，父向经。

治平三年（1066年），被颍王赵顼纳为妃，封安国夫人，时年二十一岁。赵顼继位后，被册立为皇后。神宗朝，向皇后反对王安石变法。神宗病危时，她辅助高太后定建储之议。哲宗继位后，她被尊为皇太后，坚辞高太皇太后为其修葺一新的庆寿宫，只将庆寿宫后殿改为隆祐宫居住。注意抑制外戚，哲宗选后时她不允许娘家人送选，其他诸王选妃也是如此，还不允许族党以私情破坏公法，以皇太后的恩礼换授阁职。

哲宗弥留之际，向太后对哲宗生母朱德妃言，哲宗要立端王为帝。哲宗逝后，向太皇太后垂帘，坐在殿东，不顾章惇反对，立端王为帝。向太皇太后派宦官去请端王，并说如果端王推辞，即扶持上马归

向皇后陵

来。端王到后，向太皇太后当着诸宰执大臣的面，宣布端王为皇帝。端王以上有兄长申王推辞，向太皇太后则再三宣谕，众臣也在一旁规劝，端王最终答应继皇帝位，是为徽宗。向太皇太后垂帘听政，权同处分军国事，但她一再宣称，哲宗安葬后，就立即撤帘。

向太皇太后鼓励群臣上疏言事，提出"其言可用，朕则有赏；言而失中，朕不加罪"（《续资治通鉴长编拾补·哲宗》）。政治上倾向旧党，官员们纷纷上疏肯定元祐之政，一些旧党被恢复名誉，追复官职，新党则遭到贬黜，因此她听政期间被称为"小元祐"。元符三年（1100年）七月，听政半年即撤帘，赢得贤后称赞。建中靖国元年（1101年）病逝，享年五十六岁，谥钦圣宪肃。

向皇后陵在今郑州市巩义市芝田镇八陵村神宗永裕陵北侧，国道310可达，地理坐标为北纬34°39′15″，东经112°54′53″。该陵始建于北宋，为全国重点文物保护单位。墓区坐落于耕地之中，地势平坦。墓区面积2.5万平方米，陵台高4米，长宽各15米，夯筑。神道两侧现存石刻25件。

范纯粹

范纯粹,生于庆历六年(1046年),卒于政和七年(1117年),字德孺,吴县(今属江苏苏州)人。宋朝大臣,范仲淹第四子。

范纯粹以父荫迁赞善大夫、检正中书刑房,后出知滕县(治今山东滕州),迁提举成都诸路茶场。元丰五年(1082年),任陕西转运判官。当时五路兵马出师征伐西夏,高遵裕与刘昌祚不和,范纯粹从中劝解,后又上谏神宗不再征讨。进为副使,回京任右司郎中。

哲宗即位,直龙图阁,革除苛政。知庆州(治今甘肃庆阳),上疏建议归还所占西夏地。元祐六年(1091年)任宝文阁待制、户部侍郎,出知延州(治今陕西延安)。绍圣初年,哲宗亲政,因弃地之事,降为直龙图阁。第二年,复以宝文阁待制知熙州(治今甘肃临洮)。改知邓州(治今河南邓州),历河南府、滑州(治今河南滑县),知均州(治今湖北丹江口)。

徽宗即位,知信州(治今江西上饶),复故职,知太原,加龙图阁直学士,再临延州。

改知永兴军、知金州(治今甘肃榆中),提举鸿庆宫。后以右文殿修撰提举太清宫。政和七年(1117年)去世,享年七十二岁。范纯粹性格沉稳,有才略。有集,已佚。

范纯粹墓在今洛阳市伊川县彭婆镇许营村北1.5公里,省道238转村间公路可达,地理坐标为北纬34°29′56.06″,东经112°32′27.27″。该墓始建于北宋,为全国重点文物保护单位。墓葬坐落于山坡台地上,地势略高,四周均为农田。现与兄弟墓葬共辟为一墓园,园内树木茂密,环境优雅。墓冢呈六边形,边长约4.5米,径约8米,高约2米。

范纯粹墓

宋神宗赵顼

宋神宗赵顼，生于庆历八年（1048年），卒于元丰八年（1085年），又名仲针。英宗赵曙长子。北宋第六位皇帝，1067—1085年在位，年号熙宁、元丰，庙号神宗，谥英文烈武圣孝皇帝。

神宗四个月时，赠名仲针，授率府副率。英宗即位，授安州观察使，封光国公，加忠武节度使、同中书门下平章事，封淮阳郡王，并改名顼。治平元年（1064年）晋封颍王，治平三年（1066年）十二月立为太子。治平四年（1067年）正月，英宗病逝，二十岁的赵顼继皇帝位。

神宗继位时，社会矛盾十分尖锐，土地兼并严重，苛捐杂税众多，农民极为贫困，甚至一些中小地主也纷纷破产。国家积贫积弱，重内轻外，重文轻武，冗兵、冗官、冗费严重，社会呈现衰败迹象。年轻的神宗"思除历世之弊，务振非常之功"（《续资治通鉴长编·神宗熙宁九年》），力争有所作为。

神宗自幼好学勤问，喜读《韩非子》，对法家富国强兵之术饶有兴趣。他对王安石的理财治国思想非常赞赏，其老师韩维也常讲授王安石的观点，神宗对王安石印象深刻。继位不到数月，就任王安石为江宁（治今江苏南京）知府，几个月后召为翰林学士兼侍讲。神宗时时咨询王安石治国安邦之策，王安石一一讲解革弊的方案，消除了神宗的担心，坚定了改革决心。熙宁二年（1069年）二月，任命王安石为参知政事，主持变法。

神宗首先批准王安石成立了变法机构，即制置三司条例司（后被司农司代替），选拔一批开拓创新人才作为变法骨干。在神宗的大力支持下，王安石提出了一套新法，包括青苗法、募役法、市易法、农田水利法、均输法、保甲法、将兵法等，科举考试内容中废诗赋取经义和初仕授官法、专对吏人的仓法，选人注官试律法、宗室授官法、百官荫子法与郊祀恩赐法等，涉及农业、矿业、商业与军队国防建设等部门，是我国古代历史上一次广泛而深刻的变革。

但是，变法触及一些人的利益，有些措施也损害百姓的利益，引起强烈反对，新法推行举步维艰，神宗听到的反对声音愈来愈多，开始动摇。熙宁七年（1074年），河北旱灾，有人趁机造谣"去安石，天必雨"。神宗祖母和母亲也要求停止变法。眼见新法无法施行，王安石愤而上书辞职，神宗迫于压力，无奈让王安石暂离相位，到江宁休养。熙宁八年（1075年）二月，神宗把王安石召回任宰相。几个月后天现彗星，保守派趁机攻击新法，王安石竭力辩护，但神宗犹豫不决。熙宁九年（1076年）十月，再次罢免王安石，并再也没有起用。

王安石虽遭罢免，神宗仍继续新法，不过做些局部调整。北宋的寄禄官阶秩系统利用职事官的称谓头衔，官与差遣分离，表现为职事官名衔与其职事的分离，造成官职中纷繁复杂、名实不符的现象。神宗实施了以"台省寺监之官实典职事""以阶易官"为主要内容的元丰改制。先命馆阁校勘《唐六典》，元丰三年（1080年）六月，正式由中书置局详定官制。八月，神宗诏颁改制的主要设计思想，即"使台省寺监之官实典职事，领空名者一切罢去，而易之以阶，因以制禄"（《续资治通鉴长编·神宗元丰三年》）。九月十六日，详定官制所进呈《以阶易官寄禄新格》。元丰五年（1082年）五月一日，诏令施行。

新官制对朝廷官僚机构进行了一系列撤并和调整，但未触及武官、幕职州县官及地方官。宰辅名称更易，权限被重新划分，恢复了隋唐的三省六部制，以三省长官为宰相、副宰相，中书省取旨，门下省复审，尚书省执行，三省分班奏事，权归中书。元丰改制结束了宋初以来三司与中书、枢密院鼎立之势，兵部职权受到一定制约，以新行的官阶制禄，每年可以节约二万贯俸钱，缓解了当时财政紧张的状况。

变革导致了改革派与保守派的激烈斗争。神宗重用改革派而又不完全听信他们，不采用反对派的治国方案然而对其恩礼有加，重用了王安石等改革派人物，但仍让一些强烈反对新法者长期任职于两府。神宗死后，反对派乘机而起，全面废除了新法。宋神宗的改革目的是富国强兵，具体措施有些是有效的，但用人不当，有些措施过急过激，未达到实际目的，导致未能彻底推行。

熙宁变法，大大增加了国家的收入，促进了社会生产力的发展，垦地面积增多，农、矿等产品产量增加，商品经济取得发

宋神宗永裕陵之一

展。文化繁荣，司马光编纂《资治通鉴》，神宗为其作序。军队战斗力提高，与交趾交战取胜。熙宁八年（1075年），交趾进攻广西路古万寨，神宗派郭逵领兵抗击连连取胜，攻入交趾国内，迫使交趾国王李乾德奉表投降。此后，交趾再不敢侵扰。对西夏用兵却不顺利，失陷永乐城，宋军伤亡二百余人，只得继续与西夏的纳贡和议。教育改革受到的阻力最小，州县建小学，朝廷设太学，定期考试选拔。神宗积极主张开边，新得不少州县，获二十万户人口及数万头牛羊等，但开边征战败兵丧将，费财困民，流民严重。朝中党争加剧，宋神宗心力交瘁，于元丰八年（1085年）初驾崩，终年三十八岁，葬永裕陵。

宋神宗赵顼永裕陵在今郑州市巩义市芝田镇八陵村委西南1000米，北距国道310约3公里，地理坐标为北纬34°38′58″，东经112°54′58″。该陵始建于北宋，为全国重点文物保护单位。陵区地形开阔，岗坡平缓，周围有农田、厂矿。永裕陵由上宫、下宫和钦圣宪肃向皇后、钦慈陈皇后、钦成朱皇后、显恭王皇后等4座皇后陵园组成，南北长约2200米、东西宽约500米。地面建筑不存，基址保存较好，现存鹊台、乳台各2个。宫城四神门阙台和四隅角阙基址皆存，陵台位于宫城的中部。上宫现存52件石刻，部分石刻残缺。下宫位于钦圣宪肃向皇后陵、钦慈陈皇后陵的北部，西与显恭王皇后陵毗邻，存南神门狮2件，上马石2方（埋于地下）。

宋神宗永裕陵之二

宋神宗永裕陵之三

李诫

李诫，约生于治平元年至二年（1064—1065年），卒于大观四年（1110年），字明仲，郑州管城（今河南郑州）人。北宋官吏、建筑学家，建筑学巨著《营造法式》编写者。

元丰八年（1085年），哲宗嗣位。李诫的父亲李南公时任河北路转运副使，李诫奉父命进献贺表并送特产，得以恩补郊社斋郎。后为曹州济阴县（今山东曹县西北）县尉，练卒、除器、明赏罚、广方略，县内治安得到根本改善。元祐七年（1092年），调任将作监主簿。绍圣三年（1096年），升将作监丞。崇宁元年（1102年），升将作少监。崇宁二年（1103年）出任京西转运判官，数月后被召回复任将作少监。崇宁三年（1104年），升任将作监。

崇宁五年（1105年），李南公病重，李诫请假回归故里看望，不久其父病逝。大观三年（1109年），守孝满三年之后，被派往虢州（治今河南灵宝）任知州。到任时间不长得了重病，于大观四年（1110年）二月病逝，后安葬于郑州梅山祖茔。他在虢州为官虽很短暂，但"吏民怀之，如久被其泽者"。

李诫博学多艺。精于书法，篆籀草隶，都有很高水平。家藏几万卷书墨，经他亲笔抄成的就有几千卷。善于绘画，颇得古代名家笔意，所绘《五马图》，得徽宗赞赏。撰有《续山海经》《古篆说文》《续同姓名录》《琵琶录》《马经》《六博经》等。惜均已不传。

在将作监期间，主持完成了不少宫廷和官府的建筑工程，如五王邸（疑为《营造法式》中所自言"皇帝外第"）、辟雍、尚书省、龙德宫、棣华宅、朱雀门、景龙门九成殿、开封府廨、太庙、钦慈太后佛寺、班直诸军营房等。李诫在建筑技术和工程管理方面积累了丰富的经验，"其考工民事，必究利害。坚窳之制，堂构之方与绳墨之运，皆已了然于心"（《宋故中散大夫知虢州军州管句学士兼管内劝农使赐紫金鱼袋李公墓志铭》）。每次升迁多与完成某项营造工程有关。因此，得以奉旨编修《营造法式》。

熙宁年间，敕令将作监编修《营造法式》，于元祐六年（1091年）成书，故又称《元祐法式》。但该书只是料状，别无变造用材制度，不便实际应用，并且所定

宋元时期

李诚墓

工料太宽，关防无术，难以防止各种弊端。因此哲宗于绍圣四年（1097年），令李诫重修《营造法式》。李诫"考究经史群书，并勒人匠逐一讲说"（《营造法式》），用了三年多的时间，于元符三年（1100年）成书，由都省奉旨录送在京官司参用。崇宁二年（1103年），李诫以营造制度工限等"内外皆合通行"为由，奏请刊刻《营造法式》，经皇帝批准，这部建筑名著作为官定建筑规范颁行各地。

《营造法式》全书共36卷，除看详、目录各一卷外，正文有34卷，计357篇，3555条。其内容可分为建筑术语考证与解释、诸作制度、功限、料例和建筑图样五部分。这是中国封建社会编修的有关营造方面的专著之一，虽然为朝廷主持编修，也无法改变匠人的低等地位，但毕竟使以匠人口耳相传为主要方式的唐宋时期，甚至是汉至元时期的营造技艺得以大致保存，对于今天研究那时实物留存不多的建造活动，具有重要作用。而其理念及实践，对明清时期的建造活动亦有很大影响。

李诫墓在今郑州市新郑市龙湖镇于寨村西南，国道107转乡道105可到达，东侧紧临省道88，地理坐标为北纬34°36′35″，东经113°36′45″。该墓始建于北宋，为全国重点文物保护单位。墓区坐北朝南，北高南低。四周均密植树木。仿宋碑亭台基高约80厘米，面阔进深均一间，方形，长宽均3.3米左右。碑上有脊，碑身上书"宋李明仲之墓"。墓冢在碑亭后10米。建于方台之上，青砖砌筑。台长约8.8米，其中中部台阶宽约1.9米。圆形冢，高约3.5米，直径约6米，周长40米。下层为青砖砌筑，高约80厘米。

邢恕

邢恕,生卒年不详,字和叔,郑州阳武(今河南原阳)人。北宋文臣,才学出众。

邢恕年少时即喜欢读书,师从程颢,博览群书,口若悬河,颇有文采,通晓古今之事,并有自己的见解,与诸多贤士交往甚密。神宗熙宁年间中进士,为永安(治今河南巩义)主簿,后经吕公著推荐,任崇文院校书。邢恕醉心于功名富贵,看重自身既得利益,而且恃才傲物,目空一切。王安石变法时想将其揽为己用,但邢恕不屑与之为伍,并对变法不以为然,惹怒了王安石,被赶出朝廷,出延陵(治今江苏丹阳)县。该县被撤后,再没有给他安排职位。七年后,复职崇文院校书。

元丰初年,为馆阁校勘,不久升著作佐郎。蔡确为相,神宗向他推荐邢恕所作《送文彦博诗》,认为邢恕在诗文方面颇具功力,蔡确因而升邢恕职方员外郎,并有意结交。邢恕极力向蔡确出谋划策,朝政较以前有些变更,得神宗赏识。

神宗身体不好,儿子延安郡王年幼,邢恕便与蔡确密谋另谋储君,从而得到更大权力。他联络高太后侄子高公绘、高公纪连施计策,均未得逞,不得已转而自称有拥立延安郡王之功。元丰八年(1085年)三月,神宗驾崩,哲宗继位,邢恕以拥立之功被任命为右司员外郎、起居舍人。他又使计谋,通过高公绘上疏建议高太皇太后早做打算,被高太皇太后识破,查出邢恕为背后主谋,降为随州(治今湖北随州)知府。不久改河阳(治今河南孟州)知府,又改集贤殿修撰,与蔡确等人被视作"四凶",再贬永州(治今湖南零陵)监酒。

绍圣初年,升宝文阁待制,知青州(治今山东青州)。召为刑部侍郎,再迁吏部尚书兼侍读,改御史中丞。身居高位、顺风得意,邢恕为报被贬之仇,上诬高太皇太后,下陷忠良,意图将当年处置自己的人全部打倒。但他所列举的罪状皆子虚乌有,经查实后他也不以为意,仍怡然自得。

邢恕内怀猜滑,而外持正论,得到哲宗赏识后多次上朝议论国事,引起宰相章惇的猜忌。邢恕探知哲宗轻视章惇,便屡次揭露章惇之过,章惇寻机将他贬为汝州(治今河南汝州)知府,后迁应天府(治今河南商丘)。章惇仍不罢手,继续向哲宗揭发邢恕罪状,又被贬为南安军(治今江西大余)知事。

邢恕墓

徽宗初年，再贬少府少监，分司西京（今河南洛阳），居均州（治今湖北丹江口）。蔡京当政，邢恕为鄜延（治今陕西延安）经略安抚使，后擢升龙图阁学士。他对军事一窍不通，所提建议近乎儿戏，如以车战法近距离攻击，造船直下西夏巢穴等，只是蔡京力挺，才得以继续重用。直到夏人攻宋，蔡京担心出问题才将他罢职。

邢恕声名早起，但天资反复，行险冒进，上谤母后，下诬忠良，几乎祸及宗庙。罢职后很长时间，复显谟阁待制，不久即去世，享年七十岁。南宋高宗建炎元年（1127年），被追贬为常德军节度副使。有子，名居实、倞。

邢恕墓在今新乡市原阳县师寨镇高庄村南约1公里，国道107、原官线可达，地理坐标为北纬35°04′29.0″，东经113°47′09.0″。该墓始建于北宋，为原阳县文物保护单位。墓葬坐落于耕地之中，地势平坦。墓冢新拢，规模较小，前立有碑。

宋哲宗赵煦

宋哲宗赵煦,生于熙宁十年(1077年),卒于元符三年(1100年),又名赵佣。神宗第六子。北宋第七位皇帝,1085—1100年在位,年号元祐、绍圣、元符,庙号哲宗,谥宪元继道显德定功钦文睿武齐圣昭孝皇帝。

初封均国公,后晋爵为延安郡王,历授检校太尉、太平军节度使、开封仪同三司、彰武军节度使等职。幼时颖悟,清雅端庄,习练书法。神宗病时,书抄佛经三卷为父亲祈福,书法工整。元丰八年(1085年)三月,立为皇太子,改名煦,是月继位,年仅九岁,太皇太后高氏垂帘听政。契丹使者求见,大臣蔡确先行讲述使者容貌、服饰,以令他不要惊奇,哲宗说:"契丹使者既然是人,我怎么会怕他呢?"

高太皇太后一向对新法不满,神宗去世后一些反对变法的老臣得到器重,司马光被召回授门下侍郎,并推荐刘挚、苏轼、苏辙、文彦博、吕公著等大臣。司马光提出"以母改子",吕公著上《谏十事章》,为废除新法完成了理论准备。熙宁、元丰年间的新法陆续被废除。哲宗一直不满于高太皇太后垂帘听政,事事听命于她,对高太皇太后及司马光等"以母改子"的方针也极为不满,对专横的高太皇太后心怀怨气,对一群敬畏高太后而无视自己的大臣愤愤不平。诸多事件,让哲宗倍感压抑,因此平时几乎一言不发。

元祐八年(1093年)九月,高太皇太后驾崩,哲宗亲政,改元绍圣,即绍述神宗新法之意。起用新党章惇为相,罢免苏轼、苏辙等人,以继承新法为旗号的一班大臣重新掌权。凡元祐年间革除之事尽皆恢复,凡元祐诸臣均在打击之列,变成一种纯党派之争。对旧党的报复毫不留情,已故的予以追贬,追夺赠谥,毁碑,后代亦遭贬,在世的一一贬到岭南,对司马光则制造了"同文馆之狱",使司马光的威望尽失。

在新法的推行方面,恢复了募役法、保甲法和青苗法,市易法时行时辍,方田均税法、保马法等未予恢复,这种部分恢复的做法也使得经济改革软弱无力。而且当时宋夏纠纷不断,西夏最终遣使求和,重定边界,但耗费颇多,经济状况每况愈下,费用有增无减,财政逐步陷入危机。

哲宗从十几岁起便有宿疾,时有咯血,

宋哲宗永泰陵之一

宋哲宗永泰陵之二

久病不医，终成沉疴。元符三年（1100年）正月十二日夜病逝，年仅二十四岁，谥钦文睿武昭孝皇帝，葬永泰陵。徽宗崇宁三年（1104年），加谥宪元继道世德扬功钦文睿武齐圣昭孝皇帝。政和三年（1113年），改谥宪元继道显德定功钦文睿武齐圣昭孝皇帝。哲宗有一子，三个月时夭折，故传位其弟赵佶，即徽宗。

赵煦永泰陵在今郑州市巩义市芝田镇八陵村西南1000米，距310国道3公里，四周有农田、厂矿。该陵始建于北宋，为全国重点文物保护单位。永泰陵由上宫、下宫和昭怀刘皇后陵组成，南北长约1000米，东西宽370米。上宫鹊台、乳台、门阙和角阙等地面建筑基址皆存，宫城有四神门阙台和四隅角阙基址，陵台坐落于宫城的中部。下宫位于昭怀刘皇后陵北神门外，地表无迹可寻。现存55件石刻，部分石刻局部残缺。

杨再兴

杨再兴，生年不详，卒于绍兴十年（1140年），湖南武冈军（治今湖南新宁县盆溪）人，祖籍河南相州（治今河南安阳）。南宋抗金名将。

绍兴元年（1131年），曹成拥众十余万劫掠岭南，杨再兴为曹成部将。绍兴二年（1132年），岳飞进讨曹成，杨再兴集三万之众相拒，斩杀岳飞将部韩顺夫及岳飞胞弟岳翻。后兵败，杨再兴匹马跃入深涧，陷于绝境。岳飞部将张宪要杀他，杨再兴急呼："愿执我见岳公！"被俘后去见岳飞，岳飞见其相貌堂堂，将才难得，为之松绑，劝其"以忠义报国"（《宋史·杨再兴传》），杨再兴大为感动，从此追随岳飞南征北战。

绍兴六年（1136年），岳飞屯军襄阳，杨再兴奉命进攻伪齐孙都统军于长水县（今河南洛宁）。杀孙都统及统制满在，斩五百余人，俘将吏百人，伪齐军瓦解，乘胜收复长水县，以功由第四副将武经郎升中军统制。绍兴十年（1140年），率众直袭郾城（治今河南郾城）金兵，单骑冲入敌阵，杀金军数百，终获全胜，史称"郾城大捷"。之后，兀朮率兵十二万进逼临颍，岳飞督军迎战。杨再兴率轻骑三百与金兵战于小商桥，浴血奋战，斩敌两千余人后战死，焚烧尸体时，得箭镞二升。

杨再兴墓在今漯河市临颍县皇帝庙乡商桥村东，国道107可达，地理坐标为北纬33°43′09″，东经113°57′54″。该墓始建于南宋，为河南省文物保护单位。现已辟为杨再兴纪念园，墓园面积1.33万平方米，种植松柏等，环境优雅。墓冢直径约27米，高约5米。冢前立碑一通，上书"宋统制杨再兴将军之墓"，传为岳飞用枪尖所刻。另存清碑五通。墓南为飨堂。村北有杨再兴庙。

杨再兴墓

牛皋

牛皋，生于元祐二年（1087年），卒于绍兴十七年（1147年），字伯远，汝州鲁山（今河南鲁山）人。南宋抗金将领。

牛皋最初从军，为弓箭手。金人入侵，聚集一批人抵御，屡战屡胜，朝廷诏任保义郎。讨伐贼寇杨进，三战三捷，平定叛乱，累迁荣州（治今四川荣县）刺史、中军统领。在京西抵抗金兵，十余次交战全部获胜，加果州（治今四川南充）团练使，京城留守上官悟征他为同统制兼京西南路提点刑狱。金人攻江西北归，牛皋伏兵攻击，再胜，转和州（治今安徽和县）防御使，充五军都统制，转西道招抚使，迁安州（治今湖北安陆）观察使，寻除蔡唐州信阳军镇抚使、知蔡州（治今河南汝南）。遇敌仍是每战必胜，加亲卫大夫。

绍兴三年（1133年），岳飞意图收复中原失地，牛皋归属岳家军，任唐邓襄郢州安抚使，寻改神武后军中部统领。伪齐政权派李成与金人进犯，敌将王嵩在随州，牛皋令军士只带三日粮草出击，粮未尽城已攻下，斩杀王嵩，攻占随州（治今湖北随州），之后再占襄阳。金人攻打淮西地区，牛皋对金将喊道："牛皋在此，尔辈胡为见犯？"（《宋史·牛皋传》）金兵胆惧，不战而逃。牛皋乘胜追击三十余里，斩杀副都统及千户五人，百户数十人，军声大振，进中侍大夫。

绍兴五年（1135年），随岳飞平定杨幺起义，生擒杨幺。除武泰军承宣使，改行营护圣中军统制，寻充湖北、京西宣抚司左军统制，加龙神卫四厢都指挥使。金人悖约，岳飞命牛皋出师战于汴、许地区，以军功最大，除捧日、天武四厢都指挥使，成德军承宣使，枢密行府以皋兼提举一行事务。改鄂州御前左军统制，升真定府路马步军副统总管，转宁国军承宣使、荆湖南路马步军副总管。

绍兴十七年（1147年），都统制田师中大会诸将，牛皋中毒。回去后，对身边的人说："皋年六十一，官至侍从，幸不啻足。所恨南北通和，不以马革裹尸，顾死牖下耳。"（《宋史·牛皋传》）第二天去世，享年六十一岁。时人有称是秦桧派田师下毒杀了牛皋。

牛皋墓在今平顶山市鲁山县熊背乡桃园沟村南石碑沟组，省道231可达，地理坐标为北纬33°37′22.0″，东经112°47′58.0″。

牛皋墓

墓葬坐落于丘陵地带,地势较高。墓区东西长50米,南北宽60米,现有民房占压。原墓冢已不存,2015年新砌衣冠冢,直径约3米,砖石砌筑。

韩世忠

韩世忠，生于元祐四年（1089年），卒于绍兴二十一年（1151年），字良臣，延州（治今陕西延安）人。南宋抗金名将。

韩世忠风骨伟岸，目光如电。早年时力勇绝人，能骑未驯服的马驹。家贫无产业，嗜酒尚气，不受约束。年十八岁，应募从军，骑马射箭，勇冠三军。崇宁四年（1105年），西夏扰边，韩世忠所部抵银州（治今陕西米脂），西夏坚守。韩世忠斩将夺关，西夏军大败，经略上报其功，为童贯所疑，只给他提了一级。后又立战功，方补进义副尉，又以功转进武副尉。

宣和二年（1120年），江南方腊起义，韩世忠以偏将随王渊出兵镇压，以伏兵击败起义军，王渊赞他"真万人敌也"（《宋史·韩世忠传》）。乘势追击方腊至睦州清溪桐，俘获方腊，以功转承节郎。宣和三年（1121年），随刘延庆出兵燕山，收复被金所掠失地。宋军被金兵一击即溃，唯韩世忠率五十余骑抵滹沱河，出敌不意击败金兵，以功转武节郎。

钦宗即位，升武节大夫。平息山东淄州、青州兵乱，迁左武大夫、果州（治今四川南充）团练使。奉诏入朝，授单州（治今山东单县）团练使，率部屯滹沱河。真定（今河北正定）被金兵所占，韩世忠率部增援守将王渊。金兵到来，攻势凶猛，粮尽援绝，部下劝韩世忠突围而走，他不同意。夜半大雪，他命敢死士卒三百人突袭敌营，敌军自乱互相攻杀，金主将被刺死，金兵尽退，以功迁嘉州防御使。金兵约数万人马进攻济州（治今山东巨野），韩世忠率部下千人突入敌营，斩其主将，金兵大溃。

高宗即位，授光州（治今河南潢川）观察使，赐带御器械。建炎二年（1128年），升定国军承宣使，随高宗至扬州。金兵攻河南，翟进与韩世忠夜袭，为敌所败，转汴州。高宗召韩世忠回，授鄜延路副总管，加平寇左将军，屯军淮阳（治今江苏清江），被金将粘罕败于沭阳（今江苏沭阳）。建炎三年（1129年），高宗移跸浙江钱塘（今浙江杭州），韩世忠从海道赶往行在。平苗傅、刘正彦叛乱，高宗手书"忠勇"二字相赐，授检校少保，武胜、昭庆军节度使。金兀术大举南犯，时议劝高宗移跸长沙，韩世忠反对："国家已失河北、山东，若又弃江、淮，更有何地？"（《宋史·韩世忠传》）高宗即以韩世忠为浙西制置使，守镇江（今江苏镇江）。

兀朮分兵渡长江，宋军各路皆败，韩世忠亦退保江阴。兀朮破临安（今浙江杭州），高宗赴浙东，韩世忠至行在拜见，奏请于长江上伏兵截击北归金兵，皇帝准奏。遂引兵至镇江，屯兵焦山寺，与金兵大战黄天荡四十八天，兀朮无法北归。兀朮向韩世忠求情，韩世忠说："还我两宫，复我疆土，则可以相全。"（《宋史·韩世忠传》）兀朮无语，后凿渠三十里出江口，以小舟纵火而遁，宋军因无风，帆弱而船舰不能行，使金兵北逃过江。此战，韩世忠以八千士兵大战十万金兵，著于史册，拜检校少保，武成感德军节度使，神武左军都统制。

宋、金停战，韩世忠先后平定福建、江西、湖南等地小股武装，授太尉，江南东、西路宣抚使。绍兴三年（1133年）三月，进开府仪同三司，充淮南东、西路宣抚使，驻泗州（治今江苏泗县一带）。次年，以建康、镇江、淮东宣抚使驻镇江。金兵与伪齐刘豫南侵，韩世忠调兵遣将，大败金兵，皇帝赞其忠勇，擢升他的部将董旼、解元等人。

绍兴五年（1135年），晋为少保。绍兴六年（1136年），授武宁、安北军节度使，京东、淮东路宣抚处置使，驻楚州（治今江苏淮安）。赐号"扬武翊运功臣"，加授横海、武宁、安化三镇节度使。金废伪齐刘豫，韩世忠几次上疏力主举兵决战，终不为朝廷所采纳。绍兴九年（1139年），授少师。绍兴十年（1140年），金军弃盟约南犯，韩世忠大败金兵，晋级太保，封英国公，兼河南、北诸路招讨使，第二年复与金兵战于淮河岸。韩世忠驻楚州十余

韩世忠墓

年，兵仅三万，金人不敢进犯。

秦桧收大将兵权，韩世忠拜枢密使。宋金和议，韩世忠抗疏言秦桧误国，连疏乞解枢密职，又上表恳求免官，罢为礼泉观使、奉朝请，封福国公。自此，杜门谢客，不言朝事。绍兴十二年（1142年），封潭国公。绍兴十三年（1143年），封咸安郡王。绍兴十七年（1147年），改镇南、武安、宁国节度使。绍兴二十一年（1151年）八月去世，享年六十三岁。赠太师，追封通义郡王。孝宗朝，追封蕲王，谥号忠武，配飨高宗庙庭。

韩世忠曾告诫家人，不用讳言"忠"字，讳而不言，即是忘忠。他性格憨直，勇敢忠义，事关国家社稷，必然痛心极言。岳飞冤狱，满朝无人敢言，只有韩世忠直言上谏。不满秦桧所为，数次抵牾，见面也只是礼节性的招呼而不与交谈。韩世忠好义轻财，所得赏赐全部分给将士，与士卒同甘共苦。知人善用，他部下的许多士兵以后都成长为将领。解兵罢政，在家十年，淡然自若，像从来没有做过高官一样。晚年喜欢佛、道，自号清凉居士。子彦直、彦质、彦古，皆以才见用。

韩世忠墓在今开封市祥符区朱仙镇韩岗村东，省道219转县道030可达，地理坐标为北纬34°34′24.2″，东经114°15′52.5″。该墓建于南宋，为开封县（今祥符区）文物保护单位。墓葬紧临村庄。墓冢近圆形，直径18～19米，冢高约6米。曾出土宋代陶器。

张玘

张玘，生年不详，卒于绍兴三十二年（1162年），字伯玉，渑池（今河南渑池）人。南宋抗金将领。

高宗建炎年间，金兵南侵，张玘变卖家产，招募士兵，随京西北路安抚制置使翟兴抗击。金兵从黄河白浪渡口渡河，张玘率众阻击，金兵不得南渡，以战功补武翼大夫、成州（治今甘肃成县）刺史。董先为制置司前军统制，张玘辅助，"每战，冒矢石为诸军先"（《宋史·张玘传》）。

绍兴元年（1131年），金将高琼率兵攻取商州（治今陕西商县）。张玘奉命率骑兵出击，一马当先，在四皓庙（属今陕西商县）被金兵包围。张玘"瞋目大呼，挺刃突击，金兵披靡，莫敢向"（《宋史·张玘传》），九战九捷。追击金兵至试剑关（今陕西境内），金兵争相逃进关门，自相践踏，死者数百。

绍兴二年（1132年）春，张玘随董先渡过渭水，与敌数战于长安周围。"齐帝"刘豫命河南安抚使孟邦雄联合金人统兵十万进击，张玘待敌深入后三路兵马一齐进攻，金兵溃不成军。张玘率三千精兵追击，攻进洛阳，生擒孟邦雄，因功晋升为霸州（治今河北霸州）防御使。

绍兴三年（1133年），封武翼大夫，果州团练使，河南府孟州、汝州、唐州马步军副总管。之后，张玘在唐州（治今河南唐河）、邓州（治今河南邓州）一带，同金将阎锐交战，杀敌兵千余。不久，授神武后军统制。随同岳飞收复信阳、襄阳等六个州郡，镇压钟子义起义军，累功封拱卫大夫，侍卫皇帝。

绍兴三十二年（1162年），兼任御营宿卫前军都统，率兵屯驻泗州（治今江苏泗县一带）。金军进攻海州（治今江苏连云港），张玘同镇江都统制张子盖一同援救，率精骑冲入敌阵，亲手斩杀数十人，获敌人数以万计，海州之围遂解。但张玘被流矢射中，捐躯沙场。赠正任观察使，并让其后代九人入官，庙号忠勇。孝宗即位，赠清远军承宣使。

张玘墓在今三门峡市渑池县南村乡西南，省道247可达，地理坐标为北纬35°02′23.91″，东经111°51′02.95″。该墓始建于南宋，为渑池县文物保护单位。墓葬坐落于桓王山下，四周山峦起伏。墓冢近平，墓碑佚失。墓园原有围墙，亦倾。旁有子张世雄墓，亦不存。

程震

程震，生于金大定二十年（1180年），卒于金正大元年（1224年），字威卿，东胜（今内蒙古托克托）人。金朝文臣。

程震进士及第，入仕后颇有声誉。金兴定元年（1217年），任陈留县（治今河南开封陈留）令，政绩在河南府第一。诏拜监察御史，不畏权贵，台纲大振。时皇子荆王为宰相，家中仆役仗势欺人，程震以法弹劾。皇帝切责荆王，并出内府钱银补偿百姓，杖打不法者数人。荆王蓄意报复，收买程震属吏徐璋等状告程震，程震被罢官。

程震为人刚直，又有才干，对国家没有私心。因小人在侧，不能久留于朝，士大夫都论而惜之。正大元年（1224年）因病去世，终年四十五岁。父亲程德元为人侠义，曾与众人分财，而多所推让，赢得州里称赞，后以程震封少中大夫。

程震墓在今洛阳市偃师市缑氏镇官庄行政村程庄自然村东，国道207可达，地理坐标为北纬34°35′09.60″，东经112°47′46.29″。该墓始建于金代，为洛阳市文物保护单位。墓葬坐落于山坡，四周为农田。墓冢已平，存元中统四年（1263年）碑一通，上书"金故少中大夫御史程君墓碑"。神道两侧存石羊、石狮、石虎等石刻。另有父德元墓，亦在此附近。

姚枢

姚枢，生于金泰和三年（1203年），卒于元至元十七年（1280年），字公茂，号雪斋，又号敬斋。祖籍营州柳城（今辽宁朝阳），后迁洛阳。元朝大臣、理学家。

年少时，姚枢工于经史，学富五车，满腹经纶。金灭元兴，姚枢投奔蒙古大臣杨惟中，得见元太宗窝阔台，以其汉人身份和才学得到赏识和重用。元太宗七年（1235年），随军进攻南宋，沿途召集不少贤人志士。元军克枣阳（今湖北枣阳）后，蒙古将领意图坑杀姚枢召集的这些人，遭到姚枢强烈反对，并趁机让这些人逃命。在与大儒赵复交谈后，见其才高八斗，意图揽为朝廷所用，赵复不意于此，夜半逃命并意欲自尽。姚枢骑马追赶，真心劝解，赵复被其所感，答应随姚枢北上。后来，赵复将程朱理学著作八千多卷交出，在燕京开坛设讲，使北方的经学得以复始。

太宗十三年（1241年），朝廷授姚枢金符，任燕京行台郎中。燕京行政长官牙鲁瓦赤为人不端，贪污腐败，姚枢耻其为人，拒其私赠贿赂财物。后辞官来到辉州（治今河南辉县），开荒修庙，供奉孔子及宋时大儒，编修经书，招收门徒，自得其乐，欲终老于此。后到魏（今河北大名）许衡处讲学，许衡慕其才华，同弟子们抛弃原先的治学之道和课程，到辉州追随姚枢，从蒙学开始学起。

后应忽必烈所召，为其谋划治国之道，即修身、力学、尊贤、亲亲、畏天、爱民、好善、远佞。救时之弊要设立中书省，为政府中枢，政令从其出。要重视人才，广罗有识之士，慎重选用官员。为防贪腐，实行俸禄之制。严定律令，朝廷统管生杀大权，既防罪大恶极而逃避，也防罪轻而获重刑。设置监察机构，负责官吏升迁和罢黜，严明赏罚。禁止征敛，简化驿传。兴修学校，鼓励教育，培育良好风俗。重视农桑，防止农民致贫，而工技者渐富致贫富不均。整顿军政，抚恤鳏寡孤独。军士屯田，解决给养。通漕运，广储蓄，恢复常平仓，杜绝告讦，等等。这些举措，深得忽必烈欣赏，并让自己的儿子拜姚枢为老师。

蒙哥继位，将赤老温山以南之地封给忽必烈，群属皆贺，唯姚枢认为此举忽必烈获利甚大，必致他人忌恨，不若只领兵权。姚枢又建议在汴京（今河南开封）设屯田经略司，在卫州（治今河南卫辉）设都运司，通过黄河转运粮草，以供军需。这些都得到忽必烈和蒙哥的认可。宪宗二年（1252年），姚枢随忽必烈征大理，吁请忽必烈不杀平民，不伤百姓，百姓得以保全。

中统元年（1260年），忽必烈继位，姚枢为东平（今山东东平）宣抚使。任上设劝农、检察官，均赋役，罢铁官，受到百姓欢迎。改大司农，建议洛阳人杨庸为教官，王镛掌管礼乐，使这些有才能的人都得到善用，忽必烈采纳。与刘肃修订条律，得到世祖赞扬。中统四年（1263年），为中书左丞，建议罢黜地方诸侯，专设牧守司掌，世祖同意。有人攻击中书办事不力，世祖盛怒，欲改动朝令。姚枢上疏据理力争，据实相奏，直言当今天下昌明，朝策正确，不易变弦更张，使江山社稷蒙难。

至元十年（1273年），封昭文馆大学士，负责制定礼仪。推荐右丞相安童、知枢密院伯颜攻打南宋。时军队对止杀之令未能彻底贯彻，致使宋军顽强抵抗，战事不顺。姚枢上疏重申不准杀戮之命令，同时停止鞭背、黥等滥刑，得到批准。至元十三年（1276年），任翰林学士承旨。

姚枢天质包容仁厚，恭敏俭勤，从未怀疑别人欺骗自己。有人背弃了他的恩德，他也不怨恨。遇有忧患，面不改色，口不多言，但胸有成竹。至元十七年（1280年）去世，享年七十八岁。谥文献。

姚枢墓在今新乡市辉县市百泉镇小官庄村东北部，北环路可达，地理坐标为北纬35°28′52.1″，东经113°48′08.5″。该墓始建于元代，为辉县市文物保护单位。墓地临村庄，南北长100米，东西宽30米，存墓冢两座。北端较大，为姚枢之墓，东南侧小冢为其子姚炜之墓。墓冢外以砖围砌，成方形，长约2米。墓前各竖墓碑一通。

姚枢墓

许衡

许衡，生于金泰和九年（1209年），卒于元至元十八年（1281年），字仲平，别号鲁斋，河内（治今河南沁阳）人，生于新郑。元代官吏，著名学者、教育家，天文历法学家。

许衡出身农家，幼时即非常聪明，七岁入学，喜爱读书。曾问老师为何读书，老师回答为了科考，许衡不以为然。每次教授，都要询问所学内容的目的和意图，老师见其颖悟，他日必成大器，为不误人子弟而辞去。如是者三。朝廷为修建金宣宗陵墓增加赋税，百姓无法承受。许衡的舅舅为县令，负责催缴赋税，但无法完成任务，又不敢向上汇报解释。许衡代舅舅去见执政，言辞恳切，据理力争，赢得执政官好感。许衡见民不聊生，而官吏们不顾百姓死活，深不以为然，便离开县里，立志求学。十六岁时，偶见《尚书疏义》，爱不释手，一直把书抄完。自此，专心攻读儒家经典。

蒙古兵进攻到河南境内，许衡为避战乱迁居山东，得到《易注》，潜心研究，对其旨义身体力行，力求一切言行均合乎礼仪。不久，来到大名讲学，斋名为"鲁"。当地人见他德行严谨、慎重，颇有古风，好多人拜其门下。曾在路中见到一棵梨树，路人纷纷摘梨解渴，唯许衡不为所动，有人以乱世梨树无主相劝，许衡言道："梨无主，吾心独无主乎？"（《元史·许衡传》）三年后，兵乱稍平，许衡又回到家乡。

时著名学者姚枢弃官在苏门山（今河南辉县西北）讲学，许衡前去拜访，一同潜心研究《大学章句》《小学》《中庸章句》等，共同讲习经、史、子、集等各方面知识。许衡对古礼的追求非常执着，希冀通过自己的言行和知识的传授，敦风化俗，倡导乡人，使百姓们在婚丧嫁娶中都能够合乎古礼。许衡的倡导得到人们的认可，向他求学的人越来越多，成为当时颇负盛名的学者。

许衡非常轻视物质财富，特别注重自身修养和对知识的孜孜追求。他家里并不富裕，但泰然处之，自己下田耕种。虽生活清贫，但对别人赠送的东西一概拒绝。财有富余时，即分给族人和贫困的书生。自己则每天专心诵读，声音铿锵有力。

忽必烈打算在京兆（治今陕西西安）兴办教育，召许衡为京兆提学。忽必烈继位后,又被召到京师,任国子祭酒,主管教育。许衡、姚枢等人认可儒家学说的"义",并以此为根本向朝廷建议治乱休戚的道理,这与当时任平章政事的王文统以利为先的主张相左,因此遭到忌恨,而王文统的主张也受到了大臣窦默的非议。王文统上奏皇帝,让姚枢任太子太师,窦默为太子太傅,许衡为太子太保,位虽尊崇,但远离皇帝,无法影响到朝廷的大政方针。许衡拒绝赴命,皇帝无奈只得改任国子祭酒,许衡仍然不接受,托病辞官回家。

至元二年(1265年),再被召回,议事中书省。至元四年(1267年),短暂回怀,第二年即被召回。许衡多次建议忽必烈在全国实行汉法,重视用人和立法,以及农、商、工、士等要各负其责,均得到忽必烈的采纳。至元六年(1269年),许衡和其他大臣共同制定朝仪,又参与制定官制,

得到皇帝嘉许。至元七年(1270年),阿合马掌权,大臣多依附,唯许衡不与之同流合污,遇事必据理力争。反对任命阿合马的儿子为签枢密院事,阿合马对他恨之入骨,推荐许衡任左丞,想找机会治罪于他。

至元八年(1271年),许衡为集贤大学士兼国子祭酒,亲自挑选蒙古子弟,并让自己的十二个弟子入学伴读,以为斋长。他因材施教,亲自教授《大学》《中庸》等书。许衡教学很有方法,言语温和,循序渐进,深入浅出,易于被人接受,学生们对他也非常尊敬和信服,对他的话终生不忘,为元朝培养了一大批人才,许多名流显官均是他的学生。至元十年(1273年),当权大臣排斥汉法,削减办学经费,连学生的膳食都难以为继,许衡愤而辞职回乡。

至元十三年(1276年),忽必烈拟改订历法,让王恂主持。王恂认为,历家

许衡墓

多是只知历数，而不知历理，许衡学问渊博，应让他主持。许衡被任命为集贤大学士兼国子祭酒，教领太史院事。许衡与太史令郭守敬新制仪象、圭表等天文仪器，然后进行实地测量，力求准确。至元十七年（1280年），新法成，忽必烈赐名《授时历》，颁布海内。历成不久，许衡染病，请求回乡。皇太子请求世祖让许衡的儿子师可为怀孟路总管，以便照顾许衡，世祖同意。

至元十八年（1281年），许衡因病逝世，享年七十三岁。怀念他的人众多，不论贵贱、老幼，皆到门前哭祭。大德元年（1297年），赠荣禄大夫、司徒，谥文正。至大二年（1309年），加正学垂宪佐运功臣、太傅、开府仪同三司，封魏国公。皇庆二年（1313年），诏从祀孔子庙庭。延祐元年（1314年），在京兆立书院祭祀许衡，名鲁斋书院。许衡著有《鲁斋全书》，其言论和事迹，见于《许文正公遗书》。

许衡墓在今焦作市中站区许衡街道李封三村村南200米，临北环路、怡光路，地理坐标为北纬35°13′54.0″，东经113°10′35.0″。该墓始建于元代，为全国重点文物保护单位。此为许氏家族墓地，现辟为许衡纪念馆。南北长111米，东西宽105米，由山门、飨堂、神道、墓冢等组成。神道两侧有石人4尊，另有石羊1对、石虎1个。墓冢近圆形，直径16米，高7米，青石围砌。墓前立石碑一通，上书"元儒许文正公墓"，并有碑楼。四周松柏林立，环境优雅。

王恽

王恽，生于金正大四年（1227年），卒于元大德八年（1304年），字仲谋，号秋涧，卫州汲县（今河南卫辉）人。元朝大臣。

王恽生于官宦世家，祖父王宇、父王天铎均在金朝为官。王恽操履端方，自幼好学，才思敏捷，善于著作，与东鲁王博文、渤海王旭齐名。中统元年（1260年），被左丞姚枢辟为详议官，出谋划策。后应朝廷之召，被选拔进入京师大都，议论时政。王恽的建议中肯、切中时弊，受到忽必烈的好评，被升为中书省详定官。第二年，又转翰林修撰、同知制诰，兼国史院编修官。不久，又兼任中书省左右司都事。王恽兢兢业业，在税赋、选官、议礼、考制等方面，都做得非常好，赢得同僚赞许。

至元五年（1268年），王恽任监察御史，恪尽职守，屡次弹劾不法官员，提出建议一百五十余条。他不畏强权，对身居高位的官员，知其触犯刑律也会如实禀奏。管理水利的刘晸贪污官粮，结交权贵，负责修缮的太庙质量不合格，好多官员为避祸均不愿弹劾他。王恽上疏把他的罪行说得一清二楚，刘晸因此忧惧而死，权贵侧目。

至元九年（1272年），王恽出任平阳路（治今山西临汾）总管府判官，协助处理部分政务。时有弟弟杀兄案，买通官府逍遥法外，三百余百姓却被无辜拘押。王恽明察秋毫，升堂一次就将案情查清，凶手被绳之以法，无辜百姓全部释放。至元十三年（1276年），奉命考试儒人。十四年（1277年），除翰林待制，拜朝列大夫、河南北道提刑按察副使，寻改置诸道制下，迁燕南河北道。巡视诸郡，贪财枉法的官吏多被罢黜。十八年（1281年），拜中议大夫、行御史台治书侍御史，不赴。王恽向忽必烈的儿子真金呈《承华事略》，论及为政之道，以为治国之参考。提到汉成帝不绝驰道以利民、唐肃宗改穿绛纱以示节俭等事情，得到真金赞赏，让皇孙们传阅。

至元十九年（1282年），王恽任山东西道提刑按察副使，负责纠劾官吏，复审案件，检查账目。一年后，因病辞任。三年后，任左司郎中。至元二十六年（1289年），以少中大夫出任闽海道提刑按察使。平反冤狱，有冤者立即予以释放；审查奸佞官员，免黜数十名贪官；严令禁止士兵留宿百姓家中以免扰民，受到当地官员和百姓拥护。他根据福建地广、地处边陲、匪患猖獗等情况，建议朝廷立即选配有能力的官员任职，以免官逼民反，聚众为匪，祸患百姓。福建地势多溪流山险，易守难攻，通常的剿匪之法难以奏效，因此建议不要强行进攻已形成规模的匪患，应集选精兵强将，申明号令，利用计策使他们势穷力竭，逐步消灭。

至元二十八年（1291年），王恽被召回大都（今北京），第二年觐见忽必烈，就时政上疏，授翰林学士、嘉议大夫。真金未及继位即逝世，他的儿子继忽必烈成为皇帝，是为成宗。王恽献《守成事鉴》十五篇，依据儒家经典，望成宗能够守住基业。元贞元年（1295年），加通议大夫，任知制诰并同修国史。奉旨编修《世祖实录》，搜集世祖的日常言论，编成《圣训》六卷。大德元年（1297年）进中奉大夫，大德二年（1298年）皇帝赐钞万贯，以示嘉奖。时王恽年事已高，请求退隐，成宗未准。大德五年（1301年），再次上书请求致仕，成宗授其子公孺为卫州（治今河南卫辉）推官，以便奉养，孙王笴为秘书郎。

大德八年（1304年），王恽卒于家中，享年七十八岁。赐翰林学士承旨，资善大夫，追封太原郡公，谥文定。王恽著述较多，有《相鉴》五十卷，《汲郡志》十五卷，以及《承华事略》《中堂事记》《乌台笔补》《玉堂嘉话》等，并有杂著、诗文计一百卷。

王恽墓在今新乡市卫辉市城郊乡八里屯村西南，国道107可达，地理坐标为北纬35°26′22.02″，东经114°02′35.60″。该墓始建于元代，为卫辉市文物保护单位。墓葬坐落于石人洼内，四周为农田。墓冢原高9米，面积约900平方米。现冢呈圆形，高约1.5米，径约9米，四周以砖围砌。墓冢前立有明弘治七年（1494年）碑一通，上书"元翰林学士谥文定秋涧王公之墓"。神道两侧石狮、石虎、石豹、石羊、石翁仲各一对。

王恽墓

陈思济

陈思济，生于金开兴元年（1232年），卒于元大德五年（1301年），字济民，柘城（今河南柘城）人。元朝文臣。

陈思济自幼读书，通晓大义，以才华名于同辈。忽必烈听说后，将他召来以备顾问。忽必烈继位后，始建中书省，由陈思济主掌呈奏。忽必烈命廉希宪等行中书省于陕西，陈思济一同前往，多所谋划。中统三年（1262年），廉希宪入中书，陈思济也随同回京，仍掌敷奏，事无巨细，处置妥当，深得姚枢、许衡器重。

阿合马进入中书，位左于廉希宪，心中不满。廉希宪去职，掾属都害怕阿合马，不敢进前奏事，陈思济先以文牍进呈。阿合马在廉希宪签押的地方署押，他以手相拦，称"此非君相署位也"（《元史·陈思济传》）。阿合马怒目而视，众人也都替他担心，但他神色自若。除任右司都事，随廉希宪行省山东，不久召还。至元五年（1268年），前后掌中书省和御史台，一时黜陟任用，宪章程式，多出其手。迁承务郎、同知高唐州事，政绩出众，拜监察御史。

阿合马立尚书省，权在中书之上。陈思济与魏初等弹劾阿合马不法，皇帝命近臣核查，御史按次序进奏，陈思济厉声说道："御史，言官也，非为辨讼设！"（《元史·陈思济传》）拂袖而出。授奉训大夫、知沁州（治今山西沁县），为政简要，不务苛察。迁中顺大夫、同知绍兴路总管府事，处理诉讼。转同知两浙都转运司事，官吏侵扰渔民，百姓困于赋役，全部予以免除。调陕西汉中道提刑按察副使。因丁母忧辞官。

至元二十三年（1286年），加少中大夫、同知浙东道宣慰司事。浙西大水，陈思济开仓放粮，转输赈灾，很多民众得以幸活。浙东又旱，陈思济祷告求雨，大雨如注，百姓赖以恢复。两淮地区盐税不足，陈思济授嘉议大夫、两淮都转运使，革除奸弊，通行商贾，岁课遂足。擢升岭北湖南道肃政廉访使，改池州（治今安徽池州）路总管。累迁通议大夫、佥河南江北等处行中书省事。

大德五年（1301年）冬，因病去世，享年七十岁。赠正议大夫、吏部尚书、上轻车都尉，追封颍川郡侯，谥文肃。子陈诚袭，荫官。

陈思济墓

陈思济墓在今商丘市柘城县慈圣镇虎陈寨外村东南400米，省道210、省道214可达，地理坐标为北纬34°11′59.0″，东经115°14′52.0″。该墓始建于元代，为商丘市文物保护单位。墓葬坐落于千里沟小桥东侧，周为耕地，地势平坦。墓冢呈圆形，直径约5米，高1米。墓前有当代碑楼两座。

宁玉

宁玉，生于太宗八年（1236年），卒于元大德六年（1302年），孟州河阳（今河南孟州）人。元朝将领。

宁玉祖上三代均是职级不高的官员。他自幼体格健壮，身材魁梧。十七岁时，在水军中充任划船手，后任盟津渡长，负责管理盟津渡河事宜。忽必烈大军经此攻宋，宁玉负责督运粮草到安徽一带，后随蒙古军队渡过长江，因功授百户。中统元年（1260年），忽必烈继位后将宁玉召至京师，负责河道管理，疏通玉泉渠。至元三年（1266年），忽必烈攻宋，宁玉负责疏通邓州七里河，由新野而南，以通粮运。元兵围住襄樊后，宁玉摄万户府事，兼管桥梁、津渡，教习水战。

至元十一年（1274年），元丞相伯颜攻宋，宁玉为向导，率军七千余人在白河搭建浮桥以供军队通过。两军对垒，"玉以轻舸五十艘，径夺南崖，指挥战舰，分渡诸军，凡三昼夜始毕"（《新元史·宁玉传》）。征途中，凡遇河架桥，多由宁玉负责指挥，保证大军顺利通过。到达丁家洲（今安徽铜陵东北长江中），两军交战，蒙古水军、舰只数量少，无法力敌。宁玉连发四炮命中宋兵主帅船只，宋兵一片混乱，许多船只沉没入江，宋军水军基本被歼灭。因战功，官拜管军千户，佩金符。

元军继续南进，到达建康（今江苏南京）。宁玉负责城内外的桥梁搭建，督促修建战船。船只建造完毕后，自领三十艘把守龙湾口（今江苏南京西北）。宋军偷袭，宁玉派一部分舰只绕到宋军背后，前后夹击，大败宋军。随伯颜继续东下，相继占领常州（治今江苏常州）、平江（治今江苏苏州），负责把守太湖长桥。此时江南地区新附，匪盗猖獗，宁玉利用江南地区湖泊港汊多的地理环境，分区逐个割断，盗贼们无法顺利通行，或逃或散，或被歼灭，很快肃清。

为防私盐盗卖，宁玉收拢盐贩数百人，并以他们家属为人质，防止他们重操旧业。他修建房屋，供士兵居住，对有伤的士兵设安乐堂；召集游民，发展农业生产。功绩显著，累迁管军总管，升浙西道吴江长桥都元帅兼沿海上万户，佩金虎符。

至元二十三年（1286年），宁玉因病辞官。不久，随军攻讨交趾（治今越南河内），宁玉病体尚未痊愈，途中加剧，不得已返回家中，以子居仁承袭职位。大德六年（1302年）病逝，享年六十七岁。

宁玉墓在今焦作市孟州市会昌街道大宋庄村西，西黄河大道可达，地理坐标为北纬34°54′44″，东经112°43′28″。该墓始建于元代，俗称宁宰相墓。存地界碑和墓志，墓志《有元故镇国上将军吴江长桥行都元帅沿海上万户宁公墓志铭并序》。

孙显

孙显，生于蒙古太宗十二年（1240年），卒于元大德四年（1300年），字荣甫，登封（今河南登封）人。元朝大臣。

元兵攻宋，孙显以书吏跟随大军。宋亡后，擢升中顺大夫，遥授知英德府、同知太平路总管府事。不久，改江西行省郎中。至元十八年（1281年），迁少中大夫，同知荆湖北道宣慰司事。当时阿合马秉政，派使者考核湖广财赋，集诸道官吏于行省，由孙显主持合计。使者多方罗织，数次变更数量，孙显庭辩："册已造矣，何纷纭如此，有丝发隐匿，愿身任其咎。"（《新元史·孙显传》）

至元二十三年（1286年），以赏格过优，被降显朝列大夫、福建行省郎中。省臣盗窃官钞，孙显一无所染。刑罚宽松，山贼作乱，孙显只诛首恶。大德二年（1298年），复任少中大夫、怀孟路总管，兼诸军奥鲁兼管内劝农事。怀孟与辉州出产竹子，旧例但凡折损，均以自盗处罚，孙显向户部请求，由园主缴税，听其斩伐。大德四年（1300年）去世，享年六十一岁。

孙显墓在今郑州市登封市卢店镇卢北村，省道316、省道237可达，地理坐标为北纬34°27′59.67″，东经113°08′52.65″。该墓始建于元代，为郑州市文物保护单位。墓葬坐落于卢店至唐庄公路西侧，四周为农田，地势平坦。现墓冢已不存，存墓碑一通。

塔里赤

塔里赤，生于蒙古乃马真后二年（1243年），卒于元大德九年（1305年），色目人，父亲南征时路过洛阳，以此为家。元朝将领。

塔里赤幼年学习文学艺术，喜好读书，尤善骑射。成年后英武勇敢，袭父职参佐戎事，调度军马，动合事宜，经举荐充断事官，以廉、能闻名，被忽必烈所熟知。忽必烈时，管领帐前军马，南征江淮。率领蒙古军围攻樊、襄，数次为先锋，亲冒弓箭滚石，历战七年，攻破樊城（今湖北襄阳樊城区），攻占襄阳（今湖北襄阳市襄城区）等地。之后，跟随伯颜渡过长江，驻兵钱塘（今浙江杭州）。塔里赤领军万人，所过秋毫无犯，降者如归，宋都统陈宗荣率众投降，收复福建闽海等地。

至元十四年（1277年），江南平定，进宫朝拜，赐衣服弓矢，官加昭大将军、福建招讨使。到任之初，平定民乱，授虎符，行海外诸悉宣慰使。诸郡骚乱不断，塔里赤为闽广大都督、征南都元帅，总四省军马，平定陈吊眼、阮郎、钟明亮等乱。以功升邵武、汀州新军万户府达鲁花赤，复改授邵武大将军、同金湖广等处行枢密院事。至元二十九年（1292年），诛捕左右两江黄圣与，继而邻近岑雄、李忠广、赵日大、许与圭等部相继投降，累计其功。

元贞元年（1295年），升镇国上将军、三珠虎符、左右两江道宣慰使都元帅，征讨贺州（治今广西贺州）蔡全。大德五年（1301年），改福建道宣慰使都元帅。后复除浙东道宣慰使都元帅。征讨蔡全时身中毒箭，后来发作，于大德九年（1305年）去世，享年六十三岁。赠辅国上将军、浙东道宣慰使元帅、护军、临汝郡公。

塔里赤墓在今平顶山市宝丰县赵庄镇官衙村西南，县道030可达，地理坐标为北纬33°59′6.46″，东经113°0′18.33″。该墓始建于元代，为河南省文物保护单位。墓葬坐落于三堆山南，地势略高，四周为耕地。墓冢已不存，有子万奴于元至治三年（1323年）所立墓碑一通，上书"大元赠辅国上将军浙东道宣慰使都元帅护军临汝郡公神道碑铭"，还有部分石雕等。

马秃塔儿

马秃塔儿,生年不详,卒于元大德十一年(1307年),字远夫。元朝将领。

马秃塔儿出生于蒙古贵族,袭父军职保卫京都和林(今蒙古国后杭爱省额尔德尼召)。宪宗九年(1259年),蒙哥病逝,忽必烈和阿里不哥争夺汗位,马秃塔儿立下大功,深受忽必烈倚重。元朝建立,以宣武将军右翊侍卫亲军千户,守卫大都(今北京)。赠职昭勇大将军,金书枢密院事,上轻车都尉。

后来离官南迁中原,定居河南荆山(今河南平顶山市湛河区北渡镇荆山村),卒于家,葬于荆山之上。至正九年(1349年),追封范阳郡侯。马秃塔儿虽为蒙古贵族,但为人和蔼,同情贫弱,与汉人关系密切,曾组织建庙祈雨,造福乡民。去世后,按照蒙古贵族礼仪埋葬,由朝廷修建墓石、神道碑、翁仲、华表等。

据研究,今河南平顶山市湛河区北渡镇荆山村马姓蒙古族即是马秃塔儿后代。

马秃塔儿墓之一

马秃塔儿墓之二

元亡后，后人取其第一个字为姓。荆山村现保留从元至今历代墓碑四十多通，述及其源流的主要有三通马秃塔儿墓碑，其中一碑载："先始祖范阳侯（即马秃塔儿），有功于元，敕赐荆山。明兴，马氏子孙俱以胜国名臣之后获罪新朝（指明朝），因仆茔中碑石及一切天禄辟邪翁仲之属而埋之，隐胜名不仕。久而失记，不知墓碑所在。"

马秃塔儿墓在今平顶山市湛河区荆山街道荆山村北，临农科路，地理坐标为北纬33°42′16.3″，东经113°19′23.3″。该墓始建于元代，为河南省文物保护单位。墓葬地处荆山岗地，地势稍高。墓区面积约有80平方米，原由墓冢、神道、墓碑、石像生、石华表、神道碑、石坊和白龙庙组成。墓冢呈圆形，穹窿顶，上面饰圆形宝塔，具有蒙古族建筑风格。墓前立碑三通，分别为元至正年间、清乾隆年间和20世纪80年代所立。墓冢两边分别嵌着"德高前代，贤起后昆""功盖塞北，德冠河南"等字。元代华表两根，一刻"鹤归瑶岛千年华表集仙灵"，一刻"凤落金梧五里荆山埋玉树"。神道碑为后人新立，刻"大元范阳郡侯秃塔儿马公神道"。神道亦成小路。

赵文殷

赵文殷,生卒年不详,字明镜,彰德(治今河南安阳)人。元朝戏曲家。

赵文殷自幼喜好戏曲,爱书画,素与郑廷玉为友。学艺于梨园,结社于安阳,技艺超群,名扬天下。受魏国公赵文敏赏识,曾任教坊色长。赵文殷是元代著名的戏曲大家、书法家、画家,有剧目和书画流传于世。元钟嗣成著《录鬼簿》,记录金元时期杂剧、散曲、艺人等,其中收赵文殷著作有《张果老度脱哑观音》《宦门子弟错立身》及《渡孟津武王伐纣》三种。

赵文殷墓在今安阳市内黄县亳城乡赵高固村东南100米,省道215可达,地理坐标为北纬35°53′07.0″,东经114°42′26.0″。该墓始建于元代,为内黄县文物保护单位。墓葬坐落于耕地,毗邻村庄和农田,地势平坦。墓冢近平,几乎不见。原有墓碑,已毁。

薛澍

薛澍，生于海迷失后元年（1249年），卒于元至正五年（1345年），字时卿，号朴庵，祖居山西汾河东，金末元初祖父迁至修武利平（今河南修武郇封镇郇封村）。元朝文臣。

薛澍聪敏好学，博览群书，宗法孔孟。元至元十三年（1276年），二十八岁中进士，初授山西保德州（治今山西保德）学正及国子监学正。至元二十一年（1284年），娶忽必烈之女孛儿只斤·蒙曼其格为妻。第二年，任承务郎主事，后任通议大夫，至元二十七年（1290年），调任榷茶都转运使。元贞二年（1296年），任吏部尚书。

武宗时兼掌五部事，仁宗时上疏皇帝行汉法、恢复科举，负责恢复科考。延祐六年（1319年），七十岁时荣耀回乡。至正五年（1345年）去世，年九十七岁，归葬故里。顺帝赐"崇祠乡贤"匾额，其后裔尊奉为薛氏始祖。

薛澍墓在今焦作市修武县郇封镇郇封村南约150米，县道022可达，地理坐标为北纬35°10′48″，东经113°28′10″。该墓始建于元代，为修武县文物保护单位。墓葬坐落于耕地之中，周围为薛氏家族坟茔，墓葬较多，耕地中植有古柏。薛澍冢高约1.5米，直径6米。原墓前立至正六年（1346年）碑一通，上书"元故通议大夫吏部尚书薛公之墓"，墓碑为元朝资政大夫、集贤大学士、中书左丞、枢密副使许有壬所书，现已不存。现存有清康熙三十六年（1697年）碑刻一通，上书"大元吏部尚书薛公先茔"，建有碑楼。

薛澍墓

李孟

李孟，生于元蒙哥五年（1255年），卒于元至治元年（1321年），字道复，号秋谷，潞州上党（今山西长治）人。元朝文臣，官至宰相。

李孟天资聪颖，博学强记，通贯经史，七岁可作文，少有大志。开馆授徒，声名益著，远近皆从。至元十四年（1277年），随父李唐居四川（李唐时任四川行省幕职），屡辟不就。至元二十二年（1285年），因事赴京师，太子真金召见东宫，未及擢用而真金去世。成宗时，为海山（即武宗）、爱育黎拔力八达（即仁宗）师傅，教授爱育黎拔力八达善言正道，受益匪浅，成宗诏授太常少卿，改礼部侍郎，受宰相阻止未行。

大德九年（1305年）十月，爱育黎拔力八达居怀州（治今河南沁阳），李孟随侍。在此四年，忠勤如故，讲述历朝帝王得失成败，治理天下之谋略，深得仁宗器重和信赖。大德十一年（1307年），成宗病故，安西王阿难答图谋帝位，爱育黎拔力八达犹豫未决，李孟连续进言，爱育黎拔力八达母子决计回京。之后，爱育黎拔力八达率李孟等侍从、卫士入宫，监押阿难及同党，控制宫中局势，然后北迎海山。爱育黎拔力八达监国，李孟任参知政事。李孟久在民间，熟知民情，各种举措皆中利害，内外悦服，但也因此得罪了一些侥幸小臣，李孟不为所动。

武宗海山继位，李孟认为宰相重臣应该由皇帝亲自选任，自己不敢冒当重任，请辞。爱育黎拔力八达不准，李孟不告而别。有人向武宗报称李孟曾提议爱育黎拔力八达继皇帝位，虽然武宗不信，但爱育黎拔力八达也不敢再提出任命。至大二年（1309年），爱育黎拔力八达为皇太子，在一次与武宗的饮宴中，告之武宗能有今日，李孟功劳最大。武宗下令寻找，至大三年（1310年）入见，特授荣禄大夫、中书平章政事、集贤大学士、同知徽政院事，时年五十六岁。

至大四年（1311年），武宗去世，爱育黎拔力八达继位，即仁宗。任李孟为中书平章政事，进阶光禄大夫。李孟当政，以国事为己任，节赏赐、重名爵、核滥费、汰冗员，处事公平，贵戚近臣虽觉不益于己，但也无话可说。当政数月，李孟以不能胜任请辞，仁宗不允，加封秦国公。皇

李孟墓

庆元年（1312年），授翰林学士承旨、知制诰兼修国史，仍平章政事。告假归葬父母，回来后再次请辞，以平章政事议中书省事，承旨翰林。第二年，还国公印绶。仁宗咨询用人之策，李孟谏言"必先德行、经术而后文辞，乃可得真材也"（《元史·李孟传》），仁宗采纳。

延祐元年（1314年），李孟再任平章政事。第二年，受命知贡举，主持元廷首次科考，任廷试监试官。进金紫光禄大夫、上柱国，改封韩国公。以衰病不能任事，请求解除政务，复授翰林学士承旨。延祐七年（1320年），仁宗去世，英宗继位。仁宗朝罢免的铁木迭儿复相，以李孟不肯攀附自己，逸构诬谤，夺其封爵，降为集贤侍讲学士。铁木迭儿以为他肯定拒绝，可以借机再次治罪，但李孟欣然就职，使谗言不行。

李孟宽宏大量，才略过人。三次入主中书，知无不言，务归至当。进贤纳士，相与结交者，以后全都知名于当世。皇庆、延祐年间，每有谬论，皆以为铁木迭儿所为，而有善令，必然归之于李孟。至治元年（1321年）四月病逝，享年六十七岁。经御史查辨，认为李孟受诬，英宗下诏官复原职。至治年间，赠旧学同德翊戴辅治功臣、太保、仪同三司、上柱国，追封魏国公，谥文忠。作文有奇才异气，论证必然据理而发。著有《秋谷集》，今佚，唯《元诗选》存其诗若干。有子，名李献。

李孟墓在今南阳市内乡县瓦亭镇杨沟村，省道335转村间公路可达，地理坐标为北纬32°51′40.0″，东经111°42′59.0″。该墓始建于元代。墓葬坐落于永青山南侧山冈下，西为山麓，东有小河，周为耕地。原墓已毁，后重修。墓冢近圆形，直径约8米，高约2米。原石碑、石兽被毁，后经修复，存龟跌碑座一个，现代石碑二通。

菊庵

菊庵，生于蒙古宪宗七年（1257年），卒于元至治三年（1323年），称照公，俗姓赵氏，保定雄州（治今河北雄县）人。元代名僧。

至元六年（1269年），菊庵十三岁即心乐空门，在本县云居寺披剃。至元九年（1272年），十六岁受具足戒。后参大都寺、万寿寺住持足庵净肃，得传其衣钵。至元二十九年（1292年），应觉仁禅寺（在今河南林州黄花山）之请，三十六岁的菊庵任住持。后兼住持林州（治今河南林州）墨电山玉泉禅院。仁宗延祐五年（1318年），至云居山创建寺院。

英宗至治二年（1322年），菊庵被请为少林寺住持，至治三年（1323年）辞世，享年六十七岁。今存《显教圆通大禅师照公和尚塔铭并序》，由少林寺首座、日本国沙门邵元撰并书。

菊庵墓在今安阳市林州市石板岩乡石板岩村核桃坪，红旗渠大道转村间公路可达，地理坐标为北纬36°05′33.70″，东经113°43′17.78″。该墓始建于元代，为河南省文物保护单位。墓葬坐落于黄华山觉仁寺内。墓为幢式塔，高3.8米，六角束腰须弥座，小八角幢式塔身，三层圆形塔刹。塔为文宗天历二年（1329年）立。

菊庵墓

马祖常

马祖常，生于元世祖至元十六年（1279年），卒于顺帝至元四年（1338年），字伯庸。世为西域雍古部（属今新疆地区）人，高祖锡里吉思曾任金代凤翔兵马判官，子孙以官为姓。父亲马润，移居光州（治今河南潢川）。元朝文臣，诗人。

马祖常在七岁时即孜孜好学，有钱即买书，长大后更笃务于学，经常对所学提出质疑。元延祐元年（1314年），三十六岁时进士及第，授应奉翰林文字，拜监察御史。仁宗常纵酒，不务朝政，马祖常上疏劝谏。弹劾丞相铁木迭儿十大罪状，仁宗震怒，罢黜铁木迭儿。马祖常"荐贤拔滞，知无不言"（《元史·马祖常传》），不久改宣政院经历，月余辞归。起用为社稷署令，改开平县（治今内蒙古正蓝旗）尹，后退隐光州。

泰定帝时，任典宝少监、太子左赞善，不久兼翰林直学士，又任礼部尚书。丁母忧，复起右赞善，再任礼部尚书，不久又辞归。天历年间，入礼部，两次知贡举，一任读卷官，选拔得当。历参议中书省事、治书侍御史、徽政副使，迁江南南台中丞。

惠宗元统元年（1333年），历同知徽政院事，拜御史中丞，治狱严苛。除枢密副使，不久辞任归光州。

马祖常在朝，上议颇多，均有见地。至元四年（1338年）去世，享年六十岁。赠摅忠宣宪协正功臣、河南行省右丞、上护军、魏郡公，谥文贞。工于文章，宏远而意赅，务去陈言，并自成一家。尤其致力于作诗，有《缫丝行》《踏水车行》《河湟书事二首》《上京输苑书怀》《室妇叹》《石田山居八首》等。尝参与修撰《英宗实录》，译《皇图大训》《承华事略》，编《列后金鉴》《千秋记略》。文宗时，曾称"中原硕儒唯祖常云"（《元史·马祖常传》）。

马祖常墓在今信阳市潢川县春申街道何店村信潢公路左侧，国道312可达，地理坐标为北纬32°07′22.0″，东经114°58′34.0″。该墓始建于元代，为潢川县文物保护单位。墓四周为耕地。墓区面积约2000平方米，墓冢及墓冢前原有石人、石马、石炉等均已不存，现存残碑两通，上书"大元资德大夫陕西诸道行御史台御史中丞马伯庸墓""文贞东圃马公祖常墓"。

察罕帖木儿

察罕帖木儿,生年不详,卒于元至正二十二年(1362年),字廷瑞,曾祖时随军入河南,遂为沈丘(今河南沈丘)人。元朝将领。

察罕帖木儿身长七尺,长眉盖目,少有大志。自幼攻读经史,曾应进士举,名闻乡里。至正十一年(1351年)五月,红巾军起义,第二年,他组织当地数百人与义军交战,袭破罗山,授中顺大夫、汝宁府达鲁花赤。至正十五年(1355年),驻戍虎牢关(今河南荥阳西北),以遏制红巾军。刘福通率部北渡孟津,破怀庆(治今河南沁阳),察罕帖木儿率军进战,红巾军败退,以功升中书刑部侍郎,阶中议大夫。不久,淮西红巾军三十万来攻,察罕帖木儿率众奋力抵抗,红巾军不支,弃旗鼓遁走。

至正十六年(1356年),升中书兵部尚书,阶嘉议大夫。刘福通军破潼关,克陕州(治今河南三门峡)、虢州(治今河南灵宝)。察罕帖木儿、李思齐往攻,乘夜取崤陵(今河南渑池),转克虢州。红巾军入山西,察罕帖木儿追袭不舍,两军相峙数月,红巾军不敌退走,以功加中奉大夫、佥河北行枢密院事。至正十七年(1357年),陕西告急,察罕帖木儿等增援,红巾军溃散,转攻兴元(今陕西汉中),授资善大夫、陕西行省左丞。刘福通增兵由四川北上,围攻凤翔(今陕西凤翔)。察罕帖木儿自率铁骑,昼夜急驰二百里到凤翔城外,分左右两翼包抄,内外合击,红巾军大溃,西路红巾军从此一蹶不振。

至正十八年(1358年),山东红巾军首领毛贵北伐,进逼京师。察罕帖木儿屯兵涿州(治今河北涿州),自率精骑急赴河北,伏兵于太行山南山关隘,红巾军遭伏击,损失惨重。进为陕西行省右丞兼陕西行台侍御史,同知河南行枢密院事,诏令可便宜行事。增援洛阳,追击撤退的红巾军,拜陕西行省平章政事,仍兼同知行枢密院事。至正十九年(1359年),收复汴梁(今河南开封),势力大振,拜河南行省平章政事,兼知河南行枢密院事、陕西行台御史中丞。

至正二十年(1360年),大举进攻山东,三个月攻占济南,其他州郡也都陆续攻占,拜中书平章政事、知河南山东行枢密院事,陕西行台中丞仍旧。自济南东进围益都(今

察罕帖木儿墓

山东青州）数月，屡攻不下。至正二十二年（1362年），被部将田丰所杀。皇帝震悼，朝廷公卿及京师四方之人，不问男女老幼，无不痛哭。诏赠推诚定远宣忠亮节功臣、开府仪同三司、上柱国、河南行省左丞相，追封忠襄王，谥献武。改赠宣忠兴运弘仁效节功臣，追封颍川王，改谥忠襄，食邑沈丘县，立祠致祭。其子扩廓帖木儿继续统率父亲的兵马。

察罕帖木儿墓在今洛阳市西工区道北街道春都社区苗南村，临苗南西路，地理坐标为北纬34°41′27.7″，东经112°25′53.4″。该墓始建于元代，为洛阳市文物保护单位。墓葬坐落于洛阳油脂公司西北角墙外，四周为建筑物。墓冢夯筑，圆角方形，东西长约42米，南北长约31米，高10.5米。墓前曾出土石像生。

逯鲁曾

逯鲁曾，生于大德九年（1305年），卒于至正二十七年（1367年），字善止，怀庆修武（今河南修武）人。元朝文臣。

逯鲁曾性格刚烈直爽，喜欢读书。天历三年（1330年），二十六岁中进士，任翰林国史院编修，后转任御史台。曾有人以待人傲慢弹劾御史中丞，逯鲁曾不同意，只说中丞不善交际，以此为由弹劾是不公平的，时人称其正直。后任太常博士，掌管祭祀、封赠。武宗去世，皇后真哥没有子嗣，不能配飨太庙，众议不决。逯鲁曾认为皇后乃皇帝所立，虽无子嗣仍当配飨，众人采纳。

逯鲁曾再任监察御史，连续弹劾太尉、刑部尚书等八名高官，均被黜职。任枢密院都事，对伯颜擅权、不容异见的行为进行严厉抨击。任刑部员外郎时，对受伯颜诬陷而被判罪的人都进行了平反。后除刑部员外郎，迁宗正府郎中，出为辽阳行省左右司郎中，迁山北道肃政廉访司事，入为礼部郎中。

至正十二年（1352年），红巾军起事，逯鲁曾随丞相脱脱镇压有功，升为资善大夫、淮南添设元帅、淮南宣慰使，平定徐州后征讨淮东。至正二十七年（1367年），死于军中，享年六十三岁。

逯鲁曾墓在今焦作市山阳区新城街道恩村新村北部，临山阳路，地理坐标为北纬35°13′56.0″，东经113°15′41.1″。该墓始建于元代，为焦作市文物保护单位。墓地东西长250米，南北宽100米。墓冢呈圆形，直径约5.5米，高3米，底部以石围砌。墓前有神道碑一通，上书"资善大夫逯公鲁曾之墓"。墓前有飨堂三间，飨堂前有四角形碑亭1座，亭内立"逯鲁曾墓"石碑一通。飨堂前两侧各有六角形凉亭一座。周围有家族墓葬数座。

逯鲁曾墓

关关

关关，生于至大五年（1312年），卒于至正二十五年（1365年），字文祖，沈丘人，蒙古族，元朝将领。

关关生性深沉，作战勇猛，喜欢游猎，娴于骑射。元末，红巾军起义，察罕帖木儿兴师，关关从军，屡次充任作战先锋，因战功封百户侯。至正十三年（1353年），红巾军一部进攻河南府（治今河南洛阳），关关率军救援，红巾军不敢硬拼，遂北渡黄河，屯兵温县。关关继而攻破温县，黄河以北的红巾军被剿灭，因功升武毅将军、千户侯。

转战荥阳及郏县、虢州（今河南灵宝）等地，升怀远大将军、万户侯。转战陕西、山西，改判河南行枢密院，率所部驻守怀庆（治今河南沁阳）。在怀庆府大修城隍，安置流民，扩大屯田，稳定局势。升定远大将军佥本院事，改中奉大夫、河南行省参知政事。

至正二十一年（1361年），奉诏从北路征讨山东起义军，攻无不克，占领济南，升任左丞阶资政，御赐金带。第二年，复守怀庆府，捐资修建义塾，延请名师教授。迁知河南，行枢密院事。至正二十五年（1365年），加封覃思荣禄大夫、河南行省平章政事。祖上三代，并如此封。是年冬去世，享年五十四岁。封撼忠协义宣力功臣，谥康定。子福童于至正二十七年（1367年）为其修坟立碑。

关关墓在今焦作市温县岳村街道五里远村北50米，省道237可达，地理坐标为北纬34°55′37.0″，东经113°03′32.0″。该墓始建于元代，为河南省文物保护单位。原有墓冢两座，即关关与其父梁国公只而华台墓。原墓冢呈圆形，直径8.8米，高7米，现已不存。墓前有碑，碑前有神道，神道两边有石羊、石狮等石兽八件。现仅存康定国公碑，正额题元丞相脱脱篆书"荣禄大夫河南省平章撼忠协义宣力功臣康定公碑"，两侧龙首相对，碑文记载关关生平。近年又发现原被埋入地下的石刻石羊三件，石狮一件。

明清时期

宋讷

宋讷,生于元至大四年(1311年),卒于明洪武二十三年(1390年),字仲敏,直隶滑县(今河南滑县)人。明朝文臣。

宋讷生性持重,学问渊博。元至正年间中进士,任盐山(今属河北沧州)府尹,后弃官归隐。明洪武二年(1369年),五十九岁时,朝廷征召十八名儒生编写《礼》《乐》诸书,宋讷是其中之一,完成后即回乡。洪武十三年(1380年),七十岁的宋讷经人举荐,任国子助教,以擅长说"经"为当时的儒生所尊崇。洪武十五年(1382年),七十二岁时升翰林学士,受命撰写《宣圣庙碑》,出色完成任务,得到皇帝的丰厚奖赏。

任文渊阁大学士,迁国子监祭酒,严立学规,成绩出色。洪武十八年(1385年)开进士科时,由太学取士的学子近三分之二,太祖非常高兴,制辞褒奖。应诏上疏陈边关事务,提出"备边在乎实兵,实兵在乎屯田"(《明史·宋讷传》)的观点,认为设兵屯

宋讷墓

田，布列在要害之处，遇敌来袭，则战，敌去，则耕，此为长久之策，颇受朝廷重视。

宋讷长子宋麟在外任职，皇帝念其年老，就让宋麟到京任职，以便侍奉宋讷。洪武二十三年（1390年），因病去世，年八十岁。太祖甚为悲痛，御制祭文，派礼部官员高昌安代为祭奠，并赐"大明开国帝师"，建庙崇祠，以期弘扬宋讷的功德，让他名垂后世，递传于子孙。正德年间，谥文恪。主要著作有《西隐集》《东郡志》《纪德禄》等。

宋讷墓在今安阳市滑县牛屯镇南宋林村西，省道101、省道219可达，地理坐标为北纬35°19′20.69″，东经114°24′29.37″。该墓始建于明代，为安阳市文物保护单位。此为宋讷家族墓地。墓地种植古柏数十株，郁郁葱葱，四周临农田。宋讷墓近圆形，直径约4米，高约1.2米，为近代堆垄。冢前立墓碑，上书"大明文渊阁大学士国子监祭酒文恪公宋公之墓"。墓地现存元代墓碑两通，分别书"大元东郡宋氏世德褒嘉之碑"和"大元东郡宋氏世德之碑"，为河南省文物保护单位。

王钝

王钝，生年不详，约卒于明永乐四年（1406年），字士鲁，太康（今河南太康）人。

元至正年间，任猗氏（今山西临猗南）县令。明洪武年间，应诏任礼部主事，后任福建参政，以廉洁谨慎闻名。麓川叛乱，王钝前往平叛，事成后拒绝接受馈赠，有人劝他说："不受恐远人疑贰。"（《明史·王钝传》）王钝这才肯接受，但一到云南，就全部交给官府。

洪武二十三年（1390年），王钝迁浙江左布政使，兴修水利，修筑江岸，百姓免于潮汐水患。在浙江任职十年，政绩颇著，皇帝常在朝廷表扬，借以激励众臣。建文初，升户部尚书。

成祖进入南京，他翻城墙逃跑，被巡逻士兵捉住，成祖仍让他任户部尚书。不久，王钝和吏部尚书张紞被解职，成祖后令王钝同工部尚书严震直等分巡山西、河南、陕西、山东，管理北平屯田事宜。屡次向朝廷上疏言事，皆得允可。

永乐二年（1404年）四月，以布政使致仕。回去后，心情郁郁去世。著有《野庄诗集》六卷，收入《四库全书》。另有《归田》《公余》二集，流传于世。子王沦。

王钝墓在今周口市太康县高朗乡王坟村内东中部，省道211、省道326可达，地理坐标为北纬34°07′13.0″，东经114°55′27.0″。该墓始建于明代，为太康县文物保护单位。墓葬坐落于村内，四周为民房。墓冢近圆形，直径约11米，高2米。墓前原有明代石碑一通，后佚。

王钝墓

任昂

任昂，生卒年不详，字伯颙，河阴（今河南荥阳）人。明朝文臣。

任昂在元末考取进士，初任宁晋（治今河北宁晋）知县，但没有到任。明洪武初年，受举荐为襄垣（治今山西襄垣）训导，担任御史。洪武十五年（1382年），为礼部尚书。太祖注重太学，令任昂增订监规八条，并上奏岁贡士从翰林院考试，作为殿最。第二年，命科举和荐举并行。制定科场程式，较以前更为详细，取士制度从此确定。

广东都指挥狄崇、王臻以妾为继室，请求册封，任昂认为不可，得到赞同。任昂及翰林院制定嫡妾封赠惯例，制定文官封赠惯例十一个、荫叙惯例五个，颁布中外。不久请求更改冕服制度，以及上朝坐次，又上奏请求拆除过多的祠庙，正祀命名典雅的名号，提议一些人配飨祭祀，均得到批准。第二年制定乡饮酒令，颁行天下。别定大成乐器，颁行于学宫。当时许多考核外吏、排功行赏等不归属礼部的事情，太祖都让任昂主持议定，后任昂请求辞官还乡。

任昂墓在今郑州市荥阳市广武镇茹固村西，省道232可达，地理坐标为北纬34°53′30.10″，东经113°25′39.11″。墓葬现已不存，地表无迹。原有下马台，及明弘治十八年（1505年）所立碑一通，上书"大明礼部尚书任公墓"。碑存茹固村内，系四川等处承宣布政使司右布政使杜忠、兵部职方司主事许庭光等题名。

沈度

沈度，生于元至正十七年（1357年），卒于明宣德九年（1434年），字民则，号自乐，松江华亭（今上海松江）人。明朝文臣，著名书法家。

沈度读书广泛，博涉经史，文风朴实，少用浮靡华丽的辞藻。明太祖洪武年间以文学中举。因事被贬到云南，岷王朱楩以礼诚聘，沈度应允任职，不久辞官而去。成祖即位，选拔能书之人进翰林院，沈度入选，才能得到成祖欣赏，名望在其他人之上。皇帝祭告上天的金版、玉册等，全由沈度起草。不久由翰林典籍擢检讨，历修撰，后又迁侍讲学士。

沈度弟名沈粲，兄弟二人均受赐织金衣，镂刻姓名于象笏之上。沈度与沈粲皆擅长书法。沈度以柔美取胜，沈粲以遒逸刚劲见长。沈度擅篆、隶、楷、行等书体，藏于秘府，被称为"馆阁体"，为明代馆

沈度墓

阁体书法的代表人物。馆阁体又称台阁体，"台阁"原指尚书，后为官府代称。台阁体书法早在宋代即已出现，到了明代，因为皇帝赏识而获得很大发展，成为一种独立的书体形式。明代台阁体书法结体平正，笔致光洁，影色乌黑，秀润华美，适合皇家的欣赏口味和审美标准。

沈度以擅长台阁体书法而深受明成祖朱棣的赏识，名重一时。比较著名的书法作品有题李龙眠《维摩演教图》、跋宋刘松年《登瀛图》、跋宋刘公麟《归庄图》及书《不自弃说》和《宝积经》等，还著有《西清余暇自乐稿》《自示编》《滇南稿》《随笔录》等。有墨迹《教斋箴》《四箴铭》等传世。

沈度墓在今商丘市梁园区水池铺乡沈坟村西，省道325可达，地理坐标为北纬34°24′04.7″，东经115°32′45.9″。该墓始建于明代。墓葬地处耕地，四周为农田，地势平缓。墓冢呈圆丘状，高3米，周长30米。墓前有明万历年间圣谕碑及石像生等，已移至他处保存。

宋礼

宋礼，生于元至正二十一年（1361年），卒于明永乐二十年（1422年），字大本，永宁（今河南洛宁）人。明朝文臣。

洪武年间，宋礼以国子生被任为山西按察司佥事，后左迁户部主事。惠帝建文元年（1399年），授陕西按察司佥事，迁刑部员外郎。成祖继位，在礼部任职，办事敏捷干练，升礼部侍郎。永乐二年（1404年），拜工部尚书，请求朝廷拨付给山东田地以及耕牛、种子，将无劳动能力的罪犯迁徙进京为民，朝廷均许可。

永乐九年（1411年）二月，宋礼受命开会通河。他采纳汶上老人白英的建议，筑城、堤坝，横亘五里，使汶水北归入海。同时选取地点设置闸门，根据需要蓄水或泄水。宋礼征发民工三十万，二百天即大功告成。奏请疏通东平境内的沙河，使沙河水入马常泊，以增加汶水水量。总理开

宋礼墓

封境内部分黄河故道疏通之事，缓黄河水势，防止黄河侵害漕运。回到京师，论功第一，受上赏。永乐十年（1412年），治理卫河，在魏家湾、德州（今均属山东）等地开支流，泄卫河水入黄河等，最终皆流入海。后来江淮间的河道也相继告竣，河运非常便利，漕粟增加，海运逐步淘汰。

宋礼性格刚直，对下属严厉，故少有人与他关系亲密。永乐二十年（1422年）七月去世，享年六十二岁。去世时，家里没有多少钱财。洪熙元年（1425年），朝廷按制将其下葬。弘治年间，立祠于南旺湖（今属山东梁山）。穆宗隆庆六年（1572年），赠太子太保。

宋礼墓在今洛阳市洛宁县东宋乡马村北，省道249可达，地理坐标为北纬34°29′40.0″，东经111°39′07.0″。该墓始建于明代，为洛阳市文物保护单位。墓葬坐落于山坡地，西高东低，南临河流，北为深沟，四周树木茂密，环境清幽。墓冢近圆形，直径约13米，高3米。墓冢前存一石碑。

朱橚

周定王朱橚，生于元至正二十一年（1361年），卒于明洪熙元年（1425年）。朱元璋第五子，燕王朱棣同母兄弟。

朱橚仁慈孝顺，很受太祖器重。洪武三年（1370年）四月，刚十岁时封为吴王，太祖有意让他接受军事训练。洪武九年（1376年）十月，十六岁时与秦、晋、燕、楚、齐诸王一起治兵凤阳（今安徽凤阳）。洪武十一年（1378年），十八岁时改封周王，受命与燕、齐、楚三王驻守凤阳。洪武十四年（1381年），就藩开封，以宋代皇宫为王府，左参议张景翔被任命为周府右长使。洪武二十二年（1389年），弃国到凤阳，太祖生气，将他迁到云南，不久又让他居于京师。洪武二十四年（1391年），归藩。

建文帝初年，因朱橚为燕王同母兄弟，皇帝对他颇为疑惮。朱橚不时出谋划策，长史王翰数次劝告，朱橚不听。建文帝派李景隆突然围住朱橚王宫，将他迁至云南蒙化，后又召还京师，严加禁锢。

成祖进入南京，复朱橚爵位，加禄

周定王墓之一

周定王墓之二

五千石。永乐元年（1403年），归其旧封。第二年朝见皇帝，成祖非常高兴，宴赐甚厚，打算将他改封洛阳，他以不愿"重劳民力"推辞。永乐三年（1405年），成祖赐书，以其擅调军队及用箭镞伤无罪之人、凌厉有司、虐害百姓等事提出戒饬。朱橚遣使赍奏，深陈悔罪改过之意。永乐十八年（1420年）十月，有人告周定王不轨，永乐十九年（1421年）二月，成祖召其进京，告诉他有人告发他不轨，朱橚顿首谢罪。后从京城回到封地，将拥有的三护卫纳还朝廷。仁宗即位，加岁禄至二万石。

洪熙元年（1425年）去世，享年六十五岁。朱橚好学，擅作辞赋，曾作《元宫词》百章。朱橚酷爱医学，组织和参与编写医著4种，即《保生余录》《袖珍方》《普济方》和《救荒本草》，其中《救荒本草》是一种记载食用野生植物的专著，在国内外产生了深远的影响。

周定王墓在今许昌市禹州市无梁镇王家行政村西北部，省道325、省道103可达，地理坐标为北纬34°18′14.62″，东经113°35′5.69″。该墓始建于明代，为全国重点文物保护单位。墓葬坐落于具茨山东麓山腰部，地势西高东低，四周山峦环绕。原墓区占地1400平方米。墓依山而建，凿山为穴，现有地宫和王妃陪葬墓。

铁铉

铁铉，生于元至正二十六年（1366年），卒于明建文四年（1402年），邓州（治今河南邓州）人。明朝文臣。

明洪武年间，铁铉由国子生授礼科给事中。后任都督府断事，经手的疑难案件都很快得以查明，太祖高兴，赐号"鼎石"。建文元年（1399年），任山东参政。燕王朱棣图谋君位，建文帝派李景隆北伐，铁铉督办北伐粮饷。李景隆战败，铁铉与参军高巍自临邑（今山东德州东部）到达济南，燕兵进攻，铁铉与盛庸等坚守。

燕军以水灌城，铁铉寻找机会出城进攻，焚烧了燕兵的工具。铁铉意图使计诈降，但没有成功，之后燕军全力进攻，铁铉等坚守三月，济南城始终没有被攻克，燕王撤兵北归。建文帝非常高兴，派人慰问铁铉等人，赏赐金币，封三世。铁铉到宫中致谢。皇帝赐宴，对铁铉的建议全部采纳，并升铁铉为山东布政使，不久又升为兵部尚书。

冬天，铁铉的部队将燕军包围于东昌（今山东聊城），斩杀燕兵大将，燕军损失惨重，自此再不敢经此路线进军。建文四年（1402年），燕军渡过长江，朝廷兵多战败，铁铉亦败绩。朱棣称帝，铁铉被绑缚至朝堂，并背对皇帝破口大骂，结果被下令分尸，终年三十七岁。

铁铉墓在今南阳市邓州市龙堰乡姚营村西南，省道231可达，地理坐标为北纬32°37′57.0″，东经112°03′45.0″。该墓始建于明代，为邓州市文物保护单位。应为衣冠冢。墓葬西为耕地，东为民舍，周植树木。墓冢高2米，周长20米。

铁铉墓

曹端

曹端，生于洪武九年（1376年），卒于宣德九年（1434年），字正夫，号月川，河南府渑池县（今河南渑池）人。明初著名理学家。

曹端天资颖异，少负奇质，知读书，五岁时看到《河图》《洛书》，就摹画在地上问他父亲。成年后专心于研究性理，并从自身做起，将所学存留于心。曹端读宋代儒学著作《太极图》《通书》《西铭》，感慨性理就在其中，专心研究，座位下踏脚的地砖都被磨穿了。永乐六年（1408年），三十三岁时考中举人。

读谢应芳《辨惑编》，极信其中道理，有关佛教、巫术、阴阳、吉凶等都除去不用，并写信给县令，毁掉滥设祠堂百余座，给百姓修土地庙，建谷坛，祈报年成。遇到荒年，鼓励富户救济灾民，救活许多人。任霍州（治今山西霍州）学正，研究整理儒学，学生们都遵循他的教诲，百姓教化，把打官司当作可耻的事。曹端认为做到"公"，百姓就不敢不敬，做到"廉"，小吏就不敢欺瞒。

曹端对父母极其孝顺，父亲笃信佛教，他就题《夜行烛》给父亲，曹端认为佛教把空作为要义，不是人类社会规律的要义，道教把虚作为理论，不是依从本性的理论，父亲依从。父母双亡，他食不下咽，筑庐冢守墓六年。服阕后拟改任蒲州（治今山西永济）学正，霍州、浦州两地上奏章争要，霍州的奏章先得到批准，仍留任霍州。在这里与李德互相钦佩，一起讲解正道学问。

宣德九年（1434年）辞世于任上，享年五十九岁。众弟子服丧，霍州百姓辍停商贸，街巷中充满哭声，孩子们都痛哭流涕。曹端因清贫而不能回乡安葬，留葬霍州。正统十二年（1447年），翰林学士黄谏捐资，迁回渑池曹潆沱村安葬。

曹端是著名理学家，从儒家正统立场出发，摈斥佛教与道教，认为"佛氏以空为性，非天命之性；老氏以虚为道，非率性之道"。他上尊朱熹，提出"理驭气"说，主张于心上做功夫。继承并发扬了理学思想，倡导理学正统，反对"一切浮屠、巫觋、风水、时日"等迷信活动。治学上推尊"太极"，认为这是事物的本源，是"理"是"道"。他说："学欲至乎圣人之道，须从太极上立根脚。"（《明史·曹端传》）这种世界一元论观点是唯物的。他反对朱

曹端墓

熹的太极"不自会动静"一说，认识到太极对事物的能动作用。曹端为学刻苦专一，躬行实践，重视言传身教，注重以德服人，知行合一。曹端的道德修养方法为事心之学，特别重视心之未发时的预养功夫，主要是"诚""敬"二字："诚"是虚静无欲，继承了"二程"哲学；"敬"贵自思、自省，修身养性，暗合陆、王"心学"。朱熹排斥陆、王的心学功夫说，曹端能兼收并蓄，心地广阔。

曹端墓在今三门峡市渑池县仰韶镇苏门村曹滹沱村北50米，会盟大道可达，地理坐标为北纬34°48′22.67″，东经111°47′09.49″。该墓始建于明代，为河南省文物保护单位。现辟有曹端墓园，墓冢近平，后堆拢，径约7米，高约1.5米，外以砖围砌。冢前有碑。附近另有清代建曹夫子祠堂，建有正殿、厢房，均残破。

默穆都哈

默穆都哈,生卒年不详,相传为西域异人,即阿拉伯人氏。穆斯林贤士,品行高洁。

元末明初,西方回教真人默穆都哈来郑州城内清真寺(今郑州北大清真寺),宣传伊斯兰教义,教化穆斯林众,使信徒多成为忠信之士。他知识渊博、品行圣洁、道德高尚,深受群众敬仰,被尊为"山海"(圣贤)、"筛海卧力"(近主之士)、"巴巴"(苦行僧)。

默穆都哈墓在今郑州市二七区解放路街道民主路社区解放路北侧52号院内,此地现为机电五交化批发市场,地理坐标为北纬34°45′15.6″,东经113°39′21.3″。该墓始建于明代,为二七区文物保护单位,俗称"巴巴墓"。墓上原建圆亭,前有房三间,悬匾书"天方境"三字。墓于清道光二十三年(1843年)重修。砖砌,高1.05米,长1.87米,宽0.16米。上呈半圆形,白色。现存六角亭,高约7米,坐北向南。墓前立有石碑,为清道光二十二年(1842年)马耿光捐资,教长马振九等重修时所立。石碑高1.8米,宽0.56米,厚0.16米,上书"山海默穆都哈大人墓"。额镌阿拉伯文,大意为真主说:"啊!墓中人,天使也,得无忧无虑。"左右分别刻"日""月"二字。郑地回民因慕真人之道德,多在其墓地附近购地为茔。经明、清两代逐渐扩大为回民义地,也称"老坟岗"。

默穆都哈墓

朱高燧

朱高燧，生于洪武十九年（1386年），卒于宣德六年（1431年）。太祖孙，成祖与皇后徐氏第三子。封赵王。

永乐二年（1404年），十九岁的朱高燧进封赵王，各部政务皆禀报。每年到京师朝拜，太子朱高炽都会相送。朱高燧恃宠自傲，多行不法，不时谮毁太子。永乐七年（1409年），成祖听到他的劣迹后大怒，诛其长史顾晟，夺其冠服，因太子大力劝解得免。国子司业赵亨道、董子庄为长史辅导，才稍敛劣行。

永乐二十一年（1423年）五月，成祖生病，护卫指挥孟贤等人造伪诏，打算进毒谋害皇帝，再废太子，立赵王。事泄，成祖质问朱高燧，朱高燧大惧，不能言语，太子又为之解脱："此下人所为，高燧必不与知。"（《明史·赵王高燧传》）自是，更加收敛。

1424年朱高炽继位，史称仁宗，加岁禄二万石。1425年，朱瞻基即位，史称宣宗，赐田园八十顷。汉王朱高煦谋反被擒，尚书陈山上奏称朱高燧与朱高煦共同谋划反叛。宣宗说："赵王反形未著，朕不忍负先帝也。"（《明史·赵王高燧传》）言者益众，宣宗将奏章等派人出示于朱高燧，朱高燧害怕，归还常山中护卫及群牧所、仪卫司官校，宣宗下令收回其所还护卫，仍与仪卫司。宣德六年（1431年）去世，谥简王。子惠王朱瞻塙嗣。

朱高燧墓在今安阳市殷都区洪河屯乡上营村西北，国道107转洪积线可达，地理坐标为北纬36°12′08.50″，东经114°12′45.63″。该墓始建于明代，为安阳县（今殷都区）文物保护单位。墓葬坐落于寿安山上，东、西依山岭，南为坡地，地势较高。墓区占地3亩余，墓冢高近3米，周长25米余，已毁。另载赵惠王、悼王、靖王、庄王墓，均在附近。

徐永达

徐永达,生年不详,卒于正统七年(1442年),字志道,河南归德(今河南商丘)人。明朝文臣。

徐永达少负气节,于洪武二十九年(1396年)中举人。由太学生授同官县(治今陕西铜川)教谕,培养人才颇多。永乐十八年(1420年),召拜翰林编修,侍皇太孙读书,后升右春坊右中允。宣德元年(1426年),升鸿胪寺少卿,复升鸿胪寺卿。交趾(治今越南河内)酋长陈暠去世,其臣黎利谋叛,徐永达出使,晓以利害,黎利稽首称罪。返回时赠送宝物,徐永达概未接受,皇帝嘉悦。

徐永达为官清正,每日食两餐,妻在故里为他做衣服,军民畏服。巡按御史颜继非法用刑,徐永达弹劾,都御史陈智大怒,派人秘察徐永达,但无过可举,名声益振。正统七年(1442年),徐永达因病去世,巡抚少卿于谦吊丧,见其官舍萧然,解束带金相赠。

徐永达墓在今商丘市睢阳区古宋街道火神台社区北侧,省道206可达,地理坐标为北纬34°21′57.3″,东经115°35′30.4″。墓葬四周为农田和建筑物,地势平坦。墓区原规模较大,现墓冢已平,地表无迹。

顾佐

顾佐，生年不详，卒于正统十一年（1446年），字礼卿，太康（今河南太康）人。明朝大臣，为官刚正不阿。

顾佐自幼聪明，严遵父亲顾澄的训导，苦读诗书。建文二年（1400年）中进士，任陕西庄浪（治今甘肃庄浪西北）知县。是年端午节，守将召集官员射箭，顾佐一箭而中，守将十分佩服。成祖永乐元年（1403年），升监察御史。奉命去广西庆远（今广西宜山）一带招抚少数民族，还朝后又受命往四川督办木材，随驾北征巡抚边关，升江西按察副使，又为应天府（治今江苏南京）尹。顾佐刚直不阿，官吏和百姓都非常敬服，时人比为"包孝肃"。顾佐任顺天府（治今北京）尹时，遭到京都权贵排挤，远任贵州按察使。洪熙元年（1425年），任通政使。

宣德三年（1428年），都御史刘观因贪赃被贬黜，大学士杨士奇、杨荣力荐顾佐继任，上任后革除弊制，吏政清明，不久升为右都御史。顾佐秉公执法，不称职的官吏均被立即罢黜，严皑、杨居正等二十人被贬为辽东各卫所小吏，降职八人，免职三人。举荐进士邓荣、国子生程富四十余人任御史，三月试任期满，称职者均得到正式任职。

顾佐执法严明，不时遭到陷害。时仆隶以资代役，有时间回家耕作为普遍做法，有人据此诬奏顾佐接受仆隶金钱，皇帝追查，怒斥上诉者。重罪囚犯诬告顾佐不理冤诉，皇帝追查，原是有人诬陷，将背后主使之人分尸。宣德八年（1433年）秋，顾佐中风，上疏请求辞职未获许可，一年多后病愈，仍掌旧事。

正统元年（1436年），考核御史，降黜十五人。已任九年御史的邵宗也被降职，吏部尚书郭琎支持邵宗，英宗责备顾佐。御史张鹏等弹劾邵宗，英宗认为张鹏等人与顾佐串通，有意欺压邵宗，再次痛责顾佐。顾佐于是辞官回归，朝廷给予奖励。

顾佐孝顺，对人友好，操守清白。在朝中为官时，每日上朝都是独处一间小夹室内，除非议论时政，否则不与他人同坐，时人称"顾独坐"。正统十一年（1446年）九月二十七日因病去世。次年五月十二日葬于祖茔西南一里多地的善德村旁。神宗万历三年（1575年），追赠为少保，谥端肃。

顾佐墓在今周口市太康县毛庄镇

顾尧村南300米，国道106可达，地理坐标为北纬34°01′59.52″，东经114°49′57.40″。该墓始建于明代，为太康县文物保护单位。墓葬位于兰河南岸，临河堤，周为耕地。原有墓冢，呈圆形，直径约25米，高4米，墓前有两根高3米石望柱，现均不存。

耿九畴

耿九畴,生于洪武二十九年(1396年),卒于天顺四年(1460年),字禹范,号恒庵,卢氏(今河南卢氏)人。明朝大臣,以清介廉正闻名。

永乐二十二年(1424年)中进士。宣德六年(1431年),授礼科给事中,上疏奏议放眼全局,亦有见识,在朝中颇有声望。正统元年(1436年),出任两淮盐运司同知,革除旧弊,拟写五条措施上奏,朝廷认为可行,以律令的形式下达。因母亲去世离职,数千人呈请留任。正统十年(1445年),任都转运使。他为政清廉,生活节俭,公事之余,唯焚香读书,廉洁之名,妇孺皆知。后因事牵连,被捕下狱,经辩白无罪释放,留为刑部右侍郎。在任期间,他不顾阻挠,屡白疑案。凤阳遭灾,耿九畴前往巡视,提出留武英、飞熊等卫军坚持耕作和守卫等建议,召集流民七万户,局势得以安定。

两淮盐政自耿九畴离任后逐渐松弛。景泰元年(1450年),朝廷又派耿九畴兼理。奉命审查各府重要囚犯,多被据实平反,后兼抚江北诸府。景泰三年(1452年),代陈镒镇抚陕西,发现都指挥杨得青等私自奴役兵卒,上奏弹劾并奉诏进行处治。边将提出增加临洮诸卫的兵,耿九畴反对说:"边城士卒并不少,只要将帅严肃纪律,赏罚严明,则人人可奋勇御敌,否则,再增兵,不过多耗费些钱粮而已。"对防卫不得力的守将,严治其罪。景泰四年(1453年),转右副都御史。皇帝曾下旨以羊角为灯,耿九畴劝谏,被皇帝采纳,又上疏提出赏罚公平,慎重选择守令,精简将帅等建议。

天顺元年(1457年),转右都御史,上疏供都察院狱中罪犯每天米一升,后成为令例;又上疏陈"崇廉耻、清刑狱、劝农桑、节军赏、重台宪"五事,均被采纳。御史张鹏弹劾帮助英宗复辟的石亨、曹吉祥,石亨等反诬是受耿九畴指使,被一并下狱,后贬为江西右布政使,调往四川。

礼部尚书空缺,朝廷原打算让耿九畴升补,等他到京,皇帝见其年迈,改任南京刑部尚书。天顺四年(1460年)病逝,享年六十五岁。谥清惠。

耿九畴墓在今三门峡市卢氏县城关镇西北街村,临行政路,地理坐标为北纬34°03′57.3″,东经111°03′10.4″。该墓始建于明代，为卢氏县文物保护单位。墓葬四周为民房等建筑，有砖厂占用。此为家族墓地，占地400平方米。墓前原有石像生、石碑等，后均毁。曾出土墓志，名《明故资善大夫南京刑部尚书耿公墓志铭》，现保存于他处。

轩輗

轩輗，生年不详，卒于天顺八年（1464年），字惟行，鹿邑轩庄（今河南鹿邑赵村乡轩庄村）人。明朝文臣。

永乐二十二年（1424年）中进士，授行人司副。宣德六年（1431年），任御史，巡按福建，处治奸顽之徒。正统元年（1436年），弹劾浙江不称职官吏四十余人。正统五年（1440年），上奏称不得擅自派遣御史，皇帝许可。超擢为浙江按察使，改变前任奢侈的作风，四季着青布袍，补丁殆遍，日常吃蔬食，妻子亲自操劳家务，接待亲朋，也只以一豆食款待，偶有鸡黍，大家都会很惊讶，自己也鲜在亲朋处就餐，更不收礼。朝议增加银场课税，他力谏不可，朝廷答应。但随后又加征收，导致矿工首领叶宗留率众反抗。查实南宋福王衣冠冢所在，朝廷加以保护。正统十三年（1448年），奏陈四事，俱切时弊，皇帝全部采纳。

代宗即位，以右副都御史镇守浙江。景泰元年（1450年），兼理两浙盐课。平定闽浙一带农民义军，进秩一等。第二年，改督南京粮储。景泰五年（1454年），改任左副都御史，掌南院事，考免不称职御史数人。

天顺元年（1457年），轩輗拜刑部尚书。数月后，因病请免，皇帝答应，并赐白金慰问。第二年，南京督理粮储缺官，轩輗以左都御史前往。天顺八年（1464年），以老乞归，到家后即去世。轩輗为人孤僻，不爱与人交往，然而清操名闻天下，与耿九畴齐名，廉吏必称轩、耿。

轩輗墓在今商丘市柘城县邵园乡邵园村北，省道206、县道047可达，地理坐标为北纬34°04′40.71″，东经115°17′02.51″。墓区所在地势平坦，墓葬现已不存。

李贤

李贤，生于永乐六年（1408年），卒于成化二年（1466年），字原德，邓州（今河南邓州）人。明朝大臣。

乡试第一，宣德八年（1433年）中进士。奉命察蝗灾，授验封主事。正统元年（1436年），请求将投降后住在京城的塞外人迁出京师，以省冗费，皇帝不用。迁考功郎中，改文选。扈从北征，遭遇败绩，脱难回京。景泰二年（1451年），上正本十策，即勤圣学、顾箴警、戒嗜欲、绝玩好、慎举措、崇节俭、畏天变、勉贵近、振士风、结民心，皇帝嘉许，置于左右，以备省览。擢升兵部右侍郎，转户部右侍郎，上奏陈说边备废弛。转吏部，采集古代可供皇帝效法的二十二种行事范式，名《鉴古录》呈奏。

英宗复位，兼翰林学士，入直文渊阁，与徐有贞同掌机务。不久进尚书，奏对皆中机宜，深得皇帝倚赖，但遭人嫉恨，谪为福建参政，不行即留为吏部左侍郎。后复尚书、直内阁，皇帝非常信任，所言皆予采纳。皇帝担忧军官支俸过多，岁入不给，李贤请求淘汰老弱，如此则可节省费用而又不使人发觉。边疆不宁，天下大水，李贤外筹边计，内宽百姓，苏息四方。天顺年间，李贤为首辅，惜人才、开言路，所荐耿九畴、姚夔、李绍等，皆为名臣。特加太子太保，建议诏停天下非紧急事务，求直言以通闭塞。

1465年宪宗即位，进少保、华盖殿大学士，知经筵事。遇有灾变，必会坦告于同官。因皇帝刚刚登基，李贤申诫尤切。遭人诬构，李贤请辞，皇帝下诏慰留，后又命卫士宿于李贤家中，保护其出入。

李贤自以受知人之主，所以言无不尽，如劝阻皇帝派官代祀山川等，事例颇多，曾言："大臣当知无不言，可卷舌偷位耶？"（《明史·李贤传》）成化二年（1466年），父丧丁忧，皇帝下诏起复，李贤三辞但未允可。皇帝遣中官护送营葬，又派人宣布旨意，复起视事。是年冬去世，享年五十九岁。皇帝震悼，赠太师，特进光禄大夫，谥文达。

李贤墓在今南阳市邓州市龙堰乡姚营村北张庄组东侧，国道207、省道231转村间公路可达，地理坐标为北纬32°38′17.0″，东经112°03′35.0″。该墓始建于明代，为邓州市文物保护单位，俗称"李阁老坟"。墓葬地处耕地,西邻张庄村。墓原封土隆起,现夷平。原有石人、石羊、石马、石碑等,现仅存一石马,移至他处保存。曾出土墓志铭等遗物。

滕昭

滕昭，生于永乐二十年（1422年），卒于成化十六年（1480年），字自明，汝州（治今河南汝州）滕莹坊村人。明朝大臣。

滕昭生于官宦之家，生活俭朴，不嗜奢华，且天资聪颖，读书刻苦。正统五年（1440年）中举人，后入太学学习。景泰四年（1453年），被吏部推荐为陕西道监察御史。景泰七年（1456年），监督顺天乡试，制定许多措施，力除考场弊端，富豪权贵之子不能徇私入选。天顺二年（1458年），四川发生一桩谋杀案，滕昭前去审讯，明察暗访，掌握大量材料，然后升堂一讯定案，双方皆服。回京后被提拔为左佥都御史。不到一年，因母亲去世，回乡守墓。

成化元年（1465年），宪宗即位，巡抚辽东，多备粮草，严加巡逻，加紧训练部队，告诫将士不要主动挑起事端，边境相安无事。不久升右副都御史，总督漕运兼淮阳巡抚，制定"长运法"，简化运输手续，制止虐待漕卒，兵民皆得苏息。因督办漕运有功，升任佐院理事。出巡福建，正值闽西紫云台农民邓茂七率众起义，滕昭镇压起义，后审视地理，相其要害，建立归化县（今福建长汀）。

滕昭在福建还未回京，朝廷又命他巡抚苏（州）松（江）。江阴县马驮沙镇与江阴隔江相望，来往公事均须渡江，非常不便。滕昭上奏，将马驮沙从江阴分出，建为靖江县，受到民众欢迎。成化七年（1471年），升兵部左侍郎，食正二品俸禄。成化十二年（1476年），当时汝州隶属南阳府，农民运送公粮往返千里，旷日持久，劳民伤财，流传有"南阳送回粮，孩子会喊娘"的歌谣。滕昭和河南布政使原杰联合上疏，将汝州从南阳分出，成为直隶州。

成化十四年（1478年），因病致仕还乡，两年后病故。乡邻在城隍庙大阅楼东侧建滕公祠纪念，将城壕外围空地定为祠产，做香火之资。

滕昭墓在今平顶山市汝州市骑岭乡王庄村滕莹坊自然村南，国道207可达，地理坐标为北纬34°13′04.0″，东经112°50′28.0″。该墓始建于明代。墓葬东临洗耳河，西距临登路500米。墓地面积3500平方米，墓前有明代圣旨碑一通。墓冢不见，地表无其他遗迹。

毕亨

毕亨,生卒年不详,字文亨,宜阳丰李(今河南宜阳)人。明朝大臣。

毕亨幼年酷好读书,后入河南郡学,操笔论文,颇有名家风范。欧阳哲以按察副使督察河南学政,读了毕亨的文章甚为喜欢,挑其中的佳作作为范文。正统十二年(1447年),河南乡试第二。景泰四年(1453年)中进士,次年任陕西道监察御史。天顺六年(1462年),升福州知府。成化二年(1466年),任应天府(治今江苏南京)尹。成化八年(1472年),继升正议大夫、资治尹、都察院右副御史,奉命巡抚江南,兼督浙西财赋。

毕亨理政有方,安上抚下,百姓莫不叹服。后上疏乞退,未准。其后三年三次上疏,终于告老还乡。在洛水之滨置田数亩,修葺"水南乐处",与洛中耆旧游乐畅饮,赋诗论文,自奉俭约,无良田大屋。后去世,妻汪氏封淑人。有子十人。

毕亨墓在今洛阳市洛龙区科技园街道毕沟村南1公里,省道252可达,地理坐标为北纬34°32′46.3″,东经112°25′02.4″。该墓始建于明代。墓葬位于毕沟村八组的耕田之中,地势北高南低,

毕亨墓

四临农田。墓地南北长118米,东西宽32.5米。墓冢近圆形,直径4米,高1米。墓前有中华民国二十九年(1940年)后裔立碑一通,上书"故正议大夫资治尹都察御史文亨毕公阡表"。神道两侧有石像生4件。墓东南30米立有成化五年(1469年)碑刻二通,为敕封毕文亨先祖、父两世功绩碑。毕沟村内有祠堂。

王越

　　王越，生于永乐二十一年（1423年），卒于弘治十一年（1498年），字世昌，浚（今河南浚县）人。明朝武将。

　　王越身材高大，孔武有力，擅长射箭，且博览群书，做事有谋略。景泰二年（1451年），二十九岁时中进士。后授监察御史，巡按陕西。父亲去世，王越未及接任者到达就匆忙回家，被都御史弹劾，幸得代宗谅解。

　　天顺元年（1457年），掌管诸道奏章，任山东按察使。天顺七年（1463年），擢升为右副都御史、大同巡抚都御史。刚要出发，母亲去世，没有为母守孝即就职上任。赴任后，整修兵器，精简士兵，修缮寨堡，减免赋税，鼓励经商，作长久打算。

　　成化三年（1467年），赞理军务，秋天巡抚宣府（治今河北宣化）。成化五年（1469年）冬，蒙古族侵扰河套地区，延绥（治今陕西绥德）巡抚王锐请求增援，王越带兵前往，兵分三路，自领中路，大破敌军。第二年回师，延绥又告急，他屯驻延绥附近作为援兵，敌骑兵分五路入侵，派兵击退。成化六年（1470年）西征，加总督军务，专办西征之事，数次击退入侵怀远诸堡的敌军。成化八年（1472年），在温天岭大胜敌军，进左都御史，后又大败满都鲁部，使其不敢在河套地区居住。

　　成化十年（1474年）春，朝廷在固原（治今宁夏固原）设总制府，王越提督军务，控制延绥、宁夏、甘肃三边，后又升为总兵官，加太子少保，增俸一级。有人弹劾王越贪功滥杀，他此时正为自己功大而赏薄不快，借此称病还朝。成化十一年（1475年），与左都御史李宾同掌都察院事务，兼督十二团营。王越自恃才高，不修小节，被同僚们非议。

　　成化十六年（1480年），蒙古兵进犯延绥地区，王越提督军务，轻骑而进，颇有斩获，封威宁伯。第二年，因功进太子太傅，增岁禄四百石。大同总兵官孙铖去世，又以王越替代。成化十八年（1482年），敌兵进攻延绥，王越调兵增援，因功增加俸禄五十石。监军汪直获罪，王越受到牵连，被夺爵除名，谪居安陆（今湖北安陆）。

　　1488年孝宗即位，王越被赦免还朝。弘治七年（1494年），屡次上疏申诉冤屈，复任左都御史，后来致仕。弘治十年（1497年），敌兵进犯甘肃，朝廷商议复设总制官。吏部尚书屠滽举荐王越复职，加封太子太保，总制甘、凉边务兼巡抚，兼制延绥、宁夏两镇之兵。次年分兵进攻获胜，后加少保，兼太子太傅。

王越身经百战，熟悉敌我军情和士兵的心态，兵动即有成功的把握。他还善于笼络将士，不吝啬钱财，士卒均愿意为其效命。宦官李广获罪被处死，连坐牵涉到他，他又忧又恨，于弘治十一年（1498年）卒于甘州（治今甘肃张掖），享年七十六岁。赠太傅，谥襄敏。

王越墓在今鹤壁市浚县卫溪街道南街社区，黄河路可达，地理坐标为北纬35°39′34.41″，东经114°32′46.30″。该墓始建于明代。墓在大伾山天齐庙西，东依大伾，西瞻浮丘。墓地原面积约1万平方米，5米以上大冢六七个，小冢上百个。墓冢高7米，神道两侧有石羊、石马、翁仲，以及墓祠、牌坊、戏楼等建筑，后均被毁。《王太傅襄敏公墓志》由礼部尚书李东阳撰文、吏部尚书屠镛书丹、掌后军都督府提督张懋篆额。

马文升

马文升，生于宣德元年（1426年），卒于正德五年（1510年），字负图，号约斋，晚年更号友松道人、三峰居士，钧州（治今河南禹州）人。明朝武将。

马文升外貌瑰奇，力大无比，幼年时与儿童角力，数十儿童均不及他。景泰二年（1451年），二十六岁时中进士，授御史，先后巡按山西、湖广。母丧守孝后迁福建按察使。

成化元年（1465年），升南京大理寺卿，次年因父去世回乡。成化四年（1468年），固原人满四反明，马文升以右副都御史巡抚陕西，见满四军城中无水，粮储渐乏，断言"若绝其刍汲，则釜鱼当自毙矣"（《明史纪事本末·平固原盗》）。果然，满四军日渐困乏，最后失败。因功先后加左副都御史、兵部右侍郎。

数次上奏朝廷，要求选将练兵，修筑烽火台，剪除盗贼。临洮（今甘肃临洮）等地饥荒，马文升转粟赈给，全活万计。蒙古族犯边，马文升督兵追至黑水口，生擒平章迭烈孙，战功显赫，但未有丰厚奖赏。成化九年（1473年）冬，王越报以大捷，马文升也派遣儿子向朝廷报功，朝中大臣诬陷马文升虚报战功，宪宗不查真相，以表奏不实，停俸三月。成化十一年（1475年）春，马文升代王越为总制，协调延绥、宁夏、甘肃三边军务，十一月被召回，任兵部右侍郎。次年，整饬蓟门至辽东（治今辽宁辽阳）边备。成化二十年（1484年），以左副都御史巡抚辽东，成化二十一年（1485年）进右都御史，总督漕运，冬天任兵部尚书。第二年，调任南京兵部尚书。

1488年孝宗即位，再任左都御史，提出"宪宗朝，岳镇海渎诸庙，用方士言置石函，周以符箓，贮金书道经、金银钱、宝石及五谷为厌胜具，宜毁"（《明史·马文升传》）。又上疏言十五事，皆认为可行，后又受命提督十二团营。弘治二年（1489年），任兵部尚书，时年六十四岁。严格考核将校，黜贪懦者三十余人，引起一些人不满和诽谤。马文升请求致仕未被许可，提出蓟州、宣府、大同三镇已有镇守太监，不应再设分守、守备、监枪等内臣，朝廷采纳。

弘治元年（1488年），吐鲁番部诱杀朝廷所封忠顺王罕慎，弘治六年（1493年）又擒另一位忠顺王陕巴，主持兵政的马文升主张兴复哈密。弘治八年（1495年），调罕东等部兵夜袭哈密城，吐鲁番守将弃城而去，明军进入哈密。马文升主持兵部十三年，尽心戎务，言无不尽，所论奏者甚多，皇帝对其推心置腹，自太子太保加至少保兼太子太傅，经常得到赠赉，朝中其他大臣不敢望其项背。弘治十四年（1501年），改吏部尚书，加衔至少师兼太子太师，淘汰一批传奉官，得罪于人，被弹劾。马文升年老，加之被劾，请求辞职，上疏二十一次，方获批准。

马文升文武全才，长于应变，境内外皆闻其名。有气节，直道而行，以大臣之子不能留在京师任职，就让儿子外任。著有《端肃奏议》《西征石城记》《抚安东夷记》《镇克哈密国王记》和《约斋集》等数十卷。他的文章不事雕琢，"声诗无媒嫚语，皆自忠爱中流出。海内之士，得其篇章者乐诵之"。（《太师马公行略》）

武宗正德四年（1509年），刘瑾乱政，马文升被削秩除名。正德五年（1510年）去世，享年八十五岁。后刘瑾被诛，朝廷恢复马文升官职，赠特进光禄大夫、太傅，谥端肃。卒后一年多，大盗至钧州（治今河南禹州），听说马文升家在此，因对其敬佩而径直离去。嘉靖初，加赠左柱国、太师。先后辅佐代宗朱祁钰、英宗朱祁镇、宪宗朱见深、孝宗朱祐樘、武宗朱厚照，故后人有"五朝元老马文升"之称。

马文升墓在今许昌市禹州市朱阁镇马坟行政村马坟自然村西北，兴业大道可达，地理坐标为北纬34°14′10.0″，东经113°27′50.0″。该墓始建于明代，为禹州市文物保护单位。墓葬北望具茨山，南临颍水，四周为耕地，地势平坦。墓区原占地8万平方米，并有城门、牌坊、石像生，后被毁。原墓冢已平，近人重新堆拢，呈圆形，直径约12米，高约4米。曾有墓志出土。东南方有守墓人居住遗址。

马文升墓

耿裕

耿裕，生于宣德五年（1430年），卒于弘治九年（1496年），字好问，卢氏（今河南卢氏）人。父耿九畴，父子并以德行著于世。明朝大臣。

景泰五年（1454年），二十五岁时中进士，为庶吉士，后授户部给事中，又改工部给事中。天顺元年（1457年），改检讨。父耿九畴因张鹏弹劾石亨一案受到牵连，耿裕也被贬为泗州（治今江苏泗洪）判官。父亲去世后，耿裕重新出仕，补为定州知州。

成化元年（1465年），复任检讨，又任国子司业、祭酒。当时，年幼的侯伯都在国子监读书，耿裕将古代诸侯、国戚的嘉言美行可资效法者编纂成书，给他们讲授，得到皇帝赞同。后历任吏部左、右侍郎，又代尹旻为尚书。由于大学士万安与李孜省诬陷，被调南京礼部，后转南京兵部参赞机务。

弘治元年（1488年），拜礼部尚书。朝中公私皆以奢侈为荣，耿裕因势利导，极力纠正此风，多次上疏提倡节俭。朝廷曾令番邦僧人迁回本土，但大都在京师潜藏下来，耿裕等力主驱斥，只留下一百八十二人。礼部失火，耿裕谢罪，被劾下狱，获释后俸禄被停。后任吏部尚书，加太子太保。

耿裕为人心地无私，为官熟悉朝章，选官授职不以个人爱憎取人，杜绝私人请托。平时生活自奉节俭，虽两世俱为显宦，而家境并不富有。弘治九年（1496年）病逝，享年六十七岁。后赠太保，谥文恪。著有《耿裕集》。

耿裕墓在今洛阳市洛宁县长水乡西长水村北后寺湾，省道323（八官线）可达，地理坐标为北纬34°20′37.0″，东经111°26′37.0″。该墓始建于明代，为洛宁县文物保护单位。墓区地处山脚，地势西高东低，西、北紧临山脉，东、南为田地和村庄。墓冢淤埋地下，地表无存。曾在墓前发现龟趺碑座及文吏石翁仲一件，现亦埋于地下。

黄杰

黄杰，生年不详，卒于弘治九年（1496年），字士英，许州（治今河南许昌）人。明朝大臣。

黄杰七岁丧母，父黄渊继娶的周氏性情暴戾，兄弟们均不堪其苦，只有黄杰委曲承顺，得继母欢心，最终将母亲感动，对兄弟们慈爱有加。成化二年（1466年）中进士，授济南府推官。黄杰从政，为国解忧，为民排难，不计个人名位。时值荒年，百姓强取富有者粮食和牲畜被拘捕，黄杰认为饥民缺食，可令其丰年偿还，将人释放。官府开仓放粮，黄杰督办，按次支给，秩序井然，饥民全部得到救济。成化九年（1473年），任顺天府（治今北京）丞，因得罪权贵，被贬到肇庆（治今广东肇庆）任同知。关心少数民族疾苦，鼓励他们垦殖，发展农业，深受爱戴。

孝宗弘治四年（1491年），调任陕西左参政，次年升顺天府尹，吏畏其威，民安其惠，政绩卓著。弘治七年（1494年），升户部左侍郎，督理太仓粮储。对旧时管理办法条分缕析，兴利除弊，每年节省大量粮食，任职三载，储备大增，民赋减轻，皇帝钦嘉，升授通议大夫。

弘治九年（1496年），黄杰疾病缠身，再加上年事已高，便上疏请求告老还乡，皇帝见奏不准，正要下旨，黄杰猝死于官邸。

黄杰墓在今许昌市长葛市古桥镇黄岗村南，省道220可达，地理坐标为北纬34°14′20.0″，东经113°59′01.0″。该墓始建于明代，为河南省文物保护单位。墓葬坐落于村南的小岗之上，地势略高，临村庄和农田。墓区面积2.5万平方米，内植树木多株。墓冢近圆形，直径约18米，高5米。墓冢前有《御祭文》《奉天诰命》《奉天敕命》《通朝祭文》等碑刻五通。神道两侧存石马、石羊、石虎、石猴等石像生八件。

黄杰墓

王冕

王冕，生年不详，卒于嘉靖三年（1524年），字服周，河南府（治今河南洛阳）人。明朝武将。

正德十二年（1517年）中进士，任万安（今江西万安）知县。当时宁王朱宸濠造反，官吏多奔窜他处，王冕召集勇士数千人，随王守仁攻南昌。两军相遇，王冕献策在小艇内装满芦苇，待靠近敌船时乘风举火，朱宸濠兵败，死者无数。王冕部卒追赶逃跑的朱宸濠，并将其生擒。因平乱之功，擢为兵部主事，巡视山海关。

嘉靖三年（1524年），辽东陆雄、李真作乱，突入山海关。侍从打算让王冕躲避，王冕因母亲跟随自己，不能离开，带领兵士保卫母亲。母亲被敌所伤，王冕奋力急救，被敌人捉住。王冕不受敌人威胁，大骂敌兵，被害。诏赠光禄少卿，令有司祠祀。

王冕墓在今洛阳市洛龙区龙门街道西草店社区南，省道238（常付线）可达，地理坐标为北纬34°31′21.6″，东经112°28′57.0″。该墓始建于明代，为洛阳市洛龙区文物保护单位。墓葬坐落于一兵营院内，院外为耕地。墓地占地3200平方米。墓冢呈圆形，直径约7米，高约1.5米。冢前有明嘉靖六年（1527年）立御祭文碑，现代造碑楼。

王冕墓

蔡天祐

蔡天祐，生于正统六年（1441年），卒于嘉靖十四年（1535年），字成之，睢州（治今河南睢县）人。明朝大臣。

蔡天祐于弘治年间中进士，改庶吉士，迁吏科给事中，出任福建佥事。升山东副使，分巡辽阳（治今辽宁辽阳）。主持赈灾，活饥民数万，开垦海滨圩田万顷，百姓赖以存活，称"蔡公田"。转陕西左参议，迁山西按察使。

嘉靖三年（1524年），大同军哗变，巡抚张文锦被杀。蔡天祐升右佥都御史前往巡抚，到后，蔡天祐宣布只惩首恶，胁从不问，人心安定下来。兵部发兵攻击入寇的吐鲁番，经过大同时，大同乱兵以为来攻打自己，再次骚动起来。蔡天祐上疏请求停止进兵，朝廷不纳。后朝廷兵马擒获乱军头目五十四人，蔡天祐认为为首者已经惩处，大兵无须西进，世宗以蔡天祐阻扰进师，严加斥责。后蔡天祐等人擒获首恶郭鉴等人，但郭鉴的父亲继续作乱，杀了总兵官家属。朝廷认为，蔡天祐办事不力，再次斥责。后来蔡天祐将首恶全部除掉，胁从全部宽赦，兵乱真正平定了。蔡天祐因功升副都御史，不久升兵部右侍郎。他镇守大同七年，深得民心，当地百姓建安辑祠纪念。

在大同时，蔡天祐为解决兵饷问题，下令提高运盐许可证的售价。嘉靖十一年（1532年），御史因此弹劾蔡天祐，蔡天祐不得不以病退休，离京返乡。第二年，再被起用，途中得病上疏告归。嘉靖十四年（1535年）去世，享年九十五岁。著有《石冈集》。

蔡天祐墓在今商丘市睢县城关镇南关村，临文化路、和平路，地理坐标为北纬34°25′18.66″，东经115°03′35.33″。该墓始建于明代，为睢县文物保护单位。墓冢原占地50余平方米，墓室由石灰和黏合剂封闭，异常坚固。现已不存。

刘璟

刘璟，生于景泰元年（1450年），卒于嘉靖元年（1522年），字德辉，世为鄢陵（今河南鄢陵）人。明朝大臣。

刘璟生有异质，二十岁时补学官弟子员。同邑司徒张公谢回乡，一见刘璟即称赞："公辅器也，他日名位当不下我。"（《国朝献徵录》）成化十年（1474年），二十五岁时举于乡，第二年中进士，试政于刑部，后留本部授主事。成化十九年（1483年）升员外郎，第二年任郎中充副使。成化二十二年（1486年），升松江府（治今上海）知府，廉洁奉法、督率吏民、勤本职、劝农桑、修水利、敦士习，颇有政绩。升四川参政，汉州（治今四川广汉）屯军杀人作乱，巡按御史欲调兵围剿。刘璟认为不可激，应亲往招谕之。叛乱很快得到平定，首恶就擒伏法。

弘治十八年（1505年），五十六岁时升山东右布政使。正德元年（1506年）转左布政使，对吏属严格要求，对百姓宽厚以待，朝廷派来的使者都推荐刘璟。正德二年（1507年），擢右副都御史巡抚宣府（治今河北宣化），事事务求平稳罢息，不久召为刑部右侍郎。正德四年（1509年）转左侍郎，不久任刑部尚书。刘瑾专政，刘璟委曲调护，裨益亦多。正德五年（1510年），以平宁夏有功加太子少保。以年老请求辞职归乡，获得准可。朝廷派役供使，每月赏赐粮食。

回乡后，自名其所"怡闲"，并自以为号，与亲人旧识饮酒作诗。正德七年（1512年），流贼作乱，将他的寓所损毁，朝廷下诏补给，仍优恤其家，恩赐进阶荣禄大夫。嘉靖元年（1522年）十一月十日晨，刘璟焚香危坐，命长孙婿程侑书遗言，书未完即就枕去世，享年七十三岁。朝廷命礼部、工部置办丧事。

刘璟墓在今许昌市鄢陵县安陵镇苏岗社区东北，临北大街，地理坐标为北纬34°06′33.0″，东经114°12′02.0″。墓地坐北朝南，占地49平方米。墓冢不存，均为民宅占压。曾出土刘璟墓志及王太夫人墓志。

高魁

高魁，生于景泰元年（1450年），卒于嘉靖四年（1525年），字大宾，新郑（今河南新郑）人。明朝大臣。

高魁自幼工于读书，天性仁厚，孝敬父母，善待兄弟，对朋友慷慨有义，与人和蔼谦恭，美德远闻。成化二十二年（1486年），三十七岁时中乡举，任金乡县（今山东金乡）令。对百姓严明简约，豪绅列强畏惧。正德二年（1507年），升工部都水司主事，负责荆州（治今湖北荆州）商税事。正德五年（1510年），升虞衡司郎中，主管蓟州（治今天津蓟县）铁冶。时朝政艰难，清官难做，高魁辞官回家。

高魁生活简朴，经常深入百姓，了解民间疾苦，深得百姓爱戴。不趋炎附势，刘瑾专权，贪污受贿，压榨百官，高魁未向刘瑾行贿一文。辞官后居于家，与左邻右舍和睦相处，时常周济贫困，空闲时到田间闲转，就像平民，没有官架。嘉靖四年（1525年）十月去世，享年七十六岁。为纪念高魁，后人为他建"世科石坊""四代一品"石坊。

高魁墓在今郑州市新郑市和庄镇西高老庄村东高氏祖茔，省道102、神州路可到达，地理坐标为北纬34°25′45″，东经113°47′27″。该墓始建于明代，为新郑市文物保护单位。墓茔土冢林立，树木丛丛。高魁墓冢原高约3米，周长约30米。有石碑一通，现保存完整。

刘忠

刘忠，生于景泰三年（1452年），卒于嘉靖二年（1523年），字司直，陈留（今河南开封陈留镇）人。明朝大臣。

成化十四年（1478年），二十七岁时中进士，选为庶吉士，授编修。孝宗弘治四年（1491年），《宪宗实录》编撰完成，迁侍讲，任经筵，不久兼侍东宫讲读。九年后，进侍读学士。武宗即位，擢为学士，掌翰林院，仍任经筵。正德二年（1507年），刘瑾用事，乱旧章典制，刘忠上言劝皇帝戒逸游、崇正学等数事。任南京礼部左侍郎，不久擢为本部尚书，改吏部尚书。考核官吏严格，罢黜多于以前，上疏请求不时纠劾，不必待六年考黜。此时刘瑾也以苛制折辱士大夫，有人认为刘忠附会刘瑾，对其多有不满。

正德五年（1510年），改任吏部尚书兼翰林学士，专司制诰。两次上疏请求致仕，没获答复。刘瑾被诛，以本官兼文渊阁大学士参与机务。不久，以平定宁夏有功，加少傅兼太子太傅。作为阁臣，突然加官至三公，刘忠颇觉不安，连续上疏请辞，但未获允许。张永、魏彬等人擅政，刘忠不与他们合流。

正德六年（1511年）主持会试，后乞抵家省墓，再次上章请求致仕，得到允可。给月廪、岁隶至老。世宗即位，屡得推荐，均不应召。嘉靖二年（1523年）去世，享年七十二岁。赠太保，谥文肃。著有《野亭遗稿》。

刘忠墓在今开封市祥符区陈留镇代寨村西北，省道327可达，地理坐标为北纬34°46′59.06″，东经115°0′39.21″。墓葬坐落于惠济河南岸，现已不存。传说刘忠为金头陪葬，出殡日，陈留四门同时出棺。

王鸿儒

王鸿儒,生于天顺三年(1459年),卒于正德十四年(1519年),字懋学,号凝斋,南阳府(治今河南南阳)人。明朝大臣,文学家、诗人。

王鸿儒年少时工读经书,因家贫入南阳府为书佐,知府段坚亲自教授他。入学校学习,乡试考取第一名,参加会试,赐进士出身。任南京户部主事。累迁至郎中,督学政,九年时间,当地士风大盛。

正德元年(1506年)辞官还乡,正德四年(1509年)任国子监祭酒。因父亲去世离职。正德七年(1512年),任南京户部侍郎,转左侍郎。正德十四年(1519年),任南京户部尚书,参与平定南昌宁王朱宸濠谋反,督办军饷,因背疮发作去世,享年六十一岁,谥文庄。

王鸿儒治学,务穷理致用,为时人所推崇。为官清正自持,门无私谒。喜欢藏书,著有《凝斋笔语》《王文庄公凝斋集》。

王鸿儒墓在今南阳市卧龙区陆营镇王宅村北,县道022可达,地理坐标为北纬32°49′24.6″,东经112°26′44.7″。该墓始建于明代,为南阳市文物保护单位。墓地四周为农田,地势平坦,南北向道路分隔,墓冢西距公路约75米。为王氏家族墓地,面积不详。墓冢呈圆形,直径6米,高2.9米。碑刻、石雕移至他处保存。

王鸿儒墓

王鸿渐

王鸿渐,生于天顺六年(1462年),卒年不详,南阳府(治今河南南阳)人。明朝大臣,王鸿儒之弟。

成化二十三年(1487年),入南京国子监学习。弘治年间参加南阳乡试,得中第一。与其兄王鸿儒同中解元,轰动河南。嘉靖二年(1523年),中进士,任大理寺评事,后升山东右布政使,有惠政。王鸿渐作文朴实,不喜浮夸,读书务求穷理致用,虽一字异同,必细审其义。善于观史,从中审得失,辨邪正,尤其明习当朝典章制度,皆能随手拈来。

王鸿渐墓在今南阳市卧龙区陆营镇王宅村北,县道022可达,地理坐标为北纬32°49′24.6″,东经112°26′44.7″。该墓始建于明代,为南阳市文物保护单位。墓地四周为农田,地势平坦。此为王氏家族墓地,南北向道路分隔,墓东距公路约150米。墓冢呈圆形,直径14米,高3米。

王鸿渐墓

贾咏

贾咏,生于天顺八年(1464年),卒于嘉靖二十六年(1547年),字鸣和,号南坞,临颍(今河南临颍)人。明朝大臣。

贾咏自幼聪明过人,才思敏捷。十五岁时,提学副使陈选称他为奇才,选入县学。弘治二年(1489年),河南乡试第一名。弘治九年(1496年),三十三岁时中进士,选为庶吉士,授翰林院编修。弘治十二年(1499年)、弘治十八年(1505年),两次任会试同考官。

正德元年(1506年),任经筵讲官,举止端庄,说话流畅,受皇帝嘉奖。正德四年(1509年),宦官乱政,被降为兵部武选主事,次年调任礼部员外郎,宦官事败后官复原职。正德六年(1511年),任左春坊中允兼翰林院修撰。共修《孝宗实录》。正德八年(1513年)任应天乡试主考,次年复任武主考,任侍读学士,掌管南翰林院事。正德九年(1514年)充经筵讲官,改兵部主事,迁左中允兼修撰,南京翰林院侍读学士、国子监祭酒。正德十一年(1516年)升南国子监祭酒,正德十三年(1518年)任北国子监祭酒。正德十六年(1521年)五月,任礼部左侍郎。

申明祖宗监规,严立章程,以忠孝教育,关怀生徒,监生心悦诚服。

世宗即位,嘉靖三年(1524年)以吏部左侍郎兼翰林院学士,负责起草诏敕,仍掌詹事府事务。修《武宗实录》,兼任史馆总裁。晋礼部尚书兼文渊阁大学士,入阁参与机务。嘉靖四年(1525年),《武宗实录》修成,加太子太保、武英殿大学士,赏赐丰厚。嘉靖五年(1526年),任会试主考。《恭穆献皇帝实录》编写完毕,加少保兼太子少保,光禄大夫,柱国、尚书、大学士如故。宦官专权,贾咏持正不阿,多次反对宦官的利己行为,对王公大臣的非分之请,也多次阻止。世宗对贾咏多次赏赐,并请贾咏监督自己,甚为信赖。后贾咏上疏致仕,获准,回乡结归田诗社。嘉靖二十六年(1547年)八月去世,享年八十四岁,赠太保,谥文靖。

贾咏以仕宦知名,在文学史学上也有建树。文学上喜欢平正通达,他的《南坞集》无论诗、文,均通俗易懂,自然流畅。史学上主张"所贵者在真",否则就失去了修史的意义。

贾咏墓在今漯河市临颍县城关街道

南街村北，国道107、省道329可到达附近，地理坐标为北纬34°47′54″，东经113°57′01″。墓坐落于耕地之中，南为村庄，北为工厂，地势平坦。墓葬原有神道、碑碣、石人、石马、石羊、石狮、石供桌等，严嵩书墓碑，现均已无迹可寻。

许诰

许诰,生于成化七年(1471年),卒于嘉靖十三年(1534年),字廷纶,许进次子,灵宝(今河南灵宝)人。明朝大臣。

许诰生而不群,十岁能作文,弘治八年(1495年)与弟弟许赞同举于乡。弘治十二年(1499年),二十九岁中进士,授户科给事中。视察延绥军队储备,上疏论丁粮、丁草之害,皇帝褒纳。弹劾监督中官苗逵贪肆罪,进刑科右给事中。正德元年(1506年),许进为兵部尚书,许诰避嫌改翰林检讨。许进触忤刘瑾被削籍,许诰降为全州(治今广西全州)判官。许进去世,许诰丁丧,服除后即绝意仕宦,一心潜修授徒讲道。后荐起尚宝丞,又因病辞归,居家授徒讲学。

嘉靖初年,起南京通政参议,改侍讲学士,待经筵。不久,迁太常卿,掌国子监。请于太学中建敬一亭,勒石御制《敬一箴注》、程子《四箴》、范浚《心箴》。撰《道统书》,认为应该崇祀五帝、三王,以周公、孔子配飨,皇帝采纳。嘉靖十一年(1532年),擢升吏部右侍郎,门户清肃,不许私谒。冬天,拜南京户部尚书,其弟许赞同掌户部,兄弟同司两京邦计,缙绅皆以为荣。对仓场经费,多有裁省。

许诰天性孝、友,仁厚敦重。任祭酒时,为不能归葬的学生下葬,周恤衣食不继者。颇善附会,深得皇帝眷宠。上疏致仕不许,于嘉靖十三年(1534年)卒于官,享年六十四岁。赠太子太保,谥庄敏。学者称"函谷先生"。著有《通鉴纲目·前编》《图书管见》等。

许诰墓在今三门峡灵宝市大王镇南营村南,国道310转县道007可达,地理坐标为北纬34°40′43.71″,东经110°57′14.04″。墓葬地处坡地,现已不存。

李梦阳

李梦阳，生于成化八年（1472年），卒于嘉靖九年（1530年），字献吉，号空同子，先人为河南扶沟人，后迁庆阳（今属甘肃），父亲为周王府教授，全家又迁至开封。明朝文学家。

相传李梦阳的母亲梦见太阳堕落怀中，随即生产，故名梦阳。弘治五年（1492年），二十一岁时举陕西乡试第一，次年中进士，授户部主事。母亲、父亲相继去世，丁忧在家，二十七岁时拜户部主事，迁郎中。督办监税用法严格，损害权豪势要利益，被诬告下狱，很快释放。弘治十八年（1505年），应诏上书，议论时政，其中有弹劾寿宁侯的话，又被诬下狱，很快又被释放。

武宗即位，刘瑾把持朝政，尚书韩文让李梦阳起草《代劾宦官状疏》上呈，事情泄露，韩文等全部被逐。李梦阳于正德二年（1507年）二月回到故里，第二年五月，刘瑾矫旨将他从开封抓到北京下狱，准备处死，幸得有人说情才免。正德五年（1510年）八月，刘瑾被诛，第二年四月，李梦阳复仕，任江西提学副使。李梦阳性格不改，顶抗总督，不向御史揖拜，鞭挞淮王府校，得罪权势，遂被离职。

李梦阳居家后，修治园林，宴请宾客，每日射猎，自号"空同子"。宁王朱宸濠谋反被诛，李梦阳"坐为濠撰《阳春书院记》，狱辞连染"（《列朝诗集》），"御史周宣劾梦阳党逆，被逮。大学士杨廷和、尚书林俊力救之"（《明史·李梦阳传》），免杀身之祸，被削夺官职。世宗嘉靖九年（1530年）去世，享年五十九岁。

李梦阳才思敏捷，"倡言文必秦、汉，诗必盛唐"（《明史·李梦阳传》），与何景明、徐祯卿等号称十才子，又与王廷相等号称七才子，在士林中威信极高。吴人、越人等均有"千里致书，愿为弟子"者。嘉靖时，仍然有人以其为宗，争效其文体。王维桢认为："七言律自杜甫以后，善用顿挫倒插之法，惟梦阳一人。"李梦阳反对八股"台阁体"，提倡复古革新，是当时革故鼎新的领军人物，明朝诗文因其而为之一变。他的作品在因袭儒家文统、道统的同时，对《诗经》、乐府及唐代李、杜、韩诸家传统有很深入的了解和学习，不仅在手法上刻意效法，而且在内容与风格上也进行了全面的继承。"卒后，弟子私谥

李梦阳墓

文毅。"(《明诗别裁集》)著有文集《乐府古诗》三十六卷、《疏书碑志序集文》二十七卷、《空同集》八卷刊行于世，诗作《秋望》《石将军战场歌》《汴京元夕》，词作《如梦令》等。

李梦阳墓在今许昌市禹州市浅井镇张垌村东，省道 325 可达，地理坐标为北纬 34°18′24.0″，东经 113°27′30.0″。该墓始建于明代。墓葬坐落于莲花山南麓，西高东低，四周为农田。墓冢南北长 7 米，东西宽 3 米，高约 1.4 米。

何瑭

何瑭，生于成化十年（1474年），卒于嘉靖二十二年（1543年），字粹夫，号柏斋，怀庆（治今河南沁阳）人。明朝思想家。

七岁时，何瑭见家中摆有佛像，即"抗言请去之"（《明史·何瑭传》）。十九岁时，读许衡、薛瑄等人的著作，废寝忘食。弘治十四年（1501年），河南乡试第一，次年进士及第，为翰林院庶吉士。阁试撰写《克己复礼为仁论》，为大家所推崇。任散馆、编修，参与编修《孝宗实录》，因功晋升修撰。刘瑾窃政，翰林士子晋见刘瑾时，都两次跪拜谢恩，独何瑭只作一揖，刘瑾忌恨在心，别人都给扇子，唯何瑭没有。何瑭自知得罪了刘瑾，上疏辞官回乡。

正德五年（1510年），刘瑾被诛，何瑭官复原职。正德八年（1513年），讲经时触犯忌讳，被贬开州（治今河南濮阳）同知，主持修黄陵冈堤。正德十年（1515年），调任东昌府（治今山东聊城）同知。到任不久上疏辞职，未被批准。第二年再次上疏，得到许可，随即返回原籍。

回家后，何瑭在怀庆府南上村居住，读书省亲，怡然自得。正德十三年（1518年），参加《怀庆府志》编写。正德十六年（1521年）世宗即位，第二年任山西提学副使，因父亲去世未能赴任，次年改浙江提学副使，在当地提倡研究经史，使士风大变。嘉靖三年（1524年），升南京太常少卿，后升正卿、南京工部右侍郎。其间，何瑭认识了一大批文人墨客，许多重要作品也成于此时，如《儒学管见》《阴阳管见》《乐律管见》等。

嘉靖七年（1528年），任户部右侍郎，又任礼部右侍郎，屡换职位，使何瑭深感难有作为，两次上疏请辞，得到批准。准备回乡时，大臣上奏挽留，朝廷又任何瑭为南京右都御史，但他去意已决，回乡直至终老。嘉靖二十二年（1543年）在家中病逝，享年七十岁。穆宗隆庆二年（1568年），赠礼部尚书，谥文定，后世因而称何文定公。

何瑭是当时有名的哲学思想家，重视现实存在，认为天理存在于客观事物之中，赞同"格物致知""力主在心为知觉，在物为理"（《明儒学案》）。注重"行"，相信天命和鬼神，属于唯心主义范畴。除

何瑭墓

哲学外，还涉猎儒学、阴阳五行、音乐及数学、医学等多个领域。敢于挑战传统，提出许多新的认识，但好多并没有得到时人认可，甚至遭到非议。在文学方面的建树和成果不多，不攻文与诗，耻列文学科，但也写过一些诗作，文集中诗一卷，散曲今存五套。散文则坦率直陈，言简意赅，多哲理和警句。著《阴阳律吕》《儒学管见》，门人刘泾收集其诗文编成《柏斋文集》。嘉靖三十三年（1554年），有八卷本《何柏斋文集》，万历初年有《何文定公集》等。今人编有《何瑭集》。

何瑭墓在今焦作市沁阳市沁园街道联盟街社区南，临河内中路，地理坐标为北纬35°04′51.0″，东经112°55′59.0″。该墓始建于明代，为河南省文物保护单位。墓区东西长77米，南北宽48米。原神道、神道碑及石牌坊等不存，仅余墓冢。墓冢呈圆形，砖砌，高2.5米，占地30多平方米。墓冢周围砖砌甬道。墓前新立碑刻两通。出土文官石像及石虎、石羊。

王廷相

王廷相，生于成化十年（1474年），卒于嘉靖二十三年（1544年），字子衡，号浚川，别号平崖，仪封（今河南兰考）人。明朝大臣，思想家。

王廷相年幼时即以诗文闻名，七岁入私塾，日记千言。成化二十二年（1486年），补为邑庠弟子生员。弘治八年（1495年）通过乡试，弘治十五年（1502年），二十九岁时进士及第，选为翰林庶吉士。弘治十七年（1504年），授兵科给事中。巡视山西北境，根据军队训练和守备情况，上《拟经略边关事宜疏》，提出在边防、馈饷及选将等方面的军事思想。武宗正德年间，各地农民起义不断，王廷相写《论剿流贼用将及将权疏》《复论诸将剿贼》两文，批评将领贪生怕死，同时认为他们权力太轻，应增加权力，并根据河南、山西地势，提出陈兵部署之策，均得到朝廷认可。

正德二年（1507年），父亲去世，王廷相在家守孝，写《重修仪封县学记》，提出在郡、邑设立学校，教育"民之秀者"。正德三年（1508年），因得罪权势刘瑾，被贬亳州（治今安徽亳州）判官，收薛惠为弟子。正德四年（1509年）任监察御史，巡按山东。正德五年（1510年），巡按陕西。路过潼关，写《入关》《潼关添设兵备题本》等诗作，认为潼关地理位置重要，应严加防守。正德六年（1511年），提出多选进士参事，厘革积弊，移易颓俗，诚为便益。正德七年（1512年），见陕西财政吃紧，百姓穷苦，农民起义不断，特发布《巡按陕西告示条约》，要求官员爱惜百姓士兵，不能搜刮民脂民膏，守卫边境的官员要加强警戒，及时通报敌情，监收钱粮的官员不得多收多占，严禁僧侣宣扬谣言惑众。

正德十三年（1518年），王廷相在《答许廷纶》和《答何仲默》等书中，批评《河图》《洛书》及五行等迷信思想，认为这些皆为穿凿附会，儒学者不应以此为凭据解释经史，否则就偏离了孔子的学说。正德十四年（1519年），四川少数民族经常作乱，巡按四川的都御史盛应期向王廷相咨询治蜀之道。王廷相书《呈盛都宪公抚蜀七事》，认为治蜀首先要抓靖番、制夷、训兵、储蓄、控茶、审几和人才等七件事。

正德十六年（1521年）二月，王廷相在川、陕边境讲学，主要讲孔子儒家学说。

春天，川北荒灾，他在《答李献忠论救荒事宜疏》中，提出减免赋税，让富户出粮，不要禁止谷物贩卖，选拔能力强的官员主持赈济事宜，采取给农民提供牛、种子等抗灾举措。在《与彭宪长论学书》中，系统阐明孔子学说。写《数辩》一文，痛斥邵雍的相数之学，认为以数为天地之始是十分可笑的。

嘉靖二年（1523年），以山东提学副使向山东巡抚上《治盗议》一文，为镇压山东矿工暴动出谋划策。春天，升湖广（治今湖北武昌）按察使，写《乞处置公堂用度》，提出裁减皂役。在《稽考各衙门公用》中，谈到"支销欠明，乘机侵克多"，应该"置簿稽考"，年终核查。写《优恤民壮》提出"寓兵于农"的思想，要求各州县官吏把青壮年农民组织起来，一年分两班轮流训练，平时务农，战时出征，既不误农业，也可在需要时出征。

嘉靖六年（1527年）夏，升右副都御史，巡抚四川，令四川各地衙门清查狱中犯人。十月，哲学著作《慎言》刊布，主要针对程朱理学，反响强烈。嘉靖七年（1528年）三月，升兵部右侍郎，负责延绥、宁夏边务，写有《阅视陕西延宁边防题本》，提出储备粮食，加强军队和边防的建议。十二月升兵部左侍郎，反对设流官代替土官。嘉靖八年（1529年），全国大部分地区灾荒，呈《乞行义仓疏》，认为应实行义仓之法，遇到荒年百姓可自救，世宗同意。在《灾异乞休疏》和《举用吕柟崔铣李梦阳疏》中提出修政之要莫先于任贤，以及要用人所长等思想。

嘉靖九年（1530年）正月，升南京兵部尚书，作《裁减南京进贡马快船只题本》《请革内外守备弊政疏》等文。嘉靖十年（1531年）作《李空同集序》，评价李梦阳的文学成就。嘉靖十一年（1532年）夏，呈《乞革内外守备占收草场银题本》，揭露南京守备贪污腐败。嘉靖十二年（1533年），作《狮猫述》，借狮猫批评贪官污吏嫉贤妒能，必须铲除。嘉靖十三年（1534年）二月，升兵部尚书，十一月写《答何伯斋造化论》，批评何瑭。嘉靖十五年（1536年）呈《修举团营事宜疏》，提出选军、惜马、训兵三项任务。嘉靖十七年（1538年）哲学著作《雅述》问世，继续批判程朱理学的唯心主义。嘉靖十八年（1539年）三月，升太子太保，六月作《天变自陈疏》，批评严嵩、张瓒等人贪腐。嘉靖二十三年（1544年）九月，逝于家中，享年七十一岁。穆宗隆庆元年（1567年），谥肃政。

王廷相学识渊博，著述甚丰，涉及政治、经济、军事、哲学、文学、教育、音乐、天文等，是我国古代一位杰出的政治家和哲学家。《明史》称他"博学好议论，以经术称，于星历、舆图、乐律、河图、洛书及周、邵、程、张之书，皆有所论驳"。孝宗时，与李梦阳、何景明等人，提倡古文，反对台阁体，时称"七子"。王廷相是一位唯物主义思想家，认为"元气"是世界本源，"气"就是物质，这与唯心主义观是对立的。反对迷信，反对神权，强调"人定胜天"。主张让孩童在童蒙时期便养成好习惯，增广见闻。重视"见闻之知"，极力反对宋儒的"德性之知"，要求"学"

与"思"不能偏废,还要求"思"和"行"结合。反对偏重内省静养的方法,主张内外交养,动静结合,心虚气和,因时制宜。学术上提倡独立思考,反对因袭旧说,倡导"为有用之学"和"治己之学",以成就"内圣外王之业"。著有《沟断集》《台史集》《近海集》《吴中集》《华阳稿》《泉上稿》《鄂城稿》《家居集》《慎言》《小司马稿》《金陵稿》《内台集》《雅述》《答薛君采论性书》《横渠理气辩》《答天问》等,均辑入《王氏家藏集》。

王廷相墓在今开封市兰考县仪封乡仪封村东,县道007可达,地理坐标为北纬34°49′10.0″,东经114°57′40.0″。该墓始建于明代。墓葬位于国营仪封园艺场二队队部。原墓区占地500余亩,后淤埋地下,地表无迹。

王绖

王绖，生于成化十二年（1476年），卒于嘉靖十六年（1537年），字遽伯，号龙湫，开州（治今河南濮阳）人。明朝大臣，"开州八都"之一。

弘治十八年（1505年），二十九岁时中进士，授户部主事，迁郎中。时刘瑾把持朝政，朝中大臣多阿附，王绖不向刘瑾献媚。出任卫辉（治今河南卫辉）知府，后升至四川布政使、大理寺卿。嘉靖十六年（1537年）去世，享年六十二岁。史称"开州八都"（当时在朝中任要职的八位濮阳人氏）之一。

王绖墓在今濮阳市高新区新习乡中土垒头村西南约300米，县道016可达，地理坐标为北纬35°39′10″，东经114°54′35″。该墓始建于明代，为濮阳县文物保护单位。墓葬坐落于耕地之中，地势平坦，紧临国道45，四周有许多现代墓葬。墓冢呈圆形，直径约4米，高约1.5米。

王绖墓

崔铣

崔铣，生于成化十三年（1477年），卒于嘉靖二十年（1541年），字子钟，彰德（治今河南安阳）人。明朝大臣。

弘治十八年（1505年）中进士，选为庶吉士，授编修。正德年间，参与《孝宗实录》编写。《明史》载刘瑾专权，崔铣"与同官见太监刘瑾，独长揖不拜，由是忤瑾"（《明史·崔铣传》）。书成，出任南京吏部主事。正德五年（1510年），刘瑾伏诛，崔铣官复原职，任经筵讲官，晋升侍读。后因病辞官回乡，作后渠书屋读书讲学。

世宗即位，任南京国子监祭酒。武宗无子，世宗按兄终弟及承继大统，即位后想尊生父为皇考，崔铣反对，上疏弹劾顺从皇帝的张璁和桂萼二人，世宗十分不满，勒令崔铣致仕。嘉靖十八年（1539年），复起任少詹事兼侍读学士，后升南京礼部右侍郎。不久，因病致仕。嘉靖二十年（1541年）五月去世，享年六十五岁。赐礼部尚书，谥文敏。

崔铣年少时英俊，好饮酒，中年时立志于学问，说话、办事力求符合礼数，是嘉靖时期少数被公认的学者之一。著《政议》十篇，主张恪守礼法。在南京时，勇于坚持自己的学说，对大家因权势而顺从其学说的做法不以为然，批评当时大家认可的王守仁为霸儒。著述很多，如《洹词》《后渠庸言》《读易余言》《文苑春秋叙录》《国子监条例类编》《晦庵文纱续集》等。

崔铣墓在今安阳市殷都区洪河屯乡东彪涧村，国道107（邺城大道）可达，地理坐标为北纬36°10′29.5″，东经114°15′34.4″。该墓始建于明代。崔氏家族墓地，位处龙岗，占地2万平方米。崔铣墓冢现已不存。

马卿

马卿，生于成化十五年（1479年），卒于嘉靖十五年（1536年），字敬臣，号柳泉，林县河顺（今河南林州河顺镇）人。明朝大臣，擅长诗文。

弘治八年（1495年），十七岁时中举人，第二年中进士，任翰林院庶吉士，户科给事中。不畏权势，弹劾宦官刘瑾的不法行为。正德七年（1512年），任大名府（治今河北大名）知府，境内发生水灾，组织民众筑堤疏洪，上疏朝廷赈灾，活众十万余人。历任浙江副使、山西右参政、浙江布政使。受宦官诬陷被捕下狱，降调云南鹤庆府（治今云南鹤庆）。御敌有功，历任云南参政、云南按察使、福建布政司、南京太仆寺卿。

父亲去世，服丧期满，起任光禄寺卿，升都察院右副都御史，总督全国漕运，使漕务管理焕然一新，受到朝廷金币赏赐。嘉靖十五年（1536年）去世，年五十八岁。皇帝特谕河南布政使左参议李宗枢祭悼。马卿知识渊博，诗文俊雅，著《马氏家藏集》《林县志稿》《柳泉诗抄》等。

马卿墓在今安阳市林州市河顺镇马家坟村北，林长高速转村间公路可达，地理坐标为北纬36°10′12.47″，东经113°54′48.73″。该墓始建于明代，为林州市文物保护单位。墓葬地处山脉南麓的山坡台地，北高南低，四周为农田。墓冢已不存，有坊上书"明副都御史马公茔"，现遭拆毁。墓南立明嘉靖皇帝谕祭文石碑一通，后人修建碑楼。

马卿墓

底蕴

底蕴，生于成化十六年（1480年），卒于嘉靖二十三年（1544年），字汝章，号河曲，考城（今河南民权北关镇）人。明朝官吏。

底蕴幼有大志，才智过人。二十岁时，以优等入为博士弟子员。弘治十四年（1501年）中举人，正德九年（1514年），三十五岁时中进士。初任扬州兴化（治今福建莆田）知县，能声大著。改陕西咸阳（今陕西咸阳）知县，治理渭河，理平冤狱，兴办学校，奖励士才，政绩显著，升礼科给事中。历左右给事中，因直言敢谏知名，上疏诛逆党、正母仪、创大礼、明祀典，危言激论，得罪权贵。出任太平（治今安徽当涂）知府，招抚流亡百姓，开荒垦田，清理赋役，查禁淫祠。丧满服除，补安庆（治今安徽安庆）知府，又调凤阳（今安徽凤阳）知府，历浙江按察司副使，升山东按察使，为政清廉，声名显著，晋陕西右布政使。

嘉靖二十年（1541年），受都察院右副都御史，巡抚甘肃，总理粮储事务，提督军务。途中遇蒙古兵，底蕴调兵迎战，出奇制胜。到任后屡对蒙古兵作战，斩获颇多，蒙古兵不敢进犯，朝廷嘉奖。积劳成疾，于嘉靖二十三年（1544年）卒于任所，享年六十四岁。皇帝派河南布政司左参政孙存致祭，赐祭葬。封通奉大夫，祀名宦乡贤祠。著《河曲谏草》《诗稿》《文集》。

底蕴墓在今商丘市民权县程庄镇焦堂村西南400米处，省道211可达，地理坐标为北纬34°47′13.09″，东经115°14′11.78″。该墓始建于明代。墓葬地处耕地之中，地势平坦。原有墓冢，直径约7米，高约3米，现已不存。

张问行

张问行，生卒年不详，字子书，号凤村，内黄（今河南内黄）人。明朝大臣。

张问行自幼聪明过人，习学好问。正德十六年（1521年）中进士，初授闻喜县（今山西闻喜）令，多惠政，查明寺僧杀害富商一案，任满去职，百姓为之立祠。嘉靖元年（1522年）至嘉靖二十八年（1549年），历任河南布政司参议，山西、山东、陕西、河南等地监察御史、按察使、巡抚官等职。后任御史巡按辽东，揭发总兵杨镇违法误国罪状。夷民投降，有人打算杀掉夷民领功，张问行劝止，夷民因而得免。

张问行襟怀坦白，为人正直。升延绥（治今陕西榆林）巡抚副都御史，与总督曾铣共同上疏，加强边备，收复河套，为严嵩所阻，被革职回乡，不久去世。隆庆四年（1570年），朝廷清除奸党，将张问行官复原职，敕修坟墓，立祠建坊，遣官谕祭，谥都宪。清康熙五十九年（1720年），祀于乡贤祠。

张问行墓在今安阳市内黄县城关镇西长固村西北200米，省道302可达，地理坐标为北纬35°55′58.0″，东经114°54′10.0″。该墓始建于明代，为内黄县文物保护单位，俗称张都宪墓。墓葬地处耕地，四周为农田和树林。此为张问行家族墓地。墓冢近圆形，直径约4.5米，高1.5米，四周以砖围砌。墓前立碑一通，上书"都宪张公之墓"。原有神道、翁仲、石坊。尚存石羊一只，石马、上马石各一件，均有残缺。

张问行墓

王崇庆

王崇庆，生于成化十七年（1481年），卒于嘉靖四十四年（1565年），字德征，号端溪，开州（治今河南濮阳）人。明朝大臣。

王崇庆自幼聪慧好学，正德三年（1508年），二十八岁时中进士，授户部主事。上疏建言不当获罪下狱，谪广东肇庆（治今广东肇庆）符寿康驿丞，历泌州（治今河南唐河）推官、登州（治今山东蓬莱）同知，累迁山西按察使。世宗嘉靖八年（1529年）任河南按察使，寻改辽东苑马卿，后官至南京吏部、礼部尚书。

嘉靖四十四年（1565年）去世，享年八十五岁。一生著述颇多，著书如《周易议卦》《五经心义》《端溪文集》《南户部志》《开州志》等，时谓"端溪先生"，祀于乡贤。

王崇庆墓在今濮阳市濮阳县城关镇吉村南，省道212或工业路可达，地理坐标为北纬35°41′55.0″，东经115°02′45.0″。该墓始建于明代，为河南省文物保护单位。墓葬坐落于耕地之中，地势平坦，四周为农田和树林。原有墓冢、神道及石像生，现已不存。墓室已发现，长约8.5米，宽约4.5米，砖砌。

何景明

何景明，生于成化十九年（1483年），卒于正德十六年（1521年），字仲默，号白坡，又号大复山人，信阳（今河南信阳）人。明代著名文学家、思想家。

何景明天生聪明，八岁能诗文，十三岁通晓《春秋》。弘治十一年（1498年），十六岁时举于乡，许多人争相目睹。弘治十五年（1502年），二十岁时中进士，两年后授中书舍人，翌年奉命出使云南。

正德年间，上疏首辅要求制裁刘瑾，没有成功，便托病回归故里。一年后，刘瑾将状告他的官员全部免职，何景明也被罢官。正德六年（1511年），刘瑾被诛，一年后，何景明官复中书舍人，直内阁制敕房经筵官。李梦阳因反对刘瑾入狱，无人为其辩解，何景明上疏吏部尚书为他求救，李梦阳得释。正德十二年（1517年），三十五岁时升吏部验封司员外郎。第二年，升陕西提学副使，改革学习内容，实行严格的规章制度，使当时学风大改。他还亲

何景明墓

自讲授典籍,视事考试。

正德十六年(1521年),因病辞归故里,不久去世,终年三十九岁。何景明诗文创作独具一格,倡言复古,影响甚大,成为一代文宗。何景明等"前七子",针对"台阁体"提出"文必秦汉,诗必盛唐",倡导文学复古运动,文风大变。何景明力主创新,认为文学发展不能陈陈相因,而是不断创造,推类极变,开其未发。复古在于学古,是领会神情、不仿形迹,即务在神似。他认为诗文都是性情之作,要表现人的才情,必然要清俊响亮,不能一味迷信古人。他的诗文底蕴丰厚,沉着老练,简述透脱。他的诗作大多反映现实生活,关心百姓疾苦,如《岁宴行》。《北风行》则气势磅礴,颇有唐风。他的诗既有描写贫穷妇女的作品,也有青春少女形象,还有不少吟咏四时之作。文章结构严密,论证严谨,逻辑性强,很有说服力。行文跌宕起伏,文辞隽永,喜欢用排比、对偶。《何子十二篇》是其代表作。他的文章篇幅短小,但说理透彻,耐人寻味。

何景明墓在今信阳市浉河区金牛山街道信阳师范学院内,临近师范学院路,地理坐标为北纬32°07′32.5″,东经114°05′58.0″。该墓始建于明代,为信阳市文物保护单位。墓葬坐落于信阳师范学院内北侧的小山上,四周树木葱葱,环境静雅。墓冢经整修,呈圆形,直径约7米,高约3米,外以砖围砌。墓冢前新立石碑,新建有飨堂、石刻、广场等。

许逵

许逵，生于成化二十年（1484年），卒于正德十四年（1519年），字汝登，固始（今河南固始）人。明朝武将。

许逵身高、口大、臂长，相貌威武，沉静有谋略。正德三年（1508年），二十五岁时中进士，初任乐陵（治今山东乐陵）知县。流寇作乱，诸州县或者闭城坚守，或者弃城逃走，许逵决心守城。带领百姓修筑城墙，一月内建成，又让百姓在屋外筑墙，一家选一名壮者把守，其余皆被征召入伍。严明军纪，以旗为号，违者军法从事，又募集敢死之士埋伏在巷中，然后打开城门，待贼寇到后举旗发令，众伏兵出动，大败贼寇。以后又数次打退敌人进攻，众贼不敢逼近。

以抵抗流贼有功，进秩二等，升兵备佥事，后驻守武定州（治今山东惠民），筑修城池，设置望楼，部署巡卒，数次打退杨寡妇流贼，最后将其全部歼灭，由是声名大震。正德十二年（1517年），升江西按察副使。宁王朱宸濠欲篡帝位，群臣畏其势力，许逵却坚决不屈从于朱宸濠的淫威，于正德十四年（1519年）被朱宸濠杀害，终年三十六岁。后赠左副都御史，后又赠礼部尚书，谥忠节。

许逵墓在今信阳市固始县城郊乡隔夜村游家圩子村民组南，国道312（阳光大道）可达，地理坐标为北纬32°08′39.48″，东经115°40′14.86″。该墓始建于明代。墓葬坐落于丘陵台地，四周为梯田。墓冢东西长15米，南北宽15米。墓茔前立现代碑刻一通，上书"明朝御赐天官许逵诰命孺人之合墓"。

许逵墓

王诰

王诰，生于弘治三年（1490年），卒于嘉靖三十六年（1557年），字公遇，号棠溪，汝宁府西平县（治今河南西平）人。明朝大臣。

王诰年少聪慧，学识博深。嘉靖二年（1523年）中进士，授行人，迁户部郎中。嘉靖三年（1524年），大同巡抚张文锦命令卒戍镇守城北五堡，催督过急，激起兵变，王诰参与平定，著功昭伟。任汝宁（治今河南汝南）世袭千户，后补山东东昌（治今山东聊城）知府，升山东按察司副使，不久升佥都御史。

巡抚甘肃，操练兵马，增筑城堡，剿除倭寇，受朝廷赏赐。嘉靖三十五年（1556年），经李默力荐，任南京户部右侍郎、兵部左侍郎、都察院右都御史。总督漕运，兼抚淮南地方。倭寇骚扰，王诰提调浙、直、福、湖九省军务，调兵遣将，江淮之地得以安宁，皇帝赠白银奖赏。

嘉靖三十六年（1557年）因病去世，享年六十八岁。著有《河西稿》《淮南奏议》。

王诰墓在今驻马店市西平县谭店乡王吉白庄村西南700米，国道107、省道331转村间公路可达，地理坐标为北纬33°21′28.6″，东经113°53′11.2″。该墓始建于明代。墓葬坐落于洪河北岸，四周为耕地。墓区东西长55米，南北宽35米。现墓冢已平，神道石刻不存。墓经发掘，出土有铜香炉、墓志、金簪等。墓志铭由资政大夫、南京户部尚书洛阳孙应奎小篆题书"明故资政大夫都察院右都御史棠溪王公墓志铭"。其妻、子墓在侧。后人新修墓冢，底部一周砖砌，冢前立碑。

王诰墓

陈玑

陈玑，生卒年不详，字天仪，号莲轩，郾城（今河南漯河源汇区）人。明朝文臣。

陈玑刻苦攻读，嘉靖元年（1522年）中举人，第二年中进士。初署任县（治今河北任县）知县，实授新城（治今河北高碑店）知县。据载，陈玑于嘉靖八年（1529年）担任任县知县，时境内大水，民不聊生，百业凋零，陈玑绘图具牍，上报巡抚，为民请命，又组织工匠疏浚河流，洪水得以下泄。陈玑留心政教，百废振举。离任时，百姓不舍，任县百姓用"玑镛再来天开眼"表达对陈玑和继任李镛的赞念。

陈玑入户部，补任主事，负责清州（治今河北沧州青县）榷税事，升员外郎、郎中。督徐州、上谷、宣化、大名等六处。后任陕西汉中（治今陕西汉中）知府，授湖广按察司副使，巡查荆南。为官清廉，自湖南还乡时，所需资费全部由自己俸禄供给，不让属吏承担一分。嘉靖十九年（1540年）庚子科，任河南省大主考。

在舍时，少与外人交往，时人难得见其一面。宋时，岳飞曾在郾城大捷，为了追念英烈，当地百姓建祠纪念，但祠略小，陈玑上书呈请修建祠宇，并捐献俸禄，"以伸正气于既往，以揭臣理于将来"（《郾志记》）。陈玑关注地方史志编写，嘉靖三十三年（1554年），为《郾城县志》作序。

陈玑墓在今漯河市源汇区大刘镇大陈村西南约100米，省道330可达，地理坐标为北纬33°30′32″，东经113°54′59″。该墓始建于明代，为漯河市文物保护单位。此为陈氏家族墓地，土冢林立，植被茂密。陈玑墓位于墓地中央，墓前有碑一通，上书"交龙御碑"，为嘉靖皇帝嘉封陈玑父母所制。

陈玑墓

苏祐

苏祐，生于弘治五年（1492年），卒于隆庆五年（1571年），字允吉、舜泽，号谷原，濮州（治今河南范县濮城镇）人。明朝大臣，爱好文学。

嘉靖年间中进士。历知吴县（今属江苏苏州）、束鹿（治今河北辛集），升广东道御史。大同兵变，苏祐出按宣大，平定兵乱。后升兵部尚书。著有《谷原文草》等。

苏祐墓在今濮阳市范县王楼镇苏庄村南700米，范辉高速或省道101可达，地理坐标为北纬35°45′34.13″，东经115°25′49.66″。该墓始建于明代，为濮阳市文物保护单位。墓葬坐北面南，墓冢呈覆斗状，高2米，周长12米。原松柏成林，石刻众多，后均遭损毁。墓前有明代石碑一通，上书"明兵部尚书兼都察院右都御史苏公讳祐暨德配陈夫人之墓"。御赐两通汉白玉石碑，高4.3米，宽80厘米，记载苏祐生平和圣旨。

苏祐墓

王邦瑞

王邦瑞，生于弘治八年（1495年），卒于嘉靖四十年（1561年），字惟贤，宜阳（今河南宜阳）人。明朝大臣。

王邦瑞年少时即见识过人，中秀才后针对山东起义上书知府，提出剿寇十四策。正德十二年（1517年），二十三岁时中进士，任翰林院庶吉士，后出任广德（治今安徽广德）知州。嘉靖元年（1522年），祖父病故，辞职还乡。守丧期满，任滁州（治今安徽滁州）知州，历任南京吏部郎中、陕西提学佥事。因选送到国子监读书的不合格生员数量较多，被贬为滨州（治今山东滨州）知州。

不久任固原（治今宁夏固原）兵备副使，镇压李孟春起义军。因祖母去世，返乡。后复任陕西提学佥事，升陕西参政。母亲去世，解职返乡。期满，擢佥都御史，巡抚宁夏，设伏兵大败侵扰宁夏的蒙古兵。任南京大理寺卿，未及就任，改授兵部右侍郎，后任吏部左侍郎。嘉靖二十九年（1550年）八月，蒙古兵南侵，包围京师，史称"庚戌之变"。王邦瑞总督九门，敌兵至城下，大开城门放老百姓入城。后摄兵部尚书事，兼督团营。敌人退走，建议对有功者赏赐，有罪者严惩，还建议深挖护城河，均被朝廷采纳。

针对当时军队建制和战斗力等问题，建议废止团营模式，恢复明朝前期的三大营制度，废除军人世袭制改为募兵制，统一管理兵部印章，这是明代兵制的一次重要改革。后任兵部左侍郎，提出撤销"提督监枪者"、举荐贤能等建议和意见，被世宗认可并采纳。任兵部尚书，协理戎政。咸宁侯仇鸾为大将，想节制九边诸将，王邦瑞认为不妥，遂弹劾仇鸾跋扈。仇鸾则屡屡在世宗面前诋毁诽谤，世宗逐渐对王邦瑞疏远。嘉靖三十年（1551年），王邦瑞上疏提出安边之计，招致皇帝不悦，被革职。后借考核之机，将他除名。

嘉靖三十九年（1560年），王邦瑞已闲居在家十年，朝廷戎政官员不足，世宗又让他复出，再以兵部尚书协理戎政。一年后卒于任上，享年六十七岁。赠太子少保，谥襄毅。朝廷遣官护送回宜阳。

王邦瑞墓在今洛阳市宜阳县莲庄镇莲庄村西南，省道319（安虎线）可达，地理坐标为北纬34°29′21.17″，东经111°59′03.22″。该墓始建于明代。墓葬南靠丘陵，北依洛水，地势平坦。墓冢已平，地表无迹可寻。原有墓志，上书"王襄毅公暨二夫人合葬圹志"。

许论

许论，生于弘治八年（1495年），卒于嘉靖四十五年（1566年），字廷议，号默斋，灵宝（今河南灵宝）人，许进少子。明朝大臣。

嘉靖五年（1526年），三十二岁时中进士，授顺德府推官，入为兵部主事，改礼部。他喜好兵事，幼时即随许进在边境，尽知厄塞险易，著《九边图论》，以熟悉兵事而闻名。累迁南京大理寺丞，拜右佥都御史，先后击退蒙古骑兵，录功进右副都御史。因病免职，后巡抚山西，进兵部右侍郎，理京营戎政。

嘉靖三十三年（1554年），督办宣府、大同和山西边地军务。剿捕内奸吕鹤初，诛杀其党羽，升为右都御史和兵部尚书，荫封其子为世袭千户。之后修整边事，改筑墩台，构筑月城。蒙古骑兵一万多人进犯，被许论击退，加授太子太保。嘉靖三十五年（1556年），任兵部尚书，时年六十二岁。俺答子辛爱兵围大同右卫城，许论请求恢复大同右卫军马，岁办50万两黄金为军饷，皇帝同意。大同右卫之围解除后，给事中吴时来弹劾许论治边不力，因而解职。

嘉靖三十八年（1559年），恢复原职，奉命督边蓟州（治今天津蓟县）、辽东（治今辽宁辽阳）、保定（治今河北保定）的军务。不久，蒙古人把都儿侵犯蓟西，许论先后在蓟西、沙儿岭、燕子窝等地击退把都儿所部，受到世宗重赏。由于给事中郑茂和邓栋奏报许论虚报、冒领饷银，被削去官职。嘉靖四十五年（1566年）去世，享年七十二岁。隆庆元年（1567年），恢复官职，谥恭襄。

许论墓在今三门峡市灵宝市大王镇老城村东南约500米，灵函路转县道007可达，地理坐标为北纬34°40′49.71″，东经110°56′54.69″。原有墓冢三座，自西向东分别为许诰、许赞与许论之墓，现均已不存。

郭朴

郭朴，生于正德六年（1511年），卒于万历二十一年（1593年），字质夫，号东野，安阳（今河南安阳）人。明朝大臣。

嘉靖十四年（1535年），二十五岁时中进士，选为庶吉士。累官礼部右侍郎，入直西苑。历吏部左、右侍郎兼太子宾客。南京礼部尚书空缺，皇帝加郭朴为太子少保兼任，郭朴辞谢，皇帝更加高兴，即以太子少保、礼部尚书、詹事府侍直如故。

嘉靖四十年（1561年）冬，任吏部尚书。嘉靖四十二年（1563年）三月，因父亲去世归乡。嘉靖四十四年（1565年）四月，世宗下诏令郭朴回京任职，因守制未满不愿赴任，世宗坚持，复任吏部尚书，后加太子太保。嘉靖四十五年（1566年）三月，兼武英殿大学士，与高拱同时入内阁。是年十二月世宗去世，穆宗继位，内阁首辅徐阶在草拟遗诏时未同高拱、郭朴商议，引高、郭二人不满，隔阂日深。

隆庆元年（1567年）五月，高拱愤而致仕。九月，郭朴也回原籍，时已封为少傅、太子太傅。万历二十一年（1593年）去世，享年八十三岁。赠太傅，谥文简。

郭朴墓在今安阳市安阳县韩陵镇东见山村，韩陵路可达，地理坐标为北纬36°08′37.0″，东经114°24′54.0″。该墓始建于明代，为安阳县文物保护单位。墓葬坐落于韩陵山东南麓，地势稍高，东临农田，四周有树木。墓冢现已不存，出土墓志一方，上书"明光禄大夫少傅兼太子太傅吏部尚书武英殿大学士赠太傅谥文简东野郭公墓志铭"。

高拱

高拱，生于正德七年（1512年），卒于万历六年（1578年），字肃卿，号中玄，新郑（今河南新郑）人。明朝大臣。

高拱自幼受到严格家教，聪明好学，年少即能对偶，记诵数千言。年纪稍长，即攻读经义，苦心钻研学问。十七岁时，乡试第一名。嘉靖二十年（1541年）中进士，选为庶吉士。嘉靖二十一年（1542年），授翰林院编修。九年考满，升翰林侍读。嘉靖三十一年（1552年）裕王（后来的穆宗）开邸授经，高拱被选中进府讲经。裕王曾赐手书"怀贤忠贞""启发弘多"给高拱。嘉靖三十七年（1558年），迁为翰林侍讲学士。

当时，内阁首辅严嵩、次辅徐阶互相倾轧，抵牾日著，高拱泰然与二人交往，不见有所厚薄。两人因高拱曾为裕王讲官，以后必会飞黄腾达，也非常器重他，有时甚至避让几分。严嵩权势熏天，别人丝毫不敢得罪，高拱却不顾忌，一次他以韩愈的"大鸡昂然来，小鸡悚而待"（《斗鸡行》）调侃严嵩的高傲姿态，严嵩不仅不怪罪，反而为之一笑。

在严嵩、徐阶相与推荐下，嘉靖三十九年（1560年），高拱升太常寺卿、国子监祭酒。高拱离开裕王府后，府中事无大小，必令中使往问。嘉靖四十一年（1562年），升礼部左侍郎兼学士，次年改吏部左侍郎仍兼学士，掌詹事府事。数次主持或参与会试，所撰科举范文颇受称道。但一次在进题中"以字嫌忤上意"，差点儿被遣出京，徐阶出面辩解，才涉险过关。嘉靖四十四年（1565年），景王去世，裕王地位确立，高拱升礼部尚书，被召入侍，以青词见宠，得赐飞鱼服。三月，被授以礼部尚书兼翰林院学士。第二年，由徐阶荐举，拜文渊阁大学士，参与军机。

穆宗即位，高拱进少保兼太子少保，隆庆元年（1567年）四月，加少傅兼太子少傅。之后，高拱屡屡与首辅徐阶抗衡，又与给事中胡应嘉结私怨，因此经常遭到弹劾。不得已，以少傅兼太子太傅、尚书、大学士托病归故里。隆庆三年（1569年）冬，被召还朝再任大学士兼管吏部。尽反徐阶所为，打击徐阶子弟，并欲治徐阶重罪。他熟悉朝政，有发展经济才能，累晋柱国、中极殿大学士。隆庆五年（1571年），位至首辅，权力达到人臣鼎盛。

高拱务实，反对苟且偷安，讲究施政

的实际效果。大胆着手改革朝政积弊，提出科贡与进士并用，任人唯贤、唯才，革除贡举科场弊端。吏部建立严格官员考查制度："授诸司以籍，使署贤否，志爵里姓氏。"(《四库全书总目提要》)每月汇集一次，年终全部汇总，作为官吏黜陟依据。他认为应提拔年轻人担任州县长官，年纪超过五十岁就改授杂官。他还意识到本地人在当地做官有许多弊端，提出备才之说，还公开招贤，明令选司，制定加强考察人才、选拔人才的许多措施。他还严惩贪腐，表彰清廉。

为解决边患，建议在兵部新设两名右侍郎，以备边境总督之选，主张凡高级将领和军事高级官员必须精通军事，由下级军官中培养选拔，兵部尚书应从总督中选拔，总督应从兵部侍郎中选拔，对边境官员予以优厚待遇。对蒙古族，主张实行招抚政策。

高拱严于律己，自己不做违法之事，还告诫家人和族人不能依仗权势欺压百姓，自己也不以权为家乡谋私。神宗即位，张居正在太后面前责备高拱专横擅权，被罢官。万历六年（1578年）逝于家中，享年六十七岁。赠太师，谥文襄。

高拱素好读书，为文不好辞藻，文风有力。著述甚丰，有《论语问辨录》十卷、《春秋正旨》一卷、《本语》六卷、《边略》五卷、《纶扉外稿》四卷、《掌铨题稿》三十四卷、《南宫奏牍》四卷、《政府书答》四卷、《纶扉集》一卷、《程士集》四卷、《外制卷》二卷、《日进直讲》十卷、《献忱集》四卷等，后人辑为《高文襄公文集》。

高拱墓在今郑州市新郑市新华路街道阁老坟社区西北约300米，阁老路、郑韩路交会处西北侧，地理坐标为北纬34°24′39″，东经113°42′38″。该墓始建于明代，为河南省文物保护单位。北侧紧临郑韩故城墙，南侧为耕地，地势平坦。原有陵园，南北长190米，东西宽95米。包括石坊、大殿，以及石狮、石羊、石猴、石猪、石龟、石马、石人等，均已毁。现仅存土冢，高约8米，直径约20米，周长95米。底部以青砖围砌，高约50厘米，呈扁圆形。上部近圆。周围及冢上植巨柏，郁郁葱葱。

高拱墓

陈耀文

陈耀文，生卒年不详，字晦伯，号笔山，汝宁府确山（今河南确山）人。明朝大臣。

陈耀文在十二岁时，补为庠生。嘉靖二十二年（1543年）中举人，嘉靖二十九年（1550年）中进士，授中书舍人，后升工部给事中。谪为魏县（治今河北魏县）丞，移淮安（治今江苏淮安）推官，宁波、苏州同知。后迁南京户部郎中、淮安兵备副使。升陕西太仆寺卿，未到任，后累官至监察御史。

曾主纂《确山县志》两卷，成书于嘉靖三十年（1551年）。传于世有《天中记》《经典稽疑》《学林就正》等。

陈耀文墓在今驻马店市确山县石滚河镇陈冲村委下楼村东北，省道206转村间公路可达，地理坐标为北纬32°42′04.7″，东经113°48′32.8″。该墓始建于明代。墓葬地处山腰，地势险峻，四周有林木。墓冢近圆形，直径约22米，高3米。原有墓碑，已佚。

陈耀文墓

宋纁

宋纁，生于嘉靖元年（1522年），卒于万历十九年（1591年），字伯敬，号栗庵，归德府（治今河南商丘）人。明朝重臣。

宋纁于嘉靖三十八年（1559年）中进士，初授永平府（治今河北卢龙）推官。期满后升御史，巡按应天府（治今江苏南京）等诸府，考核吏治。隆庆元年（1567年）巡按山西。鞑靼俺答汗攻陷石州（治今山西离石），退走时，明朝将士打算将全部俘虏处死，宋纁亲自询问，将无罪者全部释放。升顺天府（治今北京）丞，不久以右佥都御史巡抚保定诸府。核查缺额士兵，淘汰冗兵，节省开支，提升了战斗力。万历元年（1573年），因与大学士张居正不和，称病辞职。张居正去世后，官复原职。升南京户部侍郎，回京师任户部左侍郎，改督仓场。万历十四年（1586年），升户部尚书，根据各地丰歉情况，适当调整赋税。推广社仓，收获时征集粮食储备，以备荒年。重修屯政，让盐商出资开垦边地荒田。

宋纁墓

神宗亲政，大兴土木，赏赐无度，宋纁数次上疏谏止。又三次上疏，停止加收银额，减轻百姓负担。任户部尚书五年，按轻重缓急，多方筹划，措施妥当，得上下认可。万历十八年（1590年）任吏部尚书。熟悉时政，颇有谋略，坚持认为自己正确的做法，反对搜刮地方库藏，反对为了省去运输的麻烦，而将南方运往北方的粮食折成银两，以保无虞。杜绝请托，奖廉抑贪，惩治贪官一百多人，内阁首辅大学士申行时对宋纁不满，屡次借故弹劾，宋纁连上五疏请求致仕，皇帝不批复。万历十九年（1591年），卒于任上，享年七十岁。赠太子太保，谥庄敏。

宋纁墓在今商丘市梁园区王楼乡三陵村宋大庄北，临星林路、方域路，地理坐标为北纬34°26′33.0″，东经115°32′04.1″。该墓始建于明代，为商丘市文物保护单位。墓葬位于三陵台中部之前，四周树木郁郁。封土呈圆形，直径约6.5米，高3米。墓南有神道，长约500米，宽约50米。原有石人、石鸟、石兽、石碑楼，现均不存。

李蓘

李蓘,生于嘉靖十年(1531年),卒于万历三十七年(1609年),字于田,号少庄黄古,淅川(今属河南南阳)人。明朝文学家。

李蓘于嘉靖三十二年(1553年)中进士,选为庶吉士,历南京礼部郎中,官至贵州提学副使,后削职归里。诗文著有《李于田集》《黄谷琐谈》《宋艺圃集》《元艺圃集》《明艺圃集》。

李蓘墓在今南阳市内乡县大桥乡河南村委老虎岭村民组,省道249转村间公路可达,地理坐标为北纬33°00′44.0″,东经111°49′27.0″。该墓始建于明代。墓葬坐落于村西南岗坡之上,西高东低,西为山岭环抱,东眺为梯田,有一溪流经过。墓原占地30余亩,古柏森郁,后遭损毁,现占地1556平方米。墓冢较小,近圆形,直径约5米,高1.5米。

李蓘墓

沈鲤

沈鲤，生于嘉靖十年（1531年），卒于万历四十三年（1615年），字仲化，归德（治今河南商丘）人。明朝大臣。

嘉靖中期，举于乡试。师尚诏军攻陷归德府后西去，沈鲤预测他们必会返回，急忙告诉守城大臣，捕杀城中私通之人，并严加防范。后师尚诏兵果然回来，但见城中已有防备，于是离开。嘉靖四十四年（1565年），三十五岁时中进士，选为庶吉士，授检讨。神宗在东宫时，沈鲤为讲官。神宗即位后，进编修，不久进左赞善。讲授时举止端雅，内容契合皇帝心意，皇帝经常称赞他。父母相继去世，沈鲤回家守丧，皇帝多次询问沈讲官何在。

万历九年（1581年）还朝，第二年秋升侍讲学士，再迁礼部右侍郎。不久改任吏部，进左侍郎。拒绝私人之请，喜欢推荐贤能之士，从不告诉被推举之人。万历十二年（1584年）冬，拜礼部尚书。自六品到二品仅用两年时间，因才德服众，无人非议。后来《会典》著成，加太子少保。沈鲤当初在翰林院为官时，宦官黄锦以同乡之谊，馈赠钱财希图与他交往，被拒绝。后来为经筵讲官，经常与有权势宦官接触，仍不与他们过往甚密，从不徇私枉法。在礼部多有建言，订立规制反对侈靡时俗，因学风不正奏行学政八事，皇帝多嘉纳。因坚持规制，不肯阿附，得罪诸王藩府，多次上疏称病回家。万历十六年（1588年），获准致仕还乡。

万历二十九年（1601年），召以故官兼东阁大学士。沈鲤上疏谨天戒、恤民穷、开言路、发章奏、用大僚、补庶官、起废弃、举考选、释冤狱、撤税使十事，但多进而无功，以自己失职，称病求退。万历三十二年（1604年），加太子太保。秩满加少保，改文渊阁，屡次上疏请求免除矿税，终被采纳。

沈鲤因与首辅沈一贯素来不和，便称病请求致仕。回家后上疏致谢，仍详陈怠政之弊。年八十岁时，皇帝派人慰问，赠银币，上奏称谢，又陈时政要务。万历四十三年（1615年）去世，享年八十五岁。赠太师，谥文端。沈鲤为政刚正不阿，光明磊落，但由于长期受到压制，许多主张不能实现，并且得罪不少权贵，皇帝对其也心生烦意。有《亦玉堂稿》《文雅社约》传世。

沈鲤墓

沈鲤墓在今商丘市梁园区水池铺乡沈坟村西，省道325可达，地理坐标为北纬34°24′03.6″，东经115°32′40.7″。该墓始建于明代，为商丘市文物保护单位。墓葬地处耕地，四周为农田，地势平坦。封冢呈圆形，直径约10米，高4米。冢前原有石人、石羊、石马，后移至他处保存。冢南原有神道，长285米，宽10米，两侧种植柏树。现存墓碑四通及牌坊。

张九一

张九一，生于嘉靖十二年（1533年），卒于万历二十六年（1598年），字助甫，号周田，汝宁府新蔡（今河南新蔡）人。明藏书家。

嘉靖年间中进士，授黄梅（治今湖北黄梅）知县，累迁至右佥都御史，巡抚宁夏，治绩显著。万历二十六年（1598年）去世，享年六十六岁。张九一以文章著称。与余日德、魏赏、汪道昆、张佳胤合称"后五子"。喜欢藏书，筑有万卷楼，藏书万卷。擅写草书，有《朔方奏议》《绿波楼文集》等。

张九一墓在今驻马店市新蔡县孙召镇袁寨村西南100米，国道106可达，地理坐标为北纬32°47′54.4″，东经114°58′34.9″。该墓始建于明代，为新蔡县文物保护单位。墓葬坐落于耕地，四周为农田，西距洪河约500米。此为张氏祖茔，张九一墓居中。墓冢呈圆形，直径约8米，高3米。冢前有今立两通碑刻和石香炉。

张九一墓

朱载堉

朱载堉，生于嘉靖十五年（1536年），卒于万历三十九年（1611年），号句曲山人，又号狂生、山阳酒狂仙客。出生于怀庆府（治今河南沁阳）郑王府。明太祖朱元璋九世孙，仁宗朱高炽六代孙，父郑恭王朱厚烷，母高氏。著名音律学家。

朱载堉出身高贵，锦衣玉食，但他并非纨绔子弟，不学无术，而是立志于音乐理论的创作与研究。自小就喜欢音乐、数学，聪明过人，父亲教他学琴、作谱，府内的乐班也使他可以得到音乐熏陶，为他后来在音乐方面的成就打下了良好基础。嘉靖二十四年（1545年），年十岁的朱载堉受封郑世子，成为下一代郑王的合法继承人。嘉靖二十七年（1548年），朱载堉十三岁时，父亲进谏世宗，言辞惹怒皇帝，被废为庶人，朱载堉也被逐出郑王府。住在府邸门外的土屋之内，继续钻研音乐典籍与乐谱著作。嘉靖三十九年（1560年），朱载堉年二十五岁时完成《瑟谱》，这是他第一部音乐著作，在"序言"中自称"狂生"，署名"山阳酒狂仙客"。

嘉靖四十五年（1566年），穆宗登基，大赦天下，其父得以免罪，重返怀庆府故居。第二年恢复王位，朱载堉时年三十二岁，也恢复世子名义。父子二人志趣相投，共同研究切磋，完成了《操缦古乐谱》的编写。隆庆四年（1570年），三十五岁时与武陵县何咨的女儿结婚。何咨的祖父即何瑭，在音乐方面也有自己的独特见解，尤其注重实践，更是让朱载堉受益匪浅。这期间，他还制作了许多铜质和竹质的乐器。

万历九年（1581年），四十六岁的朱载堉在《律历融通》中，首次提出十二平均律（十二等比律）的理论，这就是今天的标准音调，即黄钟、大吕、太簇、夹钟、姑洗、仲吕、蕤宾、林钟、夷则、南吕、无射和应钟。在《音义》中，对十二音律作了简要阐述："不用三分损益，而用勾股之术，及开立方之法，以求之所得也。"（《律历通融·音义》）万历十二年（1584年），他在《律学新说》中对这一理论作了进一步阐述。

朱载堉经过反复实验，发现"律管修短既各不同，则其空围亦当有异"（《进律书奏疏》），即弦长及其粗细，管长及簧片厚度、管径、管壁厚度、管孔大小都对发音有影响。他对当时的八音乐器进行了考证辨析,对分属竹、夸、土、丝、金、石、革、木音的各种乐器的名称、形状、规范、音名与音高、开孔法,都进行了阐述。

十二平均律的演算方法,见于朱载堉的数学著作《嘉量算经》中。他采用等比级数,平均分配频程的距离比值为2的12次方根,即1.059463,使相邻两律间的频率比完全相同,他将八度值2,连续除以应钟值,连除12次,就得到了平均律中八度内12个音高。他称这一律制为"新法密律"。这一发明,比欧洲早半个世纪。

万历十九年(1591年),朱载堉父亲去世,朱载堉不愿继承王位,上疏请求将王位让给朱载玺,也就是当年诬告他父亲的朱祐橏的孙子,神宗没有同意。其后连续上疏,主管官爵的礼臣认为应由朱载堉的儿子继承郑王位。万历二十一年(1593年),上疏请求改革宗室制度,首要改革教育,核心是让宗室子弟参加科举考试,兼任官职,而不是只领取俸禄,过着寄居生活,即使有才华也得不到施展。第二年,神宗同意,下令各王府照行。

万历二十三年(1595年),年六十时将《律历融通》《圣寿万年历》《万年历备考》,奉表进呈,这是他研究天文历法的主要成果。他成功编制了黄钟历和圣寿万年历,纠正了当时颇有影响的《大统》与《授时》两部历法中的错误,解决了二十四节气、七十二候的计算,月朔和闰月的安排,每日日影长度,漏刻更点和南中天星象的推求等问题,所测回归年长度与现在也仅差17秒。他提倡科学的研究方法,应严加禁止占卜迷信的占星学。

从万历二十三年(1595年)到万历三十四年(1606年)间,朱载堉全力从事雕版、印刷、装订自己著作的工作。全部完成后,撰写《进律书奏疏》,差人送往京师。这些雕版书,就是留传至今的《乐律全书》。《乐律全书》收著作十四种,制作五部,分送皇帝及朝廷各部门,神宗批示:"具见留心乐律,深可嘉尚。"(《进律书奏疏》)其间,朱载堉在删润旧稿的基础上,为《律吕精义》一书作序。

朱载堉墓之一

朱载堉经常把当地民间的艺人叫到一起，虚心向民间乐师学习，并高度赞扬他们。他还经常登门拜访当地的歌舞艺人，向他们讨教、相互切磋，搜集整理鼓经、鼓吹和唢呐等曲调，并亲自为民间的响器班写曲谱，曲牌有〔山坡羊〕〔黄莺儿〕〔醉太平〕〔步步高〕等五十多个，以曲填词一百五十余首，后人整理为《醒世词》，内容多是劝导孝敬父母、兄弟和睦、与人为善、禁止酒色、立志为人等。

在舞蹈方面，朱载堉编著了《六代小舞谱》《小舞乡谱》《二修缀兆图》《灵星小舞谱》等，描绘了宫廷的舞蹈表演艺术，绘制了六百幅舞蹈白描。他提出舞学应当包括舞学、舞人、舞名、舞器、舞俏、舞表、舞生、舞容、舞衣、舞谱。

万历三十三年（1605年），朱载堉又一次上疏让爵，这是他十五年内第7次请辞，神宗同意，并命人建玉音坊，上刻"让国高风"。让爵后，虽然年事已高，但他仍未停止科学研究，又陆续完成了《嘉量算经》《律吕正论》《律吕质疑辨惑》等著作，并为同时代的历法和音律学家邢云路的《古今律历考》作序。万历三十九年（1611年），因病去世，享年七十六岁。朝廷依宗室诸王之礼，遣官祭葬，赐谥端清。天启四年（1624年），王铎为其撰写《郑端清世子神道碑》，记述朱载堉生平。

朱载堉墓在今焦作市沁阳市东北15公里处的山王庄镇张坡村东九峰山南麓的三级台地上，省道306或省道104均可到达，地理坐标为北纬35°17′07″，东经112°57′44.1″。该墓始建于明代，为全国重点文物保护单位。墓地北依太行，南瞰怀川，墓周流水潺潺，环境优雅。墓区平面呈"甲"字形，占地6000多平方米。墓冢区由围墙环抱，南开门楼，严济慈题楹联"九峰隐名宦，七疏让国，高风仰九州；丹水扬翰墨，十二等律，历算闻四海"。墓冢为圆形，封土高2.5米，直径7.6米，以高0.6米的鹅卵石围砌墓周。墓前树碑一通，中刻"朱载堉之墓"。冢区两边依墙建书壁，镶嵌着近现代名人题词。

朱载堉墓之二

吕坤

吕坤，生于嘉靖十五年（1536年），卒于万历四十六年（1618年），字叔简，号新吾，归德府宁陵（今河南宁陵）人。明代思想家。

吕坤六岁入私塾，学习经史、《性理大全》等书，作《夜气钞》《招良心诗》。嘉靖三十四年（1555年），入县学。嘉靖三十八年（1559年），作儿书《小儿语》，分上、中、下三卷，注重儿童启蒙教育。嘉靖四十年（1561年），河南乡试第三名。嘉靖四十三年（1564年），撰写《呻吟语》。第二年，参与撰写《宁陵县志》，担任执笔。隆庆二年（1568年），代父亲整理《渔隐闲翁乐事》。隆庆五年（1571年），参加礼部考试。因母去世，在家守丧，撰《四礼翼》，论述冠、婚、丧、祭礼仪。

万历三年（1575年），赐进士出身，授山西襄垣（治今山西襄垣）知县，有"异政"。撰《襄垣县乡约所碑》和《僚友约序》。邻县河堤崩圮，吕坤征集粮食，准备材料，修筑河堤。万历四年（1576年）至万历五年（1577年），任大同（治今山西大同）知县，刚正不阿。有人为案件说情，吕坤严词拒绝。万历六年（1578年）至万历十四年（1586年），先后任吏部文选司主事、郎中和吏部考功司郎中。自乡返京途中，暗访官吏情况，不问官吏，而走访轿夫、更夫、里老，"不问官而知官贤否"（《去伪斋文集》）。

万历十六年（1588年），升山东济南道右参政，山东连年灾荒，吕坤设社学，创冬生院，扶养鳏寡孤独及残疾人等。万历十七年（1589年）至万历二十年（1592年），任山西按察使、巡抚、陕西省右布政使。万历二十一年（1593年）至万历二十二年（1594年）任都察院左右佥都御史，万历二十三年（1595年）至万历二十五年（1597年）任刑部左右侍郎。上《忧危疏》一篇，分析时政，提出对策。

上《忧危疏》后，吕坤以病乞休，皇帝同意，遂归家著书。万历四十四年（1616年），子吕知畏把他的著作整理成册，名《去伪斋文集》，共十卷，收诗文四百零五篇。他的哲学思想除了气一元论，还夹杂不少心学和理学的东西。"天地万物，只是一气聚散，更无别个"（《呻吟语》），天下万物都处在不停的变化之中，不会停止，否则就会灭亡。认为道器、理气不是两物，

吕坤墓

不能分开，道是器之理或构成器之规律，理者是气的变化之理或规律。坚持天地万物自然生成的思想，批判各种封建迷信思想，认为不能以灾害、祥瑞来对应时事。他认为万事万物都是可以认识的，观察天地万物的情况变化，就可以认识到其形体了。掌握了事物的发展规律，就可以胜天，可以成圣人。强调知行并举，只有行之中才能对事物认识得更加深刻。他的这些哲学思想有一定进步意义。但吕坤过分夸大了心的作用，同时也把理扩大到无以复加的程度，使其哲学思想有些自相矛盾。

万历四十六年（1618年），卒于家中，享年八十三岁。天启元年（1621年），赠刑部尚书。一生著述丰富，主要著作收集整理，现存《吕新吾全集》，今人编有《吕坤哲学选集》。

吕坤墓在今商丘市宁陵县阳驿乡吕坟村西北角，省道325转村间公路可达，地理坐标为北纬34°27′54.13″，东经115°14′46.07″。该墓始建于明代，为商丘市文物保护单位。墓葬单独辟有墓区，墓冢前原有石碑、石条几、石桌、石凳、神道。神道长200多米，神道旁有石人、石马、石羊、大小两对石狮子、石牌坊等，周围植百亩柏树，后均遭到毁坏。经修复，现包括牌坊墓门、神道、石像生、墓冢等。墓冢呈圆形，直径约8米，高约2.8米。下部约0.6米以石围砌。冢前立碑刻，上书"明诰赠刑部尚书新吾公暨于夫人合葬墓"。

李戴

李戴，生于嘉靖二十年（1541年），卒于万历三十五年（1607年），字仁夫，号对泉，延津（今河南延津）人。明朝大臣。

隆庆二年（1568年）中进士，任兴化（治今福建莆田）知县，施仁政，有政绩，擢户科给事中。广东因为军事需要，增加民间赋税，战事平息后，李戴即上奏停止增加赋税。迁礼科都给事中，出为陕西右参政，进按察使，后由山西左布政使擢右副都御史，巡抚山东。进京任刑部侍郎，累进南京户部尚书，召拜工部尚书，因母亲去世离任。

万历二十六年（1598年），吏部尚书空缺，在被推荐的七人当中，李戴居于末位，皇帝特意提拔任用。李戴谨守法令，针对当时矿税加剧，率九卿上奏："陈增开矿山东，知县吴宗尧逮。李道抽分湖口，知府吴宝秀等又逮。天下为增、道者何限，

李戴墓

有司安所措手足？"(《明史·李戴传》)万历三十年（1602年）二月，皇帝因有病下诏罢免矿税，但病好后随即恢复。

山西税使张忠上奏请求调任夏县（今山西夏县）知县韩薰，李戴以内官不应当擅自举荐，上疏反对。有人弹劾他不能成下属表率，李戴屡次请求辞职，但均未获许。锦衣官王之桢等与李戴外甥周嘉庆不和，上奏称周嘉庆制作妖书，皇帝对李戴心生恶意，借其下属过错，指责他不能钳制属官。李戴引罪上疏用错印，皇帝没有怪罪。李戴上疏致谢时再次用错，皇帝大怒，下诏令其辞官，减免部分俸禄。

李戴是位温然长者，为官宽厚，不求苛责、酷刑。赵志皋、沈一贯秉政时，李戴不敢提出异议，得以保全其位。万历三十五年（1607年）去世，赠少保。

李戴墓在今新乡市延津县城关镇东街村中部，省道308可达，地理坐标为北纬35°08′37.0″，东经114°12′15.0″。该墓始建于明代，为延津县文物保护单位。墓地四周均为现代构筑物。墓区原规模较大，并有牌坊、石像生等，后被毁。后人新建墓冢呈圆形，四周以石围砌，直径约10米，高约1米，平顶。冢前后代族人立墓碑一通，上书"大明赐进士出身太子太保吏部尚书李戴之墓"，两侧各有捐资碑一通。

杨东明

杨东明，生于嘉靖二十七年（1548年），卒于天启四年（1624年），字启修，又字启昧，号晋庵，别号惜阴居士，归德府虞城（今河南虞城）人。明朝理学家。

杨东明自幼聪颖好学，沉着稳重。六岁入学，十八岁考取秀才，三十岁中举人。万历八年（1580年）中进士，授中书舍人，父亲去世，服丧期满复原官。授礼科给事中，连上《请朝疏》《慎终疏》《崇重孝经保全善类疏》《论劾枢臣疏》等，均切中时弊，为朝政所急需。升刑部给事中。万历二十年（1592年），黄河在虞城决口，数十县遭灾，杨东明上《饥民图说》并疏，请求赈济灾民，并推荐合适人选，皇帝采纳。后入吏部，协助尚书，因事被贬为陕西布政司照磨，他辞官不任，回到家乡。

回到虞城后，杨东明大力发展家乡教育。设学馆，兴学讲道，弟子百余人。居家二十四年，热心公益，设置社仓，储存钱粮，以备不时之需。编《敬老录》，尊老敬老。创办兴学会，兴学讲学之风大振。开办义学，四方郡县纷纷效仿，义学不断扩大，子弟越来越多。修缮文庙，恢复文庙的正常秩序。修筑堤防，挽救全县生灵。

万历末年，清兵入侵。杨东明主动请缨，于泰昌元年（1620年），起为太常寺少卿，不久升光禄寺卿。天启元年（1621年），在首善书院研讨理学。后转南京道政使，再迁刑部右侍郎，管理部务，遭人弹劾，引疾乞归。天启四年（1624年），卒于故里，享年七十七岁。崇祯二年（1628年），赠刑部尚书。

杨东明还是一位思想家，潜心向学，研究哲学，成一家之言。前期主张以本体为宗，以解悟为入门，属北方王门学派。万历年间，张居正改革失败，明王朝内忧外患，杨东明认为无门学派不能扶危定倾，反而会加剧社会矛盾，于是不再进"致良知"，而主张理气统一论，由空虚之学转向了经世致用的"实学"。实学思想的哲学基础是理气统一论。以气为宇宙主体，认为宇宙间皆是气，气是世界万物的本源。宇宙间只是一块混沌之气，万事万物都是这一元气派生出来的，气和理是统一的，理气不可分离。坚持性一元论，性为气质所成，而气质外无性。人只有气质之性，人没有二性，明确反对程朱理学的性二元论。政治类著作主要有《饥民图说》《青

杨东明墓

琐荩言》等，学术著作主要有《性理辨疑》《兴学问答》《论性臆言》《山居功课》。

杨东明墓在今商丘市虞城县利民镇宋楼村西北400米，国道310可达，地理坐标为北纬34°51′66.0″，东经115°89′50.0″。该墓始建于明代，为虞城县文物保护单位，又称杨陵。墓葬坐落于耕地之中，四周为农田，地势平坦。墓冢高约3米，周长32.2米。墓前原有石人、石马、石狮、石羊、石供桌、石坊、墓碑、御祭碑等，现仅存残墓碑，移至他处保存。墓前新立杨东明像。

卫三省

卫三省,生于嘉靖三十一年(1552年),卒于万历四十一年(1613年),字企参,陕州(治今河南陕县)人。明朝官吏。

卫三省自幼刻苦读书,常通宵不眠或合衣入睡。万历十七年(1589年)中进士,历任深泽(今属河北石家庄)知县、邯郸(今河北邯郸)知县、掖县(今山东莱州)知县,所在均有政绩,得百姓拥戴,建生祠。迁户部主管太仓,尽职尽责,一尘不染。万历三十一年(1603年)任户部正郎,督查甘肃固原、金城一带。临时筹措钱款,立下大功。分守青州、登州、莱州等地,兼管沿海军务及山东右参政,升山东布政司。在任三年,廉洁奉公,政绩显赫,朝廷赠封其祖父。官至陕西按察使,未及上任即去世。

卫三省墓在今三门峡市湖滨区崖底街道西贺家庄,国道301(陕州大道)可达,地理坐标为北纬34°45′4.38″,东经111°12′44.37″。原有墓冢,后被毁。墓碑埋在卫家族人院中,墓志铭记其政绩。

李化龙

李化龙，生于嘉靖三十三年（1554年），卒于万历三十九年（1611年），字于田，号霖寰，大名府长垣（今河南长垣）人。明朝将领。

万历二年（1574年），二十一岁时中进士，任嵩县（治今河南嵩县）知县，经常出访察奸，惩治恶顽。后迁南京工部主事，历右通政使。万历二十二年（1594年），擢右佥都御史，巡抚辽东，大力整顿军政，筹攻守，足兵饷，明斥堠，严侦探，多次阻击了蒙古兵侵犯，先后杀死蒙古将领伯言儿和把兔，因功升兵部右侍郎。蒙古族请求在义州（今属朝鲜）互开木市，李化龙上疏请求同意，朝廷应允，边境逐步安定。不久，因病离职，木市停止，蒙古族将领小歹青又侵扰边境。

万历二十七年（1599年），起任故官，总督湖、广、川、贵军务兼巡抚四川，讨伐播州（治今贵州遵义）叛臣杨应龙。杨应龙性格残暴，在当地为非作歹，直至叛乱，朝廷数次抓捕，均无功而返。李化龙到达后，先惩戒执行不力的主帅，待诸军集合后，派兵三万守贵州，断其后路，又移师重庆，召集文武官员誓兵。第二年二月，李化龙分八路进兵，自领中军策应。六月，破土、月二城，杨应龙与二妾自杀。第二天，官军入城，杨应龙七个儿子皆被捉拿。自出师至灭贼，共历一百一十四天，因功升兵部尚书，加少保。

李化龙起兵时，父亲去世，但无暇守丧，剿叛完成，请求回家。万历三十一年（1603年）四月，复起为工部右侍郎，总理河道，与淮扬巡抚李三才上奏疏通淤河。再因亲人去世，辞归。万历三十五年（1607年）夏，起为戎政尚书，不久接掌部里事务。辽东地区兵士老弱，税监高淮肆虐，李化龙请求暂停税课，增兵万人，均未获答复。一品秩满，加柱国、少傅兼太子太保。

万历三十九年（1611年），卒于任上，享年五十八岁。谥襄毅，赠少师，加赠太师。著有《场居集》《河上稿》《平播全书》《治河奏疏》。

李化龙墓在今新乡市长垣县魏庄街道李坟村西100米处，临纬四路、经五

李化龙墓

路，地理坐标为北纬 35°08′49.84″，东经 114°42′15.18″。该墓始建于明代，为长垣县文物保护单位。墓葬坐落于耕地，地势平坦。墓区南北长 30 米，东西宽 35 米。墓冢近圆形，直径 5 米，高 1.7 米，并有牌坊、华表、石像生等，今均不存。

李汝华

李汝华，生年不详，卒于天启元年（1621年），字茂夫，睢州（治今河南睢县）人。明朝大臣。

万历八年（1580年）中进士，授兖州（治今山东兖州）推官，任工科给事中，上疏弹劾兵部尚书郑洛不尽职履责。巡阅甘肃边境，弹劾将吏侵占军资，请求开垦闲田。

回朝后，历吏科都给事中，不久迁太常少卿，擢右佥都御史，巡抚南赣（治今江西赣州）。税使想扩大关津税收，以输内府，李汝华认为这些税是用作军饷的，坚决反对。在南赣十四年，甚有威名。

进秩兵部右侍郎，召拜户部左侍郎，后接掌户部事务。朝廷赐福王庄田四万顷，远超规制，而且会大量侵占民田。李汝华数次抗争，最后减四分之一。京畿、山东地区荒饥，建言出仓米平粜，发银两赈灾，又奏有关救荒事宜，两地渡过灾荒。进户部尚书。万历四十六年（1618年），兼署吏部尚书。

辽东发生战争，军费骤增三百万，数次请求发内府资财没有成功，于是借支南京部帑，尽括天下库藏积蓄。辽东巡抚周永春请求增兵加赋，李汝华令天下田赋，除贵州外每亩增银三厘五毫，得饷二百万。第二年，又议增兵加赋如前。又一年四月，兵部以招募兵卒、买战马，工部以制造器皿，再议增加赋税，每亩增二厘，得银一百二十万。先后三次增赋，共五百二十多万，并成每年固定额度，但如此苛敛，百姓无法承受。

李汝华练达勤敏，不结党营私，对朝廷大政用心裁度。逢年歉收，主张宽恤，但对加赋之事不能坚持己见，致各方耗费、内外交讧。天启元年（1621年），李汝华因病请退，朝廷同意，加太子太保。去世后，谥恭敏。

李汝华墓在今商丘市睢县城郊乡袁大庄村西，省道211可达，地理坐标为北纬34°27′58.0″，东经115°03′18.0″。该墓建于明代。墓葬坐落于耕地，四周为农田。现墓冢已平，原有石像生，佚失。曾出土墓志铭。

崔应科

崔应科，生卒年不详，字杰儒，号登吾，登封（今河南登封大金店镇文村）人。明朝大臣。

崔应科就学于嵩阳书院，于万历十四年（1586年）中举人，万历二十三年（1595年）中进士，历任广东员外郎、刑部主事。出任汉中（治今陕西汉中）知府，兴修水利，作《四六分水记》，制定上下坝轮流灌浇之法。万历三十年（1602年），修筑汉中城墙。又建文庙，激励文人。当地虎害严重，招募人员进山捕虎，撰《捕虎文》。后历任湖广兵备副使、湖广按察使等职。

崔应科为官清正，很有名望。去世后，奉祀于乡贤祠。诗作有《登嵩》《禹碑》《观音大士像》等。

崔应科墓在今郑州市登封市大金店镇文村西，国道207可达，地理坐标为北纬34°24′46.51″，东经112°58′32.46″。该墓建于明代。墓葬地处坡地，四周为农田。为崔氏家族墓地。墓冢已不存，有碑一通，上书"明湖广兵备副使登吾崔公神道"，还有崔应科为先人建的石牌坊，额题"崔公先茔"。

黄吉士

黄吉士，生卒年不详，字叔相，号云蛟，彰德府内黄（今河南内黄）人。明代史学家。

万历七年（1579年）中举人，万历十七年（1589年）中进士，初授行人，后升浙江道御史。正色立朝，权贵惮惧。中使借开矿为名残害百姓，激起民愤，黄吉士上疏请求另派中使，以靖矿变，言辞恳切。请求停止额外增收的盐税，商人感激涕零，为他立生祠。晋顺天府丞，辖域内多奸猾之辈，但黄吉士待人宽容，使人不禁凛然悚惧，不敢胡作非为。有人违犯屠宰禁令，黄吉士将他绳之以法，导致宫廷膳食无充足的肉食供应。

后因年老辞官，回到家乡。热心家乡公益事业，建立义学，设置义田，修设义仓，开办儒学，为乡人称道。去世后祀于乡贤祠。创有《道鉴纪事本末》《宋史纪事本末》等。

黄吉士墓在今安阳市内黄县马上乡葛庄村东100米，省道213可达，地理坐标为北纬35°58′21.0″，东经114°55′08.0″。该墓始建于明代，为内黄县文物保护单位。墓葬坐落于耕地，四周为农田，地势平坦。墓冢近圆形，直径约2.5米，高1.2米。原有石像生，现仅存残碑跌一件。曾出土墓志、地券。

黄吉士墓

傅宗龙

傅宗龙，生卒年不详，字仲纶，昆明（今云南昆明）人。明朝武将。

万历三十八年（1610年）中进士，除铜梁（治今重庆西北）知县，调巴县（治今重庆市西北），后进京任户部主事，很久后授御史。天启元年（1621年），辽阳（治今辽宁辽阳）被攻破，皇帝下令募兵，傅宗龙请求承担此任务。一个多月时间，募得精卒五千。第二年，安邦彦造反，围攻贵阳，傅宗龙请求发钱奖励将士，开通由蜀入滇的道路，另设偏沅巡抚，将退却的湖广总兵薛来允罢职，皇帝多采纳。后又上疏自请讨贼，皇帝大喜，让有司商议，不巧傅宗龙生病，没有成行。

天启四年（1624年），巡按贵州，兼监军，率部直渡盘江，且战且行，敌兵全部被攻破。巡抚蔡复请求让傅宗龙专管军事，获得许可。上疏治军、退兵方略，又请大发饷金。天启五年（1625年）正月，上疏建议更换将领以及屯守之策等，均被采纳。任上铲除逆党，大兴屯田，威名大震。时人评议，如果没有傅宗龙，贵州危在旦夕。皇帝下诏加为太仆寺少卿。亲人去世，离职回家。

崇祯三年（1630年），复任故官，升右佥都御史，巡抚顺天。不久，拜兵部右侍郎兼佥都御史，总督蓟、辽、保定军务。崇祯十年（1637年）十月，农民义军入蜀，皇帝认为："使宗龙抚蜀，贼安至是哉。"（《明史·傅宗龙传》）傅宗龙受命到蜀地，与总兵罗尚文抵御。崇祯十二年（1639年）五月，召为兵部尚书，离开蜀地，八月回京。

因没有及时处理他人奏状，惹皇帝发怒，欲将其处死。在狱中度过两年，经尚书陈新甲保荐，得以出狱，以兵部右侍郎兼右佥都御史，总督陕西三边军务，专门对抗李自成兵。傅宗龙以川、陕兵两万出关，在新蔡与保督杨文岳会兵，两军并进，战事不利，被李自成兵围困。坚持数日，粮食殆尽，杀马骡为食。营中火药、铅子、弓箭等全部用完，傅宗龙挑选士卒六千人，趁夜黑突围而出。

诸军分散各处，傅宗龙徒步率部分军队且战且走，快到项城时，被义兵追上并捉住。义兵本想以其为诱饵攻城，傅宗龙破口大骂，被义兵拿刀击中脑部，仆死于城下。皇帝听说后,复官兵部尚书,加太子少保,谥忠壮,荫子锦衣世百户,予以祭葬。

傅宗龙墓在今周口市项城市秣陵镇西南隅,国道106可达,地理坐标为北纬33°12′12.94″,东经114°50′38.45″。现墓冢已平,地表无迹。

董汉儒

董汉儒，生卒年不详，开州（治今河南濮阳）人。明朝大臣，"开州八都"之一。

万历十七年（1589年），中进士，授河南府（治今河南洛阳）推官。后入户部主事，上疏建议减织造、裁冒滥，无不切中时弊。朝鲜用兵，以郎中负责督办军饷。不久迁山东佥事，进副使，历湖广左、右布政使，因政绩赢得良好口碑。万历四十年（1612年），拜右副都御史，后因亲人去世，辞官回家。

光宗即位，拜工部右侍郎，不久改兵部，总督宣府、大同、山西军务。天启改元，辽阳失陷，董汉儒带领精卒两千入京保卫，得到朝廷褒奖。第二年秋，以左侍郎协理戎政，后升兵部尚书。当时辽东土地全失，明军在辽东接连失败，将士或降或逃，他建议逮捕降将刘世勋等二十九人的家属，诛杀逃将，擒捕逃跑者予以重赏，及时发饷，皇帝均采纳。

朝廷以王体乾、宋晋、魏忠贤等十二人有功，下令让他们世袭所荫锦衣官，董汉儒据祖制力争，皇帝不听。后因母亲去世回家守丧。由于魏忠贤专权，守丧期满未予召用。其后追叙旧功，进太子太保，荫子锦衣百户。去世后，赠少保，谥肃敏。

董汉儒墓在今濮阳市濮阳县海通乡沙固堆村东500米，省道222、国道106可达，地理坐标为北纬35°27′54.0″，东经115°02′47.0″。该墓始建于明代，为濮阳市文物保护单位。墓葬坐落于耕地，四周为农田，地势平坦。墓冢直径约5米，高1.5米。神道两侧有石羊、石狮、石马、石人、石猴坐柱各一对，残损严重。另有墓碑两通。

董汉儒墓

郭淐

郭淐，生于嘉靖四十三年（1564年），卒于天启三年（1623年），字原仲，号苏门，别号苏门山人，卫辉府新乡（今河南新乡）人。明朝官吏，擅作诗文。

万历年间中进士，选为庶吉士，历任编修、詹事府少詹事，关心辽东战局。后任礼部侍郎，参与梃击、红丸、移宫三案辩论。郭淐擅长书法、诗文，著有《篆竹园集》《东事书》。天启三年（1623年）去世，享年六十岁。

郭淐墓在今新乡市凤泉区耿黄乡南鲁堡村西南，省道241可达，地理坐标为北纬35°22′02.2″，东经113°52′09.6″。该墓始建于明代，为新乡市文物保护单位。墓区紧临村庄和农田，地势平坦，面积875平方米。后人对墓冢进行维修。墓冢呈圆形，直径约7米，四周以砖围砌高1.1米。墓前原有石坊、石像生，今多不存。

郭淐墓

王三善

王三善，生年不详，卒于天启四年（1624年），字彭伯，永城（今河南永城）人。明朝将领。

王三善倜傥负气，好交朋友，颇有名望。万历二十九年（1601年）中进士，授荆州（治今湖北江陵）推官，入为吏部主事。不久迁吏部文选司郎中，升太常寺少卿。天启元年（1621年）十月，升右佥都御史巡抚贵州。贵州苗人安邦彦、奢崇明起兵反明，攻陷州郡，黔省告急。王三善兵分三路，救援贵阳，以两万人马战败敌十万大军，但也因此产生麻痹轻敌心理。

王三善令三路军马克期并进，欲一举消灭叛军。初战顺利，诸将更加轻敌。安邦彦纠集军队反扑获胜，便再次进攻贵阳。王三善急令人救援，战败安邦彦两路军队。安邦彦修补要隘，以图固守，王三善见不宜攻取，便打算退兵，但总督不允。王三善于是打算与川军会师进剿，渡过乌江，接连打胜仗。安邦彦安排其心腹陈其愚诈降成功。王三善让他参赞军机，机密均被他密报安邦彦。

明军长期驻扎，粮食逐渐用尽，王三善不得不退兵。天启四年（1624年），撤兵，安邦彦尾追，王三善且战且退。陈其愚称后军遇敌，王三善回马救援，陈其愚纵马把他撞落马下。王三善打算自杀，被陈其愚阻挡，被俘。王三善大骂不止，于是被害。崇祯初年，赠兵部尚书，立祠祭祀。崇祯九年（1636年），赠太子太保。

王三善墓在今商丘市永城市蒋口镇张集村马楼村组南，省道325可达，地理坐标为北纬33°58′35.6″，东经116°18′09.5″。该墓始建于明代。墓葬坐落于耕地，四周为农田。墓冢前原有神道，以及石牌坊、石马、石羊、石牛及石碑，后均不存。

朱翊镠

朱翊镠，生于穆宗隆庆二年（1568年），卒于神宗万历四十二年（1614年）。明朝第一代潞王，太祖朱元璋九世孙，穆宗第四子，万历皇帝同母弟。

隆庆五年（1571年），四岁时，封潞王。万历十七年（1589年），就藩卫辉（今河南卫辉）。当初，他因与皇帝是同母兄弟，而留在京城，属于他的王庄、王店遍布京畿内。到封地时，把王店、王庄全部归官，由内臣管理。朱翊镠多请赡田、食盐，有求必应。他曾得到景王的籍田，多至四万顷。这些都给其他藩王做了更坏的榜样。朱翊镠爱好文学，勤勉谨慎，勤于供奉，常把每年收入输供朝廷，助工、助边更是不吝惜，皇帝更加称赞。万历四十二年（1614年），皇太后去世，朱翊镠悲痛不已，不久去世，年四十七岁。

朱翊镠墓在今新乡市凤泉区潞王坟乡坟上村东北，国道107、省道306可达，地理坐标为北纬35°25′08.1″，东经113°55′13.1″。该墓始建于明代，为全国重点文物保护单位。墓葬坐落于凤凰山南麓，依山据岭，四周泉壑幽深，地势北高南低。现已辟为旅游区，对外开放。潞王墓包括东、西两个墓区，东为潞王朱翊镠墓，西为次妃赵氏墓，共占地157205平方米。墓区前有石坊，上刻"潞藩佳城"，两侧各立一石华表，坊后为神道，两旁排列石人、石兽十五对。神道后为三孔券御河桥，再后为佳城正门。佳城由三个院落构成，圆立式宝城在第三进院落的墓碑和五供之后，内有石阶登顶。宝城下为地宫，总面积185平方米，由前、中、后、左、右五个殿堂组成，全部为石构拱券式。潞王的棺椁安放在后殿。次妃赵氏墓位于潞王墓西百余米，总面积约5万平方米，建筑布局与潞王墓大体相同。

朱翊镠墓

崔儒秀

崔儒秀,生于隆庆四年(1570年),卒于天启元年(1621年),字士表,号儆初,陕州(治今河南三门峡陕州区)人。明朝官吏。

崔儒秀于万历二十六年(1598年)中进士。历任户部郎中,迁开原(今辽宁开原)兵备佥事。当时开原已被后金攻占,崔儒秀招募壮士,和家人一同上任。离开前,到先祖坟墓辞行,慨然有不归之意。经略袁应泰担心兵马装备不足,崔儒秀说:"恃人有必死之心耳。"(《明史·崔儒秀传》)辽阳被围,崔儒秀负责守卫东城,箭如雨下,崔儒秀一步不退,兵败,痛哭不止,穿战服向北跪拜,然后自缢。朝廷派人慰问,赐祠名愍忠。

崔儒秀墓在今三门峡市湖滨区崖底街道师家渠村西南,临文明路、经一路,地理坐标为北纬34°46′12.05″,东经111°12′24.96″。该墓始建于明代,为三门峡市文物保护单位。墓前有石马、石羊、石狮、石象等。墓室坍陷,石刻掩埋于地下。曾在衣冠冢内发现墓志,记其生平,现存三门峡市虢国车马坑博物馆。

王永光

王永光，生年不详，卒于崇祯元年（1628年），字有孚，号射斗，大名府长垣（今河南长垣）人。明朝大臣。

王永光聪颖好学，万历二十年（1592年）中进士，授中书舍人，升吏部主事，历员外郎中，升通政司右通政、右佥都御史巡抚浙江。光宗时，历任工部左侍郎署部事、右都御史，升工部尚书，改户部。又为南京兵部尚书，平息兵乱，调回任兵部尚书。后告休。思宗时，复起任户部尚书，改吏部尚书。崇祯元年（1628年）去世。著《冰玉堂集》。

王永光墓在今河南省长垣县蒲东街道王楼村东北300米，省道308可达，地理坐标为北纬35°10′34.93″，东经114°43′47.80″。该墓始建于明代，为长垣县文物保护单位。墓葬地处耕地，四周为农田，地势平坦。墓区南北长20米，东西宽30米。墓冢呈圆形，直径4米，高约2米。墓前今立墓碑，建有碑楼。

王永光墓

杨镐

杨镐，生年不详，卒于崇祯二年（1629年），字京甫，号风筠，商丘（今河南商丘）人。明朝将领。

万历八年（1580年），中进士，历知南昌（治今江西南昌）、蠡（治今河北蠡县）二县。入为御史，因事获罪，调大理寺事，万历二十一年（1593年），迁山东参议，分守辽海道。率兵袭击蒙古炒花军队，大获全胜，进副使。垦荒屯田，因功进参政。万历二十五年（1597年），出兵作战失败，但没有获罪，任右佥都御史，经略朝鲜军务。

杨镐到任前先奏陈十事，如纳粮钱买官赎罪，治罪隐藏粮食的朝鲜群臣，引朝

杨镐墓

鲜人怨恨。杨镐到任后，商议进兵方略，拟分三军进攻日军盘踞的蔚山。战事初始颇为顺利，日军损兵折将，撤往岛山，明朝军队继续进攻。但杨镐因右路军李如梅部未至，恐怕其他将领功劳大于李如梅，因此鸣金收兵。待李如梅赶到，再进攻时，日军加强了防卫，攻之不克，功败垂成。

日军诈降，明军中计，相持十日围而不攻。日军援军赶到，虚张声势，杨镐不辨真伪，慌忙撤退，日军趁势追击，明军大败。杨镐虚报军功，说蔚山之役大胜。但事情终被告发，杨镐罢职听勘。

万历三十八年（1610年），复起经略辽东，主动出击后金获胜，但被批评冒进。推荐李如梅又被弹劾，杨镐于是上疏请辞。万历四十六年（1618年），努尔哈赤进攻，杨镐再度经略辽东，任兵部左侍郎兼佥都御史。到任后严申军政，朝廷又赐尚方剑给杨镐。万历四十七年（1619年），杨镐兵分四路进攻。但遇到大雪，兵进缓慢，后金兵侦知，努尔哈赤调集兵马，做好了御敌准备，结果四路大军被努尔哈赤逐一击溃，将吏阵亡三百多人，兵士死亡四万五千余人，明军元气大伤。努尔哈赤继续进攻，明军接连失利，杨镐连遭弹劾，被下狱。八年无人过问，直至崇祯二年（1629年），弃市而死。

杨镐墓在今商丘市虞城县谷熟镇北头村，省道325可达，地理坐标为北纬34°16′41.0″，东经115°46′15.0″。该墓始建于明代，为虞城县文物保护单位。墓葬地处耕地，四周为农田。墓冢呈圆形，直径约2米，高1米。冢前有新立墓碑一通。

田珍

田珍,生于隆庆四年(1570年),卒于崇祯四年(1631年),字子聘,号待溪,虞城(今河南虞城)人。明朝武官。

田珍于万历年间中进士,授冠县(治今山东冠县)知县,组织赈灾,鼓励读书,以政绩卓异举为循良第一。升山东道监察御史,巡按江右,组织民众筑堤二百余里。后官至南京通政使。崇祯四年(1631年)去世,享年六十二岁。

田珍墓在今商丘市虞城县刘店镇御祭坟村西,省道203、县道018可达,地理坐标为北纬34°19′14.0″,东经115°47′27.0″。该墓始建于明代,为虞城县文物保护单位。墓地西临济广高速,四周为耕地和村庄。墓区占地约1平方公里。墓冢高4米,周长30米。外以石围栏围护,前立石碑。原有神道碑、石虎、石羊、石马、文官、武官、基石等,后佚失或移至他处保存。

田珍墓

崔景荣

崔景荣，生年不详，卒于崇祯四年（1631年），字自强，大名府长垣（今河南长垣）人。明朝大臣。

万历十一年（1583年）中进士，授平阳府（治今山西临汾）推官，政绩突出，赢得口碑，升御史。不畏权贵，上疏弹劾掌管东厂的张鲸，万历皇帝非常重视，打击了东厂及宠臣大太监张宏等人的嚣张气焰。多次到甘肃、湖广、河南等省巡按，每次都竭尽全力，秉公办事，明察秋毫，铲除贪污，革除弊政，成绩显著。巡按四川，时值朝廷平叛杨应龙之乱，崔景荣为朝廷总兵刘𬘩的监军。刘𬘩带着金帛为其父亲祝寿，被崔景荣严词拒绝。叛乱平定，崔景荣上疏减免赋税一年，赈济受兵灾的地区，撤销滋扰百姓的矿监，稳定了当地社会秩序。晋太仆少卿。

万历三十二年（1604年），升右佥都

崔景荣墓

御史，巡按宁夏。蒙古部落滋扰，崔景荣命令总兵征讨，自己督战，大败首领银定。下令凡为银定提供向导者，皆停发犒赏。银定被孤立，无奈之下只得保证不再内侵，并请求互市。万历四十一年（1613年），升兵部右侍郎，不久改任至吏部，因身体有恙辞归。万历四十三年（1615年），任兵部尚书，因沈阳、辽阳等地失守，主动辞职。

天启四年（1624年），执掌朝政大权的大太监魏忠贤拉拢崔景荣，任他为吏部尚书，并为他修建豪华宅院。崔景荣不愿与之同流合污，不肯居住，对魏忠贤的使者也避而不见。魏忠贤为谋私利，提出很多建议，都被崔景荣识破，坚决不同意，因此得罪了魏忠贤。魏忠贤指使他人诬告，崔景荣被撤职。崇祯帝即位，崔景荣得以官复原职。崇祯四年（1631年），逝于任上，赠少保。

崔景荣墓在今新乡市长垣县蒲东街道北街村东100米处，临北关大街、南京路，地理坐标为北纬35°12′28.0″，东经114°41′51.0″。该墓始建于明代，为河南省文物保护单位。墓区南北长50米，东西宽120米。墓冢直径约7米，高约3.4米。原有牌坊、石像生、碑刻，现埋于地下。前有今立碑及碑楼。

吴阿衡

吴阿衡，生年不详，卒于崇祯十三年（1640年），字平子，裕州（治今河南方城）人。明朝武将。

吴阿衡自幼聪明好学，过目成诵。万历四十七年（1619年）中进士，任历城（今山东济南历城区）知县，为民着想，有"真父母"之称。攻打白莲军有功，升监察御史。正色立朝，有铁面之风。都北密云，乃北方巨镇，非智勇兼备、才略过人之士不能胜任。擢兵部右侍郎，兼都察院右副都御史，总督九省。对士兵施恩，威慑将帅，边境安定。后金入侵，吴阿衡率兵抵抗，保卫墙子岭山堡，连战七天，箭尽，援兵不至，被敌俘虏。吴阿衡仗节不屈，遂被害。后经家人多次向朝廷申报，始得找到尸骨回乡安葬。南明时谥忠毅。

吴阿衡墓在今南阳市方城县券桥镇姬庄行政村朱庄自然村东南，省道239可达，地理坐标为北纬33°13′59.0″，东经112°58′45.0″。该墓始建于明代，为方城县文物保护单位。墓葬坐落于耕地，四周为农田，地势平坦，东侧有河流经过。墓冢直径约14米，高5米。下部以石围砌。冢前立碑及碑楼。

吴阿衡墓

刘理顺

刘理顺,生于万历十年(1582年),卒于崇祯十七年(1644年),字复礼,号湛六。杞县(今河南杞县)人。明朝大臣。

万历年间乡试得中,崇祯七年(1634年)中会试。殿试廷对时,皇帝亲自定为第一,"朕今日得一耆硕矣"(《明史·刘理顺传》)。任修撰。更加勤于学问,不是志同道合之人就不与之交往。

崇祯十二年(1639年),京城告急,刘理顺上疏提出作士气、矜穷民、简良吏、定师期、信赏罚、招胁从六个方面对策。历南京司业、左中允、右谕德、入侍经筵兼东宫讲官。因与杨嗣昌不和,刘理顺被免讲官。开封将沦陷,建议河北安排重臣把守,训练敢死士兵。

京城守兵缺军饷,受饥挨冻,刘理顺建议执政大臣立刻请求拨发帑银。回家后,捐家资犒劳宋城士卒。同僚问他如何打算,他正言回答:"存亡视国,尚须商酌耶!"城被攻破,妻妾先死,刘理顺书大字:"成仁取义,孔孟所传,文信践之,吾何不然!"(《明史·刘理顺传》)写完后自缢,享年六十三岁。四个仆人也跟着自尽。后赠詹事,谥文正。清朝谥文烈。

刘理顺墓在今开封市杞县城郊乡花园村西南,国道106可达,地理坐标为北纬34°34′43.0″,东经114°44′15.0″。该墓始建于清代,为杞县文物保护单位。此为刘氏家族墓地,东临村庄,西为耕地,四周植树木。现刘理顺墓冢已平,存康熙二十三年(1684年)碑刻一通,上书"刘理顺状元神道碑"。

张鼎延

张鼎延，生于万历十年（1582年），卒于清顺治十六年（1659年），字慎之，永宁（今河南洛宁）人。明清大臣。

天启二年（1622年），四十一岁时中进士，由行人考选兵科给事中，弹劾大臣受崇祯帝表扬，升兵科都给事中，奏事敏捷为崇祯帝所赏识。父亲张伦明任四川巡抚，按例规避，后任南京吏部郎中。父亲去世，他上疏为父请功，但"称誉过失"，被免官。崇祯十三年（1640年），李自成军进攻河南，张鼎延分析战事，提出对策，但朝廷没有采纳，屡屡失利。

清朝建立，张鼎延被任命为吏部郎中，仔细核查军中授官，上奏罢免不称职官吏一千余人。累迁大理寺卿，转刑部右侍郎，后又到兵部。他为人正直，晓习文法，办事勤敏，有胆有识。顺治十年（1653年），辞官归家。顺治十六年（1659年），卒于家中，享年七十八岁。

张鼎延墓在今洛阳市洛宁县城关镇凤翔村西，省道249可达，地理坐标为北纬34°24′05.0″，东经111°40′17.0″。该墓始建于清代，为洛阳市文物保护单位。墓葬坐落于山坡台地，北依凤凰岭，南眺金门山，两侧为山岭，四周有耕地。墓冢高4.5米，周长24米。冢前有现代立神道碑。

张鼎延墓

孙奇逢

孙奇逢，生于明神宗万历十二年（1584年），卒于清康熙十四年（1675年），字启泰，号钟元，容城（今河北容城）人。明清时期著名理学家。

孙奇逢七岁开始随长兄孙奇儒学习，十四岁进县学，万历二十八年（1600年）举乡试，主考官称他"疾徐丰约，一准程朱"（《征君孙先生年谱》）。万历三十四年（1606年），二十三岁时父母相继去世，他自己也得了严重的胃病，家境随之凋敝，思想也发生重大变化，由原来一心谋取功名，转为修炼身心，砥砺名节。

万历三十九年（1611年），在京师游学，有意结交任侠好客之士，同挚友切磋道学，研习王阳明《传习录》，开始自己授徒讲学生涯。万历四十五年（1617年），由京师回到容城故里，当时他的声望已渐鹊起，从学和来访之人日众，朋友间走动频繁，相互拜访，切磋学艺。受好友鹿伯顺之约，到塞上拜访，结识孙承宗及茅止生等人。他们非常赏识孙奇逢，想办法让他入仕为官。孙奇逢得到消息后，仓促离去。是年五月，一些人约定在河北、山东起事，孙奇逢立即训练乡勇，以备不测。

魏忠贤专权，谋害朝中大臣，孙奇逢与有些人过往甚密，虽知有险，仍挺身而出，拿出钱财斡旋，又派弟孙奇彦送信给孙承宗请求帮助，还冒死为一些人寻找避难之所。这次事件中，置自身安危于不顾，冒死相救的孙奇逢、鹿正、张果中三人被时人称"范阳三烈士"，孙奇逢因而声名更加显赫，慕名而来者络绎不绝。

后金兵进逼，孙奇逢与族邻乡党入容城固守，率人修缮围墙，众人一心，抵却数次进攻。崇祯十一年（1638年），他携家人移居易州（治今河北易县）双峰村。第二年，移居百楼，后又辗转江村、容城、双峰等地。清朝建立，携家眷返回故里，托病不出，同时结束流离的讲学生涯。在明朝时，孙奇逢多次拒绝出仕。在清朝，他声名不减，多次被人举荐，均称病不就。

后来移居新安县薛锦轩别墅，在此三四年间，致力于讲学和论道。他讲究天理，认为应该顺应客观规律，要有良好的心境，任何困难都可以过去。修订了《孙文正公年谱》和《新安县志》，编辑了《理学宗传》。顺治六年（1649年），返回容城故里，后举家迁至祁州（治今河北安国），受当地孝廉刁非有挽留,暂居一时。顺治七年(1650年),到河南辉县薛所蕴山庄居住,后来到达汤阴(治今河南汤阴),留住淇县(治今河南淇县)西冈村,向李霞表问《易》。他们又一同来到辉县薛所蕴山庄,居住于苏门山上。

在此,他以《易》释怀,在《与李霞表谈〈易〉》诗中写道:"常怪尼山欲假年,谁人识得此几先?晨昏相对泽无语,谈《易》胸中愈洒然。"因生活所迫,不得已又移居共城(今河南辉县东五里处),自铭室曰"留云舍",但生活仍然窘迫。虽然对贫困有了切肤体会,但他并不悲观,认为借此可以磨炼自己。卫河使司马裕赠夏峰庐舍,孙奇逢就迁到夏峰。虽然处境艰辛,仍然拒绝他人举荐,自甘贫困,过着半隐居的著书讲学生活。

在辉县的二十余年间,孙奇逢著书讲学,成绩显著。直接从其学者二百余人,而与之相互质学、探讨者更是数不胜数。这些人不乏显贵政要,更不乏儒生隐士。人言:"上自公卿大臣,以及儒生隐士,近自畿辅、河洛,以及齐、鲁、晋、楚、吴、越之间,有志于斯道者,无不负笈从游。"(《汤子遗书》)门人多有居高位者,他的思想通过门人扩大了对社会的影响。康熙十四年(1675年)去世,享年九十二岁。去世后,祀于百泉书院。道光八年(1828年),复从祀于文庙。孙奇逢历明清两朝十一征而不出仕,故别号"征君"。晚年在辉县夏峰村讲学,人称"夏峰先生"。

孙奇逢一生著述颇多,在《孙夏峰全集》中,就存有约一百七八十卷,对后世影响较大。四易其稿的《读易大旨》是其代表性的哲学论著,其他多为体道、论道的理学之作,他也因此成为当时的著名理学大师。他的著作处处体现出唯物主义、辩证法,正确地回答了客观第一、主观第二,客观决定主观的本质关系。"《易》不过模写乾坤广大之理。惟其广大原于天地,故《易》之广大亦如天地之广大,《易》之变通亦如四时之变通,《易》之阴阳亦如日月之阴阳。"(《读易大旨》)在辩证法方面,他提出"物必对待""道两阴阳""体用一原""动静阴阳互为之根"等辩证观点,认为矛盾是辩证统一的。

孙奇逢墓在今新乡市辉县市孟庄镇东夏峰村东侧,省道229可达,地理坐标为北纬35°24′49.1″,东经113°49′36.5″。该墓始建于清代,为新乡市文物保护单位,俗称"孙征君墓"。墓园坐落于耕地,西为村庄,东临农田,四周有树木。墓冢很小,已近平。墓碑多佚失,部分移至他处保存,如民国十三年(1924年)袁克定所立碑一通,书"拜谒孙征君墓",民国十四年(1925年)陈铭鉴所立碑一通,上书"谒孙征君墓"。

叶廷桂

叶廷桂，生于明万历十三年（1585年），卒于清顺治三年（1646年），字青来，号蕃实，归德府（治今河南商丘）人。明朝大臣。

明朝天启年间中进士，由户部主事历陕西督粮道、山西按察使，迁右副都御史，巡抚山西大同。后升兵部左侍郎兼总蓟辽军务。因与兵部尚书陈新甲主张不和，称病归里。后流亡江南，顺治三年（1646年），卒于浙江衢州，享年六十二岁。

叶廷桂墓在今商丘市虞城县刘店镇叶田庄村西北200米，省道203可达，地理坐标为北纬34°16′11.0″，东经115°49′31.0″。该墓建于清代，为虞城县文物保护单位。墓为叶廷桂与妻李淑人及刘宜人、蒋儒人合葬墓。墓冢略呈长方形，南北长约8米，东西宽约4米，高2米。原有石狮两个、石供台一个及墓碑和祭碑各一通，今已不存。

叶廷桂墓

刘景耀

刘景耀，生于万历十五年（1587年），卒于崇祯十二年（1639年），字嵩曙，登封（今河南登封）人。明朝大臣。

刘景耀少有文名，二十五岁中举人，天启二年（1622年）三十六岁时中进士。初任河北大城（治今河北大城）知县，严厉打击豪强，权贵敛迹。升兵部车驾司主事，精心筹划，确保无贻误。升兵部员外郎。后升山东布政使司右参政兼佥事永平监军兵备道。查看地形，训练士兵，多次战胜后金兵。山东告急，刘景耀任山东巡抚提督军务兼理营田都察院右佥都御史。到任后，坚守城池，屡次战败进犯之敌。后卒于任上，享年五十三岁。著有《面壁文集》《永平杂诗》《永平杂录》等。

刘景耀墓在今郑州市登封市东华镇东金店村西约50米处，省道323可达，地理坐标为北纬34°22′50″，东经113°02′14″。该墓始建于明代，为登封市文物保护单位。墓区坐北向南，远望群山，地势平坦。墓区原有面积2000平方米。现墓冢已平，尚存石狮一对、石碑三通。

王铎

　　王铎，生于明万历二十年（1592年），卒于清顺治九年（1652年），字觉斯，号痴庵，又号嵩樵，别号烟潭渔叟，孟津（今河南孟津）人。明清大臣，擅长诗文、书画，是著名书法家。

　　王铎年幼时即有大志，喜读兵书、经书，关心百姓疾苦，立志以身报国。万历三十五年（1607年），十六岁为诸生。天启二年（1622年），三十一岁中进士，任庶吉士，授编修。天启六年（1626年），太监魏忠贤欲编《三朝要典》，想请王铎等人承担此事，并许以丞相之职，王铎拒绝，托病不朝。后为防被害，请假回乡。

　　崇祯时期，为翰林院侍读、礼部尚书，弘光朝官至次辅。明末朝政混乱，民不聊生，王铎感叹时局，悲悯苍生，却又无可奈何。在《寇来》中描写了家乡遭受战乱的情景；在《出郊得家书》中深叹朝政的颓废或个人的无能为力；在《庚午四月》中抒发了对朝廷连年用兵，加深百姓苦痛的不满；在《决闷诗（之四）》中，豪情万丈，意效霍、班驱逐鞑虏，谴责守边将领的无能和朝廷的懦弱。

　　崇祯十一年（1638年），后金兵越过长城，兵部尚书杨嗣昌一味求和，王铎极其不满，上疏朝廷极陈议和不可。崇祯十四年（1641年），为父母奔丧回到孟津，时李自成义军已攻占洛阳，于是举家迁往苏门（今河南辉县西北）居住。后受友人之邀，全家顺运河南下，曾到过南京及吴越之地。崇祯十七年（1644年），召为礼部尚书，但未及到任，崇祯帝自尽，明亡，王铎悲痛不已。接福王诏命，转赴南京勤王，授东阁大学士、太子少保，不久升次辅。福王不理朝政，王铎经常直言上谏，望能积除弊端，复兴大明王朝，但不为福王重视。

　　顺治二年（1645年），福王太子即位，王铎官大学士。清兵攻至南京城下，王铎等商议后举城投降。翌日，清豫亲王多铎受百官朝贺，特意找人引见王铎，并好言相劝。王铎等被送到北京，官复原职，授礼部尚书，加太子太保，后任明史副总裁、太宗实录副总裁等。此后王铎思想陷于矛盾、苦闷之中。他自小习孔孟之道，向异族俯首称臣大背其信奉的教条，因此郁郁寡欢，逐渐放纵自己。

　　顺治三年（1646年），王铎的儿子中了进士，王铎非常高兴，让儿子竭力报效国家，而在给弟弟的信中又坦露自己的郁郁心结。这种心情，在其诗作中也有反映。《久误》："久久误缨冕，何春复壮龄？多因随马足，未及养黄庭！"作为旧朝大臣，不但没有挽江山于既倒，反而易主而侍，想要退避却又不能，矛盾、悔恨心情溢于言表。《无笑》中感觉生活没有了乐趣，而在《遁野东擢秀》中，则感觉生病可以逃离世俗，实属幸运。

王铎文学、绘画、书法俱佳，而尤以书法影响最大，与董其昌齐名，人称"董王"。在书法上，提倡习古，但又不同意泥古。晚年则奔腾放逸，狂怪老拙。墨迹存世较多，如《拟山园帖》《龟龙馆帖》《琅华馆帖》。工真、行、草书，笔力雄健，长于布局，代表作《洛州香山诗轴》神龙飞腾。王铎在书法上是一位各体皆能、风格多样的全才，无论是伟岸遒劲的大楷、高古朴厚的小楷书，还是飞腾跳踯的行草书，在晚明书坛都是一流的。文学成就在明朝的影响也比较大，存诗近万首，大多为记事伤时之作。

顺治九年（1652年），奉命祭告华山，触景生情，黯然神伤，归家后卧床不起，二月十七日去世，享年六十一岁。后谥文安。

王铎墓在今洛阳市偃师市山化镇石家庄村南，省道314可达，地理坐标为北纬34°43′04.0″，东经112°55′09.0″。该墓

王铎墓之一

王铎墓之二

建于清代，为洛阳市文物保护单位。墓葬坐落于邙岭南麓，陇海铁路南侧。神道推测长约300米，宽约30米。两侧石刻，尚存石马一对、碑座两个、石狮一个，附近九龙庙内存石翁仲一个。原有顺治谕祭碑和墓碑，墓碑今已不存。村内有清顺治九年（1652年）谕祭碑一通，高2.95米，宽1.1米，字迹大多模糊不辨。

孙传庭

孙传庭，生于万历二十一年（1593年），卒于崇祯十六年（1643年），字伯雅，一字白谷，代州振武卫（今山西代县）人。明朝大臣。

孙传庭身材高大魁梧，仪表颀硕，性格深沉安静，富有谋略。万历四十七年（1619年），二十七岁时中进士，授永城知县，后调商丘。天启年间，入京任吏部验封司主事，迁吏部稽勋司郎中后上疏辞官。崇祯八年（1635年），出任验封郎中，升顺天府府丞。崇祯九年（1636年），擢为右佥都御史。陕西士大夫请荐孙传庭督察，遂于三月巡抚陕西，令副将罗尚文率军进击商洛义军，诛杀整齐王，不久在黑水峪之战中生擒高迎祥，因功增秩一等。崇祯十年（1637年）年初，率领部将斩圣世王、瓦背王、一翅飞、降镇天王、上山虎等部义军，关中以南趋于平定。

兵部尚书杨嗣昌上疏奏陈方略，孙传庭认为不可，自己招兵买马，得罪了杨嗣昌。崇祯十一年（1638年）春，杨嗣昌借口孙传庭支援不力，削夺他所加俸禄和级别。孙传庭兵分五路合击天星、混天星起义军，捕杀两千余人，又打退了驰援陕西起义军的马进忠、马光玉部，与洪承畴在潼关南原战败闯王李自成部，李自成仅以十八骑突围而走。至此，陕西境内的起义军几乎全部被镇压下去。孙传庭率部向东，在阌乡（今河南灵宝西北）、灵宝的山地间大败十三家兵马，起义军处境非常艰难，不得已请求投降，孙传庭没有接受。起义军移兵商洛一带，孙传庭令部将王文清等率部追击，起义军被迫转移到内乡、淅川一带。

崇祯十一年（1638年）十月，孙传庭入京防守，升为兵部右侍郎兼右佥都御史，督诸镇援军。为杨嗣昌不容，上疏建议亦没有得到采纳，因此郁郁不乐。第二年，称病告休，杨嗣昌上疏称此乃推托之举，崇祯帝大怒，将孙传庭贬为平民后禁囚，以待判决。在狱中关了三年，杨嗣昌等相继失势，义军越来越强大，朝廷不得已起用孙传庭任兵部右侍郎。率禁卫军解开封之围后，又进赴陕西，加紧整肃军务。崇祯十五年（1642年）五月，李自成第三次包围开封，孙传庭起兵驰援，途中开封陷落，便挥军直趋南阳。李自成与罗汝才合兵西进，孙传庭战事不利，在郏县（治今河南郏县）大败。他率残部逃至巩县（今河南巩义），由孟塬（今属陕西华阴）进入陕西。

孙传庭决心死守潼关，制定了不宜速战、开垦屯田、修缮兵器、储存粮食等战略，上疏朝廷，不被采纳。崇祯十六年（1643年）五月，兼督河南、四川军务，不久升任兵部尚书，改称督师，加督山西、湖广、贵州及江南、江北军务，皇帝令其迅速兵出潼关。八月十日，孙传庭师出潼关，最初在汝州、灵宝、郏县连胜起义军。后来汝州军哗变，起义军紧逼不舍，孙传庭且战且走，单骑过山西垣曲，起义军乘胜攻破潼关，孙传庭与监军副使乔迁策马大呼，战死阵中。

孙传庭出师时，即与继妻张氏交代后事。西安被破，张氏与二女三妾自沉于井中，八岁儿子托人收养。长子孙世瑞从外地赶到，将张氏尸体捞出，又找到弟弟，兄弟相扶携还，路人无不为之哭泣。孙传庭的尸体一直未找到，也有人说他未死，因此不予赠荫。著有《白谷集》六卷、《鉴劳录》一卷。

孙传庭墓在今三门峡市灵宝市豫灵镇底董村西北，国道310可达，地理坐标为北纬34°33′58.33″，东经110°27′1.25″。该墓始建于明代，为灵宝市文物保护单位。墓冢已平，地表无迹。

贾开宗

贾开宗，生于明万历二十三年（1595年），卒于清顺治十八年（1661年），字静子，号野鹿居士。祖籍山西太原，明初迁徙至归德府（治今河南商丘）。明清文学家。

贾开宗多次参加科举，屡试不第。羡慕西汉辞赋家司马相如的为人。文学上宗唐宋八大家，著有《溯园文集》《溯园诗集》等。明末清初，和友人共同发起"雪苑社"，文风大盛，与侯方域、徐作肃、徐邻唐、徐世琛、宋荦并称"雪苑六子"。他以才自负，性格疏狂，一生著述颇丰。顺治十八年（1661年）去世，享年六十七岁。

贾开宗墓在今商丘市梁园区王楼乡小贾庄村西北，县道325可达，地理坐标为北纬34°26′37.7″，东经115°29′35.9″。该墓始建于清代，为商丘市文物保护单位。墓葬坐落于耕地，周临村庄和农田，四周树木葱茏。墓冢呈圆形，周长约9米，高约1.2米。存清光绪十二年（1886年）墓碑，断为两段，碑额刻"雪苑名流"。

贾开宗墓

李际期

李际期，生卒年不详，字应五，一字元献，孟津（今河南孟津）人。清朝大臣。

明崇祯十三年（1640年）中进士。崇祯十四年（1641年），李自成农民军进入河南。河洛沿河百姓准备北渡躲避战乱，但被守河官员阻拦。李际期与官员协商，承担一切后果，百姓才得以渡河躲过兵患。此举被当地传为美谈。清军入关后，任户部主事。顺治二年（1645年）典会试。顺治三年（1646年），视学两浙。再任浙江分巡金衢道。上疏建议赋税征收货币，朝廷允可。剿灭匪贼，地方安宁。顺治十一年（1654年）升刑部右侍郎，改左侍郎，次年升工部尚书，转兵部。卒于任上。谥僖平。赠太子少保。

李际期墓在今洛阳市孟津县会盟镇老城村南，临省道314（孟扣路），地理坐标为北纬34°48′32.74″，东经112°38′37.25″。该墓始建于清代，为河南省文物保护单位。墓葬坐落于耕地，北距孟津至扣马公路约200米，四周为树木。墓冢直径约10米，高3米，面积140平方米。墓前有神道，两侧有石望柱、石虎、石羊、石人、石马各一对。墓冢前有石供案一张、墓碑一通，上书"大清太子少保工兵部尚书僖平李公之墓"。

李际期墓

宋权

宋权,约生于明万历二十六年（1598年）,卒于清顺治九年（1652年）,字元平,号雨恭,又号梁园,归德府（治今河南商丘）人。明清大臣。

明天启五年（1625年）中进士,初授阳曲（治今山西阳曲）令,政绩卓异。崇祯年间,历工、吏、兵三部给事中,三次上疏抨击时政,批评不法。后为山西按察副使。因母亲年迈告归。崇祯十五年（1642年）,复起任大名（治今河北大名）知府,后调顺广（治今河北永年）、遵化（治今河北遵化）。崇祯十七年（1644年）,巡抚顺天。受命三日,明朝灭亡。顺治元年（1644年）,斩杀李自成将领,投降清朝,仍巡抚顺天。建议顺治以国礼祭葬崇祯,剪除积弊,广育贤才等。

顺治三年（1646年）,升国史馆大学士。第二年任会试总裁官。凡进士私谒,一律不见。顺治六年（1649年）,任纂修《太宗实录》总裁官。再任会试总裁官,回家葬母。后加太子太保。第二年还朝,反对派遣巡方御史。顺治八年（1651年）,上疏建议废员宜起,巡按宜复,因前后意思不一,又未言于圣旨之先,加之母丧未终即任主考,遭到给事中弹劾,遂致仕。宋权归里后,自号"归德老农",整日与亲友等饮酒作乐,作文赋诗。宋权学问渊博,诗宗杜甫、王维,文宗欧阳修、苏东坡。顺治九年（1652年）卒于家中。赠少保兼太子太保,谥文康。有《白华堂诗集》传世。

宋权墓在今商丘市睢阳区古宋街道宋庄村西,省道206可达,地理坐标为北纬34°22′05.3″,东经115°35′40.0″。该墓始建于清代。墓葬坐落于耕地,墓冢夷平,存石狮等残石刻数件。

薛所蕴

薛所蕴，生于明万历二十八年（1600年），卒于清康熙六年（1667年），字子展，号行屋，孟县（治今河南孟州）人。明清大臣，诗人，时称"河阳先生"。

明崇祯元年（1628年），二十九岁时中进士，授山西襄陵（治今山西襄汾）知县。崇祯六年（1633年），授翰林院检讨，两次主持礼部考试，善选贤任能，名噪一时。崇祯十六年（1643年），任国子监司业。清朝建立，应太师范文程之请进京，官居原职。清顺治二年（1645年），任国子监祭酒。河南地区经长年战乱，百姓流离失所，大片良田荒芜，薛所蕴请求专派劝农垦荒之官，资助耕牛，三年后逐步偿还朝廷。

推荐理学大师孙奇逢出任祭酒，请求在京文官四品以上、地方官三品以上、武官二品以上，各派一名子弟入国子监学习，开设八旗教习，训练满族学生。历任通政司参议、顺天府加太仆寺卿、詹事府詹事、弘文院学士等。顺治十一年（1654年），任礼部右侍郎，寻转左侍郎，后晋阶资政大夫。顺治十四年（1657年），辞官归故里。

回到家乡，修建翕园，名桴庵。他爱好藏书，家中珍籍无数。在学术方面，主张实学，"翰林以文章为职，然文章经术一也，毋华而不实，毋迂而寡效"（《中州先哲传》）。爱好诗作，非常喜欢杜甫的诗，时与王铎、刘正宗并称三家。常与诗友论诗，不分昼夜寒暑，不论天寒地暖。王铎曾有诗形容二人之间论诗的情形："每同彻夜挑灯语，几度冲寒踏雪行。"孙奇逢路过孟县时，就住在薛所蕴的住处，二人交流理学心得，颇为投缘。康熙六年（1667年），卒于家中，享年六十八岁。薛所蕴一生著述颇丰，有《澹友轩文集》十六卷、《桴庵诗集》五卷。

薛所蕴墓在今焦作市孟州市河阳街道缑村上酒路东，省道238、省道309可达，地理坐标为北纬34°56′05″，东经112°48′51″。该墓始建于清代。墓葬坐落于耕地，北约30米有田间小路。现墓冢夷平，地表无迹。原墓碑一通，存于薛氏宗祠。

陈王廷

陈王廷，约生于明万历二十八年（1600年），卒于清康熙十九年（1680年），字奏庭，温县（今河南温县陈家沟）人。太极拳师，陈家第九代传人，被称为陈氏太极拳鼻祖。

陈王廷以庠生进县学，为秀才，经常研习拳术。清朝建立，参加武生考试，中武秀才。因社会动荡，遂绝意仕进。游历民间研习拳术。在山西，与一童子扳跌，陈王廷毫无还手之力，自知山外有山，更加潜心修习。清军入关，李际遇占山为王反抗官吏迫害，陈王廷上山劝阻，山上箭如雨下，陈王廷接拨自如，箭不能伤身，因此名声远播。途中与李际遇的手下将领蒋发对打，不分胜负，遂为挚友。李际遇兵败，蒋发做了陈王廷的仆人。陈王廷似关羽，蒋发似周仓，人称"二关公"。

陈王廷身处乱世，一生不得志，只以弄拳习武为生。他被称为陈氏太极拳鼻祖，依据祖传拳术，采众家之长，以太极阴阳之理，借中医经络之说，用导引吐纳之术，创造了阴阳结合、刚柔相济的陈式太极拳。

陈王廷墓

至今人们习练的有一至五路太极拳，炮捶一路，长拳一百零八式，双人推手和刀、枪、剑、棍、铜、双人粘枪等器械。陈氏太极拳首先对养生和保健大有益处，同时也是一项攻击性很强的武术套路。陈王廷以《拳经总歌》的形式，为太极拳在理论上作了解释，力主练拳要讲究螺旋缠绕，声东击西，虚中有实，步法灵活，以意行气，从而达到四两拨千斤的境界。这是他根据自身的实践和传统武术经验而创作的，被其子孙广泛传扬。康熙十九年（1680年）去世，享年约八十一岁。

陈王廷墓在今焦作市温县赵堡镇陈沟村陈家沟景区内祖林北部，省道309转陈沟线可直接到达景区，地理坐标为北纬34°56′40″，东经113°08′41″。该墓始建于清代，为河南省文物保护单位。墓冢四周松柏成荫，陈氏家族墓碑林立，环境优雅。墓冢呈圆形，下部水泥圈筑，直径3.96米，高约1.6米。前有墓碑一通，上书"太极拳始祖"。

蔺挺达

蔺挺达,生于明万历三十四年(1606年),卒于清康熙二十年(1681年),字金芝,号东崖,偃师(今河南偃师蔺窑村)人。清朝大臣。

明崇祯六年(1633年)中举人,清顺治九年(1652年)中进士。授行人,升吏科给事中,上疏陈清吏治,澄阅铨政,定取士之别。转户科,康熙时,任吏科掌印都给事中。与河南道一起主持选事,掌京察大计,处分得当、公允。康熙二十年(1681年)去世,享年七十六岁。著有《存心堂奏上疏》《存心堂文集》。

蔺挺达墓在今洛阳市偃师市山化镇蔺窑村北约300米,省道314转村间公路可达,地理坐标为北纬34°44′42.21″,东经112°51′0.63″。该墓始建于清代,为偃师市文物保护单位。俗称"蔺老官墓""蔺公墓"。墓葬地处邙山岭巅,周为山岭。墓冢呈圆形,以砖围砌,直径约12米,高2米多。墓前立乾隆三十年(1765年)墓碑一通,工部营缮司主事董之铭撰书"敕授文林郎吏科掌印都给事中蔺公之墓"。

蔺挺达墓

赵宾

赵宾，生于明万历三十七年（1609年），卒于清康熙十六年（1677年），字珠履，号锦帆，阳武（今河南原阳）人。清朝诗人。

顺治三年（1646年）中进士，官淳化（治今陕西淳化）知县，升刑部主事。赵宾擅长诗作，与宋琬、施闰章、周釜山、严沆、张文光、丁澎诗酒酬唱，世称"燕台七子"。康熙十六年（1677年）去世，享年六十九岁。著有《学易庵诗文集》。

赵宾墓在今新乡市新乡县七里营镇毛滩村南，国道107可达，地理坐标为北纬35°07′36.0″，东经113°50′43.0″。该墓始建于清代，为新乡县文物保护单位。墓葬邻村庄，地势平坦。墓区占地约2500平方米，为家族墓地。赵宾墓在墓区北端，墓冢面积约110平方米，直径约3米，高1.5米。墓前有清康熙年间所立墓碑，上书"皇清诰封文林郎历任刑部两湖道司郎中赵公之墓"。

赵宾墓

侯方域

侯方域,生于明万历四十六年(1618年),卒于清顺治十一年(1654年),字朝宗,归德府(治今河南商丘)人。著名散文家。

侯方域少年时,师从上虞倪元璐,强调文笔驰骋纵横,各尽其才而后轨于法。崇祯十二年(1639年),二十二岁到南京应试,参加了复社的政治活动,在读书人中颇有名望。魏忠贤干儿子阮大铖谋取官位,打算结交侯方域,以求得帮助。侯方域察觉后拒绝与其交往,阮大铖恨之入骨。崇祯十三年(1640年),侯方域回到家乡商丘,和好友贾开宗等人组建"雪苑社"。崇祯十四年(1641年),父侯恂督师救援开封,侯方域提出攻取方略,侯恂不用。

崇祯十六年(1643年),侯方域再次到南京,第二年,明朝灭亡,福王朱由崧在南京建明王朝,阮大铖等人搜捕复社人士,侯方域连夜逃出南京,到江都(今江苏扬州东部)高杰大营当了幕僚。后来又随高杰镇守豫东河防。南明弘光二年(1645年),高杰被杀,侯方域跑到扬州史可法门下。清军攻破扬州,史可法等人被杀,侯方域逃离扬州回到商丘老家,策划恢复雪苑社。当时,反清的农民军攻城略地,气势如虹。直鲁豫总督张存仁屡遭败绩,于是向侯方域询问计策。侯方域详陈对付农民军的办法,又写《上三省督抚剿抚议》,提出逼巢穴、绝经路、困粮食、鼓敌气、散党援"五剿议",和固根本、昭激劝、简精锐、信号令、责屯种"五抚议"。张存仁用其方法,将农民军镇压。

顺治八年(1651年),侯方域参加科考,河南第一,但只中副榜,未被录用。他郁郁不得志,便心生悔意,写《哀辞九章》等诗文,表达后悔之意。应试后第二年,修建"壮悔堂",写《壮悔堂记》,把著作命名为《壮悔堂文集》,并发愤读书,著述颇丰。作品富于形象,想象丰富,气势磅礴,颇有浪漫气息。如《李姬传》,写了南京秦淮歌女李香君。后人孔尚任依据此写成《桃花扇》。

顺治十一年(1654年),侯方域去世,终年三十七岁。《清史列传》评价:"方域健于文,与宁都魏僖、长洲汪琬并以古文擅名。僖策士之文,魏儒者之文,而方域则才人之文。盖其天才英发,吐气自华,善于归抚,绝去蹊径,不戾于古,而亦不泥于今。方时论古文，率推方域为第一，远近无异词。"著有《壮悔堂文集》《四忆堂诗集》等。

侯方域墓在今商丘市睢阳区路河镇侯小园村东南，省道206、省道207可达，地理坐标为北纬34°20′27.8″，东经115°35′19.8″。该墓建于清代。墓葬坐落于耕地，四周为农田，地势平坦。墓冢已夷平。曾出土墓志一方。

耿介

耿介，生于明天启二年（1622年），卒于清康熙三十二年（1693年），原名冲璧，字介石，号逸庵，登封县（今河南登封市城关）人。清朝官吏，复兴嵩阳书院。

耿介年少时读《北山移文》，见其中"耿介拔俗"语句，欣然说道："惟介所以拔俗，终身矣。"（《中州先哲传》卷十九）幼年丧父，母傅氏教他读书，燃烧芦苇照明。九岁能作文，乡里人惊叹，参加童生考试，获第一名。顺治九年（1652年），三十一岁时中进士，选翰林院检讨，出为福建巡海道。临行，母亲傅氏以"谦谨平恕"四字相赠，耿介一生为官，谨遵母命。上任伊始，奉命巡视海道，自带干粮酒水，不令地方官供应膳食、馈赠。清查海上逆产三个多月，清查出十余万金。赴南台监造战船，亲自入山采木，兢兢业业，后又奉命筑城海上，修筑防御工事，建筑石城长三百六十丈，修建营房二百余间。

耿介为官清慎勤敏，惩处贪腐，革除积弊，拒绝贿赂。他经常外出巡行，取消一些捐税，减轻百姓负担，对无地而为奴仆的汉人予以保护，发生案件不行株连，受到百姓拥戴。康熙元年（1662年），转江西湖东道，后改直隶大名道。丁母忧辞职，除服后不愿出仕，闭门读书，自命书屋为敬恕堂，会文讲学，怡然自得。拜于理学大师孙奇逢门下，学成后再回登封，复兴嵩阳书院，开始了他一生中最重要的功业。

康熙十六年（1677年），购置学田二百亩，垦荒田一百三十亩，兴建先贤祠、三圣祠、雨泽堂、观善堂、辅仁居等。四处奔走，从全国各地募得图书数百种，使嵩阳书院成为当时全国一大书院。耿介学识渊博，亲自授课，对学生一视同仁。聘请知名学者来书院讲学，教育方法不囿于一家之说，提倡个人自学、集中讲解和质疑问难相结合。在书院西院造房三间，作为质疑问难之处，对培养学生自学和独立思考能力颇有益处。因复兴嵩阳书院，耿介被称作"嵩阳先生"。其间，应邀赴大梁书院讲学，并作《太极图疏义》传世。

耿介关心百姓疾苦，出资帮助乡里困难百姓，代民缴纳捐金，遇有米价上涨，拿出自家粮米平价出售，遇到荒年，出粮赈灾。康熙二十五年（1686年），召为侍讲学士，旋升詹事府少詹事，辅导皇太子。书有"孔门言仁言孝。盖仁孝一理，仁者孝之本体，孝者仁之发用。不言仁无以见孝之广大，不言孝无以见仁之切实"，深得康熙赞许。

后以疾请辞，在嵩阳书院任主讲。康熙三十二年（1693年）卒于家，享年七十二岁。著有《孝经易知》《中州道学编》《理学要旨》《敬恕堂孝稿》《嵩阳书院志》《河南通志》《家规家乘自课》等。

耿介墓在今郑州市登封市嵩阳街道新兴街社区兴华南五巷9号对面，临洧河路，地理坐标为北纬34°27′14″，东经113°01′13″。该墓始建于清代，为登封市文物保护单位。墓葬坐落于坡地，东临一河流。为耿氏家族墓地，原有墓冢、墓碑、牌坊等，坊横额书"耿介坟茔"。现墓葬已不存，为民居占压。墓碑现存于嵩阳书院。

彭了凡

彭了凡,生卒年不详,又名"饿夫",保定府蠡县(今河北蠡县)人。明末文人,重气节,反清绝食而死。

清兵入关,明朝覆亡,彭了凡带子南迁,以教书为生,途中儿子去世,他便只身来到百泉(今属河南辉县),开始无处栖身,后居住在孙奇逢家中。怀着对明朝灭亡的沉痛,他又四处游历,步行千里到达徐州,流落街头,走投无路,只好返回百泉,仍借居于孙奇逢处。此时,明末农民起义失败,彭了凡为表达对清军的不满和反抗,决心一死以示高洁,终日不食,坐死在啸台旁。死后,孙奇逢壮其志,称其为"饿夫"。

彭了凡墓在今新乡市辉县市百泉镇苏门山东侧山坡上,省道229可达,地理坐标为北纬35°29′24.60″,东经113°46′51.41″。该墓始建于清代,为辉县市文物保护单位。墓冢呈圆形,四壁及墓顶皆以石砌,高3.25米,周长13.8米。墓门处立石碑两块,左边为孙奇逢手书"饿夫墓"三字,右边刻《彭了凡小传》,为清康熙五十年(1711年)辉县知县范景所立。墓南有四块巨石,上书"民族精神"四字,为冯玉祥所书。

彭了凡墓

李之铉

李之铉，生于明天启二年（1622年），卒于清康熙四十年（1701年），字子金，号雪樵，归德府柘城县（今河南柘城）人，也有说为鹿邑县人。数学家。

李之铉少时即聪颖，九岁时，文理灿然。明末，学使于辉县苏门山主持考试，观者如堵，一时众人不能进入，唯李之铉以少年独立台阶上，文章持笔而成，名声由此大振。学使选拔其为诸生，后主持苏门社。明之后，绝意仕途，专门研习经史。治学以实用为主，对经学、史学、数学、几何、天文、历法、音乐、诗词等均有研究。著有《律吕心法》《书学慎余》《算法通义》《元弧象限表》《几何易简》等十二种，自总其名曰"隐山鄙事"。

李之铉墓在今商丘市柘城县皇集乡罗李村西北，省道206可达，地理坐标为北纬34°02′11.0″，东经115°11′27.0″。该墓始建于清代，为柘城县文物保护单位。原墓已毁，今人重新修建，坐落于村后耕田之中，地势平坦。圆形土冢，直径约6米，高1.6米。墓前立乾隆十五年（1750年）残碑刻两通，民国二十八年（1939年）碑一通，上书"李子金先生懿行碑"。曾出土墓志铭一块，亦立于墓前。墓前建有李子金纪念馆，内供李子金塑像。

李之铉墓

王云明

王云明，生于明天启六年（1626年），卒于清康熙二十九年（1690年），字圣能、汉章，陈州西华（今河南西华后习阳村）人。清朝官吏。

王云明自幼聪颖好学，顺治十四年（1657年）中举人，授黄安（治今湖北红安）知县。亲民如子，减免税负，惩治奸徒，劝课农桑，深得百姓爱戴。因忤逆知府下狱，后得释返回家乡。临走时，士民攀辕哭泣，五天方离开。著《习阳集》，已佚。

王云明墓在今周口市西华县黄土桥乡后石羊村东，省道329可达，地理坐标为北纬33°46′38.89″，东经114°28′40.53″。该墓始建于清代，为西华县文物保护单位，俗称"王三猴墓"。墓区以砖墙围砌。墓冢南北长约16米，东西宽约9.5米。墓冢前立清代墓碑一通，记其生平。

王云明墓

汤斌

汤斌，生于明天启七年（1627年），卒于清康熙二十六年（1687年），字孔伯，号荆岘，晚号潜庵，睢州（治今河南睢县）人。康熙朝廉吏，著名理学家。

明崇祯十年（1637年），睢州城被起义军攻占，汤斌随父亲逃到浙江衢州，母亲赵氏在家被害，后入《明史·列女传》。清顺治二年（1645年），汤斌回到故乡。顺治九年（1652年），二十六岁时进士及第，选为庶吉士，授国史院检讨。顺治十二年（1655年），任监司。参与编写《明史》，认为不能将对抗清廷的明朝大臣作为叛徒，震惊朝野。顺治十三年（1656年），任潼关兵备道副使，放仓赈灾，流民渐归。顺治十六年（1659年），升江西岭北道参政，挫败郑成功，擒获明将李玉廷。因父年老多病，请假回故乡侍奉老父。

康熙二年（1663年），到辉县夏峰村，拜在孙奇峰门下。受业十余年，因修《理学宗传》，与同学立"志学会"，建绘川书院，其学借鉴程朱、陆王，父亲死后，在家守丧。潜修十年，学业大有长进。康熙十年（1671年），诏试一等，授翰林院侍讲，参修《明史》。康熙二十年（1681年），任浙江乡试主考官。第二年为《明史》总裁。康熙二十三年（1684年），升内阁学士，兼礼部侍郎，充《大清会典》副总裁。补江宁（治今江苏南京）巡抚，康熙非常尊重他且寄予厚望。任上恢复经济，发展农业，兴修水利，惩治贪官，减轻农民负担，赈济灾民，各州县立礼学，全境教化大行。康熙二十五年（1686年），授礼部尚书，管詹事府事。临行前，百姓遮道焚香相送。第二年，改工部尚书。刚正不阿，当仁不让，不依附权臣明珠。病逝于任上，享年六十一岁。有《潜庵遗稿》传于世。

汤斌是道学家言行相顾的典型学者，一生讲求实用，认为"学当躬行实践，不在乎讲"。他的哲学思想是主观唯心主义的，宇宙观是"道本于心"，同时认为"圣贤之学，其要存心而已，存心者，存天理而已"。天理就是封建伦理道德准则。他认为"凡人为一善事，则必安而体舒；为一不善事，则必不安而色愧"，"于此便是人性皆善，人能随事体察，四方此心本体，无为其所不为，无欲其所不欲，这便是尽心复性的真实功夫，故格物是紧事"。格物就是正心，只要"能致知，则意可诚，心可正"(《潜庵遗稿》)。想知道什么,只要从自己的心中找就什么都可以得到,他把封建道德最高准则归结为"孝","天下万善同出一原,人能孝则事君必忠,事长必顺,交友必信,居官必廉,临民必宽"(《中州名贤集》卷二《孝经易知序》)。

汤斌把程朱理学和王阳明的心学发扬光大,适应了当时的政治形势和统治者的需要,获得了"理学名臣"的称号。雍正将汤斌入贤良祠。乾隆元年(1736年),谥文正。道光三年(1823年),祀孔子庙。

汤斌墓在今商丘市宁陵县黄岗镇己吾城村东南500米,省道327、省道214可达,地理坐标为北纬34°18′59.0″,东经115°10′34.0″。该墓始建于清代,为商丘市文物保护单位。墓葬坐落于耕地,四周为农田,地势平坦。原有陵园,规模颇大,园内植柏树多株,并有墓碑、供桌、石狮、牌坊等,今多不存。墓冢呈圆形,直径约2米,高约1.5米。

汤斌墓之一

汤斌墓之二

王琏

王琏，生于明崇祯三年（1630年），卒于清康熙四十三年（1704年），泉州府同安县（今福建同安）人。原为郑成功属下，后降清为军事将领。

王琏少时投笔从戎，荷兰殖民者盘踞台湾，郑成功率部攻敌，王琏冲锋陷阵，屡立战功，擢升为总兵，镇守泉州。清兵入关，王琏仕清任参将，为昭毅将军，清廷为夺其兵权，假意调其任南阳总兵。康熙四年（1665年），率部下离闽赴宛任职，到达后发现南阳总兵并未调动，只好解甲归田。

康熙四十三年（1704年）去世，享年七十五岁。后人将闽营十八姓编成顺口溜："闽营王林张，汤周关李黄，蔡邱田薛钟，蒋陈丁郜杨。"

王琏墓在今驻马店市泌阳县官庄镇王和村委汤庄东北角，县道034可达，地理坐标为北纬32°51′52.31″，东经113°18′35.40″。该墓始建于清代，俗称"老将坟"。墓冢呈圆形，直径9米，高1.9米。西北侧立有墓碑，圆首，浅浮雕龙凤纹，高1.7米，是王琏后人复制清碑而成。

王琏墓

高遹昌

高遹昌，约生于顺治三年（1646年），卒于康熙五十一年（1712年），字振声，号绿园，卫辉府淇县（今河南淇县）人。清朝大臣。

高遹昌生性耿直，赞赏汲黯、魏征、包拯等人的品行和操守。康熙十五年（1676年）中进士，任湖南龙阳（治今湖南汉寿）知县，建议减少屯垦田的赋税，与民田相同。康熙三十七年（1698年）调任广东东莞知县，监支军饷。制钱质量很差，朽烂不可用，高遹昌以自己俸银替换制钱，减轻了农民负担。调任茂名（治今广东茂名）知县，打击豪强地主，提倡文教，铲除匪盗，公平断狱，茂名社会风气逐渐好转，调任高州府（治今广东高州）知府。

康熙四十四年（1705年），任刑部主事。康熙四十六年（1707年），授户科给事中。第二年，在热河疏劾提督九门步军统领托合齐，提出三营归兵部、词讼归地方官、街道归工部等三项主张。整治沟渠街道，革除陋习，受到驻军和居民欢迎。三年后，升兵科掌印给事中。托合齐伺机报复，高遹昌被治罪，关进刑部大牢，老百姓听说后，五城罢市，值大旱，大家传言："释放高遹昌，诛杀托合齐，天即下雨。"

托合齐意图害死高遹昌，但未得逞，后来以病致仕，隆科多继任，具实上奏。康熙将托合齐下狱，释放高遹昌，离京返乡时，百姓自发到街上相送。康熙五十一年（1712年），回家不久即去世，享年六十七岁。谥遗直。时人以汤斌之理学、张伯行之清节和高遹昌之直道称"中州三巨公"。

高遹昌墓在今鹤壁市淇县北阳镇十里铺村，国道107转村间公路可达，地理坐标为北纬35°33′40.85″，东经114°10′38.14″。该墓始建于清代。封冢已平，存清康熙六十一年（1722年）墓碑一通，高2.6米，宽0.76米，厚0.27米，记载其仕途及政绩。

吴垣

吴垣，生年不详，卒于康熙五十六年（1717年），字翰宸，号云嶷，宝丰（今河南宝丰大营镇）人。史学家。

康熙二十四年（1685年）中进士，为庶吉士，授检讨，参与修国史，校录御篆诸书。后为监浙江学政，晋升侍讲学士，复典试浙江。著有《樵雪书屋诗稿》，康熙五十六年（1717年）去世。

吴垣墓在今平顶山市宝丰县大营镇李文驿村宁庄自然村东北，国道207、省道329可达，地理坐标为北纬33°55′54.0″，东经112°54′17.0″。该墓始建于清代，为宝丰县文物保护单位。墓葬坐落于山坡耕地，四周为农田，南侧有一自然冲沟。墓冢呈圆形，直径约6米，高约1.5米。

吴垣墓

王贯三

王贯三，生于顺治五年（1648年），卒于康熙五十九年（1720年），字配公，号遴庵，又号念庵，考城（今河南兰考）人。清朝大臣。

王贯三自幼素养极高，性情凝重，善于思辨，不与顽童为伍。稍长，知书达理，勤学不倦，文章英奇磊落。康熙八年（1669年）中举人，康熙十二年（1673年），二十六岁时进士及第，累授内阁中书、户部潜吏司主事、礼部清吏司郎中等。康熙二十年（1681年），为顺天乡试阅卷官，拔取得人。典试四川，所罗亦是蜀中才俊。

王贯三为官淡泊，两袖清风。康熙二十五年（1686年），监督宝泉局（清制币厂）间，剔奸除弊，康熙帝颁赐御书。康熙四十三年（1704年），辞官还里，家居茅屋，土垣颓址。热心家乡之事，增广学校，睦亲善邻。著《善补堂文集》。

王贯三墓在今商丘市民权县孙六镇河里王村西侧，省道324可达，地理坐标为北纬34°39′33.0″，东经115°18′03.0″。该墓始建于清代，为民权县文物保护单位。墓葬坐落于耕地，紧临村庄和农田，地势平坦。墓冢水泥封筑，呈长方形，长约4.4米，宽约3.1米，高1.5米。墓前有清乾隆四年（1739年）墓碑一通。吏部尚书张庭立撰文，刑部尚书徐本书丹篆额。今建青砖碑楼。

王贯三墓

胡煦

胡煦，生于顺治十二年（1655年），卒于乾隆元年（1736年），字沧晓，号紫弦，光山（今河南光山）人。清朝大臣。

胡煦中举后任安阳（今河南安阳）教谕。康熙五十一年（1712年），五十八岁时中进士。他长期研究《周易》，有独到见解。康熙召对，他对答如流，被选为庶吉士。自此经常入宫以备咨询，画图以进，康熙赞其"真苦心读书人也"。以检讨入直南书房，在蒙养斋行走。康熙五十六年（1717年），任湖北乡试正考官，历司经局洗马、鸿胪寺少卿、光禄寺少卿、鸿胪寺卿等。雍正元年（1723年），擢内阁学士。到盛京（今辽宁沈阳），审理私挖人参案件，建议此类案件由地方随时处理，不必朝廷一年派一次专人处理，朝廷采纳。

雍正二年（1724年），典顺天武乡试。雍正五年（1727年）授兵部侍郎兼署户部侍郎，建议停止追缴漕项拖欠银两，以减免负担。雍正六年（1728年），协理副都御史，转教习庶吉士。第二年，再任顺天武乡试正考官。雍正八年（1730年），任会试总裁，上书房行走，《明史》总裁。雍正九年（1731年），授礼部右侍郎。

河南灾荒，河南巡抚田文镜隐匿不报，胡煦据实奏报灾情，田文镜因此对他记恨心中，弹劾他的长子冒姓胡考中举人，胡煦因此被革职。乾隆元年（1736年），诏复原官致仕，同年去世，享年八十二岁。后补谥文良。

胡煦墓

胡煦一生研究理学，建言必依古王道，尤其提倡以孝治家，以孝治国。上疏雍正"广言路，裕积储，汰浮粮，省冗官，平权量"。重视农业生产，上疏建议责成州县劝课农桑，别设农官。著有《周易函书》《葆璞堂诗集》。

胡煦墓在今信阳市光山县南向店乡老虎山村老虎山村民组北200米，县道008可达，地理坐标为北纬31°54′40.87″，东经114°42′0.35″。该墓始建于清代。墓葬坐落于山坡台地，周围山峦环绕，地势稍高。现存乾隆帝碑一通，上书"诰受通议大夫增通奉大夫礼部左侍郎显考沧晓府君与诰封淑人待赠夫人显妣陈太夫人之墓"。

景日昣

景日昣，生于顺治十八年（1661年），卒于雍正十一年（1733年），字东阳，号嵩崖，登封（今河南登封大冶）人。清朝名儒。

景日昣幼年家贫，少有大志，至孝好学，不苟言笑。初入私塾，后入县学岳生堂，考试均第一名。康熙十四年（1675年），入嵩阳书院。曾任书院斋长，协助院长耿介管理校务。康熙二十六年（1687年）中举人，第二年中进士。任高要（治今广东高要）知县，处理大批积案，严格管理署吏，治理水患修建大堤，发谷赈灾，深受百姓爱戴。康熙四十二年（1703年），升京畿侍御史，多次出任监察御史。康熙五十四年（1715年），升鸿胪寺少卿，数迁太仆寺少卿、宗人府丞、都察院左副都御史，以少宗伯晋资政大夫加尚书衔。转任户部侍郎、礼部尚书郎，更定典制，主持科举。雍正元年（1725年）告老还乡。

景日昣著述颇丰，有《说嵩》《嵩岳庙史》《嵩岳学制书》《嵩台随笔》《河南通志》《嵩阳理学》等。《说嵩》是记述嵩山最完备的志书，也是最权威的专著，堪称古代嵩山的百科全书。《嵩崖尊生》为综合性医书，体现了他医学方面的成就。诗作流传下来的有《望岳》《观唐王告少林寺教》等。文章流传下来的有《嵩阳书院讲学序》等。

景日昣墓在今郑州市登封市唐庄镇陈村西南约200米处的小路南侧，郑少洛高速或省道237可达，地理坐标为北纬34°28′27″，东经113°08′15″。该墓始建于清代，为登封市文物保护单位。墓葬坐落于耕地之中，地势平坦。原有两冢，冢前有石人、石马、石羊、石猴、石表，现均不见。

高玢

高玢，生于康熙四年（1665年），卒于乾隆十年（1745年），字荆襄，号芸轩，柘城（今河南柘城）人。清史学家。

康熙二十七年（1688年）中进士，任内阁中书，办事精明练达，受大学士张玉书器重，升刑部主事。高玢秉性刚直，执法平允，理案谨慎，极力反对轻率用刑。后任广东道御史，协理江南、山东、陕西三道，稽查户、刑、工三部与通政司等。康熙六十年（1721年），与同僚奏请立太子，触怒康熙，被贬于忒斯军营，在西藏运粮，居塞上六年。

雍正四年（1726年），释还，以原职休致还籍，主持文正书院十九年。乾隆十年（1745年）去世，享年八十一岁。著有《三素堂文集》《四书析注》《读史管见》《述史韵语》和诗作《出塞集》。

高玢墓在今商丘市柘城县起台镇高堂村东北300米，省道327转县道038可达，地理坐标为北纬34°19′25.92″，东经115°13′10.71″。该墓始建于清代，为商丘市文物保护单位。墓葬坐落于耕地，四周为农田，地势平坦。墓冢规模不大，直径约1.5米，高约0.6米。墓前有嘉庆二十一年（1815年）墓碑一通。

高玢墓

赵良埨

赵良埨，生于康熙三十六年（1697年），卒于乾隆九年（1744年），字良长，号前园，民权（今河南民权北关镇）人。清朝文官。

赵良埨生性宽仁，明达事务。二十岁时，以太学生任潮州（治今广东潮州）州判兼管盐务。为政清廉，考虑民商所需，于百姓便利，数月革除陈规陋习。父丧去职，复起补江南徽州府（治今安徽黄山）通判，惩治拐卖良家子女首恶，保一方百姓安宁。郡中往蜀道运输物资，道路险恶，无人愿往，赵良埨奋然自请，历尽艰辛，完成任务。

署泾县（治今福建泾县）知县，当地素称难治之地，赵良埨除暴安良，捐俸造桥，黎民送"政教廉明"匾。以功迁徽州府同知，升滁州（治今安徽滁州）知州。离任时，数千人涕泣送行。乾隆九年（1744年），卒于滁州任所，享年四十八岁。

赵良埨墓在今商丘市民权县北关镇赵家堤村东南50米，省道211转县道003可达，地理坐标为北纬34°43′12.89″，东经115°21′0.03″。该墓始建于清代。墓葬坐落于耕地，临村庄，四周为农田。后人堆拢墓冢，规模不大，直径约3.5米，高约1米。墓冢前有清代墓碑一通，上刻"皇清诰授奉政大夫江南徽州府同知特简江南直吏滁州知府显考赵公讳良埨之墓"。

赵良埨墓

王聿修

王聿修，约生于康熙四十七年（1708年），卒于乾隆五十三年（1788年），字念祖，号孝山，禹州（今河南禹州）人。清朝官吏。

王聿修于乾隆元年（1736年）中举人，时年二十九岁。后为确山（治今河南确山）教谕，升为珙县（治今四川珙县）知县，以误用玺解官，掌崇庆州（治今四川崇州）书院。复补云南南安（治今云南楚雄）州判。因年老还乡，乾隆五十三年（1788年），病逝于家中，享年八十一岁。著书很多，主要有《禹州纪年》《全史提要》《四书五经讲义》《叶县志》《确山县志》《珙县志》《鄂碥嘉县志》等。

王聿修墓在今许昌市禹州市磨街乡大涧行政村下河自然村东，省道237转燕磨线可达，地理坐标为北纬34°10′06.0″，东经113°10′36.0″。该墓始建于清代。墓葬南依老王坡山，东临银洞山，大涧河流经，西近大涧至文湾公路。墓区占地面积800平方米，墓冢夷平。

钱九韶

钱九韶，生于雍正九年（1731年），卒于嘉庆元年（1796年），又名九同，字太和，号南淳，密县（今河南新密）人。清代诗人。

钱九韶出身贫寒，自幼聪敏过人，事亲至孝，赡养父母不离左右，族人称他为孝子。刻苦自励，勤奋向学，经书日诵数千言，皆能通晓大意。县试、院试均为第一名。乾隆五十年（1785年），成为贡生。曾任南阳镇平县教谕，晚年讲学于新密桧阳书院。

钱九韶是中州著名诗人，年甫弱冠即已在诗坛独树一帜。《芦花诗》被当时文人交口称赞，使他一举成名，并获雅号"钱芦花"。一生笔耕不辍，著述甚丰，有《葩经正韵》《四书正字》《研来斋杂记》《密县志补遗》《南淳文集》《南淳外集》《南淳诗集》等。嘉庆元年（1796年）去世，享年六十六岁。

钱九韶墓在今郑州市新密市超化镇杏树岗村张丰洼，县道038可达，地理坐标为北纬34°26′23″，东经113°24′33″。该墓始建于清代，为新密市文物保护单位。墓冢原高3米，周长25米。现地表无存，为耐火材料厂占压。

程国仁

程国仁,生于乾隆二十九年(1764年),卒于道光四年(1824年),字济棠,号鹤樵,祖居安徽,后迁商城(今河南商城)。清朝文臣。

程国仁年幼时沉稳端重,生性至孝,祖父、父亲先后去世,居丧尽礼,侍奉老母,虽粗茶淡饭,天娱甚欢。乾隆四十八年(1783年)入学宫,岁试第一,朝廷月给薪资。虽为生员,但不攻章句之学,希望像先哲一样专注理学,肩负起中州理学的众望。累试不第,家道坎坷,处之泰然。乾隆五十九年(1794年)乡试第一。嘉庆四年(1799年),三十七岁时中进士,选为庶吉士,散馆授编修,修乾隆帝实录。

嘉庆九年(1804年),任四川乡试副考官。嘉庆十二年(1807年),任陕西乡试正考官。嘉庆十四年(1809年),转福建道监察御史,巡视淮安漕务,剔除奸弊,

程国仁墓

裁革陋规，得嘉庆皇帝嘉许。任广东学政，端士习，正文体，刊《明儒刘蕺山人谱类记》教育士子，奏请增加新会学员名额。离开时，当地为他建生祠。任满补光禄寺少卿，不久出为山东按察使，核清关押者，尽可能保释。有的县令滥施刑罚，程国仁劾治不贷。奉旨赏加一级，擢升甘肃布政使。甘肃瘠贫，赋税累重，每年需兵粮数十万石。程国仁到任时，适值丰年，价格平允，便预买八十万石，节省国币无数。

嘉庆二十三年（1818年），擢升浙江巡抚，又调山东巡抚，肃官箴，兴教化，弹劾大僚强悍之徒，惩治小吏谲猾之人，风化肃然。次年朝见皇帝，改刑部右侍郎，充武会试正考官。又转左侍郎，授陕西巡抚，旋调贵州巡抚。贵州境内红苗与生苗两族仇杀，程国仁认为安定边境重在使其心服，应慎重用兵，安抚红苗，解散其众，擒获生苗首犯，按律惩治，苗众悦服。

道光四年（1824年），积劳成疾，陈请免职，朝廷同意，在回程途中去世，享年六十一岁。河南巡抚杨国桢撰神道碑："先生学问纯粹，体用兼赅，以忠孝文武之资，发为文章事业，震曜海内，士夫希风，卓然先正。光国史而垂荣名，树立伟矣。树表立范，礼固宜然。"著作甚富，书皆散佚，仅存《鹤樵诗集》二卷行世。有子，名程小鹤。

程国仁墓在今信阳市商城县伏山乡杨桥村花湾居民组，省道216可达，地理坐标为北纬31°41′50.80″，东经115°25′31.40″。该墓始建于清代。墓葬位处山坡，周围山峦环抱。墓冢近长方形，东西长12米，南北宽9.5米，冢高3米。墓前有石祭台，宽2.1米。原有神道碑、墓碑，均佚失。

黎世序

黎世序，生于乾隆三十七年（1772年），卒于道光四年（1824年），初名承惠，字湛溪，罗山县（今河南罗山）人。清朝大臣。

黎世序幼年家贫，嘉庆元年（1796年），二十五岁时中进士，任星子（今江西星子）知县，揭发奸佞，吏役畏服。调南丰，再调南昌。境内彭蠡（鄱阳湖）连年决口，黎世序微服简从，实地勘查，了解水情，制订开河、筑圩、泄洪方案，带头捐款筑堤，水害得免。嘉庆十三年（1808年），任镇江（治今江苏镇江）知府。丹阳练湖堵塞积淤，他制订浚淤方案，建造新闸，灌溉运输两便。

嘉庆十六年（1811年），任淮海道员，为疏通海口，力主"束水攻沙"，皇帝命黎世序负责治理。嘉庆十七年（1812年），加按察使衔，调淮阳道，不久加三品顶戴，升南河河道总督，督办河务。在徐州十八里屯、苗寨山、虎山等地，建造三座大坝。嘉庆二十一年（1816年），开凿龙、虎二山滚水坝，以减水势。嘉庆二十三年（1818年）又在峰、泰二山之间建滚水坝，大大

黎世序墓

减轻海口水患。创新方法，节省开支，提高效率。

道光元年（1821年），加太子太保，皇帝赐诗褒奖，称"开国良臣"。返回淮阳，设粥厂，散钱赈灾。修崇实书院。道光四年（1824年）去世，享年五十三岁。加尚书衔，赠太子太保，谥襄勤，入祀贤良祠。黎世序通易理，著有《东南河渠提要》《续行水金鉴》《河上易注》等。

黎世序墓在今信阳市罗山县定远乡刘店村御碑亭组，省道339可达，地理坐标为北纬31°49′39.0″，东经114°32′17.0″。该墓始建于清代，为河南省文物保护单位。墓葬位于山坡上，四周山峦环绕。墓冢呈圆形，直径约11米，高4.4米。下部以青砖围砌。墓前有石桌、条几、香炉及蜡台等。西北200米有御碑亭，内有《御赐黎襄公诗碑》《御赐祭文碑》《黎襄勤公入祀贤良祠碑》三通。

马殿甲

马殿甲,生于乾隆四十二年(1777年),卒于道光二十九年(1849年),字捷三,号肃斋,邓州(治今河南邓州)人。清朝武将。

马殿甲幼有大志,但家贫不能进学,稍长后习练弓矢,学刀槊,不久入县里武庠。嘉庆十二年(1807年)通过乡试,嘉庆十六年(1811年),进士及第,中武状元,授头等侍卫。教徒林清作乱,马殿甲抵御有功,授陕西黄甫营游击。道光六年(1826年),护理延安绥镇总兵官,新疆张格尔滋事,马殿甲调乌鲁木齐济木萨营参将剿浩罕,有功,赏荣衔。

道光十三年(1833年),补保定营参将,升河间副将。升广东南韶总兵,授权广东陆路提督,统辖广西水陆军务,节制各镇,兵民咸服。道光二十八年(1848年),因病归里,回到家乡后不以官势欺人,待人处事多施仁爱,平时勤俭节约。第二年去世,享年七十三岁。

马殿甲墓在今南阳市邓州市穰东镇霍庄村东南300米,省道244可达,地理坐标为北纬32°51′24.0″,东经112°16′27.0″。该墓始建于清代,为邓州市文物保护单位。墓葬坐落于耕地,四周为农田,地势平坦。墓冢形状不规则,高约2米,面积约200平方米,墓前原有神道及石像生,现均已不存。

曹谨

曹谨，生于乾隆五十二年（1787年），卒于道光二十九年（1849年），字怀朴，沁阳（今河南沁阳）人。清朝良吏，在台湾执政颇有政绩。

嘉庆十二年（1807年），乡试第一，参加礼部试，以优异成绩任直隶知县，历知平山、曲阳、饶阳（今属河北）、宁津（今山东宁津）等。体恤百姓疾苦，关心百姓生活，亲自到灾民家发放赈灾粮款，以免被佞吏中间盘剥。在宁津除盗，实行清庄、联庄等做法，对首犯严惩，以起恫吓与警示之作用，很快平定匪乱。

道光五年（1825年），任威县（治今河北威县）知县，后调闽县（治今福建福州）知县，兼署福州府海防同知。仍是克己奉公，为民着想，得到赞誉。闽县大旱，官吏、权贵迎神祈雨，唯曹谨不跪，上官认为曹谨可当重任，派为台湾凤山知县。遍访县域，体察民情，倾听百姓呼声，按照轻重缓急，逐个解决群众诉求，改革官场弊制，扫平一批恶匪，铲除一些不法官吏，深得百姓拥戴。调离时，百姓攀辕哭泣，数千人自发送行。

曹谨见水利设施长久失修无法使用，因旱而致田歉收，就召集民众兴修水利。道光十九年（1839年），掘圳四万三百六十丈，可灌田三万一千五百余亩，为台湾历史上前所未有的水利工程，具灌溉和防洪的重要作用，被时任台湾知府熊一本命名为"曹公圳"。当地百姓自发建"曹公圳"碑，歌颂曹谨之功德。道光二十年（1840年），任淡水（治今台湾新北淡水区）同知。后来台湾南部大旱，曹谨又率人建新圳，可灌溉三百六十余亩，人称"曹公新圳"。

道光二十一年（1841年），英军入侵台湾，曹谨率领官民奋力抵抗。他将基隆（治今台湾基隆）到大安（治今台湾台北）沿海可以停放船只的地方都放入沙石，以搁浅敌兵轮船，同时修筑炮台，开凿城壕，以为防御。敌兵进犯时，曹谨令渔民将英兵引入积沙港口，派兵埋伏袭击，英军中计，大败而逃。战争结束后，英国要求严惩曹谨。曹谨出于大局，甘当罪责，但请求不要处罚官民，总督怡良赞其"真丈夫也"（《清史稿·曹谨传》）。曹谨被撤职，以病回到故里。

在淡水任职期间，曹谨捐出俸禄修筑学海书院，增设乡塾，发展教育。离任后，

曹谨墓

淡水和凤山百姓建德政祠,以纪念并颂扬他抵御外侮、造福一方的功绩。后升为知府。礼部尚书李棠阶曾言:"数十年来,天下称循吏者必曰河内曹君。"(《曹君怀朴墓志铭》)

曹谨墓在今焦作市沁阳市覃怀街道南关村东南部,临河内中路、覃怀中路,地理坐标为北纬35°04′9.6″,东经112°56′22.8″。该墓始建于清代,为河南省文物保护单位。墓葬北距老城河200米左右,南距朱沟支渠300多米。东、南、北三面均为居民区,西为村制革厂。曹谨墓冢原为柳圈椅状,墓前神道长约100米,神道南端有石牌坊一座,牌坊往北的神道两侧依次排列着望柱、石羊、石马等石雕,惜墓葬被挖,石雕像均被毁坏。1985年、1999年沁阳县(市)政府两次对墓园进行了修整,经调查征集曹公墓志铭三块,收藏于沁阳市博物馆,征集石牌坊构件存于墓园。整修后的墓园南北长80米,东西宽13米,甬路宽2.36米,面积2000多平方米。墓冢直径6米,高2.3米。墓前正中立曹公墓碑一通,甬路两侧松柏常青。

吴其濬

吴其濬，生于乾隆五十四年（1789年），卒于道光二十七年（1847年），字瀹斋，号吉兰，固始（今河南固始）人。清朝文官，植物学家。

吴其濬自幼热爱花卉本草。嘉庆二十二年（1817年）中状元。嘉庆二十四年（1819年），由修撰任广东乡试正考官。道光元年（1821年），调农录馆纂修。父母去世，在家守丧八年。买地数百亩，建植物园"东墅"，亲自栽培植物，绘制图样，积累资料，纠正前人讹误。道光八年（1828年），任日讲起居注官。道光十一年（1831年），入直南书房。第二年，提督湖北学政。道光十四年（1834年），入直南书房。第二年，擢鸿胪寺卿。道光十六年（1836年），擢内阁学士，兼礼部侍郎衔，充玉牒馆副总裁。道光十七年（1837年），任浙江乡试正考官，授兵部左侍郎，提督江西学政。道光二十年（1840年），查办总督周天爵残害人命案，查实后周天爵被撤

吴其濬墓

职。吴其濬署理湖广总督，又授湖南巡抚。道光二十三年（1843年）调浙江巡抚，又调云南巡抚。道光二十四年（1844年）整顿云南银矿，写《滇南矿厂图略》《云南矿厂工器图略》及《滇南纪程集》等，不久署理云贵总督。道光二十五年（1845年），调福建巡抚，不久又调山西巡抚，监管监政。严禁鸦片贸易，奖励禁烟有功人员。这一年，他完成了《植物名实图考》和《植物名实图考长篇》共六十卷，百余万字。道光二十七年（1847年）去世，享年五十九岁。第二年，两部著作出版。

《植物名实图考》三十八卷，写谷类、蔬菜、山草、隰草、石草、水草、蔓草、芳草、毒草、群芳、果类、木类等，共计1714种。对各种植物的形态、颜色、性味、功能及产地都有详细的叙述，并都附有图样，对一些植物的药用功能也进行了详细的考订。《植物名实图考长篇》二十二卷，对许多著作中的中药药性重新编纂。这两部著作对清代以前的植物学、药物学著述进行了全面的整理。《植物名实图考》的图样，比《本草纲目》精确度更高，受到国内外植物学界和药物学界的高度重视。日、德均有成果翻译。中国和日本的相关著作许多资料都来源于《植物名实图考》，欧美许多国家的学者也将其作为重要的参考资料。《植物名实图考》和《植物名实图考长篇》是我国植物学界和药物学界不朽的著作。

吴其濬墓在今信阳市固始县汪棚镇大皮村石柱村民组西，省道204可达，地理坐标为北纬32°09′11.0″，东经115°38′28.0″。该墓始建于清代，为河南省文物保护单位。墓葬地处山坡台地，四周为丘陵和农田。墓地原占地5亩，周砌围墙，有碑、石刻、牌坊、祭堂等，后均被毁。现墓冢已修复，呈圆形，直径10米，高2米，冢上密植树木。发现两块残断碑志，一为记其生平的墓碑，另一为御碑。

王懿德

王懿德，生于嘉庆二年（1797年），卒于咸丰十一年（1861年），字绍甫，祥符（今河南开封）人。清朝大臣。

道光三年（1823年），二十七岁时中进士，授礼部主事，再迁郎中。道光十九年（1839年）五月，授湖北襄阳府知府。不久父母先后病逝，回家守丧。道光二十一年（1841年）六月，黄河在开封北郊张家湾决口，水漫开封，围城八个多月，王懿德积极赈灾，倡议开封富绅捐款，进行灾后重修，河南巡抚鄂顺安奏请朝廷表彰王懿德，遂被任命为道员。道光二十四年（1844年），授山东省兖沂曹济道员。道光二十五年（1845年），因防护河工出力，受到朝廷表扬。道光二十七年（1847年）九月，捐银三千两赈济灾荒；十月，因山东有盗贼，被革职留用。道光二十九年（1849年）九月，升山东盐运使，迁浙江按察使，又调山东按察使。道光三十年（1850年），擢陕西布政使。

咸丰元年（1851年）五月，奏请豁免百姓长期亏欠的粮食八万余石，擢升福建巡抚。逢洪秀全太平军在广西起义，福建风声鹤唳，王懿德令各府、州、县举行保甲，编练乡团武装，严加防备。第二年，兼署闽浙总督。咸丰三年（1853年），太平军攻克南京，建立太平天国。福建的小刀会和红钱会等会党纷纷响应，王懿德奏请宽免地方官失察之罪，以抓捕乱徒自赎。撤换抵抗不力的官吏，同时兵分多路对起义军进行镇压，夺回被起义军占领的城池。

咸丰四年（1854年）正月，实授闽浙总督，督办军务。咸丰五年（1855年），称病请辞，要求朝廷改派为京官，咸丰帝拒绝。咸丰七年（1857年），太平军攻入福建，王懿德调集各地兵勇会剿，将太平军赶入江西。王懿德在镇压太平军和福建会党方面，立下汗马功劳，咸丰帝称其"攘外安内，布置咸宜"。咸丰十年（1860年）因病辞归，咸丰十一年（1861年）卒于家中，享年六十五岁。谥靖毅。著有《公余琐言》一卷、《奏议诗文集》等。

王懿德墓在今开封市龙亭区北郊乡王坟社区，临新曹路，地理坐标为北纬34°48′14.19″，东经114°23′4.93″。该墓始建于清代。墓冢已淤埋近平，四周植柏。墓前有民国五年（1916年）第七、第八世孙立墓碑，刻有王氏祖墓茔分布图。

李棠阶

李棠阶，生于嘉庆三年（1798年），卒于同治四年（1865年），字树南，号文园，河内（治今河南沁阳）人。清朝大臣，通晓理学。

李棠阶幼年家贫，刻苦读书。道光二年（1822年）中进士。选为庶吉士，散馆授编修。道光五年（1825年），典四川乡试，不久督云南学政，并开始专研理学。道光十一年（1831年），任顺天府乡试同考官。道光十三年（1833年），与友人立社为课，互相勉励。道光二十年（1840年），典山西乡试。道光二十二年（1842年），任广东学政，升太常寺少卿。因祖母病故，加之生病，遂长期主讲于河朔书院。

咸丰三年（1853年），太平军进攻，李棠阶组织武装，名"友助社"，攻击太平军。战事不利，据守怀庆府城内。太平军无功而退，李棠阶被赏四品卿衔，并戴花翎。同治元年（1862年）入京，数迁其官。授大理寺卿，又为军机大臣。第二年，授工部尚书，实录馆正总裁。又任会试正考，慈禧器重，赐"砥德励行"，同治赐"笃行不倦"。同治三年（1864年），加太子少保，调礼部尚书，任顺天乡试副考。同治四年（1865年）去世，享年六十八岁，赐太子太保，谥文清。理学为其为人做事的指导，每天坚持日记，得失、嫌欺皆详细记述，生活俭朴，做了高官，常将俸禄分与亲族。

李棠阶墓在今焦作市温县赵堡镇南保丰村东南200米处，省道309从附近经过，地理坐标为北纬34°58′33″，东经113°09′39″。墓葬坐落于农田之中，地势平坦，视野开阔。原有墓冢、石像生、神道碑等，现均已无存。

袁甲三

袁甲三，生于嘉庆十一年（1806年），卒于同治二年（1863年），字午桥，项城（今河南项城）人。清朝大臣。

袁甲三于道光十五年（1835年）中进士，历任礼部主事、充军机章京、郎中。道光三十年（1850年），咸丰帝即位，升御史、给事中。

太平军起，袁甲三弹劾广西巡抚郑祖琛"慈柔酿乱"，江西巡抚陈阡"贿赂交通"等，使多人受到处置，声震朝野。咸丰三年（1853年），随吕贤基去安徽帮办军务。短时间内，斩杀农民武装两千多人，袁甲三势力迅速增强。咸丰四年（1854年），袁甲三入据临淮，皖北捻军被各个击破，专门统军剿匪，后升左副都御史。咸丰六年（1856年），协助河南巡抚英桂清剿河南捻军屡胜，以三品京官候补。咸丰七年（1857年），升为太仆寺卿，赏戴花翎，驻守亳州（治今安徽亳州），攻击捻军，解固始之围，进占六安（治今安徽六安）。朝廷命袁甲三"督办三省剿匪事宜"，击走河南几支捻军，赐"伊勒图巴图鲁"。咸丰九年（1859年），咸丰以"督剿半载，但防徐、宿，不捣贼巢，日久无效"为由，召袁甲三回京，任太仆寺卿。四月，署漕运总督，督办安徽军务。咸丰十年（1860年），英法联军攻陷北京，袁甲三请求率兵入卫京师，未获准。咸丰十一年（1861年），率兵攻占定远（治今安徽定远）县城。

同治元年（1862年），因病请养，朝廷批准，回到家中养病。同治二年（1863年），在家会筹防剿。不久病故，享年五十八岁。谥端敏。有《端敏遗著》传世。有孙袁世凯。

袁甲三墓在今周口市淮阳县城关镇小孟楼村西250米，临康乐路、文明路，地理坐标为北纬33°44′11.31″，东经114°51′46.68″。该墓始建于清代。原墓葬占地300亩，神道500余米，旁置石人、石马，并有曾国藩、李鸿章、张之洞等人书碑碣，现均不存。

毛昶熙

毛昶熙，生于嘉庆二十一年（1816年），卒于光绪八年（1882年），字旭初，武陟（今河南武陟）人。清朝大臣。

道光二十五年（1845年）中进士，选为庶吉士，后授检讨。咸丰五年（1855年），任御史。时值太平军起义，各地纷纷响应，清军处于劣势，毛昶熙针对时政，提出镇压义军方略，建议整改吏治，弹劾不法将领。咸丰八年（1858年），授顺天府丞。咸丰十年（1860年），加左副都御史衔，督办河南团练，镇压太平军和捻军。根据豫东平原无险可守的地理地势，"筑堡寨、扼要隘、择首事、选团丁、筹公费、互救援、定约束、申号令、公赏罚、诘奸宄、旌忠义，而终之以实力奉行"（《清史稿·毛昶熙传》），建立乡团组织，实行保甲连坐，自己驻扎在归德（治今河南商丘），指挥与捻军作战。

时捻军主要活动在豫、皖一带，该地区空旷，无险可守，捻军骑兵机动快速，清军龟缩在寨堡内，不敢应战。咸丰十一年（1861年），毛昶熙向朝廷建议，令各寨长各选壮丁一名，马一匹，投效来营，朝廷应允，并命推广毛昶熙之法。上疏称"军令不一，将士无所适从，宜会合抚臣以一事权"，咸丰帝采纳，命巡抚严树森总督河南剿捻事宜，以毛昶熙为副手，兼团练。因剿捻军有成效，连续得到升迁，任顺天府尹、太仆寺卿、内阁学士等职，但仍留在军中，负责剿灭捻军事宜。

同治即位，他针对剿捻事宜上疏朝廷，认为剿捻不成功，其误有二：一在专言防堵，一在无成算而轻战。同治元年（1862年）四月，授礼部侍郎，仍司团练剿捻事，归僧格林沁节制。同治二年（1863年）调吏部，冬天，捻军受挫，淮北平定。同治下诏解散毛昶熙所部练勇，回京供职。同治四年（1865年），僧格林沁亲王的马队在山东被捻军打败，僧格林沁被杀，毛昶熙受到牵连被革职。同治六年（1867年），调户部。翌年，任左都御史兼署工部尚书。

毛昶熙长期同农民军作战，了解百姓苦楚，回京任职后，提出勤圣学、崇节俭、饬吏治、固根本的时政方略。"伏愿皇太后、皇上崇尚节俭，为天下先"，防止"财源未开，财流不节，度支告匮"。而"发、捻之祸，实由不肖州县所激而成……应令各省督抚慎选良吏，与民休息，以复富庶之旧"(《清史稿·毛昶熙传》)。同治七年(1868年),因镇压捻军之功,慈禧特许其在紫禁城骑马,此可谓当时无上荣耀。同治八年(1869年),授工部尚书,在总理各国事务衙门行走。

同治九年(1870年)五月二十三日,发生"天津教案",毛昶熙受命协助曾国藩处理,暂署三口通商大臣。同治十年(1871年),任会试总裁。同治十三年(1874年),兼翰林院掌院学士。光绪元年(1875年),为顺天乡试主考。光绪三年(1877年),再任会试总裁。光绪八年(1882年),授兵部尚书。不久去世,享年六十七岁。皇帝下诏褒奖慰问,赠太子少保,谥文达。

毛昶熙墓在今焦作市博爱县月山镇上庄村西南约500米,省道306可达,地理坐标为北纬35°11′26″,东经113°02′49″。该墓始建于清代,为博爱县文物保护单位。墓葬坐落于耕地之中,博月公路从东侧经过,西、南侧均为自然竹林。原有墓冢高3米,面积200平方米,现已不存。有神道碑刻一通,螭首已失,龟座,通高1.88米。

陈星聚

陈星聚，生于嘉庆二十二年（1817年），卒于光绪十一年（1885年），字耀堂，临颍（今河南临颍）人。清朝官吏，在台湾主政期间政绩卓著。

陈星聚出身于普通农民家庭，家庭贫苦。他苦学不辍，先后中秀才、举人。同治三年（1864年），任顺昌（今福建顺昌）知县，百姓拥戴。调建安（治今福建建瓯）知县，修葺书院考棚，增添义塾，文风大盛。调闽县（治今福建福州）县令，为政清廉，政绩斐然，博得好评。外国军队在海口修建炮台，陈星聚极力反对，但朝廷不敢作为，于是辞官而去。清廷又调其任仙游（今属福建莆田）知县。编写八戒十劝歌，境内大治。任左田（治今福建左田）知县。两县争夺水田，陈星聚多次协调，圆满解忧。当地百姓立"陈公祠"。光绪初年，调往台湾任鹿港、淡水同知，不久擢升为台北知府。外出巡视，发现当地有收埋葬税的陋规，下令予以废除，并规定凡家中

陈星聚墓

存放尸骨者，限三天之内一律运出埋葬，不交埋葬税，过期不埋者，加重罚款，以后逝者埋葬，一律不交埋葬税。

光绪九年（1883年）中法战争爆发，他积极购置武器，扩充军队，随时准备迎战。光绪十年（1884年），法兵攻陷基隆，旋即兵分两路进攻淡水、台北，并封锁台湾与大陆的交通。陈星聚令家人围坐在府衙水井旁，一旦城池陷落，即举家殉国。他自己督战指挥，英勇抗击侵略军。台北军民同仇敌忾，众志成城，终于击退法军进攻。

陈星聚由于夙夜忧勤而积劳成疾，背上生毒疽，加之《中法条约》签订，陈星聚悲愤交加，于光绪十一年（1885年）去世，享年六十九岁。

陈星聚墓在今漯河市临颍县台陈镇台陈村西南，紧临石武客专，县道003可达，地理坐标为北纬33°45′60″，东经113°55′15″。该墓始建于清代，为河南省文物保护单位。现已辟为陈星聚纪念馆，南北长256米，东西宽70米，有山门、大殿、陈列室、牌坊等。馆内种植松柏，环境优雅。墓冢经修复，直径约7.5米，高约1.6米。土冢上草木植被茂盛，下0.5米高以砖围砌。墓前原石刻林立，今多不存，尚有清光绪十五年（1889年）墓碑一通。

马丕瑶

马丕瑶,生于道光十一年(1831年),卒于光绪二十一年(1895年),字玉山,安阳(今河南安阳)人。清朝文官。

同治元年(1862年)三十二岁中进士,至山西候补知县,辟置布政使幕府,不久擢平陆(治今山西平陆)县事。同治六年(1867年),西捻军进攻,马丕瑶立即组织武装严备战守,击退捻军进攻,论功补缺以直隶州用。不久补永济(治今山西运城)知县。同治十年(1871年),父亲病逝,回籍守孝,服除后,补河东盐务同知。

光绪三年(1877年),山西大旱,兼任解州(治今山西运城)知州,赈灾有功,擢知府、署解州。劝课农桑,清除苛政,积谷足资十年。光绪七年(1881年),赴辽州(治今山西左权)治所。光绪八年(1882年),署太原知府。山西巡抚张之洞举荐,升冀宁道,任贵州按察使,迁任广西布政使,清理积案,重视人才。光绪十五年(1889年),任广西巡抚,经常巡查各地,了解民情。整顿吏治,任用贤能。推广养蚕植桑,发展文教,创建书院,开设书局。中法战争爆发后,巩固边防,校阅军队,增置炮台,严加防守。

光绪二十年(1894)七月,授广东巡抚,严惩贪官污吏,严厉打击赌博。中日甲午战争之时,马丕瑶扼要设防,筹集粮款,加强防御。《马关条约》签订后,他上疏治罪李鸿章,力主拒和,抗击日寇。光绪二十一年(1895年),维新变法,马丕瑶主张明修政事,精神气象,咸与维新,但对变法能否取得实效表示担心。是年卒于任上,享年六十五岁。

马丕瑶墓在今安阳市殷都区蒋村镇西蒋村马氏庄园南200米处,省道301转姬红线可达,地理坐标为北纬36°09′5.78″,东经114°08′44.58″。墓葬已毁,地表无存。

蒋艮

蒋艮，生年不详，卒于宣统二年（1910年），字仲仁，商城（今河南商城）人。清朝文臣，工书法。

光绪六年（1880年）中进士，任庶吉士，授翰林院编修。光绪十年（1884年）入直上书房，充纂修。时值光绪帝年幼，慈禧专政，太监李莲英专权，蒋艮上疏弹劾。光绪十三年（1887年），黄河在郑州段决口，蒋艮上疏请求赈灾。

光绪十五年（1889年），父丧丁忧，去官。宣统二年（1910年）去世。著有《易说》《礼记录》《后山礼经》《春秋传录》等。

蒋艮墓在今信阳市商城县苏仙石乡关帝庙村北朱湾居民组内，县道059可达，地理坐标为北纬31°48′57.0″，东经115°32′50.0″。该墓始建于清代。墓葬坐落于旗山脚，四周群山环抱。墓冢呈覆斗状，边长约10米，高约5米。墓冢镶有民国二十五年（1936年）墓碑一通，上书"先考蒋公讳艮大人之墓"。

蒋艮墓

袁世凯

袁世凯，生于咸丰九年（1859年），卒于民国五年（1916年），字慰庭，号容庵，项城（今河南项城）人，故又称袁项城。清末权臣，中华民国总统，祖父袁甲三，父袁保中。袁世凯行四，过继于叔父袁保庆。

同治五年（1866年），袁世凯随袁保庆到济南读书学习，两年后迁往南京，同治十二年（1873年）同嗣母回到项城。光绪二年（1876年），乡试不中，两年后回到故里。光绪五年（1879年），参加乡试又不中，绝意科考。光绪七年（1881年），到山东投奔淮军将领吴长庆，帮办文案。光绪八年（1882年），朝鲜兵变，吴长庆奉命赴朝平乱，袁世凯治军严肃，调度有方，争先攻剿，尤为奋勇，因军功以同知补用，赏花翎。后又到朝鲜，帮助朝鲜训练军队。光绪十年（1884年），吴长庆奉调，留兵三营于汉城（今韩国首尔），袁世凯总理营务处，会办朝鲜防务，掌握实权。光绪十一年（1885年），任驻朝交涉通商大臣，加三品衔。中日甲午战争爆发，袁世凯为总理交涉通商事务大臣兼辑抚事宜，赴前敌营务处协筹运粮。

中日甲午战争清廷战败，举国上下要求改革，袁世凯趁机提出军队改革方案。光绪二十一年（1895年），光绪帝召见，奉派督办军务处差委。袁世凯拟定新军营制饷章和聘请外国军事教官合同，受到权臣荣禄赏识，博得熟悉新式兵法的名声。朝廷令其到天津小站督练新建陆军，扩充军队至七千人，仿照德军建制，新建陆军督练处，自任督练官，很快建成一支颇具战斗力的现代化军队。光绪二十三年（1897年），升直隶按察使，专管督练新建陆军事宜。后来北洋军阀的重要人物，均出自其麾下。

光绪二十四年（1898年），升候补侍郎，戊戌变法期间，暗中向荣禄告密，加剧了戊戌变法的失败，赢得后党信任。升工部侍郎，兼管钱法堂事。编纂《训练操法详细图说》进呈，系统介绍了西方军事方略和训练技术，成为清朝训练军队的教科书。光绪二十五年（1899年），义和团运动开始，袁世凯署理山东巡抚，前往镇压，军事实力随之扩充。

慈禧推行新政，袁世凯提出治国十策，即慎号令、教官吏、崇实学、增实科、开民智、重游历、定使例、辨名实、裕度支、

袁世凯墓之一

修武备。光绪二十七年（1901年），在山东设银元局，开办课吏馆、校士馆，创办商务总会和大学堂。第二年，任直隶总督兼北洋大臣，加太子少保衔。后又兼任参与政务大臣、办理京旗练兵事宜大臣、督办电政大臣、会办练兵大臣、督办关内外铁路大臣、津镇铁路大臣、京汉铁路大臣、会议商约大臣等职。

袁世凯积极推行新政。招募新军，在直隶建立北洋军政司，仿西方军制制定常备兵编制。兴建著名的保定军官学堂及行营将弁学堂、武备速成学堂等，练成北洋常备兵六镇（每两镇相当于一师），控制的兵力达到八九万人。创办巡警，培养近代警察，设立巡警部，控制了全国的警政。整顿吏治，杜绝贪污，考验政绩，提高官吏素质。提倡实业，设立农务局和农事试作场，购买农业机械，成立农业学堂。开办天津银元局，改革币制。在天津创立直隶工艺总局，奖励兴办实业。力主废科举，兴学堂，设立学校司，设置教育研究所，采用新式教学法，派人到日本留学。

清末，与张之洞等人联名奏请立宪，奉命设立天津自治局，试办地方自治。光绪三十二年（1906年），清廷发布预备立宪上谕，袁世凯奉命参与编纂官制，但势不利己，悄然离京，交出北洋兵权。光绪三十三年（1907年），免直隶总督兼北洋大臣，调任外务部尚书、军机大臣。光绪三十四年（1908年），溥仪即位，载沣为监国摄政王，欲杀袁世凯，奕劻、张之洞力劝得脱。宣统元年（1909年）春，回到彰德府养病。

辛亥革命爆发，成立湖北军政府，载沣不得已任袁世凯为钦差，节制指挥水陆各军。随后，清廷宣布实行君主立宪，袁世凯任内阁总理大臣，主动提出议和，但对召开国民会议公决国体的协议不满，指使北洋将领联名通电，拥护君主立宪。孙中山向他保证，清帝退位，即将大总统之位让给他。袁世凯逼迫清帝退位后致电南京临时政府，承认共和，并保证不施君主政体。孙中山推荐他代理总统，在北京上任。1913年，就任正式大总统。1914年，公然废除《临时约法》，颁布《中华民国约法》。1915年，召开国民代表大会，被推为中华帝国皇帝，预备于1916年元旦登基。

蔡锷等通电讨伐袁世凯，外国列强向袁世凯发出警告，亲信冯国璋也联合各省将军请求他速速取消帝制。袁世凯见大势已去，发布撤销帝制令，发还推戴书，废止洪宪年号。他仍希望窃据大总统宝座，但各省相继独立，不承认他的大总统地位，袁世凯众叛亲离，忧愤成疾，于1916年6月6日去世，享年五十八岁。

袁世凯是中国近代史上颇具争议的人物，荣辱功过各有评说。有的称其"独夫民贼""窃国大盗"。近年，史学界对他又有新的评价，认为他也为中国的近代化作出了突出贡献。他有文才武略，实为清朝务实干练的能臣，在中国军制改革、军事教育、建军治军、近代警察制度方面作出大量有益尝试。注重经济发展，尤其对中国工业化有很大贡献。他重教兴学，主张废除科举，兴办新式学校，积极倡导学子留洋。同时他在清末政体、官制改革、近代法律、地方自治、维护领土完整、禁止赌博等方面也都作出一定贡献。既是擅权的旧派人物，也是爱国者和民族主义者，和顽固的保守派相比，他又能接受新的思想。

袁世凯墓在今安阳市北关区彰北街道，洹滨西路路西，地理坐标为北纬36°07′26.29″，东经114°20′56.67″。该墓建于1916年，建成于1918年，为河南省文物保护单位。俗称"袁公林"，简称"袁林"。墓葬位于洹水北岸，原占地139亩，规模宏大，总体布局按明清帝陵，建筑风格为中西合璧。现占地39亩，保留原有建筑布局，以神道为中轴线，由南至北包括照壁、甬道、粗石桥、孔券桥、排水沟二道、牌楼门、石像生、碑亭、大门、西值房、东值房（后新建）、东西配房、景仁堂、角门、墓台三层、墓铁门、石五供、宝顶、铁链石栏杆二道（铁链遗失，后补）。碑亭内有墓碑，上刻"大总统袁公世凯之墓"，为徐世昌手笔。墓冢呈圆形台阶状，高8米，上书"中华民国五年八月兴修越二年六月望告成"。

袁世凯墓之二

参考文献

[1] 司马迁. 史记 [M]. 北京：中华书局，1963.

[2] 班固. 汉书 [M]. 北京：中华书局，1964.

[3] 范晔. 后汉书 [M]. 北京：中华书局，1973.

[4] 沈约. 宋书 [M]. 北京：中华书局，1974.

[5] 刘昫. 旧唐书 [M]. 北京：中华书局，1975.

[6] 欧阳修，宋祁. 新唐书 [M]. 北京：中华书局，1975.

[7] 脱脱. 宋史 [M]. 北京：中华书局，1977.

[8] 张廷玉. 明史 [M]. 北京：中华书局，1974.

[9] 赵尔巽，缪荃孙，吴士鉴，等. 清史稿 [M]. 北京：中华书局，1976—1977.

[10] 徐定祥. 杜审言诗注 [M]. 上海：上海古籍出版社，1982.

[11] 陈文华. 刘希夷诗注 [M]. 上海：上海古籍出版社，1986.

[12] 郭人民，史苏苑. 中州历史人物词典 [M]. 郑州：河南大学出版社，1991.

[13] 国家文物局. 中国文物地图集：河南分册 [M]. 北京：中国地图出版社，1991.

[14] 任崇岳，罗义德. 河南历代名人 [M]. 郑州：河南人民出版社，1992.

[15] 陈守强，霍宪章. 中州名典 [M]. 郑州：中州古籍出版社，1996.

[16] 河南省文物考古研究所. 北宋皇陵 [M]. 郑州：中州古籍出版社，1997.

[17] 任克礼，葛纪谦，王兴亚. 中州名人传略 [M]. 郑州：中州古籍出版社，1999.

[18] 陶敏，易淑琼. 沈佺期宋之问集校注 [M]. 北京：中华书局，2001.

[19] 王兴亚，马怀云. 河南历代名人籍里研究 [M]. 郑州：中州古籍出版社，2002.

[20] 张新斌. 百家姓 [M]. 郑州：中州古籍出版社，2004.

[21] 刘玉娥，孔青. 环嵩岳名人 [M]. 呼和浩特：内蒙古大学出版社，2007.

[22] 河南省文物局. 河南文化遗产：全国重点文物保护单位 [M]. 北京：文物出版社，2007.

[23] 朱绍侯. 中原文化大典：人物典 [M]. 郑州：中州古籍出版社，2008.

[24] 吴松庚. 贾谊 [M]. 长沙：岳麓书社，2008.

[25] 河南省文物局. 河南文物 [M]. 郑州：文心出版社，2008.

[26] 李学勤，叶永烈，杨善群，等. 话说中国 [M]. 上海：上海文艺出版社，2009.

[27] 孙玮，常松木. 历代名人与嵩山 [M]. 郑州：河南人民出版社，2009.

[28] 河南省文物局. 河南省文物志 [M]. 北京：文物出版社，2009.

[29] 河南省文物考古研究所. 曹操高陵考古发现与研究 [M]. 北京：文物出版社，2010.

[30] 章培根，倪其心，章培恒，等. 刘禹锡诗文选译 [M]. 南京：凤凰出版社，2011.

[31] 刘学锴，余恕诚. 李商隐诗选 [M]. 郑州：中州古籍出版社，2011.

[32] 葛景春. 杜甫诗选 [M]. 郑州：中州古籍出版社，2011.

[33] 祝尚书. 卢照邻集笺注 [M]. 上海：上海古籍出版社，2011.

[34] 汤华泉. 白居易诗选 [M]. 郑州：中州古籍出版社，2011.

[35] 林语堂. 苏东坡传 [M]. 长沙：湖南文艺出版社，2012.

[36] 罗联添. 韩愈研究 [M]. 天津：天津教育出版社，2012.

[37] 李俊标. 王维诗选 [M]. 郑州：中州古籍出版社，2012.

[38] 刘宁. 王维孟浩然诗选评 [M]. 上海：上海古籍出版社，2012.

[39] 高山. 中华名人大传 [M]. 北京：光明日报出版社，2015.

[40] 宋心昌. 欧阳修诗文选译 [M]. 上海：上海古籍出版社，2016.

后 记

历时五年多的时间，《河南名人墓》终于付梓。在编写过程中，我们参考了以"二十四史"为主的历史文献，以及河南各县（市）编写的方志，河南省文物局编著的《河南文物》《河南历代名人史迹》《河南文物名胜史迹》等成果。幸逢全国第三次文物普查，得以获悉许多新的墓葬信息，并在一些朋友的帮助下，尽量充实到书中。本书写作过程中，得到魏然、王钢、杨国强等青年才俊的帮助。初稿完成后，马世之、张新斌、张玉石、穆朝庆、李立新等专家提出了宝贵的修改意见，让我们受益匪浅。大象出版社的王刘纯社长高度重视，给予大力支持，孙波、杨兰二位编辑做了认真、细致的编辑校对工作，使本书的质量得以大大提高。在此，一并致以诚挚谢意！

虽经查找文献、走访群众等多种努力，但因河南名人众多，难免有所疏漏，不能将名人或名人墓一一录入其中。所述名人事迹，多依正史；正史中未记录者，依据其他相关文献，虽尽力保证有资料可查、有依据可考，但因所涉资料较多，作者水平所限，难免有错讹、未尽之处，请读者指正。

李新民

2018 年 1 月